15/04/2008
décès de Mamie

J'adore ce récit et j'aimerais en apprendre plus sur ce grand moment de l'histoire russe !

C'EST MOI QUI SOULIGNE

BABEL

Collection dirigée par
Jacques Dubois, Hubert Nyssen
et Jean-Luc Seylaz

Aux hommes qui construisaient la tour de Babel afin de se rapprocher du ciel, Dieu, mécontent, infligea la diversité des langues. Il donnait du même coup naissance à des littératures multiples et, en quelque manière, préparait la litière des traducteurs. Les éditeurs s'en sont souvenus au moment de dénommer une collection qui rassemble des ouvrages du monde entier.

Illustration de couverture :
dessin de Christine Le Bœuf

Photo 4e de couverture :
Jean-Louis Aucagos

ISBN 2-8040-0528-3 (Labor)
ISBN 2-86869-543-4 (Actes Sud)

NINA BERBEROVA

C'EST MOI QUI SOULIGNE

Préface d'Hubert Nyssen
Lecture de Michel Niqueux

Pour cet ouvrage,
Nina Berberova a reçu à Paris
le Gutenberg 1990.
(Meilleur document
de l'année 1989.)

ACTES SUD / LABOR / L'AIRE

UN ROSEAU RÉVOLTÉ

C'est en 1984 que, découvrant les livres de Nina Berberova, j'ai décidé de les sortir de l'ombre, à vrai dire du silence où ils étaient enfouis. J'aurais pu commencer par l'autobiographie qu'on va lire ici. Ainsi, d'emblée, aurait été révélé l'arbre que l'on sait maintenant. Mais il m'a semblé, en ce temps-là, qu'on mesurerait mieux l'ampleur et la force d'un tel arbre si l'on avait d'abord idée de l'œuvre qui avait fleuri sur ses branches. Parti-pris d'éditeur ou pari éditorial – c'est comme on voudra –, j'ai donc choisi de publier en premier un de ces courts romans dont Berberova a le secret, L'Accompagnatrice.

Le succès fut immédiat, en France comme à l'étranger. D'autres récits devaient suivre, tous fulgurants dans la tendresse autant que dans le tragique, irrésistibles de vérité, éblouissants dans la brièveté, étincelants dans l'écriture – Le Laquais et la Putain, Astachev à Paris, Le Roseau révolté, La Résurrection de Mozart, Le Mal noir, De cape et de larmes *(la liste n'est pas close) – et l'on sut bientôt, non que venait de naître un écrivain, mais qu'on donnait enfin sa place à une femme qui, de longue date, avait "bouclé" son œuvre, un auteur dont le nom resterait dans l'histoire des lettres et des témoignages de ce temps.*

En 1989 vint, me parut-il, le moment de donner aux lecteurs la possibilité de la regarder naître, cette femme, de la voir se chercher, se trouver, réfléchir le monde tourmenté dans lequel elle s'était jetée plus qu'on ne l'y avait abandonnée. Il fallait cette fois publier sans retard C'est moi qui souligne, *l'autobiographie écrite en russe, aux Etats-Unis, de 1960 à 1966.*

La voici. Mais mieux vaut qu'on le sache d'entrée de jeu : C'est moi qui souligne *(et déjà quelle autorité !) n'est pas une autobiographie ordinaire. On n'y trouve ni la complaisance narrative ni l'étalage présomptueux des sentiments à quoi ce genre littéraire expose ceux qui s'y précipitent ou s'y vautrent. Ce serait plutôt une sorte de miroir tambour où les grands événements advenus entre les premiers jours du siècle et les années soixante défilent à un rythme soutenu, jusqu'au moment où Nina Berberova, jugeant que l'occasion est bonne, arrête le carrousel, parfois même fait retour à des épisodes déjà traversés, pour nous entraîner alors dans une réflexion tour à tour dramatique, féroce ou tendre, et toujours roborative.*

Les amateurs de sensations fortes seront d'ailleurs ici comblés s'ils ont assez de finesse pour goûter celles de l'esprit. Car Nina Berberova, qui défend avec une farouche discrétion les actes intimes de sa vie, est en revanche capable des excursions les plus hardies dès lors qu'il s'agit des œuvres et des idées, en cela guidée par une nécessité sur laquelle on est fixé dès la préface de son livre. Mais elle s'affirme tout de même l'incomparable témoin des grandes convulsions de notre temps, et la description de la Russie en proie aux premiers assauts de la révolution, les affres de l'émigration, l'état de la France quand elle y vient et quand la guerre s'y installe, de même que le spectacle que lui offrent les Etats-Unis à son arrivée, véritables morceaux d'anthologie, laissent dans l'esprit du lecteur des empreintes profondes. "C'était donc cela !" se prend-on à dire, saisi par la force du regard.

Autre particularité de l'ouvrage, celui-ci s'arrête dans les années soixante, comme si rien d'important ne pouvait plus advenir qui modifierait le sens d'une vie exemplaire, et surtout pas un retour en Russie, jugé alors inconcevable. Or la vie de Nina Berberova s'est poursuivie avec la même intensité qui en avait marqué le cours jusque-là. Non seulement son œuvre, enfin découverte, s'imposait dans de nombreux pays, mais plus récemment, elle retournait pour la première fois en Union Soviétique où le livre que voici commençait à paraître dans des périodiques délivrés par Gorbatchev des contraintes idéologiques. Nina Berberova n'a pourtant voulu ni "compléter" ni prolonger un ouvrage qu'elle avait achevé en 1966. Elle n'a consenti à y ajouter qu'une préface écrite pour l'édition française de 1989 – celle qu'on lira dans les pages qui suivent.

Mais de tous ces traits, et d'autres que je ne saurais évoquer sans déflorer le livre, soucieux que rien ne soit confondu avec le texte de Nina Berberova, l'éditeur que je suis, paraphrasant le titre, s'empresse de dire : C'est moi qui souligne.

HUBERT NYSSEN

PRÉFACE DE L'AUTEUR
A L'ÉDITION FRANÇAISE ET DÉFINITIVE
DE SA BIOGRAPHIE*

Je cherche le mot juste, mais ne le trouve pas. Il y a longtemps que je le cherche. Au début, je l'ai cherché en russe, puis me suis dit : assez, je ne le trouverai jamais, cette langue ne me servira pas, j'y nagerais dans les approximations romantiques et les euphémismes. Mais la langue française, en revanche, me paraissait si précise, trop précise même pour moi qui étais dans le vague... Et pourtant il devrait bien exister ce mot, un mot précis, solide, acéré. On dit qu'au siècle prochain, quand l'espérance de vie sera de cent cinquante ans, on oubliera non seulement le nom de ses grands-parents, mais aussi celui de ses parents. Si j'ai connu un jour le mot que je cherche, comment ai-je bien pu le perdre ?

Je me suis beaucoup déplacée. Ma longue vie, telle la Gaule de Jules César – même si nos préoccupations ne sont pas identiques –, est divisée en trois parties. J'ai passé un peu plus de vingt ans dans un pays qui, en ce temps-là, s'appelait “la Russie”, environ vingt-cinq dans un autre qui continue de s'appeler “la France”, et, pour finir, une quarantaine d'années dans un troisième : “les Etats-Unis”. Mais si Jules César (ne croyez pas, Général, que j'aie l'audace de me comparer à vous... il ne manquerait que cela !) s'occupa de l'espace, moi, qui écris ces lignes, je fus toute ma vie préoccupée par le temps, qu'on ne saurait ni acheter, ni dérober, ni falsifier.

Il se peut donc que je l'aie connu et perdu en cours de route, ce mot qui me manque et qui devrait désigner un sentiment

* Cette préface a été rédigée en français par l'auteur. *(N. d. E.)*

précis, précieux, semblable à une flamme, basse chez les uns, haute chez les autres. Une flamme qui s'est maintenue pendant un siècle et demi, se moquant des tempêtes, des orages et des guerres. Une flamme intrépide, belle, toujours à mesure humaine.

Tout a commencé quand, de Saint-Pétersbourg, Catherine II, impératrice de Russie, écrivit à Denis Diderot, à Paris, une lettre le priant de lui recommander un sculpteur qui viendrait (sans délais imposés, tous frais payés) pour réaliser un monument à la gloire de Pierre le Grand, son prédécesseur, au centre de la ville que celui-ci avait bâtie sur les bords de la Néva. Après quelques nuits d'insomnie, et ayant consulté ses amis, Diderot recommanda Etienne Falconet qui partit pour la Russie, fit le monument équestre, reçut une somme d'argent et s'en retourna en France. Diderot, qui avait été invité en même temps, fut lui aussi rémunéré, choyé, et même gâté. Et il s'ensuivit une correspondance sitôt qu'il fut à son tour rentré à Paris.

Les leçons que Diderot donnait à Catherine – comment s'y prendre pour que les pauvres ne soient ni trop malheureux, ni trop affamés, et comment faire pour que les riches se montrent moins rapaces, moins arrogants – n'eurent pas de résultats marquants. Le comte Alexis Constantinovitch Tolstoï (d'une autre souche que Léon Nikolaïevitch) tournait des vers à ses moments perdus, et dans un long poème dénonça les rapports de Catherine et de Diderot.

"Madame, vos ordres en Russie
Etonnent le monde ébloui",
Lui écrivaient Voltaire de Ferney
Et Monsieur Diderot de Paris.

"A votre peuple sans tarder
Accordez les libertés premières !
Il les attend de vous, Majesté,
Comme l'enfant le lait de sa mère."

"Messieurs, tous deux vous me comblez",*
Répond-elle, et sans ambages
Aux paysans de l'Ukraine
Edicte une loi sur l'esclavage.

Catherine II acheta à Diderot sa bibliothèque et ses manuscrits (dont celui de *Jacques le Fataliste*) – qui sont toujours conservés à la Bibliothèque d'Etat de Leningrad (au coin de Nevski et Sadovaya) –, lui disant combien elle était émerveillée par son génie, et enchantée par l'œuvre de Falconet avec le piédestal de granit et la statue de bronze. Mais à contrecœur elle avait dû le laisser repartir, lui arrachant une promesse de revenir... qu'il ne tint pas.

Tel fut le premier chaînon de cette chose pour laquelle je cherche encore le mot juste. Quand on s'intéresse aux relations de Denis Diderot et de Catherine, on ne peut manquer, en effet, de voir qu'alors une flamme avait commencé à brûler, et que, entre ces deux êtres, dans leurs relations et dans leur correspondance, s'était créée une proximité tendre, un peu irréelle, une sorte d'attirance qui suggère une intimité secrète, jamais avouée. Tout cela était loin de l'ordinaire.

Et loin de l'ordinaire fut une autre rencontre, celle de deux hommes – ils se connaissaient depuis le congrès de Vienne – sur un bateau qui, des bords de la Néva, par le golfe de Finlande et la mer Baltique, les emmenait en Allemagne. Deux hommes qui, à Berlin, eurent l'idée de louer un somptueux carrosse pour aller vers le Sud. L'un était un diplomate de Saint-Pétersbourg, le prince Piotr Borissovitch Kozlovski, l'autre le chargé d'affaires du royaume de Sardaigne à la cour impériale, Astolphe, marquis de Custine. Le Russe était gros et lourd, et, pour monter quelques marches ou en descendre, il devait être aidé. Le Français, lui, était beau, svelte. Le carrosse roulait vers le Sud et très vite une amitié advint, tendre, généreuse. Ils s'aperçurent qu'ils aimaient les mêmes choses, dans la vie comme dans les voyages : la politique, la

* En français dans le texte. *(N.B.)*

diplomatie, les silences, et qu'ils manquaient tous les deux d'intérêt pour la laideur du paysage, les trous de la route et les jolies femmes.

Même si elle n'allait pas vivre jusqu'à leur dernier jour, cette amitié – et là encore, secrète, intime –, s'installait pour durer. Ils se comprenaient à demi-mot, souvent d'un regard. Sérieux, très sérieux même, mais aimant le monde, agacés parfois qu'on valsât partout, ils étaient aussi parfaitement heureux dans leur carrosse que dans les palais et dans les théâtres. Leur idée du bonheur s'accordait avec cette tendresse probablement jamais avouée, avec cette étreinte sans doute jamais accomplie. Le Russe répondait aux mille questions du marquis. Ils échangeaient des souvenirs plaisants, d'autres précieux, et parfois des souvenirs doux amers. La séparation survint. Custine était requis par sa carrière. Piotr Borissovitch dut retourner à Saint-Pétersbourg où, à la fin, il fut contraint au mariage par sa famille.

Pauvre Pouchkine ! Il n'eut pas la chance, lui, de rencontrer une Catherine ou un Custine. Jamais il ne put sortir de Russie, jamais il n'eut de véritables, de solides, ni même de périlleux contacts avec l'Europe. Et j'ose dire que s'il avait eu cette chance, il ne serait sans doute jamais revenu. Il n'en eut d'autre, de chance, en fin de compte, que de pouvoir lire tout ce qu'il voulait lire. Dans un poème de 1830 il révèle par quelle porte il put ainsi entrer dans le paysage français.

A un grand seigneur est le titre de ce poème en alexandrins. Et le "grand seigneur" n'est autre que le vieux prince Youssoupov, un des "aigles" de l'époque de Catherine, qui avait noué des amitiés en France pendant sa jeunesse. Pouchkine a écrit son poème dans l'admiration qui lui venait pour les pèlerinages du prince. Nul doute que la liste des grands noms de France lui avait mis l'eau à la bouche et qu'il se serait laissé couper le bras pour accomplir ce que Yussoupov avait osé dans sa jeunesse audacieuse. Et c'est bien d'audace qu'il parle. Il chante l'audace du voyageur qui, dans la France de Louis XVI, vénère les dieux, se précipite à Ferney chez "le grand cynique aux cheveux blancs" pour entendre celui-ci dire sa fierté d'avoir "gloire au pays nordique" où Catherine vient de le nommer membre honoraire de l'Académie impériale des Sciences. Puis, le jeune voyageur assiste aux doubles funérailles, à Ferney d'abord, au Panthéon plus tard.

Ferney n'avait d'ailleurs pas été le seul pèlerinage de Yussoupov. Au cours d'un autre voyage, postérieur à 1789, il n'avait pas résisté à la tentation d'aller au Trianon pour contempler le décor où "Ariane", inconsciente d'un destin si proche, dansait, chantait, charmait le monde par ses espiègleries. Puis, après avoir couru sur les traces de Beaumarchais et d'Holbach, Yussoupov était rentré au bercail, devenu un autre homme, meurtri par le spectacle du règne de Louis XVI et régénéré par celui de la Révolution.

Cela aurait pu arriver à Pouchkine lui-même. Mais cela ne lui est pas arrivé. Imaginez, un libre penseur, un possible fauteur de troubles, un ami des Décembristes ! L'Empereur ne lui aurait jamais permis ce voyage. Tant de pages ont été écrites sur ce pauvre Pouchkine, mais jamais personne, que je sache, n'a pensé à écrire une fantaisie imaginaire sur le thème "Le Voyage en France de Pouchkine". Et pourtant, il se trouva à Paris, dans les années vingt, un jeune homme de Montparnasse pour composer une biographie fantaisiste du "grand poète russe". J'ai eu en main le manuscrit qui ne trouva pas d'éditeur (l'édition manquait d'humour en ce temps-là). Dans cette biographie-là, par permission de l'Empereur, Pouchkine divorçait d'avec sa femme qui se remariait et partait pour la France tandis que lui épousait une belle chanteuse tzigane. Il vivait jusqu'à un âge avancé, heureux et célèbre, puis mourait un soir, en lisant *Guerre et Paix*.

J'imagine Pouchkine, silencieux, assis aux pieds de Stendhal, hésitant sur le seuil de l'austère salon de Chateaubriand, ou encore, allant, dans les allées ensoleillées d'un jardin à la française, en compagnie de l'auteur d'*Adolphe*, lui parlant de mille choses, entre autres de la traduction russe de ses poèmes par le prince Viazemski, lui-même poète et ami cher, qui ne manquerait pas, en arrivant de Saint-Pétersbourg, d'aller saluer le grand homme du romantisme français.

Mais revenons aux réalités. La correspondance de Flaubert avec Tourgueniev, et avec George Sand, fut maintes fois publiée. Ainsi que les lettres de Tourgueniev à ses amis et à la famille Viardot. Dans le post-scriptum d'une lettre adressée à Pauline Viardot – en français, cela va de soi –, Tourgueniev la prie de glisser dans sa chaussure, entre talon et semelle, un pétale de rose du jardin de Bougival, de porter la chaussure jusqu'au soir, puis de lui envoyer le pétale. Mais ce post-scriptum-là était rédigé en allemand car le mari ignorait cette langue.

Je me demande si Tourgueniev a connu d'autres moments de béatitude que dans le tête-à-tête avec Flaubert, si Flaubert lui-même eut d'autres correspondants à qui il pouvait écrire, comme à Tourgueniev : *Je voudrais bien m'étaler près de vous... Vous êtes pour moi le seul être humain que je considère, le seul ami... Comme j'ai envie de tailler une bavette avec vous ! Mon vieux chéri... Mon bon cher vieux... Les* Eaux printanières *ne m'ont pas ravagé comme* L'Abandonnée, *mais j'en ai été troublé, mouillé, et comme vaguement distendu... Quel homme que mon ami Tourgueniev ! Quel Homme ! Cela vous met le cœur en amour, on sourit, on a envie de pleurer...* Et à George Sand : *Le cher vieux grand... Notre bon géant... Notre bon grand... La clarté de son jugement ! Rien ne lui échappe ! J'ai passé hier une journée avec Tourgueniev, à qui j'ai lu cent cinquante pages qui sont finies, de* Saint Antoine... *Quel écouteur ! Quel critique !*

Plus tard vint l'histoire de la robe de chambre : Tourgueniev fit confectionner, sur mesures, par un tailleur, ancien serf de sa mère, une robe de chambre somptueuse, dans la laine la plus douce (jeunes brebis du Caucase), avec une doublure en soie d'Orient, que Flaubert porta du matin au soir à Croisset. Elle était longue et ample, Flaubert avait désormais toujours chaud, et en été, craignant les nuits fraîches, il la gardait près de lui. Les visiteurs la connaissaient bien et l'admiraient beaucoup. Il semble même qu'elle joua, dans les dernières années de la vie du grand homme, le même rôle d'ange consolateur que le manteau de Gogol et la robe de chambre d'Oblomov.

Ni Flaubert ni Tourgueniev ne croyaient à l'immortalité de l'âme et à l'amour éternel. Ils ne pensaient pas que la souffrance des hommes eût une raison et un but. Et ils s'accordaient à penser que la création littéraire était un tourment dépourvu de sens. Il semble que le Tourgueniev des années 1870-1880 se soit ainsi senti en parfaite harmonie avec tout ce que la France lui offrait. Puis, Flaubert mourut, en 1880. Tourgueniev lui survécut trois ans, trois ans qui furent moroses, tristes, physiquement pénibles. La goutte dont il avait souffert l'empêchait de se déplacer et ceux qui l'aimaient – Edmond de Goncourt, Guy de Maupassant, Alphonse Daudet et les "Seize de Bixio" (une société secrète dont il était le seul membre russe) – s'en trouvaient consternés. Quand il mourut, au 48 de la rue de Douai, en 1883, ce ne fut pas sa fille et son gendre qui emmenèrent sa dépouille à Pétersbourg, mais Claudie Viardot et son mari, Claudie qui avait douze ans quand Tourgueniev l'étendait sur la grande table de la salle à manger des Viardot et, de la tête aux orteils, la couvrait de baisers.

De ceux qui étaient nés aux environs de 1820, il ne restait presque personne. Et de ceux qui vinrent plus tard, du côté russe comme du français, aucun, semble-t-il, n'avait hérité de cette tradition (si tant est que ce fût une tradition) qui avait été vivante pendant cent cinquante ans, et qui était fondée sur le goût des relations personnelles, chaleureuses, secrètes. Il n'y eut d'autres contacts que mondains ou littéraires. Gide avoua sa passion pour Dostoïevski, Roger Martin du Gard pour Tolstoï.

Et vous dans tout cela ? demanderez-vous. Où sont vos lettres de créance ?

Elles sont bien minces et feront sourire le lecteur...

J'étais présente à la réception de Paul Valéry. en grande tenue, à l'Académie française où j'ai pu admirer de loin le profil d'Henri de Régnier qui me sourit, se méprenant, me prenant sans doute pour quelque connaissance.

J'étais présente, avec un petit groupe, devant la tombe de Baudelaire, au cimetière du Montparnasse, le jour anniversaire de sa mort... mais quelle année était-ce ? Paul Bourget a parlé et une actrice de la Comédie-Française – jeune et belle – a récité *Je suis belle, ô mortels ! comme un rêve de pierre...*

J'étais présente, en 1929, devant la porte cochère de Clémenceau, rue Franklin, avec les autres journalistes, attendant sa mort pour téléphoner à mon journal.

Et puis, un jour, j'ai aperçu André Gide qui sortait de la N.R.F., tenant à la main le dernier numéro de la revue et se souriant à lui-même.

En ce temps-là, où je "vivais" dans les rues de Paris, me perdant du côté du canal Saint-Martin ou traînant dans l'île Saint-Louis, je me rappelais que dans mon enfance, c'est-à-dire avant 1914, les gens qui avaient l'âge de mes parents disaient, quand ils parlaient de voyager, qu'ils *iraient* en Allemagne, *passeraient* par la Suisse, *s'arrêteraient* quelques jours en Italie, mais *feraient un assez long séjour* en France, et que, même, ils y *vivraient* un temps. Et le plus étrange était encore de les entendre dire qu'une de leurs connaissances était *morte* en France (cela pouvait donc arriver ?) ou même qu'elle était *enterrée* à Paris...

Or voici que soudain vient la découverte. Oui, le mot juste, celui que je cherchais au commencement, il est venu à moi. Et c'est NÉCESSITÉ. La nécessité, vous dis-je, le besoin que deux êtres ont souvent l'un de l'autre, même s'il n'y a sans doute jamais de totale égalité. Catherine avait certes besoin de Diderot, et le gros Kozlovski du marquis français. Mais Pouchkine avait besoin de la France quand la France n'avait aucun besoin de Pouchkine. Le fléau de la balance ne bougea pas le jour où, à l'intervention de Flaubert, *Le Temps* publia *Terres vierges.* Pas plus que le jour où Tourgueniev intervint auprès de Gambetta pour que son ami Flaubert, qui venait de perdre tout son argent, fût nommé à la bibliothèque Mazarine – non, il ne se passa rien.

Ainsi donc la *nécessité* avait duré un siècle et demi, moins que la lèpre et plus que la peste. Ni 1789, ni 1812, ni 1854-1856 n'en étaient venus à bout. Car c'était une nécessité présente, pressante et solide comme le besoin de tendresse, de chaleur et de larmes. Une nécessité profondément inscrite dans le secret des confessions, des silences, peut-être même de la volupté. Nécessité sous-tendue par une force créatrice, nécessité d'*aimer et d'être aimé.* Nécessité dont, ici, je me réclame.

NINA BERBEROVA
janvier 1989

C'EST MOI QUI SOULIGNE

If you can look into the seeds of time
And say which grain will grow and which will not.
Speak then to me...

Macbeth. Acte 1, Scène 3.

(Si vous êtes capables de trouver dans les semences du temps
La graine qui va germer
Instruisez-moi...)

1

LE NID ET LA FOURMILIÈRE

Ceci n'est pas un livre de souvenirs. C'est l'histoire de ma vie, une tentative pour la retracer dans l'ordre chronologique et pour en déchiffrer le sens. J'ai aimé la vie et je l'aime toujours, mais le sens que je lui trouve m'importe autant qu'elle-même. Je parle de moi telle que je fus et telle que je suis, et pour parler du passé j'emploie mon langage d'aujourd'hui. Il m'est arrivé, à divers moments de ma vie, d'esquisser mes souvenirs, mais lorsque je parlais de moi, je ne me sentais pas tout à fait à l'aise, un peu comme si je voulais imposer à mon lecteur un personnage importun. Ici, je vais parler surtout de moi, de mon enfance, de ma jeunesse, de mes années de maturité, de *mes* relations avec autrui. Ma pensée vit à la fois dans le passé comme mémoire et dans le présent comme conscience de soi aux prises avec le temps. Quant au futur, il n'y en aura pas forcément un, ou peut-être sera-t-il bref et anodin.

Dans mon esprit, l'histoire de ma longue vie a un début, un milieu et une fin. Au cours de mon récit, je ferai clairement apparaître le sens que je lui ai trouvé, celui probablement de toute vie, ainsi que le chemin qui m'y a conduite. Je parlerai de la découverte et de la libération de soi, de la maturité qui nous permet d'y accéder et de la solitude dans la fourmilière plus attirante et plus féconde à mes yeux que celle dans le nid familial.

On peut vivre pour l'au-delà, pour les générations à venir ou dans le présent : personnellement, j'ai très tôt opté pour *la féroce immanence*, comme l'appelle Herzen. J'ai été loin, cependant, de me montrer précoce en tout et j'ai appris assez tardivement à réfléchir. Trop souvent, j'ai perdu du temps, cet élément essentiel de notre vie, qu'on ne saurait acheter, échanger, voler, contrefaire, quémander.

Comparée à des Mémoires, une autobiographie est une entreprise franchement égocentrique. Dans une autobiographie on parle de soi, dans des Mémoires on parle d'autrui. Il y a longtemps, j'ai lu dans un hebdomadaire un essai intitulé : "Mes trois rencontres avec Léon Tolstoï." Première rencontre : l'auteur arrive à Iasnaïa Poliana, mais Tolstoï est malade et ne peut le recevoir. Deuxième rencontre : il vient à Khamovniki et apprend que Tolstoï n'est pas chez lui. Troisième rencontre : il arrive à Astapovo*, Tolstoï vient de mourir... Je n'avais rien appris sur Tolstoï, mais beaucoup en revanche sur l'auteur de l'essai. Je ne l'ai jamais oublié !

Ici, je me suis efforcée de rechercher le sens de la vie, sans idée préconçue. J'essaie simplement de me comprendre ainsi que mon passé et, pour cela, je rapporte les faits et les réflexions qu'ils m'ont inspirées.

Je n'ai jamais été capable d'observer autrui de façon aussi attentive et approfondie que moi-même. J'ai parfois essayé de le faire, surtout dans ma jeunesse, mais cela ne m'a guère réussi. Il y a des gens qui en sont peut-être capables, mais je n'en ai pas connu. Toujours est-il que je n'ai jamais trouvé quelqu'un qui sache voir en moi plus loin que moi-même. *La connaissance de soi a été une donnée constante de ma vie*, mais je ne saurais dire quand l'idée m'en est venue. Je me souviens très bien, par contre, quand j'ai su pour la première fois que la terre était ronde, que toutes les grandes personnes avaient un jour été enfants, que Lincoln avait libéré les Noirs (j'ai longtemps cru, en contemplant son visage triste et sombre, qu'il était lui-même un Noir), ou bien que mon père n'était pas russe. Pour autant que je m'en souvienne, j'ai

* Iasnaïa Poliana, propriété familiale des Tolstoï, au sud de Moscou ; Khamovniki, quartier de Moscou où se trouvait la maison de Tolstoï ; Astapovo, petite localité où Tolstoï mourut, après s'être enfui d'Iasnaïa Poliana à l'âge de 82 ans. *(N. d. T.)*

toujours cherché à me connaître, de façon différente, bien sûr, suivant mon âge. Tantôt cette préoccupation se mettait en veilleuse et ne survivait en moi que de manière confuse, comme entre mes vingt et trente ans, tantôt elle me guidait de façon ferme et claire, comme dans ma petite enfance et après la cinquantaine. Elle reste en moi plus forte et plus pressante que jamais.

Chacun a ses secrets. Certains les traînent tout au long de leur vie comme un fardeau, d'autres les chérissent et les conservent avec soin, comme une source de vie jaillissante où ils puisent leurs forces vives jusqu'à la fin. Pour moi, ces secrets forment le trait d'union entre mon passé et mon présent. Je ne suis pas de ceux qui traînent derrière eux un poids mort qui les accable. Ce que j'ai jugé bon de garder, je l'ai laissé vivre et s'épanouir en moi. J'ai l'impression d'avoir su tirer parti de tous les embrouillaminis de la vie, peu importait que cela fût gai ou triste. Si le prix a parfois été exorbitant, c'était là sans doute *le prix qu'exigeait la vie*. Celui qui a peur de payer trop cher meurt à lui-même.

Je n'ai jamais senti d'hiatus entre moi et le monde, ce dont j'ai pris conscience il y a une trentaine d'années* déjà, à une époque où je ne soupçonnais même pas l'existence d'une identité de nature entre l'homme et la pierre, entre la matière organique et inorganique. L'énergie que je sens en moi comme une onde de chaleur qui me traverse quand je prononce le mot "je" ne peut se dissocier de la totalité de l'énergie cosmique. Moi aussi, je suis une partie de l'univers et parfois c'est celle-ci que je perçois *plus intensément que le tout*. Je me rends compte que j'ai reçu ce potentiel d'énergie à la naissance, un potentiel étonnamment puissant vu ma longévité, ma santé, ma personnalité et la faculté que j'ai gardée jusqu'à ce jour de me transformer. Mais je sais qu'à l'instant même où il sera épuisé, *ce sera fini*.

J'ai voulu me connaître et aussi me transformer. Après avoir pris la mesure de moi-même, je voulais me libérer, atteindre un équilibre intérieur, trouver des réponses aux questions

* Ecrit dans les années soixante.

posées, défaire des nœuds et ramener le dessin confus et morcelé à quelques lignes simples. Je voulais parvenir à un état stable, dépasser le désordre émotionnel de la jeunesse, les jeux intellectuels, le “mal du siècle” qui s’éternise et les angoisses de la créature tremblante du XXe siècle : plus de peurs, ni de superstitions, ni d’incertitudes, ni d’engouements passagers. Il fallait éliminer ces obsessions dont on n’a plus aucune chance de se libérer quand vient la vieillesse.

Tout cela doit paraître terriblement sérieux. Peut-être le lecteur a-t-il déjà devant les yeux l’image d’un visage sévère avec des lunettes, des moustaches, un dentier, des cheveux raides et grisonnants, coupés court sur la nuque, clairsemés sur le sommet du crâne, et d’un stylo ennuyeux, ventru, intarissable que tient une main arthritique et sillonnée de veines bleues. Ce portrait est inexact. Je n’ai ni moustache, ni sourcils fournis. Jeune fille, j’avais un visage avenant, mais inexpressif. Vers la quarantaine, il est devenu maigre et très triste. A présent, ce n’est pas à moi de juger de son aspect. Je sais seulement que le temps a taillé mes traits à coups de hache, effilé le menton, souligné le contour de la bouche, relevé les pommettes et raboté les joues. Le front est devenu ferme et l’ovale du visage avec ses zones d’ombre exprime une vie infiniment plus intense que sur mes photographies de jeunesse. Mon nez quant à lui est resté court jusqu’à aujourd’hui. Enfin, je me sers pour écrire d’un simple crayon.

L’idée d’un au-delà ne m’intéresse guère. Elle s’apparente un peu, à mes yeux, à “l’opium du peuple”, on l’exploite comme le charbon ou le pétrole. Dès l’instant où elle surgit, je suis sur mes gardes, elle n’apporte que des fausses vérités et des réponses faciles, mieux vaut s’en méfier. Tout ce qui est grand dans le christianisme, qui est l’un des éléments constitutifs de notre civilisation, se retrouve dans les autres religions. Toujours et partout on a tué Dieu pour s’en “nourrir”. Ni les Actes des apôtres, ni l’Apocalypse, ni l’Eglise n’ont réussi à briser les chaînes de l’esclavage, le Nouveau Testament n’a pas soufflé mot de la désolation qui se lit dans le regard des animaux. Dix-neuf siècles après les Béatitudes, les hommes continuaient à se moquer des bossus, des anormaux, des estropiés, des impuissants, des maris trompés et des vieilles filles. Le christianisme, tout en libérant les hommes spirituellement, n'a pas réussi à les libérer socialement. Seule la démocratie moderne, en adoptant une loi valable pour tous et en supprimant l'esclavage, a fait perdre aux hommes l'habitude de se targuer de leurs richesses et de mépriser la pauvreté.

Le siècle qui m'a vue naître et vieillir était le seul à pouvoir me convenir. Je sais bien que beaucoup en jugent autrement. Je ne parle pas ici du bien-être matériel ou du bonheur de vivre dans son propre pays, mais de quelque chose de plus essentiel. Femme russe, où et quand aurais-je pu être plus heureuse ? Au XIXe siècle, en compagnie des grisettes de Pouchkine ou des Nathalies de Herzen et de leurs pupilles ? Avec les mamans et les demoiselles de la bourgeoisie naissante ou les pédantes championnes du féminisme ? Au XVIIIe siècle, ou à une époque encore plus lointaine lorsque, dans toute la sainte Russie, jeunes et vieux passaient leur temps à dormir, manger et prier ?

Tout était déjà en place quand je suis arrivée. Autour de moi s'étalaient des trésors, il n'y avait qu'à les ramasser. Je suis libre de vivre où et comme je veux, de lire, de penser ce que je veux, d'écouter qui je veux. Je suis libre dans les rues des grandes villes lorsque, perdue dans la foule, je déambule sans but sous une pluie battante en marmonnant des vers, quand je me promène en forêt ou au bord de la mer dans une solitude bienheureuse, bercée par ma musique intérieure, quand je referme derrière moi la porte de ma chambre. Je choisis mes amis. Je suis heureuse que les énigmes de ma jeunesse aient été élucidées. Je ne fais jamais semblant d'être plus intelligente, plus belle, plus jeune, ni meilleure que je ne suis. Je vis au milieu d'un invraisemblable et indescriptible foisonnement de questions et de réponses et pour être tout à fait franche, les malheurs de mon siècle m'ont plutôt servi : la révolution m'a libérée, l'exil m'a trempée, la guerre m'a projetée dans un autre monde.

Je n'ai pas eu à me libérer, durant cinquante ans, des suites d'une éducation bourgeoise comme Louis Aragon ou Jean-Paul Sartre. J'ai grandi en Russie à une époque où l'on savait que le vieux monde allait, de toute façon, à sa perte. Personne ne défendait sérieusement les anciens principes, du moins pas dans mon milieu. Entre 1912 et 1916, tout croulait, s'effilochait sous nos yeux comme un vieil habit usé. La contestation était l'air que nous respirions, elle a nourri mes premières vraies émotions. Beaucoup plus tard seulement, à l'âge de vingt-cinq ans environ, j'ai su que j'appartenais de par ma naissance à la bourgeoisie. Je ne me sens absolument pas liée à elle, notamment parce que j'ai passé ma vie entière parmi des exilés *déclassés* comme les héros de mes romans et de mes nouvelles. En tant que classe sociale, elle a toujours éveillé en moi cependant plus de curiosité et d'intérêt que les débris de la noblesse féodale et au moins autant que la classe ouvrière. Mais c'est de l'intelligentsia, déclassée ou non, que je me sens la plus proche. Me sont étrangers, par contre, ceux qui détiennent le pouvoir, les dictateurs, les triumvirs, les hommes à qui on rend un culte, ceux qui y aspirent, les rois de tout poil. A ces dinosaures, je préfère encore les requins, au sens propre et figuré.

Ce qui m'intéresse, ce n'est pas la dimension horizontale de notre existence, les préoccupations de la vie quotidienne auxquelles nous sommes tous confrontés, mais sa dimension verticale, intellectuelle. Peu de gens y accédaient autrefois et de ce fait en avaient mauvaise conscience. A présent, ce n'est plus le cas : il suffit de vouloir lire, réfléchir et savoir. Comme l'a dit Jaspers, point n'est besoin d'apprendre à éternuer ou à tousser, mais la raison, elle, se cultive, car ce n'est pas une simple fonction organique.

Lorsque je remonte, par le souvenir, à ma prime enfance (j'avais alors presque trois ans), je vois des personnes géantes et des objets énormes. Loin au-dessus de moi, j'aperçois la branche d'un pommier. Pour la saisir, je me hausse sur la pointe des pieds et tends les mains vers elle. Une énorme maison rose, une de ces "demeures à mezzanine" dont parle Tchekhov, se dresse devant moi. Un géant, un buisson de lilas dans ses bras, est assis en face de moi, sur le pont d'un bateau qui descend la Néva depuis Smolny jusqu'à l'Amirauté, par une journée ensoleillée. Il sourit et me tend une branche. Je ne le connais pas, mais les inconnus ne me font pas peur. Je prends les lilas, ravie de lui avoir plu. Là-haut, au-dessous du ciel, une silhouette blanche un peu effrayante me salue depuis une fenêtre et me fait signe de venir : on est en train de laver les vitres à l'aide d'un balai enveloppé d'un chiffon blanc. Quelqu'un tire sur la branche du pommier, je l'attrape enfin dans mes mains tendues, me couche dessus et me balance comme le ferait une petite bestiole sur une énorme fleur. Puis je glisse et tombe, mais sans me faire mal. Je me relève et m'enfuis au fond du parc où la végétation est plus dense, l'herbe soyeuse et l'air saturé d'humidité. Je m'arrête près d'une vieille balustrade en bois et me penche au-dessus d'un gouffre ; quelqu'un me retient par-derrière. Il s'agit d'un vieux puits vide et noir qui ne contient plus d'eau depuis longtemps. Chaque été je reviens y plonger mon regard et m'attarde de plus en plus longuement. Un jour, j'avais douze ans environ, j'eus envie d'y descendre, mais il n'y avait pas moyen. Je me contentais d'écouter les craquements et les bruissements qui montaient des profondeurs depuis longtemps asséchées. Je rêvais qu'on me déposait au fond, qu'on m'oubliait et me laissait mourir de soif. J'aurais voulu que cela m'arrive tout de suite, pour pouvoir y découvrir une source. Personne ne saurait que j'étais encore en vie, que je continuais à chanter dans mes vers le puits et la source qui jaillissait pour moi seule.

Mon grand-père maternel, qui ressemblait à un vrai Tatar, faisait partie du *Zemstvo* de Tver*, de tendance nettement libérale. Il s'appelait Ivan Dmitrievitch. Son père, Dimitri Lvovitch, avait servi de modèle à Gontcharov pour son personnage de roman, Oblomov. Un jour que le romancier était en visite chez "son héros", il oublia l'étui perlé de sa montre avec lequel je me suis souvent amusée dans mon enfance. L'étui était usé et taché de graisse ; on ne me permettait pas de le mettre en bouche. Je finis cependant par le faire : il avait la saveur d'une croquette de poulet. Du vivant du père de Dimitri Lvovitch, Lev Ivanovitch, la vieille maison blanche de

* *Zemstvo* : assemblée régionale élue créée en 1864 par Alexandre II. Tver : ancienne cité russe au nord-ouest de Moscou ; aujourd'hui Kalinine. *(N. d. T.)*

style Empire avait brûlé. On en avait reconstruit une autre, la maison rose que j'ai connue. De son père Ivan Semionovitch, on savait seulement qu'il avait fait bâtir l'église au fond du jardin, sous laquelle il était enterré. De Semion Yourievitch, on ne savait rien. Par contre, ce fut Youri, dont le patronyme s'est perdu, qui reçut de Catherine II un domaine de cinq mille quatre cents hectares de marécages, de forêts, de prés, de champs et six villages. Les portraits de mes ancêtres étaient suspendus dans la pénombre du salon : Youri, qui ressemblait à Derjavine, avec sa tête garnie de boucles et sa poitrine de décorations, Semion Yourievitch et son épouse aux yeux fortement obliques, Ivan Semionovitch, l'air pieux et vénérable dans son grand col, Lev Ivanovitch et ses trois sœurs, tous les quatre dessinés de profil au pastel, enfin Dimitri Lvovitch qui, sur ses vieux jours, ne pesait pas loin de cent quatre-vingts kilos. Jusqu'à l'âge de six ans environ, je le confondais à la fois avec Ilia Ilitch Oblomov et son créateur. Mon bisaïeul, d'après la fable familiale avec son inévitable morale, était devenu très gros en raison de sa paresse.

Du temps d'Ivan le Terrible est arrivé en Moscovie, peut-être sous la contrainte, un certain Kara Aoul qui venait de la "cité noire" tatare*. Il fut baptisé et ne retourna plus dans le royaume tatar. J'ignore ce que firent ses descendants pendant les deux cents ans qui s'écoulèrent jusqu'au jour où Catherine fit don à Youri de son domaine. J'ignore également pourquoi il reçut ses terres, ses médailles et ses boucles de gentilhomme. Il y avait peu d'objets anciens dans la maison, tous dataient du siècle dernier et il ne restait aucune trace du précédent. Au grenier traînaient pêle-mêle, couverts de toiles d'araignée, de vieilles crinolines, des albums reliés de velours, un globe terrestre, une collection complète de la revue *Le Messager de l'Europe*** et une multitude de fleurs d'oranger, symbole de pureté, qui ornaient la tête des fiancées de la noblesse le jour de leurs noces. Une fois, j'en ai tressé une couronne pour notre vieux saint-bernard.

* Il s'agit d'Astrakhan, capitale tatare. *(N. d. T.)*

** Revue de tendance libérale, tolérée par Alexandre II. *(N. d. T.)*

Mon grand-père était de petite taille, avait une bonne bedaine ronde, une dent noire dans sa bouche et une barbe frisée gris verdâtre où parfois des miettes restaient accrochées. Je me souviens de lui en costume d'intérieur et aussi en grande tenue, quand, mort et étendu dans son cercueil, il avait été revêtu par l'employé des pompes funèbres de son uniforme orné des décorations et du ruban. On l'avait maquillé, suivant la coutume, de fard rose pour l'embellir et lui donner un air vivant. L'employé s'était enfermé avec lui deux bonnes heures et avait réussi à lui conférer une mine si fraîche, un air si guilleret et si pimpant que sa barbe même était devenue blanche à reflets bleus. En habit d'intérieur, il était tout autre. Dans son grand âge, sa mise était souvent négligée et une petite goutte restait suspendue à son nez : on disait que c'était à cause de l'iode qu'il avait l'habitude de prendre. Je ne sais pas ce qu'il faisait au juste à Pétersbourg, où il passait l'hiver. Sa vie entière était consacrée à la ville d'Oustioujna et au district de Vessiogonsk de la province de Tver. Aujourd'hui, on a construit, près de ces lieux, la retenue d'eau de Rybinsk pour alimenter la Volga avec les eaux des rivières larges et indolentes des régions de Vologda, de Tver et de Yaroslavl. Dans mon enfance, c'étaient des contrées pauvres, les paysans vivaient dans la misère, la terre donnait de maigres récoltes, le chemin de fer passait à une centaine de verstes de notre domaine. J'entendais sans cesse dire autour de moi que mon grand-père acceptait volontiers d'être le parrain d'enfants de paysans, qu'il tentait d'obtenir des bourses pour permettre aux plus doués de fréquenter l'école du district, qu'il faisait admettre des malades à l'hôpital du chef-lieu de province, qu'il engageait un nouvel assistant médical dans le canton ou qu'il chassait un pope ivrogne de la paroisse voisine.

C'était vraiment une contrée pauvre, triste et sauvage. Dans les forêts profondes, et pour ainsi dire vierges, vivaient des loups et des ours qu'on laissait généralement tranquilles. La rivière Savanka, un affluent de la Mologa, était inaccessible, d'épais nuages de moustiques tournoyaient au-dessus des eaux et on risquait fort de s'enliser dans le sol marécageux de ses rives. Les champs s'étiraient sur des centaines de verstes, l'horizon dessinait une ligne droite et nette, les chemins, souvent de fascines, se perdaient au loin, à l'infini, où seul retentissait le chant des alouettes.

La famille des Karaoulov était grande, et quand je repense à mon enfance, je réalise que tout n'y allait pas pour le mieux. Ma grand-mère maternelle avait commis une espèce de mésalliance en épousant mon grand-père qui appartenait de tout son cœur à l'époque des Grandes Réformes et qui, plus tard, a adhéré au parti cadet*, en compagnie de ses amis de la Douma, Petrounkevitch, Kolioubakine et le fameux tribun Roditchev. Ma grand-mère était issue d'une famille de hauts dignitaires et elle n'aimait pas les idées libérales. Certains de ses proches parents étaient ministres ou occupaient d'autres fonctions élevées ; tous ces hôpitaux et ces écoles que mon grand-père aidait à construire lui étaient, si j'ose dire, parfaitement odieux. Elle est morte quand j'avais douze ans et je pense qu'elle avait été fort peu différente de sa mère ou de sa grand-mère qui tutoyaient leurs serviteurs et tenaient, en leur for intérieur, le servage comme un moindre mal.

Fiodor Roditchev, dont la voix de stentor retentissait aux oreilles de la Fräulein et de moi depuis l'autre côté du jardin, Kolioubakine, un autre cadet, membre de la Douma, et Pavel Korsakov, qui avait épousé la fille d'un ancien serf, une femme instruite aux idées progressistes, dont le fils "Vanetchka" fut un camarade de classe d'Ossip Mandelstam, à l'école Tenichev, comptaient tous parmi les amis de mon grand-père. Mon aïeul était à la fois maréchal de la noblesse du district, curateur du lycée de jeunes filles, juge de paix et fondateur d'une école professionnelle. Le *Zemstvo* absorbait tout son temps. J'ignore comment il avait obtenu ses titres de noblesse et accédé à la charge de "conseiller d'Etat actuel**". Je ne sais même pas pourquoi on l'a représenté sur un portrait officiel, dans un établissement public

* Parti constitutionnel-démocrate ou "cadet", en russe K.-D. *(N. d. T.)*
** Un des grades de fonctionnaires instaurés par Pierre le Grand en 1722 conférant la noblesse héréditaire. *(N. d. T.)*

du district dont il était visiblement le fondateur, revêtu d'un ruban rouge et blanc avec l'ordre d'Anna ou de Stanislav autour du cou, tel qu'il m'apparaîtrait plus tard dans son cercueil. Je ne l'ai vu qu'une seule fois aller à une réception officielle. C'était une sorte de revue de la noblesse organisée par Nicolas II. Tout à coup, mon grand-père avait enlevé sa redingote douillette saupoudrée de pellicules pour enfiler un uniforme brodé d'or et se coiffer d'un tricorne, le tout ayant été aéré auparavant dehors dans l'air glacé. Il ressemblait alors au maire du *Révisor*, interprété par Davydov à l'Alexandrinka*. Plus tard il raconta que, pendant la réception, il s'était mis au garde-à-vous. Nicolas s'avançait lentement, s'arrêtait, posait des questions. Arrivé près de mon grand-père, il lui avait demandé si la voie ferrée passait loin de ses terres. Mon grand-père n'avait pas pu s'empêcher de répondre : "A une centaine de verstes, Votre Majesté. Il serait vraiment temps de construire une voie secondaire de notre côté." "La Russie est vaste, avait répondu le Tsar, avec un sourire triste comme il sied aux Tsars, et il est impossible de tout faire à la fois dans un si grand pays." Quel pouvait bien être, à ses yeux, le rythme idéal pour opérer des changements en Russie ? Lui-même fut chassé avec cent ans de retard !

C'était à Saint-Pétersbourg. Cette année-là, mon grand-père et moi avions pris pour la première fois le tramway. Ceux-ci avaient commencé à circuler à partir de la gare Nicolas. Avant eux, il n'y avait que des omnibus tractés par des chevaux. Nous allions rendre visite à sa sœur. Il en avait deux que je n'ai connues, bien sûr, que dans leur vieil âge et que j'aimerais évoquer en quelques mots.

Olga Dmitrievna a toujours été pour moi une sorte d'Anna Karénine. Elle avait épousé le prince Oukhtomski, puis était devenue la maîtresse d'un autre homme, dont elle avait eu un fils qui, par la suite, devint sculpteur et fut fusillé

* Appellation familière du Théâtre Alexandrinski à Pétersbourg, aujourd'hui Théâtre Pouchkine. V.N. Davydov, célèbre acteur du début du XXe siècle. *(N. d. T.)*

en 1921 lors de l'affaire Tagantsev*. Elle ne cessait de quitter son mari, de revenir, de se rendre à l'étranger, mais n'obtint jamais le divorce. Le fils de son amant portait le nom de son mari. Celui-ci savait que le garçon n'était pas le sien, mais ne l'a jamais laissé à sa mère. Il les faisait souffrir de mille manières. Cette histoire absurde et pénible se termina en fin de compte, après bien des souffrances, par la mort, "la honte", "le scandale" et la ruine. J'ignore pour quelle raison mon grand-père m'a emmenée chez elle. Je n'étais au courant de rien, bien sûr. Je voyais devant moi une dame déjà très âgée, mais belle encore et affectueuse. Mon grand-père avait gémi au moment de se hisser dans le tramway et d'en redescendre. Tout cela laissa en moi un sentiment de mélancolie indéfinissable.

L'autre sœur de mon grand-père, que l'on appelait Aline, a eu un tout autre destin. Elle apparaissait de loin en loin chez nous, à la propriété, où elle était, à proprement parler, la risée des serviteurs. Avec ses cheveux coupés ras, ses vêtements masculins et sa voix grave, on ne savait trop si elle était homme ou femme : une sorte d'hermaphrodite. Naturellement, elle ne s'était jamais mariée. Elle avait sur tout un avis personnel, énoncé de façon péremptoire, et ne se souciait ni de l'effet produit, ni de son interlocuteur. Je me demandais toujours si elle se rasait. Il y avait eu dans sa vie une période de dix ans dont on ne parlait jamais. La dernière fois que je l'ai vue, j'avais environ treize ans : elle était à moitié paralysée et avait de la peine à se hisser sur le *charaban*** et à prendre place à côté de moi. Elle portait alors de larges jupes en calicot qui tombaient jusqu'à terre, et fumait la pipe. J'ai pris les rênes et nous sommes parties nous promener très doucement, sans but précis, le long du chemin poussiéreux et creusé d'ornières qui menait aux champs. Pour la distraire, je lui récitais des poèmes dont certains étaient de moi, d'autres

* Affaire dite du "Complot des Monarchistes" (août 1921) où soixante-deux membres de l'intelligentsia, dont Goumiliov, trouvèrent la mort. *(N. d. T.)*

** Du français "char-à-bancs" ; désigne en russe une voiture élégante et légère, à deux roues, sans emplacement pour le cocher. *(N. B.)*

de Blok que je prétendais aussi avoir composés. Ils lui plaisaient. Est-ce vraiment utile d'ajouter qu'Aline et Olga Dmitrievna n'étaient invitées par ma grand-mère que lorsqu'il n'y avait pas d'autres convives ?

C'était moi qui étais installée, à présent, dans le cabinet de travail de mon grand-père, là où autrefois sans doute se tenait Gontcharov lorsqu'il étudiait son modèle. Le matin, les *moujiks*, comme on les appelait alors, venaient voir mon grand-père. Il y en avait de deux sortes, j'avais l'impression qu'ils appartenaient à deux races complètement différentes. Les uns étaient dignes, bien en chair, avec des cheveux gras, des ventres rebondis et des visages replets. Ils portaient des chemises brodées et des *cafetans* de drap fin. Il s'agissait de ceux qui quittaient la commune rurale* pour s'établir sur leurs propres terres, où ils coupaient des arbres et se construisaient de nouvelles isbas, dans cette forêt impénétrable qui, récemment encore, appartenait à mon grand-père. A l'église, ils faisaient passer la corbeille et allumaient de gros cierges devant l'icône de la Sainte Vierge *Apaise ma douleur*. Mais quelle pouvait bien être leur douleur ? La Banque paysanne leur accordait des crédits et, dans leurs isbas où j'allais parfois, des géraniums décoraient les fenêtres et cela sentait bon la brioche tout juste sortie du four. Leurs fils étaient des jeunes gens énergiques qui inauguraient une autre forme de vie et représentaient pour la Russie l'embryon d'une nouvelle classe sociale**.

Les autres moujiks, ceux qui restaient au sein de la commune rurale, portaient des chaussons de teille et saluaient humblement en franchissant le seuil de notre porte. Ils étaient chétifs, vêtus de guenilles, et traînaient souvent dans le caniveau, près du débit de boissons public. Leurs enfants étaient toujours plus petits les uns que les autres, leurs femmes sur le point d'accoucher ou atteintes de phtisie et leurs bébés couverts

* En russe *Mir* : assemblée traditionnelle des villageois gérant l'exploitation communautaire des terres. *(N. d. T.)*

** Il s'agit des paysans aisés *(koulaks)* qui, encouragés par les réformes de Stolypine, entre 1906 et 1917, quittaient le *Mir* pour créer des exploitations individuelles, de type capitaliste. *(N. d. T.)*

d'eczéma. Chez eux, où j'allais aussi parfois, les carreaux cassés étaient bouchés avec des chiffons. Les veaux et les poules vivaient dans la même pièce qu'eux. On y respirait une odeur âcre. Les paysans gras et dignes, quant à eux, avaient des gaillards adroits et travailleurs et leurs brus étaient de belles filles solides. Leurs petits-fils fréquentaient l'école professionnelle du district. Ma grand-mère, naturellement, ne supportait ni les uns ni les autres.

Visiblement, tout cela tourmentait souvent mon grand-père qui était profondément opposé aux réformes de Stolypine et qui soutenait à fond la communauté rurale. Il se rendait bien compte qu'on continuait partout à pratiquer l'assolement triennal, que dans les granges du village d'à côté on battait encore le blé à l'aide de fléaux, que dans certains cantons il n'existait pas d'autre école que celle de la paroisse et que les partisans de McCormick* vivaient en Amérique, non en Russie. Il lui arrivait parfois d'en être si accablé qu'il se mettait brusquement, sans raison apparente, à arpenter le grand salon de long en large, les mains dans le dos. Cela pouvait durer deux bonnes heures, après quoi il faisait atteler la calèche et disparaissait une semaine durant. Ses retours se faisaient de façon quasi furtive. Il s'enfermait dans son bureau où il dormait, suivant l'habitude de l'époque, sur le canapé. Lorsqu'il réapparaissait à la salle à manger, il avait un air légèrement penaud. Il parlait peu avec sa femme. Bien plus tard, j'ai appris qu'il avait une deuxième famille dans la province de Novgorod, une femme beaucoup plus jeune que lui, qu'il aimait, et trois enfants. J'ai été heureuse de l'apprendre.

J'avais dix ans quand m'est venue l'idée bizarre qu'il me fallait au plus vite choisir une profession. Lorsque je fouille dans les souvenirs de ma petite enfance, j'arrive à m'expliquer, du moins en partie, ce désir de me trouver un travail dans la vie. Quatre ans plus tôt environ, j'avais découvert, tout à fait par hasard, mais avec une force irréfutable, que les garçons avaient quelque chose que les filles n'avaient pas.

* Inventeur américain qui, en 1834, réalisa la première machine agricole, une faucheuse. *(N. d. T.)*

J'en avais ressenti une forte impression, mais cela ne m'avait nullement offensée et je n'avais éprouvé ni de l'envie, ni le sentiment d'une infortune. Du reste j'ai très vite oublié cet incident qui n'eut pas d'effets apparents sur mon développement ultérieur, mais qui s'était sans doute fixé dans mon inconscient ou quelque part ailleurs. En effet, la force, inhabituelle chez l'enfant, de mon désir d'avoir un métier "pour la vie", d'avoir quelque chose qui se greffe sur moi comme un bras ou une jambe m'apparaît aujourd'hui comme une sorte de compensation de ce qui me manquait. Autant qu'un métier, je recherchais l'occasion de faire un choix, de prendre une décision en connaissance de cause. Aujourd'hui, je sais bien que toutes les actions décisives et irrévocables de mes soixante dernières années, comme par exemple mon départ de la Russie en 1922, n'ont pas été le fruit de décisions *conscientes*, ce qui fut le cas, en revanche, de mon refus de quitter la France occupée en 1940. Durant toute ma vie, je n'ai pas eu à prendre plus de quatre ou cinq fois des résolutions qui engageaient la totalité de mon existence et de ma personnalité. Mais chaque fois que je l'ai fait, j'ai éprouvé un sentiment aigu de ma force, de ma liberté et de mon énergie vitale, une sorte de bonheur indépendant des conséquences heureuses ou fâcheuses de ce choix. Ce sentiment de félicité intense n'était en rien affaibli du fait que mon choix avait été partiellement conditionné par les déterminismes biologiques et sociaux en dehors desquels je ne me conçois pas.

Je m'aperçois que la réalisation de ce premier vrai désir, celui de m'engager sciemment dans une direction déterminée, m'a donné une fois pour toutes le sentiment d'une victoire personnelle, remportée non sur mon entourage, mais sur moi-même. C'est ainsi que j'ai noté sur une feuille de papier une longue liste des métiers possibles, sans prendre en considération que j'étais une fille et que les professions de pompier ou de postier auraient dû normalement être exclues. Parmi une quarantaine de métiers figurait aussi celui de poète que j'avais placé entre ceux de pompier et de postier. Je ne respectais pas en effet un ordre alphabétique rigoureux. Je n'avais pas encore une image très nette de cet endroit embarrassant de l'alphabet russe où le *yat* joue à cache-cache avec le signe dur, le signe mou, le *you* et le *ya*. Bouillonnante d'impatience, je contemplais ma liste, comme si je me trouvais devant un comptoir chargé de denrées le monde s'ouvrait à moi, il suffisait d'y entrer. Les trésors s'étalaient pêle-mêle. Sers-toi, c'est gratuit ! Tout est à toi ! Attrape ce que tu peux ! Le monde était là, comme un magasin grand ouvert, et je me mis à escalader les étagères et les caisses.

Après de longues réflexions dans la solitude et le secret le plus complet, je pris enfin ma décision. Aussitôt je fus comme étouffée par un flot de poésies. J'en écrivais sans arrêt, deux ou trois par jour, je me les récitais à moi-même, à Dacha, à la Fräulein, à mes parents, à nos amis, à tout venant. Ce sens austère de la vocation ne m'a plus jamais quittée. J'étais pourtant, à dix ans, pareille aux autres enfants : j'aimais jouer, j'essayais de me soustraire à mes leçons, je me retrouvais souvent au coin ou bien privée de dessert. Mais en plus, j'étais habitée par une idée fixe : je suis poète et je le resterai, mes amis seront aussi des poètes, je veux lire et discuter de poésie.

Rétrospectivement, je constate que mes deux vraies amies de jeunesse avaient eu la même vocation que moi et écrivaient également des poésies. L'une d'elles fut fusillée à l'époque stalinienne, l'autre a perdu son mari et passa quatorze années dans les camps.

Je me souviens très bien de cet été-là. J'avais décidé d'essayer chaque métier à tour de rôle, sans perdre de temps. Je me suis d'abord demandée si je ne pourrais pas être acrobate. Pendant plusieurs jours, j'ai fait des exercices de gymnastique, mais j'en eus vite assez. Puis, je me suis tournée vers les sciences naturelles. Je remplis un bocal avec de l'eau tirée de l'étang et, des heures durant, j'observais les infusoires. Mais cela finit aussi par m'ennuyer. J'avais entendu dire que certaines personnes s'occupaient à recueillir les chansons populaires. Je pris un carnet et un crayon et sortis, un soir, à l'heure de la traite des vaches. Les jeunes paysannes chantaient la ritournelle : "Aujourd'hui et demain, y'a les pois, y'a les pois, trais tes vaches, ô ma belle, dépêche-toi, rejoins-moi." Ce n'était pas difficile à noter, car elles l'ont répétée plus de deux cents fois avant de finir de traire les vaches, et il y en avait beaucoup. Mon grand-père vivait alors principalement de la vente du beurre et du fromage "hollandais" fabriqués dans une isba qu'on appelait "l'usine". Mais le folklore non plus ne me satisfaisait pas. Alors j'ai été assombrie comme par un gros nuage noir. Je traînais des journées entières dans la maison, au jardin, dans la cour. Je suis tombée dans les orties, j'ai été mordue par une oie, j'ai sangloté au grenier, cachée sous les crinolines, mais j'étais toujours sans profession. C'est dans cet état de détresse que je suis tombée sur *La Prière* de Lermontov que j'ai recopiée et signée. Elle me consola, car j'eus l'impression de l'avoir écrite moi-même.

Le prêtre de la paroisse avait sept filles. Les deux cadettes et leur frère, qui portait le nom bizarre d'"Avenir", avaient mon âge. Elles savaient toutes pertinemment, depuis leur enfance, qu'elles seraient institutrices de village, et cela me plaisait beaucoup. Le prêtre était pauvre et sans instruction, mais ses filles recevaient des bourses et passaient l'hiver en ville. Leur pauvreté était terrible à voir. Ils avaient honte quand j'arrivais chez eux et que je voyais les aînées, pieds nus, en train de laver les planchers, pendant que, dans la cour, les plus jeunes pataugeaient dans le fumier, auprès d'un cochon et d'une vache couverte de mouches bleues.

Les quatre maisons qui se trouvaient entre notre propriété et l'église étaient entourées d'épais buissons de lilas, de jasmin et de chèvrefeuille. La femme du diacre était sourde-muette et les enfants du sacristain couraient nus jusqu'à l'âge de dix ans tellement ils étaient misérables. La quatrième maison appartenait à deux vieilles femmes dont l'une n'avait plus de nez. Quand je passais devant chez elles, elles se jetaient sur moi pour m'embrasser les épaules, les mains et la robe. Dacha, notre femme de chambre, m'avait dit un jour qu'elles étaient d'anciennes "baladeuses" et que, si l'on se baladait beaucoup, on se retrouvait sans nez. On leur envoyait les restes de nos repas de fête. Qui étaient-elles ? Pourquoi mon grand-père leur avait-il donné la maison qui se trouvait entre celle du pope et celle du diacre ? On les disait couturières et c'était peut-être vrai, jadis. Mais lorsque je les ai connues, avec leurs cheveux gris ébouriffés et leur maigreur à faire peur, elles ressemblaient à de vieux corbeaux.

Leurs baisers, les pieds des filles du pope, comme mes propres pieds et même mes bras nus en été me remplissaient de honte, sans parler de la jupette de bain dont on m'affublait, moi qui n'aimais pas l'eau et qui n'y entrais qu'en hurlant. Aussi loin que je puisse remonter dans mes souvenirs et jusqu'à l'âge de douze-treize ans, j'étais affligée d'une pudeur maladive. J'avais honte de montrer mes orteils, de dire des sottises, de voir ma mère dans sa robe de soirée qui découvrait ses belles épaules. J'avais honte aussi de mes ongles rongés, de mon nez égratigné, de la sottise d'autrui, d'une erreur commise par l'idole du moment. Khodassevitch appelait plaisamment le sentiment de honte inspiré par la sottise d'autrui "une hypertrophie du sens de la responsabilité". J'avais surtout honte de mes orteils. Quand on me lavait dans le baquet, j'essayais de les recouvrir avec la mousse de savon, comme pour les habiller. Par-dessus tout me remplissait d'effroi une paire de sandales légères et grinçantes. Le vendeur de chaussures des Grandes Galeries avait dit en me les essayant : "Celles-ci, voyez-vous, ne risquent ni de couler ni de brûler." Grâce à mes bas noirs striés, j'ai supporté cette épreuve tant bien que mal et sans hurlements. Pendant plusieurs années, ces sandales ininflammables et insubmersibles devinrent, pour moi, le symbole de mes terreurs estivales.

Je n'allais pas à l'église. Lorsque j'étais petite, on m'y emmenait ; plus tard, je faisais mon possible pour éviter l'icône de la Sainte Vierge *Apaise ma douleur* et nombre d'autres choses qui ne me disaient rien. Du temps où je devais encore y aller, je me souviens d'avoir vu, chaque dimanche, dans la chapelle de gauche, une rangée de cercueils où se trouvaient les corps de nouveau-nés. Il pouvait y en avoir six ou huit, parfois davantage. Les nouveau-nés se ressemblaient tous. On aurait dit des poupées ou des cochons de lait pour le jour de Pâques à qui on mettait une feuille de laitue dans la bouche. On enterrait ceux qui n'étaient pas baptisés d'un côté du cimetière, et de l'autre, ceux qui l'étaient. Mon grand-père me disait avec tristesse : "Eh oui, mon petit (c'est ainsi qu'il m'appelait), voilà comment ça se passe chez nous. Un vrai trou ! Qu'est-ce que tu veux, ce n'est pas la province de Moscou, ni celle d'Orel. Ça, mon petit, c'est notre coin : une centaine de verstes jusqu'à la voie ferrée, soixante-six jusqu'à l'hôpital le plus proche et quarante-trois jusqu'à l'assistance médicale. Et ainsi de suite, mon petit. Pas de chemins, vois-tu, pas de chemins, des bois et des marécages. Et à la mauvaise saison, n'en parlons pas, avait-il ajouté avec un geste de découragement, les ponts sont emportés, pas question de joindre qui que ce soit, sans parler de l'assistant médical. T'as beau essayer, tu n'y arriveras pas. Philippe Guennadevitch est parti avant-hier et n'est toujours pas de retour. C'est comme ça, mon petit." (Chaque chose en son temps, avait dit le Tsar en souriant tristement.)

J'étais souvent là, tapie au fond du grand fauteuil du coin, derrière le canapé, lorsque les moujiks dignes et aisés discutaient des crédits à long terme accordés par la Banque paysanne ; ils vouvoyaient mon grand-père et disaient "nous" en parlant d'eux-mêmes. L'un d'eux, Savva Kouzmitch Karaoulov (au moment d'acquérir leur passeport, beaucoup adoptaient le nom du propriétaire le plus proche), avec son air malin, ses mains fortes et soignées, avait été récemment proclamé marguiller de l'église. Son fils aîné allait ouvrir une quincaillerie dans le canton. Les discussions se prolongeaient et intéressaient les deux Karaoulov. Il n'y avait, du reste, aucune raison de se presser. Le jour tombait et Dacha avait apporté une lampe à pétrole qu'elle venait de remplir et qui était coiffée d'un abat-jour en verre dépoli peint de mille motifs bizarres. La lumière éclairait par intermittence le portrait de l'oncle Serioja, le frère de maman, qui s'était mortellement blessé par accident, à l'âge de dix-huit ans, d'une balle de carabine, lors d'une partie de chasse. Le fauteuil dans lequel je les écoutais en somnolant était tapissé d'une étoffe nervurée. J'effleurais ces nervures et rêvais que, tout à coup, je devenais aveugle et apprenais à lire avec mes doigts. Voyez-vous, leur dirais-je, je suis devenue aveugle, mais c'est sans importance, car je peux lire tout ce que je veux. Il était l'heure de souper : grand-père et moi allions nous faire gronder. Je m'apercevais tout étonnée que ce n'était plus Savva Kouzmitch qui était assis devant mon grand-père, mais Timofeï qui n'avait pas de nom de famille et portait de méchantes savates de teille. Il se tenait sur le bord de son fauteuil, triturait son bonnet entre ses mains et, les yeux pleins de larmes, regardait mon grand-père qui lui disait : "Oh ! oh ! mon petit, je veux bien te donner le terrain, mais qui donc va te la construire, ta maison ? Anissia ? Matriona ? Tâche de les marier d'abord et d'avoir des gendres. Ton aînée va sur ses vingt ans, pas vrai ? Il est temps qu'elle se marie, sinon elle restera vieille fille ! Mais je vais y réfléchir, mon petit. En attendant, prends le bois de construction, tu entends, je dis bien, prends-le. Nous allons pouvoir nous arranger. Pour ce qui est du terrain, donne-moi un temps de réflexion, je ne peux pas réfléchir si vite, je suis un vieil homme, mon petit, un vieux bonhomme russe, pas un de ces Français qui vous filent comme une anguille. Et maintenant, va à la cuisine, vas-y, on te donnera ce qu'il te faut."

Grand-père passa à la salle à manger où je le suivis : 'Donnez-moi cet onguent que le docteur Wasserquelle m'a prescrit à Kissingen, l'an dernier, quand je me suis empiffré d'huîtres. Aujourd'hui, Timofeï n'a cessé de se gratter sous les aisselles." A quoi sa femme, une dame comme il faut, répondit dégoûtée et impassible : "Il se grattait parce qu'il est couvert de vermine. Ses molletières ont empesté toute l'atmosphère de notre maison. Il faut, à présent, absolument aérer les lieux, sinon nous allons tous suffoquer."

Un oncle de ma grand-mère avait été ministre d'Alexandre III et un de ses cousins, de Nicolas II, mais cela s'était arrêté là. Ses neveux étaient des bons à rien et son fils était mort à la chasse.

Souvent dans l'obscure nuit russe régnait un silence singulier qui se prolongeait indéfiniment comme s'il n'avait ni commencement ni fin. "Et si tu t'y enfonces avec tes rêves et tes espoirs, me disais-je, tu seras entraînée et engloutie par cette présence sourde et sans vie qui envahit le jardin, la maison, les champs jusqu'à l'horizon." Je m'asseyais sur le rebord de la fenêtre et me demandais si je ne devais pas me mettre à soigner les gens ou devenir institutrice de village comme les filles du pope ou aller labourer les champs, comme Tolstoï, ou encore apprendre à construire ces magnifiques isbas avec leurs géraniums et leurs coqs perchés sur la corniche où je logerais par la suite Timofeï et les membres de sa famille. Je continuais à me chercher une profession sans pouvoir me fixer sur aucune car je n'avais personne à qui demander conseil : pour moi il y avait les êtres bienveillants qui en savaient encore moins sur cette question que moi et les ennemis qui ne pouvaient rien me conseiller de bon.

En ce temps-là, j'aimais beaucoup d'êtres et de choses mais je pouvais aussi éprouver de la haine. Je détestais en particulier tout ce qui avait trait au "nid", à l'esprit de famille, au maternage. Se réchauffer auprès de quelqu'un, se blottir contre lui, chercher un abri me paraissait à la fois répugnant et humiliant. Je me souviens d'avoir repoussé un jour, d'un geste presque brutal, le bras de ma mère qui m'entourait l'épaule. Ce geste ne m'apparaissait pas comme une simple caresse, mais comme le symbole de cette surprotection que je ne supportais pas. Je poussai un profond soupir avec le sentiment que je venais d'enlever de mon visage un coussin qui m'étouffait. Contre quoi voulait-on me défendre ? De quelles terreurs, de quelles catastrophes, de quelles maladies, de quels chagrins ? Je suis prête, je brûle de les affronter. J'apprends à écrire des deux mains, au cas où quelqu'un me couperait la main droite ; si je suis condamnée à perdre mes deux jambes, je ramperai sur les moignons comme le mendiant sur le parvis de l'église. Voilà deux jours déjà que je m'entraîne à l'insu de tous et au grand étonnement de nos deux chiens, un saint-bernard et un basset.

La peur, voire l'horreur, de la solitude est une superstition. On en a fait un épouvantail. J'ai aspiré à la solitude dès mon jeune âge. Rien n'était plus affreux pour moi que de passer une journée entière en compagnie d'une autre personne sans pouvoir être seule avec mes pensées, rester libre de mes actes, lire ce qui me tombait sous la main. J'ai appris à lire dans les petites annonces de *La Parole* * : "Maîtres recommandent cuisinier", "Louons appartement y compris bois de chauffage". Puis, ce fut l'abécédaire à la mode, dont j'ai oublié

* Quotidien, porte-parole du parti cadet. *(N. d. T.)*

l'auteur : "Le chat est là, le rat s'en va." Ensuite "Enfanceet-adolescence" (j'ai su bien plus tard que ce titre comportait trois mots distincts, je l'avais lu à toute vitesse pour voir "ce qui venait après"). Enfin, *Crime et Châtiment*, que j'ai lu couchée sur le ventre sous un arbre en mâchonnant des brins d'herbe. J'étais tellement plongée dans ma lecture que j'avalais parfois avec le jus une petite araignée insipide.

Un soir, j'étais couchée avec de la fièvre. Au-dehors tombait la nuit bleue et noire de Pétersbourg. Sur la table de chevet, se trouvaient une lampe, du thé au citron et des médicaments. La pendule marquait cinq heures dix. Une compresse me serrait la gorge. Sur une chaise droite et rigide, ma mère était assise près de moi, raide et sévère. Pourquoi restait-elle là ? J'avais envie d'être seule, de cacher ma tête sous la couverture et de vaincre ma maladie, tranquillement, dans l'obscurité, la chaleur et le recueillement. Elle venait me distraire. J'imaginais ce qui se passerait quand enfin elle ne serait plus là et que toute la chambre m'appartiendrait. J'écouterais les clochettes des tramways sur l'avenue Liteïny et me représenterais les gerbes d'étincelles jaillissant des roues sur la neige. Les gens rentraient chez eux, vêtus de leurs pelisses et de leurs toques de fourrure. J'aimerais les connaître, mais ne les connaîtrais jamais. Puis je retirerais mon livre de dessous le matelas où je l'avais fourré. Mais elle ne s'en allait toujours pas. Elle m'offrait du thé, une croquette de viande et me proposait de lire une histoire à haute voix, ce qui me glaçait le sang. "Qu'est-ce qui t'arrive ? Tu as les pieds glacés !" s'écriait-elle, mais elle n'allait pas chercher la bouillotte. Elle appela Dacha qui m'en apporta une en métal enveloppée dans un torchon. La forme arrondie de la bouillotte la prédestinait visiblement à un ventre rebondi. Elle ne cessait de fuir. Mille années s'étaient écoulées et ma mère était toujours là, jusqu'à ce qu'une odeur de tourte aux choux s'échappât de la cuisine. Le téléphone sonna. C'était la délivrance ! Enfin seule dans la demi-obscurité de la grande chambre ! Sur la vitre embuée danse le reflet d'une lanterne qui passe. Un cocher s'en va quelque part on ne sait trop où. Qui emmène-t-il ? Je ne le saurais jamais. Pourquoi la vie est-elle si grande, le monde si vaste ?

Et puis il y a encore bien d'autres choses en moi, je n'arriverai pas à tout connaître, il me faudra du temps, vingt ans, trente ans... La diseuse de bonne aventure m'avait dit soixante. Ce sera donc en 1961. Quelle chance, c'est encore si loin, aussi loin que de Kazan à Riazan, de Riazan à Lebedian... "Tu délirais et tu récitais une leçon de géographie", me dit-on quand j'ouvris les yeux. C'était l'heure de prendre ma température.

Le sapin de Noël garni de papillotes à pétards, de bougies, de cheveux d'ange faisait partie de ce que je détestais cordialement : il était pour moi le symbole du nid. Je haïssais les anges de papier aux visages roses et stupides. Les pétards m'ennuyaient. Je n'arrivais à enfiler aucun des bonnets d'âne, plus tard ce serait pareil avec les chapeaux. Les bougies scintillaient faiblement comme pour nous donner l'illusion que la vie était plus agréable en leur compagnie qu'avec les lampes à tungstène. Je considérais comme mes ennemis personnels ceux qui pensaient ainsi. Je n'étais plus libre de m'asseoir sur le rebord de la fenêtre, derrière les tentures, de contempler les arabesques que dessinait le gel sur les vitres, de rester assise à mon bureau, de jouer sous la table de la salle à manger ou encore d'aller à la cuisine, où l'on faisait une patience nommée "la tombe de Napoléon". Il fallait rester là à regarder les bougies, à faire semblant d'admirer les anges et de guetter les cadeaux déjà préparés, alors que seules les vraies surprises me faisaient plaisir. L'exaltation affectée des adultes m'était incompréhensible et détestable. Elle ressemblait à celle qui s'emparait d'eux lorsqu'ils écoutaient les fadaises poétiques d'Apoukhtine ou les romances tziganes. Quelle joie quand on emportait le sapin mort et dénudé !

Je redoutais comme le feu l'outrance et le maniérisme des sentiments. J'avais l'impression qu'il y en avait de trop autour de moi. Au début du siècle, avant l'avènement de l'analyse psychologique, les élans lyriques de nos parents s'exprimaient avec une fougue invraisemblable, facile et triviale. On déclamait, sur fond musical et d'une voix larmoyante, les vers de Chtchepkina-Koupernik et on chantait d'une voix nasillarde, les yeux mi-clos, des variations sur la romance *Les Deux Guitares*. Je me rappelle les portraits en pied, peints à l'huile, des dames du monde, avec leurs traînes à falbalas de dentelles qui s'enroulaient autour de leurs jambes. Leur visage exprimait moins d'intelligence que leurs traînes, mais bien plus de langueur. Sur la couverture des revues, on voyait des hommes moustachus, les narines dilatées de Vera Kholodnaïa, des femmes serpents, oiseaux, fées et lionnes. Certaines de mes camarades rêvaient de telles métamorphoses, mais moi, j'en étais consternée. Comme d'habitude, je suis tombée dans l'excès inverse : mue par l'instinct de conservation et une froide réflexion, j'ai fini par trouver suspects l'emphase et le vrai lyrisme, les mauvais vers sur le clair de lune et les nuits elles-mêmes, les gentils rossignols et les cygnes sur les lacs dans la poésie comme dans la réalité. Tous ces "rêves d'Amour" avaient un arrière-goût de précarité et je sentais qu'ils s'effondreraient sous le premier choc. Mais ils résonnaient partout et nos mères s'en délectaient. Elles devinaient que c'était pour elles qu'on entonnait le clairon du lyrisme bon marché et rêvaient que leurs filles adopteraient toutes ces romances comme on enfile une vieille chaussure. Nos enfants, quant à eux, y trouveraient définitivement leur bonheur. Mais nous avons refusé de profiter de l'aubaine et, au lieu de la bouillie de semoule, nous rongions *on ne sait trop quoi*, en nous cassant les dents dessus. On nous le reprochait assez souvent dans un bruissement de robes : "Cœurs ingrats et rudes, insensibles et secs, qui aiment la poésie sans rythme, la musique sans mélodie et la peinture sans âme." Déjà, à l'âge de douze ans, je commençais à douter du dialogue de Natacha Rostova et de Sonia à la fenêtre, la nuit où le prince André dormit à Otradnoïe, et de la "nature divine" de l'homme révélée au prince André sur le champ de bataille d'Austerlitz. J'avais l'impression d'un rideau de fumée dissimulant la vie.

Je ne voulais pas de rideau de fumée, ni du refuge chimérique de la religion avec ses veilleuses d'icônes, ses cierges et ses chants mortuaires. Je voulais une ampoule de cent watts éclairant mon livre ouvert où tout serait parfaitement expliqué.

Pas d'ambiguïtés, pas d'improvisations en mineur accompagnées de regards, de soupirs et d'allusions. Ces mirages me semblaient plus inquiétants que le feu des canons. Ma vie m'attendait et je pressentais qu'elle serait marquée par de vrais tirs de canon. J'aurais mon propre combat à mener.

Toute forme de dualisme est contraire à ma nature. Lorsque Lénine oppose la matière à l'énergie, quand Berdiaev parle du principe matériel et du principe spirituel, et que les philosophes idéalistes traitent de l'esprit et de la chair, ces vues me choquent comme des fausses notes. Pour moi la matière est énergie et j'ai toujours essayé de concilier les contraires. Il y a longtemps que je ne me sens plus *coupée en deux moitiés distinctes, mais plutôt traversée comme par une couture*. Je n'ai pas le sentiment d'avoir vécu en vain, ayant réussi à réaliser cette synthèse dans un monde plein de contradictions.

J'ai reçu à la naissance, comme un cadeau du destin, le privilège d'avoir deux origines, l'une nordique et russe, l'autre méridionale et arménienne. Ceci a conditionné ma vie depuis mon enfance. Ces aspects opposés de ma personnalité ont peu à peu cessé d'être une source de conflits pour fusionner en un tout harmonieux.

Mon grand-père paternel, Ivan Minaïevitch Berberov, était un descendant de ces Arméniens anonymes qui au milieu du XVIIIe siècle, sous l'effet d'un processus historique complexe, se sont retrouvés sur la côte méridionale de la Crimée dans une situation de dénuement extrême. Potemkine en informa Catherine qui décida de les déplacer sur les bords du Don, là où le fleuve se jette dans la mer d'Azov, près de la ville de Rostov. Elle leur distribua des terres pour qu'ils puissent s'établir et commencer une vie nouvelle comme commerçants et artisans. Cela servit, bien entendu. sa politique en Crimée. Je me souviens, au centre de la petite ville de Nakhitchevan, appelée ainsi en l'honneur de la vieille ville arménienne du même nom, se dressait un imposant monument en bronze, dédié à Catherine, portant l'inscription suivante : "A Catherine II, les Arméniens reconnaissants." Il se trouvait en face de la cathédrale arménienne derrière laquelle il y avait la cathédrale russe qui donnait sur la place du Marché. En 1920, les autorités locales ont enlevé le monument et l'ont jeté au rebut. Plus tard, on a été le chercher pour en faire un canon ou une charrue. Il paraît qu'à cet endroit s'élève aujourd'hui une statue de Karl Marx.

Les affaires des Arméniens devinrent florissantes. Mon grand-père, Ivan Minaïevitch, avait été envoyé à Paris à la fin des années 1850 par son père, un homme visiblement fortuné, pour y faire des études de médecine. Sur un daguerréotype de l'époque, on le voit, les cheveux longs, avec un chapeau haut-de-forme, en redingote élégante, une cape sur les épaules et une canne à la main. Jusqu'à sa mort, au début de 1917, il parlait volontiers de Charcot, de Pasteur et de Gambetta. Il revint de Paris avec le diplôme de médecin, se maria et eut sept fils et une fille. Il avait la réputation, dans le canton, d'être un docteur désintéressé. C'était l'une des personnes les plus cultivées de sa génération parmi les habitants de ce bourg. Ce dernier ne ressemblait à aucune autre ville de la Russie méridionale, n'étant pas un chef-lieu de province ou de district.

Mon père Nicolas Ivanovitch était le troisième des sept fils. Les garçons furent successivement envoyés à Moscou pour faire leurs études à l'Institut des langues orientales Lazarevski où on leur rebattait les oreilles avec : *Tu es un poltron, tu es un esclave, tu es un Arménien* et *Ces froussards de Géorgiens se sont taillés**. Plus tard ils s'en souvinrent avec humour. Après l'Institut, ils sont entrés à l'Université, l'un après l'autre. Enfant, je m'extasiais sur la régularité avec laquelle, tous les deux ans, d'après ce qu'on me racontait, ils passaient leurs examens d'Etat et entraient dans la vie publique. A eux seuls ils offraient un large éventail de professions : médecin, avocat, mathématicien, journaliste, banquier, etc. Sur une photo de famille, on les voyait côte à côte, l'un en civil, deux autres dans leur uniforme universitaire, trois en veston de l'Institut Lazarevski et le dernier sur les genoux de ma grand-mère, arborant un col en dentelle. Ils étaient faits

* Ces deux citations sont tirées, respectivement, de Pouchkine et de Lermontov. *(N. d. T.)*

comme sur mesure : grands, droits, beaux. Les aînés avaient des barbes noires et des regards ardents, les cadets de grands yeux, des visages sérieux et sombres.

Le grand-père Ivan Minaïevitch était tout le contraire du fils d'Oblomov. Ce fut le premier Européen que j'aie rencontré dans ma vie. Quand je l'ai connu, il avait gardé de sa jeunesse parisienne sa canne qu'il tenait de sa main desséchée et soignée. Le pommeau était en ivoire, comme c'était la mode, et percé d'un trou. On y voyait Paris des hauteurs de Montmartre, sans la tour Eiffel bien sûr. Cette canne avait été achetée chez Charville en 1861. Le ciel était bleu, sans le moindre nuage. La coupole des Invalides et les tours de Notre-Dame me devinrent familières. J'aurais voulu pénétrer dans ce trou comme un minuscule moucheron et y demeurer. C'est seulement après un grand détour que j'arriverai dans cette ville, pour y rester un quart de siècle.

Debout à côté du bureau qui m'arrivait sous le menton, je touchais avec précaution les revues médicales, les coupures de journaux, les crayons, les plumes, les enveloppes aux timbres étrangers, la glace à main sertie d'argent. Mon grand-père aimait l'avoir à portée de main ainsi qu'un flacon de parfum raffiné dont il aspergeait de temps en temps sa barbe blanche, droite et soyeuse. Au contact de mes joues, cette barbe me paraissait bien différente de celle, gris-vert, bouclée et rigide, de mon grand-père Ivan Dmitrievitch. A l'image des grands-pères de l'époque, ils faisaient penser à des dieux tout-puissants, mais si mon grand-père russe tenait à la fois de Jéhovah et d'un génie des eaux, mon grand-père arménien était un mélange de Jéhovah et de Prospero*.

Il apparaissait au petit déjeuner, parfumé et peigné avec soin, vêtu d'une redingote noire impeccable et d'une cravate en satin blanc. Il jetait son regard alerte et vif, qu'il garda jusqu'à sa mort, sur la table garnie de crème, de petits pains farcis ou non, certains dorés, d'autres très grillés. Il y avait là du beurre, du caviar pressé ou frais servi dans de petites boîtes bleues, du mulet à moitié ou entièrement fumé, de la carpe

* Shakespeare, *La Tempête. (N. d. T.)*

au dos rose et luisant, de l'esturgeon, des jambons de toutes sortes choisis avec soin, une omelette grésillant dans la poêle, des crêpes au fromage blanc, des gaufres à la confiture, des saucissons, des fromages dont certains suintaient et sentaient fort, alors que d'autres étaient secs et sans odeur. Il contemplait tout cela de son œil perçant et buvait son verre de thé au citron en mangeant un biscuit. C'était à cette époque que lui était venue "la lubie", comme on disait en famille, que moins on mange, mieux on se porte. L'idée était si nouvelle et si contraire à tout ce qui se faisait dans les cuisines, les offices et les caves que très vite s'était répandu le bruit que le docteur Berberov conseillait de manger six grains de raisin à la place du bœuf Stroganoff et que ses fils comptaient l'emmener en Suisse pour le faire soigner par un illustre psychiatre. Cette rumeur avait si bien impressionné les gens que sa pratique commençait à en souffrir fortement. Les malades continuaient cependant à affluer des villages du Don et de la ville basse. C'étaient des villageois, des cosaques, des petits bourgeois, des petits propriétaires, des fermiers, tous étaient *russes*, relativement pauvres et simples. "La bonne société" à laquelle mon grand-père avait appartenu toute sa vie était arménienne.

Sa femme se déplaçait en chaise roulante. Quand je me souviens de cette maison et du train de vie qu'on y menait, je doute fort que ma grand-mère ait été réellement paralysée. Probablement s'était-elle tout simplement épuisée au cours de sa longue vie et avait-elle fini par s'installer dans ce fauteuil roulant en déclarant qu'elle en avait assez. Elle voyageait à l'étranger, en compagnie de sa fidèle servante, sans quitter le fauteuil. Sans doute pensait-elle que si elle se levait, il lui faudrait de nouveau pouponner sinon ses propres enfants du moins ses petits-enfants, satisfaire à tous les caprices de grand-père, surveiller la cuisinière, le cocher, l'intendante, les femmes de chambre, recevoir les hôtes, nourrir quarante personnes à la fois, faire venir des toilettes de Paris, fêter les membres du Dachnaktsoutioun* qui venaient en visite de la Transcaucasie,

* Parti nationaliste arménien fondé dans les années 1890 et liquidé en 1920-1921. *(N. d. T.)*

s'occuper des problèmes familiaux, financiers et autres, de ses sept fils dont chacun avait sa façon de vivre prétendant qu'il ne fallait pas lui appliquer les règles communes, accueillir les autres membres de la famille qui remplissaient la maison et y menaient leur vie mouvementée. Ma grand-mère, en simulant la paralysie, vivait maintenant selon son bon plaisir.

J'ai remarqué très tôt la différence qui existait entre mes deux familles. A huit ans, j'avais compris que je venais de deux mondes différents, mais non hostiles. D'un côté, on s'efforçait d'agir et d'être comme tout le monde. Olga Dmitrievna était tourmentée par la "honte" et le "scandale" de sa vie privée dont on ne parlait pas à haute voix et Aline s'était cachée de tous pendant dix années. Du côté arménien, il y avait une grande variété de personnalités et de destinées originales. Plus tard je compris que ce non-conformisme provenait des individus eux-mêmes, de leur énergie, de leurs désirs, de la conscience qu'ils avaient que rien n'était donné d'office et que chaque jour était unique. Ils avaient le sang ardent et les passions violentes. On trouvait parmi eux des joueurs enragés, qui faisaient sauter une banque de cent mille roubles au Club des Marchands, des gens d'avant-garde qui se battaient pour leurs idées et ont donné leur nom, en 1917, à des rues de l'Arménie libre, des Don Juan, capables cependant de sacrifier un rendez-vous avec Donna Anna pour rencontrer le Commandeur et l'interroger sur la vie d'outre-tombe. Leurs ancêtres ne dormaient pas sous les portraits des Tsars, à côté d'une veilleuse d'icône, mais s'étaient déplacés de Perse en Mésopotamie, puis avaient longé les côtes de la mer Noire pour ressusciter à l'embouchure du Don et devenir cent ans plus tard l'aristocratie financière et intellectuelle de la ville. A l'époque où Youri, le descendant de Kara Aoul, avait reçu ses terres, mon autre aïeul, laboureur ou faux-monnayeur ou encore barbier à en juger par son nom, reçut un terrain situé à l'angle de deux rues nommées rue Sofiskaïa et dix-huitième Ligne par des architectes peu imaginatifs.

Le mariage de ma mère et de mon père a été un choc pour ma famille maternelle, très russe, orthodoxe et patriarcale. La foi arménienne de mon père leur semblait différente de la leur et lui-même pratiquement un étranger. Son tempérament méridional leur inspirait de la crainte. Cet homme, venu le diable sait d'où, n'a cependant pas été rejeté et mes parents se sont aimés toute leur vie. La mort seule les a séparés.

Pour la famille de mon père, ce fut beaucoup plus compliqué. Devoir accueillir une bru "russe" et avoir un fils dont les enfants seraient "russes" était considéré comme une trahison de la cause arménienne. Cependant, aucune des deux familles ne s'y est formellement opposée. Le mariage a eu lieu en janvier 1900 et je suis née le 8 août de l'année suivante à Saint-Pétersbourg, dans la maison de la rue Bolchaïa Morskaïa*, qui plus tard devait accueillir un yacht-club. Aujourd'hui encore je me souviens de sa large marquise vitrée au-dessus de l'entrée.

J'avais beau tenter de persuader mon grand-père de me laisser dans un coin de son cabinet lorsqu'il recevait ses malades, il refusait. Je lui disais souvent que j'avais mon fauteuil dans le bureau de mon grand-père de Tver et qu'il ne me cachait rien des affaires de Timofeï et de Savva Kouzmitch. Mais lui rétorquait fermement : "Non, non" ou "Quelle drôle d'idée !" Une fois, malgré tout, je me suis cachée derrière le paravent. Mon grand-père reçut deux malades. L'une était une femme d'âge moyen qui souffrait d'une maladie incompréhensible pour moi, l'autre était un garçonnet qui avait une infection de l'oreille. Je suis sortie de derrière le paravent à moitié malade moi aussi et j'en ai tiré une bonne leçon. La médecine disparut de ma liste des professions. On me châtia sévèrement, en m'expliquant que la visite chez un docteur était un secret protégé par la loi et que j'avais commis un crime qui méritait la prison. Tout à coup, j'ai eu passionnément envie de me retrouver en prison pour m'évader aussitôt et prouver, à moi et aux autres, que j'aurais beau être aveugle, manchote, unijambiste et criminelle, cela ne m'empêcherait pas de vivre encore et toujours.

Chez mon grand-père arménien, il n'y avait que deux chevaux, au lieu des trente-huit de Tver. Le cocher Selifan, qui

* Nabokov est né deux ans et quatre mois avant moi dans cette même rue qui s'appelle aujourd'hui rue Herzen. *(N.B.)*

les attelait, était l'incarnation sinon du Tout-Puissant, du moins de saint Nicolas tel que le connaissent les enfants en Occident. Il n'avait pas besoin de mettre des coussins sous lui, car il était déjà assez gros comme ça, mais il les mettait quand même, et ressemblait, de derrière, à un globe terrestre. Il ne me passait pas les rênes, mais me sommait de m'asseoir dans l'élégante calèche dont chaque rayon étincelait. Je ne faisais pas d'efforts particuliers pour avoir des relations amicales avec les chevaux, car ils étaient trop "bien" et me rappelaient, par leur caractère et même leur physionomie, ma grand-mère de Tver.

Je m'asseyais à côté de mon grand-père et nous partions en promenade. Pour la première fois de ma vie, j'avais envie d'être propre, élégante et jolie. Je ne pensais pas pouvoir être jolie, mais du moins rester propre et élégante pendant la durée de la promenade. Mon grand-père, qui avait donné du gonflant à sa barbe, s'appuyait de ses deux mains sur sa canne parisienne. Il portait un haut-de-forme étincelant qu'il avait essuyé avec un coussinet de velours émeraude. Il regardait de chaque côté, critiquant sévèrement la paille éparpillée sur le pavé le jour du marché, l'enseigne du coiffeur qui exhibait une belle femme aux seins nus, le tonnelier qui tapait trop fort du marteau dans son hangar.

Des écrivains, des poètes, des journalistes, des figures de la vie publique et des membres du parti Dachnaktsoutioun venaient de la Transcaucasie lui rendre visite. Je n'avais pas lu leurs écrits, car je ne connaissais pas leur langue. J'arrivais seulement à reconnaître deux lettres de l'alphabet arménien, le *N* et le *B*, qui marquaient les torchons et les serviettes et me semblaient être les signes d'un monde mystérieux. A cinq ans, je fis la connaissance du Catholikos, le chef de l'Eglise arménienne. Tout en lui était violet, sa soutane comme sa barbe. On le reçut avec pompe et l'installa dans le coin du salon. Mes cousins, dont le plus proche par l'âge est aujourd'hui un général de l'aviation soviétique à la retraite, et moi devions nous approcher de lui pour recevoir sa bénédiction. Comme je voyais qu'aucun ne bougeait et qu'ils se contentaient d'écarquiller les yeux et de se balancer sur leurs pieds, j'ai pensé que le Catholikos devait s'ennuyer à rester assis là à nous attendre. Sans me rendre compte de la signification de cet instant et craignant, comme d'habitude, de perdre du temps, je m'avançai la première et lui tendis la main, sans façon, pour qu'il me la serre. Mais lui ne me donna pas la sienne ! Il posa sa main violette sur ma tête, dit une prière qui contenait l'exclamation qui m'était familière de "Ter Bokhormia !" et me donna à baiser son énorme bague violette. Sur ce, on m'enleva prestement et m'expédia dans la cour.

Celle-ci formait un carré parfait et me semblait le lieu le plus sûr au monde. Près de la cuisine se trouvaient les seaux aux ordures. Assis sur un banc, Selifan nettoyait le harnais ou dormait, tandis que les chiens traînaient par là. Dans cette cour fut fusillé, en 1919, l'ingénieur Magner qui avait été logé dans la maison par les autorités. Durant les terribles nuits de la guerre civile, des obus longs et minces volaient au-dessus d'elle et explosaient avec fracas non loin de là. Mais l'avenir était encore lointain et complètement fermé, comme seul l'avenir peut l'être pour les hommes. Il surgit jour après jour, personne ne l'écrit à l'avance. Notre cave, où bien des années plus tard nous nous sommes réfugiés des heures durant et où l'on a enterré les boucles d'oreilles et les broches de ma défunte grand-mère, était alors une cave des plus ordinaires où l'on conservait la choucroute, les concombres, les jambons, les vins français, ainsi que toutes espèces de friandises que mon grand-père qualifiait de poisons.

Après ses études, à la faculté de mathématiques et de physique de l'Université de Moscou, mon père hésitait entre poursuivre cette spécialité ou entrer au service de l'Etat. Il opta pour la deuxième voie et partit à Saint-Pétersbourg. Il fut admis au ministère des Finances comme jeune assistant d'un chef de bureau. En 1917, il avait le grade de conseiller d'Etat, chargé des "missions spéciales" auprès du dernier ministre des Finances, Bark, et il était l'un des spécialistes obscurs de l'impôt sur le revenu que la Russie tsariste se préparait à introduire dans le pays.

Le calcul différentiel et intégral n'a jamais semblé convenir à sa personnalité. Mais peut-être étais-je victime du vieux préjugé selon lequel les mathématiques sont une science aride et le mathématicien un homme d'une autre espèce. Je n'arrivais absolument pas à comprendre comment cet homme ardent et vif pouvait avoir le moindre point commun avec les théorèmes de Pythagore ou avec le binôme de Newton. Tout cela ne m'intéressait pas à cette époque.

Mon père n'a jamais été pour moi la personnification du pouvoir, de la force, de l'autorité et de la volonté. C'est pour cela que je l'aimais. Il n'y avait rien non plus en lui d'efféminé, de velléitaire ni de mou. Il m'apparaît maintenant comme l'incarnation du principe masculin. J'ai rarement rencontré dans ma génération ou dans la sienne un homme aussi accompli que lui. Dans mon enfance, les femmes exerçaient davantage leur pouvoir sur moi. Elles me disaient ce qu'il fallait faire et avec les meilleures intentions cherchaient à me prendre “sous leur aile”. C'est ce que je craignais plus que tout et je m'éloignais peu à peu de leur chaleur et de leur bonté. Je revois mon père, nous nous tenons par la main. Nous marchons côte à côte, je fais des grands pas ou lui des petits. Nos sujets de conversation étaient toujours graves et intéressants. Le spectacle du monde et des passants provoquait en nous un égal émerveillement.

Mon père m'a légué cependant ses faiblesses et ses phobies et il en avait pas mal. L'une d'elles était la peur de l'eau. Il n'aimait pas séjourner au bord de la mer, regarder les vagues ou entendre le bruit d'une chute. Il était impensable pour lui de monter dans une barque et la seule vue d'un paquebot lui était un supplice. Le clapotis d'un ruisseau ou la simple surface d'un lac le poussait à accélérer le pas et à ne pas se retourner. On m'avait expliqué dans mon enfance l'origine de ses angoisses, mais je l'avais complètement oubliée. Je ne m'en suis souvenue que trente ans plus tard, lorsque j'ai vu dans un rêve une étendue d'eau dans laquelle le soleil se couchait. C'était un soir d'été, plein de fleurs, de charme et de paix. Je tentais de résister à la peur que suscitait en moi la mer, mais je n'y arrivais pas. J'étais comme paralysée d'effroi. Cela ne pouvait pourtant pas être inné, je devais le surmonter. Quelqu'un me dit d'un ton moqueur, toujours dans mon rêve, qu'il n'y avait là rien d'étonnant, puisque mon père, à l'âge de dix-sept ans, avait failli se noyer et qu'il souffrait depuis lors d'une peur morbide de l'eau. J'ai compris, en me réveillant, que j'avais trouvé le moyen de me débarrasser de cette phobie qui, au fond, n'était pas mienne et dont je me suis défaite par la suite.

Mon père était grand et si maigre qu'il lui avait manqué un pouce au tour de poitrine pour être jugé apte au service militaire. L'armée était, du reste, une autre de ses phobies et on ne voyait jamais de militaires chez nous. Ce fut seulement en 1916, au moment de la mobilisation des réservistes, que j'ai vu pour la première fois des tuniques et des galons sur deux de ses collègues plus jeunes.

Il aimait un certain type de femmes qui aujourd'hui a pratiquement disparu. C'étaient des femmes "du monde", faciles à conquérir, belles, gaies, pas trop intelligentes et friandes des jeux de l'amour. Lui aussi leur plaisait, car il avait toutes les qualités masculines qui charment les femmes : la force alliée à la tendresse, la retenue et la douceur unies à l'énergie. Son désir passionné d'avoir une fille plutôt qu'un fils m'a toujours semblé correspondre à sa tendance naturelle. Il était vraiment désolé quand j'amenais à la maison des amies peu attrayantes. Il aimait trouver en moi les qualités féminines et n'essayait jamais de les rabaisser ni de les ignorer. Je l'ai très bien compris le jour où, à l'âge de douze ans, j'ai dansé avec lui une valse de Strauss, lors d'un bal qui eut lieu dans une maison de campagne. Personne ne dansait avec autant d'aisance et d'abandon que lui.

Le soir, vêtu d'une veste chaude et coiffé d'un fez rouge foncé, orné d'un gland de soie noire, il tenait entre ses mains un chapelet d'ambre. Tantôt il me regardait assise à ses pieds, tantôt il contemplait le bout de son havane dont la cendre lourde et bleue enflait (plaise au ciel qu'elle ne tombe pas !). *Son regard me parlait* et je sentais que si je devais choisir un homme parmi mille autres, je choisirais celui qui saurait me *parler* ainsi. Je devinais ce qu'il allait me dire car je voyais ses pensées passer dans ses yeux. Elles naissaient et s'envolaient comme les nuages dans le ciel, parfaites, légères et transparentes. J'aimais ses yeux, ses mains, l'odeur du cigare mêlée au parfum fort de l'eau de Cologne. J'aimais sa silhouette élégante qu'il avait héritée de son père. Il m'avait particulièrement plu quand il était revenu de Paris en 1913, vêtu d'un manteau ample à la mode et coiffé d'un chapeau mou qui, au regard des hauts-de-forme et des melons, était alors une nouveauté. J'aimais sa perplexité devant mon indépendance précoce et son enthousiasme en février 1917. Il m'est resté cher quand il commença à vieillir lentement et à perdre son énergie à la suite des privations et des persécutions. Avant la Deuxième Guerre mondiale, il eut une courte carrière cinématographique. En 1935, sur la perspective Nevski, le metteur en scène Kozintsev s'approcha de lui et dit : "Nous avons besoin d'un homme de votre genre." "Pourquoi moi ? demanda mon père. Je n'ai ni expérience, ni talent." "Mais vous avez le style qu'il nous faut, lui a-t-on répondu, avec votre barbe, votre col amidonné et votre démarche. Dans tout Leningrad il ne reste plus que deux ou trois personnes de votre espèce. Nous en avons engagé une, hier." (C'était un ancien chambellan, grand amateur de ballets, Kovraïski, qui avait survécu par miracle.) C'est ainsi que mon père a joué son premier rôle, celui d'un homme de l'Ancien Régime, qui à la fin du film se fait liquider. Par la suite, il y en a eu d'autres. Il n'avait presque pas besoin de maquillage.

En 1937, dans une rue sale et malodorante près du boulevard Sébastopol (il y a à Paris beaucoup de rues portant des noms qui rappellent notre honte comme le boulevard Sébastopol, le pont d'Austerlitz, l'avenue Malakoff et la rue de Crimée), je suis tombée sur une petite cellule communiste organisant des projections de films soviétiques. Ceux-ci, en raison de leur mauvaise qualité et du caractère primaire de leur propagande, ne passaient pas dans les circuits commerciaux en France. On m'indiqua le lieu et l'heure de la projection d'un de ces films, mais on me fit savoir que pour acheter un billet il fallait devenir membre de la cellule communiste et s'acquitter de la cotisation annuelle. C'est ce que je fis sur-le-champ. Je me suis trouvée, le jour indiqué, dans une grande salle sombre, parmi d'autres membres de la cellule qui étaient tous très exaltés. Un salopard de contre-révolutionnaire, directeur de la Banque d'Etat, saboteur et agent d'une puissance étrangère, avait empêché Lénine d'assainir le budget de la

Russie. Lénine avait envoyé à la Banque un matelot de la flotte de la Baltique qui, bien qu'illettré, avait rétabli en trois jours la balance des comptes du pays. Cela se passait en 1918. Le directeur de la Banque avait été arrêté avec ses complices et sur l'écran comme dans la salle la foule hurlait avec fureur : "Battez-le, enfoncez-lui les dents, écrasez les ennemis de la classe ouvrière !" Au dernier moment, mon père réussit à renverser une bouteille d'encre sur la page ouverte d'un registre, montrant ainsi que, jusqu'à son dernier soupir, il cherchait à nuire à la cause de Lénine. Les quelques paroles qu'il avait prononcées m'ont permis de retrouver sa voix, son sourire, ses yeux marron qui parlaient sans mots. On le conduisit dehors. Sous le portail de la Banque d'Etat, on le laissa s'arrêter un instant pour regarder le canal Catherine et l'horizon de Saint-Pétersbourg brouillé par la pluie. Son regard tomba droit sur moi, assise dans la salle parisienne. Nos regards se croisèrent. On le reconduisit sous escorte et je ne l'ai plus jamais revu. Quelles retrouvailles après quinze ans de séparation ! Il n'est pas donné à n'importe qui le bonheur d'une telle rencontre, avant de se quitter pour toujours...

Avec un petit effort d'imagination, j'arrive encore à me le représenter, mais lui ne peut déjà plus me voir. Je m'imagine Leningrad au cours de l'hiver 1941-1942, la rue Saltykov-Chtchedrine, l'ancienne rue Kirotchnaïa et l'immense cour qui débouche sur la traverse du Manège. Je vois mon père, à présent tout petit et maigre, qui marche dans la neige profonde, les cheveux blancs comme cette neige, une casserole à la main. Il se dirige vers le trou d'eau percé dans la Néva et glisse en marchant sur les plaques de glace de la rue Tchernychevski, autrefois l'avenue Voskressenski. Je le vois revenir et charger lentement le poêle de fonte, arrachant avec peine les lames du parquet de l'appartement sombre et glacé. Puis je vois mes parents en train d'être évacués. Ma mère est morte en route, mais mon père a survécu. On l'a abandonné quelque part en province chez des personnes étrangères. Il était complètement seul. Où ? A Orenbourg ? Ou bien à Alma-Ata ? Il y a survécu quelques mois, puis il est mort. Le seul endroit où il vit maintenant, c'est dans ma mémoire.

Je me représente la cour, à Pétersbourg, ou celle de la maison provinciale de mon grand-père avec le corps de l'ingénieur Magner, en sous-vêtements, assassiné à coups de hache ou fusillé. Ou celle encore où a vécu mon père durant les derniers mois de sa vie et que je ne connaîtrai jamais. Ce sont des lieux dont personne n'aurait pu prédire le rôle qu'ils ont joué. Ni les diseuses de bonne aventure, ni les astrologues, ni les poètes ne vendent de pareilles prédictions. Il y a des maisons dont le passé engendre l'avenir, il y a des cours où se nouent les événements futurs. La voix de Chaliapine rugit sur le premier gramophone, le premier téléphone sonne, la première ampoule électrique s'allume au-dessus d'une entrée et la première automobile nous attend devant le perron pour nous emmener à un champ où a lieu le vol du premier biplan. La maison, telle une chaude couveuse, fait croître les êtres pour mieux les précipiter dans les désastres de la guerre, de la révolution, des sièges, des bombardements, des camps, des exécutions et de la bombe atomique. Ma génération est la première qui pourrait ne pas être destinée à mourir, mais à être réduite en poussière. Tout peut nous arriver : partir au-delà du cercle polaire dans un convoi de prisonniers, disparaître au cours d'un naufrage, mourir de faim sur un banc public dans une capitale étrangère.

Rien n'est écrit d'avance, c'est nous qui créons l'avenir. A ce propos, je me souviens d'avoir rêvé de Dostoïevski. Je suis en train de jouer aux échecs, il y a beaucoup de monde dans la pièce. Dostoïevski se tient près de moi et regarde avec attention l'échiquier. Je lui dis : "Fiodor Mikhaïlovitch, dans le jeu d'échecs, voyez-vous, on peut tout calculer avec exactitude à l'avance. Si on joue ce coup, les vingt-cinq ou trente-cinq suivants, jusqu'à la fin du jeu, sont connus. Si je déplace ce pion, c'est tout un enchaînement de causes et d'effets qui se produit. Mais dans la vie humaine, même vous, vous ne pouvez prévoir ce qui arrivera. On aura beau vous fournir quantité d'informations sur deux personnes, vous ne réussirez pas à dire aujourd'hui ce qu'elles feront demain. La loi de la causalité ne s'applique pas à l'homme."

Il sourit, cligne de l'œil, se tait un instant, puis dit : "Oui, c'est sans doute ainsi. On peut, bien sûr, prévoir vingt-cinq ou trente-cinq coups, mais seulement à la condition que le plafond ne s'effondre pas pendant le jeu ou que l'un des joueurs ne soit pas frappé d'apoplexie. Si cela se produit, le jeu d'échecs devient pareil à la vie où il n'y a ni lois sociales, ni lois biologiques, ni la possibilité pour l'esprit le plus aigu de deviner la configuration de l'avenir.

— Comment ! Pas de lois sociales, ni biologiques ? Est-ce possible ?

— Oui, lors de la rencontre de deux personnes et dans l'acte de création, répond-il. Dans ces deux cas, ces lois ne sont plus valables."

Mon adversaire me prend un pion. Je remarque tout à coup que Dostoïevski a de petites mains fines et soignées.

Jadis, quand je jouais à la poupée, ce n'étaient pas des poupées ordinaires, mais des petits garçons malades ou estropiés. Ils s'appelaient Adolphe, Alfred, Albert, Arthur, etc. Mon engouement fut intense, mais bref. Tous ces garçons pâles, muets, couverts de pansements et emmitouflés gisaient là plus morts que vifs tandis que les poupées-filles joufflues, endimanchées, coiffées de perruques jaunes, sachant dire "maman" et "papa", ne m'intéressaient guère. J'ai cessé ces jeux quand je suis entrée au lycée, mais en ai gardé la conviction que les garçons sont plus vulnérables que les filles et que les hommes sont des êtres fragiles. Sans doute avais-je surpris des propos d'adultes comme quoi il y avait moins d'hommes que de femmes et que la vie des hommes était plus brève.

Une fois encore je reprends l'image de "la couture" et l'un des thèmes les plus importants de ma vie intérieure, celui de la fusion des contraires. J'ai souvent remarqué chez autrui, en moi-même et à travers mes lectures, que la personnalité humaine était déchirée et comme coupée en deux. Cela m'est apparu comme l'un des aspects les plus néfastes de la condition humaine et l'une des énigmes de notre existence. Je voyais en moi et chez les autres comment se produisait cette coupure et à quel niveau se situait ce dédoublement ("la fissure qui me coupera en deux et me tuera"). Je voyais ces contradictions irréductibles, d'abord neuves et tranchantes, puis mûres et pesantes, et qui au fil des années prenaient un caractère de plus en plus menaçant et oppressant. Si l'on ne réussit pas à les dépasser, la vie à son terme se révèle dépourvue de sens. Les jours de désespoir que j'ai connus ont toujours été plus ou moins liés à cette impression de dédoublement ou de discordance. Elle contrariait l'aspiration à l'unité intérieure qui pour moi représente la valeur fondamentale de l'individu dans sa relation non point avec ses semblables mais avec lui-même. Puis un jour, tel un brouillard qui se dissipe, j'ai brusquement réalisé que ce qui avait l'air d'être divisé formait en réalité un tout harmonieux à l'image d'un contrepoint. La personnalité soi-disant coupée en deux constitue en fait, au plus profond d'elle-même, une unité organique bipolaire. Le jour où j'ai pu mettre fin à mes doutes, et adopter une attitude plus sereine et plus mesurée dans l'effort que je déployais pour me connaître et équilibrer ma personnalité, a été l'un des jours les plus importants de ma vie.

Sur le plan historique, le fait d'avoir reconnu ma double nature a été particulièrement fécond et m'a permis d'éclairer le problème de ma génération placée au carrefour de deux mondes, l'un finissant, l'autre naissant à peine. J'en ai retiré un sentiment de paix et de plénitude au milieu d'un monde brisé, défiguré et inquiet. Sans doute est-ce une chance de se sentir à l'aise dans deux époques différentes. Sur le plan biologique, nous sommes un peu les produits de cette fusion. On dira probablement de nous plus tard que nous représentions une sorte de *passerelle* entre deux périodes historiques. Même mes rêves sécrètent ce genre de symboles et mon subconscient, tel un ami secret et énigmatique, prête sa voix à ma réflexion consciente et toujours vigilante.

Les hivers blancs de Pétersbourg et les longues soirées passées sur l'énorme canapé pareil à un vieux rafiot sur lequel je partais pour de longs voyages formaient le décor de mon enfance. Je me souviens bien de mes premières années de lycée. Je suis entrée, à huit ans, en classe préparatoire. Je n'étais plus seulement entourée d'adultes, mais aussi de fillettes de mon âge. Je considérais certaines comme de vraies amies et ce mot avait pour moi un caractère sacré. J'ai toujours été attirée par l'amitié, je le suis encore aujourd'hui. Mes amies étaient très différentes les unes des autres et j'ai fini par renoncer à les voir ensemble. En particulier, Natacha Van der Fleet, l'arrière-petite-fille du Décembriste Ivachev, ne rentrait dans aucune catégorie. Elle habitait dans une maison en bois*, sur l'île Vassili, où tout était différent de notre appartement bourgeois du numéro 6 de la rue Joukovski. Trois générations vivaient là, dont deux remarquables grands-mères. L'une avait été la bru de ce Décembriste Vassili Petrovitch Ivachev exilé en Sibérie avec sa femme, née Camilla Ledantu (l'une des trois Françaises célébrées par Nekrassov dans *Les Femmes russes*). Elle était également la cousine de l'écrivain Grigorovitch dont la mère, Sidonia Petrovna, était la sœur de Camilla. L'autre grand-mère s'appelait Pelagueïa Nikolaïevna Van der Fleet, née Pypina. Elle avait épousé un célèbre critique littéraire, historien, ami de tous les grands hommes entre 1850 et 1900 et auteur d'un nombre incroyable d'ouvrages sur la littérature russe ancienne et moderne. Dans la maison, les planchers grinçaient et il n'y avait pas de servante en tablier de dentelle avec une coiffe amidonnée comme chez nous, mais beaucoup de livres et de petites fenêtres qui donnaient sur une cour paisible. C'était un endroit calme sur la Sixième Ligne de l'île Vassili, près de l'avenue Sredni. Plus tard Natacha devait perdre son mari dans des circonstances tragiques. Nous discutions du choix d'une profession, des énigmes de la vie, des Décembristes, tremblant d'impatience en pensant à l'avenir qui se faisait attendre.

Un autre lieu dont je me souviens bien est l'énorme appartement de fonction situé dans le bâtiment même de la gare Nicolas où résidait le directeur des chemins de fer. Les fenêtres donnaient sur une place animée qui ressemblait à un carrousel. Récemment on y avait inauguré un monument dédié à Alexandre III. Là vivait une fillette qu'on avait trouvée

* Au cours du blocus de Leningrad (1941-1942), toutes ces maisons ont été démolies pour servir de bois de chauffage. *(N.B.)*

sur la voie ferrée et qui avait été adoptée par le directeur. Lui et sa femme, des gens très dignes, du même milieu que celui de ma grand-mère de Tver, me paraissaient appartenir à l'ancien temps. Il y avait des pièces de réception et des salons en enfilade, ainsi qu'une salle de bal. Dans la chambre des enfants, des poupées en robe de soie et en pantalons de dentelle trônaient sur des fauteuils tendus de satin. J'aimais la douce et pâle Lucie à cause du mystère qui entourait sa naissance. Un jour où nous étions blotties l'une contre l'autre dans la maison de poupée, une vraie maison qui contenait un mobilier miniature, un tout petit piano et même une minuscule machine à coudre, je me suis penchée vers son oreille et lui ai demandé si elle savait qui elle était et d'où elle venait. Elle me répondit doucement à l'oreille qu'elle ne le savait pas et ne le saurait jamais. Plus tard elle a été exilée dans un camp de la Vorkouta où elle travaillait à l'abattage du bois.

J'ai passé un été sur le golfe de Finlande. Jusqu'alors, je n'avais qu'une idée très vague de cette mer. J'en rêvais, je l'attendais et elle ne m'a pas déçue. Mais j'eus peur d'entrer dans l'eau. Je suis entrée en courant jusqu'aux genoux dans les vagues calmes, mais je n'ai pas réussi à aller plus loin, saisie d'une terreur indéfinissable. Tous les soirs, le soleil se couchait au milieu des flots et ce spectacle ravissait tout le monde. Mais moi, je ne pouvais pas en jouir. La vue de l'eau provoquait en moi une peur pareille à celle qu'inspirent aux enfants une pièce obscure, les fantômes, les cambrioleurs, un cavalier sans tête, la figure du diable, un mendiant qui tend son moignon sanglant près du portail.

Je préférais de loin la forêt de pins sèche et parfumée près de notre villa en bois. Nous y faisions souvent des promenades, Youra et moi. C'était un garçon myope qui portait des lunettes aux verres si épais que ses yeux de grenouille naturellement saillants paraissaient énormes, immobiles et furieux. Je ne me doutais pas qu'il me portait un sentiment d'amour naissant dont il m'a parlé seulement en 1921, alors qu'il partait sur un chantier à Arkhangelsk d'où il n'est jamais revenu.

Je me suis mise à écrire de la poésie spontanément, *submergée par mes émotions* comme les premiers romantiques.

Mes débuts n'ont pas été glorieux. Ravie par *La Prière* de Lermontov, j'ai recopié avec soin les douze vers dans un cahier neuf que j'avais intitulé "Poèmes". J'avais neuf ans et, grâce à la mélodie de ces vers, j'ai saisi intuitivement l'harmonie qui peut exister entre "la forme et le fond", objet d'éternels débats. Si j'ai bonne mémoire, le contenu du poème m'échappa tout à fait. Je connaissais les prières conventionnelles, j'étais cependant imperméable à leur dimension sacrée. Mais la tristesse qui s'exprimait dans ces vers était sublime. Les mots chantaient et dansaient harmonieusement dans ma tête. J'étais émue jusqu'aux larmes par l'aveu du poète de son impuissance à saisir les mystères de la vie et je partageais sa joie d'avoir surmonté ses doutes : *Et je me sens si léger, si léger...* Un cercle enchanté se refermait sur Lermontov et moi.

"C'est du plagiat !" s'écria mon père lorsque je me suis vantée de mon cahier de poésies, et il m'expliqua sur-le-champ le sens de ce mot difficile. Je ne partageais pas du tout cette opinion ; j'ai fini par concéder tout au plus que Lermontov et moi avions composé cette poésie ensemble.

Cet été-là j'entendis prononcer pour la première fois le nom de Balmont. La sœur aînée de Youra, qui périt pendant le siège de Leningrad, récita avec un accompagnement musical *La Mort du cygne*. Je ne compris pas le sens de ce poème, je n'arrivais pas à me représenter comment un oiseau pouvait "parler avec son passé" ni "entrevoir la vérité". La musique de la poésie de Blok, *Petites bougies et petits saules*, arriva à mes oreilles depuis l'île Vassili mais me laissa indifférente. En revanche la dédicace du *Prisonnier du Caucase* de Pouchkine me ravit :

Seul, innocent, accablé de tristesse,
J'étais entouré d'ennemis et mourais de détresse...

Je me sentais directement concernée par ces vers et me les répétais quand, injustement punie, je me tenais debout face au mur :

Les ouragans rageurs se sont apaisés,
Et je bénis les dieux dans mon havre abrité.

La poésie agissait sur moi de manière mystérieuse par le seul jeu des sons et des silences.

Tantôt j'aimais ma mère, tantôt je ne l'aimais pas. Je me mis à la juger beaucoup plus tôt que mon père. De loin je voyais bien ses qualités, mais auprès d'elle je réagissais par une attitude d'opposition, automatique comme un réflexe conditionné. Dans ce duel incessant qui dura des années, il n'y avait pas de place pour la tendresse, la compréhension, le pardon. Tout ce qui émanait d'elle provoquait ma méfiance. Je mobilisais mes défenses comme un hérisson ses piquants, ou je mettais ma tenue de camouflage, tel le caméléon, ou encore j'étais un tigre prêt à bondir. C'était une femme de son époque, déformée par son éducation, les conventions sociales et les préjugés. Le plus important était de paraître. On se servait d'un certain ton de voix avec les enfants, d'un autre avec les serviteurs, d'un troisième avec les invités, d'un quatrième avec l'homme à qui on plaisait. Les femmes de cette époque, théoriquement préparées à leurs rôles d'épouse et de mère, ne vivaient que pour réprimer et dissimuler ce qu'il y avait d'authentique en elles qui finissait par dépérir, écrasé par les contraintes sociales. Ma mère appartenait à la génération à la fois de *La Mouette* de Tchekhov et de Dora Brilliant*, d'où sont sorties tant de "nos" femmes qui ont su se libérer des modèles artificiels. Elles étaient nées au début des années 1880 et je me souviens d'en avoir rencontrées dans mon enfance. Elles se distinguaient des autres femmes même lorsqu'elles se trouvaient dans un salon. Il y eut d'abord de petites brèches, puis les portes fermées à double tour de l'époque de la reine Victoria et de ma grand-tante Olga Dmitrievna se sont ouvertes toutes grandes. Ma mère ne savait ni ne voulait accueillir les temps modernes, être de son époque. Pendant longtemps je n'ai pas pu le lui pardonner.

J'avais vu une photographie d'elle âgée de seize ans. Elle était légère, élancée et gracieuse. Elle avait des boucles qui lui tombaient sur le front, des yeux vifs et espiègles. Puis sa

* Jeune terroriste (1880-1907), membre du "détachement de combat" du parti S.-R. Participa à l'assassinat du grand-duc Serge Alexandrovitch. *(N.B.)*

beauté avait pris une teinte sèche et sévère, ses lèvres étaient devenues plus minces, sa voix plus sonore, ses gestes plus monotones et son regard, si vif sur la vieille photographie, s'était comme figé par le souci permanent de ressembler à tout le monde. Elle était maintenant la gardienne de la tradition, de peur peut-être de la rupture qu'elle sentait imminente entre elle et moi, de la cassure entre nos deux générations à l'intérieur de notre classe sociale. Mais le monde de la reine Victoria, de François-Joseph et d'Alexandre III a fini quand même par s'effondrer.

Mon lycée était un de ces établissements d'avant-garde qui avaient fait leur apparition à Pétersbourg après 1905. On a décidé de m'y inscrire après consultation de l'île Vassili. Ma mère avait accepté ce choix, car elle craignait le snobisme et on n'avait jamais envisagé de m'envoyer dans l'une de ces écoles à la mode que fréquentaient mes cousines. C'est ainsi que je suis tombée chez Maria Semionovna Mikhelson. Son père Semion A., un petit vieux myope, qui portait l'uniforme des fonctionnaires, était l'auteur d'un manuel d'arithmétique et enseignait cette matière. Sa sœur Vera Semionovna, la femme du professeur K. qui plus tard fut liquidé pour déviation idéologique, enseignait le français, l'autre sœur, l'allemand, et sa belle-sœur le chant. Le mari de celle-ci devint plus tard, à Paris, l'un de mes amis. Sur son lit de mort, la pensée de ne pas savoir comment finirait le règne de Staline ne cessait de le tourmenter. L'autre frère était professeur à l'Institut de technologie et notre inspecteur. Au cours des premières années qui ont suivi l'ouverture du lycée et son installation dans deux appartements contigus au numéro 5 de l'avenue Vladimir, les études avaient un caractère quasi familial. Cela changea au bout de deux ou trois ans. Le corps des professeurs devint excellent et les parents de Maria Semionovna disparurent peu à peu.

L'ambiance du lycée me plut dès le premier jour. Malgré cela, au cours des trois premières années, ni les études, ni mes camarades, ni les professeurs n'ont joué dans ma vie un rôle de premier plan. Tout m'intéressait, mais pas plus que la vie à la maison ou bien, l'été, à la datcha, et beaucoup moins que moi-même. Après avoir volé sa poésie à Lermontov, je m'étais mise toute seule à composer des vers. C'étaient des poésies enfantines typiques et de fort mauvais vers avec leur rythme régulier comme le balancement d'un métronome et leurs rimes sonores comme le claquement de la langue. J'avais dix ans et j'en étais pleinement satisfaite.

A présent j'avais une profession. Les Muses étaient venues à mon secours. Je savais qu'il y en avait neuf, grâce à un merveilleux livre sur la mythologie. Mon choix s'était progressivement rétréci. J'avais passé une nuit blanche et le lendemain matin, ma température avait grimpé. On avait appelé le docteur. Je savais bien que ce n'était ni la rougeole, ni les oreillons ! Mais je ne dis rien à personne. Après une seconde nuit blanche, je relus pour la dernière fois la longue liste composée l'été précédent et que je gardais toujours sur moi. Puis je la déchirai en mille morceaux et les jetai dans le poêle qui crépitait gaiement. Ainsi commença cette *vita nuova* à laquelle j'aspirais tant.

Cette crise de mon enfance a eu une grande importance pour moi. Je savais maintenant ce que je devais et voulais faire. Le battement du métronome et le claquement des rimes retentissaient dans ma tête et envahissaient mes rêves. Les trochées et les iambes venaient à ma rencontre d'un pas léger, lorsque, blottie dans le coin de mon rafiot vert, je contemplais la nuit bleue et glacée de Pétersbourg d'où surgissaient notre rue, la ville, la Russie, le monde et l'univers tout entier. Plus moyen de revenir en arrière.

Pendant ces soirées, alors que la neige tombait et que les vitres gelaient, mon cœur était plein d'attente comme l'air de ce temps-là. A travers mes poèmes d'enfance commençaient à retentir les premières notes d'une vie authentique et responsable. La gravité et la grandeur de ce sentiment me faisaient frissonner. Je me souviens encore de ces frissons qui parcouraient tout mon être et me donnaient l'impression de grandir. A présent, ce souvenir m'est très cher.

Je menais à part cela la vie tout à fait ordinaire d'un enfant, à la maison comme à l'école : je faisais des polissonneries, tantôt je négligeais une leçon, je racontais des bobards ou me faisais mousser. Il m'arrivait aussi de casser un objet sans rien dire, de voler des friandises dans le buffet et d'effacer avec soin mes traces. Je connaissais bien aussi ces sentiments “souterrains” propres à la perversité enfantine. En un mot, je ressemblais à n'importe quel autre enfant, mis à part les enfants modèles que du reste je n'ai jamais eu l'occasion de rencontrer.

Au cours de ma troisième année de lycée, j'avais alors dix ans, s'est produit un incident qui a fait perdre momentanément ses esprits à ma mère. J'avais proposé à l'une de mes camarades d'échanger nos parents. Sa mère venait la chercher après la classe, accompagnée du jeune frère de ma camarade, et elle me plaisait. J'aimais également l'idée que son père écrivait dans des journaux. Je lui déclarais qu'une fois grande, je ferais pareil. Ce qui me plaisait surtout c'était qu'elle avait d'autres sœurs. Je lui suggérai de venir vivre chez nous à ma place pendant un mois. Puis nous pourrions aller dans d'autres familles. On apprendrait plus comme ça sur la vie et on grandirait plus vite. Elle me regarda frappée de stupeur et se mit à pleurnicher. Je haussai les épaules, lui tirai fortement la tresse et partis. L'idée m'était venue cet été-là lorsque Dacha m'avait raconté qu'elle connaissait une cuisinière qui changeait de maîtres chaque année et, de ce fait, était une personne très “expérimentée”.

Le lendemain, au cours de la récréation, je remarquai que certaines de mes camarades me regardaient avec curiosité. Trois grandes filles de quatorze ans, en cinquième année, sont venues m'entourer :

— Tu es qui, toi, un enfant trouvé ? Raconte...

Non, je ne l'étais pas, mais après tout... qui sait ?

— Qu'est-ce qui ne va pas ? Est-ce qu'on te fouette à la maison ?

Non, on ne me fouettait pas... Une fois, pourtant, quelque chose s'était passé. A l'âge de cinq ans j'avais arraché une petite montre du corsage de ma gouvernante allemande et l'avais jetée par terre. D'une main, mon père m'avait soulevée par la ceinture et m'avait emportée dans la chambre à coucher et jetée sur le lit, la face contre l'édredon. Il avait soulevé ma robe et de sa pantoufle... Mais à quoi bon revenir là-dessus ! Je me mis à me dandiner.

— Et pourquoi tu as choisi justement Toussia ?

Je savais bien pourquoi je l'avais choisie. J'avais toujours voulu avoir des sœurs et des frères pour détourner l'attention de mes parents. Je pensais que je serais plus libre, plus tranquille, moins chouchoutée, moins protégée. Les autres n'avaient qu'à se mettre sous cette "aile protectrice".

— Alors, ce que tu veux, c'est passer d'une famille à une autre, comme les nomades qui changent tout le temps de lieux ?

A cette idée je me léchai les babines.

— Tu vas voir, la Marsemionna va t'attraper.

Le lendemain, Mlle Mikhelson, qui avait eu vent de mon étrange comportement, convoqua ma mère. Elle voulait savoir si on me maltraitait à la maison. Ma mère revint juste avant le dîner, en larmes. Je compris alors ce que signifiaient "la honte", "se couvrir de honte", "faire honte à sa propre mère", "infliger la honte à sa famille". Ce fut une sombre journée dans ma vie. Je songeai même à mettre fin à mes jours. Je suppliai qu'on me permette de rester à la maison pendant trois jours au moins, le temps de faire oublier cet incident. Mais le lendemain matin, je dus reprendre le chemin de l'école.

Pendant longtemps les filles des grandes classes continuèrent à me dévisager. Elles discutaient de mon plan qui avait plu à certaines d'entre elles. D'autres se détournaient de moi et j'inspirais de la crainte aux fillettes des petites classes. Lorsque le temps de la "honte" fut passé et qu'il ne resta que le souvenir de mon audace, j'eus le sentiment d'être parée d'une légère auréole. J'avais beau y trouver un certain plaisir, je continuai à ressentir ma disgrâce jusqu'à l'été.

Une fois, pendant les vacances de Noël, nous nous sommes rendus, mon père et moi, à travers les congères et les chasse-neige qui grondaient, chez un menuisier pour acheter une petite table en marqueterie dont on avait besoin au salon. Nous rangions les partitions dans une armoire à incrustations et je venais d'apprendre le matin même qu'il s'agissait de *marqueterie*. Je me laissais bercer par ce mot et j'étais folle de joie d'accompagner mon père. Il ne me tenait plus par la main ; je lui donnai le bras et nous sommes partis. Le menuisier était un homme d'un certain âge, plein de dignité. Mon père discuta longuement avec lui de "marqueterie" et de "Boulle". Ce dernier mot ne me disait rien. Mon père prenait visiblement plus de plaisir à discuter avec le menuisier qu'avec moi et j'étais un peu jalouse. En sortant dans la cour, je lui dis :

— Tu lui as parlé de marqueterie alors qu'il ne sait sans doute même pas ce que ça veut dire.

Le seul fait de prononcer ce mot me procurait un plaisir indéfinissable et irrésistible.

Le menuisier qui était juste derrière nous souleva sa casquette et me dit d'une voix douce et polie :

— Je savais ce qu'était la marqueterie, ma petite demoiselle, avant même que vous ne soyez née.

Il me sembla que le sol se dérobait sous mes pieds, je ralentis mon pas avec l'espoir de disparaître. Je regardai mon père, mais il détourna calmement les yeux.

— Tu n'as que ce que tu mérites, dit-il froidement. Merci à vous, Trofimov.

Nous sommes partis. Je ne savais pas où me mettre. J'aurais voulu retourner pour lui demander pardon.

— Ça suffit comme ça, me dit mon père, non seulement tu es inculte et mal élevée, mais par-dessus le marché, sentimentale.

Je rentrai à la maison, anéantie. Encore aujourd'hui j'ai honte de penser que j'ai pu me conduire ainsi, alors qu'au lycée on jouait déjà mes pièces, que la plupart d'entre nous se sentaient vivement concernées par l'affaire Beïlis* et que nous lisions la *Réponse au Synode* de Tolstoï.

Beïlis fut acquitté en 1913. Ce matin-là je me trouvais dans la garde-robe du lycée et je regardais mes amies Lalia et Lida se serrer dans les bras en pleurant de joie. Un court instant je me sentis comme coupée d'elles, car elles partageaient une joie que je n'éprouvais pas. Je ne me décidais cependant

* Mendel Beïlis (1873-1934) fut injustement accusé du meurtre de Youchtchinski à Kiev, en 1911-1913, puis acquitté. Il partit aux Etats-Unis où il mourut à Chicago. *(N.B.)*

pas à partir, craignant de me retrouver définitivement seule et exclue. Elles m'aperçurent soudain, se précipitèrent vers moi et me prirent dans leurs bras. Nous nous sommes longuement serrées toutes les trois, le visage inondé de larmes.

Lalia Zeiliger était la fille d'un célèbre avocat de Pétersbourg, membre du parti cadet. Sa maison était fréquentée par la fine fleur de l'intelligentsia politique et artistique. Leur immense appartement était situé dans la rue Nadejdinskaïa. Quand Philippe Nikolaïevitch n'était pas là, nous avions l'habitude de jouer dans son cabinet de travail dont les six fenêtres donnaient sur la rue. Les murs étaient couverts de livres, et des peaux d'ours s'étalaient sur d'épais tapis. Nous construisions des grottes avec les peaux et discutions sans fin de nos secrets déjà fort nombreux. Je restais parfois à dîner.

La mère de Lalia, une femme gaie, pratique et énergique, liée elle aussi au parti cadet, m'intimidait. J'étais également impressionnée par le frère Serioja qui s'est suicidé d'une balle à Berlin, à la fin des années vingt. Ils recevaient Milioukov, de la Douma, Khodotov, du Théâtre Alexandrinski, les violonistes du Théâtre Marie, des avocats en vue, des actrices et des écrivains. Je ne les voyais jamais, mais je savais qu'ils venaient là et un frisson sacré me parcourait lorsque je traversais les différentes pièces. Je m'imaginais tout cela illuminé par le splendide lustre et résonnant de la musique éclatante du piano à queue. Je voyais la foule des hôtes qui envahissait le salon, la salle à manger, le cabinet de travail et toutes les autres pièces où les secrétaires de M. Zeiliger s'affairaient maintenant.

Lalia avait des cheveux bouclés. Elle était petite et maigre. Elle n'entendait rien à la poésie et ne comprenait pas pourquoi j'écrivais. Mais nous avions en commun notre curiosité pour la vie et l'intérêt que nous portions l'une à l'autre. Elle était dans la classe au-dessus de la mienne. Je l'ai très vite perdue de vue. Peut-être est-elle encore en vie aujourd'hui. J'ai entendu dire qu'elle vivait en exil à Kazan. Elle avait consacré sa vie à son père, telle une Cordélia ou une Antigone.

L'évocation par les adultes de leurs souvenirs scolaires revêt souvent un caractère touchant et mièvre à l'excès. Mais quand je me souviens de mes amies d'alors, elles ne m'apparaissent pas comme de naïves jeunes filles chouchoutées par leurs mamans, parées de robes élégantes, les cheveux ornés de rubans. On aurait dit des personnes déjà mûres, aux goûts bien définis et aux convictions politiques précises. Elles savaient juger, argumenter, raisonner, choisir leurs lectures et se faire des amies avec qui elles discutaient d'égal à égal. L'époque y était pour quelque chose. Chaque année amenait en Russie des changements et chaque jour nous vieillissait. J'ai l'impression aujourd'hui que la moins mûre d'entre nous c'était moi. Le seul avantage que j'avais sur mes camarades était d'écrire de la poésie, mais il s'était très vite estompé à l'arrivée en quatrième année de Natacha Chklovskaïa. Elle aussi composait des vers et quels vers !

A partir de l'âge de douze ans, nous lisions la littérature interdite et discutions de la supériorité du parti social-démocrate S.-D. sur le parti social-révolutionnaire S.-R. Nous formions un groupe de cinq ou six amies très liées. Le soir, nous achevions au téléphone nos conversations de la journée en priant la standardiste de nous relier à trois, ce qui était déjà possible alors. Le dimanche nous allions les unes chez les autres, recherchions ensemble les mots inconnus dans le dictionnaire de Granat et avions une opinion sur tout.

J'avais été initiée, mais partiellement seulement, aux mystères de la vie par une certaine Moussia R. qui redoublait la classe chaque année et qui avait pratiquement cinq ans de plus que nous autres. Moussia R. et moi restions après la classe dans la pénombre de la salle vide, près de la fenêtre glacée. Non seulement elle m'expliqua tout, mais elle me donna à lire le roman de Kouprine, *La Fosse aux filles,* pour illustrer ses dires. Ce livre me bouleversa et aucun autre ne me fera jamais un tel effet. Je l'ai dit un jour à Kouprine, lorsque nous nous sommes rencontrés chez le prince Bariatinski à Paris en 1929. J'étais restée seule avec lui au salon, alors que les autres étaient partis à la salle à manger. Kouprine ressemblait à un vieux Tatar et me faisait un peu penser à mon grand-père de Tver. Il dodelinait de la tête, ses bras étaient pendants et il paraissait décrépit et somnolent. Il m'écouta attentivement, prit une cerise dans une coupe et me demanda de la tenir par la tige entre mes dents. Elle reposait sur mon menton. Il s'approcha de moi et prit la cerise avec précaution dans sa bouche, en m'effleurant à peine. Il en recracha le noyau et me dit :

— Voilà, j'en suis à mon dernier stade.

J'eus pitié de lui, mais je ne dis rien. Il m'embrassa la main et une larme tomba dessus comme si elle avait attendu, dans son œil éteint, cet instant précis. Nous sommes passés à la salle à manger.

Après la lecture de *La Fosse aux filles*, j'étais incapable de penser à rien d'autre durant des semaines. Si la "demande" suscite l'"offre", me dis-je, il était impensable de garder sa respectabilité tout en tolérant la prostitution à Londres, à Hambourg et à Paris ainsi que sur l'avenue Nevski, comme s'il s'agissait d'un mal inévitable. Il fallait qu'un changement se produisît au niveau de *nous toutes*, moi-même, mes amies, les fillettes du monde entier pour que cessent les horreurs décrites dans *La Fosse aux filles*. Il ne suffisait pas d'interdire la prostitution, ni de l'extirper, mais nous devions opérer en nous-mêmes une transformation radicale. Je ne me représentais pas concrètement en quoi devait consister ce changement. Je ne pouvais pas deviner que j'appartiendrais à la génération qui allait assister à la fin de l'ancien état des choses et à la disparition de l'époque où l'on respectait certaines femmes et méprisait les autres.

C'est à cette époque aussi que je pris conscience des liens existant entre les générations. Il m'est arrivé par la suite d'en discuter bien des fois avec Aldanov. Cette idée occupait sans cesse son esprit et il y revenait souvent dans ses conversations. Il avait vu dans sa jeunesse, à Paris, l'impératrice Eugénie alors déjà très vieille qui, elle, avait connu, jeune, les hommes de la Révolution française. Moi-même j'ai connu, encore enfant, la fille d'un Décembriste, née Pypina, et j'ai été l'amie d'un Anglais devenu russe qui avait été uhlan et avait vu plus d'une fois Nicolas Ier. Le sentiment d'être ainsi reliée à l'époque de Pouchkine a fait sur moi une très forte impression. Je découvrais quelque chose de nouveau : le temps devenait plus concret et presque pareil à l'espace.

Cette idée m'émut et m'émeut encore. Quelqu'un se souviendra peut-être dans cinquante ans de m'avoir connue, moi qui, dans mon enfance, ai rencontré un ancien uhlan de la guerre contre les Turcs de 1855.

Cet homme était le fils d'un authentique Anglais, sujet de George III, qui était venu en Russie pour s'y enliser. L'enfant n'avait alors que trois ans. Pourtant, quand je l'ai connu, il avait l'air d'un vrai étranger. Il ne pouvait pas dire grand-chose sur l'Angleterre et s'intéressait davantage à la récolte et aux affaires familiales. Sa propriété se trouvait à proximité de celle des Karaoulov. J'étais étonnée de voir dans son cabinet de travail, bien en vue, à côté d'un fusil et d'une paire de pistolets, un appareil à lavement muni d'un long tuyau. Après avoir subi une interminable description du défilé des troupes russes à leur retour de Bendery en 1856, j'ai fini par obtenir de lui qu'il me cite quelques noms de villes et de bourgs anglais. C'est lui qui m'a fait découvrir la géographie à travers un chapelet de noms sonores et compliqués : l'Himalaya, les Andes, Ispahan, Lisbonne, le Pérou et ses villes envahies de lianes. C'est là que j'ai vu pour la première fois une carte du ciel et cela aussi je devais l'assimiler, de même que l'idée que nous tournons comme une toupie, suspendus en l'air, et que nous fonçons à toute allure droit sur la constellation d'Hercule.

Tout fonçait autour de moi "à toute allure" : le globe terrestre vers la constellation d'Hercule, la Russie vers la révolution et moi du lycée à la maison pour lire, réfléchir, écrire de la poésie, fuir les "rêves d'amour" et braver les tempêtes. Plus je sentais se refermer sur moi "l'aile protectrice" de la famille, plus je protestais et cherchais à échapper à la sollicitude des miens et aux règles qu'ils m'imposaient. Quelle insupportable créature j'étais, cruelle, effrontée, obstinée et avide de vivre ! Comment a-t-on pu m'aimer, moi qui bien souvent ne me supportais pas moi-même ?

La vie me livrait toujours davantage son sens profond, au-delà des apparences. Elle se présentait d'abord sous la forme d'un tableau ou d'un paysage entrevu à la hâte et n'en révélait le sens qu'après coup. Je voyais que les parties étaient reliées au tout comme dans une toile d'araignée ou sur une carte du ciel. Je contemplais ce spectacle des heures durant plutôt que de me sauver comme un artificier après la mise à feu.

J'avais douze ans lorsque j'eus l'occasion d'avoir un avant-goût de l'Europe. Je ne réussis à attraper au vol que des impressions rapides de ce qui deviendrait plus tard une partie intégrante de ma vie. J'ai gardé en mémoire des fragments de journées et de nuits, des images de mes premiers hôtels, l'animation des rues, différente de celle que je connaissais, et une impression globale de choses anciennes et luxueuses. Tout cela faisait de l'Europe un monde situé aux antipodes de la Russie. J'ai vu Berlin dont je découvrirai plus tard la sévérité et la grisaille, Paris qui deviendra par la suite "la capitale de ma destinée", Londres enfin qui est resté jusqu'à ce jour pour moi une ville étrangère. Certains moments de ce voyage laissaient cependant présager l'avenir. Mes promenades solitaires dans les rues de Genève, durant l'été 1914, ressemblaient étrangement à celles que je ferai à Zurich plus de vingt ans après. Les lacs étaient différents, mais c'était la même Suisse immuable, paisible, fidèle à la devise : "On est bien chez soi, qu'importe ce qui se passe ailleurs." Les jours s'enfuyaient et déjà un train de nuit nous emportait vers les Alpes à travers un tunnel sombre où résonnaient le grondement des roues et le sifflement du vent.

Dans les années vingt, à l'époque où s'ouvrait une nouvelle période dans ma vie, je suis revenue à Paris et j'ai cherché en vain à retrouver l'hôtel où nous étions descendus en août 1914, à notre retour de Vichy. Lors de notre premier passage, tout s'était déroulé normalement. On nous avait reçus au Grand Hôtel où, bizarrement, l'électricité restait allumée dans les chambres pendant la journée. Nous avions fait le tour des magasins car, suivant le plan de ma mère, nous devions visiter les musées et les églises seulement au retour de Vichy, un mois après. Mais la guerre avait gâché cette deuxième visite. Les Allemands marchaient sur Amiens, la Belgique était envahie et Paris s'était brusquement éteint. A notre arrivée, le cocher nous avait conduits de l'Etoile à Notre-Dame le long des quais en passant devant le palais des

Invalides. Les rues étaient désertes et envahies par un silence de mort. “Profites-en bien ! Qui sait si tu reviendras encore une fois ici dans ta vie. Regarde ! Admire ! C’est Paris...” Mais je suis revenue et j’y ai passé un quart de siècle d’exil.

Je n’ai jamais pu retrouver l’hôtel où nous étions descendus au moment de retourner en Russie. Nous avions des difficultés d’argent et il n’était pas question de songer au Grand Hôtel. Le nôtre était situé près de l’église Saint-Roch, entre la rue de Rivoli et le marché Saint-Honoré. Nous y sommes restés trois jours. Les gens criaient : “Tous à Berlin ! On les aura !” Puis nous avions pris le train avec une correspondance à Amiens encerclé par les Allemands. Il y avait des convois de blessés et des grondements de canons. Nous avions embarqué pour l’Angleterre après notre arrivée dans le port de Boulogne, bondé de monde. En 1870, les Allemands étaient passés par Sedan, en 1914 par Amiens et plus tard, ce serait Compiègne.

Les nuits de Vichy, mes poèmes, les parties de tennis en compagnie de fillettes russes, l’amitié d’un garçon français qui me récitait par cœur Verlaine, ainsi que ses propres poésies, tout cela me paraissait déjà loin maintenant que j’étais en Angleterre. Je connaissais seulement de ce pays ce qu’avait pu me raconter autrefois le uhlan de Nicolas. J’en savais plus sur l’Afrique, grâce à Pouchkine et à Goumiliov, ou sur l’Amérique. Jusqu’à l’âge de huit ans, je ne sais trop pourquoi, je pensais que l’Amérique était peuplée uniquement de Noirs et d’Indiens et qu’il n’y avait pas de Blancs du tout. Notre imagination est bien fertile en idées saugrenues à l’aube de notre vie ! De l’Angleterre, je savais à présent du moins qu’elle aussi était en guerre.

Nous sommes tout de même restés une semaine à Londres. On m’a fait visiter la National Gallery. La moitié des salles étaient fermées au public en raison de la fureur des suffragettes qui crevaient les yeux aux portraits peints par Rembrandt et Raphaël.

En dépit de ma précocité dans certains domaines, je suis restée longtemps indifférente aux choses de l’art. En poésie, je savais déjà ce que j’aimais et je pouvais justifier mes goûts. Je faisais des découvertes et les défendais de toutes mes forces. Mais je suis devenue sensible plus tardivement à la musique et à la peinture. Jusqu'à l'âge de seize ans, je n'en avais pas la moindre idée. La musique classique et la musique contemporaine ne me disaient rien. J'aimais Manet, du moins le croyais-je, mais je n'aimais pas Goya et n'y comprenais rien. Je restais indifférente devant les œuvres d'art moderne et antique qui me sont devenues par la suite aussi *indispensables* que la lecture, la nourriture, la boisson, les voyages et les nouvelles rencontres.

C'est ainsi que j'ai traversé, à la hâte, la National Gallery de Londres et, comme un sauvage qui arrive de sa jungle, je n'ai rien vu. Ce n'était guère mieux lorsque je suis allée à mes premiers concerts, cet hiver-là, au Conservatoire de Pétersbourg. Je m'y suis tellement ennuyée que j'arrivais à peine à tenir jusqu'au bout.

A propos de ma *pratique* musicale, un ami honnête me dit un jour : "J'aime bien t'écouter de loin. Quand tu joues du piano, il vaut mieux aller se promener en forêt ; de là on t'entend à peine." Une autre fois c'est un ami de notre famille, "le fils du père de la célèbre Grammaire russe", Viatcheslav Smirnovski, qui me demanda en regardant une aquarelle que j'avais rapportée de ma classe de dessin : "C'est quoi ça, des petits fours ?" "Non, lui répondis-je, c'est une truie avec ses petits." Il ne m'a pas crue.

Dans le même temps, je vibrais à la poésie, je vivais en elle, j'en écrivais moi-même et je lisais celle des autres. Mon jeune ami français de Vichy m'avait dit qu'on ne pouvait écrire des vers qu'en français. Tout en sachant que ce n'était pas vrai, je n'avais pas pu lui expliquer pourquoi il avait tort. Nous nous étions longuement disputés. Il avait proposé que nous écrivions tous les deux une poésie sur un même thème, lui en français, moi en russe, et qu'on nous jugeât ensuite comme dans un concours. Nous avions décidé d'écrire une poésie intitulée : *Donne-moi une comète*, en pensant sans doute au passage de la comète de Halley en 1910. L'idée à développer était la suivante : je ne crains ni l'obscurité, ni les voleurs, ni les fantômes, fais-moi voir une comète dans le ciel, longue et terrible, messagère de catastrophes, qui fait planer une menace sur le monde. Fais-moi voir une comète pour qu'enfin je sache ce qu'est la peur. Mais comme je n'avais jamais composé jusque-là de poésie sur un thème imposé, je ne réussis pas à en écrire une sur la comète. Mon camarade, lui, sut le faire et notre dispute fut ainsi tranchée en sa faveur. Une rue de la banlieue lyonnaise porte aujourd'hui son nom. Je m'y suis promenée un jour en me disant qu'on lui avait fait don d'une rue, alors que moi je reçus la comète, messagère de catastrophes. Et j'ai connu la peur.

Le bombardement de notre train, près d'Amiens, marqua le début de l'écroulement historique de la Russie et de l'Europe qui n'allait pas tarder à se produire, mais qu'on ne soupçonnait pas encore. Une semaine après survint cette nuit étrange et inoubliable en mer du Nord. Nous étions partis d'Edimbourg et nous nous dirigions vers Bergen. Je me promenais sur le pont, affublée d'une ceinture de sauvetage. La zone était minée et, sur ordre du capitaine, nous étions tous montés sur le pont avec notre ceinture. Seul mon père n'en avait pas, elle n'aurait pas suffi à le sauver. Je m'étais installée à l'avant, bercée par le clapotis régulier et calme des vagues. L'obscurité était complète. Très vite je fus entourée de silhouettes sombres qui portaient sur le dos des ceintures bourrées de liège. Elles se couchèrent aussi et remplirent tout l'avant du navire. Le sentiment du danger et la crainte d'une explosion possible s'étaient emparés de nous tous. Mais j'avais sommeil. De temps à autre, mes yeux se fermaient et je perdais momentanément conscience. Tout à coup je me suis réveillée, car quelqu'un s'était couché en travers de mes jambes. Ils étaient deux, une femme et un homme, et ils parlaient russe. Je réalisai qu'autour de moi on chuchotait dans cette langue. Le couple s'étreignait et s'embrassait en riant doucement dans la nuit enchantée. A ma gauche, un autre couple faisait la même chose et près de moi quelqu'un buvait du cognac et fumait. “Et ça, c'est qui ?” demanda-t-il en parlant visiblement de moi. “C'est une fillette que nous ne connaissons pas. Donnez-lui un bonbon au chocolat.” Un quart d'heure plus tard, je leur récitais mes poèmes.

J'assistai aux mystérieux jeux amoureux auxquels se livrait ouvertement un groupe de jeunes. Des têtes étaient posées sur mes genoux et quelqu'un s'appuyait sur mon épaule. Je restais là immobile, le dos contre le bastingage, en spectatrice, sans la moindre idée que j'aurais pu, moi aussi, participer à cette bacchanale nocturne. Quelqu'un effleura, dans l'obscurité, mon visage et mes longues tresses lisses et froides qui descendaient jusqu'à mes genoux. Un autre se pencha vers moi et murmura dans les ténèbres : “Ah ! c'est vous, ce n'est pas toi !” Le paquebot poursuivait sa route, la mer clapotait et je récitais par cœur des poésies d'Anna Akhmatova, de Brioussov et de Blok. Chaque fois que je m'arrêtais, croyant qu'ils s'étaient tous endormis dans les bras les uns des autres, ils m'en redemandaient. Ils fêtaient leur jeunesse et se chuchotaient des mots tendres. Certains s'étaient enveloppés d'un plaid, d'autres d'un manteau. Parfois on entendait un long gémissement et l'air se mettait à frémir. Je réalisais que j'avais été invitée, de façon insolite, à un banquet, comme un troubadour accueilli à la cour d'un roi. Je me sentais comblée d'un bonheur qui n'était pas le mien. Le lendemain matin, au petit déjeuner, je ne les reconnus pas et n'essayai pas de le faire. Je comprenais déjà que certains plaisirs étaient fugitifs et qu'il ne fallait pas chercher à les retenir.

J'entrevis, comme en un éclair, Bergen et Stockholm. Je les découvrirai bien des années plus tard dans toute leur beauté nordique, avec leurs toits couleur vert-de-gris. Tout mon voyage avait été un essai ou une sorte d'avant-première d'un film dont les images auraient défilé devant moi pour me signifier que c'était là que je vivrais. Ces lieux seront si intimement liés à ma vie qu'un jour viendra où je ne saurai plus si c'est moi qui ai vécu là ou l'un de mes personnages.

Le train entra en gare de Finlande, à Pétersbourg. J'étais de retour en Russie, dans ma patrie. Je retrouvai notre maison. C'était la guerre. Cela se passait dans les premiers jours de septembre 1914. Je me souviens d'une épaisse poussière et de la foule des conscrits. J'éprouvai pour la première fois de la tristesse, en entendant le chœur des soldats qui chantaient : “Ils se sont levés de bonne heure. On a sonné l'alarme !” Elle sonnait, angoissante, au-dessus du convoi militaire. La moitié du ciel était embrasée et le bourdon des cloches retentissait au-dessus de la Néva. “Mademoiselle, donnez-nous un petit souvenir de l'étranger comme porte-bonheur.” Je retirai un petit miroir de mon sac et le remis au soldat. Cela peut paraître bizarre, mais je n'ai jamais beaucoup tenu à mes affaires personnelles que je donne ou perds facilement. Je n'ai pas d'objets “sacrés” comme les Russes d'antan : une cuiller ou un peigne. Une serviette et une taie d'oreiller propres me suffisent largement.

Le soldat tenait son manteau enroulé sur son épaule. Tout d'un coup on entendit, dominant le chant des soldats, les sons stridents d'une fanfare. Les réverbères étaient allumés sur le pont Liteïny. Pourquoi les avait-on allumés ? Pourquoi le cocher était-il assis de travers ? Pourquoi cette femme pleurait-elle ? Pourquoi cet enfant demandait-il : “*Barine*, donne-moi un kopeck !” Pourquoi le gendarme avait-il un si gros ventre, et le pope un plus gros encore ? Pourquoi le fils de notre concierge, un garçon pâle, disait-il à mon père d'une voix précipitée : “Ils ont promis, Nicolas Ivanovitch, mais ils n'ont rien donné. Ça n'a pas marché.” (Il s'agissait d'une bourse pour l'école professionnelle.) Pourquoi disait-on autour de moi : “On n'a rien donné. Ça n'a pas marché. C'est tombé à l'eau.” Pourquoi faisait-il froid au mois de septembre et sombre en octobre ? Pourquoi Dacha avait-elle un air embarrassé et un œil au beurre noir ? “Il s'est soûlé hier pour les adieux et m'a flanqué un coup de poing. On les a expédiés en Galicie.” Que voulait dire tout cela ? Autour de moi, je ne voyais que la tristesse, la pauvreté, le fiasco, la guerre, les bottes du soldat, du gendarme, du général et le ciel gris au-dessus, le ciel d'automne sur Pétersbourg en guerre.

Quelques jours plus tard, je retournai au lycée. C'était la joie des retrouvailles, l'arrivée de nouvelles élèves.

— Et qui est-ce donc, celle-là ? Elle ne regarde personne.

— C'est Natacha Chklovskaïa, elle compose des vers.

La curiosité et le désir de devenir son amie se mêlaient chez moi à la peur de perdre mon prestige littéraire. Elle s'assit à mes côtés, au même pupitre. Elle avait treize ans comme moi, mais son visage était celui d'un adulte. Ses yeux gris étaient sérieux, son nez fin, ses lèvres serrées, sa silhouette celle d'une femme. Malgré moi je perdis contenance, mais nous nous sommes tutoyées. Elle me dit qu'un de ses oncles était critique littéraire. Je n'avais jamais entendu parler de lui et je me sentis gênée. Je lui présentai Nadia Otsoup dont le frère était poète. Plus tard elle sera poursuivie comme trotskiste. Je lui fis également connaître Lucie M., la fille d'un éditeur, qui elle sera fusillée, et Sonia R. qui se suicidera en 1931. Nous formions l'élite de la classe. Natacha allait désormais en faire partie. J'y fis allusion, elle me comprit, mais se tut.

Pendant le cours de russe, elle dut aller au tableau. On lui demanda si c'était vrai qu'elle écrivait des vers et si elle voulait bien les réciter à la classe. Elle accepta, nullement gênée, sans la moindre émotion. C'est moi qui étais inquiète à sa place. Elle regarda vers le plafond, puis vers la fenêtre. Ses sourcils en arc s'élevèrent encore davantage. Elle se mit à déclamer d'une voix claire et assurée :

Le muguet a fleuri gentiment
Et a fait un rêve de bonheur.
Le pauvre muguet s'est vite fané.
Qui donc l'a vu s'épanouir ?

C'était si beau que je retins mon souffle. Natacha poursuivit :

Que ne puis-je m'envoler
Au-dessus des étangs,
Et jeter les chaînes de mon cœur
Dans les gouffres sombres de la mer.
Oublier les entraves de ce monde
Et partir vers la liberté !

Mes ailes se sont alourdies
De boue et d'impuissance,
Mes yeux s'emplissent de sommeil,
Mes pieds sont retenus par des fers,
Les arracher m'est impossible.
Il me faut attendre.

Mon cœur battait très fort. J'aimais Natacha. J'aimais sa tresse, le grain de beauté sur son nez, ses mains d'adulte un peu trop blanches, son anneau et son col de dentelle sévère. J'aimais son visage qui me faisait penser à la *Madone* de Cranach et, par-dessus tout, j'aimais sa poésie.

— Ecoute, Natacha, lui dis-je d'un ton décontracté pendant la récréation, il y a quelque chose qui ne va pas dans un de tes vers.

— Ah oui ? Où ça ?

Je lui expliquai qu'il s'agissait de la répétition maladroite d'une même syllabe.

— Ah bon ? Il faudra reprendre ça. Je les ai écrits hier et n'ai pas encore eu le temps de les revoir.

Je me décidai à lui confier mon plus grand secret. Jusque-là je n'avais jamais osé le dire à personne. J'avais à la fois honte et peur de le faire. Je lui avouai ne pas aimer *Eugène Onéguine*. D'abord Tatiana tombe amoureuse d'un homme sans lui avoir parlé, séduite simplement par son allure de bellâtre blasé. Puis elle épouse un gros général pour plaire à sa mère qui toute sa vie a été nourrie par les fadaises des romans de Richardson ! Enfin Tatiana avoue son amour à Onéguine tout en le repoussant. Cela fait vieux jeu et n'a ni queue ni tête !

Natacha se tenait devant moi, le visage impassible. Elle leva seulement de façon imperceptible ses sourcils arqués et pinça légèrement ses lèvres.

— Est-ce si important ? C'est bien égal, non ? L'important, c'est :

Son col de castor
Brille de givre argenté

ainsi que les enjambements qui courent de vers en vers, et de strophe en strophe. Quelle langue ! Quelle ironie ! Quel génie que ce Pouchkine !

Je rentrai en courant à la maison. J'avais besoin de me retrouver seule pour réfléchir. Je sentais de nouvelles perspectives s'ouvrir devant moi, un horizon nouveau d'idées et de significations.

Nous sommes restées amies durant les quatre années qui ont précédé son emprisonnement. Nous avons échangé nos anneaux et nos croix de baptême. Elle fut arrêtée après le meurtre de l'ambassadeur d'Allemagne, Mirbach, en 1918, à cause de son appartenance à l'aile gauche du parti socialiste-révolutionnaire. En prison, elle échangea ma croix en or contre un paquet de cigarettes. Sa croix que je ne portais jamais me fut volée, je ne sais plus dans quelles circonstances.

Elle prit la place de mes anciennes amies et plus personne d'autre ne comptait pour moi. Ensemble nous avons découvert Wilde et Maeterlinck, Hamsun et Ibsen, Baudelaire et Nietzsche, Annenski et Tiouttchev. Nous partagions nos expériences présentes et passées, mais notre passé nous paraissait pauvre, parce que nous ne l'avions pas vécu ensemble. Nous avions le même amour pour *Brand* d'Ibsen et pour *Dorian Gray* de Wilde, pour *Le Rosaire* d'Akhmatova et pour *Le Masque de neige* de Blok. En été, nous nous écrivions de longues lettres, nous échangions nos poèmes et nos livres. J'étais plus robuste et plus exubérante qu'elle, mais elle était plus raisonnable. J'avais l'impression qu'elle savait et comprenait tout. Entre nous, c'était l'égalité parfaite, aucune ne se sentait supérieure à l'autre, aucune n'était dominée par l'autre. Nous étions liées par un dévouement réciproque et une curiosité insatiable l'une pour l'autre. A la base de notre amitié, il y avait sa poésie et la mienne.

Nous nous connaissions depuis plus d'un an lorsque se produisirent dans sa famille des événements qui allaient complètement bouleverser sa vie. Elle avait vécu, jusqu'alors, avec ses parents dans un tout petit appartement de la rue Kolomenskaïa qui était tellement bourré de meubles qu'on y étouffait. L'entrée était à ce point encombrée d'armoires et de malles qu'on pouvait à peine s'y retourner. Leur vieille servante vaquait d'une pièce à l'autre, en traînant ses pieds chaussés de pantoufles flasques et percées de trous qui laissaient voir ses gros orteils aux ongles longs et crasseux. Ça sentait le chou, le poisson et l'oignon. Au plafond, des ampoules jaunes répandaient une lumière blafarde. Il faisait froid, on était à l'étroit et il y régnait une agitation perpétuelle. Son père dormait dans son bureau, sur un divan de cuir d'où s'échappait le rembourrage. La chambre de sa mère se trouvait quelque part derrière la cuisine, au bout d'un sombre couloir. C'était une femme dans la quarantaine. Elle était fortement maquillée et portait des boucles d'oreilles à la mode tzigane. Ses cheveux, brûlés au fer, frisottaient au-dessus de son front. Elle ne m'inspirait aucune sympathie et j'avais de la peine à dissimuler mes sentiments à son égard. Son père, qui ne paraissait pas son âge, avait le teint coloré et le caractère enjoué. Il portait une barbiche châtain clair et avait de grands yeux gris. Il était sans cesse pressé et faisait tout à la va-vite. Puis cette vie se disloqua. Brusquement Alexandre Vladimirovitch prit sa fille Natacha avec lui et déménagea dans un magnifique appartement de l'avenue Staronevski. Il s'y installa, engagea une cuisinière et une femme de chambre et attendit le divorce pour se remarier. Il s'était produit un tournant dans sa carrière d'ingénieur, ce qui avait eu pour effet de changer radicalement sa situation matérielle et, du même coup, ses affaires familiales. Natacha vécut cette crise de façon assez douloureuse. Sa mère se remaria bientôt avec un homme du même genre qu'elle, bouclé, désagréable et pas très net. Alexandre Vladimirovitch, par contre, épousa une femme belle, calme et affectueuse, qui s'habillait avec goût et s'entendait avec tout le monde. Natacha avait de bonnes relations avec sa belle-mère qui n'avait que dix ans de plus que nous. Tout le monde était visiblement heureux, moi y comprise, de la manière dont les choses s'étaient terminées.

A la même époque, au début de la Première Guerre mondiale, j'ai fait la connaissance d'une personne qui, comme Natacha, eut sur moi une grande influence. Tatiana Viktorovna Adamovitch, qui avait inspiré à Goumiliov son recueil de poésies d'amour, *Le Carquois*, est arrivée dans notre lycée pour y occuper les fonctions de maîtresse d'études et de professeur de français. A la fin de la première leçon, alors que la porte venait juste de se refermer derrière elle, je bondis de ma place et lançai : “Voilà une vraie furie !” Je ne comprenais pas exactement le sens du mot “furie” comme autrefois celui de “marqueterie”, mais sa sonorité me plaisait et je ressentis le besoin de le crier. Elle l'entendit depuis le couloir et me demanda plus tard pourquoi je l'avais traitée de furie. Elle était mince et brune et avait de grands yeux gris clair. Ses mains étaient fines et élégantes. Les intonations de sa voix étaient singulières, les *r* et les *l* se confondaient, et les *i* ressortaient de façon marquée. Elle faisait partie d'un monde à part, connaissait Akhmatova et assistait aux réunions poétiques de l'Hyperboreus. Lors de nos conversations, je buvais chacune de ses paroles. Après la classe, Natacha et moi restions dans la salle des professeurs. C'était la même pièce où, près de la fenêtre enneigée, Moussia R. m'avait initiée aux terribles secrets de la vie.

Tatiana Viktorovna nous parlait de poésie, d'acméisme, des poètes français, des concerts de Koussevitski, des peintres du "Monde de l'Art", de Meyerhold, de Mandelstam, de Kouzmine, de Volkonski et de son école de ballet Jaques-Dalcroze. Comme le pauvre Lazare, j'attrapais les miettes qui tombaient de la table autour de laquelle festoyaient toutes ces divinités. Après la révolution, Tatiana vécut à Varsovie où elle monta une école de ballet, puis en 1936 elle vint à Paris où nous nous sommes rencontrées. Elle s'embrouilla : "C'est vous ? C'est toi ?" Je me souvins des vers que Goumiliov lui avait dédiés :

Ma bien-aimée a le sourire de l'été
Ses mains sont fines et frêles
Ses noirs cheveux sont parfumés
Tel dans les temps anciens le miel

Le couloir, les salles de classe et le bureau où nous nous trouvions étaient plongés dans l'obscurité. Une lampe de couleur verte était allumée sur la table, nous étions assises sur un canapé dur. Tatiana marchait de long en large, les mains derrière le dos comme font les hommes et nous parlait. Nous la suivions du regard et nos têtes tournaient tantôt à droite, tantôt à gauche, au rythme de ses pas. Chaque mot entrait dans ma mémoire comme une carte à jouer dans son paquet. La nuit au lit je passais la couverture sur ma tête et répétais ses paroles. J'étalais lentement devant moi le paquet multicolore et marquais les cartes de mes propres signes. Il n'y avait pas quatre, mais un nombre infini de couleurs. Puis je les rangeais dans ma mémoire comme le héros de Gogol, Ikharev, qui cachait son paquet de cartes, surnommé Adelaida Ivanovna, dans une valise. J'aimerais pouvoir crier aujourd'hui à Tatiana, si elle est encore en vie : "Tout a disparu, mais rien n'est mort !"

Naturellement, elle nous parlait surtout d'Akhmatova. Plus que Natacha, c'était moi qui imitais à cette époque, par immaturité, la grande poétesse. Celle-ci était pour moi un être à part. Nous récitions à Tatiana Viktorovna nos propres vers et elle nous parlait de l'essence de la poésie et des perspectives offertes par la nouvelle prosodie russe que pratiquaient les symbolistes et les acméistes. Parfois elle emportait nos poésies et nous les rendait une semaine plus tard, après les avoir lues à Akhmatova. Elle nous faisait rarement des compliments, mais elle reconnut une fois qu'une de mes poésies était réussie. Elle se terminait ainsi :

> "Aujourd'hui est venu mon treizième printemps
> Je l'ai tant désiré, attendu si longtemps."

"Je la donnerai à lire à mon frère, m'avait-elle dit en riant. Il déclarera que c'est lui l'auteur, car il lui suffira de remplacer «treizième» par «seizième»." Celui-ci deviendra plus tard le critique littéraire Georges Adamovitch.

La meilleure amie de Tatiana Viktorovna était la première femme du poète acméiste Georges Ivanov. Elle s'appelait Gabrielle Ternisien. C'était une créature aérienne et charmante, d'origine française. Je ne cessais de penser à ces personnages : ils ont fini par former dans mon imagination un Olympe enchanté. Ils émergeaient du néant comme d'un rideau de brouillard, prenaient forme, puis s'estompaient à nouveau lorsque je les nimbais d'une gloire dont l'éclat m'aveuglait. Je vivais désormais dans un univers plein de surprises et d'enchantement. Un cinq en physique et un zéro en allemand me dégrisèrent un court instant. Mais bientôt je replongeai, avec une secrète délectation, dans l'autre dimension. Là il n'y avait plus ni tristesse, ni soupirs, rien que la vie jaillissant indéfiniment d'une poésie à l'autre.

Qu'est-ce que j'aimais au juste dans la poésie à cette époque-là ? La possibilité qu'elle m'offrait d'imiter les demi-dieux ? Celle de me transporter dans le monde de la beauté pure ? De donner libre cours aux "rêves d'amour" que j'avais étouffés ? Etait-ce le désir de m'accomplir ou bien de cultiver le seul art qui m'était alors accessible ? Et comment ai-je pu ressentir la beauté, alors que je ne soupçonnais même pas qu'on pût la définir ? Par instinct ? Sans doute étais-je avant tout à la recherche d'émotions intenses où se mêlaient l'attente, la vénération et l'enthousiasme.

A cette époque, la politique constituait l'air même que nous respirions, l'éthique était la forme que prenait ma contestation, mais l'esthétique restait, en dépit de ma passion pour la poésie, un domaine impénétrable. Je pressentais pourtant que cette discipline allait devenir une préoccupation constante dans ma vie et que, tôt ou tard, "la vérité esthétique" me serait révélée. Pour le moment, je ne pouvais que méditer humblement sur la différence existant entre notre plat de cuisine dans lequel on servait la kacha accompagnant le bortsch et le vase antique qui jadis servait à conserver le grain ou l'huile d'olive et qui représentait une femme aux mains fines, un lourd chignon sur le cou. Quiconque, dans sa jeunesse, n'a pas ressenti douloureusement le besoin de découvrir le sens éternel de la mesure et de la beauté restera à tout jamais sourd à cet appel.

Ce sentiment n'est pas le fruit d'une démarche logique. Il trouve sa source dans les replis les plus secrets et les plus profonds du cœur humain, loin de l'agitation sinistre ou dérisoire qui nous entoure. Une folle nuit d'ivresse est à mille lieues de l'amour, de la peine et de la désolation qui forment l'essence de la vie nocturne. L'éternité peut nous être révélée sur le marche-pied d'un autobus. Nous pouvons avoir la vision fulgurante de la fragilité des choses au guichet de la poste ou découvrir le caractère éphémère de notre vie en regardant un calendrier dans le hall d'accueil d'un consulat. Il arrive, chez un homme "ordinaire", qui prend son déjeuner "ordinaire" ou achète son médicament "ordinaire", que tout ce qui est "ordinaire" en lui soit pulvérisé en un éclair. Il prend à cet instant conscience du caractère à la fois absurde et sensé de l'univers et découvre à travers ses lunettes qui glissent sur son nez inondé de sueur un horizon sans fin.

J'ai passé cet été-là à flâner autour du domaine de Tver. Je faisais mes adieux à mon insu à notre maison, au parc et à son allée de tilleuls qui conduisait aux champs. On devinait des changements imminents. C'était particulièrement perceptible le soir, lorsque les villageois venaient se promener au grand complet dans les jardins de ce "nid de gentilshommes". Etait-ce le signe prémonitoire des événements qui se produiraient deux ou trois années plus tard ? Pressentaient-ils que ces maisons à balcon deviendraient des feux de joie et que les intendants gigoteraient au bout d'une corde, pendus aux pommiers ? Toujours est-il que, dès la tombée de la nuit, des ombres glissaient furtivement près des parterres et des étangs, autour des hamacs et dans la tonnelle. On entendait les sons grêles d'une balalaïka et les accords étirés d'un accordéon.

Cela peut paraître étrange, et même aujourd'hui j'ai peine à y croire, mais déjà quelques années avant la révolution, le peuple exerçait une sorte de sourde contrainte à l'encontre des propriétaires. A quoi bon attendre, puisqu'il s'agissait d'une chose inéluctable ? Si l'on n'y prenait garde, on passerait sa jeunesse à guetter les changements, en risquant de se faire expédier sur le front en Galicie. Pourquoi ne pas se balancer dans les hamacs qui ne servent plus depuis longtemps et respirer le parfum des giroflées de nos seigneurs ? Où est le mal ?

J'errais dans le cimetière où reposait Oblomov. Je retrouvais les lieux où, pour la première fois, ma conscience s'était éveillée. Les branches du pommier que je n'arrivais pas à saisir jadis effleuraient maintenant le sol. Le puits asséché qui nous renvoyait l'écho de nos cris était resté le même ainsi que la balustrade à moitié démolie. J'avais rêvé naguère d'y découvrir une source jaillissante. En un éclair je compris qu'elle était déjà là et que sans elle je périrais.

Il était tard. Il faisait sombre et des voix jeunes criaient à tue-tête dans le jardin : "Que tu m'aimes ou m'aimes pas, viens et attends-moi." Les filles du pope s'étaient jointes au groupe et d'autres encore que je connaissais depuis mon enfance. Je montai dans ma chambre. La lune se levait au-dessus des vieux tilleuls.

Ma fenêtre qui donnait sur le jardin me faisait toujours penser à celle d'Otradnoïe où se tenaient Natacha et Sonia chuchotant dans la nuit alors que le prince Bolkonski les écoutait depuis l'étage du dessous. Ma mère et la petite-fille du Décembriste avaient rêvé ensemble près de cette fenêtre et les filles d'Oblomov, Olga et Aline, s'étaient confié leurs secrets sur les hussards de passage comme leur mère l'avait fait sur les uhlans de Nicolas. Je me sentais si différente d'elles, si étrangère à leurs rêveries, leurs chuchotements et leurs espoirs.

J'allumai une bougie, pris *Guerre et Paix* et voulus retrouver la scène de la fenêtre. Je tombai sur le chapitre où Natacha danse chez son oncle après la chasse. La maîtresse de l'oncle, une serve, la regarde avec attendrissement. Une fois de plus, j'eus l'impression d'un mensonge. Cette femme aurait dû détester Natacha et chercher à lui nuire. Ses enfants et ses petits-enfants étaient en train de rire dans le parc, de salir les parterres et d'écraser les fleurs. C'était cela la réalité, je la comprenais et l'acceptais pleinement. Ils attendaient le moment où ils pourraient arracher les tentures de damas des murs du salon pour en faire des couvertures pour leurs enfants et ils avaient raison. Ce que Tolstoï avait écrit était pure illusion. La vie réelle m'empêchait d'y prêter foi.

Je contemplais la pleine lune qui s'était levée au-dessus du parc redevenu silencieux. Mes yeux se remplirent de larmes, je me sentis profondément troublée. La veille mon grand-père avait eu une attaque et la mort rôdait dans la maison. Je n'avais pas peur, elle paraissait naturelle puisqu'elle venait à son heure. Debout derrière moi, mon père me dit :

— Tu verras, bientôt les éléphants viendront chercher leur ivoire et les tortues ton peigne.

Je souris.

— Ils viendront reprendre ce qui leur appartient de droit et que nous leur avons pris.

— Je ne leur ai rien pris, ni toi non plus.

— Je n'en sais rien, c'est si compliqué. En tout cas, ils viendront.

Je savais qu'il avait raison ; bien qu'il me parlât comme à un enfant, je ne protestai pas. J'aurais pu lui dire que je vivais au fond d'un puits et lui demander quelle était sa source à lui. Mais je ne lui demandai rien de peur de découvrir qu'il n'en avait pas ou que la sienne ne m'était d'aucun secours.

Le troisième recueil de poésies d'Alexandre Blok parut en cette première année de guerre. Il est difficile d'imaginer aujourd'hui la tempête de musique que soulevèrent en nous ces vers. Ils correspondaient à notre refus des rêveries sentimentales et à notre aspiration à un idéal de beauté teinté de désespoir. Pouchkine représente en Russie la Renaissance, Blok le romantisme et Bely le cubisme. D'un point de vue historique, tout avait trouvé sa place. En simplifiant, on peut dire que ma génération a grandi selon le même schéma. Adolescents nous sommes passés du Pouchkine de notre enfance à Blok, puis à Bely. Bien sûr, je ne m'en rendais pas compte à l'époque.

Au début du printemps 1915 eut lieu, au cercle de l'Armée et de la Marine, sur l'avenue Liteïny, une soirée littéraire : "Les Poètes s'adressent aux soldats." C'était une des nombreuses manifestations de bienfaisance auxquelles participait volontiers l'intelligentsia. Je m'étonne encore qu'on m'ait permis d'y aller, car sans doute n'avais-je pas terminé une fois de plus mes devoirs pour le lendemain. J'étudiais par à-coups et réussissais tant bien que mal à m'en tirer. Je ne répugnais pas à ce qu'on me souffle et je copiais à l'occasion, surtout en algèbre et en physique. Je passais le plus clair de mon temps à lire et à composer des vers, tard dans la nuit.

Ce soir-là, ma mère m'annonça après le dîner que nous allions écouter de la poésie. Nous sommes partis à pied de la rue Joukovski* où nous habitions alors et avons remonté l'avenue Liteïny. J'étais émue, je craignais d'être en retard et de ne plus trouver de place. La salle était éclatante de lumière et pleine à craquer. Nous avons trouvé des places assez loin de la scène. J'avais mes longues tresses ; je portais ma

* Les fenêtres de notre appartement donnaient sur celui des Brik qui habitaient l'appartement du numéro 7, rue Joukovski, où vivait à l'époque Maiakovski. *(N.B.)*

robe du dimanche en velours marron et mes bottines à boutons.

En première partie, se produisit la chanteuse Andreievna-Delmas, puis on présenta une quelconque saynète de Meyerhold. Le répertoire classique du Théâtre Alexandrinski ne m'avait pas habituée à ce genre de spectacle. Je n'avais aucune notion du théâtre d'avant-garde et à la pensée de ce qui allait suivre, j'étais si troublée que je froissais le programme entre mes mains sans rien saisir de ce qui se passait. Les acteurs avaient d'énormes faux nez, faisaient des cabrioles et se donnaient des claques sonores. Les cloisons vacillaient, Oletchka Soudeïkina et Gabrielle Ivanova étaient à peine couvertes de voiles légers. Le public sifflait et applaudissait. Les lumières brillaient et j'étais tendue à l'extrême. Je restai clouée à ma chaise durant le premier entracte. Puis apparurent sur la scène, l'un après l'autre, Sologoub, Blok, Akhmatova, Kouzmine et pour finir Gorodetski.

Sologoub récita ses vers d'un air impassible. Il me paraissait très vieux et menu. Il avait sur lui une redingote noire et portait des lunettes, ou peut-être un pince-nez. Son visage était pâle et grave, sa voix sourde. On le décrit souvent dans les Mémoires comme un homme qui ne changeait jamais. Quand je l'ai rencontré six années plus tard, j'ai retrouvé exactement le personnage que j'avais aperçu au cercle de l'Armée et de la Marine. J'imagine qu'il a gardé cette allure de petit vieux aux traits immuables tout au long de sa carrière de poète.

Kouzmine, une légère mèche sur le front, déclama ses poésies pendant un long moment et malgré un petit défaut de prononciation, c'était très beau. Il psalmodiait fortement son texte, mais ça allait de soi à l'époque. Un jour à Paris, en 1928, Merejkovski me dit que cette tradition remontait à Pouchkine. Il avait appris cela dans son jeune âge de Iakov Polonski, alors que celui-ci était un grand vieillard. Polonski respectait visiblement cette tradition en souvenir de ceux qui avaient entendu Pouchkine et ses contemporains. Il prétendait que Tiouttchev aussi récitait de cette manière et que seuls les acteurs brisaient le vers et mettaient de l'émotion dans leur déclamation en soulignant comme dans la prose la ponctuation et l'intonation. Les rimes n'étaient plus guère audibles et le chant était sacrifié à la signification du texte, ce qui lui retirait son rythme et sa ligne mélodique. Certains mots étaient mis en valeur par une exclamation pathétique ou un chuchotement intime. Les gestes et les mimiques accentuaient encore le "réalisme" de cette interprétation et renforçaient les effets dramatiques de la voix. Il valait mieux ne pas regarder ! Pouchkine, semble-t-il, déclamait sans bouger, en psalmodiant et en marquant les pyrrhiques et les spondées, ainsi que les césures et les enjambements. C'est ainsi que Kouzmine et Sologoub récitaient ce soir-là. Blok, en revanche, ne desserrait presque pas les dents ; la mélodie disparaissait, mais il restait un étonnant dessin rythmique. Sa manière était d'exagérer l'inexpressivité. Seul Khodassevitch avait atteint un équilibre parfait dans l'art de la déclamation. Goumiliov exagérait le pathétique et un défaut de prononciation gâtait sa diction. Quant à Bely, il avait une manière bien à lui de réciter ses vers.

Blok apparut sur la scène, droit et sérieux. Il avait le teint légèrement coloré et ses yeux étaient clairs. Ses cheveux épais, plus brillants à la lumière électrique que son visage, formaient une auréole comme sur les photographies que j'avais vues de lui. Il avait ce soir-là une expression de désolation sans nom qui lui était probablement venue à cette époque et qui ne le quittera plus, à en juger par son journal, ses carnets de notes et ses lettres. Il se tenait sur le côté gauche de la scène, ses mains dans les poches de sa blouse, ou de son veston, et récitait :

Par les prairies marécageuses et désertes,
Nous nous hâtons. Solitude.
Là-bas, en demi-cercle comme des cartes,
Se dispersent les lumières.

Du point de vue de l'invention, le secret poétique de cette strophe réside dans l'allitération contenue dans le premier vers et la brièveté coupante du deuxième. Presque toujours chez Blok, la strophe forme une unité musicale constituée d'un accord ou d'un arpège. D'abord apparaît un élément inattendu qui sera ensuite commenté. Dans cette œuvre-ci, également, on trouve une comparaison : "... comme des cartes, ... les lumières." Puis, sans transition, le poète et l'"enfant" s'engouffrent dans cette métaphore comme dans un lieu réel. Trouveront-ils le "phare" ? Hélas non, ni eux ni personne d'autre. Ils erraient sans but, perdus dans un monde de ténèbres, de brumes et de parfums. Cet art de la surimpression donne au romantisme de Blok un caractère presque surréaliste qui nous rend le poète incroyablement proche.

Akhmatova portait une robe blanche, avec un col Marie Stuart à la mode. Elle était svelte, belle, brune et élégante. Elle approchait de la trentaine et se trouvait au sommet de la gloire qu'elle devait à la nouveauté de son écriture, à son profil et à son charme. Elle récitait lentement et avec tendresse, les bras croisés sur la poitrine : *De lui, tu ne recevras plus de lettres depuis la Pologne dévastée.* Sa voix sérieuse et chantante captivait l'auditoire.

Il y eut un second entracte. Cette fois je me levai et me dirigeai vers la scène. J'aperçus brusquement Tatiana Viktorovna à travers une espèce de brouillard éclatant. Elle donnait le bras à Akhmatova et lui arrivait tout juste à l'épaule. Elle me prit par la main et me présenta à la poétesse.

— Voici la fillette... Elle écrit de la poésie.

Akhmatova me tendit sa main fine :

— Enchantée.

Cette manière de s'adresser à moi comme à un adulte me parut très mondaine. La poignée de main me laissa une impression de froideur et de petitesse. J'avais envie de m'enfuir, troublée et consciente de mon insignifiance. Mais Tatiana me retenait fermement. Soudain, je ne sais trop comment, je me retrouvai devant Blok, dans le foyer des artistes :

— Alexandre Alexandrovitch, je vous présente la fillette qui écrit des vers.

— Enchanté, dit-il lui aussi en me regardant à peine, sa main effleurant la mienne.

Ma vue se brouilla, le visage immobile et triste de Blok, la mèche de Kouzmine et les lunettes de Sologoub m'apparurent comme à travers un voile.

Je regagnai précipitamment ma place en jouant des coudes. "Que faire, maintenant ? me demandai-je. Où aller ? Comment réagir ? Peut-être aurait-il fallu dire quelque chose, au lieu de se sauver ?" J'entendais les battements de mon cœur que j'étais fort heureusement seule à percevoir.

L'émotion que je ressentis en arrivant à la datcha de Leonid Andreiev était d'une autre sorte. J'étais partie pendant les vacances de Noël chez Natacha Chklovskaïa en Finlande où son père possédait une villa. Celle-ci était blottie dans la neige et entourée d'un épais rideau de sapins. Nous attelions nous-mêmes le cheval alezan à longue crinière à un traîneau et nous partions doucement le long des sentiers forestiers. Les lacs et les étangs étaient recouverts de glace. La clochette suspendue à l'arc des limons tintait. Au cours de ces journées, Natacha se découvrit un don d'improvisation poétique. Elle composait en iambes à cinq pieds ou en trochées à quatre pieds, sans rimes, pendant que je conduisais le traîneau. Les brèves journées filaient, les patins crissaient sur la neige. Nous passions à allure égale et paisible devant des pavillons, à côté du chemin de fer avec ses rails endormis, près de la petite fenêtre éclairée de la gare. Les arbres silencieux nous présentaient la neige sur les plateaux de leurs larges branches. Nous mangions du chocolat et nous apprenions à fumer. Un jour, nous avons pris notre courage à deux mains et décidé de rendre visite à Andreiev dans sa datcha noire et rose pour lui annoncer que nous avions lu son drame *La Vie d'un homme*. Nous avons sonné assez longuement et une petite vieille nous ouvrit la porte pour nous dire que Leonid Nikolaïevitch était parti à Saint-Pétersbourg. Nous sommes retournées en courant au traîneau, avec de la neige jusqu'aux genoux. La jument entièrement recouverte de givre frétillait des oreilles.

A la maison, on nous grondait à cause de l'odeur de cigarette qui flottait autour de nos visages rosis par le froid. On nous servait à manger en nous recommandant de ne pas nous coucher plus tard que dix heures. Mais une fois au lit, nous bavardions parfois jusque tard dans la nuit, d'abord à la lumière de notre lampe à pétrole qui brûlait sur une table de chevet en bois blanc placée entre nos deux lits, puis dans l'obscurité. Nous avions toutes les deux tendance à dramatiser notre existence. Je disais que je ne supportais plus de vivre ainsi, que j'allais m'enfuir de chez ces gens qui n'avaient "rien d'autre à me donner que leurs bons soins". Je voulais, moi, aimer quelqu'un, bien qu'il n'y eût encore personne à qui me dévouer. J'aspirais à vivre parmi des dieux qui me nourriraient de leurs divins viscères, à la manière des pélicans, et qui me feraient grandir sans fin. J'enfouissais le visage dans mon oreiller tout chaud et ramassais sous moi mes pieds glacés. Natacha, quant à elle, essayait de s'appliquer le vieux thème de la méchante marâtre, mais cela n'était guère plus convaincant. La prétendue marâtre était une jeune femme affectueuse et gaie qui tentait d'apprivoiser des créatures sauvages, si différentes d'elle. Malgré tout, nos conversations nocturnes ne manquaient pas d'intérêt. Nos idées étaient parfois naïves et pathétiques, mais les thèmes que nous abordions se rapportaient à des problèmes existentiels qui n'ont pas cessé jusqu'à ce jour de me préoccuper.

C'était bon de se trouver au chaud dans la maison. Dehors, la tempête faisait rage. Les fenêtres à doubles croisées, les murs épais, la petite entrée vitrée, l'escalier et les trois portes nous protégeaient. Le poêle nous réchauffait de son souffle brûlant. Nos joues étaient couleur framboise et les bûches de bouleau crépitaient. Le jour déclinait et lorsque s'apaisait la tempête, de grosses étoiles lisses apparaissaient dans le ciel de Finlande. Depuis le matin, un vent furieux façonnait d'énormes congères autour de la maison et la température était si basse qu'on ne voyait plus le mercure sur le thermomètre. A perte de vue, on ne distinguait plus que la neige bleutée, les datchas et les sapins endormis dans un profond silence. La lumière de la cuisine dessinait sur la neige un carré cramoisi. Au crépuscule, nous rentrions à la hâte en glissant entre les arbres. Les skis crissaient sur la neige. Un mince filet de fumée s'échappait de la cheminée. Dans les ténèbres éclairées par la lune, nous nous hâtions à perdre haleine en direction du carré cramoisi et de la fumée bleue. L'air était vif et nous faisions jaillir des bouquets de neige argentée.

En 1916, Valeri Brioussov vint à Saint-Pétersbourg pour assister à une manifestation organisée en son honneur par la communauté arménienne de la capitale à l'occasion de la parution de sa volumineuse traduction intitulée *Poésie arménienne*. Mon père faisait partie du comité d'accueil. Brioussov lut certaines de ses traductions poétiques au cours de la soirée du 14 mai à l'Institut Tenichevski. Il avait un regard étonnamment perçant que je n'ai jamais oublié. Par contre, je ne me souviens ni de sa voix, ni de sa manière de déclamer. Ce qui frappait chez lui, c'était l'expression de son visage. Chaque fois que j'essayais d'en détacher mes yeux, je croisais ceux d'Ossia A. assis dans la deuxième rangée de fauteuils. Nous avions envie d'être ensemble, de nous sentir proches l'un de l'autre, mais les événements se chargeront de mettre un terme à notre idylle. Ce n'était pas la révolution de Février qui nous empêchera de nous aimer, mais dans l'effondrement général de la Russie, ce qui avait existé auparavant nous paraîtra brusquement enfantin et dépassé.

J'appartiens à cette catégorie de personnes pour qui la maison natale n'est pas le symbole d'une vie heureuse et sûre, et qui ressentent de la joie à la voir disparaître. Je n'ai ni "tombes ancestrales" ni "foyer sacré" pour me soutenir dans la détresse. Je n'ai jamais reconnu les liens de sang. Comme la nature ne m'a pas gratifiée d'une peau de buffle, ni des griffes d'une panthère, et que je n'ai pas cherché à les acquérir, je vis sans appui et sans armes. Je ne maîtrise pas les arts martiaux et n'ai point de parents, ni de terre natale. Je n'appartiens à aucun parti politique et ne rends de culte ni aux dieux, ni à mes aïeux. Pour des gens de mon espèce, le plus difficile c'est d'avoir à lutter contre des forces hostiles qui n'ont pas encore reçu de définition précise. En tant que mammifères bipèdes, nous avons perdu nos défenses naturelles. De plus, nous sommes coupés de nos racines culturelles séculaires. Nous restons seuls face à nous-mêmes.

Comme je l'ai précisé déjà, le sens de la vie, à mes yeux, ne se conçoit pas en dehors de la vie elle-même. L'existence est la seule et unique réalité. Nous vivons *ici et maintenant*. J'ai toujours éprouvé l'impérieux besoin de déchiffrer la signification des choses et de trouver les relations qui existent entre les différents aspects du monde. Ma vie a pris un sens concret et personnel grâce aux liens qui me rattachent à mon époque, laquelle se résume pour moi à cinq ou six événements mondiaux et à autant de noms célèbres.

Chaque jour de mon existence a été pour moi l'occasion de mieux me comprendre, de me débarrasser des éléments chaotiques et des contradictions qui menacent l'équilibre de la personnalité. Je ne conçois pas la vie dans l'abstrait mais toujours par rapport à un lieu géographique précis et à l'histoire. Dans la mesure où je vis avec les êtres de mon choix plutôt qu'avec ceux que pourraient m'imposer les circonstances, j'éprouve une grande joie à mener une existence libre, dans les seules limites définies par la naissance et la mort, et à cultiver mon autonomie intérieure que je place au-dessus des vicissitudes du sort.

L'homme doué de raison est supérieur à la girouette ballottée par le vent. Nous ne naissons pas raisonnables mais, comme le dit Tchaadaïev, *nous créons sans cesse nous-mêmes notre propre raison*. J'ai appris à le faire, comme j'ai pu, et cela continue à être vrai encore aujourd'hui. C'est ainsi que nous restons en prise sur l'histoire, avec ses événements et ses grands hommes.

Lorsque je regarde le tableau de Rembrandt : *Aristote contemplant le buste d'Homère*, je ressens intensément les liens qui nous relient tous les quatre comme si un même réseau d'artères et de veines amenait le sang à travers chacun d'eux jusqu'à moi. Nous formons une lignée continue, sauf si je choisis de la détruire. Mais je n'ai nulle intention de le faire, car ce sang qui court en moi me réchauffe et m'anime. Il me donne accès aux symboles et aux mythes qui forment le patrimoine humain depuis le moment où l'homme s'est mis à adorer le soleil, le feu, Phébus Apollon, pour atteindre enfin, par l'intermédiaire du Christ, notre conception de "la civilisation comme source de chaleur".

Souvent je dis aux gens, par la pensée : "Donnez-moi une pierre, et je saurai en faire du pain. Ne vous inquiétez pas pour moi. Je ne demande pas du pain, mais simplement une pierre. Je sais quoi en faire."

Je revois mon enfance sans “voile de tristesse” et sans regret de “ce qui a été perdu pour toujours”. Mon passé est là à tout moment et son unique vertu est de donner vie à mon présent. Parfois je m'assieds à la fenêtre comme autrefois, et je contemple la rue, les lumières, les toits ou encore les arbres et les nuages. J'écoute le sang qui court dans mes veines et retrouve dans mon corps les pulsations de la vie. Les pensées et les passions de la maturité s'enracinent dans mes insomnies enfantines et les solutions d'aujourd'hui répondent aux questions de mes jeunes années. Dans cette perpétuelle métamorphose intérieure, rien ne s'est perdu de ce qui fut.

2

PAUVRE LAZARE

Une tâche difficile et sérieuse m'attend, me laver les tresses avec l'aide de Dacha. Le poêle est chauffé à blanc, le tuyau de la baignoire bourdonne, les robinets chantent et l'eau gargouille dans la cruche en faïence. Penchée au-dessus de la baignoire, j'aperçois mes cheveux qui s'étalent sur le fond, pareils à des algues immobiles et sombres. Dacha fait couler sur ma tête un lourd jet d'eau. Cela dure une éternité. Elle me savonne ensuite les cheveux une seconde fois à l'aide d'un énorme morceau de savon de Marseille qui glisse tantôt au fond de la baignoire, tantôt par terre où il joue à cache-cache avec Dacha qui marche à quatre pattes. Je me tiens penchée et attends patiemment. Mes cheveux commencent à crisser, ils sont enfin propres et Dacha les enroule sans pitié autour de sa main, les tord et les essore comme un torchon. Elle jette sur ma tête un objet doux et chaud et s'affaire : elle rince le seau, manipule les cuvettes émaillées à grand tapage. Du robinet brûlant s'échappent des jets de vapeur. Nous allons ensuite dans ma chambre. Je m'installe à ma table et enfonce le nez dans un livre. Dacha pose une bassine par terre, près de ma chaise, pour empêcher qu'une mare ne se forme. La situation a quelque chose d'un peu humiliant.

Vendredi 9 mars*. Désordres dans la ville. Demain soir, il y aura réception chez nous : maman a peur qu'on ne lève les ponts sur la Néva, qu'on n'empêche Serge Alexeievitch et

* En raison de la modification du calendrier, la révolution dite de Février eut lieu au mois de mars et celle d'Octobre en novembre. *(N. d. T.)*

Julie Mikhaïlovna de venir de l'avenue Kamennoostrovski et la pâtisserie Ivanov de nous livrer la glace. Sur le coup, cela m'apparaît aussi comme une catastrophe, puis brusquement je passe sur une autre orbite, je découvre un monde sans Julie Mikhaïlovna et sans la pâtisserie Ivanov, un monde où gronde la Russie, où l'on manifeste avec des drapeaux rouges et où une fête se prépare.

Il m'arrive de plus en plus souvent de quitter notre orbite habituelle pour me placer sur l'autre. Là règnent des lois différentes, les corps n'ont pas le même poids, les rapports et les valeurs sont autres. Je m'y sens à la fois joyeuse et apeurée, et j'ai envie d'y rester à jamais.

Les invités, une trentaine environ, arrivèrent à dix heures du soir. J'aime la gaieté des autres. On me permit pour la première fois de veiller jusqu'à l'aube. Volevatch, une soprano du théâtre Marie, chanta *Lacmé* et on dansa le tango, en vogue à l'époque. C'était à la fois si loin de moi et si intéressant. J'aime voir les autres s'amuser autour de moi, danser, boire, les inconnus presque autant que les amis. Un jour, j'ai traversé l'Océan sur un grand paquebot et sur les deux mille personnes à bord je n'en connaissais aucune. Celles qui me ressemblent sont rares. Au cours du souper animé de ce fameux samedi, le dernier jour de la vieille Russie, il me semblait évident que je ne pouvais rien partager avec ces gens. J'étais parmi eux, mais pas avec eux.

La rapidité avec laquelle la Russie s'est effondrée et l'effort gigantesque qu'elle a déployé ensuite pour se redresser me remplissent encore aujourd'hui d'étonnement. Les gens haut placés abandonnaient leurs postes et s'enfuyaient : d'abord le Tsar et ses ministres, puis les membres du parti cadet, enfin les socialistes. Seuls les hommes les moins capables et les moins intelligents restèrent jusqu'au moment où à leur tour ils tombèrent, depuis les "saints", comme le prince Lvov, jusqu'aux "démons" qu'on connaissait bien. Tout le cortège des médiocres, des sots, des hystériques et des bandits de la Russie défila sous nos yeux. Mais le principal coupable, celui qui a empêché depuis toujours le pays d'évoluer vers un régime parlementaire, celui qui n'a pas permis aux cadets ni aux socialistes de s'initier aux affaires de l'Etat, qui n'a fait que déshonorer son peuple pendant vingt-trois ans, estimant qu'il lui avait suffi de réciter, le jour de son couronnement, la prière de *L'Oint du Seigneur** pour le devenir réellement, cet homme-là n'a en rien expié ses forfaits en mourant comme un soi-disant martyr. L'idée que la mort d'un individu puisse effacer les erreurs de sa vie est un préjugé sentimental. La mort ne peut pas racheter la vie, elle en est une partie intégrante. Nous avons beau jeter unanimement l'anathème sur notre Cambyse des années trente et quarante, c'est le Tsar qui a fait le malheur de la Russie.

Ce printemps et cet été-là, on a vu des foules heureuses, courroucées ou indécises, un rayon lumineux qui brilla un court instant dans l'intelligentsia et la classe ouvrière, l'écroulement sanglant du système, la guerre artificiellement prolongée, un patriotisme malsain et de pacotille relancé de façon criminelle et insensée, des discours, toujours des discours, et l'incapacité d'agir efficacement. Ce qui manquait, c'était des mesures rapides, précises et indispensables. Nous n'avions pas d'homme inspiré, et lorsque, en octobre, arriva Lénine, personne au pouvoir n'était capable de défendre la révolution, pas même Gorki dans ses *Pensées intempestives*. Quant à nous, il n'était pas question d'accepter "l'argent allemand**" reçu par Lénine, l'anéantissement progressif de groupes entiers de la population, la destruction imminente de deux générations d'intellectuels, le credo léniniste du "tout est permis", l'abaissement délibéré du niveau culturel, ni la politique bolchevique misant sur la révolution mondiale.

On peut du reste se demander pourquoi L'Union soviétique persista si longtemps à dissimuler l'aide financière apportée à Lénine par les Allemands, alors que les faits ont été révélés et confirmés par les archives berlinoises du temps du Kaiser. Pourquoi Lénine, qui était partisan de la capitulation, n'aurait-il pas eu le droit d'utiliser cet argent ? Et pourquoi, après l'avoir dépensé, ce qui était parfaitement logique, ont-ils

* Prière que récite le nouveau Tsar au moment de l'intronisation. *(N. d. T.)*
** Voir notice bibliographique sur Richard von Kühlmann.

nié le fait, lui et son entourage ? En 1959, Alexandre Kerenski me confia qu'il avait eu connaissance, de façon incontestable, dès le printemps 1917, des sommes reçues par Lénine de Kühlmann-Ludendorff. Mais, lié par un serment, Kerenski n'avait pas pu révéler ce secret, ni établir les faits de manière irréfutable. Quel était ce serment et auprès de qui s'était-il engagé ? Auprès des ambassadeurs de la France et de l'Angleterre, Paléologue et Buchanan, ou auprès du ministre français, Albert Thomas ? Quel serment pouvait être plus important pour Kerenski que celui qu'il avait prononcé en tant que président du Conseil des ministres du gouvernement provisoire de la Russie ? On a retrouvé dans les archives de Catherine Kouskova, au Texas, des documents révélant que les ministres de Kerenski, Nekrassov, Terechtchenko et Pereverzev, étaient liés par le même serment et, de ce fait, devaient se taire. Mais Pereverzev ne respecta pas son engagement.

Tout était nouveau pour moi comme pour la majorité d'entre nous. Nous étions heureux d'assister à la destruction de ce qui avait suscité notre haine et notre mépris. Nous avions eu honte de la bassesse et de la bêtise de l'ancien régime qui s'était décomposé au vu et au su du monde entier : Tsushima, *Potemkine*, la débâcle en Prusse orientale, Raspoutine, la Tsarine, les pendaisons, et enfin le Tsar pour qui il ne peut y avoir de pardon tant qu'il y aura un Russe sur terre. Nicolas II se prenait pour un Tsar de la vieille Russie d'avant Pierre le Grand avec ses souverains de droit divin, ses synodes et ses gendarmes alors que le pays avait un besoin urgent de mesures rapides permettant d'introduire, par le truchement du parlementarisme et du capitalisme, la planification économique, une réforme des impôts, la liberté d'expression, la technologie du XXe siècle. Tous devaient pouvoir accéder aux bienfaits de la civilisation et de l'instruction, et à la dignité humaine. Mais les pantins qui ont pris la relève ont cru qu'on les avait conviés à un festin. Ils pensaient qu'ils pourraient s'en aller si ça tournait mal et que, sinon, ils resteraient et s'amuseraient : n'était-ce pas leur jour de gloire ? Ce n'était pas le leur, mais celui de la Russie, et ils s'en moquèrent. Ils ne surent pas voir que leur docilité à l'égard des ministres républicains français et des ambassadeurs libéraux anglais était ridicule, indigne et en plus criminelle. Le peuple entra dans l'histoire en balayant tout sur son passage, eux les premiers.

Rien n'est inévitable à part la mort. La révolution n'était pas fatale. Le XXe siècle nous a appris qu'il y avait d'autres voies possibles pour vaincre la pauvreté et les inégalités. Il aurait fallu renoncer, une bonne fois pour toutes, à l'idée de la *Grande Russie* et élaborer une constitution en collaboration avec l'opposition, permettant au pays de prendre le virage de la liberté et du développement. On aurait ainsi pu faire l'économie de la collectivisation forcée, d'une guerre avec une armée privée de ses chefs et de l'anéantissement d'un milieu culturel que deux cents ans ne suffiront pas à reconstituer. Mais comme le preux à la croisée des trois chemins, des épreuves attendaient le pays en cette année 1917. Peu importait la voie choisie, Kornilov et Denikine, Trotski ou Staline. Les six derniers Tsars de la Russie l'avaient réduite à cette extrémité.

Le cirque Ciniselli où l'on m'amenait, fillette, voir les chiens savants était devenu un lieu de rassemblement. J'y allais en compagnie de Natacha Chklovskaïa, inscrite au parti S.-R. de gauche, de Nadia Otsoup devenue bolchevik et qui sera exécutée comme trotskiste, de Sonia R. qui avait rejoint les S.-R. de droite et qui se suicidera plus tard et enfin de Lucie M., membre du parti cadet, qui sera tuée en s'enfuyant à l'étranger. Je ne m'étais inscrite à aucun parti, je me considérais cependant proche du groupe de Martov. Nous avions des discussions animées, mais nous savions qu'aucune de nous n'aurait le dernier mot et nous restions unies. Presque toutes les autres élèves s'étaient partagées de façon à peu près égale entre les S.-R. et les S.-D.

On supprima les examens et on liquida le catéchisme. Nous assistions au conseil des professeurs parmi lesquels il y avait aussi des partisans de Martov et de Lénine ainsi que des jusqu'au-boutistes clandestins. Nous avions supprimé la prière avant les leçons et suspendu aux murs de la classe les portraits de Herzen, de Plekhanov et de Spiridonova. Dans mon carnet de notes, je collectionnais les cinq en physique. Je trouvais une certaine délectation à cette humiliation, car j'étais amoureuse du professeur, un homme petit et hirsute. J'ai dû rattraper mon retard et ça n'a pas été facile, car je ne pouvais pas compter sur son indulgence, il ne me remarquait même pas.

Je ne me rappelle pas ce qui m'attirait chez cet homme basané et sec, aux yeux noirs et aux dents blanches, qui me mettait des mauvaises notes. Il me paraissait énigmatique, d'origine japonaise, tourmenté, cruel et cynique. C'était probablement une pure invention de ma part. Mes sentiments à son égard inspiraient ma poésie et me faisaient éprouver des émotions fortes. Ce ne fut qu'une passade, mais je réussis non sans difficulté à faire quelques progrès en physique.

Mes relations avec Victor Ouskov étaient d'une tout autre nature. Il était devenu notre professeur de sciences naturelles, de botanique, d'anatomie et de zoologie quand j'avais onze ans et le resta durant trois années. J'ai continué encore deux années à aller chaque dimanche matin chez lui, dans son laboratoire, où "je l'aidais dans son travail". Cela se savait sans doute, car je ne pouvais le cacher ni à mes parents, ni à mes amies, mais cela leur était égal. Je m'asseyais habituellement sur un grand tabouret, près des montages expérimentaux, et ne le quittais pas des yeux. Le front haut et chauve penché au-dessus de ses appareils, de sa voix un peu sourde il me parlait de Bakounine, Renan, Gibbon, Shakespeare, Aristophane et Pascal... Cela pouvait durer deux heures. Parfois il se lavait les mains, puis tout en les essuyant avec un torchon s'asseyait en face de moi. Je l'écoutais, béate d'admiration, et pensais qu'il savait absolument tout et moi rien. Je ne lui posais presque jamais de questions, car ses paroles coulaient comme un ruisseau et m'emportaient avec elles. C'est seulement lorsque j'entendais sonner l'heure à la pendule du laboratoire que je réalisais qu'il était temps de m'en aller.

Je n'étais pas amoureuse de lui, mais je rêvais parfois qu'il me demanderait en mariage. Je lui cirerais ses bottes, repasserais son pantalon, préparerais ses repas, lui ferais chaque jour un cadeau et l'adorerais jusqu'à la mort. Je n'ai pas éprouvé de difficultés à renoncer à un tel avenir. J'ignorais s'il était marié et n'ai jamais su ce qu'il appréciait en moi, ni pourquoi il perdait son temps en ma compagnie.

— Vous parlez de botanique ? me demanda un jour ma mère.

— Non, de Gibbon et de Pascal.

— De qui ?

— De Gibbon et de Pascal.

Elle ne répondit rien.

Parfois Natacha Chklovskaïa m'accompagnait car elle aussi aimait l'écouter. Nous étions assises devant lui comme des poussins sur un perchoir pendant qu'il marchait de long en large. On avait envie que cela dure éternellement.

Mon rejet du dualisme remonte sans doute à cette époque-là. C'était une sorte d'obsession : lorsque j'avais à affronter une difficulté avec le sentiment d'être coupée en deux, je réagissais physiquement par une sensation de nausée et une impression d'ennui mortel. Je ne parle pas ici de façon métaphorique. Cette sensation de nausée a fonctionné toute ma vie comme une sonnette d'alarme chaque fois que ma personnalité se sentait menacée de dédoublement.

J'étais profondément tourmentée cette année-là par les problèmes sociaux. Je retrouve aujourd'hui dans la lecture du journal de Blok notre affolement à tous, nos aspirations, la répulsion et la peur suscitées par les événements, un sentiment de culpabilité pénible ainsi que l'accablement et l'impuissance face à l'irrémédiable. On parle souvent du gouffre qui sépare l'intelligentsia russe du peuple ; il s'agit en réalité d'une relation étroite existant entre les deux moitiés d'un tout, dont l'une se sentait toujours fatalement coupable envers l'autre. Il n'aurait pas fallu aller au-devant du peuple pour lui demander pardon, mais construire des chemins de fer, vacciner contre la variole et généraliser l'instruction.

Ma dernière année au lycée, en classe de septième, fut marquée par des événements majeurs : la révolution d'Octobre, la paix de Brest-Litovsk avec l'Allemagne, la publication du poème de Blok : *Les Douze*. En même temps, je connus mon premier amour suivi d'un deuxième et d'un troisième, l'amitié passionnée entre Natacha et moi, les tourments que m'inspiraient les inégalités sociales, la politique qui envahissait notre vie et les premières privations. J'ai découvert, par-delà notre appartement vaste et propre où l'on vivait encore heureux, l'enfer de la pauvreté que l'on m'avait longtemps caché. Je savais, bien sûr, que tout le monde n'avait pas des côtelettes au menu, une bonne santé, des cols amidonnés, un papa et une maman qui s'entendaient bien. Je ne connaissais les pauvres qu'à travers mes lectures.

Un jour je dus me rendre chez mon professeur de russe, Vassili Sokolov, pour lui apporter trente cahiers qui contenaient notre dissertation : "Bazarov* en tant que type humain." C'était au début des vacances de Noël et sans doute n'avions-nous pas rendu nos travaux à temps. Il habitait une ruelle dans un quartier où je n'étais jamais allée. C'était un homme sans âge qui faisait penser à Peredonov, le héros du *Démon mesquin* de Sologoub. Il portait un col en celluloïd jaune, ses cheveux étaient gras, ses moustaches rousses et il disait après chaque mot : "Bon, euh." Nous l'avions surnommé "Boneux". Sa redingote était sale, ses ongles noirs et son nez en forme de patate. Il était très grand et son dos était voûté par la timidité. Cependant, on le craignait tellement qu'il régnait pendant ses leçons un silence de mort. Les deux sœurs jumelles Krouglikov, qui avaient pourtant dix-sept ans, fondaient en larmes chaque fois qu'il les appelait au tableau. Je lui portais des sentiments contradictoires : il me répugnait, mais je ne le craignais pas. Il récitait les vers comme nous, pas de manière théâtrale, et lorsqu'il nous parlait du *Cavalier de Bronze* de Pouchkine en le rapprochant d'*Antchar*, il lui arrivait après la lecture de se moucher bruyamment dans son mouchoir sale. J'en avais moi-même les larmes aux yeux. "Boneux a l'air piteux", me chuchotait Natacha. Mais les réflexions de Sokolov sur le pouvoir m'avaient profondément marquée. J'étais contente d'aller chez lui, de voir où il habitait et de pouvoir discuter avec lui de poésie contemporaine.

Le vieil immeuble, grand et étroit, se trouvait dans une ruelle sombre et puante. J'entrai par la cour où deux garçonnets

* Jeune héros nihiliste du roman de Tourgueniev, *Père et Fils*. *(N. d. T.)*

pâles, vêtus de guenilles, tentaient de glisser sur une luge rustique du haut d'un tas de neige sale. L'entrée était étroite, les marches de l'escalier glissantes à cause des eaux usées. Ça sentait le chat, une odeur âcre et doucereuse vous prenait à la gorge. Par les portes entrouvertes, on entendait des cris, des injures, des sanglots d'ivrogne, des pleurs d'enfant, des couplets d'une chanson grossière, le hurlement d'un chien qu'on battait, le bredouillement d'une prière ou d'une formule magique. Quelqu'un déplaçait avec fracas un objet pesant, des vapeurs s'élevaient d'un bac à linge. C'était infect, repoussant. Une tête de femme, le visage rouge, les cheveux ébouriffés, apparut dans l'embrasure d'une porte ; elle paraissait ivre. Son tricot déboutonné découvrait des seins grisâtres qui tombaient jusqu'à la taille. Lorsqu'elle me vit, elle se rejeta en arrière, puis tendit ses deux mains et m'effleura d'un geste vif. L'odeur qui émanait d'elle me fit reculer et je fus prise d'un tremblement de dégoût. La porte se referma en claquant. J'arrivai enfin à l'appartement 29. Le rembourrage s'échappait de la toile cirée qui isolait la porte. La cloche tinta, puis se tut. Le son enroué et métallique me fit penser à Dostoïevski. Des pas résonnèrent et Boneux m'ouvrit la porte. Il portait son éternel col en celluloïd et sa redingote, mais il avait enlevé ses manchettes. L'atmosphère était étouffante et ça sentait le choux aigre, le poisson frit du carême précédent, le lard, l'oignon, la fumée et le moisi mêlé à l'odeur chimique d'un produit contre les mites, les cafards ou bien les poux. Cette odeur, de plus en plus pénétrante, masquait les relents de cuisine et me piquait la gorge et le nez. Boneux m'introduisit dans une pièce qui semblait être la salle à manger. Une toile cirée sale et écaillée recouvrait une table au milieu de la chambre. A droite se trouvait un buffet et à gauche un vieux paravent décoré d'un personnage chinois dont quelqu'un avait crevé le gros ventre avec son doigt. C'était le soir, mais Sokolov n'alluma pas la lumière et ne me proposa pas de m'asseoir.

— Vous m'avez demandé de vous apporter nos dissertations sur Bazarov, lui dis-je.

— Bon euh, répondit-il en prenant les cahiers. Puis il me demanda : Que lisez-vous en ce moment ?

— *Les Frères Karamazov.*
— Et quel poète ?
— Blok.
Il me jeta un regard et me dit brusquement :
— C'est bien.
J'étais aux anges.
— Le culte de l'Eternel Féminin. Vous connaissez Goethe ?
— Oui.
— Prêtez attention à la fin de *Faust.* Vous avez lu Vladimir Soloviov ?
— Un tout petit peu.
— Lisez-le. Vous en apprendrez des choses sur l'Eternel Féminin. Est-ce que vous aimez la poésie de Blok : *Mais toi, Maria, la perfide ?*
— *Et lui, à genoux, dans un sombre recoin...* poursuivis-je.
Il sortit tout à coup par une petite porte, visiblement pour chercher un livre et je restai seule. Il faisait de plus en plus sombre. La fenêtre garnie d'un vieux rideau sale et déchiré se détachait, grise sur un fond obscur. Sur le buffet traînaient un bout de pain noir et du raifort grignoté. A côté étaient posées les énormes manchettes rondes avec leurs boutons plats en nacre que je connaissais bien. Il se les "vissait" chaque jour, comme nous aimions à le dire. J'eus une envie irrésistible de jeter un coup d'œil derrière le paravent. Je fis un pas et tendis le cou.

Sur un lit était étendue une très grosse femme qui regardait fixement le plafond. Je crus d'abord qu'elle était morte et que c'était peut-être sa mère ou sa femme décédée le matin même. Elle ne bougeait pas. Je la regardais, pétrifiée. Elle était recouverte de chiffons jusqu'au menton, son corps s'élevait comme une montagne sous les loques et sur son ventre était perchée une poupée souillée sans nez ni cheveux, portant une petite culotte déchirée. La main de la femme était posée sur les chiffons et caressait la poupée en remuant à peine ses gros doigts raidis. Sur son visage se lisait une expression de béatitude stupide.

Elle tourna soudain ses yeux vers moi et fit un effort pour me sourire faiblement. Je sautai en arrière. Sokolov revint.

— Bon euh, dit-il en s'asseyant, lisons ceci.

C'était ainsi qu'il commençait ses cours six fois par semaine.

Tu baisses pudiquement tes yeux,
Un voile recouvre tes épaules,
Tu passes pour une sainte, Marie,
Mais tu es fausse et perfide.

Je finis par défaire l'agrafe de mon manteau d'hiver.

— Et Sologoub, vous l'aimez ?

Oui, je l'aimais.

Puis, je suis partie.

L'escalier était entièrement plongé dans l'obscurité. Des vers chantaient dans ma tête.

"Ne glisse pas sur ces marches
Noires, mouillées, branlantes,
Usées et inégales,
Entre les murs froids et humides.

Des yeux malveillants et avides
Nous fixent de derrière une porte,
Et une lourde vapeur s'échappe
Des fentes et nous étouffe.

Pourquoi sommes-nous ici toi et moi,
Dans cet enfer puant et hostile,
Infesté d'affreuses maladies
Qui ont réduit en cendres Sodome ?

Sommes-nous condamnés
A glisser d'un pas mal assuré
Sur ces eaux sales et immuables..."

Je marchai longtemps, assaillie par une tempête de pensées et d'émotions provoquée par les vers et la vision de cette femme étendue derrière le paravent. J'étais sûre maintenant que son sourire n'avait été qu'une impression. Je finis par m'égarer et débouchai sur un quai inconnu. Le vent sifflait, une cheminée d'usine fumait. La ville n'avait plus l'aspect que je lui connaissais. Un ouvrier me conduisit jusqu'à l'arrêt du tramway. En me quittant, il me proposa de prendre un verre de bière à la taverne du coin.

Je n'ai plus discuté avec Sokolov par la suite. De Bazarov comme type humain, nous sommes passés à Levine et au prince André, puis à la pièce de Tolstoï *Les Fruits de l'instruction*. Le dernier jour de classe de ce printemps 1918, Sokolov fit un discours : "Bon euh, dit-il en fixant un point au-dessus de nos têtes, je vous félicite, car vous entrez dans la vie..."

Son discours était long et ennuyeux. Il nous reprocha notre connaissance insuffisante de la littérature russe et nous rappela que, même si on avait supprimé la lettre *yat*, il serait toujours possible de distinguer un homme cultivé d'un illettré. Puis, il se mit à parler de lui-même et nous dit que si nous nous allions partir, lui en revanche resterait là, à faire ce qu'il avait toujours fait et qu'il ferait toujours. Sa vie n'était pas monotone et avait un sens profond ; il lui arrivait parfois en quittant les élèves de terminale de se sentir proche de Pouchkine libérant l'oiseau par "un beau jour de printemps" ou de "la falaise" de Lermontov. Il récita lentement à voix basse la poésie de Lermontov et lorsqu'il arriva au vers où, dans sa solitude, la falaise pleure doucement le petit nuage doré qui s'est envolé, il dut sortir son grand mouchoir sale.

Je fus légèrement choquée de l'association des deux citations. Il me sembla un instant qu'il tourna vers moi son regard, mais je n'y prêtai pas attention. Lorsqu'il prit congé de nous, en nous saluant bien bas, mes camarades se tournèrent vers moi en me déclarant en chœur que ce discours avait été prononcé à mon intention. Tant de choses étranges et nouvelles se passaient autour et en moi que je pris le méchant calembour de mes camarades "Boneux, le rocheux" comme une plaisanterie. Je ne revis plus jamais Sokolov.

La visite que je lui avais rendue m'avait fait découvrir la vie des autres et, à partir de ce moment-là, je me mis à m'intéresser à "ce qui se passait derrière le paravent." J'aimais regarder à travers les fenêtres, surtout le soir, sans le moindre désir de partager la vie des autres, mais seulement pour la connaître, la comprendre et échafauder des hypothèses. C'était comme si je regardais les illustrations dans un gros livre sans forcément m'intéresser au texte. Ces images persistaient en moi et, au lit, avant de m'endormir, elles me revenaient tout d'un coup en mémoire à la suite d'une association d'idées à peine perceptible : une famille prend le thé du soir, une jeune fille qui me ressemble déchiffre une sonate de Clementi, un homme essaie de retirer à une femme sa longue robe étroite, un chien dort, une oreille dressée, l'autre abaissée, un chaton blotti entre ses pattes postérieures... Cette habitude de regarder à travers les fenêtres d'autrui m'a permis, beaucoup plus tard, d'illustrer par des images un de mes récits.

Nos adieux à Ouskov furent bien différents. Nous étions une dizaine à vouloir fêter la fin de nos études avec deux de nos professeurs. Ouskov avait beau ne pas enseigner dans les grandes classes, il était très aimé, ainsi que le professeur de mathématiques, Semion Natanson, qui a épousé par la suite une de mes camarades de classe. Ce dernier était jeune, beau garçon et doué. L'algèbre et la trigonométrie n'étaient plus hermétiques pour beaucoup d'entre nous à la fin de cette année-là. Nous avions réservé deux loges au Théâtre Alexandrinski pour une pièce de Soumbatov-Youjine. Elle était mauvaise, mais cela nous était égal. Le dernier dimanche du mois de mai, nous sommes partis à Pavlovsk pour y passer la journée. On avait trouvé une datcha vide où nous avons préparé un repas pour douze personnes. Après une promenade dans le parc, nous sommes restés un long moment assis sur la grande terrasse de la datcha, qui donnait sur le jardin. Nous sommes rentrés tard à Pétersbourg dans la nuit. Rozanov écrit dans son recueil d'aphorismes intitulé *Pensées solitaires* qu'il suffit parfois d'un seul souvenir de jeunesse pour empêcher un homme de se suicider. La journée passée à Pavlovsk me laissa un souvenir de cette nature.

Ouskov me reconduisit à la maison, puis raccompagna Natacha. Nous avons traversé la ville à pied par une nuit blanche. “Nous formions une sorte de club des trois, dit-il, au moment de nous séparer. Merci à vous deux.” Moi aussi je voulais le remercier, mais j'avais du mal à prononcer le moindre mot, tellement j'étais émue et triste. Je ne suis pas amoureuse de lui, me suis-je dit le soir, dans ma chambre, mais s'il m'avait permis d'essuyer chaque jour la poussière de ses livres et de rester dans un coin, silencieuse, pendant qu'il écrivait ou lisait, j'aurais quitté ma famille sur-le-champ, folle de joie... Ce rôle de pauvre Lazare me plaisait énormément à cette époque et je ne soupçonnais pas à quel point ce personnage s'appliquerait bientôt à ma vie.

Le printemps, Pavlovsk. Dans le jardin en friche, autour de la grande datcha vide et pas encore réquisitionnée, les oiseaux chantent et le lilas fleurit, tandis que dans la cuisine, Esther prépare des tranches de hareng de ses grandes et belles mains blanches. Elle-même est grande et belle avec ses lèvres légèrement maquillées de rouge. Elle se met de la poudre parfumée qu'elle garde dans un élégant poudrier. Elle est un tantinet effrontée, car elle est consciente de sa valeur, mais nous l'aimons bien. Elle demande à quelqu'un de couper les oignons et la douce Pauline se saisit d'un couteau, pendant que Tamara réchauffe la tourte préparée à la maison. Je fais de mon mieux pour m'occuper : celui qui ne travaille pas ne mange pas. Natacha fait la difficile et ne touche à rien et rejoint nos deux invités sur la terrasse pour les distraire. "Ils discutent de choses intelligentes", dit Esther. Puis on débouche une bouteille de vin blanc. Je vide deux verres coup sur coup. Soudain, je ne sais plus trop quoi faire de mes mains, j'ai l'impression d'avoir de grands pieds et une bouche trop large. Ma taille ne me paraît pas assez fine et mon nez pas tout à fait lisse. Mais après le troisième verre, mes doutes s'envolent ; je me sens bien dans ma peau, tout en sachant que je ne suis pas une beauté. Mes bas sont bien tirés, mon soutien-gorge serré, mes cheveux forment sur la nuque un chignon soigneusement ramassé, mes ongles sont propres et j'ai des talons hauts. Natacha récite des vers, moi aussi, Esther apporte une guitare, Tamara chante d'une voix de fausset grêle et plaisante comme celle d'un oiseau, Semion Natanson se joint à elle. Ils chantent en duo, assis l'un en face de l'autre, les yeux dans les yeux, tandis qu'Esther, une nappe jetée sur l'une de ses épaules, imite un Espagnol et les accompagne en pinçant et en grattant les cordes de ses longs doigts fins.

Dans le train qui nous ramène en ville, nous sommes gagnées par la mélancolie qui envahit le cœur des adolescents après une journée heureuse. On exagère tout : la nuit blanche est plus claire qu'en réalité, le chant est plus triste, l'homme assis en face est plus jeune et plus beau. Mais lui n'a d'yeux que pour Natacha et Lucie ; il ne se souvient même pas de moi ! Le bruit sourd des roues assombrit encore un peu plus le cœur et le sifflement de la locomotive emporte notre passé.

Tout n'est pas mort, cependant. Je retiens précieusement ce que je peux. Comme un mendiant sur le parvis de l'église, j'avance la main tendue et quand j'attrape une obole, je la garde de toutes mes forces. A cette époque, le torrent de mon inspiration poétique s'était tari. Je devenais plus sévère envers moi-même, je ne notais plus les premières rimes qui me venaient à l'esprit. Je recueillais humblement des miettes : la conversation avec Boneux, les longues improvisations de Natacha, Dostoïevski, Nietzsche, Chestov, une parole entendue. Je les amassais, les conservais et y revenais sans cesse.

Cette année-là, je découvris les lieux décrits par Gogol situés entre Dikanka et Mirgorod. Puis Moscou m'apporta de nombreuses impressions nouvelles, mais dépourvues de joie. Un nouvel horizon s'était entrouvert devant moi que je regardais avec les yeux d'un voyageur dans le désert attendant la pluie qui le ranimerait, ainsi que le paysage alentour. J'attendais quelque chose de chaque rencontre et de chaque instant. Certains jours passaient, emportés dans le tourbillon des événements de ces mois-là, d'autres façonnaient ma personnalité, d'autres encore restaient à jamais gravés dans ma mémoire.

Le mariage d'Alexandre Vladimirovitch Chklovski, le père de Natacha, coïncida avec la fin de mes études. Le matin, pour la première fois de ma vie, le coiffeur était venu à la maison et m'avait frisé les cheveux. Je me découvris métamorphosée en adulte. L'après-midi eut lieu une cérémonie solennelle au lycée et, le soir, le repas de noce dans l'appartement des Chklovski. Alexandre Vladimirovitch était venu nous prendre, Natacha et moi, après le service à l'église. Je n'avais jamais vu quelqu'un d'aussi heureux. Il rayonnait de bonheur ; son seul souci était d'éviter de faire une folie par excès de joie. Dans la grande salle à manger, la table était mise pour trente convives. Je n'étais pas placée à côté de l'oncle de Natacha, Victor Chklovski, le critique littéraire, mais de son frère qui plus tard mourut dans un camp des îles Solovki.

— Je sais que vous n'oublierez jamais ce jour, me dit-il, à la fin du dîner. Et je suis ravi que le hasard m'offre une modeste place dans ce souvenir.

Ce fut un jour merveilleux ; je découvris ce soir-là que j'étais devenue une personne adulte, libre, douée de raison et de charme physique. Ma vie de lycéenne venait de s'achever et j'étais invitée au mariage d'un homme de la génération de mes parents, non à celui d'un camarade plus âgé. J'étais assise à côté d'un théologien qui terminait ses études au grand séminaire, et qui me parlait comme personne ne m'avait jamais parlé jusque-là.

Nous étions au mois de juin, la noce et l'excursion à Pavlovsk appartenaient déjà au passé. J'essayais vainement de me convaincre que j'attendais avec impatience notre départ pour Moscou et que ma nouvelle vie serait passionnante.

Il est dur, à seize ans, de s'arracher à son univers familier, de briser des amitiés, de laisser ses livres préférés, de quitter sa ville natale belle et majestueuse, en dépit des premières dégradations. De-ci, de-là, on voyait des vitres brisées, des magasins barricadés de planches, des monuments renversés, des portes arrachées et de longues queues lugubres. Je partais pour un lieu où le courrier ne m'arriverait pas, bien que Moscou ne fût qu'à une nuit de train de Pétersbourg, et où je ne connaissais personne. Je faisais chaque jour mes adieux à quelqu'un d'autre : à Dacha qui s'en allait chez elle, dans la province de Pskov, à mes amies, à Ossia avec qui tout finissait d'une manière si cruelle et si injuste, à ma vieille table et à un gentil ami de la famille qui aimait encore Nadson et qui portait des moustaches en crocs.

Je téléphonai à Ossia pour la dernière fois. A travers les fenêtres éclairées, je le vis courir vers l'appareil, sa famille vivant juste en face de chez nous. Nous nous voyions et nous entendions l'un l'autre, et nous étions malheureux. Je n'avais pas peur de lui, il pouvait me toucher, m'embrasser, s'asseoir près de moi et respirer l'odeur de mon corps, qui ne sentait que le savon et l'encre. Beaucoup de jeunes filles avaient peur des garçons et inversement beaucoup de garçons nous craignaient. Mais Ossia n'avait pas peur de moi. Nous étions émus et n'avions qu'une envie, partir ensemble pour une île lointaine. Nous nous regardions sans gêne et nous disions ce qui nous passait par la tête, nous restions joue contre joue à nous caresser les doigts. Je lui faisais remarquer que je n'avais pas de jolies mains. Il me répondait pour me taquiner que les siennes étaient belles, ce qui était vrai. Je l'embrassais sur les lèvres et les sourcils ; il me rendait mes baisers. Nous avions l'impression d'être les premiers à avoir inventé “les baisers sur les sourcils”. J'avais réussi à faire croire à Ossia que nous allions à Moscou pour une durée limitée et à m'en convaincre moi-même. J'aimais le sourire d'Ossia et ne voulais pas voir son visage se voiler de tristesse.

J'ai perdu tous mes amis lorsque nous sommes partis à Moscou où mon père devait suivre le gouvernement. Je me retrouvai complètement seule. Je n'ai jamais été aussi démunie que cet été-là, dans la poussière et la touffeur du boulevard Nikitski, privée de tout ce qui avait fait ma vie jusqu'alors.

Eté 1918 : il fait une chaleur lourde et nous avons faim. Les premiers restaurants communautaires font leur apparition avec leur kacha d'orge et leur pain noir mal cuit parsemé de bouts de paille. J'apprends ce qu'est la timidité : je me demande comment entrer à la bibliothèque publique Roumiantsev, comment rester assise seule sur un banc du boulevard, comment m'inscrire en classe de huitième. Que faire dans ce monde où les uns représentent le passé, les autres l'avenir ? Parmi les premiers, certains étaient déjà très amaigris avec des yeux profondément enfoncés dans leurs orbites et une odeur désagréable qui flottait autour d'eux. D'autres vendaient des vieilleries au marché aux puces, une lueur d'avidité dans le regard. Quant aux nouveaux venus, je ne les apercevais que de loin. J'errais dans les rues des journées entières. J'avais dix-sept ans. Nous vivions tous les trois, mon père, ma mère et moi, dans la même pièce que nous louions dans un appartement communautaire. Je partais le matin et ne revenais que le soir pour manger la kacha.

Sur la place Soukharievka, on lacéra le dos de mon manteau avec un rasoir. Un jour, sur le boulevard Smolenski, j'eus toutes les peines du monde à ne pas fondre en larmes. Je détestais la statue de Pouchkine, elle était constamment sur mon chemin. J'aboutissais dans des lieux bizarres. Une fois j'entendis les chants assourdis d'un chœur, je poussai la porte et pénétrai dans une pièce sale, plongée dans une demi-obscurité, où s'étaient réunis des membres de la secte tolstoïenne. Tchertkov, le proche ami de Tolstoï, parla longuement de "Lev Nikolaïevitch", puis Sergueienko, un autre disciple, distribua à tous des feuilles imprimées, et le chant reprit. Vers la fin de la cérémonie se produisit un incident inattendu : un beau jeune homme exalté entra et dit qu'il était Léon Tolstoï ressuscité. C'était le fils de Sergueienko qui venait de s'échapper de l'hôpital psychiatrique...

Une autre fois, je poussai un portillon près de la place Koudrine, passai sous une sombre porte cochère et pénétrai dans un jardin rempli de fleurs et de soleil. Des nénuphars fleurissaient sur un petit étang au-dessus duquel se penchaient des saules pleureurs. Sur des bancs étaient assis des gens à moitié morts de faim et de peur qui bavardaient comme s'ils étaient déjà dans l'autre monde. Un homme à la barbe blonde vint s'asseoir près de moi et me dit qu'il avait dénoncé, la veille, à la Tchéka, un diacre qui vivait dans le même appartement que lui. Il était désespéré et allait se pendre... Lui aussi me parut déjà à moitié mort et quand je me retournai il avait disparu. Il n'y avait plus qu'un jardinier invalide qui enfonçait avec précaution un bâton portant l'écriteau : "Ne touchez pas aux fleurs !"

Un jour, j'entrai dans un grand magasin d'alimentation fine, probablement le dernier ouvert. J'avais très faim, mais ne pouvais acheter aucun des produits exposés sur le large comptoir en marbre. Je lorgnai longuement l'esturgeon, les salaisons, les petits pains saupoudrés de pavot et surtout le fromage qui se répandait lentement en formant une mare épaisse aux contours nets. Soudain, une voix retentit derrière le comptoir.

— Prenez ce que vous voulez.

J'avalai ma salive et levai les yeux dans la direction d'où venait la voix.

— Enchanté. Vous êtes la fille de Nicolas Ivanovitch, je vous ai vue avec lui.

Il m'encouragea d'un signe de tête.

— Ne vous gênez pas, mangez et dites-lui qu'il passe me voir.

C'était un Arménien, le dernier patron du dernier magasin gastronomique de Moscou. Un an plus tard, il sera fusillé. Je découvris ce jour-là l'humiliation de celui qui a faim et la conscience de mon inexistence. Mais fille de Nicolas Ivanovitch, je pouvais encore espérer recevoir une tartine. Je tombai de mon puits bien-aimé dans une mare boueuse d'où je ne pourrais sortir qu'à quatre pattes.

— Voici le Canon-Roi, et là-bas, vous voyez la Cloche-Reine, expliquait un guide du Kremlin.

Comme tout le monde je regardais moi aussi. Sur le boulevard Pretchistenski je restai longtemps sur un banc la tête vide et fis la connaissance, presque sans m'en apercevoir, d'un étudiant à qui j'ai prêté le lendemain quelques-uns de mes livres préférés. Il ne me les rendit jamais. Une lointaine parente promit de me présenter à un homme très intelligent en m'assurant que nous allions beaucoup nous plaire. Sans doute oublia-t-elle sa promesse, ou bien "le monsieur très intelligent" n'avait que faire de moi. Dans une cantine, un chien tacheté, maigre à faire peur, les yeux purulents, lécha ma kacha... Dans la rue Soukharevka, on me vola les chaussures que je voulais vendre non pour acheter les œuvres de Hegel, mais pour aller chez le coiffeur me faire faire des frisettes dont j'avais eu brusquement une envie irrésistible !

Que m'avait-on appris ? Certainement pas à gagner mon pain quotidien, ni à jouer des coudes dans les queues des restaurants communautaires pour obtenir ma part de nourriture et la cuiller qu'on vous prêtait contre un gage. Je ne savais ni coudre des bottes de feutre, ni épouiller des têtes d'enfants, ni confectionner des tourtes avec des pelures de pommes de terre.

Dans les librairies des livres minces, pâles, jaunâtres me fixaient, c'étaient des brochures politiques et des recueils de poésies. Ils me faisaient penser à la petite Ludmila qui avait aussi un teint jaunâtre. Elle ne cessait de hoqueter de faim et d'essuyer avec son mouchoir de Valenciennes la salive qui lui tombait sur le menton. Elle était si pâle, si diaphane ! Ses parents étaient également "des gens du passé".

Cette période de solitude et d'errance à travers la ville écrasée de chaleur et retournée à l'état de barbarie dura en tout quatre mois. Mon ventre ne cessait de gargouiller et de crier famine. Finalement je fus soulagée de constater que "le monsieur très intelligent" ne s'était pas intéressé à moi. Je n'aurais pas pu lui dissimuler ce gargouillis embarrassant. A la longue, j'aurais sans doute trouvé moyen de me faire inscrire en classe de huitième, de fréquenter la bibliothèque, de me rendre à des réunions où j'aurais pu glaner des bribes de savoir, côtoyer des célébrités et me lier avec des gens plus modestes qui me tireraient de ma solitude.

Si je devais écrire un livre sur les années perdues de ma vie, il débuterait par ces quatre mois de vie moscovite. Je n'avais pas de coin pour lire ni d'argent pour m'acheter des livres. Pauvre Lazare, je passais mon temps à ramasser des miettes un peu n'importe où comme les moineaux ou les corbeaux. J'avais une égale envie de voir la pièce de Hamsun, *Dans les griffes de la vie*, au Théâtre d'Art de Moscou, d'aller au sauna, ou à la campagne pour me coucher sous un arbre. J'avais comme perdu la faculté de choisir. Ce n'était pas la misère, mais un état de dénuement total. J'avais perdu toute échelle de valeurs et ne savais plus ce qui, de la *Victoire de Samothrace* ou d'un morceau de viande, avait le plus de prix. Les autres non plus ne le savaient pas, ils l'avaient oublié ou ça ne les intéressait guère. J'errais partout et au crépuscule observais les gens à travers les fenêtres. J'étais comme plongée dans un néant dont je n'avais même plus le désir de sortir. J'étais trop jeune pour comprendre ce qui m'arrivait. Au moment où j'entrais dans la vie, *rien n'allait plus*. C'était comme si on était monté en ascenseur au dixième étage et qu'arrivé en haut il n'y avait ni murs, ni plancher, ni toit : le vide, et l'ascenseur était reparti.

Autrefois j'écrivais de la poésie, j'étais amoureuse, j'avais des amies qui comme moi étaient vives et pétulantes. Mais à présent, je ne voulais plus y penser. La nuit, je ne rêvais plus, et rien ne m'inspirait, je n'avais envie que de manger, de dormir et de m'attarder parfois, le soir, dans la chambre de Manetchka.

Celle-ci faisait le trottoir boulevard Tverskoï. Elle habitait dans le même appartement communautaire que nous, l'un des premiers de Moscou. Il avait appartenu à Mme Kochkodavova. Dans la chambre de Manetchka, il y avait une commode, une chaise, une table et un lit. Sur la table se trouvaient un paquet de cartes et une boîte de poudre. C'était là toute sa fortune. Ainsi il était possible de vivre sans rien d'autre qu'un paquet de cartes souillées et une boîte de poudre rose vif. Manetchka s'asseyait en face de moi et tirait les cartes, puis nous bavardions. Elle s'étonnait de mon goût pour la lecture et moi de ses fréquentes promenades autour de la statue de Pouchkine. Elle me traitait avec délicatesse comme si j'étais un vase de cristal. J'avais très envie de l'accompagner le soir quand elle partait pour la place Strastnaïa, toujours mon désir de regarder ce qui se passait "derrière le paravent". Mais elle me disait avec douceur et fermeté qu'il n'en était pas question. Je n'ai pas insisté. Mme Kochkodavova disait de Manetchka qu'"elle reniflait de la drogue". Il n'y avait personne pour m'expliquer ce que cela voulait dire. Lorsque je posai la question à Manetchka, elle me répondit : "C'est vrai, et après ?", et son regard m'ôta l'envie de revenir sur ce sujet.

Au moment de partir pour le sud de la Russie, je lui offris une broche en or incrustée d'un saphir. C'était, je crois, un bijou de famille, le seul objet de valeur que je possédais. J'ai raconté beaucoup plus tard à ma mère qu'on me l'avait volée. Il m'était plus facile de mentir à cette époque-là qu'aujourd'hui. Je faisais ce que je voulais, sans attendre d'être adulte.

A Nakhitchevan, les "Arméniens reconnaissants" mangeaient encore du pain blanc et lorsqu'on licencia mon père à Moscou, il ne nous restait plus qu'à rejoindre Rostov, via Orcha et Kiev. La nouvelle de notre départ me laissa totalement indifférente. Je n'avais jamais été aussi apathique, taciturne et désorientée. Je descendis à la gare de Rostov enveloppée dans une couverture et pieds nus. Pendant la nuit, entre Fastov et Kazatine, on m'avait tout volé. Ma valise avait été éventrée à l'aide d'un couteau. Je ne sais trop pourquoi, mais j'avais surtout honte d'être sans chapeau.

Je montai pieds nus les marches de la véranda. La maison était vide. Il n'y avait plus mon grand-père, ni Selifan, ni les chevaux, ni les chiens. Seuls les meubles étaient encore là, poussés contre les murs et recouverts de housses. Je me suis installée auprès d'un antique coffre-fort qu'on n'avait pas réussi à déplacer. J'y rangeai mes derniers livres, ceux que je n'avais pas donnés à Manetchka ou à l'étudiant du boulevard Pretchistenski.

Il ne restait plus de moi que des lambeaux et la Russie se réduisait à ce petit coin où nous vivions maintenant. La guerre civile nous isolait des autres. On disait que la guerre en Europe se terminait, mais je ne sus la date exacte de la fin des hostilités que des années plus tard. On racontait qu'à Paris les femmes portaient des jupes courtes qui arrivaient à la cheville, qu'on y publiait de nouveaux livres, qu'à Londres on s'était remis à jouer Shakespeare et Shaw, et qu'en Italie fleurissaient les citronniers. On n'arrivait pas à le croire. Le pain blanc, lui, était vrai, ainsi que la classe de huitième et la bibliothèque municipale de Nakhitchevan où l'on pouvait trouver un roman de Hermann Bang, *Pétersbourg* d'André Bely, *Le Canard sauvage* d'Ibsen et *Stephanos* de Brioussov. La bibliothèque se trouvait sur le boulevard. Les arbres bruissaient et les lycéens, une mèche de cheveux s'échappant de dessous la casquette suivant la mode, flânaient en chahutant les lycéennes. Le soir venu, ils s'en allaient au parc du club municipal, le boulevard se vidait et redevenait silencieux. Je m'asseyais sur un banc, près d'un réverbère. Cela sentait l'héliotrope. J'imaginais que j'étais tantôt à Amsterdam, tantôt à Barcelone, le surlendemain à Tsarskoïe Selo*. Assise à côté de moi, Virginia lisait Peter Altenberg ou Max Stirner et me demandait de lui dire d'abord où nous étions ce soir-là pour lui éviter de confondre l'Ecosse avec la mer Egée.

* Résidence d'été des souverains russes aux environs de Pétersbourg. *(N. d. T.)*

Léon Tolstoï écrivit dans son journal le 29 novembre 1851, alors qu'il avait vingt-trois ans :

Je n'ai jamais été amoureux d'une femme, mais j'ai souvent aimé des hommes. Je les aimais avant de savoir que la pédérastie (souligné par Tolstoï) existât. Même après, la pensée d'une relation physique ne m'a jamais traversé l'esprit. Gothié est un exemple étrange de cette sympathie inexplicable. Quand il entrait dans la pièce, la fièvre me prenait. Mon amour pour Islavine me gâcha la vie à Pétersbourg huit mois durant. La beauté physique influençait toujours fortement mon choix, à l'exception cependant de Diakov. Je n'oublierai jamais la nuit où nous sommes revenus en traîneau, lui et moi, de Pirogov. Enfoui sous la couverture, j'avais envie de l'embrasser et de pleurer. Il y avait bien de la volupté dans ce sentiment, mais je n'arrive pas à m'expliquer son origine.

Tolstoï ne savait pas, et ne l'a jamais su, que la moitié des jeunes éprouvent de pareils sentiments. Moi aussi j'ai connu cela, seulement je n'ai pas eu envie de pleurer et "l'amour" ne m'a jamais gâché la vie. Je me rends compte maintenant que Virginia, elle, était parfois au bord des larmes : en cela, nous étions différentes.

J'aperçus Virginia pour la première fois à une soirée où elle ne cessait de flirter immodérément avec un beau jeune homme au teint basané qui fut tué plus tard dans un détachement de volontaires de l'Armée blanche. Elle ne prêta aucune attention à moi, du moins en apparence, car en fait elle m'observa toute la soirée. Quant à moi, je ne la quittai pas des yeux, incapable de m'expliquer cette attirance. Elle était petite, très mince et avait d'immenses yeux noirs, des joues très rouges et des cheveux épais qui lui retombaient sur le front et sur les oreilles.

Plus tard, à Paris, dans les années vingt, je remarquai que Virginia était trop légère pour allumer automatiquement sous son poids la lumière dans l'ascenseur. Elle passera cinq années dans divers sanatoriums des Pyrénées et mourra de tuberculose. Avant sa mort, elle se convertira à la foi orthodoxe et prendra mon prénom comme nom de baptême. Quand je lirai Proust, Albertine avec ses cheveux noirs et ses joues rouges me fera penser à Virginia. Mais Albertine n'avait pas de hautes pommettes, ni de sombres cernes sous les yeux, ni une toux sourde, ni des paumes moites le soir lorsque la température montait.

A Nakhitchevan, je la portais d'une pièce à l'autre et l'écoutais jouer du Medtner et du Scriabine. Je m'allongeais auprès d'elle sur un divan et nous bavardions des heures durant comme si, selon les mots de Pouchkine,

Toute ma vie ne fut que gage
De notre rencontre certaine

et que la Russie avait volé en éclats pour nous permettre de nous rencontrer. Je passais parfois la nuit chez elle. On m'installait sur le divan et nous poursuivions notre conversation jusqu'à deux ou trois heures du matin. Jamais auparavant je n'avais éprouvé auprès de quelqu'un tant de joie, un tel enchantement, ce jaillissement de rêveries et de pensées qui s'épanchaient en un flot de paroles. Ce n'était pas de l'amitié, mais de l'amour. Virginia était tantôt d'humeur mélancolique, tantôt enjouée et drôle. Elle était sensible et réfléchie. On ne pouvait pas l'aborder comme une personne ordinaire. Elle n'avait jamais quitté la petite ville où elle était née et avait passé ses vingt premières années. Elle termina tout juste ses études au lycée, car elle était toujours malade et manquait la classe des semaines entières.

En 1919, je préparais mon entrée en faculté. Virginia était assise à côté de moi, mais ne venait presque jamais aux cours. On la gardait à la maison, la bousculade du tramway pouvant être dangereuse en raison de sa faiblesse. Elle jouait du piano, déchiffrait les morceaux et répétait la même œuvre des heures entières, les yeux pleins de larmes sous l'effet de l'émotion et de l'exaltation. Puis, enroulée dans un châle, elle se blottissait dans un coin du divan et ses longs cils caressaient ses joues. Un sourire rayonnant quoique maladif et fatigué illuminait son visage. Ses cheveux envahissaient de plus en plus son visage amaigri, sérieux et parfois triste. Ils sentaient "l'origan de Coty", un parfum alors en vogue, dont une seule goutte nous comblait de joie.

Je m'asseyais auprès d'elle. Elle posait sa tête sur mon épaule ou bien je posais la mienne sur ses genoux. Personne ne s'étonnait de nous voir ainsi, bavardant durant des heures et incapables de nous séparer. Il était grand temps que je rentre pour étudier mon latin et ma trigonométrie, et qu'elle aille se coucher. Le docteur lui avait recommandé de dormir beaucoup. Je regagnais la maison en courant très tard dans la nuit. Je passais par la place du Marché devant les deux cathédrales et enfilais la rue Sofiskaïa. Je n'avais qu'une idée en tête, la revoir le lendemain et retrouver la joie d'être ensemble.

Un an plus tard, lorsque le sud de la Russie tomba, nous vivions tous sous le même toit, sa famille ayant emménagé chez nous. Les nuits où les armes grondaient et les obus explosaient, nous nous serrions fortement l'une contre l'autre ; nous avions peur et sentions venir des temps pleins de menaces. Je ne pouvais pas deviner que vingt-cinq ans plus tard, très exactement, j'allais à nouveau, au cours de bombardements nocturnes, tenir quelqu'un dans mes bras, chercher le mur principal de la cave auprès duquel, dit-on, il est plus sûr de se tenir et fermer d'une main tremblante des yeux effrayés, bleus cette fois, pour qu'ils ne voient pas la mort dans le ciel sillonné d'éclairs violets au-dessus de Paris terrorisé.

Lorsque l'Armée rouge s'empara du Sud, un détachement de Boudenny passa devant la maison de mon grand-père. L'un des soldats arborait une large écharpe d'hermine retenue par une broche sertie de diamants. Les autres portaient des serviettes de bain en tissu éponge fixées à l'aide d'épingles de sûreté qui de loin ressemblaient au collet de fourrure de leur compagnon. Je les regardais depuis la fenêtre, pendant que Virginia terminait sa lecture du *Pan* de Hamsun. Elle me demanda malicieusement : "Qu'est-ce que l'amour ?" et répondit par une citation : *C'est le soupir de la brise parmi les roses.*

Je me tournai vers elle et lui dis gravement que j'avais depuis longtemps réfléchi à ce problème et qu'il était à jamais résolu pour moi, c'était *une* feuille d'artichaut que *deux* personnes se partagent. Elle tendit l'oreille aux bruits des sabots sur la chaussée, aux hennissements des chevaux, aux injures lancées par les soldats et répondit : "Il n'y aura plus d'artichauts.

On aura oublié bientôt ce que c'est et dans les dictionnaires encyclopédiques, on trouvera la mention «vieilli»."

On perquisitionnait et envoyait les hommes aux casernes faire la corvée des latrines. Mon père mit un col amidonné impeccable et s'y rendit aussi. Virginia n'avait jamais connu son père, car il avait abandonné sa mère quand celle-ci était enceinte. Il était maintenant un éminent membre du parti communiste à Erevan où il faisait fusiller et pendre ceux qui portaient encore des cols amidonnés.

Je continuai à fréquenter l'université de Rostov aussi longtemps que cela fut possible. Je suivais les cours de grec, d'archéologie, d'histoire de l'art et de linguistique. Dans la débâcle générale de 1920, j'arrivais rarement à me concentrer intellectuellement ; je m'ennuyais aux cours et étudiais peu à la maison. Les professeurs, ternes et démodés, avaient été évacués pour la plupart de l'université de Varsovie et étaient à moitié morts de peur et de faim. Mes parents dépérissaient doucement. Par contre, la vie bouillonnait en moi. Plus l'oppression et les privations étaient grandes, plus je "traînais n'importe où, avec n'importe qui" comme on disait à la maison. Je devenais de plus en plus sûre de moi et libre de mes actions. Je ne jugeais plus les gens comme avant et ne recherchais plus ceux qui pouvaient discuter avec moi de Brioussov et de Blok, de Trotski et de Martov ou encore de Scriabine. J'accueillais le premier venu, cherchant dans ces rencontres, où n'entraient ni choix ni préférence, un simple oubli, immédiat et sans raffinement. "Le culte de l'oubli", disait Virginia. Nous n'étions pas jalouses l'une de l'autre.

J'ai failli me marier à deux reprises au moins. Je l'aurais sans doute fait si je n'avais craint de perdre ma liberté. Je savais que je ne pourrais pas continuer indéfiniment à vivre ainsi et que je finirais par me ressaisir, grâce à la présence de Virginia. Elle comprenait mon désarroi, mais ne faisait jamais allusion à la vie que je menais et ne me retenait pas en me voyant aller à la dérive.

Je me souviens de certaines liaisons passionnées que j'ai connues et que Bounine m'a un jour décrites ainsi : deux personnes n'attendent que le moment où la porte se refermera derrière elles pour “se jeter l’une sur l’autre et s’agripper comme des bêtes”. J’ai presque connu l’amour avec un homme qui arrivait de Pétersbourg. Tout à coup nous voilà ensemble, menant une vie paisible et agréable comme si nous nous connaissions depuis toujours. On se faisait des soucis l’un pour l’autre : “As-tu mal ? Es-tu triste aujourd’hui ? Allons manger quelque chose de bon ensemble ! Couche-toi et dors, je resterai là et veillerai...” Il y eut encore une brève rencontre dont mon amour-propre eut un moment à souffrir : il me tordit les bras de jalousie en me demandant avec qui j’étais sortie la veille et m’envoya son poing lourd à la figure en proférant des menaces : “Gare à toi ! Je t’écrabouille si tu regardes un autre.” Je n’appréciai guère ces manières, mais j’en ai retenu que la femme était physiquement plus faible que l’homme.

Il y eut aussi une aventure dramatique lorsque S. sut habilement se faire aimer de moi. Il avait largement dépassé la trentaine et sa femme, jeune et jolie, était fort aimable. Il habitait dans la deuxième arrière-cour d’une vaste demeure qui tombait en ruine. Deux énormes chiens noirs d’allure féroce se jetèrent sur moi un jour que j’étais venue le voir. Au coin de la rue gisait le cadavre d’un cheval à moitié enfoui sous la neige. La présence des chiens refroidit quelque peu mon ardeur. J’avais envie de m’en aller. Sachant que sa femme était partie pour une semaine, j’avais cédé à ses instances et lui avais rendu visite. J’étais angoissée et mal à l’aise. C’était un homme étrange, un graveur plein de talent et érudit. Il était supérieur à toutes les autres personnes de ma connaissance. Au-dessus du divan était suspendue une copie du *Jean-Baptiste* de Léonard de Vinci. Il me prit dans ses bras. Je portais un épais manteau ouatiné cousu dans un vieux rideau. Il faisait très froid et les lèvres de S. étaient toutes bleues. Je sentis que j’aurais mieux fait de rester à la maison. Il m’attira à lui et soudain me dit d’une voix tremblante :

— Vous êtes ma déesse.

Ces mots me glacèrent.

— Il me prit pour sa déesse, racontai-je à Virginia, remplie d’indignation. Et dire que je croyais l’aimer !

Assise sur le divan, les jambes repliées et couvertes d'un châle duveteux, Virginia riait aux éclats. Ses cheveux encadraient son visage aux joues rouges.

— Tu imagines ces bêtes terrifiantes ! Ils ont failli m'attraper par les mollets. Et puis ce froid et lui qui me chuchote : Déesse ! Pourquoi pas mon ange !

— Je n'attendais pas ça de lui, dit-elle avec un petit rire pensif. Qui l'aurait cru ! Qu'as-tu fait alors ?

— J'ai eu peur de fondre en larmes et suis partie. Ça fait deux mois que je croyais ne pas pouvoir vivre sans lui !

— Et les chiens ?

— Il a eu assez de bon sens pour me raccompagner jusqu'à la porte cochère et ils se sont tenus tranquilles.

Nous riions à gorge déployée, mais en même temps j'avais un peu envie de pleurer.

Tout le monde se trouva du travail et je quittai l'université. Je rapportais des vivres avec mes tickets de rationnement. Je me réjouis du retour du printemps, quand le poisson du Don fit sa réapparition sur le marché. Je voyais le peintre Sarian qui emportait chez lui les poissons en les tenant de ses deux doigts enfoncés dans les ouïes. Avant de les faire cuire, il les entourait d'oignons et de carottes pour en faire des natures mortes. L'écrivain Marietta Chaguinian, chaussée de pantoufles qu'elle s'était elle-même confectionnées et vêtue d'un caraco qui avait vu des temps meilleurs, passait d'un air songeur sous nos fenêtres. Elle serrait contre sa poitrine un os énorme dont on aurait dit qu'il avait déjà été rongé par quelqu'un. Ces deux artistes me rappelaient qu'il existait une autre façon de vivre.

Dans une salle où peu de temps auparavant se réunissaient des baptistes pour la prière se retrouvaient maintenant des poètes et des peintres. Il y avait là des membres de divers groupuscules littéraires : un "nitcheviste", deux "fouistes", un "imaginiste" et trois "ego-poupistes". Des jeunes filles tristes et affamées récitaient leurs poésies. Mais je restais insensible et n'étais plus tentée de vivre comme eux. Je commençais déjà à préférer à une vie excentrique une vie plus simple dont je rougissais même parfois. Plus tard, ma profession et le mode de vie qu'elle réclamait m'ont souvent amenée à côtoyer des ivrognes, des toxicomanes, des neurasthéniques, des suicidaires, des ratés et des génies méconnus, pour qui le bien était plus ennuyeux que le mal et la débauche la marque indispensable de l'homme de lettres. Mais peu à peu je compris que les gens normaux étaient infiniment plus intéressants que les "originaux", qui en fin de compte ne sont pas si libres que ça et dont les conflits avec l'environnement sont souvent stéréotypés. C'était seulement auprès de Virginia que je sentais encore la valeur de l'existence. Hélas ! elle s'étiolait à mesure que passaient les mois. Sa vitalité se concentrait dans la flamme de ses yeux cernés et de ses joues aux hautes pommettes. Comme avant, elle s'asseyait souvent au piano et déchiffrait des morceaux, parfois des partitions manuscrites qu'un jeune compositeur avait laissées chez une de nos amies juste avant la chute de Rostov et avant de rejoindre l'Armée blanche. Nous ne savions rien de lui sinon qu'il s'appelait Serge Prokofiev.

Dès le début, la révolution m'est apparue non comme un changement, mais comme un fait avec lequel il me faudrait vivre désormais. C'était peut-être bien un changement pour la bourgeoisie, les Tsars, les généraux de l'Armée blanche et les contre-révolutionnaires, et ils ne l'avaient pas volé, mais pour moi c'était autre chose. J'avais dix-huit ans et je n'avais pas encore d'identité sociale. La révolution était le terreau sur lequel j'allais me développer, je n'en connaissais pas d'autre. L'avenir comptait plus que le passé.

Nous faisions de longues promenades, Virginia et moi, durant les chauds après-midi. Nous descendions au bord du Don et ne rentrions qu'au crépuscule. Tout en marchant, nous lisions et nous heurtions aux passants. C'est ainsi que j'ai lu *Zarathoustra*. Je me souviens des premières étoiles, du parfum de l'acacia en fleurs, des oiseaux, de l'*Appassionata* dont les accords nous parvenaient d'une fenêtre ouverte... Sur le poêle bouillottait une marmite de soupe. Rien ne m'était plus important au monde que cette soupe. Je ne me sentais ni humiliée, ni offensée. Cela me rapprochait de ceux qui avaient besoin de soupe. L'arrogance fondait en moi et je devenais plus humble. J'étais pauvre, je n'avais ni jolies robes, ni livres, ni poésies. Mais j'étais riche de la bibliothèque municipale, de ma santé, de ma jeunesse et des idées auxquelles je tenais.

Il m'arrivait de faire le bien, mais je n'étais pas bonne. J'étais ignorante, impulsive et irréfléchie. Je mentais à ma mère quand je rentrais à deux heures du matin en me faufilant par l'escalier jusqu'à ma chambre, mes souliers à la main. Je n'aimais pas les enfants ni les vieilles personnes. J'étais froussarde, j'avais peur d'être chassée du bureau où je travaillais, aux chemins de fer de Vladikavkaz, si l'on apprenait que nous habitions dans notre ancienne maison, et d'être privée de ma ration de farine et de harengs. Je ne voulais pas me marier de peur de moisir dans cette ville et ne récitais pas mes vers chez les "nitchevistes" par sentiment de supériorité.

"Loin, loin dans le Nord,
Où sévissent la faim et le froid,
Où depuis deux ans le trèfle se fait rare
Et l'avoine maigre."

Jamais ils n'auraient pu écrire des vers pareils ! J'apparaissais à leurs soirées de lecture, hautaine, sans desserrer les lèvres que je maquillais légèrement. Nous avions acheté, Virginia et moi, un bâton de rouge à lèvres que nous avions coupé en deux.

— Ce n'est pas une feuille d'artichaut, dit Virginia en riant, mais c'est mieux que rien.

Quand je suis allée rendre visite à S., à l'hôpital réservé aux malades atteints de typhus moucheté, situé en dehors de la ville, je ne comprenais pas clairement les raisons de ma démarche. Je ne l'aimais plus, mais à l'insu de tous je réussis à trouver une bouteille de porto et du caviar, tous les magasins n'étant pas encore fermés.

Les malades étaient couchés sur des lits ou étendus sur des matelas par terre ou gisaient à même le sol. Il y en avait partout, dans les chambres communes, dans les couloirs, sur les paliers et dans l'entrée. Les fenêtres étaient ouvertes, c'était le printemps. Malgré cela, l'air était lourd et empli des gémissements monotones des malades qui déliraient. Certains étaient rasés, d'autres portaient une barbe épaisse, d'autres reposaient à demi nus... Je les enjambais à la recherche de l'infirmier. L'un des malades m'attrapa par la jambe et j'ai failli tomber sur un vieillard, la peau couverte de boutons et les yeux exorbités.

— Où allez-vous comme ça ? demanda un infirmier en blouse crasseuse, une cuvette dans les mains. C'est interdit aux femmes ici.

Je lui ai fourré dans la main une pièce et le paquet et l'ai prié d'aller trouver S. Il est revenu avec un petit billet en français : *"Je n'oublierai jamais..."*

— Secouez-vous bien, vous risquez d'emporter des poux à la maison, me cria l'infirmier.

S. se rétablit et rentra chez lui deux semaines plus tard. J'étais à l'affût d'un écho en moi, mais je ne ressentais plus rien pour lui. Le douzième jour, j'eus des frissons, mais ce n'était pas le typhus. J'avais joué au funambule au-dessus du vide, mais je n'étais pas tombée.

J'avais peut-être fait cela pour calmer une angoisse secrète et soulager ma conscience. Le besoin de marcher sur une corde raide, de se coucher entre les rails du chemin de fer ou encore de se pencher par la fenêtre du dixième étage est toujours le signe d'un certain malaise intérieur et d'un conflit larvé avec soi. Du reste, le petit mot : *"Je n'oublierai jamais"* avait peut-être valu le déplacement. Qui sait ! Je l'ai conservé un bon moment.

Le jour du départ arriva, nous retournions à Pétersbourg-Petrograd sans savoir ce qui nous attendait. Peut-être allais-je reprendre mes études, si on me donnait ma part de rations, sinon je devrais travailler comme mes parents.

Grâce à l'administration des chemins de fer, on mit à notre disposition la moitié d'un wagon de marchandises pour nous permettre de regagner Petrograd, dorénavant "notre domicile permanent". Durant trois semaines, on nous accrocha à des trains de marchandises et, dans le meilleur des cas, à des trains de voyageurs. A Moscou, nous sommes restés arrêtés pendant deux jours près de la gare de marchandises. Je revoyais cette ville énorme, défigurée et affamée. Voici la statue de Pouchkine. Manetchka passe-t-elle encore ses soirées ici ? Dans la rue Tverskaïa, je contemplai longuement deux petits pâtés dans la vitrine d'un café ouvert, mais n'osai pas y entrer. J'avais peur d'être arrêtée, les petits pâtés étant destinés sans doute aux gens d'ici. Moi, je n'étais qu'en transit.

Au moment de partir, j'avais pris Virginia dans mes bras et l'avais soulevée, elle était légère comme une plume. Nous n'avions aucun espoir de nous revoir ; nous ne pouvions pas deviner que nous nous retrouverions à Paris cinq ans plus tard, sa mère et elle ayant fui les premières répressions, les premières victimes, les expulsions, les arrestations. Ses cernes seront devenus plus profonds et plus sombres et ses yeux encore plus grands. Elle s'étiolera, condamnée à une longue agonie dans un sanatorium à la frontière espagnole, puis dans un autre à Peïra-Cava. C'est là que je lui rendrai visite. (Elle est couchée en chaise longue, emmitouflée dans une couverture et ne parle plus guère. Une chambre individuelle a été retenue pour moi dans une autre aile du bâtiment, le docteur ayant interdit que nous dormions dans la même pièce. Je me couche malgré tout à côté d'elle dans son lit où elle occupe si peu de place. Je suis effrayée à la vue de son petit corps maigre, de ses genoux et de ses coudes pointus, de ses mains et de ses pieds qui paraissent énormes. Je la prends dans mes bras et l'embrasse, en lui assurant qu'elle guérira. Je bois dans son verre. Je vide le crachoir et le rince dans le lavabo. Je la réchauffe au milieu de la nuit avant la poussée de la fièvre. Quand elle se couvre de sueur, je lui change sa chemise. Lorsqu'elle s'endort enfin, mes yeux se remplissent de larmes qui tombent sur l'oreiller. Elle est déjà ailleurs. Je partage avec elle la feuille d'artichaut, par pitié plutôt que par amour. Elle s'éteindra à l'hôpital Laennec et on l'enterrera dans le cimetière de Versailles par une journée de brouillard...)

Le train s'arrêta aux environs de Petrograd que nous continuions à appeler Pétersbourg. C'était par une claire nuit de juin et on voyait les cheminées dans le ciel mauve. Mes parents restèrent dans le wagon avec les affaires jusqu'au matin, tandis que je partis, renseignements pris, le long de la voie ferrée en direction de la gare de marchandises. Je longeai des sémaphores, des points d'eau, des aiguillages, traversai enfin le bâtiment de la gare et poursuivis mon chemin sur une route non pavée. Sur de vieux wagons abandonnés on pouvait lire : "Quarante personnes, huit chevaux, Varsovie-Lódz." Les quais étaient déserts et les locomotives hors service. Au bout d'une heure, j'arrivai à la place où se dressait encore la statue d'Alexandre III et fus saisie par une émotion indicible. Tout me semblait plus petit que dans mon souvenir. Trois années s'étaient écoulées, on aurait dit trente. Le crépi du vieil hôtel du Nord s'écaillait, des charrettes débouchaient de la Ligovka, on distinguait tout au bout de la perspective Nevski la flèche de l'Amirauté qui appartenait à la mythologie de mon enfance.

O ma ville insaisissable,
Pourquoi as-tu surgi sur l'abîme ?*

Les tombereaux traversaient la place avec un bruit de tonnerre et je ne reconnaissais personne. La vie avait repris sous la N.E.P.** C'était la période des nuits blanches dont j'avais oublié l'existence. Le Tsar de mes ancêtres était toujours là, assis sur sa grosse monture, ainsi que le tramway, garni de ses grappes humaines, qui remontait l'avenue Souvorovski par le quartier Peski.

O ma ville insaisissable,
Pourquoi ?

J'effleurai de ma main un ressaut du porche de la gare. Je ne m'attendais pas à ressentir un bonheur aussi ineffable.

O ma ville !

Je m'étais même résignée curieusement à cette perte. Je n'avais pas besoin de ses claires soirées de juin, ni de ses

* A. Blok, *Rétribution* (poème inachevé, 1910-1921). *(N.B.)*

** La "Nouvelle politique économique" ou N.E.P. (1921-1928) représenta une période de relâchement relatif et de compromis par rapport à celle, très dure, du communisme de guerre. *(N. d. T.)*

places noyées de brume. Je pouvais vivre sans le Cavalier de Bronze, la Néva, Pouchkine, Blok, son histoire, son mythe. Le destin avait fini par jeter une première miette à Lazare. Je me tenais sur les marches de la gare Nicolas, transfigurée, tremblant à l'idée que j'allais retrouver ce monde et émerger de ma torpeur. Je renaissais dans un autre siècle et renouais avec le destin de ma patrie et les blessures de ma ville.

La sœur de ma mère et sa fille Genia, la première femme diplômée de l'Institut polytechnique, qui devait se suicider un an plus tard par chagrin d'amour, vivaient derrière le jardin de Tauride. Des fenêtres de l'appartement on apercevait Smolny et un quartier de la ville que je connaissais à peine. La pendule avait été avancée de trois heures et demie. Lorsque je me couchai ce soir-là, le soleil inondait encore les pièces et à mon réveil il était déjà au zénith.

Au bureau d'enregistrement on ne voulait pas admettre que nous étions revenus "pour de bon". Il était question de nous diriger sur Petrozavodsk. Nous avons mis deux jours entiers à répondre aux questionnaires. J'avais envie de crier : "C'est moi ! Vous ne me reconnaissez pas ? Mais regardez-moi donc !" Finalement, on nous donna un certificat d'enregistrement, des cartes de rationnement de la dernière catégorie ainsi que le droit à un logement... Que m'importaient les neuf mètres carrés réglementaires ! La ville tout entière était à moi : le jardin d'Eté, les quais, l'arche de la rue Galernaïa et le coude du canal Moïka près de la rue Koniouchennaïa que je revoyais avec émotion comme la courbe d'un visage aimé.

Je me promenais à travers la ville, je m'asseyais dans les jardins, je touchais les pierres et m'attardais auprès de la Colonne rostrale. Je fis un tour au port, je flânai sur l'île Krestovski, je visitai des cimetières. Je redécouvrais les carrefours et voyais d'un œil neuf des lieux que j'avais oubliés. Quelle différence avec mes "errances" de Moscou ! Mon estomac criait toujours famine, mais ici je me sentais riche de cette ville qui était mienne. J'espérais trouver mon salut en me cramponnant à elle, au jardin de Tauride par où je passais chaque jour, au pont Tchernychev suspendu à ses chaînes, à la rue

Teatralnaïa et aux paisibles rues rectilignes de l'île Vassili. En face de la maison familière des Van der Fleet poussait maintenant de l'herbe broutée par une chèvre aux pis ballottants.

A minuit, il était en réalité huit heures et demie, il fallait se coucher alors que le soleil était encore haut dans le ciel. Nous avions emménagé dans un appartement communautaire ayant appartenu aux descendants de Glinka. Nous y occupions deux pièces et tant qu'il faisait encore chaud, j'avais ma propre chambre. Les anciens propriétaires vivaient également dans deux pièces, les deux dernières étant occupées par des gens que nous ne fréquentions pas. J'étais rarement à la maison. Mes parents avaient pris un emploi et moi j'avais rempli un dossier pour entrer à l'Institut d'histoire de l'art, anciennement Zoubov, sur la place du Sénat.

Eté 1921. Dans la brume laiteuse des nuits blanches et le silence des rues endormies (les fiacres avaient disparu et il y avait très peu de tramways), de rares piétons passaient sans hâte, les traits tirés et les habits en loques. Les maisons tombaient en ruine et, la nuit, les voisins emportaient les lames de parquet et les portes. Des enfants émaciés attendaient qu'on leur distribue des crayons pour apprendre à écrire. Les portes cochères étaient condamnées par des planches et la sortie de notre maison sur la traverse du Manège était bloquée. Nous passions par la rue Kirotchnaïa. Une petite lueur apparut sur la perspective Nevski. Dans la boutique au coin de notre rue où hier encore les fenêtres étaient brisées et fermées par des planches, on pouvait acheter tout à coup une brioche, une fleur ou un vieux livre d'occasion tiré d'une cave poussiéreuse ou encore un volume neuf qui venait de paraître.

J'ai retrouvé quelques-uns de mes anciens amis. Les Chklovski étaient en Finlande et Natacha, qui venait d'être libérée de prison, vivait maintenant avec sa mère. Esther, belle et élégante, daigna à peine me remarquer. Elle ne voulait rien savoir de ses anciennes connaissances. Ossia était à Moscou, marié et membre du Parti. L'autre Natacha, celle qui habitait la vieille maison sur l'île Vassili, s'était passionnée pour la danse d'Isadora Duncan, puis pour la peinture. Elle chantait, composait des vers, sculptait et songeait à se marier. Lalia Zeiliger était absente. En route vers la maison de l'île Vassili, je n'avais qu'une idée en tête, chercher les livres qu'on avait proposé de me prêter ou de me donner.

Les grands-mères n'étaient plus là, ni le père. Mitia était en Sibérie et je n'ai pas cherché à savoir s'il était parti rejoindre Koltchak, s'il avait été exilé ou s'il s'était enfui.

On me conduisit à la bibliothèque et on m'invita à choisir et à emporter autant de livres que je voulais. Je fis la navette quatre jours de suite entre l'île et la rue Kirotchnaïa et rangeai les livres dans l'armoire où le descendant de Glinka avait conservé les volumes des *Actes du Sénat*. Lorsque je revins pour la quatrième fois, la petite-fille du Décembriste Ivachev me regarda attentivement et me dit :

— Tu sais où tu devrais aller ? Chez les poètes.

— Pardon ?

— A la Maison des Ecrivains*, rue Basseïnaïa. Cela te ferait du bien, toi qui es toujours seule !

J'allai à la Maison des Ecrivains, mais je n'ai pas rencontré de poètes. Je cherchai à m'informer, un peu gênée. L'Union des Poètes** avait été transférée dans la Maison Mourouzi, sur l'avenue Liteïny. Elle était ouverte de sept à huit heures.

— Du matin ? demandai-je, étonnée.

— Non, du soir, me répondit-on d'un ton placide.

Je n'étais pas pressée d'y aller. Que pourrais-je présenter aux "poètes" ? Les vers de mon enfance ? "Loin, loin, dans le Nord" ? Ou encore la poésie que j'avais composée peu de temps auparavant, dans le Sud : "Si tu la revois demain." Le style me parut ampoulé : "Je ne te dirai pas un mot / Je te regarderai seulement..." J'étais apparemment jalouse de quelqu'un. "Tu ne le sauras jamais." Que c'était mauvais ! Seule la fin valait peut-être quelque chose : "Je chercherai avidement / L'empreinte de tes étreintes / Sur sa robe noire / Que tu as aidé à mettre." Pourquoi devait-il l'aider à mettre sa robe ? Il aurait pu, tout au plus, l'aider à la boutonner ou à l'agrafer.

* Elle fut fermée en 1922. *(N. d. T.)*

** Présidée par Blok jusqu'en octobre 1920, puis par Goumiliov. *(N. d. T.)*

La Maison des Arts* était située au coin de la perspective Nevski et du canal Moïka, dans l'ancienne demeure d'Elisseiev. Dans ce foyer pour artistes et écrivains vivait, cet été-là, mon oncle Serge Oukhtomski qui était sculpteur. La naissance de ce cousin germain de ma mère était entourée de mystère. C'était le fils d'Olga Dmitrievna à qui mon grand-père et moi avions rendu visite, un jour, en tramway. Je reçus de sa femme, Eugénie Pavlovna, née Korsakova, que je connaissais à peine, une invitation à un après-midi dansant qui devait avoir lieu le dimanche 10 juillet. Je m'y rendis en compagnie de ma mère.

Je n'ai vu ce jour-là que les salles d'apparat de ce palais d'anciens marchands dont l'intérieur était chargé de dorures et l'extérieur de moulures. Il y avait environ cinquante invités. Les anciens laquais de la famille Elisseiev servaient le thé et des petits fours grisâtres sur de lourds plateaux d'argent. De nombreux jeunes gens étaient présents, mais je ne connaissais que Youri Soultanov, le fils de Mme Letkova-Soultanova, qui m'invita à danser. Sa mère et lui occupaient au foyer la pièce contiguë à celle des Oukhtomski. Alexandre Benois qui arborait une grosse barbe et son frère Albert s'assirent aux deux pianos à queue à chaque extrémité de la salle d'où retentirent les accords éclatants d'une valse de Strauss. Le soleil étincelait sur les dorures, les pendeloques de cristal des énormes lustres résonnaient. Par les fenêtres, on apercevait le palais Stroganov, un drapeau rouge planté au-dessus de son entrée délabrée.

— Il faudra revenir, me dit Eugénie Pavlovna, et aller aussi sans faute à la Maison Mourouzi. Goumiliov et tout l'"Atelier des Poètes**" s'y trouvent. On y organise des soirées poétiques.

Tout le monde me souriait avec sympathie, Anna Vroubel, qui habitait également au foyer, Lipgart, de l'Ermitage, et l'historien de l'art Tchoudovski, qui avait sa main bandée

* Officiellement ouverte le 19 décembre 1919 et fermée à la fin de 1922. Durant ces années y logeaient quantité d'écrivains et d'artistes. *(N. d. T.)*

** Cercle poétique fondé par Goumiliov en 1911 et regroupant les poètes du courant acméiste, dont la plupart émigrèrent après la révolution. *(N. d. T.)*

pour éviter de la donner à des inconnus. La vieille Mme Letkova-Soultanova, qui dans sa jeunesse avait bien connu Tourgueniev, m'invita à lui rendre visite et Akim Volynski, tout menu dans sa redingote sans doute empruntée, me salua également et me baisa la main au moment de partir.

Ici vivaient les divinités et j'étais leur invitée. Je dansais au milieu d'elles et les Cupidons en stuc me regardaient depuis le plafond.

J'attendis quelques jours avant de me rendre à l'Union des Poètes. C'était le 15 juillet au soir et j'arrivai un peu en avance. La pénombre envahissait l'escalier aux larges volées. La "secrétaire" arriva. C'était la mère du poète Serge Kolbassiev dont Georges Ivanov écrivit dans *Les Hivers de Pétersbourg*, sans fournir de preuves, qu'il était un délateur. Elle ressemblait à Catherine II avec sa forte corpulence, son visage maquillé et ses frisettes. Son petit bureau et sa chaise se trouvaient sur le palier du premier étage, près de l'entrée des locaux de l'Union, qui comprenaient deux salons de réception et une salle de réunion. Elle m'écouta jusqu'au bout et me dit d'apporter dix poésies qui seraient examinées par le présidium. Le président Goumiliov et le secrétaire Georges Ivanov auraient à les juger.

— Et si les poésies sont valables, dit la grosse dame d'un air indifférent, vous pourrez faire partie de l'Union.

Le 19 juillet, je retournai à l'Union des Poètes et posai discrètement sur le bureau l'enveloppe contenant mes poésies que j'avais recopiées au propre. Je m'apprêtais à quitter rapidement les lieux, sans me faire remarquer, mais la secrétaire m'aperçut, sortit dignement sur le palier et prit l'enveloppe. Tout en arrangeant sa coiffure, elle me demanda de répondre à un questionnaire concernant ma demande d'admission à l'Union. Je remplis le formulaire avec une plume grinçante comme celles des bureaux de poste, en maculant la feuille de nombreux pâtés, puis je levai un regard interrogateur sur Catherine II. Elle m'enjoignit de revenir la semaine suivante pour voir si mes poésies avaient été jugées valables.

Je rentrai à la maison en passant par le jardin de Tauride où chantaient les rossignols. Le soleil brillait encore au-dessus des arbres et des maisons. La ville de Pétersbourg était silencieuse et figée dans son majestueux dénuement comme la cathédrale de Chartres ou l'Acropole.

Le 27 juillet, je me rendis à la Maison Mourouzi dix minutes avant le début d'une soirée poétique. Je passai directement au salon où Georges Ivanov vint à ma rencontre et me conduisit auprès de Goumiliov. Celui-ci abaissa sur moi ses yeux clairs qui louchaient. Son crâne en coupole donnait à son visage un aspect encore plus allongé. Sa laideur expressive avait quelque chose d'un peu effrayant. Il avait de longues mains, un défaut de prononciation et un air hautain. Un de ses yeux était constamment dirigé d'un côté et regardait dans le vide. L'autre fixa un instant ma poitrine et mes jambes. Puis les deux hommes sortirent en refermant la porte derrière eux.

— Ils sont allés délibérer, me dit Nicolas Otsoup qui se souvenait vaguement m'avoir vue autrefois chez sa sœur.

— Nadia travaille maintenant dans la Tchéka, dit-il calmement, en me regardant avec gentillesse. Elle se promène en blouson de cuir et porte un revolver. Je l'ai rencontrée l'autre jour dans la rue et elle m'a dit que des gens comme moi, il fallait les fusiller, ce que justement ils s'employaient à faire.

Goumiliov revint et s'approcha de moi. Mes poésies avaient été reconnues valables, ou plus exactement quelques vers de ma poésie : "Je chercherai avidement / L'empreinte de tes étreintes..." et les rimes de "Loin, loin, dans le Nord..."

Dans la salle où se trouvaient une vingtaine de personnes, Georges Adamovitch lisait déjà *Maria, où êtes-vous à présent ?* J'allai l'écouter. Je me sentis brusquement en harmonie avec moi-même et avec ce milieu. J'avais fait un pas en avant et j'étais comme inondée par une vague paisible.

Goumiliov récita des vers ainsi qu'Ivanov, Otsoup et un certain Neldikhen en veste de velours, les cheveux longs et la voix splendide. Dès la fin de la lecture, Goumiliov m'invita à prendre une tasse de thé. On nous servit également de la pâtisserie. Après la mort de Goumiliov, Georges Ivanov me dit :

— C'était un grippe-sou, et quand j'ai vu qu'il vous offrait des gâteaux, j'ai soupçonné qu'il y avait quelque chose de louche là-dessous.

Nous étions assis seuls dans un coin du grand salon et je devinai qu'on ne dérangeait pas Goumiliov lorsqu'il était en compagnie galante. Il aborda tout de go le thème de la soumission :

— La discipline est indispensable. C'est moi le chef ici. Il faut respecter la hiérarchie. En poésie, c'est pareil. Ça doit être même plus sévère. A la baguette !

Je ne disais rien. J'écoutais avec curiosité, cherchant sur son visage la trace d'un sourire. Mais je ne voyais que cet œil qui me fuyait et l'autre qui me transperçait de son air important.

— C'est moi qui ai fait Akhmatova et Mandelstam. Maintenant, je lance Otsoup et si je veux je peux faire autant pour vous.

Je commençais à me sentir gênée. Je craignais de l'offenser en souriant, mais j'avais du mal à le prendre au sérieux. Sa voix était sèche et son visage se figeait quand il se taisait. Quand il parlait, on aurait dit l'aboiement d'un chien. Il me semblait qu'il se trompait en croyant que dans l'"Atelier des Poètes" régnait un esprit militaire. C'étaient plutôt des petits-maîtres autour d'un des rois Louis.

— Je suis monarchiste. Je me signe quand je passe à côté d'une église. Si vous faites ce que je dis, vous deviendrez une poétesse... Pour cela, il faut cesser d'aimer les symbolistes.

J'éclatai de rire. Je trouvais que c'était un peu tôt pour me dicter qui je devais aimer ou ne pas aimer. Il me jeta un regard furibond et sur le même ton sec et impérieux me fit un compliment sur mon visage et mes jambes.

Je n'étais plus seulement embarrassée, mais pétrifiée. Je ramenai mes jambes sous le divan et cachai mes mains sous la table. J'aurais voulu qu'il plaisante sur tout cela, mais il n'en fit rien.

Nous étions apparemment paisibles ; en réalité, il y avait de l'animosité entre nous.

— Je dirige un groupe de travail à la Maison des Arts. J'enseigne aux jeunes poètes l'art d'écrire des vers. Je vous l'apprendrai aussi, vous ne savez pas écrire. (Il prononçait "poâte".)

— Merci bien, Nicolas Stepanovitch, répondis-je à mi-voix, je ne manquerai pas d'assister à vos cours.

— Quel est votre poète préféré ? aboya-t-il soudain.

Je ne répondis pas. Ce n'était pas lui et je ne voulais pas mentir.

Il me prit la main et la caressa. J'eus envie de me sauver. Il me proposa de faire une promenade avec lui le lendemain sur les quais de la Néva. Depuis son retour à Pétersbourg, il ne pouvait pas se rassasier de cette vue. Il aimait comme moi caresser les pierres. Il me fixa un rendez-vous à trois heures de l'après-midi près de l'urne du Jardin d'Eté.

— Après-demain, peut-être ?

— Demain, à trois heures.

Je me levai et lui tendis la main. Il me raccompagna jusqu'à la porte.

J'avais réussi à garder ma sérénité. Je suis rentrée tranquillement à la maison. Kolbassiev qui m'accompagnait me raconta sa rencontre avec Goumiliov en Crimée et la manière dont ils s'étaient liés d'amitié. Son récit me laissa complètement indifférente.

Le lendemain à trois heures j'étais près de l'urne.

Nous sommes restés longtemps assis sur un banc à bavarder paisiblement et amicalement. J'ai même réussi à lui faire avouer qu'il avait été plutôt un obstacle pour Akhmatova et que, la veille, il avait dit le contraire pour m'impressionner. Il me parla de Paris, des années de guerre en France, de l'Union des Poètes et de l'"Atelier". C'était si plaisant qu'on n'avait pas envie de quitter l'ombrage de ces arbres touffus. Puis nous sommes allés faire un tour à la librairie Petropolis et, chemin faisant, il m'a demandé si je possédais *Le Coffret de cyprès* d'Annenski, les poésies de Kouzmine, le dernier livre de Sologoub et ses propres œuvres. Je lui dis que je n'avais ni Sologoub, ni Annenski. Pendant que j'examinais les rayons, il prit cinq ou six livres et je remarquai que parmi eux figurait *Le Coffret de cyprès*. J'eus un vague soupçon, mais ne dis rien.

En sortant nous avons pris la rue Gagarinskaïa, puis, arrivés aux quais, nous sommes partis en direction de l'Ermitage.

Le soleil brillait, il y avait du vent et il ne faisait pas trop chaud. Nous marchions en regardant un petit paquebot qui remontait la Néva. Des garçonnets grimpaient et descendaient en courant les escaliers de granit qui menaient au bord de l'eau. Goumiliov s'arrêta soudain et sur un ton quelque peu solennel me dit :

— Promettez-moi d'exécuter sans faute ma requête.

— Bien sûr que non, lui répondis-je.

Il s'étonna et me demanda si j'avais peur de lui. Je lui dis que oui, un peu, ce qui lui fit plaisir. Sur ce, il me tendit les livres.

— Je les ai achetés pour vous.

Je reculai d'un pas. L'idée de posséder Sologoub et Annenski me fit un instant tourner la tête. Mais je me repris et dis que je ne pouvais pas accepter de cadeau de lui.

— Tous ces livres, je les ai déjà, dit-il d'une voix insistante et irritée, je les ai choisis pour vous.

— C'est impossible, répondis-je en me détournant.

Il brandit les livres et d'un large mouvement du bras les lança dans la Néva. Je poussai un cri et les garçons sifflèrent. Les livres furent entraînés par le courant et coulèrent sous le poids des oiseaux qui vinrent s'y poser. Nous avons poursuivi notre promenade à pas lents.

Je me sentais triste. Nous nous sommes quittés rue Millionnaïa et je suis rentrée chez moi. Le lendemain et le surlendemain, 30 juillet, je me retrouvai à l'Union des Poètes. Ce jour-là, nous sommes allés, lui et moi, à la Maison d'Edition de la Littérature Mondiale où l'on m'avait préparé une carte de membre de l'Union. Goumiliov la signa. Elle se trouve encore aujourd'hui dans mes archives.

Les deux jours suivants, le 31 juillet et le 1er août, nous sommes retournés au Jardin d'Eté et avons parlé de Pétersbourg, d'Annenski, de lui-même et de ce qui nous attendait. Il me récita des poésies. Vers le soir, poussés par la faim, nous sommes allés au Café Polonais près du pont de la Police, dans le même bâtiment où autrefois se trouvait le magasin Treuman sur la perspective Nevski. Il fallait descendre quelques marches, car le café se trouvait dans le sous-sol. Pendant un long moment, nous avons gardé le silence en buvant du café et en mangeant des pâtisseries. Plus il rapprochait son visage du mien, plus j'avais de la peine à savoir quel œil je devais regarder.

Plus tard, à Berlin, lors d'un souper chez Viktor Chklovski, je me trouvai en face de Roman Jakobson affligé lui aussi d'un strabisme divergent. Il cacha son œil gauche de sa main et, dans un grand éclat de rire, s'écria :

— Regardez mon œil droit et oubliez l'autre ! C'est celui-là qui compte, c'est lui qui vous regarde !...

Mais Goumiliov n'avait pas d'humour. Il prenait tout le monde au sérieux, lui en premier lieu. On aurait dit un vieux monsieur conservateur avec une jaquette et un gibus et je fus étonnée par la suite d'apprendre qu'il n'avait que trente-cinq ans.

Pendant que nous mangions nos gâteaux, j'appris qu'il avait acheté un cahier recouvert de toile cirée noire pour y noter des poésies qu'il avait l'intention de me dédier. Il en avait déjà composé une la veille, mais il me dit qu'il ne me la lirait que le lendemain. Il y était question de ma robe blanche coupée dans un vieux rideau. J'étais embarrassée et il le remarqua.

Nous sommes partis vers la cathédrale Notre-Dame-de-Kazan, lentement et en silence, et sommes restés longtemps à nous promener sous les colonnades. Puis nous nous sommes assis sur les marches. Il me demanda alors de l'accompagner à la Maison des Arts où il habitait. Je refusai, mais lui promis néanmoins de participer le lendemain à trois heures à son séminaire, le "Coquillage sonore". Il y enseignait l'art poétique, ce qui avait pour effet de mettre Blok hors de lui. Les étudiants avaient assisté à ses cours tout l'hiver précédent (1920-1921) et "savaient maintenant écrire". Moi aussi j'apprendrais à écrire si je l'écoutais.

Appuyé contre une colonne, il posa sa main sur ma tête, puis la passa sur mon visage et sur mes épaules.

— Non, vraiment, me dit-il lorsque je reculai, vous êtes affreusement raisonnable et ennuyeuse. Voyez-vous, moi je suis resté pareil au collégien de douze ans que j'étais et vous refusez de jouer avec moi.

Ça sentait l'artifice. Je répondis que, même enfant, je n'aimais pas trop jouer et que j'étais ravie de ne plus avoir douze ans.

Je le laissai là sous les colonnades. Il était de fort méchante humeur. Moi aussi j'étais mécontente de cette journée et décidai de mettre fin à ces rendez-vous. Je suis allée cependant à son cours. Il y avait là un autre invité, Nicolas Tikhonov. Goumiliov l'appréciait et l'avait admis à l'Union le même jour que moi.

Les cours avaient lieu à la Maison des Arts. Je ne sais plus pourquoi la réunion avait été exceptionnellement déplacée du lundi au mardi 2 août. Dans l'un des salons de l'ancienne demeure d'Elisseiev se trouvait une longue table autour de laquelle nous avons pris place. Chacun récitait ses vers à tour de rôle, "en cercle", suivant la coutume.

Il y avait les deux sœurs Nappelbaum, N. Sourina, A. Fiodorova qui devint plus tard la femme de Vaguinov, Vera Lourié, Olga Ziv qui écrirait des livres pour enfants, Vaguinov, Volkov, Stoliarov, Roguinski, Miller, Nicolas Tchoukovski. Une photographie du groupe montre toutes ces personnes entourant Goumiliov. Elle fut prise au printemps 1921 par le photographe Nappelbaum, le père d'Ida et de Frida. Ida devint par la suite la femme de Froman, lui-même poète et secrétaire de l'Union des Poètes de Leningrad. Il sera arrêté sous Staline. Quant à Frida, elle mourra dans des circonstances tragiques en 1950.

Tous les membres du groupe avaient publié des poésies dans le recueil intitulé *Le Coquillage sonore* édité par leurs soins en automne 1921 et dédié à Goumiliov. Il n'a sans doute pas été mis en vente et n'est jamais parvenu en Occident.

Les plus doués d'entre eux étaient Kostia Vaguinov, Nicolas Tchoukovski et Frida. Celle-ci lut les vers suivants :

J'ouvrirai portes et fenêtres,
Le vent jouera dans mes cheveux,
La côte se sera estompée
Au-delà de la ligne bleue de l'horizon.

Je me liai aussitôt d'amitié avec Nicolas Tchoukovski, le fils de Korneï Ivanovitch, âgé de dix-sept ans. Il était gros et cela le gênait. Vaguinov était taciturne et triste, par la suite il me fera penser à Zochtchenko. Il écrivait des poésies étranges, un peu délirantes :

A peine suis-je entré dans la bibliothèque,
Que les mots se mirent à voler.

Volkov lut son article critique, en prose rythmée, sur *La Colonne de feu* de Goumiliov qui venait de paraître. C'était un des livres que ce dernier avait jetés dans la Neva. Tikhonov quant à lui était sombre et nous quitta assez vite.

Après le "cours", Goumiliov proposa aux étudiants une partie de colin-maillard. On lui banda les yeux et tous se mirent à jouer avec entrain. Personnellement, je ressentais une forte réticence à courir autour de lui avec les autres. Je trouvais que ce jeu avait quelque chose d'artificiel et de faux. J'aurais voulu continuer à les écouter réciter des vers et discuter de poésie, mais je craignais de les vexer en refusant de participer au jeu. Je finis par rejoindre le groupe à contrecœur. C'était ennuyeux et je fus soulagée lorsque la partie prit fin. Goumiliov nous invita chez lui et cinq d'entre nous acceptèrent.

Sa chambre était spacieuse. De longs divans étroits bordaient les murs, car autrefois cette pièce servait de vestiaire au sauna d'Elisseiev. Juste à côté, dans le sauna aux murs carrelés de faïence, vivait Marietta Chaguinian. Quand tout le monde fut parti, il me fit asseoir et me montra son cahier noir.

— Je passerai sûrement de nouveau la nuit à écrire, dit-il, depuis hier je me sens infiniment triste. Cela fait longtemps que cela ne m'est pas arrivé.

Il me lut ces vers qu'il avait écrits pour moi sur la première page du cahier :

Je me suis moqué de moi
Et me suis abusé moi-même,
Lorsque j'ai cru qu'en ce monde
Il pouvait y avoir une autre que toi.

Pâle et de blanc vêtue,
Comme d'une tunique de déesse antique,
Tu tiens le globe de cristal
Dans tes mains fines et transparentes.

Tous les océans, toutes les montagnes,
Les archanges, les hommes et les fleurs,
Se reflètent dans la profondeur
De tes yeux limpides de jeune fille.

Comme il est étrange de penser
Qu'ici-bas vit quelqu'un d'autre que toi,
Et que je puis être autre chose que le chant
Que je compose pour toi, en cette nuit d'insomnie.

Une lumière brille derrière tes épaules,
Une lumière vive et aveuglante ;
Deux longues flammes ondoient,
Comme des ailes d'or.

J'étais gênée de me trouver dans ce vestiaire pour sauna, avec cet homme à qui je ne pouvais adresser le moindre mot tendre ou amical. Je le remerciai. Il me dit :

— C'est tout ?

Il ne se rendait absolument pas compte de mon embarras.

Lorsque je me levai pour partir, il m'accompagna. La solitude lui pesait et il me proposa de faire un tour au café du sous-sol pour y manger des pâtisseries. Cela dura un long moment et sa tristesse finit par se communiquer à moi. En sortant, nous avons traversé la place du Sénat et sommes restés assis près de la statue de Pierre le Grand jusqu'à la tombée de la nuit. Puis il me raccompagna chez moi, de l'autre côté de la ville. Je ne savais pas trop quoi faire. Je ne m'étais jamais trouvée dans une situation aussi délicate. Jusqu'ici, entre moi et les autres il y avait toujours eu comme un accord tacite sur nos rapports réciproques. Mais lui était un mentor et je me heurtais à un mur opaque fait de suffisance, de fausse grandeur et d'insensibilité. J'aurais voulu être à cent lieues de là, mais en même temps, je n'oubliais pas que c'était un grand poète.

— Ce n'est pas l'amitié que je cherche auprès des femmes, lança-t-il comme par inadvertance, ce n'est pas ça que j'attends de vous. Je vais vous quitter maintenant pour écrire des vers sur vous.

Je passai sous la porte cochère, sachant qu'il me suivait du regard. Je fis un effort sur moi, m'arrêtai, me retournai et lui dis calmement et sans façon :

— Merci bien, Nicolas Stepanovitch.

Je ne l'ai plus jamais revu, car à l'aube du mercredi 3 août il fut arrêté.

— J'ai trouvé un cahier recouvert de toile cirée noire parmi les papiers de Nicolas Stepanovitch, me dit un mois plus tard Georges Ivanov. On y trouve une seule poésie. Etes-vous au courant de ce cahier ?

— Oui, répondis-je.

— Aimeriez-vous l'avoir ?

Je remerciai Ivanov et refusai.

Il publia la poésie dans le dernier recueil de l'Atelier des Poètes paru à Berlin en 1923.

J'avais besoin de comprendre ce qui s'était passé. Je me rendais compte que mon chemin avait subitement croisé celui d'un représentant d'un passé lointain, qui non seulement ne comprenait pas son temps, mais n'essayait même pas de le faire. Du coup, il ne pouvait pas me comprendre moi non plus. Il disait de lui qu'il était monarchiste, qu'il se signait à la vue d'une église et qu'il était heureux d'avoir un cœur de douze ans. C'était tellement contraire à ce que j'étais qu'en apprenant qu'il avait seulement trente-cinq ans, cela me parut invraisemblable. Je croyais, par naïveté, qu'il pouvait avoir la cinquantaine. Du reste, comme c'est souvent le cas chez les personnes laides, son visage n'avait pas d'âge.

Je me posais toutes sortes de questions. Pourquoi l'avais-je rencontré ? Pourquoi ses paroles m'avaient-elles tant choquée et le ton qu'il employait m'avait-il comme paralysée ? Avais-je raison de prêter tant d'importance aux *paroles* ? Peut-être bien que lorsqu'on m'avait appelée "ma déesse" avec les meilleures intentions du monde, ça n'était pas si terrible que cela ? Je devinais pourtant que les paroles cachaient autre chose. Dans l'une de ses poésies, où Akhmatova évoquait sa vie avec Goumiliov, elle parlait d'un "*fouet* suspendu au mur". Personne ne m'avait approchée jusqu'ici un fouet à la main et le visage privé de sourire : de cela, je n'éprouvais nullement le besoin.

La veille de cette terrible matinée où il fut arrêté, Goumiliov me confiait qu'il ne s'était jamais senti aussi accablé de tristesse... Je me répétais de mémoire ses vers que je connaissais par cœur depuis l'âge de treize ans. Ils avaient du charme pour moi par bien des côtés, mais je découvris brusquement leur caractère enfantin et démodé. Je trouvais qu'il n'avait rien apporté de nouveau par rapport aux symbolistes. Avait-il réellement cru pouvoir l'emporter sur Viatcheslav Ivanov, André Bely et Alexandre Blok avec des poésies d'inspiration parnassienne ? On sentait chez lui ce côté vieux jeu jusque dans sa pesante prétention masculine. Sans doute était-il né trop tard. Ce n'était pas par hasard qu'il avait dit un jour : "J'entretiens avec la vie contemporaine des relations de politesse, mais il existe entre moi et elle une barrière infranchissable." Ce "mais" était lourd de sens et en disait long sur le drame de Goumiliov. C'était un grand poète, j'en suis convaincue aujourd'hui, mais que de dureté et de prévention dans le jugement que je portais sur lui, à l'époque !

Ma vie était très solitaire. Ce ne fut qu'au début de l'automne que je me liai d'amitié avec Nicolas Tchoukovski, Ida et Léon Lounts. En marchant au hasard dans les rues, l'idée me vint le 7 août de passer par la Maison des Ecrivains pour avoir d'éventuelles nouvelles sur le sort de Goumiliov. Je n'arrivais pas à surmonter le désespoir qui m'accablait.

Je suivis la rue Basseïnaïa jusqu'à la Maison des Ecrivains. C'était un dimanche, la veille de mon anniversaire, et il était environ trois heures de l'après-midi. J'espérais des nouvelles de ceux qui avaient été arrêtés en même temps que Goumiliov. Parmi eux se trouvaient mon oncle Serge Oukhtomski, Bak, l'ancien éditeur du quotidien des cadets, et le professeur Lazarevski. Je les connaissais personnellement. Les lieux étaient déserts et calmes. On apercevait le feuillage des arbres à travers une porte vitrée qui donnait sur le jardin. La Maison des Ecrivains et celle des Arts étaient installées dans d'anciens hôtels particuliers. Mon regard fut attiré par un faire-part encadré de noir : "Aujourd'hui le 7 août est décédé Alexandre Alexandrovitch Blok." L'annonce était encore humide, car on venait juste de la coller.

Je me sentis brusquement orpheline. Plus jamais je n'éprouverai pareil abandon. La fin approche... Nous resterons seuls... Nous sommes perdus... Les larmes jaillirent de mes yeux.

— Pourquoi pleurez-vous, mademoiselle ? demanda un petit homme maigre avec un énorme nez crochu et de beaux yeux. C'est à cause de Blok ?

C'était Boris Khariton que je ne connaissais pas encore à ce moment-là. Il émigra par la suite et devint rédacteur d'un journal du soir russe à Riga. Après la prise de cette ville en 1940 par les Soviétiques, il fut déporté en Russie soviétique où il mourut.

Il sortit dans la rue tout en tirant un mouchoir de sa poche et je le suivis. Je me dirigeai lentement vers l'avenue Liteïny, tournai dans la rue Simeonovskaïa, puis à la Fontanka m'arrêtai chez un fleuriste sur le quai. Je m'étonne encore aujourd'hui d'avoir trouvé à Pétersbourg un magasin de fleurs ouvert. Je n'avais pas remarqué ce fleuriste quand nous étions passés mardi, Goumiliov et moi. J'avais un peu d'argent et j'achetai quatre lis blancs à longues tiges. Faute de papier d'emballage, je les emportai tels quels. J'imaginais que les passants devinaient où j'allais, à qui j'apportais ces fleurs, qu'ils avaient lu les annonces collées aux carrefours et qu'ils allaient me suivre jusqu'à la maison de Blok, sur la Priajka.

Je pris le tramway au coin de la rue Kazanskaïa et lorsque je descendis au bout de la rue Ofitserskaïa, je réalisai que je n'étais jamais venue par ici et que je ne connaissais pas ces lieux, la rivière Priajka, ses berges verdoyantes, les usines, les maisons basses, l'herbe qui poussait entre les pavés. Il n'y avait personne aux alentours. C'était un quartier paisible et désert.

L'office des morts était fixé pour cinq heures. J'étais dix minutes en avance. Je ne pouvais pas prévoir que ce jour serait une date qui vivrait dans la mémoire des hommes tant que durerait la poésie russe. La maison était grande, vieille et délabrée. L'entrée se trouvait sous la porte cochère. On suivait un escalier. La porte de l'appartement était entrebâillée. Je pénétrai dans un vestibule sombre. A droite se trouvait le bureau. Je posai les fleurs sur la couverture, puis me retirai dans un coin. Je restai longtemps là à le regarder.

Il ne ressemblait plus ni aux portraits que je conservais dans mes livres, ni à l'homme vivant que j'avais entendu autrefois réciter :

Par les prairies marécageuses et désertes...

Ses cheveux avaient foncé et étaient devenus plus rares, ses joues étaient creuses et ses yeux enfoncés dans les orbites. Son visage était envahi par une barbe sombre et clairsemée et son nez était plus saillant. Rien ne demeurait. Rien. C'était "un cadavre inconnu" qui gisait là. Les mains et les pieds étaient liés, le menton appuyé contre la poitrine. Deux ou trois bougies brûlaient. On avait emporté les meubles et dans la pièce presque carrée, il restait une bibliothèque placée contre le mur, à gauche de la porte. Derrière les vitres, on voyait le dos des livres. Les rayons du soleil dansaient à la fenêtre et on apercevait la berge verdoyante de la Priajka. Nadejda Pavlovitch entra. Je l'avais entrevue la semaine précédente, à la Maison des Arts. Puis ce fut le tour de Piast et d'autres que je ne connaissais pas.

La tête penchée et appuyée sur sa main, à la manière des paysannes, Nadejda Pavlovitch fixa longuement le visage de Blok. Eugénie Knipovitch, ses cheveux clairs contrastant avec ses sourcils sombres, passa devant moi, les yeux gonflés de larmes. Puis arriva le peintre Youri Annenkov, suivi d'Alexandra Andreievna, la mère de Blok, et Lioubov Dmitrievna, sa femme. Alexandra, toute menue, avec un petit nez rouge, ne voyait personne. Le prêtre mit ses vêtements sacerdotaux dans le vestibule et entra, accompagné du diacre. Le premier office des morts avait déjà commencé lorsque je vis venir Marietta Chaguinian et un groupe d'hommes dont Korneï Tchoukovski et Zamiatine. Au total, nous étions une douzaine de personnes. Nous nous tenions des deux côtés du corps, certains entre l'armoire et la fenêtre, les autres entre le lit et la porte. Bien des années plus tard, Marietta Chaguinian se souviendra de ces instants dans ses Mémoires : *Une jeune fille apporta les premières fleurs.*

Je rentrai à la maison. Quelqu'un était venu nous rendre visite. Nous avons bu du "thé", en réalité une infusion de carottes râpées, et mangé du pain noir. Nous fêtions mes vingt ans.

Les funérailles eurent lieu mercredi 10 août. Je vis Bely pour la première fois. Il descendait l'escalier en compagnie de Piast, de Zamiatine et d'autres. Ils portaient le cercueil sur les épaules. Un chant mélodieux et sonore s'élevait selon la coutume russe lorsqu'on emporte le corps du défunt. Lioubov Dmitrievna tenait Alexandra Andreievna par le bras et le prêtre balançait l'encensoir. Dans la rue se formait déjà une foule qui grandissait à mesure. Les gens étaient en noir, tête nue. Nous avons suivi la Priajka, traversé la Néva, puis l'île Vassili jusqu'au cimetière de Smolensk. Quelques centaines de personnes marchaient à pas lents le long des rues écrasées par le soleil d'été. Le cercueil oscillait sur les épaules. Le corbillard vide cahotait sur les pavés et l'on entendait le bruit des semelles sur la chaussée. La circulation s'immobilisait. Un vent tiède soufflait du golfe et nous marchions toujours. Sans doute n'y avait-il personne dans cette foule qui ne pensât, ne serait-ce qu'un instant, que non seulement Blok était mort, mais également cette ville qui avait exercé une emprise si particulière sur les êtres et sur l'histoire de tout un peuple. Une époque se terminait. A présent, la Russie se précipitait vers d'autres horizons.

Pendant deux semaines, nous avons vécu dans un silence total, comme terrés. On parlait en chuchotant. A la Maison Mourouzi, à la Maison des Ecrivains et à la Maison des Arts, partout on se taisait, on attendait, on était sans nouvelles. Le 24 août arriva. J'étais encore au lit quand Ida Nappelbaum vint m'apprendre qu'on avait apposé aux carrefours des affiches annonçant qu'on les avait tous fusillés : Oukhtomski, Goumiliov, Lazarevski et bien sûr Tagantsev, au total soixante-deux personnes. Ce fut un tournant. Tout ce qui allait se produire pendant les quelques années à venir était le prolongement de ce mois d'août : le départ à l'étranger de Bely et de Remizov, celui de Gorki, l'expulsion massive de l'intelligentsia au cours de l'été 1922, le début des répressions systématiques et la destruction de deux générations. Ida perdra son mari pendant la terreur stalinienne et moi, je ne reviendrai plus jamais ici. Un office des morts fut organisé pour les exécutés à la cathédrale Notre-Dame-de-Kazan. Il y eut beaucoup de monde et beaucoup de larmes.

L'automne arriva et les cours reprirent à l'institut Zoubov. La section des lettres se trouvait dans la rue Galernaïa juste derrière l'arche. Les salles étaient petites et nous devions nous serrer autour de la table, affamés et transis de froid. Les cours débutaient vers quatre heures de l'après-midi et se prolongeaient jusqu'à sept ou huit heures. Il y avait Tomachevski, Eichenbaum, Bernstein et d'autres...

Cet hiver-là, Tynianov était à Moscou. On nous parlait de versification, de Pouchkine, de poésie contemporaine, de Tiouttchev et de théorie littéraire... Serge Bernstein roulait des "pattes de chèvre" à sa façon bien à lui, courtes et longues, avec du papier journal et un peu de tabac. Tomachevski avait des vêtements rapiécés et les yeux gonflés. Eichenbaum, amaigri par la faim, attachait ses semelles avec des ficelles... Je faisais les trajets à pied et quand je rentrais, la nuit tombait déjà, il pleuvait et il faisait froid. Je portais un manteau ouatiné retourné, un bonnet vert, à la Monomakh, des bottes confectionnées par la veuve d'un ancien ministre avec un morceau de feutre qui avait servi jadis de tapis dans un boudoir. Les boutons de cuivre avaient été arrachés à un uniforme.

Le lundi avait lieu le séminaire de Korneï Tchoukovski et le jeudi celui de Mikhail Lozinski qui traitait de la technique de la traduction poétique à la Maison des Arts.

Je n'avais plus de chambre à moi. Nous n'avions qu'un seul petit poêle et quand bien même nous en aurions eu un autre le bois n'aurait pas suffi pour chauffer une autre pièce. J'avais déménagé dans la chambre de mes parents où se trouvaient leurs deux lits, mon divan, une table garnie de l'éternelle kacha, des pommes de terre que nous mangions avec leur peau, de notre ration de pain, noir et grossier. Le réchaud à pétrole sifflait, on y faisait bouillir les torchons et les chiffons qui ne séchaient jamais. Le linge déchiré et gris pendait à une corde tendue. Dans un coin de la pièce, l'ancien salon de Glinka, le bois s'entassait jusqu'au plafond. Le tuyau du poêle traversait toute la pièce et disparaissait dans la conduite de la cheminée. Parfois un liquide noir et puant s'en écoulait et des gouttes tombaient sur le volume ouvert de Baratynski ou dans ma soupe d'orge.

Ida habitait dans un appartement situé au septième étage sur la perspective Nevski, près de l'avenue Liteïny. C'était un énorme grenier dont la moitié était occupée par le studio de son père, le photographe. Au cours de l'automne 1921, quelqu'un avait renversé de l'eau sur le plancher. Elle avait gelé et une vraie patinoire s'était formée en plein milieu du studio. Dans l'appartement vivaient le père d'Ida, ses frères et sœurs, grands et petits. Il y régnait une atmosphère douce et intime. La mère, une "vraie mamma", comme disait Ida, était grosse, bonne, souriante, accueillante et silencieuse. On décida de réserver la première pièce à gauche de l'entrée à des réunions qui auraient lieu le lundi, en souvenir de Goumiliov et de son séminaire, le "Coquillage sonore". Deux fenêtres sans rideaux donnaient sur les toits de la perspective Nevski et de la rue Troitskaïa. On y installa un piano à queue, des divans, des tabourets, des chaises, des casiers et un "véritable" petit poêle. Par terre, on étendit un tapis. Une énorme bouilloire en émail sifflait sur le poêle. On servait le "thé" dans des gobelets et des verres et chacun recevait une tranche de pain noir. Akhmatova en a mangé, ainsi que Sologoub et Kouzmine. Chacun prenait sa part de pain, une fois terminées nos lectures "en cercle". Au printemps, avec le retour du temps doux, nous buvions de l'eau du robinet et sortions, en passant par les fenêtres, sur les trois "balcons" que formait le rebord du toit. Nous étions parfois une bonne vingtaine de personnes.

— Qui viendra aujourd'hui ? demandai-je, en disposant les tabourets, pendant que Nicolas Tchoukovski essayait d'enfoncer un clou dans le mur et que Léon Lounts et Ida soufflaient à tour de rôle dans le poêle.

On entendait siffler les bûches humides. Notre cercle était fréquenté par des dieux et des demi-dieux, les Radlov, Nicolas et Serge, Nicolas Evreïnov, Michel Kouzmine, Korneï Tchoukovski, Mikhail Lozinski, enfin les jeunes membres du groupe littéraire des “Frères Serapion” : Zochtchenko, Fedine, Kaverine et Tikhonov. Akhmatova se joignit à nous en octobre et à sa suite Sologoub. Eugène Zamiatine et Youri Verkhovski ont fait plusieurs apparitions. Akim Volynski et Vladimir Piast, un ami de Blok, venaient très souvent. Bien sûr, il y avait le “Coquillage” tout entier ainsi que l’“Atelier” : Ivanov, Adamovitch, Otsoup. Y participaient également Valentin Krivitch, le fils d’Innokenti Annenski, Vsevolod Rojdestvenski, Benedikt Livchitz, Nadejda Pavlovitch et Ada Onochkovitch, la traductrice de Kipling, ma voisine de table au séminaire de Lozinski.

Nous nous voyions maintenant presque chaque jour, Nicolas Tchoukovski et moi. Il m’attendait à la Maison des Arts où je passais après les cours à l’institut Zoubov. Je l’appelais par son prénom et lui m’appelait par le mien et mon patronyme, en ajoutant parfois le mot tendre de “chère amie”. C’était un jeune homme talentueux et doux. Il était gros, brun et vif. La réputation de son père l’embarrassait un peu et il voulait se trouver un pseudonyme. Ses vers de jeunesse et le poème narratif *Le Chevreau* qui fut publié par la suite dans la revue *La Conversation* étaient signés N. Radichtchev.

Nous allions ensemble à des concerts, à la Maison Mourouzi et au séminaire de son père.

— Chère amie, me disait-il parfois, laissez tomber votre institut et venez à l’université. Jirmounski y donne des cours.

Mais je restai à l’institut Zoubov.

Le cercle des “Frères Serapion” se réunissait pour la deuxième année consécutive à la Maison des Arts, dans la chambre de Michel Slonimski. Les membres de ce groupe n’assistaient plus aux séminaires de Zamiatine et de Victor Chklovski. Certains étaient à l’université comme Kaverine et Lounts, d’autres écrivaient pour des revues et publiaient des livres comme Zochtchenko, Fedine et Vsevolod Ivanov. Grouzdev travaillait à une biographie de Gorki. Une partie du groupe était sous le charme de Remizov, l’autre de Chklovski. Zochtchenko, le teint basané, l’air sérieux, avec ses grands yeux sombres, était étendu au milieu de la pièce sur trois chaises. On disait qu’il avait été gazé durant la guerre. Trois ou quatre jeunes filles étaient là aussi, elles n'avaient rien écrit, mais c'étaient des amies de Nikitine, de Lounts et de Fedine. La chambre était bondée, sombre et remplie de fumée. C'était parfois très bruyant, mais lorsque quelqu'un lisait ce qu'il avait écrit, on l'écoutait avec attention et on en discutait avec perspicacité.

Le groupe commença à se désintégrer à la fin de l'hiver 1921-1922, lorsque Nicolas Nikitine et Vsevolod Ivanov le quittèrent. Lounts, Slonimski, Kaverine et Fedine restèrent fidèles jusqu'au bout. Mais le déclin était inéluctable. Les jeunes écrivains finirent par se disperser, leurs opinions relatives à la "politique littéraire" du Parti étant trop divergentes.

Lounts avait mon âge. Il se passionnait pour la structure thématique des œuvres en prose et ne s'intéressait guère à la poésie. C'était un garçon aimable, gai, vif et spontané. Il était resté seul à Pétersbourg à dix-neuf ans, sa famille étant déjà partie à l'étranger. Il habitait au rez-de-chaussée de la Maison des Arts. Sa chambre donnait sur le même couloir que celle du poète acméiste Vsevolod Rojdestvenski qui partageait la sienne avec Tikhonov. Piast et le romancier Alexandre Grine habitaient aussi là. La chambre de Lounts était étroite, froide et humide. Elle était bourrée de livres et on avait juste réussi à y coincer un lit. Il l'appelait "l'enclos aux singes". Ses doigts étaient tachés d'encre, sa veste brossée avec soin, ses cheveux qui bouclaient au-dessus de son front lui donnaient un air juvénile. Aucune réunion ne pouvait se faire sans lui. Il était vraiment l'âme des "Serapion". En mai 1923, à la suite d'une grave maladie cardiaque, il quitta Pétersbourg pour rejoindre sa famille à Hambourg. Il y passa environ deux mois à l'hôpital et mourut d'une endocardite le 9 mai 1924. Plus tard on raconta que lors d'un anniversaire, les "Frères Serapion" l'avaient balancé en l'air suivant la lamentable coutume russe et que cela avait déclenché sa maladie. Les lettres qu'il m'écrivit à Berlin ont été publiées dans la revue *Essais* (n° 1, New York, 1953) et j'ai conservé celles que je lui avais adressées à l'époque. En 1924, après sa mort, je rédigeai une notice nécrologique qui fut publiée dans le quotidien *Les Jours* (n° 475).

Akim Volynski, l'historien de l'art, qui dormait ces hivers-là avec sa pelisse, son bonnet de fourrure et ses caoutchoucs, trouvait à Ida Nappelbaum un petit air italien. Ses cheveux noirs tombaient en boucles sur son front, ses gestes lents, ses mains petites et belles, son sourire indolent, tout en elle était empreint d'une sorte de nonchalance méridionale. Avec son corps potelé et choyé malgré les privations et sa prononciation grasseyée des *r*, elle aurait dû être vêtue de brocarts et de bracelets. Mais comme nous toutes elle portait un manteau fait avec des tentures, une robe coupée dans le peignoir de sa maman et un corsage confectionné dans une nappe.

— Radlov a promis de passer aujourd'hui, dit-elle, en grasseyant doucement le *r*, et dans ses yeux brillait un éclat mystérieux. La semaine prochaine, il y aura les acteurs de l'Alexandrinka. J'ai également invité Alexandre Benois.

Ida était l'organisatrice des "lundis". Elle consacrait aux réunions et à la poésie le temps que lui laissaient ses romans d'amour qui, eux, n'étaient pas de la littérature.

Le lundi 21 novembre, après les cours, je suis allée à la Maison des Arts pour assister au séminaire de Korneï Tchoukovski. J'ai récité mes vers à mon tour.

— C'est bien, dit Tchoukovski en me regardant fixement, vous avez écrit de bons vers.

Nicolas était content et son large visage rayonnait de plaisir.

Nous sommes partis ensuite chez Ida.

— J'ai invité Anna Akhmatova, dit-elle pendant que sa "vraie mamma" nous préparait des tartines avec du saucisson, et j'ai rencontré Khodassevitch qui a promis de venir, lui aussi.

Ce nom ne me disait pas grand-chose.

Alors que nous rentrions tard dans la nuit, Nicolas me dit en gesticulant avec exubérance :

— Chère amie ! On vous en a fait des compliments aujourd'hui ! Comme je suis heureux pour vous ! D'abord papa, puis tout à l'heure Vladislav Felitsianovitch (Khodassevitch). C'est formidable ! Quelle fantastique journée !

Quand je partis, Ida m'avait chuchoté à l'oreille :

— Aujourd'hui, c'est *ton* jour !

Assise par terre, j'avais récité :

"Je laverai cuvettes et cruches décorées
Sous un filet d'eau chaude,
Et près du poêle qui fume,
J'enroulerai mes cheveux encore humides.
Comme une fillette enjouée,
Ma tresse nouée sur la nuque,
J'irai porter le lourd seau d'eau
Et balayer avec mon vilain balai."

Même Akhmatova eut un sourire bienveillant. Elle me dédicaça sans dire un mot un exemplaire de son recueil *Anno Domini*. Enfin quelqu'un qu'on appelait "Felitsianovitch" déclara qu'il avait bien aimé l'histoire du seau et de la brosse.

— Pardon ! Le balai ! rectifia-t-il.

Khodassevitch avait des cheveux longs, raides, noirs, coupés au carré. Il lut ce soir-là ses poésies, *Lida*, *Bacchus* et *Elégie*. Celle-ci produisit sur moi une vive impression. Je me procurai ses recueils, *La Voie de la graine* et *La Maisonnette heureuse*. Le 23 décembre, il était de nouveau chez Ida et lut sa *Ballade*. Je n'étais pas la seule à être bouleversée par ces vers. On en parlait beaucoup à Pétersbourg à l'époque.

Mais qui était donc cet homme ? Vu son âge, il aurait pu faire partie de l'"Atelier" et des "Hyperboréens" avec Goumiliov, Akhmatova et Mandelstam, mais il était d'un tout autre genre que ces gens à l'allure un peu guindée et démodée avec la raie des cheveux bien dessinée, leurs pochettes élégantes, leur façon désuète de faire le baisemain. Même sa façon de parler était différente de la leur. Dès l'abord on sentait qu'il était un homme *de notre temps*, qu'il en portait même la blessure, peut-être de façon irrémédiable.

Aujourd'hui, l'expression *notre temps* n'évoque plus les mêmes images que lorsque j'étais jeune. Cela signifiait alors l'écroulement de l'ancienne Russie, la guerre civile et la N.E.P. que la révolution avait concédée à la petite bourgeoisie. En littérature, c'était la fin du symbolisme, la montée du futurisme et, par le biais de ce dernier, la mainmise de la politique sur l'art. La figure de Khodassevitch m'apparut, dans ce contexte, comme une préfiguration *des jours froids et ténébreux à venir* (Blok).

Au séminaire de Lozinski, nous étudiions la technique de la traduction poétique. On avait choisi, ce semestre-là, un sonnet de José Maria de Heredia qui contait le voyage des rois mages à Bethléem. Le premier vers ne présenta aucun problème, mais ce fut bien le seul : "Les Rois, Gaspard, Melchior et Balthazar..." Mais ensuite apparurent des difficultés que nous discutions de façon approfondie. On proposait d'abord des mots isolés, puis des combinaisons de mots. Des dizaines de possibilités étaient rejetées avant le choix de la version définitive. En une heure, nous n'arrivions pas à traduire plus de deux ou trois vers.

De là, je me rendais à la rue Galernaïa où Tomachevski analysait le vers de Tiouttchev : "Les ombres bleutées se confondirent." Sa technique d'analyse était toute nouvelle à l'époque ; elle est actuellement considérée en Occident comme la base de toute analyse poétique. L'ombre du grand linguiste Chtcherba planait au-dessus de nos têtes et les trésors de la langue littéraire s'ouvraient à moi.

Ce soir-là je sortis du cours de Tomachevski dans la rue enneigée. Tout était silencieux sous l'arche et sur la place. Comme dans les écrits visionnaires de Gogol, de Dostoïevski et de Blok, Pétersbourg ressemblait à un bateau pris dans les glaces au milieu d'une tempête de neige. On ne savait plus où finissait le trottoir et où commençait la chaussée. Je courais dans mes bottes de feutre molles, je tombais, puis me relevais. Au coin du boulevard Konnogvardeïski se dressait la statue en stuc du bolchevik Volodarski. Une bombe l'avait à moitié démolie et on l'avait recouverte d'une bâche déchirée que le vent fouettait de tous côtés. On aurait dit qu'elle gesticulait, menaçait, appelait et saluait.

Je passai devant et traversai la place en diagonale, depuis l'angle du boulevard jusqu'à la rue Morskaïa et l'hôtel Astoria. Pas une lumière, pas un bruit, seuls le hurlement du vent et des fantômes incertains flottant dans l'ombre crépusculaire et laiteuse de la nuit hivernale. Courbés sous le vent, ils disparaissaient, puis resurgissaient et passaient en silence à côté de moi.

— Attention ! C'est glissant par ici ! cria quelqu'un depuis l'autre côté de la place.

Une silhouette apparut au milieu de la tempête, coiffée d'un bonnet pointu en loutre et emmitouflée dans une pelisse qui lui tombait presque jusqu'aux talons.

— Je vous attendais ici et je suis transi, me dit Khodassevitch. Allons nous réchauffer. Ça ne vous fait pas peur de marcher dans la nuit ?

Il savait qu'à l'institut Zoubov les cours finissaient à huit heures et il m'attendait au coin de la rue. Nous nous sommes regardés attentivement.

— C'est la pelisse à Micha, elle esì trop longue. Micha, c'est mon frère, il est avocat à Moscou. Quant à ma veste, c'est un de ses habits qui a été retourné. Comme ça, j'ai bien chaud. Et vous ?

Je marchais à ses côtés. Sa démarche était légère, il était plus grand que moi et maigre. Il y avait en lui une sorte d'élégance naturelle, en dépit de ses vêtements empruntés.

Pendant que nous buvions notre café dans le sous-sol, il m'assaillit de questions : Vous vivez avec vos parents ? Vous faites des études ? Vos parents, qui sont-ils ? Etes-vous amoureuse ? Avez-vous écrit de nouvelles poésies ? A certaines, je ne répondis pas, à d'autres je fis des réponses détaillées. C'est vrai, il n'était pas facile pour une personne de vingt ans de vivre avec ses parents. Mais j'avais réussi à assouplir leurs positions et "le prolétariat n'a rien à perdre, sauf ses chaînes" !

— Vlan ! Ecoutez-moi ça, quand on est une demoiselle de vingt ans...

— J'ai dit : une *personne* de vingt ans.

— Oh ! j'ai mal entendu !...

Je refusai sa proposition de me raccompagner chez moi dans cette tempête et il n'insista pas. Nous avons retiré nos moufles et nous nous sommes serré la main près de l'entrée de la Maison des Arts où il habitait. Sa main était mince et sèche. Par la vitre de la porte à moitié recouverte de neige, je le vis monter l'escalier avec son bonnet et sa pelisse. Il monta sans hâte, droit et la tête haute. Sa silhouette resta gravée dans ma mémoire.

Plus tard, Khodassevitch décrira ces lieux et la vie qu'il y menait* :

Le gigantesque logement s'étendait de façon baroque sur trois étages entiers, avec des passages, des recoins, des culs-de-sac, et était décoré avec un luxe de pacotille de quoi vous faire tomber à la renverse. On n'avait pas lésiné sur l'acajou, le chêne, la soie, l'or, le rose et l'azur. Dans la grande salle des glaces, on organisait des conférences et, le mercredi, on y donnait des concerts. Juste à côté se trouvait le salon bleu orné d'une statue de Rodin pour lequel l'ancien propriétaire avait eu, curieusement, un fort penchant ; il en possédait plusieurs œuvres. C'est dans ce salon qu'avaient lieu les séminaires. Korneï Tchoukovski et Goumiliov y donnaient leurs cours de traduction et de versification. Après les leçons, les jeunes organisaient des jeux et des divertissements dans la salle d'à côté. Goumiliov prenait une part active à ces passe-temps.

... La partie de la Maison des Arts où je logeais abritait jadis des chambres meublées, probablement bon marché. Heureusement les propriétaires avaient réussi à emporter tout leur bazar et le mobilier des innombrables salons d'Elisseiev avait servi à meubler les chambres : c'était un peu imposant, mais convenable et propre. La forme des chambres, en revanche, était bizarre, à quelques exceptions près. La mienne, par exemple, dessinait un parfait hémicycle. La chambre voisine était circulaire et n'avait pas le moindre angle ; néanmoins, ses fenêtres donnaient sur la perspective Nevski et sur le canal Moïka. Elle était occupée par une artiste peintre, qui émigra plus tard et devait épouser Ivan Yakovlevitch Bilibine. Puis elle revint avec lui en Russie soviétique. La chambre de M.L. Lozinski, un véritable magicien en traduction poétique, était en équerre, tandis que celle d'Ossip Mandelstam était aussi fantastique et étrange que lui-même.

Nous avions pour voisins le peintre Milachevski, qui avait un pantalon rouge de hussard, non moins célèbre

* *La Maison des Arts in Renaissance*, n° 4178 et 4179, 1939.

que celui de Piast, et qui jouissait auprès des dames d'un succès du même acabit ; la poétesse Nadejda Pavlovitch, une amie commune à Blok et à moi, au visage rond et à la peau brune, qui se préoccupait tout le temps de ses robes qu'elle coupait et cousait elle-même, en long et en large, dans d'invraisemblables tissus ; et Olga Dmitrievna Forch qui avait commencé sa carrière littéraire à un âge déjà avancé, mais avec un grand zèle, et qui se passionnait pour toutes sortes d'idées qui bouillonnaient sans cesse en elle comme la kacha de millet qu'elle cuisait de main de maître.

Le roman d'Olga Forch, *Le Bateau fou*, évoquera également, mais de façon voilée, les hôtes de cette demeure et mon départ avec Khodassevitch à l'étranger en juin 1922. *Le soir se réunissaient les couples pour la dialectique amoureuse dans l'étroite chambre de Kopilski. Toute une couvée de demoiselles sorties de l'école de la prosodie et des séminaires étaient perchées sur le petit divan, épaule contre épaule, comme des moineaux sur une haie et charmaient les écrivains, concluaient avec eux une alliance nouvelle et, s'il le fallait, les obligeaient à briser l'ancienne. Les envieuses prétendaient que c'était ici qu'avait été perpétré le rapt d'un poète par une princesse-poétesse d'origine géorgienne...*

Par un soir clair et étoilé, nous passions en hâte, Khodassevitch et moi, devant le Théâtre Michel. La neige crissait et scintillait. On installait de grands projecteurs dans le square et nos haleines laissaient des traînées de vapeur dans la lumière. Les faisceaux lumineux s'entrecroisaient comme s'ils nous traversaient de part en part, éclairant brusquement dans l'air glacé de la nuit nos visages heureux.

La fenêtre de la chambre de Khodassevitch, à la Maison des Arts, donnait sur le pont de la Police. De là, on découvrait toute la perspective Nevski. Il restait assis des heures durant à regarder par la fenêtre et la plupart des poésies de son recueil, *La Lourde Lyre*, ont vu le jour à cet endroit. J'essayais de la voir depuis les galeries du Gostiny Dvor, sur la perspective Nevski, et elle m'apparaissait tantôt comme un point brillant dans l'air pur du soir, tantôt comme un pâle reflet lumineux dans l'obscurité, lorsque j'arrivais au niveau de la cathédrale Notre-Dame-de-Kazan. En hiver, j'apercevais Khodassevitch assis sous la lampe "aux seize bougies", derrière la double croisée. Au printemps, il s'installait près de la fenêtre ouverte. Il me distinguait de loin parmi les passants sur le large trottoir de l'avenue et quand je m'en allais, il me suivait du regard, silhouette indistincte dans la nuit noire. Parfois, il m'arrivait de lui faire un dernier signe de la main, à l'aube, depuis le coin du canal Catherine.

Comme il paraissait jeune en dépit de ses trente-cinq ans ! Il n'avait pas encore "ce goût de cendre" dans la bouche ni fait l'expérience amère de la pauvreté, de l'exil et de la peur viscérale. Il avait une patrie, une ville, une profession, un nom. L'ombre du désespoir ne l'effleurait que rarement. Une mélodie continuait à résonner qui lui laissait espérer que ce n'était pas indispensable de faire de tous des robots endurcis, mais que certains pouvaient se rendre utiles par des qualités d'un autre ordre. De ce point de vue, il semblait possible d'édifier sinon la Russie, la Révolution ou la Société, du moins sa propre vie intérieure. Il avait conscience de l'importance d'une ligne de conduite morale et de la possibilité de découvrir derrière les faits leur signification, cela non pour se consoler ou se défendre, mais pour mieux comprendre la signification des choses. Dans les conversations que nous avions durant ces mois de janvier et de février, il n'était pas question du "vous" et du "moi", ni des faits divers, ni de nos souvenirs et de nos espoirs. Nous réfléchissions ensemble et nous cherchions à saisir nos limites réciproques.

Le moment où nos relations ont pris une tournure décisive est lié dans mon souvenir avec la célébration du Nouvel An 1922. Après une famine de trois ans, le froid, une vie de catacombes, tout à coup surgirent une foule de projets fantastiques. On parlait de soirées, de bals, de nouvelles robes. Certaines d'entre nous avaient encore des rideaux ou des malles de leur maman. Dans la ville à moitié morte, des bouts de phrases se mirent à résonner du genre : "Une bouteille de vin pour quatre", "une réservation pour le dîner", "invitons un pianiste". Vsevolod Rojdestvenski, avec lequel je m'étais liée d'amitié, me proposa de l'accompagner à la Maison des Ecrivains le soir du 31 décembre.

Khodassevitch me demanda où j'avais l'intention de fêter le Nouvel An. Je m'attendais à cette question ; je lui répondis que Rojdestvenski m'avait invitée à dîner. Il me répondit qu'il y serait aussi.

Rojdestvenski partageait sa chambre cette année-là avec le poète Nicolas Tikhonov. J'allais souvent chez eux et un jour Rojdestvenski me montra le fameux coffret de cyprès qui avait appartenu à Innokenti Annenski et que le fils de ce dernier, Valentin Krivitch-Annenski, lui avait confié. Dans le coffret se trouvaient des cahiers noircis de la main du poète. Nous avons passé une soirée entière, Rojdestvenski et moi, à déchiffrer et à lire ces poésies, éperdus d'admiration et d'émotion.

Ce soir-là, à la Maison des Ecrivains, avaient pris place à la petite table de la salle à manger Zamiatine et sa femme, Korneï Tchoukovski, Michel Slonimski, Fedine et sa compagne, Khodassevitch, Rojdestvenski et moi.

"Francs, gais et ivres,
Nous marchons en chantant,
Nous buvons jusqu'à l'aube,
A trois dans deux verres.
«Est-il vrai qu'on te partage ?»
Timidement, une amie m'interroge.
....
Je me suis mise à loucher,
Je les vois tous deux à la fois.
Ma vie se passe sur le rivage,
Et j'en suis fort aise !"

— Que veut dire "sur le rivage" ? me demanda Khodassevitch.

— Sur le rivage ? C'est là où on reste quand le bateau s'en va, on ne s'engage pas pour de bon.

Khodassevitch attendit le moment où Rojdestvenski engagea la conversation avec Fedine pour me dire à mi-voix :

— Je ne suis pas de ceux qui restent sur le rivage.

La pendule sonna minuit. Tous se levèrent un verre à la main. J'hésitais encore à "m'engager pour de bon".

Rojdestvenski s'éclipsa et nous sommes partis tous les deux par la rue Basseïnaïa pour aller en direction de la Maison des Arts. La perspective Nevski était illuminée pour la fête. Il était une heure du matin. Au coin de la rue Sadovaïa, au-dessus de l'entrée de l'énorme Café International qui venait de s'ouvrir, ballottait une enseigne :

Tous les citoyens libres
S'empressent d'aller
Au Café International,
Un bon petit coin à la mode !

Des gens ivres chantaient en chœur à tue-tête :

Maman, maman, qu'allons-nous faire,
Lorsque viendront les frimas de l'hiver ?
Tu n'as pas de chaud foulard
Ni moi de manteau pour le blizzard !

Nous avons cheminé sur le trottoir verglacé jusqu'à la rue Koniouchennaïa, en riant, en glissant et en nous cramponnant l'un à l'autre.

Maman, maman, qu'allons-nous faire...

On entendait brailler la même chanson aux sons d'un orchestre crâneur, dans l'ancien hôtel d'Europe.

Ni moi de manteau pour le blizzard !

Ça venait maintenant du sous-sol de la maison au coin du canal Moïka où se trouvait le Café Polonais. On chantait cette chansonnette à la mode dans tous les cabarets de Pétersbourg ! On vidait enfin son cœur aux sons d'un accordéon, d'un violon, d'un piano ou d'un orchestre, après trois années de privations.

A la Maison des Arts dans la salle des glaces, les deux salons et l'énorme salle à manger décorée de boiseries, il y avait une soixantaine de personnes. On finissait de souper.

Ils étaient tous là, Akim Volynski, Ida, Lounts, Akhmatova... Le compositeur Arthur Lourié était installé sur un divan comme une idole, entre Akhmatova et Anna Goumiliova, la veuve de Nicolas Stepanovitch. La femme de Nicolas Radlov, Elsa, vive comme une flamme, portait un déguisement rouge. Plus tard, Otsoup écrivit à son sujet :

Ici vit une jeune beauté, Eddi,
Et j'en suis fou d'amour.

Tous étaient costumés : certains portaient leurs propres vêtements d'avant la révolution, d'autres en avaient emprunté, d'autres s'étaient procuré par relations des costumes de théâtre ou de mascarade, d'autres avaient rafistolé d'anciens vêtements, d'autres enfin avaient confectionné à partir d'un morceau de soie, resté trente ans au fond d'une malle, un costume de fortune. Dans la salle des glaces, Radlov et Otsoup dansaient le fox-trot, le one-step et le tango, le premier avec la ravissante Mme Chvédé, le second avec Elsa. Ils portaient des souliers vernis et des pantalons bien repassés. On devinait une suite de romans d'amour, de mariages brisés, de nouvelles liaisons comme si la *Ronde* de Schnitzler avait tout emporté dans son mouvement circulaire. Les "Frères Serapion" faisaient boire du vin à la femme de l'acteur Miklachevski et la poétesse Anna Radlova, la femme de Serge, qui passait pour une beauté, était assise les traits figés dans un fauteuil près du mur, entre deux fenêtres.

— Est-ce une femme ou un rideau tombé dans le fauteuil ? demanda Khodassevitch d'un air faussement craintif. En effet, la robe de Radlova, longue, large et brodée d'or se mariait parfaitement avec les rideaux d'Elisseiev qui pendaient de part et d'autre.

Dans la salle à manger, les salons et la grande salle passent en un mouvement ininterrompu des visages familiers, jeunes et vieux, proches ou lointains. Ici on continue à manger et à boire, là quatre couples ont réussi, comme par miracle, à saisir au vol les danses à la mode dans une Europe lointaine comme un songe. On les admire sans réserve, on reste sur le seuil buvant avec avidité les syncopes inconnues jusqu'alors du fox-trot, on contemple les silhouettes qui se balancent et se mêlent. Quelqu'un s'est parfumé à l'origan, un autre prononce des mots en français, on vous propose une coupe de champagne, mais ne cherchez pas à savoir d'où il provient : peut-être de la cave d'Elisseiev, d'une bouteille égarée dans un recoin obscur, ou alors du magasin réservé de Zinoviev, ou encore du garde-manger d'une vieille grand-mère. Nous sommes assis au salon, sur un canapé, les gens passent devant nous, sans nous regarder ni nous parler. Ils ont compris depuis un certain temps qu'ils sont de trop.

A l'aube, il me raccompagna chez moi du canal Moïka jusqu'à la rue Kirotchnaïa. Nous sommes restés un moment sous la porte cochère, son visage proche du mien et ma main dans la sienne. Un lien nouveau s'était tissé entre nous en ces quelques instants, qui deviendra d'heure en heure plus fort.

Tous les prétextes étaient bons, cet hiver-là, pour organiser un semblant de fête. Je me rappelle la Noël russe du 7 janvier avec les couples qui tournoyaient de nouveau dans la maison Elisseiev, la musique et la foule. Vers trois heures du matin, nous avons gagné à travers une neige profonde l'entrée de la maison de Khodassevitch. Nous sommes restés jusqu'au lever du jour près de sa fenêtre à regarder l'avenue. La clarté qui régnait en cette aube du mois de janvier était insolite. Nous arrivions à distinguer au loin la tour de la gare par-dessus les toits. La perspective Nevski était déserte. Un dernier réverbère solitaire brillait encore d'un éclat vacillant au coin de la rue Sadovaïa, puis s'éteignit lui aussi. Les étoiles paraissaient proches, à portée de la main. Elles aussi finirent par disparaître et quand la pâle lumière du soleil inonda la ville, je le quittai. La profonde gravité de cette nuit m'avait transformée. Je sentis que j'étais devenue une autre. J'avais prononcé des paroles que jamais auparavant je n'avais dites à personne et lui m'en avait dit que j'entendais pour la première fois.

Il y eut une dernière soirée à l'hôtel particulier de Zoubov, la veille du Nouvel An russe. Le comte Valentin Zoubov était encore à l'époque le directeur de l'Institut d'histoire de l'art qu'il avait fondé et qui portait toujours son nom. On retrouvait les mêmes personnes dans les immenses salles glacées de la belle demeure de la place Saint-Isaac. Dans certaines pièces, on voyait la vapeur de l'haleine, dans d'autres des feux flambaient dans les cheminées. De nouveau les couples tournoyaient, les lustres brillaient, tandis que de vieux laquais vénérables nous regardaient avec mépris. Ici, nous n'étions pas chez nous, comme dans les salons réquisitionnés des maisons de la rue Basseïnaïa et du canal Moïka ; nous étions des invités.

Les dédicaces que Vladislav Khodassevitch écrivit pour moi cet hiver-là sur trois de ses ouvrages témoignent de l'évolution de nos relations. En décembre 1921, sur *La Maisonnette heureuse* : "A Nina Nikolaïevna Berberova - Vladislav Khodassevitch.

Heureusement qu'en ce bas monde,
Il y a encore les fantaisies du cœur."

Le 2 janvier 1922, sur son *Anthologie de la poésie juive* : "A N.N.B. j'offre ce livre – je ne sais trop pourquoi. Vladislav Khodassevitch." Le 7 mars 1922, sur *La Voie de la graine* : "A Nina. Vladislav Khodassevitch. 1922. Début du printemps."

C'était réellement le printemps. Peu avant, le 2 mars, il avait achevé sa poésie qui débutait ainsi : *Ce n'est pas ma mère, mais une paysanne de Toula*. Depuis 1917, les quatre premières strophes étaient restées dans un tiroir. La neige se mit à fondre d'un coup, le soleil brilla, l'eau gouttait des toits et carillonnait dans les cours et les jardins. Khodassevitch alla s'acheter des caoutchoucs au marché Sennoï. Il avait revendu les harengs qu'il venait de recevoir par l'intermédiaire de la Maison des Savants* et dans sa hâte il s'était acheté des caoutchoucs trop grands d'une taille. Il y fourra le brouillon d'une de ses poésies et vint me voir. Un an plus tard, à Berlin, on retrouva le brouillon dans la chaussure ; je l'ai gardé jusqu'à maintenant.

Plusieurs personnes s'étaient réunies chez moi ce jour-là. On avait ouvert la deuxième pièce qui durant l'hiver était glaciale. On la chauffa et on y mit de l'ordre. C'était l'ancien

* Fondée par Gorki pour venir en aide aux intellectuels démunis. *(N. d. T.)*

bureau de Glinka. C'est là que Khodassevitch nous récita pour la première fois sa poésie *Ce n'est pas ma mère*. Il la savait par cœur. On le pria de la réciter une seconde fois. Exceptionnellement, nous avons renoncé à réciter à notre tour. Personne n'avait envie de dire ses vers après avoir écouté les siens.

Au début du mois de février eut lieu l'anniversaire des "Frères Serapion". Ils fêtaient la deuxième année de leur existence et la parution de leur recueil *Mélanges*, édité par Nicolas Tchoukovski avec des textes de Tikhonov, Vaguinov, Nicolas Tchoukovski, moi et quelques autres. En avril, alors que nous étions assis sur un banc devant le Théâtre Michel, Khodassevitch me dit qu'il s'était fixé deux buts : nous devions rester ensemble et survivre.

Que signifiait pour nous "survivre" à ce moment-là ? Etait-ce un problème physique ou moral ? Pouvions-nous prévoir la mort de Mandelstam, celle de Kliouïev, le suicide d'Essenine et celui de Maiakovski, la politique littéraire du Parti visant à anéantir deux, sinon trois générations d'écrivains, le silence d'Akhmatova qui durerait vingt ans, les poursuites contre Pasternak, la fin de Gorki ?

"Lounatcharski ne le permettra pas", pensait-on généralement. Et si on l'empoisonnait lui aussi ou qu'on le limogeât ? Il pouvait aussi en avoir assez d'être un esthète communiste et devenir un marteau pour forger l'intelligentsia russe sur l'enclume de la Révolution. Personne n'imaginait de pareilles hypothèses, mais Khodassevitch s'était mis à douter durant ces mois. Certes, on ne pouvait pas nous arrêter sans raison, nous jeter en prison ou nous envoyer au poteau. L'idée toutefois qu'on pouvait éventuellement nous bâillonner comme cela fut le cas plus tard pour Sologoub, Gerchenzon, Zamiatine, Kouzmine et Chklovski faisait imperceptiblement son chemin dans nos esprits. Quelques-uns seulement suivirent l'exemple de Brioussov qui devint membre du parti communiste, d'autres se cramponnèrent provisoirement au char triomphant des futuristes.

Bien des fois par la suite, j'ai retrouvé cette idée de la "survie" dans les sens les plus divers de ce mot et avec toutes les nuances imaginables, depuis l'instinct de conservation jusqu'à l'antique "affirmation de soi face à la destruction", depuis le désir animal de s'échapper des griffes de l'ennemi jusqu'à l'aspiration sublime de conserver l'ultime liberté de parole. La part animale et la part spirituelle en l'homme ont souvent la même racine. Se raccrocher à un brin d'herbe quand on est au-dessus d'un abîme ou transmettre le manuscrit de son roman au voyageur qui quitte Moscou pour l'Occident, c'est obéir à une même nécessité.

Par une journée d'avril, je traversai le square Michel où l'hiver précédent nous avions joué avec les faisceaux lumineux et gagnai les bords de la Néva pour contempler la débâcle des glaces. J'étais seule, car le vent qui souffle au printemps du lac Ladoga était malsain pour Khodassevitch. Il avait perdu le compte de ses maladies, tant elles étaient nombreuses, et d'autres le guettaient. Ses poumons étaient pleins de cicatrices. En 1915, il s'était cru atteint de la tuberculose des os. Entre 1918 et 1920, à Moscou, il avait gravement souffert de malnutrition et avait contracté une furonculose qui menaçait de récidiver. Il était maigre, faible et pâle. Il avait besoin de soins dentaires urgents. Le simple fait de porter les rations le fatiguait et Dieu sait qu'elles étaient légères, des harengs qu'il ne mangeait pas, des allumettes et de la farine ! Il revendait les harengs au marché Sennoï et s'achetait des cigarettes et du cacao au marché noir.

Nous étions encore en hiver quand je reçus un colis en provenance de l'Irlande du Nord, envoyé par ma cousine qui avait épousé un Anglais en 1916. Ce colis fut un véritable événement. Nous l'avons ramené sur un traîneau, mon père et moi, depuis la douane. Nous avons éventré la toile dans laquelle il était cousu et disposé son contenu sur le piano à queue, une robe de laine, un pull-over, deux paires de chaussures, une douzaine de paires de bas, un morceau de lard, du savon, dix tablettes de chocolat, du sucre, du café et six boîtes de lait concentré sucré. Je pris sur-le-champ un marteau et un clou, et, sans prendre la peine d'enlever ma pelisse et mon énorme châle, je perçai deux trous dans l'une des boîtes et bus d'un trait le liquide épais et sucré, comme une bête. Puis nous l'avons suspendue au tuyau du poêle pour recueillir la suie qui abîmait mes livres. Avec la toile de sac nous avons confectionné une serpillière. Rien n'était perdu.

On commençait à recevoir les colis *ARA* de Hoover*. Nous étions effrayés et honteux de lire dans les journaux que Gorki demandait aux Français, aux Américains, aux Anglais et même aux Allemands de venir en aide à la population affamée de la Russie révolutionnaire. Nos joues exsangues reprirent un soupçon de couleur grâce au lard, au cacao et au sucre que nous recevions. Chaque *ARA* nous donnait le sentiment d'un sursis. On n'alimentait plus le poêle pour se chauffer, mais juste pour préparer les repas. En revanche, l'état misérable de nos vêtements devint tout à coup plus criant au soleil du printemps. La vie devenait de plus en plus pénible. Le temps s'était réchauffé il est vrai, mais on commençait à pressentir l'imminence d'un désastre, chacun à sa façon. Il ne s'agissait pas de la mort individuelle des personnes, mais d'une sorte de fin collective et abstraite qui ne mettait pas encore notre vie en danger. La N.E.P. continuait à jouer son rôle et les visages reprenaient des couleurs. Le bruit courait qu'on allait fermer les maisons d'édition privées et que "tout" passerait aux mains du Gosizdat, les éditions d'Etat. On racontait que la censure était encore plus sévère à Moscou et que bientôt ce serait la même chose à Pétersbourg. La rumeur circulait que, malgré la présence de Lounatcharski, on préparait au Kremlin un décret sur la politique littéraire que Maiakovski s'empresserait de mettre en vers. Ça commençait à sentir le roussi. Tant qu'avaient duré le gel et le blizzard, tout avait résisté tant bien que mal, mais à présent, c'était la débâcle : les ruisseaux s'enflaient, on perdait pied, tout s'en allait à vau-l'eau.

Lorsque je repense à cette époque, je me rends compte aujourd'hui que l'anéantissement de l'intelligentsia n'a pas eu lieu de façon directe et brutale. Ce fut au contraire un processus

* ARA : American Relief Administration. Herbert Hoover, directeur du Fonds d'aide américain en 1920, fut le premier à réagir aux appels répétés de Gorki en faveur des intellectuels russes. *(N. d. T.)*

complexe, comprenant une courte période d'épanouissement, durant laquelle il n'était pas si simple de s'y retrouver. Certains réussissaient et dépérissaient à la fois, entraînant à leur insu d'autres à leur perte. Quelque temps après, les victimes se comptaient déjà par centaines, puis par milliers : depuis Trotski, en passant par Voronski, Pilniak, les formalistes et leurs disciples, jusqu'aux futuristes et aux jeunes poètes issus du prolétariat et de la paysannerie dont les œuvres ne cessèrent de s'éclore jusqu'à la fin des années vingt et qui ont servi le nouveau régime avec conviction et sincérité. Depuis les vieillards barbus qui avaient participé aux réunions de la Société Philosophique et Religieuse du début du siècle jusqu'aux membres de la V.A.P.P., l'Association Pan-russe des Ecrivains Prolétariens, qui avaient pourtant lancé, au bon moment semblait-il, le slogan préconisant de mettre la culture à la portée de la masse, tous furent balayés, sans exception. On n'éliminait pas les personnes en tant qu'individus, mais en tant que membres d'un groupe, d'un mouvement ou d'une "classe". La répression était *planifiée* comme la production des objets. C'est ainsi que Mandelstam fut supprimé et qu'on interdit à Zamiatine d'écrire. Jusqu'à la fin des années trente, la politique culturelle faisait partie intégrante de la politique générale, de celle de Lénine et de Trotski d'abord, puis de celle de Zinoviev, de Kamenev et de Staline et enfin de celle de Staline, d'Ejov et de Jdanov. Il s'ensuivit la disparition des gens nés aux environs de 1880, puis celle des personnes nées autour de 1895 et enfin celle de la génération de 1910.

En dépit de sa maigreur et de sa faiblesse, Khodassevitch se mit soudain à déployer une énergie sans commune mesure avec sa constitution physique en vue de préparer notre départ à l'étranger. A partir du mois de mai 1922, on commença à délivrer à Moscou des passeports d'émigration. Ce fut l'une des conséquences de la politique générale de la N.E.P. Nos passeports portaient les numéros 16 et 17.

Lorsque Khodassevitch prit la décision de quitter la Russie, il ne prévoyait certainement pas qu'il ne reviendra plus jamais. Il avait fait le choix de partir comme il ferait quelques années plus tard celui de ne pas revenir. Je le suivis. Sans notre rencontre, il n'aurait sûrement pas quitté la Russie, seul et de son propre chef. Il aurait probablement été expulsé à la fin de l'été 1922 avec les autres intellectuels, Berdiaev, Kouskova, Evreïnov... Nous avons appris plus tard que son nom figurait sur la liste des personnes à bannir. Quant à moi je serais restée à Pétersbourg. Grâce à cette décision, nous avons réussi à rester ensemble et à survivre, du moins à la terreur des années trente. Nous devions notre salut l'un à l'autre.

Mon passeport me fut délivré à Moscou où Khodassevitch m'avait demandé de le rejoindre à la mi-mai. Il s'y trouvait déjà pour s'occuper des démarches concernant l'autorisation de sortie. Je ne reconnus pas Moscou qui était devenu la capitale d'un nouvel Etat. Les rues grouillaient de monde, la vie renaissait. Du matin au soir, nous remplissions des questionnaires, remettions des documents, attendions dans les antichambres des bureaux. Deux signatures étaient nécessaires pour obtenir l'autorisation de départ : Jourguis Baltrouchaïtis, l'ambassadeur de la Lituanie à Moscou et vieil ami de Khodassevitch apposa la sienne, l'autre fut celle de Lounatcharski. Sur le passeport figurait la rubrique : motif du voyage. Celui de Khodassevitch portait la mention "pour raison de santé" et le mien "en vue de poursuivre des études".

Une soirée littéraire eut lieu à l'Union des Ecrivains, boulevard Tverskoï. Khodassevitch y lut ses nouvelles poésies, des poèmes d'amour. Tous me regardaient avec une curiosité non dissimulée, Gerchenzon, Zaïtsev, Lidine, Lipskerov, sans parler du frère de Khodassevitch, Micha, et de la fille de ce dernier, Valentine, l'artiste peintre. Un soir, nous avons rendu visite aux Zaïtsev qui habitaient dans une ruelle près de l'Arbat. Ils se préparaient eux aussi à partir "pour raison de santé". Mon amitié, vieille de plus de quarante ans, pour Boris et Vera remonte à ce jour-là. C'est chez eux que j'ai rencontré Paul Mouratov, l'une des personnes les plus intelligentes qu'il m'ait été donné de connaître. Nous étions assis au milieu des malles, des valises encore ouvertes et des piles de livres entassés sur les tables. Nous allions nous retrouver à Berlin.

Micha qui était de vingt et un ans l'aîné de Khodassevitch nous accompagna à la gare lorsque nous avons repris le train pour Pétersbourg. Je retournai à l'appartement de mes parents. Khodassevitch quant à lui logeait tout près, rue Kirotchnaïa, chez Youri Annenkov. Trois jours plus tard, nous sommes partis pour Riga.

La veille de notre départ, Khodassevitch était étendu sur mon lit et moi assise à ses pieds. Il me parlait de son passé qui s'était brusquement éloigné, éclipsé par le présent. "Il s'éloignera encore davantage", me dit-il, comme s'il scrutait son avenir. Je lui demandai de noter pour mémoire quelques points de repère, une sorte de calendrier de son enfance et de sa jeunesse. Il s'assit à ma table et se mit à écrire. Lorsqu'il eut terminé, il me tendit un bout de carton que j'ai conservé dans mes papiers jusqu'à ce jour*.

J'avais à présent son passé devant mes yeux, sa vie avant notre rencontre. Ces notes sont devenues pour moi un album de photos de famille. Elles étaient comme l'illustration d'un livre qui m'était cher. Il y rajouta en guise de plaisanterie sa liste de Don Juan qui m'a beaucoup amusée : Evguenia, Alexandra, Marina N.

Mes parents étaient venus à la gare, désorientés, accablés. Notre départ avait été tenu secret, Khodassevitch l'avait voulu ainsi. Je ne fis mes adieux ni à Ida, ni à Lounts, ni à Nicolas Tchoukovski. Pétersbourg s'éloigna dans un enchevêtrement de rails, de points d'eau et de wagons vides. Au loin, la flèche de l'Amirauté. Une année entière s'était écoulée depuis mon retour à Pétersbourg, une année sans laquelle je ne serais pas devenue moi-même. Le pauvre Lazare était maintenant si riche qu'il était prêt à distribuer à la ronde ce qu'il possédait.

Dans le wagon de marchandises où nous nous trouvions au moment de traverser la frontière à Sebej, Khodassevitch me dit qu'il avait commencé une poésie dont voici les premiers vers :

Je suis né à Moscou. Je n'ai jamais vu
La fumée au-dessus d'un toit polonais,
Je n'ai pas reçu en héritage
Le moindre talisman de ma terre natale

* Voir annexe en fin de chapitre.

Fils adoptif de la Russie, la Pologne
M'est inconnue, et que suis-je pour elle ?
Comme seul bien, je n'ai que ces huit volumes,
Qui renferment toute ma patrie.

Il vous faut plier sous le joug
Et vivre dans l'exil et l'amertume,
Mais moi, dans mon sac de voyage,
J'emporte ma Russie avec moi....

Autour de nous, sur le plancher du wagon, s'étalaient nos sacs de voyage avec les huit tomes de son Pouchkine. Pour moi, la Russie ne pouvait pas se réduire à Pouchkine. Nous avons parlé d'autres poésies, laissées inachevées. Je me proposai d'en compléter une qu'il n'avait pas réussi à terminer.

Voici une histoire. Elle m'est venue
Claire et limpide,
Pendant que je tenais dans ma main
Ta main docile.

Je pris du papier et un crayon et, pendant que le train passait lentement d'un poste-frontière à un autre, j'ajoutai à cette strophe les quatre vers que voici :

Ainsi de ta main brûlante
Le sang a coulé dans la mienne,
Me prêtant vie et clairvoyance
Par la grâce de ton amour.

ANNEXE AU CHAPITRE 2
(voir note p. 159)
CURRICULUM DE KHODASSEVITCH

1886. Naissance.

1887-1889. Sergent de ville. Ovelt. Paris, initiation à la lecture et à l'écriture. Mania.

1890-1891. *Le Petit Cheval bossu* (Erchov). Ballets. Danses. Livres de Micha. Atelier de mon père, porto, oncle Petia. Grand-mère. Les Ovsenski etc.

1892. Une femme morte à Bogorodskoïe.

1893. Les Chtchenkov, commerce, jeux indiens. Bals. Hiver : poésies, cotillon, rougeole.

1894. Canaris. La guerre. Fromgold. Ecole. Bronchite.

1895. Tolga. Ecole. Variole.

1896. Examens. Couronnement. Ozerki. Siverskaïa. Maikov.

1897. Lycée. Karachevitch. Photographie. Bals. G. Organova. Brioussov. Malitski.

1898. Mort de Yourotchka. Bals. Genia Koun. La maison des Mass.

1899. Les Bagrinovski. Bricolages. Papillons.

1900. Stavropol. *Les Trois Entretiens*. Papillons. Les Rerberg.

1901. Polissonneries. Bals. Prassolov. Timiriazev.Dostoïevski.

1902. *Fleurs septentrionales*. Malitski. Poésies. Langovoi. Chenrok. Théâtres. Darial.

1903. *Griffon*. Hoffmann. Malitski. Poésies pour toujours. Tarnovskaïa. Départ de chez mes parents. Strajev.

1904. Tarnovskaïa. Marina. Bely.

1905. Almanach du Griffon. Mariage. Balmont. 17 octobre. Noël à Guireïevo. Disputes avec Micha.

1906. La Toison d'or. Le Passage. Les Zaïtsev et d'autres. Jeux de cartes.

1907. Mouni. 30 décembre : séparation avec Marina. Cartes.

1908. Jeunesse. La Voix de Moscou et autres. Faim. Beklemichev. Cartes.

1909. Ivresse. Guireïevo. Mariage de Mouni. Cartes.

1910. Mascarades. Genia Mouratova. Incendie. *Marina de Groubago.* Cartes, ivresse.

1911. Ivresse. Cartes. Italie. Saint-Pétersbourg. Mort de maman. Vie de bohème. Nioura. Mort de mon père. Faim. Hiver à Guireïevo.

1912. Maison des B. Institut de beauté. Valentina. T. Savvinskaïa.

1913. Valentina. Musagète. Faim. Guireïevo. "La Chauve-Souris." Maison d'Andreiev. Mort de Nadia Lvova.

1914. Futuristes. Ivresse. *La Maisonnette heureuse.* Igor Severianine. *Bulletin russe. Sophia.* La guerre.

1915. Tania Savvinskaïa. Finlande. Tsarskoïe Selo. Maison de Martynov. Fête de L. Stolitsa.

1916. Tania Savv. Mort de Mouni. Koktebel. Arméniens, Finnois, Lettons. Genia Bogoslovskaïa.

1917. La Révolution. Le Club des Ecrivains. Koktebel. "Gouvernement du peuple." Disputes avec G. Tchoulkov. Octobre. Juifs.

1918. Les Tolstoï. Amari. Soirées. Narkomtroud. Librairie. "Littérature mondiale."

1919. Librairie. Salon du Livre. Faim.

1920. Faim. Maladie. *Par la voie de la graine.* Pétersbourg.

1921. Disk, etc. Belskoïe Oustie. Livres. CATASTROPHE.

Voici quelques lignes pour éclaircir ces notes succinctes :
Sergent de ville – Premier souvenir.
Ovelt – Prêtre catholique polonais venu en visite chez ses parents.
Paris – Voyage de ses parents à l'Exposition.

Lecture et écriture – A appris à lire à trois ans.
Mania – Sœur aînée.
Le Petit Cheval bossu – *Premier ballet qu'il a vu, début de sa passion pour la danse.*
Variole – Noire. Pas de traces sur le visage.
Brioussov – Alexandre, camarade de classe, frère du poète.
Genia Koun – Premier amour d'enfant.
Trois Entretiens – *V. Soloviev.*
Fleurs septentrionales – *Revue.*
Le Griffon, La Toison d'Or – *Revues.*
Prassolov, Timiriazev – Représentants de la jeunesse dorée de Moscou.
Dostoïevski – F.F., fils de l'écrivain.
Tarnovskaïa – Premier amour sérieux.
Hoffman – *Viktor, poète.*
Marina – Sa première femme, née Ryndina.
Mouni – Samouil Kissine, époux de la sœur de Brioussov, Lidia.
Jeunesse – *Premier livre de Khodassevitch.*
Genia Mouratova – Première femme de Paul Mouratov.
Marina de Groubago – *Roman de Tetmaïer, traduction de Khodassevitch.*
Nioura – Deuxième femme de V.F., née Tchoulkova (sœur de Gueorgui Ivanovitch).
Valentina – V.M. Khodassevitch, artiste peintre, nièce de V.F.
La Chauve-Souris – Théâtre de Baliïev. Khodassevitch traduisait etécrivait pour lui.
Nadia Lvova – Cf. Vers à Nelli *de Brioussov.*
La Maisonnette heureuse – *Deuxième recueil de poésies de Khodassevitch.*
L. Stolitsa – Poétesse. En visite chez elle, V.F. est tombé et s'est démis
une vertèbre.
Koktebel – Datcha de M.A. Volochine.
Arméniens, Finnois, Juifs, etc. – Traductions en russe de Khodassevitch.
Les Tolstoï – Alexandre Nikolaïevitch et Natalia Vassilevna

Amari – M.O. et M.S. Tsetline.
Par la voie de la graine – *Troisième recueil de vers de Khodassevitch.*
Belskoïe Oustie – Eté 1921 (Province de Pskov).

3

TOBIE ET L'ANGE

Ma chambre, à la pension Krampe à Berlin, donne sur la cour intérieure. Notre pension occupe les quatrième et cinquième étages d'un immense immeuble orné d'un escalier de marbre, de candélabres et d'une statue de nu soutenant une torchère électrique. Les deux rangées de fenêtres de la façade ont vue sur la place Victoria-Louise. Gerchenzon a sa chambre de ce côté-là. Krampe est une vieille fille chauve, habile en affaires et dépourvue d'humour. Elle vit avec un artiste peintre plus jeune qu'elle d'une vingtaine d'années. Depuis ma fenêtre, je les vois prendre le café tous les matins. Le soir, elle se penche sur ses livres de comptes pendant qu'il boit de la liqueur Kantorowitz. Puis ils tirent les stores et éteignent la lumière.

A une autre fenêtre, je vois les locataires de la chambre numéro 38. Tous deux sont bedonnants. Ils se déshabillent lentement, rangent avec soin leurs vêtements et leur linge chacun sur une chaise et se couchent dans un lit double. Ils n'abaissent pas les stores, ne se souciant guère des regards ; ils se sentent bien chez eux, la conscience tranquille. Sous le lit on aperçoit un pot de chambre en faïence, des pantoufles bien rangées ; au-dessus de leurs têtes pend la *Madone* de Raphaël.

Dans la chambre au-dessus de la leur, une ampoule électrique jette une lumière vive. C'est là que loge le "Frère Serapion", Nicolas Nikitine, arrivé la veille de Pétersbourg avec une lettre de Lounts pour moi. Excité comme un chien qui vient d'arracher sa chaîne, il a passé la journée à s'acheter des chaussettes et des cravates au magasin Kadewé, puis, après avoir bu un coup, il a ramené chez lui une fille qui faisait le trottoir au coin de la Motzstrasse. Elle minaude, assise toute nue dans un fauteuil ; on ne voit de Nikitine que sa jambe velue.

La chambre voisine est occupée par André Bely. Il a retiré le tiroir de sa table de nuit et n'arrive plus à le remettre en place. Il le tient de travers et le bouton coince. Il lutte pendant un long moment, mais le tiroir résiste. Il le pose par terre et fait quelques gestes bizarres en marmonnant comme s'il voulait l'exorciser. Puis il remet le tiroir, cette fois dans le bon sens. Son visage rayonne de bonheur.

Sous la fenêtre de Bely habite la veuve d'un vice-gouverneur. Elle porte le grand deuil : est-ce pour sa majesté l'Empereur ou pour Raspoutine qu'elle connaissait bien ? Dès le premier jour, à la table d'hôte, elle me toise d'un air dégoûté et me demande ce qu'est le *Proletkult**, si j'y ai fait mes études et si je songe à retourner là-bas pour passer les examens d'entrée au *Komsomol**.

Lassée de regarder à travers les fenêtres, je revêts le pantalon, la chemise, le veston, les bottines de Khodassevitch, dissimule mes cheveux sous son chapeau, prends sa canne et pars me promener. Je suis le boulevard verdoyant de Charlottenburg, puis les rues silencieuses où les branches cachent le ciel. Dans un cabaret russe du quartier de Wilmersdorf déjà endormi, on chante des romances tziganes et on lance des imprécations contre la littérature contemporaine : à bas tous ces Bely, Tchorny, Gorki et Sladki. L'ex-général X. en livrée se tient près de la porte et un ancien gentilhomme de la Chambre, Z., sert à table. Pour l'instant, ce sont encore des cas isolés, mais bientôt ils seront légion ! A Paris comme à Londres, à New York comme à Shanghai, on apprendra à les connaître et on s'habituera à eux.

Le passé et le présent se mêlent et s'entrelacent : la veuve du vice-gouverneur, le général qui maudissent la révolution

* *Proletkult* : organisation littéraire et artistique visant à créer une culture prolétarienne, disparue en 1932. *Komsomol* : organisation des Jeunesses communistes. *(N. d. T.)*

et le poète Minski, un contemporain de Nadson, qui, au contraire, l'acclame ; les "anciens émigrés", les socialistes de l'époque tsariste de retour en Europe, après un petit tour au pays, qui ont échappé de justesse à la révolution d'Octobre ; le pionnier de la bicyclette et de la photographie, Vassili Nemirovitch-Dantchenko, arborant d'énormes favoris, un pince-nez suspendu à un ruban noir et une bedaine ronde gagnée sous le règne d'Alexandre III qui me confie, d'entrée de jeu, qu'il est le deuxième écrivain après Lope de Vega par la quantité de ses écrits, le troisième étant Dumas père ; Nina Petrovskaïa, la Renata de *L'Ange de feu* de Brioussov, en grand chapeau noir 1912, une vieille femme malheureuse et boiteuse ; la femme écrivain Lappo-Danilevskaïa dont on dit qu'elle a été aussi célèbre pour ses mauvais romans licencieux que Verbitskaïa et qui danse au cabaret russe le *kazatchok* avec un foulard, tandis que Nikitine tourne autour d'elle accroupi sur ses talons.

La vie suit son cours. Victor Chklovski et Marc Slonim viennent nous rendre visite ; un peu plus tard arrivent de Russie, "pour raison de santé", Pasternak, Lidine, Modeste Hoffman, le spécialiste de Pouchkine, Nicolas Otsoup, Iretski et d'autres. Parmi les personnes qui passent en coup de vent, tantôt chez nous, tantôt au club littéraire de la place Nollendorf, tantôt au restaurant russe de la Gentinerstrasse – Serge Makovski, Kretchetov, le peintre Massioutine, Amphiteatrov-Kadachev fils, les professeurs Yachtchenko, Liatski, Rafalovitch, un essaim d'éditeurs publiant tout et n'importe quoi, depuis les mémoires du général Denikine et les poésies d'Igor Severianine jusqu'aux recettes de cuisine –, il n'est pas toujours facile de distinguer celles qui se rattachent au passé de celles qui appartiennent au présent.

Tout le monde court dans Berlin et chacun finit par trouver sa place. Les généraux et les vice-gouverneurs s'évanouissent dans la nature, les socialistes-révolutionnaires qui ont récupéré Kerenski, Tchernov, Zenzinov se regroupent d'un côté, les sociaux-démocrates, Belitski, Soumski et Daline, de l'autre. Les Moscovites, Ossorguine, les Zaïtsev, Mouratov, Berdiaev, Stepoun restent entre eux ; Chklovski, Bely,

Ehrenbourg, Nathan Altman, Remizov se réunissent autour de la maison d'édition Helikon. Chez Chklovski, je rencontre Roman Jakobson, Elsa Triolet, la sœur de Lili Brik, l'artiste peintre Ivan Pougni. Nous ne fréquentons pas les cadets ; dans leur journal, *Le Gouvernail*, écrivent des gens comme Joseph Hessen, le rédacteur, Youli Aichenwald, Gleb Struve, le jeune Vladimir Nabokov, Alianski, l'ami de Blok et éditeur de l'*Almanach*, la vieille Zinaida Venguerova, une traductrice, les acteurs, Miklachevski et Tchabrov, Léon Chestov le philosophe et Abraham Lejnev sur le point de rentrer en Russie.

Nous sommes arrivés à Berlin le 30 juin 1922. Le 3 juillet Bely partit pour Zossen avec l'intention de revenir en septembre. Il essaya de nous voir juste avant son départ, mais nous étions absents. Plus tard, il repassa en coup de vent, le temps de prendre congé. J'étais sortie. En rentrant, j'ai trouvé la chambre envahie de cendres, des mégots dans l'encrier et dans le porte-savon. Khodassevitch me dit que tout s'était métamorphosé dès l'instant où Bely avait franchi la porte. Il avait le génie de transformer les choses.

A Berlin, une lettre de Gorki attendait Khodassevitch qui repartit aussitôt le rejoindre à Heringsdorf. Le temps passait comme un éclair.

Entre 1921 et 1923, André Bely traversait une crise psychologique profonde. Il avait été “un fils à maman” et avait passé sa jeunesse à se chercher un père ; à la veille de la Première Guerre mondiale, il le trouva en la personne de l'anthroposophe Rudolf Steiner. Revenu en Occident en 1921, après les années de privation de la guerre civile, Bely dut faire face à une situation dramatique, Steiner l'ayant rejeté. Traumatisé, il se retrouva à nouveau confronté à sa fragilité de toujours qu'il ne put ni surmonter, ni dépasser, ni admettre. Bely ne sut pas comment agir avec sa première femme, Assia, qui était restée en Suisse durant les cinq années de son absence. Il avait cru qu'elle lui reviendrait automatiquement après son amour malheureux pour Lioubov Blok. Elle lui apparaissait comme une bouée de sauvetage, mais Assia n'avait jamais eu l'intention de jouer ce rôle. L'ivrognerie de

Bely, son verbiage, ses plaintes et ses tourments absurdes et incurables le rendaient par moments hystérique. Comme c'est souvent le cas dans la vie, on ne trouve le remède qu'en soi-même, mais lui vivait dans l'espoir que les choses évolueraient, que celle qui ne revenait pas finirait par "comprendre" et que celui qui l'avait rejeté le recevrait de nouveau au sein de l'anthroposophie. Bely ne se voyait pas, ne se comprenait pas et "ne savait pas vivre sa vie", comme il le disait dans une poésie de 1908. Il ne sut pas faire face à son drame personnel. Il attendait de son entourage et du hasard une solution toute prête. Dans son délire il restait sourd à la marche du temps, espérant retrouver dans chaque femme sa mère adorée ainsi que son père dans la personne de Rudolf Steiner, mentor qui l'avait laissé tomber. Les gens autour de lui devenaient de plus en plus durs. Ce n'était pas une question de mode ou de saison, mais la loi du temps. Cette dureté est apparue dès les années 1880-1890. Strindberg écrivait alors son *Plaidoyer d'un fou* (1887) qui contient un certain nombre d'éléments permettant de comprendre le dilemme d'André Bely. Celui-ci criait : "Ayez pitié de moi !" Mais personne ne savait ni ne voulait plus avoir pitié. Le mot lui-même était en voie de disparition. Ce n'est pas par hasard qu'en de nombreuses langues ce terme a une connotation humiliante : en français il se teinte de mépris, en allemand d'exaspération et en anglais de malveillance ironique. Presque chaque soir, dans un demi-délire qu'il nommait une "éclipse de la conscience", Bely manifestait la gamme entière de ses rapports avec autrui en passant du "Ayez pitié de moi !", avec des larmes dans la voix, au "Je maudis tout le monde !", ponctué par un coup de son énorme poing sur la table. Un jour, je l'ai regardé jouer, sur un vieux piano droit, *Le Carnaval* de Schumann. Personne ne l'écoutait, chacun étant occupé par ses propres affaires, par *la féroce immanence*. Le lendemain, il ne me crut pas lorsque je lui dis que je l'avais écouté avec plaisir jouer Schumann. Il ne se souvenait de rien.

Un soir, il nous raconta à deux reprises, à Khodassevitch et à moi, jusque dans les moindres détails tout le drame de son amour pour la femme de Blok et sa dispute avec ce dernier.

Quand, sans avoir repris son souffle, il se mit à dévider son histoire pour la troisième fois, je vis Khodassevitch glisser de sa chaise sur le sol. Il s'était évanoui. La même nuit, Bely tenta d'entrer chez nous en frappant à grand bruit contre notre porte ; il avait encore quelque chose à nous dire ! Pris d'une sueur froide, Khodassevitch me supplia en chuchotant de ne pas ouvrir et de ne pas répondre.

Bely aimait Khodassevitch, et sans doute, entre septembre 1922 et septembre 1923, n'aima-t-il personne d'autre plus que lui. Quant à moi, il m'aimait parce que j'étais la femme de Khodassevitch. Parfois il essayait de me dresser contre lui. Khodassevitch n'y prêtait aucune attention, car durant cette période de crise, Bely réagissait comme une bête blessée à mort pour qui tous les moyens de faire souffrir autrui paraissaient légitimes dans la mesure où on lui avait infligé, à lui, une souffrance intolérable.

En même temps il écrivait des journées entières, parfois aussi la nuit. C'était l'époque de ses *Souvenirs* sur Blok, que l'on publiait aux éditions Epopée. Nous passions l'hiver à Saarow, près de Berlin, où vivaient Gorki et sa famille. Bely nous y rendait souvent visite. Il écrivait et, le soir, nous lisait à haute voix ce qu'il avait composé. C'était pour moi un bonheur inoubliable. Assis à sa table, dans sa chambre, il lui arrivait de lire jusqu'à deux heures du matin, à partir de son brouillon. Nous étions à ses côtés et l'écoutions. Une fois, je me suis couchée sur son lit et me suis assoupie pendant qu'il lisait. C'était le soir du 1er janvier ; la veille, nous avions célébré le réveillon chez Gorki. Je m'étais couchée à cinq heures du matin et l'après-midi, nous nous étions promenés tous les trois sur les chemins enneigés de Saarow. Je sombrai dans un sommeil profond au travers duquel j'entendais de temps à autre le son de sa voix, mais je n'arrivais pas à me réveiller. Les lunettes de Khodassevitch scintillaient ; il écoutait attentivement en se balançant, ses bras étreignant ses maigres genoux. C'étaient les chapitres se rapportant à la partie intitulée *Le Début du siècle*.

— Quel titre donner à cette partie ? nous demandait Bely depuis plusieurs jours avec inquiétude.

— *Le Début du siècle*, hasardai-je une fois ; il l'adopta sur-le-champ.

Les femmes qui l'entouraient cette année-là voyaient bien les symptômes de son désarroi, mais n'en comprenaient pas l'origine. Beaucoup d'entre elles s'intéressaient davantage au fonctionnement du moteur diesel qu'aux couchers du soleil. Bely ne retrouvait pas en elles les femmes de sa jeunesse, précieuses et maniérées, qui nous paraissaient maintenant ridicules. Lorsque Klavdia Vassilieva, qui devint plus tard sa femme, arriva de Moscou il découvrit partiellement en elle ce qu'il cherchait : la protection et la force d'une "mère", un appui pour ses idées anthroposophiques brumeuses et tourmentées, et un écho de l'orthodoxie rigide de la doctrine steinérienne.

Bely arborait constamment le sourire du fou-débile qu'il avait jadis fait parler dans un poème remarquable, *Je suis malade ! Je suis ressuscité !* Ce sourire, pareil à un masque de carnaval ou à une grimace d'enfant, ne le quittait jamais. Un jour, je lui demandai :

— Boris Nikolaïevitch, aimez-vous Tsvetaïeva ?

J'étais curieuse de savoir ce qu'il pensait à la fois de la poésie de Marina Ivanovna et de sa personnalité. Il ouvrit sa bouche encore plus grande que d'habitude et répondit mot pour mot :

— J'aime beaucoup Marina Ivanovna. Comment pourrais-je faire autrement ? C'est la fille du professeur Tsvetaïev et moi, je suis le fils du professeur Bougaïev.

Je n'en crus pas mes oreilles. Un an plus tard à Prague, je rapportai à Tsvetaïeva les paroles de Bely. Elle eut un rire teinté de tristesse et me dit qu'elle avait entendu plus d'une fois dans sa bouche des réponses aussi loufoques quand elle l'interrogeait sur des personnes ou des livres. Dans ses souvenirs sur Bely, elle se servit de la réponse qu'il m'avait faite.

Nicolas Ableoukhov, le héros du roman de Bely, *Pétersbourg*, avait le sourire d'une grenouille, mais l'auteur, au cours de sa période berlinoise, en avait en plus les gestes. Lorsqu'il frappait à la porte, on le découvrait accroupi au-dessous de la poignée ; d'un bond, il se retrouvait au milieu de la pièce, puis se redressait. On aurait dit que ses pieds et ses mains étaient toujours prêts pour un nouveau bond. Il avait d'énormes mains et tenait ses doigts, jaunis par le tabac, écartés en l'air. Ses cheveux presque blancs volaient autour de sa tonsure bronzée et son veston coupé dans un épais *ersatz* allemand de tweed "grêlé" avait des épaules qui pointaient.

Malgré ses clowneries pénibles, ses ivresses quotidiennes, sa perfidie, ses obsessions hystériques, ses plaies "suintantes et purulentes", son génie était si puissant que chaque rencontre avec lui était un événement qui illuminait et enrichissait la vie.

Nous allions souvent avec lui "pour une petite séance" au café. Elle commençait à huit ou neuf heures du soir et cela se terminait tard dans la nuit. Ou bien il nous emmenait, après une quelconque réunion littéraire, à la brasserie *Zum Patzenhoffer* où il discourait jusqu'à l'heure de fermeture, à deux ou trois heures du matin.

Sur nos promenades nocturnes à Berlin, Khodassevitch a composé une remarquable poésie dans laquelle nous figurons tous les trois sous les traits des trois sorcières de Macbeth, à cette différence près que nous y sommes affublés de têtes de chien :

Dans une rue de Berlin, la lune plonge,
Dans une rue de Berlin, l'ombre s'allonge,
Pareilles à des démons, les maisons surgissent de la nuit,
Entre leurs rangs serrés siffle le vent qui s'enfuit.
Esprits du jour, partez ! Filez !
Pensées diurnes, reculez ! Allez-vous-en !
Alors sur les sombres carrefours, telles trois sorcières
Hagardes, nous sortons de nos tanières.
Notre haleine et nos paroles n'ont rien d'humain,
Sur nos épaules voûtées poussent des têtes de chien.
Au fond de nos regards la lune verte nous guigne,
Excitant en nous une folie sèche et maligne.
Et sur l'asphalte luit le pâle reflet des étincelles qui crépitent,
Quand par-dessus nos têtes crissent les fils électriques.

Klavdia Vassilieva accompagnait de temps en temps Bely à Saarow. Elle ressemblait à une nonne et Bely la traitait parfois quand il était en colère de "vierge anthroposophique", pas devant elle cependant. Elle portait une longue robe noire et un châle de laine de même couleur recouvrait ses épaules étroites. Elle paraissait sans âge et ne souriait jamais ; ses lèvres étaient minces et serrées, son nez petit et rouge et ses cheveux tirés en arrière. Nous logions dans un hôtel, près de la gare. La chambre qui lui était réservée se trouvait à côté de la mienne. Elle se couchait tôt et plus un bruit ne s'échappait de la pièce voisine. Bely ne lui demandait jamais de l'accompagner au café, ni de danser avec lui, ni d'écouter une fois de plus le drame de son amour pour Lioubov Blok. Dans son imagination délirante, Klavdia Vassilieva incarnait une grande variété de personnages, tantôt elle représentait un rempart, un refuge, "presque une maman", tantôt il lui prêtait le rôle perfide d'un émissaire du "docteur" chargé de le surveiller et de le sauver ! Déjà à cette époque, elle nourrissait sans doute l'idée de le "sauver", mais on n'aurait jamais pu deviner qu'elle deviendrait sa femme. C'était une dame secrète qui ne dévoilait pas ses intentions.

Au cours de l'été 1923, Bely venait nous rejoindre au bord de la mer à Prerow où séjournaient aussi les Zaïtsev, les Berdiaev et Mouratov. Il pleuvait ; je jouais aux échecs avec Mouratov et nous avions d'interminables conversations. Nous allumions le poêle avant de partir en promenade au bord de la mer Baltique dans le vent et la pluie, vêtus d'imperméables. Un soir, nous avons vu au cinéma *Le Docteur Mabuse*, le grand succès des années vingt. Chez les Zaïtsev régnait, comme d'habitude, une ambiance chaleureuse et animée. Nicolas Berdiaev faisait sa promenade quotidienne dans les dunes, muni d'une lourde canne.

A Berlin, tout le monde était sur le point de partir, chacun dans une direction différente. Avant notre départ, nous nous sommes réunis pour une photographie de groupe dans la Tauentzienstrasse. Bely était là, mais il était énervé et avait un sourire crispé. Un mois auparavant, Gerchenzon avait raconté à Khodassevitch qu'au moment de retirer son visa au consulat soviétique pour lui et sa famille, il était tombé sur Bely qui lui aussi demandait à retourner en Russie. Bely ne nous avait pas encore fait part de ses intentions et Khodassevitch éprouva une grande tristesse en apprenant cette nouvelle.

La photo de notre groupe fut prise le 8 septembre au matin. Je l'ai insérée dans le recueil de poésies de Khodassevitch paru à Munich. Le soir eut lieu le dîner d'adieu qui réunit beaucoup de monde. Bely apparut dans un état de fureur que je ne connaissais pas. Il ne salua presque personne. Il resta assis à table, sans nous regarder, ses énormes mains enfoncées entre ses genoux et son veston de tweed gris qui pendait sur lui. Lorsque, à la fin du repas, il se leva, un verre à la main, il jeta de ses yeux presque blancs, sur chacun des vingt convives, un regard haineux en déclarant qu'il allait faire un discours. C'était un peu un toast qu'il se portait à lui-même. En cet instant, ce clown génial faisait revivre l'image christique : il voulait qu'on boive à sa santé parce qu'il partait pour être crucifié. Pour qui ? Pour vous tous, messieurs, qui êtes assis dans ce restaurant russe de la Gentinerstrasse, pour Khodassevitch, Mouratov, les Zaïtsev, Remizov, Berdiaev... Il allait verser son sang pour toute la littérature russe.

— Pas pour moi ! dit d'une voix douce mais claire Khodassevitch, je ne veux pas qu'on vous crucifie pour moi, Boris Nikolaïevitch, je refuse de vous confier pareille mission.

Bely posa le verre et, jetant devant lui un regard vide, déclara que Khodassevitch démolissait tout, selon son habitude, par son scepticisme venimeux et que lui, Bely, coupait dorénavant toute relation avec lui. Khodassevitch pâlit. Tout le monde se mit à parler en même temps et à tourner en plaisanterie la crucifixion qui se réduisit à un brillant exercice d'éloquence. Mais Bely ne pouvait plus s'arrêter : Khodassevitch était un sceptique négatif et stérile, Berdiaev un agent secret, Mouratov un homme qui faisait seulement semblant d'être des leurs. Tous les convives se transformèrent soudain, dans son imagination surexcitée par le vin, en un cercle d'ennemis qui attendaient sa mort, qui ne croyaient pas à sa sainteté et qui accueillaient son sacrifice par des sourires ironiques. Il devenait de plus en plus hystérique ; Zaïtsev et

Vycheslavtsev, sans réagir à ces grossièretés, essayaient vainement de le calmer. On le conduisit à la porte. Je voulus lui serrer la main pour lui dire simplement qu'il était et serait toujours pour moi l'un des grands écrivains de notre temps et que je garderais précieusement le souvenir de nos rencontres. Lorsqu'il vit que je m'approchais de lui, il eut un frémissement, rejeta sa tête en arrière et s'apprêta à bondir comme une panthère... Je reculai, ou plutôt des personnes bien intentionnées me tirèrent en arrière par la manche. Je ne l'ai plus jamais revu. Il quitta Berlin pour Moscou le 23 octobre 1923.

Bely s'en alla, le Berlin russe se vida, je n'en connaissais pas d'autre. Le Berlin allemand ne servait que de toile de fond. L'Allemagne était malade, l'argent de même, ainsi que les buissons du Jardin zoologique où nous nous promenions parfois le matin en compagnie de Mouratov.

Mouratov était un homme calme, réfléchi, capable de comprendre les tourments des autres. C'est lui qui avait fait connaître l'Italie aux symbolistes russes. Il était à sa manière un symboliste, avec son culte de l'Eternel Féminin ; il ne ressemblait cependant à aucun d'eux. Son symbolisme n'était ni brumeux, ni décadent, mais transparent et classique. Il était toujours amoureux, mais son amour, triste ou joyeux, était lui aussi légèrement stylisé. Ses enchantements et ses désillusions étaient de nature plus intellectuelle, quoiqu'il ne manquât pas de sensualité. Il semait à tout vent ses pensées originales qu'un autre à sa place aurait gardées jalousement. Certaines d'entre elles vivent encore aujourd'hui en moi. Il ne recherchait pas la reconnaissance, il aimait par-dessus tout la liberté. C'était un Européen accompli. Il avait découvert l'Europe dès avant la Première Guerre mondiale, et je l'ai découverte à mon tour, cette année-là, à travers lui. C'est en sa compagnie que j'ai entendu pour la première fois les noms de Gide, Proust, Valéry, Virginia Woolf, Papini, Spengler, Mann et de bien d'autres qui lui étaient familiers et qui nourrissaient sa pensée dépourvue des préjugés de sa génération.

Il venait souvent chez nous. Il aimait me voir coudre sous la lampe et il l'évoque dans sa nouvelle *Schéhérazade* qu'il m'a dédicacée. Dans les notes de Khodassevitch, son nom figure à côté de ceux de Boris Pasternak, de Nicolas Otsoup, ou de Bely. C'est avec lui que j'ai connu deux de mes impressions théâtrales les plus vives, *Le Voile de Pierrette* de Schnitzler, avec Tchabrov, et *La Princesse Turandot*, montée par le Théâtre d'Art de Moscou, dans la mise en scène de Vakhtangov. Tchabrov était un acteur de génie, plein de talent et de magie. Il était accompagné par Fiodorova qui, plus tard, sera atteinte d'une maladie mentale, et par Samuel Vermel qui interprétait Pierrot. Je me souviens encore aujourd'hui du moindre détail de ce spectacle étonnant.

Rien ne m'a autant frappée que ce *Voile de Pierrette*, ni Mikhail Tchekhov dans Strindberg, ni Jean-Louis Barrault dans Molière, ni Zacconi dans Shakespeare, ni Anna Pavlova dans *La Mort du cygne*, ni Liouba Welisch dans *Salomé*.

Il y avait des cabarets berlinois plus mondains où des couples évoluaient aux sons d'un orchestre à cordes. Des lampions colorés entourés de nuées de moucherons se balançaient à l'entrée, sous le feuillage. Les arbres étaient chétifs et les filles au coin de la Motzstrasse étiolées. Nous autres Russes insomniaques déambulions parfois jusqu'à l'aube dans ces rues où le jour les enfants allemands au teint maladif allaient à l'école d'un air digne.

Gerchenzon ne fréquentait pas les cabarets. Une fois, cependant, il y est allé et voici le récit qu'il en a fait :

J'étais fatigué et il faisait chaud. J'ai eu l'idée, pourquoi pas, de m'arrêter dans un de "leurs" bistrots pour me reposer un peu. J'suis entré, on m'dit : Il faut manger, c'est un restaurant ici. Je leur explique que je mange à la pension Krampe où j'habite avec ma famille et que je ne vais jamais au restaurant pour manger. Ils me répondent : C'est pas possible. Je tente un autre. Je rentre. On m'dit : Ici on ne sert que des liqueurs. Mais qui est-ce qui boit des liqueurs ? Donnez-moi un verre d'eau. Impossible : c'est une Weinstube *ici ! Je n'ai jamais mis les pieds dans une* Weinstube, *à quoi ça peut bien servir une* Weinstube *? Ici non plus,* *pas moyen d'avoir de l'eau. Voilà encore un bistrot. J'entre. Je demande si c'est une* Weinstube *ou non. On m'dit que ça n'en est pas une. Un restaurant ? Non, un café. Mince alors, quel tralala ! Des candélabres, des lustres, des tapis... Des serveurs en jaquette, des femmes, bref, tout le bataclan... Peut-on avoir un verre d'eau, quand on a soif ? Surprise ! On ne me propose pas de m'asseoir. Mais on m'apporte un verre d'eau sur un plateau. C'est combien ? J'avais peur de ne pas avoir assez d'argent. Rien, disent-ils. L'eau est gratuite. Buvez, me disent-ils, et rentrez chez vous.* Aufwiedersehn... *Et c'est dans des lieux pareils que vous passez vos soirées ?*

Nina Petrovskaïa apparut un jour chez nous en compagnie de sa sœur Nadia qui était une simple d'esprit et dont je me méfiais. Nina me sembla très vieille et démodée avec son visage basané, couvert de grains de beauté, son corps court et large, ses mains rêches. Elle était vêtue d'une longue robe décolletée et froufroutante ; son énorme chapeau noir était surmonté d'une plume d'autruche et décoré d'une grappe de cerises noires. Ce n'était vraiment pas ainsi que je m'étais imaginé la Renata de *L'Ange de feu*, l'amante de Brioussov et l'amie de Bely, Khodassevitch non plus, me semblait-il. Les yeux noirs et profondément enfoncés de Nina avaient quelque chose d'étrange et d'inquiétant. Elle disait de sa voix basse qu'elle *lui* avait écrit (elle ne nommait jamais Brioussov par son nom) et qu'elle attendait à présent qu'*il* l'invite à revenir à Moscou. Les cerises de son chapeau brimbalaient et bruissaient comme des feuilles mortes. Elle employait des expressions bizarres qui rappelaient davantage Balmont que Brioussov. Lorsqu'elle m'embrassa, je perçus des relents de tabac et de vodka.

Un jour, Khodassevitch rentra à la maison complètement horrifié : il venait de passer trois heures avec elle et Bely, qui avaient de vieux comptes à régler. "C'était exactement comme en 1911, dit-il, mais ils étaient tous deux si vieux et si sinistres que j'ai eu envie de pleurer."

Elle venait souvent, restait longtemps, buvait et fumait, et parlait toujours de *lui*. Mais Brioussov ne répondit pas à sa lettre.

Quelques années plus tard, à Paris, après la mort de sa sœur, Nina Petrovskaïa passa plusieurs jours chez nous, dans notre appartement de la rue Lamblardie. Dès le matin, elle partait en cachette boire du gros rouge au bistrot de Daumesnil, puis elle faisait le tour des médecins russes en les suppliant de lui prescrire de la codéine. Depuis le jour où elle avait quitté la Russie, en 1912, sa vie n'était plus qu'une tragédie. Personne n'osait lui demander comment elle avait survécu, à Rome, pendant la Première Guerre mondiale. La nuit, elle n'arrivait pas à dormir ; elle ressassait sans cesse son passé. Khodassevitch restait à ses côtés dans la première pièce qu'on appelait "la mienne", tandis que je me résignais à dormir dans "la sienne" sur un divan. Il venait me rejoindre au petit matin et s'allongeait à côté de moi, harassé par les interminables confidences de Nina, et abruti par la fumée de ses cigarettes, ses larmes d'ivrogne. La nuit le chauffage central ne fonctionnait pas ; il était transi, épuisé, à moitié malade.

J'essayais parfois de la persuader de manger quelque chose, car elle ne s'alimentait plus guère, de lui faire prendre un bain, de se laver les cheveux, de laver son linge et ses bas, mais elle n'était plus capable de rien. Un jour, elle est partie pour ne plus revenir. Elle n'avait pas d'argent, pas plus que nous à l'époque. Une semaine plus tard, on la trouva morte dans la chambrette d'un foyer de l'Armée du Salut ; elle avait ouvert le gaz. C'était le 23 février 1928.

Le Club russe se réunissait le dimanche durant les années 1922-1923 au café Landgraf. On l'appelait parfois "La Maison des Arts". Nous étions nombreux à prendre la parole : Ehrenbourg, Mouratov, Khodassevitch, Otsoup, Chklovski, Pasternak, le professeur Yachtchenko, Bely, Zaïtsev, moi et d'autres. Trois maisons d'édition étaient particulièrement actives : L'Epoque de Soumski, Helikon d'Abraham Vichniak et celle de Zinovi Grjebine. Une courte note de Khodassevitch datée du 27 octobre 1922 fait allusion à sa visite au journal de Kerenski, *Les Jours*, qui commençait à paraître à Berlin à ce moment-là. La dispersion générale commença le 9 septembre avec le départ des Zaïtsev à Florence. Pasternak nous rendit visite pour la dernière fois, et le 4 novembre nous sommes partis, Khodassevitch et moi, pour Prague.

Avant même de faire la connaissance de Maxime Gorki, deux légendes m'avaient donné une idée de l'homme sinon de l'écrivain. En tant qu'écrivain, il ne m'a jamais intéressée : je m'étais d'abord plongée dans Ibsen, Dostoïevski, Baudelaire, Blok, puis, quand j'habitais chez lui, dans Gogol, Flaubert, Shakespeare, Goethe, et plus tard, quand je suis partie, je me mis à lire et à aimer Proust, Lawrence, Kafka, Gide, Valéry, enfin Joyce et les écrivains contemporains anglais et américains. Il n'y avait pas de place dans ma vie pour Gorki écrivain, et il n'y en a toujours pas.

Mais ces deux légendes ont éveillé ma curiosité pour l'homme. J'ai entendu la première dès mon enfance. Le Théâtre d'Art de Moscou avait joué *Les Bas-Fonds* à Pétersbourg et, à cette occasion, j'avais vu une photo d'un gaillard en blouse russe et au nez camus, celle du va-nu-pieds devenu écrivain. Il sortait du peuple et il était célèbre. La photo le représentait assis sur un banc, aux côtés de Léon Tolstoï. Il avait fait de la prison, le monde entier l'écoutait, le lisait et le regardait. Il avait parcouru toute la Russie à pied et maintenant il écrivait.

C'est Khodassevitch qui m'a rapporté la seconde légende. L'énorme appartement de Gorki, sur l'avenue du Kronwerk à Pétersbourg, en formait le cadre. Cet appartement abritait une foule de gens venus prendre une tasse de thé et qui s'y installaient, on ne sait trop pourquoi, des années durant, vivant là, buvant, mangeant, se réchauffant, s'y réfugiant à l'occasion. On dut démolir un mur et réunir deux appartements en un seul. Dans une pièce vivait la baronne Boudberg qui portait encore le nom de Zakrevskaïa-Benckendorff, dans une autre, un hôte de passage, dans une troisième, la nièce de Khodassevitch avec son mari, dans une quatrième, la compagne du peintre Tatline, le constructiviste, dans une cinquième, H.G. Wells lorsqu'il vint en Russie, en 1920, dans la sixième enfin, Gorki lui-même. Khodassevitch s'arrêtait dans la neuvième ou la dixième quand il venait de Moscou. Par la suite, l'ex-grand-duc, Gabriel Konstantinovitch Romanov, sa femme et son chien se sont aussi retrouvés là, dans l'ancien "salon", sans parler de Maria Andreieva, la deuxième femme de Gorki, et de Catherine Pechkova, sa première femme.

Je fus particulièrement frappée par la démolition du mur, les démêlés de Gorki avec Zinoviev, la fermeture de son journal *Vie nouvelle*, qui parut en 1917 et 1918, et son départ à l'étranger. Il était parti malade et furieux à la fois contre Zinoviev, Lénine et lui-même.

Gorki vivait maintenant à Heringsdorf, sur la mer Baltique. Il ne décolérait pas et était particulièrement monté contre Alexis Tolstoï et son journal *La Veille** dont il ne voulait rien entendre. Alexis Tolstoï, occupé à dactylographier son roman *Aelita*, considérait pour sa part que Gorki divaguait.

Quand Alexis Tolstoï rencontra Khodassevitch rue Tauentzienstrasse, à Berlin, il lui dit carrément, en le prenant par le col de son veston, qui n'était pas cette fois la jaquette recoupée de Micha, mais la veste retournée de l'avocat N. :

— Qu'est-ce que c'est que ce costume que vous portez là ? Vous avez envie de porter un habit "idéologique" en Europe, vous ? Allez chez mon tailleur et dites-lui d'envoyer la facture au journal. Je fais faire même mes chemises, le prêt-à-porter n'a pas d'allure.

L'écrivain de "la terre russe" n'aimait pas la pauvreté et savait bien vivre. Mais Khodassevitch n'alla pas chez le tailleur : il n'avait pas l'intention de collaborer avec *La Veille*.

Dans la maison d'Alexis Tolstoï, on sentait le départ imminent de toute la famille pour la Russie. La poétesse N.V. Krandievskaïa, sa troisième femme, qui était enceinte de son troisième fils, se rangeait toujours à l'avis de son mari et écrivait des vers sur son *corps plein de passions* et sur *des étreintes insatisfaites* ; je me sentais gênée à leur lecture. Tolstoï était un bon conteur, mais son humour était primaire et sans finesse, comme ses écrits. Il savait rendre vivant et intéressant un événement trivial ; cependant, quand on l'écoutait raconter une séance chez le dentiste, des histoires juives

* On y recherchait un compromis avec le régime soviétique pour faciliter le retour des émigrés dans leur patrie. *(N. d. T.)*

ou arméniennes, ou encore la visite de deux “clébards”, lui et Khodassevitch, chez un troisième, Gorki, on pouvait prévoir la vulgarité de ses romans tardifs. Je le regardais avec étonnement, assis dans un coin du salon, dactylographiant son roman *Aelita* sur sa Remington en présence des invités. Il le composait directement, sans faire de brouillon, et l’avait déjà vendu aux éditions d’Etat Gosizdat. On sentait bien que pardessus tout il aimait gagner de l’argent et le dépenser, méprisant ouvertement ceux qui avaient d’autres aspirations. Il lui a fallu connaître des revers de fortune et vivre la débâcle générale de la Russie, pour trouver le moyen d’écrire le premier tome de son roman, *Le Chemin des tourments*, et redresser ainsi la barre en recourant aux procédés littéraires traditionnels. Lorsqu’il se sentit de nouveau en sûreté, il se remit à descendre la pente.

Nous sommes arrivés chez Gorki, à Heringsdorf, le 27 août 1922.

Ce qui m’a toujours paru funeste pour la culture russe, ce n’est pas tant la coupure entre l’intelligentsia et le peuple, beaucoup moins marquée en Russie que dans bien d’autres pays, mais celle qui existe à l’intérieur même de l’intelligentsia. Les uns regardent la télévision, d’autres lisent des livres, d’autres les écrivent et d’autres enfin s’écroulent dans leur lit tôt le soir, car il leur faudra se lever avec le soleil. X. n’ira pas voir une opérette, Y. une pièce de Strindberg, et Z. ne s’intéressera ni à l’une ni à l’autre, il restera à la maison pour composer sa propre pièce. Un autre ne saura même jamais qu’il existe un théâtre en ville. Tout cela est dans la nature des choses. Mais lorsque l’intelligentsia est foncièrement divisée, comme c’était le cas en Russie, l’espoir d’une culture spirituelle et d’un progrès intellectuel communs à tous et durables s’évanouit, faute de valeurs reconnues par l’ensemble de la nation.

Même aux yeux d’un marxiste français, Valéry reste un grand écrivain. Le bourgeois américain le plus terre-à-terre considère le peintre abstrait Jackson Pollock comme un grand peintre, en dépit du degré d’abstraction de sa peinture. Sur la façade de la maison où habitait Oscar Wilde, cinquante ans après sa mort, on a mis une plaque de marbre, on interdit et on édite tout à la fois les œuvres de D.H. Lawrence, on subventionne les concerts de musique dodécaphonique, et c'est là l'œuvre des bureaucrates anglais, américains et allemands ! Ainsi ce qui choquait les gens, il y a un quart de siècle, est reconnu progressivement par les classes moyennes sur lesquelles s'appuie en même temps l'Etat. Voilà à quoi aboutit la lutte des intellectuels occidentaux contre l'esprit petit-bourgeois.

Nos intellectuels à nous se sont scindés en deux groupes dès l'apparition du terme même d'intelligentsia : les uns aimaient Blanqui, les autres Balmont. Dans le premier cas, on pouvait apprécier également la poésie de Béranger, dans la mauvaise traduction de Kourotchkine, mais en aucun cas Balmont. Et si l'on aimait Vladimir Soloviev, on ne pouvait qu'être indifférent à l'éventualité d'un régime constitutionnel et passer pour un incorrigible obscurantiste. Par là même, chaque moitié de l'intelligentsia russe comportait des traits à la fois révolutionnaires et réactionnaires : la gauche politique était réactionnaire sur le plan culturel, alors que les artistes de l'avant-garde étaient politiquement conservateurs ou indifférents.

En Occident, les gens ont en commun un *chu* sacré, ce mot chinois désignant quelque chose que tous respectent, quelles que soient par ailleurs leurs opinions. De là surgit un équilibre qui est l'un des facteurs déterminants de la culture et de la démocratie occidentales. Mais dans l'intelligentsia russe, les tendances révolutionnaires et réactionnaires n'ont pas été des facteurs d'équilibre ; il n'y a jamais eu de *chu*, sans doute parce que les Russes sont le plus souvent incapables de compromis. Le mot même, qui en Occident implique une notion de créativité et de modération, est synonyme, en Russie, de lâcheté et de mesquinerie.

Dès le premier soir, j'ai compris que Gorki n'appartenait pas à la branche de l'intelligentsia que j'avais connue jusqu'alors.

Aimait-il Gogol ? Oui, sans doute... Mais il aimait aussi Elpatievski et les considérait tous deux comme des "réalistes" proches l'un de l'autre, et au fond interchangeables.

Aimait-il Dostoïevski ? Non, il le détestait. C'est ce qu'il me dit dès notre première rencontre et il me l'a répété bien des fois par la suite.

Je remarquai d'emblée son regard bleu et perçant, sa voix sourde entrecoupée de toussotements, les gestes de ses mains lisses et soignées dont quelqu'un avait dit qu'elles ressemblaient à celles d'un soldat sortant de l'infirmerie. Sa grande taille était voûtée, sa poitrine rentrée et ses jambes droites. Son sourire était condescendant et pas toujours agréable. Son visage était capable d'exprimer la colère lorsque son cou rougissait et que ses pommettes frémissaient sous la peau. Quand vous lui posiez une question embarrassante, il avait l'habitude de regarder au-dessus de votre tête, tambourinant de ses doigts sur la table ou chantonnant. Il avait le charme naturel d'un homme intelligent et original dont la vie avait été riche, difficile et remarquable. Ce soir-là, je ne fus sensible qu'à ce charme. J'ignorais encore que ce qu'il me disait, il l'avait dit bien des fois. Je ne savais pas que le ton de sa conversation ainsi que ses gestes relevaient du cabotinage, non d'un sentiment spontané pour son interlocuteur.

Le dîner suivit le thé. Nous étions quatre dans la salle à manger silencieuse : Gorki, Khodassevitch, le peintre Ivan Rakitski qui vivait là, et moi-même.

— Vous avez bien fait de venir, répéta plusieurs fois Gorki, ils sont tous partis ce matin, Chaliapine, Maxime, et quelqu'un d'autre encore dont j'ai oublié le nom.

Nous avons parlé ce soir-là de Pétersbourg, Gorki voulant avoir des nouvelles. Il était parti à l'étranger neuf mois auparavant, mais se sentait encore à moitié là-bas. Il injuriait les bolcheviks, se plaignait de ne pas arriver à sortir un journal à Berlin pour le faire passer en Russie, qu'on ne publiait pas assez d'ouvrages et que la censure agissait de façon stupide et grossière en interdisant des livres magnifiques. Il parlait des désordres à la Maison des Ecrivains et des scandales à la Maison des Savants. Lorsque nous avons parlé du groupe qui était à la recherche d'un compromis avec le régime soviétique, il eut un haussement d'épaules et une réaction hostile à l'endroit du journal *La Veille*. Plusieurs fois au cours de la conversation, il évoqua le nom de Zinoviev et ses vieilles rancœurs à son égard.

Vers la fin du repas, on se mit à parler de littérature, des jeunes écrivains contemporains, de ceux que j'avais côtoyés à Pétersbourg et de moi-même. Il me demanda de lui lire mes poésies.

Il écouta attentivement selon son habitude. Sa mémoire était telle qu'il retenait sa vie durant ce qu'on lui avait raconté. Il aimait la poésie qui le touchait jusqu'aux larmes, la bonne et la mauvaise.

— Travaillez, dit-il, ne vous pressez pas de publier, étudiez...

Il était encourageant à mon égard comme envers tous ceux qui se décidaient de se consacrer à la littérature, à la science ou à l'art, ces activités ayant à ses yeux un caractère sacré.

Il aimait la poésie, mais les jugements qu'il portait sur elle aussi bien que sur la prose avaient quelque chose de stéréotypé. Un jour il m'écrivit ceci, qui résume bien sa façon de considérer les poètes et la poésie :

Il me semble que la définition suivante – le poète est l'écho de la vie du monde – est la plus juste... Y a-t-il quelque chose de meilleur que la littérature, que l'art du verbe ? Rien.

Il était difficile de croire que cet homme pouvait pleurer en écoutant les vers de Pouchkine, de Blok et de bien d'autres.

Après avoir desservi, la bonne sortit. Dehors, la nuit tombait et Gorki se mit à parler. Bien des fois plus tard, je l'ai entendu faire ces mêmes récits, avec les mêmes mots, à des auditeurs aussi naïfs que je l'étais alors. Mais en l'entendant pour la première fois, il était impossible de ne pas s'émerveiller de son don de conteur. Il ne parlait pas comme il écrivait, il racontait les choses simplement, sans moraliser ni insister.

L'important pour lui était le fait réel pris sur le vif. Il n'aimait pas l'imagination et ne comprenait pas les contes de fées.

— C'est exactement comme cela que ça s'est passé, s'exclamait-il avec enthousiasme, après avoir lu une nouvelle ou un essai.

Ou bien :

— Ce n'était pas du tout comme ça, dit-il d'un air sombre en parlant du récit de Leonid Andreiev, *L'Abîme*. Il a inventé la fin et je me suis disputé avec lui à cause de cela.

Gorki était prêt cependant à altérer les faits quand il s'agissait de "la marche en avant de la Révolution".

La pendule marquait deux heures du matin. Et je l'écoutais toujours. J'avais l'impression que je parcourais la Russie d'il y avait quarante ans, depuis la Volga jusqu'au Don, de Crimée en Ukraine. Tout y passait, des anecdotes de Nijni-Novgorod, l'époque des persécutions politiques, la fameuse bagarre dans un village lorsqu'il intervint en faveur d'une femme battue, les débuts du Théâtre d'Art et l'Amérique. Ses mains étaient posées sur la table, son visage avec ses narines largement ouvertes et ses moustaches tombantes légèrement tourné vers le plafond, sa voix tantôt s'éloignait de moi, tantôt se rapprochait suivant que je m'assoupissais ou que je revenais à moi, les yeux grands ouverts, de peur de m'endormir. L'air de la mer, le voyage, mon âge faisaient leur effet.

On n'avait pas besoin de lui poser des questions. La tête appuyée sur une main, ponctuant de l'autre son récit, il fumait tout en parlant ; quand il allumait une cigarette, il n'éteignait pas les allumettes, mais en faisait un petit bûcher dans le cendrier. Enfin il me regarda fixement.

— Il est temps d'aller dormir, dit-il avec un sourire. Reconduisez la poétesse.

Le peintre Rakitski qui remplissait la fonction de maîtresse de maison me mena au premier. Chaliapine avait passé la nuit précédente dans cette chambre ; je l'avais vu deux fois seulement sur la scène, en Russie. Il me semblait que son ombre hantait encore les lieux. Seule, je restai longtemps assise sur le lit à écouter derrière la cloison la toux de Gorki, le bruit des pas, le froissement d'un livre qu'on feuillette ; il aimait lire avant de s'endormir. Je remis à plus tard tout jugement sur ce que je venais de voir et d'entendre.

Le 25 septembre 1922, Gorki déménagea à Saarow, à une heure et demie de train de Berlin, dans la direction de Francfort-sur-l'Oder. Au début de novembre, il nous persuada de le rejoindre et nous nous sommes installés dans deux pièces de l'hôtel qui se trouvait près de la gare.

Dans ce paisible lieu de villégiature au bord d'un grand lac, et désert en hiver, se recréa l'ambiance de l'appartement de l'avenue du Kronwerk, pareille à celle d'une auberge, mais seulement le dimanche. Les gens affluaient de Berlin par le train du matin, des amis ou de simples visiteurs et ceux surtout qu'on appelait "les nôtres", assez nombreux.

De la fenêtre de notre hôtel, le Bahnhof Hotel, je les voyais cheminer le long des rues désertes de cette petite localité allemande. Le silence n'était troublé que par le sifflement de quelques rares trains ; les rues étaient si propres qu'on aurait dit, après une bonne pluie d'automne, qu'on les avait lavées.

Rien ne convenait dans cette maison à Maria Andreieva, la deuxième femme de Gorki, qui y venait souvent.

— Et qu'est-ce qu'on te fait à manger ici ? disait-elle, en examinant avec dégoût la boulette de viande qu'on lui avait servie. Et qu'est-ce que tu portes là ? N'y a-t-il vraiment pas une villa plus confortable ?

Malgré son âge, elle était encore belle ; elle portait fièrement sa tête rousse, jouait avec ses bagues et balançait son élégant escarpin au bout de son pied. Le fils de son premier mariage, un cinéaste, venait à l'occasion avec sa femme. Elle avait à leur égard, comme avec tout le monde, un air de condescendance méprisante. Elle n'avait de charme ni dans son visage, ni dans sa voix. Sans doute n'en avait-elle pas eu besoin dans sa jeunesse pour être belle.

Maria Fiodorovna ne venait pas les jours de visite de Catherine Pavlovna, la première femme de Gorki, la mère de son fils Maxime. Celle-ci était un tout autre type de femme. Elle arrivait droit de Moscou, des salons du Kremlin, porteuse d'une foule de nouvelles. On entendait les paroles s'échapper du bureau de Gorki : "Vladimir Ilitch a dit... et Felix Edmoundovitch a répondu..." Elle avait l'habitude de regarder son interlocuteur droit dans les yeux et de parler "à cœur ouvert".

Maria Fiodorovna était accompagnée de Piotr Krioutchkov, homme de confiance de Gorki, son factotum. Plus tard Staline l'accusera d'être "un ennemi du peuple" et, après des aveux complets, le fera fusiller.

La table était mise pour une vingtaine de personnes. Moura Boudberg, secrétaire et amie de Gorki, servait le potage. Elle se disait comtesse Benckendorff de par son premier mariage et baronne Boudberg de par son second*. La conversation à table était animée. Maria Fiodorovna déclara que les quenelles étaient immangeables et me demanda si je croyais en Dieu. Semion Youchkievitch, qui promenait autour de lui ses yeux tristes, disait que rien ne servait à rien, que la mort était proche et qu'il était temps de songer à son âme. André Bely, le sourire crispé, fixait son assiette de son regard perçant, car on avait oublié de lui donner une cuiller et il attendait en silence. Il était complètement abasourdi par le bruit et les rires du groupe des jeunes au bout de la table, ainsi que par le silence de mort du maître de céans qui regardait par-dessus les têtes et tambourinait sur la table, signes de mauvaise humeur.

Etaient également là Khodassevitch, Victor Chklovski, Soumski, Grjebine, Ladyjnikov, vieil ami et éditeur de Gorki, le chef d'orchestre et pianiste Dobrovein et d'autres. Gorki se dérida progressivement et vers la fin du repas la conversation devint plus ordonnée. Bely ne se comportait pas comme d'habitude. Sa courtoisie cérémonieuse était poussée à l'extrême, il se rangeait à l'opinion de chacun, faisant semblant de ne pas comprendre quand Maria Fiodorovna fit remarquer que le poulet était trop cuit.

L'attitude qu'avait adoptée Bely avec Gorki était finalement la plus appropriée. C'était difficile de débattre avec Gorki. On ne pouvait pas le convaincre car il n'écoutait pas ce qui le dérangeait. Il "faisait la sourde oreille", disait Moura qui, comme la princesse Betsi Tverskaïa dans *Anna Karénine*, aimait traduire littéralement en russe les expressions anglaises et françaises. Parfois oubliant de faire la "sourde oreille", il se levait et se retirait, le visage rouge de colère, en lançant, sur le pas de la porte :

— Non, c'est faux.

Et la discussion s'arrêtait là.

* Dans son livre paru sous le titre *Histoire de la baronne Boudberg*, aux éd. Actes Sud (1988), Nina Berberova fait revivre la figure de cette aventurière aux nombreux faux titres, qui fut tour à tour la maîtresse de l'agent secret Lockhart, de Gorki et de H.G. Wells. *(N. d. T.)*

Gorki était quelqu'un qu'il fallait laisser parler jusqu'au bout sans l'interrompre. Il ne considérait peut-être pas ses opinions comme infaillibles, mais il ne voulait pas les réviser, et probablement il ne le pouvait plus. On bouge un coin de l'édifice, et tout le reste s'écroule ; alors, on préfère ne pas y toucher.

Si nombreux étaient ceux qui arrivaient chez Gorki, venant de la Russie soviétique, qu'il serait impossible d'en donner une liste exhaustive : des commissaires du peuple, des ambassadeurs, des marins de la flotte soviétique, des écrivains.

Un jour, j'entrai dans son bureau juste avant le déjeuner. Il avait terminé d'écrire et, coiffé de sa calotte bigarrée de Tatar, lisait les journaux de l'émigration : *Les Jours*, *Le Gouvernail* de Berlin et *Les Dernières Nouvelles* de Paris. Il savait que j'étais venue emprunter des livres.

Je pris un volume de Dostoïevski.

— Alexis Maximovitch, est-ce que je peux... ?

— Prenez ce qui vous plaît.

Il me regarda de derrière ses lunettes avec ses bons yeux, mais il valait mieux ne pas lui dire ce que j'avais pris. La majorité des écrivains russes du XIXe siècle étaient ses ennemis personnels : il détestait Dostoïevski et méprisait Gogol, le considérant comme un homme physiquement et moralement malade ; un tremblement de haine et de jalousie passionnée le secouait quand il entendait les noms de Tchaadaïev et de Vladimir Soloviov ; il se gaussait de Tourgueniev ; Léon Tolstoï le troublait et l'inquiétait. Il reconnaissait son génie, mais aimait s'attarder sur ses faiblesses et prenait la défense de sa femme Sofia Andreievna. Un jour, il me dit :

— Prenons ces trois livres : *Anna Karénine*, *Madame Bovary* et *Tess* de Thomas Hardy. Les auteurs occidentaux ont drôlement mieux traité le sujet ! Comme ils ont bien réussi, eux, le portrait de ce "type" de femme !

Avant tout il aimait ses élèves et ses disciples ainsi que les autodidactes de province qui débutaient et recherchaient son soutien. Il aimait aussi les écrivains oubliés de sa jeunesse.

— Prenez Karonine, par exemple, disait-il, il a décrit ça de façon remarquable.

— Je n'ai pas lu Karonine, Alexis Maximovitch.

— Comment ça, il faut absolument le lire, de même qu'Eleonski...

Un jour, il se produisit un incident unique en son genre. On lui avait envoyé de la librairie russe de Paris le recueil de nouvelles de Bounine qui venait de paraître. Il laissa tout tomber, son travail, son courrier, la lecture des journaux et s'enferma à clé dans son bureau. Il arriva en retard au déjeuner dans un tel état de distraction qu'il avait oublié son dentier. Il se leva embarrassé et partit le chercher dans sa chambre où il se moucha longuement.

— Qu'est-ce qu'il a à être si ému, aujourd'hui, notre Douka ? (c'était ainsi qu'on l'appelait en famille) demanda Maxime.

Mais personne ne savait. Ce fut seulement au moment du thé que la chose devint claire.

— Vous comprenez... C'est vraiment admirable, admirable...

Il ne put rien ajouter. Après cela, il négligea longtemps de s'intéresser aux nouveautés littéraires soviétiques et aux manuscrits que lui envoyaient les génies inconnus. Bounine était devenu son point sensible. Il ne pouvait oublier que, quelque part à Paris, vivait un certain Bounine qui détestait le pouvoir soviétique, et Gorki avec. Sans doute était-il misérable, mais il écrivait des livres magnifiques et devait lui aussi être préoccupé par l'existence de Gorki. Jusqu'à la fin de sa vie, Gorki resta fasciné par Bounine. Moura Boudberg transmettait à Gorki ses faits et gestes et il est clair aujourd'hui, à la lumière des événements ultérieurs, qu'un certain Rochtchine, membre du Parti communiste français et qui vécut de longues années sous le toit de Bounine comme ami et admirateur, était mêlé à ces ragots, ce dont personne n'avait eu le moindre soupçon jusqu'en 1946.

Lorsqu'il lisait Bounine, Gorki ne se préoccupait pas de savoir s'il s'agissait de faits réels ou imaginaires. Penché sur un de ses livres et tout en se mouchant et en poussant des soupirs, il n'oubliait pas de corriger au crayon les coquilles et de mettre un point d'interrogation dans la marge, en face, par exemple, d'une expression qu'il jugeait “inconvenante”, ce qu'il faisait toujours même si elle se trouvait dans la bouche du barde de la révolution, Demian Bedny. Il n'admettait pas de telles entorses à la langue ; c'était là un des principes qu'il avait appris, sans doute, auprès de ses maîtres de littérature provinciaux et qui s'était ancré dans sa mémoire. Dans cette catégorie de préceptes qu'il avait captés autrefois figuraient des vérités du genre : la mort est une vacherie, le but de la science est de prolonger la vie humaine, toutes les fonctions physiologiques de l'homme sont honteuses et dégoûtantes, toute manifestation de l'esprit humain contribue au progrès.

Gorki avait une nature confiante. Beaucoup le trompaient, depuis le cuisinier italien qui lui remettait des factures invraisemblables, jusqu'à Lénine qui lui promettait constamment des mesures en faveur des écrivains, des savants et des médecins. C'était pour lui faire plaisir que Gorki avait écrit jadis *La Mère*, mais, en échange, il ne reçut de Lénine aucune gratification.

Gorki croyait qu'entre lui et Romain Rolland existait une affinité profonde, une sorte d'amitié sublime entre deux géants. Leur correspondance assez volumineuse, qui s'étend sur de longues années, est en partie publiée aujourd'hui. Ils s'écrivaient en français, Gorki se faisant aider par un traducteur. J'ai joué ce rôle à plusieurs reprises.

— Nina Nikolaïevna, soyez gentille, traduisez-moi donc ce que Rolland écrit là.

Je prenais la mince feuille de papier et lisais l'élégante écriture soignée qui me faisait penser à des manuscrits arabes.

Cher Ami et Maître, j'ai reçu votre lettre qui embaume les fleurs et les aromates et, la lisant, je me promenais comme dans un jardin luxuriant, me délectant des ombres magiques et des taches de lumière de vos pensées...

— Mais qu'est-ce qu'il raconte là ? Je lui ai posé une question précise : il me faut l'adresse de Panait Istrati, cherchez si elle s'y trouve.

... les taches de lumière de vos pensées qui m'emportent dans le ciel bleu de la méditation.

Le soir, il m'apporta le brouillon de sa réponse. Il avait écrit qu'au cours des cent dernières années, le monde était en marche vers la lumière et qu'au cours de cette ascension marchaient main dans la main ceux qui étaient dignes de porter le nom d'homme. Parmi eux, au premier rang, se trouvait Panait Istrati, *que vous avez cité dans une de vos lettres, cher Ami et Maître, et dont je vous demande instamment de m'envoyer l'adresse dans votre prochain courrier.*

Notre premier hiver "allemand" fut suivi par un deuxième. En réalité, nous étions en Tchécoslovaquie, mais dans sa localité la plus allemande, à Marienbad, où nous avions suivi Gorki. Ici cessèrent les visites, celles des amis, et Gorki se plongea dans son travail. Il écrivait à ce moment-là *L'Affaire Artamonov*.

Il se levait entre huit et neuf heures et, pendant que les autres dormaient encore, prenait seul son café et avalait deux œufs. Nous ne le voyions pas avant une heure.

Dès le mois de novembre commencèrent les préparatifs de Noël et nous avions décidé d'avoir nous aussi un arbre. Les distractions étaient rares. Gorki les appréciait, surtout quand il travaillait beaucoup. Notre principale distraction cet hiver-là était le cinéma.

Une fois par semaine, le samedi, après le souper, Gorki prenait un petit air rusé et s'assurait qu'il ne faisait pas trop froid dehors. Cela voulait dire que nous allions au cinéma. On envoyait chercher sur-le-champ un cocher, la salle se trouvant à l'autre bout de la ville. Personne ne songeait à demander le titre du film. Chacun courait s'habiller à l'étage supérieur et s'emmitouflait de ce qu'il avait de plus chaud si la tempête soufflait. Le large traîneau tiré par deux chevaux s'avançait vers l'entrée de l'hôtel Maxhof. Nous y prenions place tous les sept : Moura Boudberg et Gorki s'asseyaient sur le siège arrière, Khodassevitch et Rakitski sur le siège de devant, la femme de Maxime qu'on appelait Timocha et moi sur les genoux de quelqu'un, Maxime à côté du cocher. Nous appelions cela la "sortie de la brigade des pompiers".

Les chevaux nous emportaient par les rues désertes, les clochettes tintaient, les lanternes brillaient sur les brancards, un vent froid coupait les visages. Le trajet durait une vingtaine de minutes. On nous recevait au cinéma avec les honneurs ; à part nous, il n'y avait presque personne. Ravis, nous nous asseyions en rang, et peu nous importait ce qu'on passait : *Les Derniers Jours de Pompéi*, *Les Deux Orphelines*, ou un Max Linder. Sur le chemin du retour, c'était aussi gai qu'à l'aller.

Cet hiver-là, 1923-1924, le travail finit par tout absorber. Son livre *L'Affaire Artamonov* avançait et grandissait, occupant Gorki toujours davantage et écartant progressivement le reste. Même son intérêt pour son propre journal, *La Conversation*, faiblit ; il avait tenté de jeter un pont entre la littérature de l'émigration et celle de la Russie soviétique, mais en vain.

Son visa pour l'Italie arriva au printemps : il ne devait pas s'installer à Capri où sa présence pourrait éveiller quelque vague passion politique, en raison de son précédent séjour entre 1907 et 1913. Gorki partit pour Sorrente où nous l'avons rejoint à l'automne 1924.

Ce fut son dernier lieu de séjour à l'étranger avant son premier voyage à Moscou en 1928 et son retour en U.R.S.S. en 1933. C'est là qu'il a pu écrire pour la dernière fois en toute liberté et en toute indépendance. Lénine ne vivait plus. Son livre de souvenirs sur "Ilitch" fut le premier pas vers sa réconciliation avec les dirigeants de Moscou.

— Il va retourner là-bas, très bientôt, ai-je dit un jour à Khodassevitch. Au fond, on ne comprend pas très bien pourquoi il ne l'a pas déjà fait.

Mais Khodassevitch ne partageait pas mon avis. Il pensait que Gorki ne pourrait pas "digérer" le régime, qu'il serait retenu par un profond attachement aux vieux principes de liberté et de dignité humaine, et il ne croyait pas au succès de ceux qui, dans l'entourage de Gorki, travaillaient à son retour. Personnellement, j'avais l'impression que cela arriverait plus vite que ces gens eux-mêmes ne pouvaient l'espérer. Ce fut aussi le dernier endroit où il a vécu en relative bonne santé. Ici, dans cette maison d'où l'on découvrait la baie de

Naples, le Vésuve et Ischia, je l'ai vu pour la première fois malade, et cette maladie le vieillira considérablement.

On fit venir un médecin de Naples qui diagnostiqua une mauvaise bronchite. On redoutait une pneumonie. Il avait toujours craint, ainsi que son entourage, cette maladie qui devait l'emporter, du moins si l'on fait foi à la première version officielle de sa mort. Le médecin prescrivit des cataplasmes d'avoine brûlants sur la poitrine et le dos. Timocha et moi étions l'une et l'autre inexpérimentées dans ce genre de traitement et Moura Boudberg était en voyage. Gorki était étendu sur un lit élevé et étroit dans son cabinet de travail, derrière un paravent. Il toussait et la fièvre accentuait la rougeur de son teint. Il nous observait en silence, tandis que nous essayions de faire vite et bien pour éviter que l'avoine ne refroidisse. Nous l'étalions sur un morceau de toile cirée à l'aide de cuillers à soupe puis enveloppions son corps maigre et fébrile de ce cataplasme en le fixant avec un long et large bandage.

— C'est très bien, merci, disait-il d'une voix rauque, mais ce n'était pas bien du tout.

Dans la cheminée crépitaient des branches d'olivier et les ombres dansaient sur les murs et au plafond. Nous le veillions la nuit, à tour de rôle, et le médecin venait le voir tous les matins. Gorki n'aimait pas s'occuper de sa santé et détestait les médecins.

— Oh ! Laissez-moi tranquille, disait-il, et dites à ce monsieur de rentrer chez lui.

— Que dit monsieur le grand écrivain ? demandait avec déférence le médecin.

— Faites-lui comprendre qu'il aille au diable, je guérirai bien sans lui, grommelait Gorki.

Il guérit plus vite que prévu et se remit au travail, la gorge enveloppée d'une écharpe. Ses cheveux en brosse, un peu plus rares qu'avant, avaient fortement grisonné.

Ses souvenirs de Capri étaient encore très vivants en lui.

— Je vous montrerai... Je vous emmènerai... disait-il. Mais ces lieux avaient changé pendant la guerre. Il ne retrouva pas les anciens chanteurs de rue et les nouveaux chantaient des airs américains à la mode. Les enfants dansaient maintenant la tarentelle devant les cafés de la place, après quoi ils passaient avec une assiette entre les touristes.

Lors de nos promenades, il parlait volontiers de Tchekhov, d'Andreiev et de ses propres journaux, *La Chronique* et *Vie nouvelle*. Il n'aimait pas parler de ses anciens ouvrages. Cela s'expliquait sans doute par l'enthousiasme avec lequel il terminait alors son roman, *L'Affaire Artamonov*.

Lorsque le printemps italien précoce arriva, alors qu'il ventait et pleuvait à flots, des parties de cartes s'organisaient le soir. Maxime et moi étions occupés par notre "revue" qu'on avait intitulée *La Pravda de Sorrente*. Je ne me souviens plus qui en avait eu l'idée. C'était un journal humoristique qui paraissait une fois par mois, en un seul exemplaire, luxueux, illustré et recopié à la main. La principale préoccupation de Maxime était d'obtenir de Gorki des inédits. Gorki arrivait dans la chambre de son fils, l'air embarrassé, tenant une feuille dans sa main.

— Je t'apporte une petite chose en vers, ça ira peut-être ?

— Ça n'a jamais été publié, tu es sûr ?

— Mais non, bon Dieu, je te donne ma parole ! Je viens juste de l'écrire.

— Alors, c'est bon ! Passe-moi ça !

Gorki ne savait pas faire de l'esprit, surtout pas en vers. Je me souviens du petit quatrain suivant :

Dans l'eau un poisson
S'ébattait sans raison
Sur mon épaule deux mouches perchées
Se mirent à copuler.

Maxime illustrait le "journal" avec une aquarelle et ma première œuvre en prose, *Un Roman en lettres*, y parut. Les lettres étaient rédigées par une fillette de douze ans censée vivre dans la maison de Gorki où, pour animer le récit, venaient Tourgueniev et Pouchkine. Tout ce beau monde se promenait, dînait et jouait aux cartes avec Dostoïevski...

J'observais et écoutais souvent Gorki. J'essayais de comprendre ce qui le retenait en Europe et l'empêchait de retourner en Russie. Certaines lettres le faisaient ronchonner. Il tapait parfois sur la table et disait, en serrant les mâchoires :

— Ah ! Les crapules, les crapules !

Ou bien :

— Maudite bande d'imbéciles !

Mais le lendemain, il penchait de nouveau de leur côté. Dans cette Europe de l'après-guerre, trop de choses lui étaient étrangères, voire même déplaisantes. Il éprouvait un besoin trop fort de conserver la vision cohérente du monde qu'il avait reçue de la social-démocratie, il y avait de cela vingt-cinq ans, avec l'aide de Lénine, et sans laquelle il ne pouvait imaginer l'existence. Il devenait clair que c'était seulement "là-bas" que vivaient des gens qui lui ressemblaient, que c'était là qu'il échapperait à l'oubli, ainsi qu'à la solitude et au besoin. La peur de perdre les lecteurs russes ne cessait de grandir en lui ; il apprenait avec angoisse que l'on commençait à écrire là-bas "à la manière de Pilniak et de Maiakovski". Il craignait que tout à coup plus personne n'eût besoin de lui.

Il avait à peine terminé *L'Affaire Artamonov* qu'il voulut tout de suite nous en donner lecture. La première partie du roman était achevée, les deux suivantes n'existaient encore que sous forme de brouillon qu'il remania par la suite en les gâchant. Il le lut trois soirs de suite jusqu'à en devenir aphone.

Il était assis à sa table, dans un coin de la pièce ; ses lunettes à monture d'or lui donnaient l'air d'un vieil artisan. La lumière tombait sur le manuscrit et sur ses mains. Assez loin de lui, Maxime et sa femme dormaient profondément, appuyés l'un contre l'autre sur le divan, près du feu qui s'éteignait. Ils ne résistaient pas à plus d'une heure de lecture. Moura Boudberg, Rakitski, Khodassevitch et moi occupions les fauteuils. Le chien était couché sur le tapis. Les fenêtres, sans rideaux, se profilaient en noir. A l'horizon scintillaient les lumières de Castellamare et, dans le ciel, brillait l'escalier illuminé qui menait au cratère du Vésuve. De temps en temps, Gorki avalait quelques gorgées d'eau, allumait une cigarette et sortait de plus en plus souvent un mouchoir pour essuyer ses yeux mouillés de larmes. Cela ne le gênait pas de pleurer en lisant sa propre œuvre.

J'écrivis une poésie évoquant ces séances de lecture, en voici un extrait :

"... hier, l'étoile
Brillait au-dessus de moi,
Et sous la fenêtre, la vague inlassable
Jouait dans la paix de la nuit.
Sur la baie s'étendait l'obscurité,
Dans la chambre, nous étions à sept.
....
Près du feu dormait le chien,
Les bougies brûlaient en bonnets de nuit,
Les vitres et les miroirs
Scintillaient dans l'ombre,
Ici et là se reflétaient
Un visage, une main, la large table
Comme coupée en deux,
Les couleurs du plancher italien,
Une tache lumineuse sur un objet,
Et l'étagère de livres garnie."

Les années 1921-1925 furent la période la plus fructueuse de la carrière de Gorki. Il ne cherchait pas à faire la morale, mais écrivait en toute liberté, avec mesure et inspiration, sans prêter attention à l'éventuelle utilité que pourraient avoir ses écrits pour l'avenir du communisme. Il composa sept ou huit nouvelles importantes, comme s'il écrivait pour lui-même ; c'étaient des récits oniriques, visionnaires, extravagants. *L'Affaire Artamonov* préfigura sa dernière période dont les œuvres sont pratiquement illisibles aujourd'hui.

Pas un seul critique soviétique, semble-t-il, ne comprit ni n'apprécia cette période au cours de laquelle Gorki a senti lui-même qu'il écrivait différemment. Dans une lettre de 1926, il reconnut qu'il *s'était mis à mieux écrire* (*Héritage littéraire*, volume 70). Sans aucun doute, les œuvres des années vingt survivront à ses écrits antérieurs et postérieurs. Deux raisons expliquent le caractère propice de ces années : il vivait en Occident et ne subissait pas de pressions politiques ; il était libre et indépendant. En outre, après les années pénibles de la révolution, il jouissait d'un moment de tranquillité ; sa vie personnelle ne le tourmentait plus ; il connaissait une sorte de trêve, sans soucis d'argent, sans problèmes, sans préoccupations pour l'avenir. Il était seul face à lui-même, la plume à la main, et la conscience largement ouverte au monde.

Lorsqu'il arriva en Europe, Gorki ne s'était pas seulement disputé avec Lénine, mais il était également ébranlé par ce qu'il avait vu et vécu entre 1918 et 1921. J'ai gardé en mémoire une conversation qu'il eut avec Khodassevitch. Ils évoquèrent tous deux une visite qu'ils avaient faite à des moments différents à un orphelinat, ou peut-être à une maison de rééducation pour jeunes adolescentes abandonnées. Elles étaient syphilitiques ; la plupart d'entre elles avaient volé et la moitié d'entre elles étaient enceintes. Malgré son émotivité naturelle, Khodassevitch se rappelait avec une espèce de pitié mêlée de dégoût la manière avec laquelle ces fillettes en haillons et couvertes de poux s'étaient collées à lui et avaient essayé de le déshabiller, dans l'escalier, en soulevant leurs propres jupes déchirées par-dessus leur tête et en criant des obscénités. Gorki avait vécu une scène semblable ; lorsqu'il se mit à en parler, une expression d'horreur apparut sur son visage, il serra les mâchoires et se tut soudain. On voyait que cette visite l'avait profondément secoué, plus sans doute que ses impressions de "va-nu-pieds" d'autrefois devant les horreurs des "bas-fonds", d'où il avait tiré la matière de ses premières œuvres. Ici, en Europe, il soignait certaines blessures qu'il avait du mal à accepter.

La mort de Lénine le fit pleurer abondamment et le réconcilia avec lui. Dès qu'il reçut le télégramme que lui avait envoyé Catherine Pavlovna, il se mit à écrire ses souvenirs. Le lendemain, 22 janvier 1924, il envoya à Moscou un télégramme de condoléances dans lequel il demanda à Catherine de déposer sur la tombe une couronne portant l'inscription : "Adieu, ami !" Il écrivit ses souvenirs en pleurant et me faisait penser à une vieille paysanne russe. Sa capacité de verser des larmes à tout propos a toujours été pour moi une énigme. Il me semblait que dans sa vision déterministe du monde, il ne devait pas y avoir de place pour les larmes.

Nous sommes partis en avril 1925. La veille au soir, je dis à Gorki que ce que j'aimais le plus en lui, c'était cette "divine énergie électrique" qui l'animait.

— Chez Viatcheslav Ivanov, dis-je en riant, cette énergie provenait de Dionysos. Et chez vous ?

— Et chez vous ? me dit-il sans sourire, en guise de réponse.

Je lui rappelai alors l'expression qu'il avait employée lui-même, dans un de ses récits, lorsque, en déchargeant une péniche, il avait ressenti "la folle ivresse de l'action". Je comprenais cela fort bien, mais je me sentis gênée et me mis de nouveau à rire.

— J'ai beau rire, avouai-je quand il persista dans son silence, je parle tout à fait sérieusement.

— Je le sens bien, dit-il, ému, et il se mit à parler d'autre chose.

Le cocher italien arriva en fouettant son petit cheval bai. Gorki se tenait près du portail, vêtu comme de coutume : il portait un pantalon de flanelle, une chemise bleu clair, une cravate bleu foncé, son tricot gris à boutons. Khodassevitch me dit que nous ne le reverrions plus. Puis, lorsque la calèche descendit la colline vers Sorrente et que la silhouette disparut derrière un virage, il ajouta avec la clairvoyance impitoyable qui le caractérisait :

— Il ne recevra pas le prix Nobel, Zinoviev sera liquidé et il rentrera en Russie.

Khodassevitch non plus n'avait plus de doutes à ce sujet.

Gorki retourna en Russie trois ans plus tard. On donna son nom à des rues importantes, à des théâtres, à des instituts scientifiques, à des usines, à des kolkhozes, et même à une ville entière. Il perdit son fils Maxime qui mourut en 1934, peut-être habilement supprimé par Yagoda ; il se perdit lui-même. Il existe une légende d'après laquelle il aurait beaucoup pleuré au cours des derniers mois de sa vie, tenu en cachette un journal et supplié qu'on le laisse retourner en Europe. On ne saura peut-être jamais ce qu'il y avait de vrai ou d'inventé dans cette histoire.

Gorki fut-il tué par les agents de Staline ou est-il mort simplement à la suite d'une pneumonie ? Actuellement, cette question reste sans réponse. Mais l'essentiel serait de savoir comment il a réagi lorsqu'il prit conscience de l'anéantissement "planifié" de la littérature russe qu'il avait aimée et respectée toute sa vie. Y avait-il seulement auprès de lui quelqu'un à qui il pût se confier ?

Il avait toujours été plus important pour Gorki d'être écouté et lu que de dire ce qu'il pensait vraiment. En cela, il ressemblait à la majorité des écrivains de son temps. Mais pour notre génération, la force et la liberté d'un poète consistent plus à dire ce qu'il ressent personnellement qu'à prétendre agir sur ses lecteurs. Les écrivains comme lui étaient esclaves de leur public.

Ce qui me séduisait chez Gorki, ce n'étaient ni ses préoccupations d'ordre social (elles avaient toujours été miennes), ni sa philosophie (qui manquait d'originalité), ni ses jugements sur la vie et les gens. Je n'étais sensible qu'à sa "folle ivresse de l'action" qui contrastait avec l'immobilisme et le conservatisme de la société russe. Et puis, dans la vie de tous les jours, il était calme, ouvert, parfois chaleureux, toujours bienveillant vis-à-vis de tous et pas seulement à l'égard de Khodassevitch et de moi. Par moments, il vénérait même Khodassevitch, fermant les yeux sur ses options littéraires qui étaient différentes des siennes. Khodassevitch avait le droit de lui dire la vérité en face et ne s'en privait pas. Gorki était profondément attaché à lui ; il aimait sa poésie et avait besoin de son amitié. Personne d'autre, dans son entourage, ne pouvait jouer ce rôle : les uns dépendaient de lui et le flattaient, les autres passaient à côté avec une indifférence totale et blessante.

Il y eut un moment, dans les années vingt, où l'influence de Gorki, sinon sa gloire, fut ébranlée en Union soviétique, tandis qu'en Occident l'intérêt pour son œuvre baissait rapidement, ceci bien avant qu'on ne le déclarât père du "réalisme socialiste*" et que son roman, *La Mère*, ne devînt la pierre

* Doctrine littéraire officielle, imposée par le gouvernement à tous les écrivains à partir de 1932 et obligeant ceux-ci à participer pleinement à "l'édification du socialisme" en tant qu'"ingénieurs des âmes". Cf. la note sur la V.A.P.P. *(N. d. T.)*

angulaire de la littérature soviétique. Les derniers symbolistes, les acméistes, les occidentalistes militants, Maiakovski et les constructivistes, Pilniak, Ehrenbourg, le roman d'Olecha, *L'Envie*, nouveau et éphémère, la période du *LEF*, l'éclosion du formalisme, tout cela travaillait contre lui. Les représentants de la jeune littérature soviétique de cette époque, qui faisaient mine d'être émus en se souvenant, dans les années soixante, de la bénédiction qu'ils avaient reçue de Gorki au début de leur carrière, réagissaient vis-à-vis de ses écrits ennuyeux, moralisateurs et "réalistes", soit avec une grande prudence et peu d'intérêt, soit avec une franche hostilité. L'imagination créatrice de ces groupes d'avant-garde n'avait que faire de la "réalité dans son devenir révolutionnaire". Mais le mouvement *LEF* fut interdit, les symbolistes moururent, Maiakovski se suicida, Pilniak disparut, les formalistes furent réduits au silence. Et puis, après avoir fait acclamer Gorki "de la mer Blanche à la mer Noire", on le déclara grand artiste lors du premier Congrès de l'Union des Ecrivains soviétiques, en 1934 ; son roman, *Samguine*, et sa pièce, *Boulytchev*, devinrent des modèles du genre pour le présent et pour l'avenir.

Cependant, aussi bizarre que cela puisse paraître, Gorki était sensible à la gaieté, dans la vie, sinon en littérature, et c'est justement cela qu'il appréciait en Italie. Il regardait avec envie et tendresse des boutiquiers danser sur la place ou un maçon qui chantait à tue-tête en posant ses briques ; il disait qu'ils le devaient au soleil. Mais quand il écrivait, non seulement il ne concevait pas la légèreté, il la craignait comme une tentation. Il attendait toujours de la littérature une leçon. Lorsque, un jour, Paul Mouratov vint à Sorrente et lut sa pièce, *Daphnis et Chloé*, Gorki fut si irrité par cette comédie qu'il en devint écarlate ; ses doigts tambourinaient sur la table, sur les livres, sur ses genoux ; il se retira sans mot dire dans un coin d'où il nous lançait des regards furibonds. Pourtant cette pièce, purement symbolique et si marquée par l'ambiance de l'Europe d'après-guerre qui dansait comme sur un volcan, était pleine de charme et d'esprit et dénuée de tout élément didactique. On sentait que l'auteur ne prenait rien au sérieux (un droit qui appartient à tout le monde et dont il usait pleinement), ni sa personne, ni le monde, ni l'auteur de *La Mère*, ni nous autres, ni sa comédie qu'il ne comptait même pas publier et qu'il avait peut-être composée juste pour s'amuser.

Il y avait peu d'humour dans la vie russe d'autrefois et aujourd'hui, il n'en existe point du tout. Ma propre expérience me fait penser que c'est sans doute parce qu'il y en a peu chez l'homme russe, surtout dans cette partie de l'intelligentsia à laquelle appartenait Gorki. Ils prenaient Marx autant au sérieux que le Tsar la prière de *L'Oint du Seigneur*. C'est pour cela que trop souvent une lourde chape moralisatrice pesait sur eux comme sur leurs œuvres.

Parfois, à de rares occasions, ce mur de sérieux se fissurait lorsque Gorki était pris d'un rire inextinguible qui le libérait et qui soudain me le rendait proche. Mais aussitôt, je voyais apparaître dans ses yeux un sentiment de culpabilité ; comment pouvait-on rire quand des enfants en Chine mouraient de faim, qu'on n'avait pas encore découvert le moyen de guérir le cancer, que des communistes se faisaient tuer dans les villages !

Ce rire éclatait quelquefois à la lecture de notre "journal", *La Pravda de Sorrente*, ou après la visite d'André Germain, l'un des directeurs du Crédit lyonnais et agent littéraire de Gorki en France. Ce banquier était entiché de tout ce qui était soviétique, alors qu'il ne savait même pas se laver les mains tout seul, sans l'aide de son laquais ou de son secrétaire qui le suivaient partout. Il était l'un des premiers représentants du "bolchevisme de salon", un personnage comique et pitoyable. Maxime et moi avons mimé à Gorki la scène du lavement des mains, aperçue par hasard, et il en rit jusqu'aux larmes. Nous le faisions également rire quand nous parodions le ballet classique ou l'opéra italien.

Mais les moments où il quittait sa carapace moralisatrice étaient rares. Lorsqu'on relit les écrits des contemporains proches de lui sur le plan idéologique, on comprend que ce n'était pas lui qui s'était créé cette carapace. C'était une sorte de réaction de défense collective contre tous ceux qui ne partageaient pas leurs idées, devenues "tabous" dès les années 1860, à l'époque de Dobrolioubov et de Tchernychevski.

J'ai longtemps conservé une photographie prise à Saarow, le soir du réveillon en 1922, et qui représente Gorki, Khodassevitch et d'autres assis devant l'arbre illuminé autour d'une table chargée de hors-d'œuvre, de verres et de bouteilles. Ils sont noyés dans la fumée de leurs cigarettes ; on sent qu'ils ont bu et ils ont un air affecté. A gauche est assise Maria Andreieva, les bras croisés sur la poitrine, le visage sévère, vêtue d'une robe boutonnée jusqu'au cou. A côté d'elle se trouve Chklovski, édenté et chauve, dont les mots d'esprit n'étaient pas toujours appréciés. La photo a été prise au flash par l'acteur Miklachevski qui a eu juste le temps de nous rejoindre sous le sapin et dont l'image est un peu floue. Enfin il y a Maxime et sa femme, ainsi que Valentina Khodassevitch et moi qui étions peinturlurées comme des Indiens. Le négatif avait été fixé sur verre et, lorsque Gorki vit la photo, il ordonna de casser le verre : il trouvait la photo “honteuse”. L'unique exemplaire qui en subsista m'a été volé et il se peut qu'il existe encore aujourd'hui quelque part.
Je recevais parfois des lettres de Gorki durant ces années-là.

(Saarow) 22 février 1923

Nina Nikolaïevna !
Permettez-moi de vous demander de me traduire le petit article ci-joint d'Hellens ; il faut que j'arrive à le caser dans le premier numéro et ce sera épatant !*
Je vous le demande instamment !
Bien des choses.
A. Pechkov

(Saarow. Printemps 1923)

Nina Nikolaïevna,
Veuillez m'excuser (!) si j'attire votre attention sur quelques passages pas très réussis, à mon avis, dans vos poésies. Tenez compte du fait que je suis un réaliste, en poésie

* *La Conversation* (Besseda). *(N.B.)*

aussi, et que je cherche l'exactitude. En lisant : "Les oiseaux crurent soudain au mauvais temps et s'envolèrent à la recherche des nuages", *je me suis dit que ce n'était pas exact : lorsque le mauvais temps arrive, les oiseaux, même les mouettes, se cachent et, de toute façon, ils n'ont aucune raison de rechercher les nuages ;* "à la recherche" *ne sonne pas bien.*

"Ayant recraché le tabac" *n'est pas clair : on chique le tabac surtout pendant le travail.*

L'adjectif "hardi" *affaiblit le mot* "ouragan" *qui est déjà en soi un phénomène grandiose.*

"K krasotkam" *est de prononciation difficile.*

"Se dressant vers les cheminées" *: pourquoi* "vers les cheminées" *et non* "vers le ciel" *?*

Voilà mes remarques. Dans l'ensemble, vos poésies me plaisent beaucoup.

A. Pechkov

(1924 ?)

Très respectée Berberini !

En remerciement de votre gentille lettre je vous souhaite sincèrement de danser le gopak avec Oldenbourg, S.S. et un fox-trot avec Zinovi Grjebine.

Vos poésies me plaisent beaucoup. Permettez à un profane de vous indiquer quelques maladresses poétiques, par exemple, les rimes dans les deux premières strophes du Rémouleur. *Mais le poème est original. C'est très suggestif, ça sonne bien, on entend siffler la colère :*

"Nous aiguisons jour et nuit
Nos dents de loup."

J'aime bien aussi Le Tailleur, *surtout la fin. Mais là aussi il y a des vers maladroits :*

"Chantez-moi une vieille chanson
Et vous aurez votre friandise."

Les rimes de ces deux vers ne sont pas nettes. "La fumée de tabac est restée suspendue" *est également maladroit, et il y a encore quelques petites choses.*

Mais il s'agit là de technique et je suis sûr que vous arriverez à la maîtriser. Simplement, ne soyez pas pressée ! Je suis très séduit par l'étendue et la variété des thèmes de vos poésies. C'est là une qualité qui laisse présager un bon avenir. Elle témoigne chez l'auteur d'une large vision des choses, de sa liberté d'humeurs et d'idées. Le poète est l'écho de la vie du monde : c'est la définition qui me paraît la plus juste.

Bien sûr, il y a des âmes, et c'est normal, qui ne perçoivent que les sons graves de la vie, mais Andreï Stepanytch Pouchkine était sensible à tous les sons et pour cette raison n'a pas d'égal.*

En tout cas, pour le moment, tous les espoirs vous sont permis. Je pense, Berberini, que vous serez une poétesse très originale et cela me fait diablement plaisir. Eh oui. Peut-il y avoir quelque chose de mieux que la littérature, que l'art du mot ? Non, rien. C'est ce qu'il y a au monde de plus étonnant, de plus mystérieux et de plus beau.

Alors, portez-vous bien ! Ecrivez plus souvent et publiez moins...

A bientôt ! A bientôt !

Vous n'êtes encore qu'un poussin tout jaune, mais de bonne qualité ; je n'en connais pas l'espèce, mais elle doit être bonne ! Je serre fortement votre patte.

A. Pechkov

(Sorrente. 5 mai 1925)

Stal, pour autant que je m'en souvienne, est roux. Khodassevitch était également assis à côté d'une dame rousse. Que signifie ce penchant pour les roux ? Stal a-t-il envie de vous connaître ? L'amitié que j'ai pour vous me pousse à vous mettre en garde : il a une femme épouvantable. S'il s'agit bien de l'avocat moscovite.

* Il s'agit, bien sûr, d'Alexandre Sergueievitch ; Gorki s'amuse ici à jouer sur les initiales, A.S., du plus grand et du plus aimé des poètes russes. *(N. d. T.)*

Quant à nous, "nous avons attrapé un prêtre", de Benevente, rose, gai, qui joue Grieg au piano ; il a mangé des raviolis russes et s'est fendu la pipe. Une actrice allemande est passée également ; elle ressemblait à une souris blanche. Puis il y a eu cette artiste peintre allemande déguisée en Tzigane, parce qu'elle adore la Russie. On lui a donné un morceau de tourte et, dans la farce, elle a trouvé un clou. Elle en était tout heureuse : "Ah ! j'ai compris, c'est un porte-bonheur", dit-elle. Elle parle le russe et même son mari est un "vrai Russe".

De façon générale, l'ambiance chez nous est excellente ; nous nous sommes mobilisés pour le 1er mai, car toutes les occasions sont bonnes. Demandez à V.F. ce que je dois faire avec les six tomes de Sloutchevski. Dois-je les lui envoyer ? Je joins une carte postale et une coupure de* La Pravda. *Je ne comprends pas de quoi il s'agit. L'esturgeon était-il pourri ? Pourquoi fallait-il donc promener par les rues de la capitale six cents kilos de poisson pourri ? Je n'en ai pas dormi de la nuit tellement ça m'a préoccupé. Mais je ne comprends toujours pas. Demandez à Merejkovski ce qu'il pense de ce fait étrange.*

Tout le monde salue V.F. et vous embrasse. (Je suis seul à la maison, Max est à Naples, et Sol et Tim sont partis à Sorrente. Vous voyez le tableau ?) Portez-vous bien et soyez heureux.

A. Pechkov

(Sorrente le 20 juillet 1925)

O femme, séduite par la gloire coupable de la comédienne américaine Mary Pickford et qui danse trois fois par jour le fox-trot érotique dans les rues de la Babylone française, pareille à Salomé, fille du célèbre monstre Hérode. O femme, qu'allez-vous encore faire ? Quelle autre tête séparée du cou aurez-vous encore envie de voir ? Maintenant que je me suis acquitté de mon devoir de moraliste,

* Khodassevitch. *(N.B.)*

passons aux choses sérieuses. Conformément à votre volonté, je joins à cette lettre la photo de fabrication artisanale me représentant, l'air digne, en train de saluer Tatiana Benckendorff, demoiselle à la voix grave, qui chante à merveille l'hymne estonien dont voici les paroles :

Max et Nina, Max et Nina,
Co-co-ri-co, couin-couin !
Allons, buvons un coup...

C'est une fille remarquable, comme tous les autres, dont je vous donne la liste :

Pavel Benckendorff – basse, Kira – soprano, Ilia Volnov – ténor, Zoïa Lodi – également soprano, et quelle soprano ! Le professeur Sergueï Adrianov ne chante pas, il ne fait qu'accompagner ; Deinéké – danseur et récitant, Fiodor Ramcha – accordéoniste, Isidor Koudrine – baryton, Sara Volnoff – chante parfois, mais est meilleure quand elle se tait ; Paul Mouratov – vous le connaissez vous-même, madame ! Alexandre Kaun – professeur américain de San Francisco et de la province de Tchernigov ; sa femme, toute ronde... se promène dans des robes de style byzantin, et fabrique des hommes en argile, réussissant encore moins bien que Dieu ; elle ne chante pas, mais essaie seulement. O Seigneur !...

Les autres sont dans leur état normal, sauf Maxime qui marche sur un pied, parce qu'il s'est blessé l'autre en nageant dans la mer. Timocha est formidable, elle se prépare courageusement à faire de moi un grand-père. Il était grand temps ! Maria Ignatievna "entourée du cercle" de ses enfants est superbe. Le soir, ils jouent dans la cour à divers jeux et mon rôle consiste à crier, debout près du portail : "Warum denn ? – ou bien – nicht ?" En russe, cela donne : "Varoum den nikht." C'est difficile pour moi, mais je fais de mon mieux. Malgré cela, je ne suis pas sûr d'être à la hauteur ! Ensuite chacun doit sauter à cloche-pied autour du parterre au milieu duquel se dresse le palmier que vous connaissez bien.

Voilà comment se passe notre vie. Nous visitons les îles des environs, Capri, Ischia, Procida et d'autres. Pendant notre temps libre, nous composons un roman en cinq parties avec "prologue" et "épilogue". Qu'est-ce que ça va bien donner ? Le "prologue" et l'"épilogue" sont inventés par le camarade Denis Rousski de Voronej, tandis que le Cercle *est rédigé par le célèbre écrivain, camarade Altaïev, de Moscou.*

Comme vous le voyez, tout va pour le mieux. La marchande fait le portrait de Sara Volnaïa, les cheveux ébouriffés, et celui de Tatiana Benckendorff avec des rubans sur la tête. Elle fera ensuite le mien.*

Un troupeau de maîtresses d'école danoises est arrivé à Minerve, comprenant quarante têtes. L'une d'elles a trois ventres, deux sur les côtés et le troisième au milieu. Même les Italiennes n'en reviennent pas.

Quant aux Russes de la villa "Il Sorrito", ils me demandent en chœur de vous saluer.

Je vous salue. Bien des choses et du succès. Il faut toutefois écrire des vers, ma chère N.N.

A. Pechkov

Que dire des archives de Gorki qui recouvrent la période de 1921 à 1933 ? Peut-on imaginer qu'on ne saura jamais la vérité à leur sujet, ni comment ni quand elles ont été acheminées à Moscou ? En mai 1933, semble-t-il, la maison de Sorrente fut vidée et des milliers de livres emballés, ainsi que toutes les affaires de Gorki, de son fils, de sa belle-fille, de ses deux petits-enfants et de Rakitski qui vivait alors dans la maison comme un véritable membre de la famille. On peut supposer néanmoins que certains de ces documents ne sont pas partis à Moscou, car outre les manuscrits, les carnets de notes, les brouillons, les copies de lettres, les contrats avec les éditeurs et bien d'autres choses, il devait y avoir toute la correspondance de Gorki avec les écrivains soviétiques, vivant en U.R.S.S. ou voyageant à l'étranger, ainsi qu'avec ceux de l'émigration**. Il y avait aussi sa volumineuse correspondance avec certains

* Valentina Mikhaïlovna Khodassevitch, artiste peintre, la nièce du poète. *(N.B.)*

** Cf. Nina Berberova, *Histoire de la baronne Boudberg*, Actes Sud, 1988.

militants émigrés d'avant la révolution, comme Catherine Kouskova, celle avec des étrangers se rendant en Russie ou sympathisant avec le régime soviétique et enfin celle avec des figures importantes du Parti et du gouvernement soviétique, Boukharine, Piatakov et des ambassadeurs soviétiques en poste dans diverses capitales européennes. Il est peu probable en effet que Gorki ait ramené ces documents en Russie, car on comprendra aisément qu'ils contenaient des critiques à l'égard de Staline et du régime. D'après une source bien informée, il les aurait confiés à la personne la plus proche de lui, qui n'est pas retournée en Russie et qui les aurait emportés à Londres. Furent-ils ramenés ou expédiés à Moscou, dans les années trente, comme le veut une rumeur, ou plus tardivement, comme l'indique *La Petite Encyclopédie littéraire* (vol. 2, 1963) ? Si les lettres de Boukharine, de Piatakov et des autres se trouvaient en Russie dès cette époque-là, Staline ne pouvait pas en ignorer le contenu. Deux mois après la mort de Gorki, dont les circonstances n'ont toujours pas été éclaircies, commencèrent les procès de Moscou. Depuis 1958, une partie de ces documents a été publiée, avec la mention : "L'original se trouve dans les archives de Gorki à Moscou", mais il n'en existe toujours pas de catalogue détaillé.

Ce fut en 1923 que Chklovski écrivit sa lettre de repentir au Comité central ; il était poursuivi en tant qu'ancien S.-R. et sa femme avait été retenue comme otage et emprisonnée. Il s'était enfui à l'étranger en février 1922, mais inquiet du sort de sa femme, il demanda l'autorisation de rentrer. C'était un homme plein de talent, de vivacité et d'humour. Il avait le sentiment que sa vie en Allemagne n'avait pas de sens, mais ne pouvait pas prévoir ce que l'avenir lui réserverait. Il serait bâillonné durant trente ans, et ne retrouverait une certaine liberté d'expression qu'à la fin des années cinquante. Il a survécu à tous ses amis, mais à en juger d'après ses derniers écrits, il n'a gardé que peu de sa vivacité et de son humour d'autrefois. Son sort fut celui, tragique, d'un homme au talent gaspillé.

Chklovski était un homme de petite taille, à la tête ronde, et d'humeur enjouée. Il souriait continuellement, découvrant les racines noires de ses incisives, et ses yeux étincelaient de malice. Il savait être brillant, moqueur, spirituel, parfois même sarcastique, surtout lorsqu'il sentait qu'il avait affaire à un "personnage important" ou que les gens l'agaçaient par leur pédantisme, leur suffisance et leur bêtise. Il était inventif, plein d'idées et de trouvailles. Ses *Lettres où l'on ne parle pas d'amour* et les autres œuvres autobiographiques de cette époque ne sont qu'un jeu visant à amuser le lecteur et lui-même. Il ne parlait jamais de l'avenir et étouffait ses pressentiments, en jouant à celui qui croit que "tout finira par s'arranger". Il était un des rares parmi nous à pouvoir s'accomplir pleinement en Occident. Son ami Roman Jakobson l'aurait à coup sûr aidé. Mais le problème de sa femme ne le laissait pas en paix.

Nicolas Otsoup venait parfois nous voir à Saarow. Il n'avait jamais envisagé de retourner en Russie. Il reste pour moi l'exemple type de quelqu'un qui a perdu ses capacités créatrices de manière foudroyante. Je ne me suis jamais expliqué ce tarissement subit. Il avait composé ses meilleures poésies dans les années vingt et tout ce qu'il écrivit par la suite portait la marque du déclin. Il n'y avait plus de développement, c'était mou, long, didactique comme une fable démodée. La musique de ses vers ainsi que son imagination poétique avaient disparu et sa gaieté était étouffée par "la morale". Durant vingt ans, mes rencontres avec lui m'ont toujours laissé l'impression pénible d'un homme cherchant désespérément à être quelqu'un d'autre. Il était constamment tendu et amer, plein de rancœurs contre ce monde pervers dans lequel il s'était jadis senti tellement à l'aise. Ce fut peut-être sa vie personnelle qui l'empêcha de tenir les promesses de sa jeunesse.

Je ne me rappelle pas avoir vu Boris Pasternak à Saarow, mais je me souviens fort bien de nos rencontres à Berlin. Il faisait partie de ceux pour qui l'œuvre de Gorki demeurait totalement étrangère à leurs préoccupations littéraires. Il venait assez souvent nous voir du temps où Bely était à Berlin. Je n'appréciais pas beaucoup sa poésie à ce moment-là, mais aujourd'hui je la considère bien supérieure à son roman maladroit, artificiel et à ses dernières poésies teintées de religiosité. Khodassevitch et Bely l'écoutaient avec sympathie et attention. Personnellement, je ne le trouvais pas très intéressant ; il me paraissait doué, mais immature, ce qu'il restera jusqu'à la fin de sa vie. A l'époque, la signification de beaucoup de ses poésies m'échappait, alors que maintenant elles me paraissent simples, quoique surchargées de métaphores peu élaborées. Un jour, Bely se plaignit à Khodassevitch qu'il n'arrivait pas à en saisir le sens et que lorsqu'il y parvenait, celui-ci lui paraissait dénué de tout intérêt. Khodassevitch fut de son avis.

— De plus, on n'en retire rien ! s'écria Bely au beau milieu de la place Viktoria-Louise.

Nous revenions ce soir-là d'une réunion littéraire au cours de laquelle Pasternak avait lu ses vers en les rendant encore plus abscons par sa diction affectée. Les maisons sombres renvoyèrent la voix de Bely et l'écho sonore lui répondit d'un bout à l'autre de la place, ce qui le combla de ravissement.

On peut du reste se demander si Pasternak lui-même désirait que l'on découvre le sens de ses vers. Je vois maintenant que nos efforts pour comprendre ses poésies, strophe par strophe, n'étaient nullement nécessaires. Chez lui, la strophe, l'image et le mot agissent en dehors des chemins de la conscience, de façon purement émotionnelle.

C'était alors la première période de Pasternak. Les poésies du *Docteur Jivago* correspondent à sa troisième manière. Entre les deux, son style évoque à la fois Rilke et Igor Severianine, avec une pointe de graphomanie et une facilité à invoquer "le printemps", "l'été", "l'automne", "l'hiver", "la chute des feuilles", "la solitude", "la mer" et ainsi de suite, comme s'il composait sur un thème imposé. Essenine n'a jamais fait cela. Maiakovski, lui, en a fait un véritable procédé littéraire sous l'influence de "la commande sociale", en donnant l'illusion de la nouveauté et de l'originalité.

Plus tard, à Paris, je fis la connaissance de la femme dont on parle dans toutes les biographies de Pasternak et à laquelle il consacre quelques lignes de *Sauf-Conduit*. Il y est question des "deux sœurs Vyssotski", dont l'aînée fut le premier amour de Pasternak lorsqu'il avait quatorze ans ; il la retrouva au cours de l'été 1912, à Marbourg où il étudiait. Il la demanda en mariage, mais elle refusa alors. Il souffrait de cet amour non partagé et se mit à écrire des vers "jour et nuit" où il parlait essentiellement de la nature.

Lorsque je l'ai connue à Paris, elle était mariée. On appelait familièrement les deux sœurs Bebka et Rechka. Rechka, l'aînée, était mince, rousse et avait le visage couvert de taches de rousseur. J'étais plus proche de Bebotchka qui était très belle. Elle avait des yeux magnifiques, un profil pur et des gestes gracieux. Elle vivait dans un milieu mondain et bourgeois et sortait beaucoup. Il y avait un abîme entre nous deux mais curieusement, nous avions toujours plaisir à nous voir. J'étais sensible à son charme et à sa douceur. Elle vivait avec sa sœur à Marbourg lorsque survint la rupture entre Rechka et Pasternak.

Les "obscurités" de la poésie de Pasternak ne me gênent plus depuis longtemps, justement parce qu'il s'agit de poésie. Mais que penser de ses articles, de ses lettres, des réponses qu'il fit à l'occasion d'interviews ? Aujourd'hui, j'ai l'impression que ces "obscurités" étaient voulues et qu'il cherchait à masquer ce qu'il pensait réellement. Dans son article *La Coupe noire* (1916), dans sa correspondance avec Gorki (1921-1928), dans sa réponse à l'enquête relative au décret du parti communiste sur la littérature (1925), dans son "discours de Minsk" (1936), il est impossible de savoir où il veut en venir. Il enchâsse son propos dans une terminologie abstraite sans rapport avec le sujet. J'ai envie d'appeler ce style le "rococo soviétique". Ni Gorki, ni ceux qui ont lu l'enquête n'arrivaient à comprendre de quoi il parlait. Peut-être, après tout, ne s'agissait-il pas de camouflage, mais d'un style de pensée qui avait été le sien, des années durant, jusqu'à ce qu'il s'en fût trouvé un autre avec *Le Docteur Jivago* ? Du reste ce n'est pas à proprement parler lui qui a inventé "la manière Jivago" ; celle-ci avait fleuri dans la littérature russe avant même l'époque du symbolisme.

Sa correspondance avec Renata Schweitzer présente un autre aspect encore de son style ; ce n'est plus du rococo, ni le style des années 1880. Si l'on apprécie Pasternak, il faut absolument lire sa correspondance avec la nièce du docteur

Albert Schweitzer, publiée en 1964 dans sa version originale, en allemand. Ce petit livre qui retrace l'histoire de leur amitié contient ses lettres à lui, des extraits des lettres de Renata et le récit de la visite qu'elle lui fit à Peredelkino. La personnalité de Pasternak s'y reflète pleinement dans ce qu'elle a de permanent. Même son visage sur la photo de la couverture n'a presque pas vieilli ; c'est la figure d'un adolescent, comme l'ont fait remarquer des journalistes étrangers. De la lecture de cette correspondance, il ressort nettement que ses poésies de jeunesse, qu'il a plus ou moins reniées dans sa vieillesse, ne furent dans sa vie qu'un accident fulgurant, voire génial. Dans le ton des lettres de cet homme de soixante-dix ans et de Renata Schweitzer, qui en a soixante et qui l'appelle amoureusement “mon Boria”, il y a quelque chose d'ému et de haletant qui rappelle les romantiques allemands mineurs et nos idéalistes larmoyants du genre d'Ogariov. En même temps, je le retrouve tel que je l'ai connu il y a quarante ans : perdu, exalté, embrouillé dans son moi et dans ses “oh” et ses “ah” qui émaillent ses lettres, avouant qu'il n'arrive pas à “reprendre son souffle” tant la lettre de Renata le remplit de joie. Il lui parle tantôt de la fusion de leurs âmes, tantôt de la transmission de ses sentiments à distance, ou encore du temps qu'il fait et qui s'accorde à ses émotions dans l'attente de sa venue. Elle le décrit, à son tour, se promenant avec elle, le dimanche de Pâques, embrassant trois fois tous ceux qu'il rencontre, suivant la coutume orthodoxe. Après l'avoir présentée à sa femme, Zina, il l'emmena chez Olga Ivinskaïa* et lui dit : “Je l'ai conquise (Zina) de haute lutte… et puis une autre est venue. Zina est une mère, une maîtresse de maison et une blanchisseuse idéales. Mais Olga a souffert pour moi…” De temps en temps, écrit Renata, ils se regardaient l'un l'autre en silence, retenant leurs larmes sous l'effet de l'émotion.

Il se peut que ce don d'éternelle jeunesse l'ait empêché de mûrir. Du temps où je l'ai connu à Berlin, en 1922-1923, alors qu'il avait déjà la trentaine, il ressemblait à un adolescent. Il

* Compagne de Pasternak qui fut exilée en Sibérie ; auteur de mémoires traduits en français sous le titre : *Otage de l'éternité* (éd. Fayard, 1978). *(N. d. T.)*

faisait alors de fréquentes navettes entre Berlin et Moscou. Je l'ai de nouveau rencontré en 1935, à Paris, où il est venu à deux reprises. Il avait déjà beaucoup publié ; la bibliographie de ses œuvres en vers et en prose, dans l'édition de Michigan, ne comprend pas moins de trente pages. C'est dans cette période qu'il se sépara de sa première femme, l'artiste peintre Genia Lurié, et qu'il épousa la deuxième, Zinaida Nikolaïevna Eremeieva-Neuhaus.

Tsvetaïeva, à qui il rendait visite à Meudon, racontait qu'il passait son temps à arpenter les rues de Paris à la recherche d'une robe pour sa nouvelle femme. "Mais quel genre de robe cherchez-vous ?" lui avait-elle demandé.

"Le genre que portent les belles femmes", répondit-il. Marina Ivanovna riait en racontant cela. Quand elle lui avait demandé comment elle était, finalement, sa nouvelle femme, il répondit que c'était une beauté.

Il faut sans doute se réjouir de la destruction par Gogol de la seconde partie des *Ames mortes* ; il n'aurait pas été aussi facile de l'oublier que ses *Morceaux choisis*. De même, il est sûrement heureux pour la littérature contemporaine russe que Pasternak n'ait pas réussi à achever sa trilogie dramatique, *La Belle Fille aveugle*. Pour autant qu'on puisse en juger, cela aurait été tout à fait indigne de sa plume. Il envisageait de décrire l'histoire de trois générations et de réserver une grande place aux discussions sur l'art entre un serf, Agafonov, et... Alexandre Dumas. Les thèmes de la première partie devaient être les suivants : un rapt, un vol de bijoux de famille, des meurtres, une jeune fille serve qu'on rend aveugle. Mais, heureusement, même cette partie n'a pas été écrite, s'il faut croire les personnes qui ont vu Pasternak durant la dernière année de sa vie.

Lorsque nous sommes partis le 4 novembre 1923 pour Prague, Marina Tsvetaïeva s'y trouvait déjà depuis longtemps. Nous n'avions plus les moyens de vivre à Berlin et il n'était pas question d'aller en Italie, comme les Zaïtsev, faute de visa et d'argent. Nous avions peur d'aller à Paris, comme les Remizov. Nous redoutions le caractère définitif de notre exil et nous voulions prolonger un peu cette période d'incertitude. C'est pourquoi nous avons choisi Prague.

Je n'ai pas pu vraiment apprécier Prague en raison de la précarité de notre vie d'alors. Pour la deuxième fois en deux ans, nous perdions des relations et une ambiance que j'avais commencé à aimer. La ville me parut à la fois plus majestueuse et plus isolée que Berlin. La "Prague russe", dominée par le vieux Tchirikov, Nemirovitch-Dantchenko, Liatski et leurs femmes, ne nous accueillit pas à bras ouverts. Pour eux, je n'étais qu'un petit insecte et Khodassevitch un ver d'espèce inconnue et peut-être dangereuse. Tsvetaïeva, qui se morfondait, Slonim et Jakobson, de la même génération que Khodassevitch et plus proches de lui que les autres, menaient une vie à part. Ces deux hommes ont réussi non seulement à survivre à l'étranger, mais à y faire carrière, Jakobson comme premier slaviste dans le monde et Slonim comme critique et érudit. Ils le devaient sans doute à leur énergie exceptionnelle et à leur "folle ivresse de l'action". Khodassevitch et moi aurions sûrement pu nous cramponner à quelque chose, chercher une prise où mettre le pied comme les alpinistes, puis nous hisser petit à petit... En pareil cas, la main tendue d'un ami peut retenir un homme même dans l'île de Pâques. Mais personne n'était là pour le faire et il faut croire que c'était bien ainsi. Tsvetaïeva et Slonim ne sont pas restés longtemps à Prague et Jakobson, une fois ses ailes déployées, s'envola comme un papillon de son cocon.

Le talent poétique de Marina Tsvetaïeva était en pleine maturité. Sa vie matérielle par contre était précaire et elle l'est restée jusqu'en 1939, date de son retour en Russie. Elle avait déjà perdu une de ses filles, morte de faim à Moscou ; l'autre était avec elle. Son fils qui allait naître en 1925 sera tué au cours de la Deuxième Guerre mondiale. A Prague, elle donnait l'impression d'une personne qui avait su conjurer ses malheurs malgré ses problèmes. On aurait dit cependant qu'elle ne s'analysait pas et qu'elle n'avait pas pris conscience, par une sorte d'immaturité psychologique, de ses capacités d'adaptation. Cela transparaît bien des années plus tard dans son poème, *Le Cor de Roland*, où elle chante de façon inspirée la douleur de l'exil. Ce sentiment d'inadaptation, loin d'être la marque distinctive d'une supériorité, comme on le pensait jadis, est plutôt le signe d'un échec psychologique et existentiel de celui qui n'a pas réussi à mûrir et à s'intégrer à son temps et à la société dans laquelle il vit.

Son engouement pour l'Armée blanche était absurde et provenait de son attachement à son mari, Serge Efron, à qui elle avait promis un fils. Elle m'avait dit : "J'aurai un fils, je l'ai juré à Serge." Son mal de vivre était d'autant plus tragique qu'avec les années son besoin d'adaptation devenait plus lancinant. Cette habitude de se sentir différente commençait à lui peser. Comme la majorité des poètes de notre siècle, elle mûrissait lentement. Elle ne sut cependant pas aller jusqu'au bout, même si elle finit par comprendre, dans les dernières années de sa vie, que celui qui a choisi de rester en marge de la société ne doit pas en même temps la rendre responsable de son isolement. En exil, son drame s'aggrava du fait qu'elle avait perdu ses lecteurs et qu'elle ne trouvait pas d'écho à ce qu'elle écrivait. Peut-être manqua-t-elle aussi d'amis capables de l'apprécier à sa juste valeur.

La conception du poète qui vit sur une île déserte, dans les catacombes, dans sa tour d'ivoire, de briques ou d'autre chose, ou encore sur un iceberg au milieu de l'océan, portant son talent comme le bossu sa bosse, suggère une série d'images certes séduisantes, mais qui dissimulent une vision romantique du créateur, stérile et mortellement dangereuse. Ces images peuvent s'insérer dans des vers immortels ou simplement honnêtes, et il se trouvera toujours quelqu'un pour y réagir. Elles véhiculent cependant l'un des thèmes les plus insidieux de la poésie, à savoir le désir de fuite qui, tout en embellissant le poème, détruit le poète. L'isolement de Marina Tsvetaïeva à Prague et son manque d'intégration à Paris ne pouvaient que la conduire au silence une fois revenue à Moscou, et à sa fin tragique à Elabouga où elle se suicidera. L'issue était inscrite au fond d'elle et dans le type de rapports qu'elle entretenait avec autrui et le monde. Tous les vers où elle crie qu'elle est différente des autres et fière de l'être laissent présager ce dénouement.

Elle a cédé à la vieille tentation décadente de s'inventer des rôles ; elle était tour à tour le poète maudit et incompris, la mère et l'épouse, l'amante d'un jeune éphèbe, un personnage au passé glorieux, le barde d'une armée en déroute, une jeune disciple et une amie passionnée. Avec ces "figures" et d'autres encore, elle composa des poésies inspirées. Mais elle n'arrivait pas à se dominer, à se façonner, à se connaître. Elle cultivait même cette méconnaissance de soi. Elle était vulnérable, impulsive, malheureuse et, au milieu de son "nid" familial, restait solitaire. Elle ne cessait de s'enthousiasmer, de se désenchanter et de se tromper.

Un jour, Khodassevitch me dit que dans sa jeunesse Marina Tsvetaïeva le faisait penser à Essenine, et vice versa, par la couleur de ses cheveux, le teint de son visage, et même ses gestes et sa voix. Je les ai vus une fois en rêve, tout à fait pareils l'un à l'autre, se balançant au bout d'une corde. Depuis lors, je ne peux pas m'empêcher de faire un parallèle entre les circonstances extérieures de leur mort, alors que leurs motivations n'étaient pas les mêmes. Essenine aurait pu ne pas se suicider. Il aurait pu mourir en exil, en Sibérie, comme Kliouïev, ou se ranger, comme Marienhof, ou "se faire une place au soleil", comme Koussikov ; il aurait aussi pu mourir accidentellement, comme Poplavski ; la guerre aurait pu le sauver, ou un changement dans la politique littéraire, ou l'amour d'une femme ou enfin l'amitié de celui à qui fut dédiée une poésie de 1922, la plus tendre de toute son œuvre :

Mon bien-aimé, tends-moi la main…
....
Adieu, adieu ! Dans la clarté de la lune
Connaîtrai-je ce moment bienheureux ?
Entre tous ces jeunes gens couronnés de gloire
Tu étais pour moi le meilleur.
....
Un autre pourrait me supplanter auprès de toi,
....
Mais entre tous ces jeunes gens frémissants
Tu étais pour moi le meilleur !

Sa fin n'était pas inéluctable. En revanche, toute sa vie, Tsvetaïeva alla au-devant de sa mort, à travers son amour imaginaire pour son mari et ses enfants, l'éloge de l'Armée blanche, la "bosse" qu'elle portait si fièrement, le mépris envers ceux qui ne la comprenaient pas, l'humiliation changée en un masque d'orgueil, le fiasco de ses engouements et des rôles éphémères qu'elle s'inventait. Ceux-ci étaient purement chimériques, et les épées, de carton, mais le sang qui a coulé était réel.

De même le suicide de Maiakovski était inévitable. Les lecteurs qui ont lu, avec attention et en entier, le dernier tome de ses œuvres où sont rapportés les sténogrammes des discussions littéraires qui ont eu lieu au début de 1930 entre lui et les Associations des Ecrivains Prolétariens, la russe (R.A.P.P.) et celle de Moscou (M.A.P.P.), partageront sans doute cette opinion. Dans son poème inachevé *A pleine voix*, Maiakovski lança d'abord des imprécations, ensuite un cri éperdu sur toute la Russie. Puis il se tut. Un coup de feu retentit et cette vie qui paraissait infinie se termina. Il n'avait pas l'habitude de céder, il ne savait ni ne voulait le faire. Un poète de cette trempe n'a pas de "position de repli". En se brûlant la cervelle, il a anéanti toute sa génération.

La fin n'est pas toujours contenue dans le début, bien souvent elle est trop cachée pour qu'on puisse la déceler. En jetant un regard en arrière sur le XIXe siècle, on s'aperçoit que la mort de Pouchkine, celle de Lermontov et celle de Léon Tolstoï, qui ressemblent tellement à des suicides, étaient prévisibles. Si Tolstoï était parti tout de suite après sa *Confession*, il serait mort en homme libre et serait allé jusqu'au bout de sa religion moralisatrice. Si Pouchkine avait quitté sa femme, la cour et Benckendorff, il n'aurait pas été amené à rechercher la mort. Tous les deux ont été victimes de leurs contradictions, Tolstoï de ses dissonances intérieures et Pouchkine de l'amour que portait sa femme à Dantès, comme l'a révélé la publication des archives du baron de Heeckeren. Pouchkine avait construit sa vie sur un amour non partagé, sans se douter qu'il s'agissait là d'un mariage inauthentique et qu'une femme qu'on avait mariée "bon gré, mal gré" ne restait pas forcément fidèle. Pouchkine s'est fait tuer à cause d'une femme, sans savoir ce qu'était une femme Mais comment a-t-il pu l'ignorer à ce point ! Tatiana Larina, l'héroïne d'*Eugène Onéguine*, se vengea cruellement.

Le mythe de la pureté féminine a duré environ cent ans, et l'illusion qu'il existe deux catégories de femmes, un peu plus longtemps. Strindberg, Bely et Herzen ont dû payer un lourd tribut à cet idéal. La scène où, lors d'une promenade dans les Alpes, Herzen oblige son ami Herweg à jurer de ne jamais devenir l'amant de sa femme Nathalie, alors qu'en réalité il l'était déjà, fait partie de cette mythologie de la pureté féminine. Il est difficile aujourd'hui de comprendre "la beauté", "la légitimité" et "le bien-fondé" de ce mythe.

Au-dehors, la nuit de novembre était tombée. Nous étions assis depuis trois heures de l'après-midi dans une chambre de l'hôtel Beranek à Prague, Tsvetaïeva, son mari Efron, Khodassevitch et moi. Beranek, en tchèque, signifie agneau et il y en avait partout, sur les murs, les portes, les taies d'oreiller, le menu du restaurant et la facture de l'hôtel. Certains portaient des rubans, d'autres des cornes dorées, d'autres encore avaient des clochettes autour du cou. Près de l'entrée de l'hôtel, l'un d'eux dodelinait de la tête et bêlait. Khodassevitch nous dit que nous vivions au milieu d'un troupeau d'agneaux roses et bleu pâle.

Nous sommes restés de longues heures à boire le thé que j'avais préparé sur un réchaud à pétrole et à manger du jambon, du fromage et des petits pains posés sur des bouts de papier. Tout ce que disait Tsvetaïeva m'intéressait, j'y trouvais un mélange d'intelligence, d'originalité, de fantaisie et de déraison. Brusquement la lumière s'éteignit dans la chambre. Marina avait retiré la fiche de la prise. Dans l'obscurité, elle se jeta sur moi, me chatouilla et m'étreignit. Je bondis, en laissant échapper un cri. La lumière se ralluma. Ce genre de jeu ne me convenait guère.

Après le dîner arriva Roman Jakobson. En sa compagnie, Khodassevitch et moi, pataugeant dans la neige fondue et glissant sur les pavés, sommes partis par les rues obscures vers une antique taverne. Khodassevitch et Roman discutèrent des heures durant de métaphores et de métonymies. Jakobson proposa à Khodassevitch de traduire en russe un poème du poète romantique tchèque, Maha : "De Maha à Maha, vous pourriez peut-être vous faire une situation à Praha", dit-il pensif. Mais Khodassevitch n'était pas enchanté par Maha et lui rendit le poème.

Nous voici en Italie. Nous passons d'abord une semaine à Venise où Khodassevitch retrouve ses souvenirs de jeunesse. Je ne partage que partiellement ses émotions. Il est en train de me confondre avec une femme de son passé, Genia Mouratova, qu'il a connue en 1910. Sa jeunesse ne m'appartient pas. Mon propre passé ne vaut jamais pour moi le jour présent. Lui, en revanche, est comme happé par tout ce qu'il a vécu treize ans auparavant et dont on trouve un écho dans son deuxième recueil de poésies, *La Maisonnette heureuse*. Il part sur les traces des ombres d'antan et m'emmène avec lui. Ces ombres me deviennent chères parce qu'elles sont une partie de lui, mais je n'arrive pas à comprendre pourquoi elles continuent à l'émouvoir du moment qu'elles ont déjà été transfigurées dans ses poésies. Toutefois je ne montre pas ma perplexité. A ma manière, je commence à adorer cette ville magique.

Personnellement, je ne ressens pas le passé comme un "paradis perdu" qui tiendrait son charme davantage de ce qui n'est plus que de ce qui fut. La mort ne peut jamais être supérieure à la vie. Seule *la féroce immanence* de l'instant est impérissable, car elle contient à la fois le passé, le présent et l'avenir. Je suis prête à sacrifier mes souvenirs les plus chers à cet instant où mon crayon court sur la page et où l'ombre d'un nuage passe sur moi.

A Venise, Khodassevitch était à la fois ravi et oppressé. Ici, autrefois, jeune et seul, il avait la vie devant lui et n'en avait pas encore peur. Les pigeons de la place Saint-Marc roucoulaient et s'envolaient au-dessus de nous, le vaporetto nous promenait devant la dentelle de pierre des anciens palais.

— Ils ont tant vieilli qu'ils vont bientôt s'écrouler, dit Khodassevitch.

— Ils tiennent à peine debout, comme nous, mais, peu importe, peut-être n'allons-nous pas nous effondrer, répondis-je.

Nous nous aimions l'un l'autre au-delà des frontières qui nous séparaient : lui redoutait le matin les catastrophes du soir, moi j'attendais la nuit les joies du lendemain.

Depuis lors, je suis revenue à trois reprises dans cette ville que j'aime plus que toute autre au monde. Chaque fois que je la retrouve, je la redécouvre comme si c'était la première fois, sans le poids des souvenirs, sans mélancolie, ni regrets, et elle me comble de bonheur. J'ai ressenti cela en particulier lorsque, en 1965, j'y ai passé huit jours complètement seule. Le matin, je me promenais dans les églises et les musées, les quartiers familiers et toujours nouveaux ; l'après-midi, je me baignais au Lido ; le soir, j'allais écouter dans les vieilles cours Renaissance un orchestre de chambre jouant du Vivaldi, du Tartini, du Scarlatti, ou bien je travaillais à la rédaction de ce livre, et chaque jour m'apportait quelque chose de nouveau.

En pleine nuit, à la gare de Florence, nous avons brusquement décidé de ne pas descendre du train et de continuer jusqu'à Rome que nous ne connaissions ni l'un ni l'autre. Dès notre arrivée, au matin, nous sommes allés tout droit à l'hôtel Santa Chiara où habitait Nicolas Otsoup et avons téléphoné à Mouratov, dans l'espoir qu'il nous ferait visiter Rome. Il nous restait juste assez d'argent pour un mois. Mouratov nous dit que c'était suffisant si nous utilisions bien notre temps et savions où aller et quoi voir. J'étais d'abord réticente à son idée de faire un emploi du temps ; je me sentais capable de me débrouiller sans cela ; si par hasard je manquais quelque chose, tant pis, je le verrais une autre fois.

— Mais il n'y aura peut-être pas une autre fois, dit Mouratov, ou cela peut se reproduire dans un quart de siècle. Et vous risquez d'avoir manqué la chose la plus importante.

Il avait raison et, grâce à son plan, j'ai réussi à voir le maximum. “L'autre fois” eut lieu exactement trente-six ans plus tard.

Cela me paraît maintenant fantastique d'avoir visité Rome avec un pareil guide ; c'était comme un rêve étourdissant. Je me revois debout près du *Moïse* de Michel-Ange, avec à côté de moi cet homme petit et silencieux. Il était avec nous lors de notre longue promenade à travers le Transtévère ; nous nous arrêtions dans les petites courettes anciennes qu'il connaissait comme s'il y était né. Nous regardions un bas-relief anonyme aussi attentivement que s'il s'agissait des fresques de Raphaël. Nous flânions le long de la via Appia parmi les tombes. Le soir, nous nous attardions au café près de la piazza Navona et dînions dans un restaurant non loin de la Trevi. Nous sommes sortis de la ville pour aller à Tusculum. Nous nous intéressions aussi à l'Italie contemporaine.

Mouratov aimait l'Italie moderne et m'a appris à l'aimer aussi. A cette époque du reste, il s'intéressait principalement à l'art baroque. Lorsque je retrouvai Rome trente-six ans plus tard, les fouilles avaient ramené à la surface tant de vestiges de l'Antiquité qu'ils ont accaparé entièrement mon attention. Je ne suis plus retournée au Vatican et n'ai pas revu *Moïse* ; les thermes de Vespasien et la villa d'Hadrien devinrent mes endroits préférés. Mouratov n'était plus là pour m'accompagner et examiner chaque colonne dans le moindre détail, mais son ombre était toujours là.

Je demande souvent aux gens quel thème de la Renaissance ils préfèrent. Mouratov aimait saint Jérôme, Khodassevitch l'Annonciation, Otsoup l'âne pensif de Bethléem. Personnellement, j'ai toujours préféré Tobie, avec ses poissons, marchant à côté de l'Ange. Mes goûts se sont beaucoup transformés avec le temps : je me suis détachée de la période tardive de la Renaissance, postérieure à 1500, ainsi que du XVIIIe siècle français ; je ne fais que passer devant le Tintoret, Carpaccio, mais Tobie n'a cessé de me ravir, quel que soit le tableau qui le représente.

Je m'identifie à la fois à Tobie et à l'Ange. J'imagine que c'est moi qui porte avec soin les poissons, qui avance avec confiance d'un pas cadencé, les lacets de mes souliers bien serrés, mes cheveux retenus par un bandeau pour empêcher le vent de les ébouriffer. Quand je regarde l'Ange, je me retrouve aussi en lui : les sandales sont parfaitement ajustées à mes pieds, les larges pans de mon habit flottent autour de mes cuisses, mon visage est dirigé vers l'avant comme une figure de proue sculptée dans le bois. Sur le visage de l'Ange se lisent l'assurance, l'intrépidité et la résolution ; c'est mon propre visage. Je tiens quelqu'un par la main et le guide. Je n'ai pas peur d'être l'Ange. Dans le ciel tourbillonnent les nuages. Cette marche du petit et du grand représente mon propre voyage dans la vie.

L'argent s'épuisait. Il nous en restait juste assez pour prendre le train de Paris où nous espérions trouver du travail. Nous avons quitté Rome par une tiède matinée d'avril et sommes arrivés à la gare de Lyon le lendemain. Le vent soufflait, il pleuvait, l'énorme ville était noyée dans le brouillard. Tout était gris, le ciel, les rues, les gens. Au lieu du château Saint-Ange, se détachant sur le ciel bleu de Rome, se dressait la massive tour de la gare de Lyon avec son horloge. Tout nous paraissait étranger, froid, inhospitalier. J'étais de retour dans un lieu où j'étais venue autrefois, mais aucun écho ne me répondait ; la voix des êtres et des choses était engloutie dans un vacarme infernal.

Nous sommes allés droit chez Zinovi Grjebine. Il espérait encore pouvoir publier en Russie, qu'on lui achèterait son fonds de commerce comprenant des ouvrages de Gorki, de Zaïtsev, de Khodassevitch, de Bely et d'autres, et qu'on lui permettrait d'éditer un journal et de rééditer les classiques. Il continuait même à acheter des manuscrits. Cet homme d'affaires, qui paraissait si expérimenté, n'a pas prévu que son fonds resterait invendu, que trois ans plus tard il serait complètement ruiné, que pour non-paiement d'impôts et de dettes, on prendrait de lui au commissariat de police des photos, de face et de profil, sans col, comme on le ferait pour un criminel, en relevant ses empreintes digitales. Il mourut d'une crise cardiaque. Ses trois filles chéries et pouponnées, sa femme, sa belle-sœur, ses deux fils encore très petits lutteront des années durant contre la misère.

En 1924 cependant, Grjebine vivait encore dans un grand appartement donnant sur le Champ-de-Mars. Des précepteurs français et russes venaient à la maison pour les jeunes filles. Dans la cuisine, près du fourneau, s'affairait une ancienne comtesse russe déchue, une cigarette aux lèvres. Dans la salle à manger, depuis le matin jusque tard dans la nuit, une foule de gens inactifs, bruyants et à moitié affamés mangeaient, buvaient, discutaient et riaient aux éclats : des S.-R., des S.-D., des poètes, des ex-grands-ducs, des artistes connus et inconnus, de petites chanteuses de cabaret, des journalistes au chômage, des parasites de toute espèce.

Dès le premier soir, Grjebine nous emmena au Bal Tabarin voir le cancan. Sur le buffet de la salle à manger se trouvait à discrétion un tas de billets d'entrée pour tous les théâtres.

On nous installa, Khodassevitch et moi, au septième étage, sous le toit, dans ce qu'on appelait une chambre de bonne. La pièce était meublée par un lit à trois places. Par la fenêtre, on voyait la tour Eiffel et le ciel sombre, gris-noir, de Paris. En bas passaient des trains moroses, noyés dans la fumée. Le lendemain soir, ce fut un ballet au Théâtre des Champs-Elysées, puis une nuit à Montmartre, et le troisième jour, je trouvai un appartement, ou plus exactement une chambre avec une cuisine minuscule sur le boulevard Raspail, presque en diagonale par rapport à la Rotonde. Nous y avons passé quatre mois. Khodassevitch restait allongé des journées entières sur le lit, tandis que j'étais assise à la table de la cuisine à regarder par la fenêtre. Le soir, nous allions à la Rotonde. Tout nous paraissait étranger. Nous étions sans argent. Quand quelqu'un venait nous rendre visite, je courais à la boulangerie, au coin de la rue, pour acheter deux petites pâtisseries que je coupais en deux. Par délicatesse, les invités n'y touchaient pas.

Je revois mon image telle que me la renvoyait la glace du foyer du Théâtre des Champs-Elysées lors de cette première soirée. Je portais une robe bleu foncé ornée de dentelles blanches, sans manches ni taille, suivant la mode d'alors, et des escarpins vernis. Mes cheveux étaient remontés en chignon sur la nuque et mes bras étaient maigres. Khodassevitch se tenait à côté de moi. Les trois coups allaient résonner. Nemtchinova et Dolin allaient s'élancer sur la scène. J'allais voir *Les Noces* et *Le Sacre du printemps*. Khodassevitch me prit par le bras et me conduisit dans la salle : il était maigre et élancé, vêtu de son éternelle veste retournée.

Je me promène avec lui dans la ville. C'est l'été et il fait chaud. Nous ne savons pas trop où aller. Nous passons des soirées et même des nuits à errer ; l'air se rafraîchit lentement et la ville s'apaise. Elle s'étire comme une bête avant de poser une patte sur l'oreille et de refermer à moitié son énorme œil de feu. Nous sentons grandir en nous le désir de connaître son passé et son présent. Nous flânons dans les ruelles étroites et malodorantes de Montmartre, nous nous asseyons dans les cafés de Montparnasse, nous faisons un tour dans une maison close, rue Blondel, dans un dancing, rue de Lappe, nous passons la moitié de la nuit près d'une voie ferrée où des Chinois nous prennent par le bras et cherchent à nous entraîner dans une cave. Nous allons à des spectacles de vaudeville dans de petits théâtres où les décors de carton nous paraissent plus tristes que ridicules. Dans une foire, nous avons vu un hermaphrodite. Dans un cabaret servent des femmes nues et grasses ; pour cinq sous en plus, le client reçoit une serviette propre s'il veut monter à l'étage avec l'une d'elles. Khodassevitch évoque dans *Etoiles* des personnages entrevus rue de la Gaîté, "un souteneur aux joues roses et en chapeau claque " et "une comète aux cuisses fines".

Certains de nos amis de Berlin ou de Moscou étaient déjà installés pour de bon, ce que nous n'osions pas faire encore. Les Zaïtsev menaient une existence pauvre, mais stable ; les Tsetline, qui possédaient dès avant la guerre un appartement à Paris, avaient une vie de famille confortable et paisible. Les bureaux du quotidien russe *Les Dernières Nouvelles* étaient envahis de monde et bruyants, mais on sentait déjà la solidité de cette entreprise dont les débuts avaient été vacillants. La revue *Les Annales contemporaines* s'installa rue Vineuse, dans une petite pièce décorée du portrait de "la grand-mère de la Révolution", Brechko-Brechkovskaïa. Cette revue faisait alors paraître des textes de médiocre qualité avec l'espoir que cela serait utile à la future Russie. Peu à peu, le tableau du Paris russe se précisa pour moi : la droite se regroupait autour de l'Eglise orthodoxe où priait l'ex-Armée blanche, dans les restaurants russes où les hommes et les femmes servaient et surtout aux usines Renault où les officiers et les soldats de Denikine et de Wrangel travaillaient comme manœuvres. Ils gagnaient leur pain quotidien à la sueur de leur front, donnaient naissance à des enfants, pleuraient leur passé et participaient aux parades militaires près de la tombe du soldat inconnu.

Un des pôles d'attraction de la "gauche" était Ehrenbourg, autour duquel se regroupaient toutes sortes de personnages, sans domicile, talentueux, mais désorientés, parmi lesquels on trouvait les poètes Boris Poplavski, Valentin Parnakh, frère de la poétesse Sofia Parnakh, Boris Bojnev, l'un des poètes les plus doués de ma génération, qui perdit tous ses moyens dans les années trente à la suite d'une grave maladie mentale, et de futurs artistes à la mode tels que Terechkovitch, Tchelichtchev et Lanskoy. Ils étaient tous légèrement sous-alimentés, se demandaient de quoi serait fait le lendemain et passaient le plus clair de leur temps assis sur une terrasse devant une tasse de café. Beaucoup n'avaient pas terminé leurs études, certains s'étaient battus, on ne savait trop de quel côté. Ils tentaient maintenant de rattraper le temps perdu, chacun comme il le pouvait, dans les cercles de la bohème du Paris bouillonnant de l'après-guerre.

Je n'ai pas tout de suite perçu ni compris la richesse et le dynamisme de la vie intellectuelle occidentale, principalement en France. Je vivais encore sur les fortes impressions de mes trois dernières années de jeunesse : Pétersbourg, août 1921, Bely, Gorki, l'Italie, les changements dans ma vie personnelle et la séparation d'avec les miens. De plus, j'étais accablée par notre brusque état de pauvreté, par le Paris russe et le Paris français et cette langue qui me parut tout à coup très différente de celle qu'on m'avait apprise dans mon enfance .

Ce premier séjour à Paris, en 1924, avant notre retour chez Gorki à Sorrente m'a laissé un sentiment de désarroi. Les hésitations de Khodassevitch à s'installer et à prendre racine le torturaient. Nos revenus se sont révélés éphémères et la perspective d'un travail stable demeurait incertaine. Je me souviens des derniers jours et des dernières nuits avant notre départ pour Sorrente. Khodassevitch avait appris que son nom figurait au Consulat soviétique sur la liste des intellectuels bannis en 1922, une centaine environ. Il comprenait qu'il n'y avait plus de retour possible et que bientôt il ne serait plus publié dans les éditions soviétiques. Pour la première fois planait sur nous l'ombre de la peur.

Au cours d'une nuit d'insomnie, juste avant notre départ pour Sorrente, Khodassevitch, épuisé et à bout de nerfs, répétait telle une litanie : "Ici, je ne suis capable ni de vivre ni d'écrire, et là-bas, je n'en ai plus le droit." Il construisait autour de lui son enfer "personnel et privé" et m'y entraînait. Je le suivais, confiante, comme Tobie. La pensée que nous étions dans une impasse me glaçait. Il lui était impossible de vivre sans écrire et il ne pouvait écrire qu'en Russie ; or celle-ci lui était interdite. Il me supplia de mourir avec lui.

Marc Vichniak, un ancien membre du parti S.-R. et l'un des rédacteurs des *Annales contemporaines*, raconta dans ses souvenirs qu'un jour Khodassevitch était venu chez lui pour lui annoncer qu'il avait décidé de se suicider. Dès 1921, dans le commentaire qu'il fit de son poème, *Extrait de mon journal*, Khodassevitch avoua qu'il était prêt à envisager un tel acte. L'idée qu'il puisse mettre fin à ses jours était apparue très tôt dans sa vie et ne disparut qu'avec sa mort qu'il accepta comme une délivrance.

Nous sommes revenus définitivement à Paris en avril 1925. Khodassevitch y vivra quatorze ans, jusqu'à sa mort, et moi, j'y resterai vingt-cinq. Nous n'avions pas d'autre choix que d'aller au Pretty Hôtel, rue Amélie, bondé et crasseux, qui a été plus d'une fois décrit dans les Mémoires de la bohème étrangère, en particulier par Henry Miller. C'est ici que débuta notre vie parisienne et que nous avons reçu nos passeports d'"apatrides*". Ce document, destiné aux personnes n'ayant plus de patrie, ne connait pas le droit de travailler comme salarié, ni comme ouvrier, ni comme employé. Nous n'avions d'autre choix que d'être des travailleurs indépendants. Nous avons appris à partager la feuille d'artichaut, chaque sou gagné, nos humiliations et nos insomnies.

* Cf. note sur Nansen dans l'index. *(N. d. T.)*

En réalité il n'y avait pas d'artichaut, non parce qu'ils avaient disparu, comme l'avait prédit jadis Virginia, mais simplement parce que nous n'avions pas le moyen de les faire cuire. Dans notre bouilloire électrique, il y avait juste assez d'eau pour trois tasses de thé. Lorsque nous ne dormions pas, nous en buvions, assis côte à côte au bord du lit, au milieu de la nuit. Nous échafaudions sans fin des projets, mais chaque matin la vie décidait à notre place. Parfois Khodassevitch pleurait en se tordant les bras et j'avais peur du présent. Les "sous" rentraient rarement et difficilement et provenaient des sources les plus diverses : tantôt nous en recevions tous deux du quotidien des S.-R., *Les Jours*, qui paraissait maintenant à Paris, tantôt Khodassevitch en touchait aux *Annales contemporaines*, tantôt j'en rapportais des *Dernières Nouvelles*. Tout à coup nous parvenait des Etats-Unis un petit chèque de la part de la Société d'aide aux travailleurs intellectuels russes en chômage ; parfois, des parents éloignés m'envoyaient d'Angleterre une petite somme, toujours sous forme de prêt. Un jour, la première femme de Georges Annenkov, qui vivait au Pretty Hôtel et dansait à La Chauve-Souris, vint nous voir et déposa sur mes genoux une broderie à terminer sans faute pour le lendemain matin. Il s'agissait de broder au point de croix de longues bandes qui se mesuraient en mètres. On pouvait ainsi gagner en une heure une soixantaine de centimes. Je brodai toute la nuit et Khodassevitch me fit remarquer que le sort de ces pauvres et honnêtes ouvrières brodant jusqu'à en perdre la vue avait déjà été décrit, un siècle plus tôt, dans un roman de Dickens ou de Tchernychevski, et que cela n'avait malheureusement plus aucun intérêt. Je continuai néanmoins à faire mes points de croix, puisqu'il y avait encore des gens pour s'y intéresser.

Khodassevitch eut droit à des humiliations qui m'ont personnellement été épargnées. On lui disait : "Pardon, nous ne pouvons pas vous payer plus que Lolo, le public l'aime tant !" ou bien : "Il vous faudra attendre avec votre article cette semaine, nous avons déjà prévu Teffi." Un jour, Milioukov, le rédacteur en chef des *Dernières Nouvelles*, fit comprendre à Khodassevitch que son quotidien n'avait absolument pas besoin de lui. En Russie, l'un des piliers de la revue littéraire soviétique, *La Sentinelle*, écrivit ceci : *Un bourgeois décadent typique, Vladislav Khodassevitch, décrit ainsi ses impressions en apercevant son propre reflet dans la vitre d'un wagon* :

> *... En voyant cette apparition étrangère,*
> *Je reconnais soudain, avec dégoût,*
> *Ma tête nocturne*
> *Détachée de mon corps.*

Peut-être bien que Khodassevitch s'était trompé sur le plan personnel, il était peut-être un homme fort attirant et même charmant physiquement, mais sur le plan social, il avait tout à fait raison. Il a très bien vu dans la vitre les traits distinctifs de la littérature contemporaine de sa classe. La littérature bourgeoise contemporaine, en effet, si elle se regarde dans un miroir, ne verra que sa tête nocturne, détachée de son corps. La Sentinelle poursuivait ainsi : *Il est temps d'en finir avec ces Khodassevitch et autres geignards, amateurs de mysticisme et de restauration.*

Au cours des années 1950-1960, on avait l'habitude en Union soviétique d'écrire que les émigrés "avaient peur" des masses et que le concept de peuple révolutionnaire les faisait trembler. Je ne pense pas que Bounine, Zaïtsev, Tsvetaïeva, Remizov et Khodassevitch aient craint les masses. En revanche ils avaient peur, non sans raison, des bureaucrates de la vie littéraire. Ces serviteurs du régime, qui étaient en même temps critiques littéraires, se sont emparés peu à peu de *Terre vierge rouge*, ont fait de *La Sentinelle* leur outil de propagande, ont contribué à la fermeture du journal de Maiakovski, *LEF* ("Front de gauche"), ont envoyé au bagne et à la mort Pilniak, ont ruiné Voronski, ont tué Mandelstam, Kliouïev, Babel et bien d'autres et ont fini par périr eux-mêmes dans les purges staliniennes. Il faut espérer que personne ne viendra les réhabiliter, ceux-là. Parmi eux se trouvait celui qui, le premier, eut l'idée de la nécessité d'abaisser le niveau culturel au nom des masses, autrement dit de détruire l'intelligentsia. Un autre menaça de fusiller les derniers symbolistes et acméistes. On peut seulement souhaiter qu'ils n'aient pas laissé de descendants.

Nous étions accablés. Nous devions payer notre chambre d'hôtel et ce n'était pas avec mes articles, mes poèmes, mes premiers récits, mes points de croix que je pouvais gagner l'argent nécessaire. Je me mis à enfiler des perles. Beaucoup d'entre nous le faisaient alors, même Elsa Triolet, qui vivait à cette époque rue Campagne-Première, dans un hôtel pareil au nôtre. C'était une activité un peu plus rentable que les points de croix. J'ai été également trois fois figurante dans des films. J'eus du mal à me faire payer et ne fus pas reprise par la suite. L'automne arriva et, pour Noël, j'ai décoré mille cartes de vœux avec l'étoile de Bethléem accompagnée des mots : "O mon doux Jésus" que je dus recopier mille fois. Je reçus pour cela dix francs, ce qui équivalait à trois repas ou à une paire de chaussures ou encore à deux livres des éditions Gallimard.

Dans le quotidien, *Les Jours*, qui parut jusqu'à l'automne 1926, Khodassevitch et Aldanov furent les rédacteurs de la section littéraire, ce qui assura durant plusieurs mois un travail régulier. Nous avons trouvé un appartement aux environs de la place Daumesnil, dans le 12e arrondissement, loin des lieux où vivaient les autres émigrés et nous avons acheté deux divans, ou plus exactement deux sommiers montés sur des pieds ; les matelas n'arriveront que trois ans plus tard. C'était notre manière de "payer à crédit". Je possédais deux robes qui m'avaient été données. Nous avions une casserole. Dans notre petite cuisine, je lavais et étendais nos quatre draps ; nous n'en avions pas de rechange.

Autour de nous, le Paris d'après-guerre se déchaînait : c'étaient les "folles" années vingt. La jeune génération montait au créneau, tandis que les anciens finissaient leurs jours. J'ai vu de mes propres yeux Claude Farrère, Paul Bourget et Henri de Régnier ; il peut paraître aujourd'hui invraisemblable qu'ils aient été encore là alors que Gide, Proust, Valéry, sans parler de Breton et de Tzara, faisaient une entrée fracassante sur la scène littéraire.

Le gouvernement français présentait le même tableau : le vieux Clémenceau était parti, mais d'autres anciens le remplacèrent, Poincaré, Barthou et Briand ; c'étaient tous des hommes d'avant-guerre qui voulaient préserver la France des temps nouveaux. C'était pareil à l'Institut et dans les universités. Plus les contemporains barbus de Déroulède étaient solidement accrochés à leurs décorations et à leurs uniformes brodés d'or, plus les deux générations suivantes luttaient avec acharnement pour la journée de travail de huit heures, l'école laïque, le cubisme, le dadaïsme, l'anti-académisme, Braque et Picasso, les ballets de Diaghilev, les surréalistes, une littérature de "confession" plutôt que de fiction, le nouveau théâtre et la musique de Stravinski.

Paris n'est pas une ville, mais une image, le symbole de la France, son présent et son passé, le reflet de son histoire, de sa géographie et de son âme. Cette ville est plus riche de significations que Londres, Madrid, Stockholm ou Moscou, sûrement aussi riche que Pétersbourg, New York ou Rome. Il est impossible d'y vivre sans tenir compte de cette dimension, en se calfeutrant et en s'enfermant chez soi. Elle entrera de toute façon dans notre maison, dans notre chambre, en nous-mêmes ; elle nous transformera, nous obligera à grandir et à mûrir ou nous mutilera ; elle pourra aussi nous tuer. La ville est là, qui nous entoure, éternelle ; peu importe que nous l'aimions ou que nous la haïssions ; nous ne pouvons la fuir. Elle tisse autour de nous une toile et nous y engloutit.

Avant de trouver un appartement, nous avons vécu dans une chambre étroite, donnant sur une ruelle minuscule où, l'été, des enfants jouent sur les pavés. La nuit, dans les hôtels bon marché situés alentour, les chambres se louent à l'heure. A une extrémité de la rue se trouve un bureau de poste, à l'autre des bains turcs. Dans notre chambre, étouffante en été et glacée en hiver, les sons de la radio des voisins résonnent tard dans la nuit. La joie d'avoir notre appartement à nous, de pouvoir fermer la porte à clé, d'abaisser les stores, d'être seuls, nous rend un peu fous les premiers jours. Notre premier logement se trouve rue Lamblardie. Comme une fourmi, j'y traîne tantôt une table, tantôt une étagère. Il n'y a pas encore de matelas, mais nous avons déjà un fer à repasser, deux chaises, une poêle à frire et un balai. Le dimanche, un joueur d'orgue de Barbarie vient dans la cour et je lui jette un sou. A présent, nous possédons trois fourchettes et quand Weidlé vient nous voir, nous pouvons manger à trois. Nous n'avons pas le sentiment du temps ; et tout autour de nous paraît immuable, comme le tampon de notre passeport. Nous sommes condamnés à vivre là, pour toujours.

Je ne peux pas laisser Khodassevitch seul plus d'une heure, il pourrait se jeter par la fenêtre ou bien ouvrir le gaz. Je ne peux pas non plus poursuivre des études, faute d'argent. Je ne songe pas à la Sorbonne mais au métier de linotypiste et de typographe. Khodassevitch se lève tard quand il se lève, à midi ou une heure. L'après-midi, il lit et écrit ; parfois il sort pour un petit moment ou va à la rédaction du quotidien, *Les Jours*, d'où il revient humilié et accablé. Nous dînons. Il ne mange ni légumes verts, ni poisson, ni fromage, et moi, je ne sais pas bien cuisiner. Nous passons nos soirées dans un café de Montparnasse, le plus souvent la Rotonde. On y retrouve Boris Poplavski, Alexandre Guinger, Antonine Ladinski, Mikhaïl Alexandrovitch Struve, Georges Adamovitch et, quelques années plus tard, Vladimir Smolenski, Youri Felzen, Youri Mandelstam, Georges Fedotov et, plus rarement, Vladimir Weidlé, Boris Zaïtsev et d'autres... Khodassevitch écrit la nuit et moi je dors avec son pyjama serré contre la poitrine pour le réchauffer quand il l'enfilera. Il m'arrive de me réveiller et de voir encore la lumière dans sa chambre. Parfois, je me lève le matin et m'aperçois qu'il ne s'est pas encore couché. Au milieu de la nuit, il lui arrive de me réveiller brusquement et de me demander de prendre un café ou un thé avec lui et de bavarder un peu.

Nous n'avions pas de vie quotidienne bien réglée et n'en voulions pas. J'éprouvais le sentiment d'être à la fois libre et liée ; libre parce que je vivais en Occident, j'étais jeune, je lisais des livres, rencontrais des gens, mûrissais et écrivais ; et liée par les difficultés de notre vie loin de la Russie, par Khodassevitch et par notre "foyer". Ce sentiment de contrainte me plongeait des semaines durant dans un état inexplicable de mélancolie, d'inquiétude et d'apathie intellectuelle. Les notions habituelles de "mari et femme", "frère et sœur", ne pouvaient pas s'appliquer à notre relation. Notre vie se composait d'une longue succession de jours et de nuits qui s'interpénétraient, nos rêves nocturnes contaminant la réalité des jours et les événements diurnes se transformant en d'interminables méditations durant nos insomnies. Nous étions deux êtres entre quatre murs, ouverts l'un à l'autre, transparents et proches de corps et d'âme. Je découvrais bien des choses mystérieuses dans cette vie à deux. J'avais cependant beau être attentive à lui et à ses émotions, il y avait des jours où sa voix parvenait à peine jusqu'à moi. Lui avait la vision d'une autre réalité qu'il s'était créée et qui était riche d'une infinité de significations : c'était comme un miroir dans lequel se reflétait le monde. Quant à moi, je m'accrochais à la vie d'ici-bas, au-delà de laquelle je n'en voyais pas d'autre.

Quand je commençais à parler de tout cela, Khodassevitch me couvrait les yeux de sa main, comme aurait fait l'Ange pour Tobie, et suscitait en moi des pensées calmes et libres. Puis, lorsqu'il s'endormait sur mon épaule, comme Tobie sur l'épaule de l'Ange, j'avais envie de me charger de tous ses cauchemars qui le faisaient crier dans son sommeil.

— On n'arrivera pas à te détruire, tu ne pourras que mourir, me dit un jour Khodassevitch.

J'avais envie d'écrire, mais je n'arrivais jamais à sacrifier une minute de ma vie à une seule ligne, mon équilibre à un manuscrit, une tempête intérieure à la mélodie d'une poésie. J'aimais trop la vie. Je voulais être avant tout une personne cultivée, de mon temps. C'est seulement en dernier lieu que je voulais écrire, non pour un lecteur bienveillant, mais pour me purifier au cas où j'arriverais à me connaître avant de mourir.

Khodassevitch me considérait donc comme indestructible. Il ne pouvait cependant pas ignorer mes moments de faiblesse. J'étais avide, à l'époque, de connaître les autres, mais j'avais secrètement peur d'eux, de ceux qui m'aimaient bien plus encore que de ceux à qui je déplaisais. Je me souviens de la tension qui résultait de mes efforts pour cacher ma timidité, notre pauvreté, les maladies de Khodassevitch et mon propre manque d'assurance. Je n'aurais pas pu alors parler de moi comme je le fais aujourd'hui. Il me poussait à écrire, mais je sentais qu'avant d'écrire ou de parler je devais apprendre à penser, dans la mesure où la parole de l'homme est le miroir de sa raison. Je ne savais ni parler, ni réfléchir. Le plus important était d'apprendre à penser, à moi, à lui, à nous deux et peut-être, plus tard, aux autres. J'ai toujours rêvé de parvenir à la maturité avant de mourir.

Les années 1920-1930 étaient une période pleine de menaces. Sur la carte de l'Europe, il y avait l'Angleterre, la France, l'Allemagne et la Russie. La première était dirigée par des imbéciles, la deuxième par des cadavres ambulants, la troisième par des scélérats et la quatrième par des scélérats et des bureaucrates. L'Angleterre se désarmait, la France était incapable de faire passer ses décisions dans les actes, les nazis s'armaient après avoir annoncé au monde entier leurs intentions, mais on ne les entendait pas et on ne les croyait pas. Là-bas, chez nous, commençait un Thermidor politique et culturel qui allait durer un quart de siècle, avec de brèves éclipses ; au cours de l'une d'elle aura lieu la guerre qui a coûté la vie à un homme sur dix.

Vers le soir, il faisait froid dans notre chambre. Khodassevitch était presque toujours étendu sur le lit quand il était à la maison. Je m'asseyais à ses pieds, enveloppée dans un peignoir de coton. Nous parlions de la Russie où l'on sentait venir la fin, à la fois de l'ancien monde et du nouveau qui avait brillé un court moment. Brioussov était mort, on était sans nouvelles de Bely, les gens avec lesquels Khodassevitch avait eu jadis des liens personnels, Chaguinian, Tchoulkov, Abraham Efros, Youri Verkhovski, semblaient loin maintenant. Je lui disais que pour moi il était la personnification de la Russie quand bien même il n'avait pas une goutte de sang russe dans les veines ; personne plus que lui n'était lié à la renaissance culturelle de la Russie du premier quart de ce siècle. Il pouvait parler de la mort de Tchekhov et de Tolstoï comme s'il s'agissait d'événements de sa vie personnelle. Il avait connu Blok et avait serré la main de Scriabine. Il était lui-même l'une des pierres de cet édifice dont il ne resterait bientôt plus rien.

Il toussait beaucoup. Il souffrait déjà alors de douleurs chroniques de l'abdomen. Le docteur Golovanov, qui le soignait gratuitement, l'ausculta et lui dit que cela venait sans doute du foie. Mais il ne lui prescrivit pas de régime, car Khodassevitch était incapable d'en suivre aucun. Mise à part la période de famine durant la révolution, il n'avait jamais mangé autre chose que de la viande et des macaronis. Il ne prenait ni salade, ni soupe, ni fruits, ni tout ce qu'on donne habituellement aux malades. La furonculose réapparut au bout d'un an. Golovanov lui fit des injections et lui prescrivit des pilules, mais sans résultat. Je devais changer son linge tous les deux jours.

Un soir d'automne 1926, je suis partie au siège du quotidien *Les Jours*, où on lui devait de l'argent, puis chez ma cousine pour emprunter deux draps propres. A la rédaction, je fus reçue par Zenzinov, un S.-R. qui m'expliqua qu'il n'y avait plus d'argent et qu'on liquidait le journal. Je savais que Zenzinov vivait dans l'appartement de Fondaminski, lui aussi membre du parti S.-R. Ils avaient un domestique, un samovar sur la table, une belle vue sur Paris et des livres. Ils menaient "une vie d'intellectuels" selon l'expression de Fondaminski. De là je suis allée rue Dareau, à l'endroit où le métro remonte à la surface, près de la station Glacière. J'ai attendu deux heures durant le retour d'Assia ; assise là dans l'obscurité sur une marche d'escalier, au septième étage, je fus envahie par un sentiment de désespoir. Nous nous trouvions dans une impasse et peut-être étais-je responsable de tout ce qui nous arrivait. Si Khodassevitch venait à mourir, je mourrais aussi.

A mon retour, tard dans la nuit, j'ai trouvé Khodassevitch, tout habillé, se tenant à peine debout dans l'entrée, prêt à partir au poste de police pour déclarer ma disparition. Je me suis affalée sur une chaise, épuisée. La tête me tournait et mes jambes ne me soutenaient plus. Je levai enfin les yeux sur lui et dis :

— A nos yeux, les autres habitants de l'Europe n'étaient que de pauvres imbéciles.

— D'où as-tu tiré ça ? me demanda-t-il, en me posant sa main sur la tête.

— De Stendhal. Il avait raison.

Il ne répondit rien. Deux larmes coulèrent sur mes joues. Je partis lui faire son lit, il se déshabilla et se coucha. Il m'embrassa les mains et se mit à rire de joie parce qu'il n'avait pas à aller à la morgue pour me reconnaître. Tout cela, ainsi que son ironie, faisait partie de cette longue conversation qui avait débuté à Pétersbourg, près de la fenêtre de sa chambre ou du poêle qui fumait ou encore sous la porte cochère de la maison rue Kirotchnaïa.

Dans la luxuriante vie intellectuelle européenne de cette époque, il n'était pas si évident de pouvoir distinguer un ami d'un ennemi, un créateur d'un démolisseur. A vrai dire, dans les années vingt, le siècle commençait juste à prendre conscience de lui-même, pas en France toutefois. Celle-ci ou bien conservait ses monuments du passé, sans jamais renier quoi que ce soit, à la différence de nous autres Russes, ou bien les faisait sauter avec cette sorte d'incohérence qui la caractérise, exaltant ce qu'il aurait fallu détruire et bafouant ce qu'il aurait fallu préserver et respecter. Une confusion invraisemblable régnait dans les esprits ; le même homme pouvait s'enthousiasmer à la fois pour la philosophie réactionnaire d'Alain et pour le dadaïsme, se nourrir de Freud et être membre du parti communiste, ceci non par fougue juvénile, mais par un goût effréné et incontrôlé pour le dernier cri de la mode. On recherchait le nouveau pour le nouveau, une chose chassant une autre, et on n'avait pas le temps de savoir de quoi il retournait. Khodassevitch se sentait très seul dans cette atmosphère. C'est seulement aujourd'hui qu'on peut dire quels étaient les poètes de l'Europe moderne avec lesquels il aurait pu avoir des affinités. Il pensait que le temps travaillait contre lui, mais ce fut finalement le contraire. Prisonnier, parfois même esclave, de sa jeunesse, des artifices de Brioussov, des extravagances de Bely, des brumes de Blok, beaucoup de choses lui échappaient.

Khodassevitch était envahi par une immense fatigue, un profond pessimisme. Il n'avait plus assez de forces pour se tourner vers ceux qui, en Europe, pouvaient être proches de lui. Démoli par les événements de la Russie, il s'était peut-être consciemment détourné de ses contemporains par une sorte de défiance, et s'était tu.

A cette époque, dans l'ensemble du monde occidental, il ne s'est trouvé aucun écrivain éminent pour intervenir en notre faveur, prêt à élever la voix contre les persécutions que subissaient les intellectuels en U.R.S.S., contre les répressions, la censure, les arrestations, les procès, la fermeture des journaux. La vieille génération, Wells, Shaw, Rolland, Mann, était entièrement gagnée à la "Nouvelle Russie" et à "l'expérience intéressante" qui avait liquidé "les horreurs du tsarisme". Elle soutenait Staline contre Trotski, comme elle avait soutenu Lénine contre les autres chefs politiques. Dreiser, Sinclair Lewis, Upton Sinclair, André Gide (jusqu'en 1936) et Stefan Zweig prenaient la défense, dans tous les débats, du parti communiste contre l'opposition. Puis venait la génération intermédiaire, avec le groupe de Bloomsbury et Virginia Woolf, Valéry et Hemingway, qui ne montrait pas d'enthousiasme à l'égard du communisme, mais restait indifférente aux événements des années trente en Russie. La coqueluche de la jeunesse parisienne, Jean Cocteau, écrivait : "Les dictateurs contribuent à promouvoir la protestation dans l'art, sans laquelle celui-ci meurt." On avait envie de lui demander si cela était également valable pour la balle que l'on recevait dans la nuque.

Leur principal ennemi était la réaction, celle qui allait bientôt se déclencher en Espagne et le national-socialisme en Allemagne. Que dire enfin de la jeune génération ? L'exemple le plus criant de leur comportement fut le lynchage par les surréalistes français de l'émigré russe, André Levinson, critique littéraire, spécialiste de l'histoire du ballet, à la suite de la publication en 1930 de son article nécrologique consacré à Maiakovski. Il avait déjà eu des ennuis lorsque, en avril 1928, il avait fait paraître un article dans le quotidien parisien, *Le Temps*, où il posait la question de l'attitude à adopter envers Maxime Gorki, au cas où ce dernier n'élèverait pas sa voix contre les répressions.

Au cours de l'été 1927 nous avons eu la visite d'Olga Forch, que j'avais connue à Pétersbourg en 1922, du temps où elle était l'une des amies les plus proches de Khodassevitch. A La Maison des Arts, leurs chambres donnaient sur le même couloir et Khodassevitch connaissait son fils ainsi que sa fille qui portait le surnom de Tapirtchik. Olga Forch l'aimait et l'estimait comme poète depuis fort longtemps. Elle vint nous voir dès son arrivée d'U.R.S.S. Après cinq années de séparation, cette rencontre était pour tous les deux un événement marquant.

Forch passait ses soirées chez nous, nous parlant tantôt avec prudence, tantôt avec sincérité et ardeur, des changements survenus dans la vie littéraire russe et de la politique du Parti à l'égard des écrivains. Elle avait vieilli et était devenue grosse et grisonnante. Elle disait que, là-bas, ils nourrissaient tous un même espoir et vivaient dans l'attente.

— Quel espoir ? demanda Khodassevitch.

— Celui de la révolution mondiale.

Khodassevitch fut abasourdi.

— Mais il n'y en aura pas.

Forch se tut un instant. Son lourd visage se renfrogna encore davantage, les commissures de sa bouche s'affaissèrent, son regard se voila.

— Alors, nous sommes perdus, dit-elle.

— Qui est perdu ?

— Nous tous, notre fin est proche.

Deux jours passèrent pendant lesquels elle ne reparut pas. Nous sommes allés chez elle un soir pour savoir si elle était malade. Elle était descendue chez sa fille Nadia, l'artiste peintre, qui avait émigré et vivait sur la rive gauche. C'était une merveilleuse soirée d'été ; la cour sur laquelle donnait l'atelier était verdoyante et il y avait un petit banc. Nous sommes entrés. Forch était allongée sur le lit, tout habillée, les cheveux en bataille et les joues en feu. Elle nous dit qu'elle était allée la veille au matin à "notre" ambassade où on lui avait officiellement interdit de voir Khodassevitch. Elle pouvait rencontrer occasionnellement Berdiaev et Remizov, mais pas Khodassevitch.

— Partez, dit-elle, il ne faut pas rester ici.

Nous étions là, debout au milieu de la pièce, complètement désorientés.

— Vladia, pardonnez-moi, articula-t-elle avec effort.

Les rayons du soleil jouaient à cache-cache dans la petite cour. Sur le lit, l'énorme corps de Forch fut secoué d'un sanglot. Nous sommes restés un instant sous la porte cochère, sans parler, puis avons repris à pas lents le chemin de la maison. Nous comprenions maintenant, de manière irréfutable, que nous étions coupés de notre pays pour trente ou quarante ans, peut-être pour toujours.

Par la suite, d'autres amis de Khodassevitch venus de Moscou se sont détournés de lui, lors de rencontres fortuites. Ils avaient l'intention de retourner là-bas et ne pouvaient pas se permettre le luxe d'une incartade. Puis, l'Union des Ecrivains cessa d'envoyer les droits à Khodassevitch pour sa traduction de la pièce de Mérimée, *Le Carrosse du Saint-Sacrement*, qu'on jouait, sauf erreur, au Théâtre Maly. Enfin mes parents me firent savoir que je ne devais plus leur écrire de lettres, mais seulement des cartes postales.

Ce fut au cours de cet été 1927 qu'arriva de Moscou, au siège des divers journaux russes paraissant à l'étranger, la lettre anonyme suivante dont le titre "Aux écrivains du monde" laisse supposer qu'elle était également destinée aux autres journaux. Je ne me souviens pas cependant qu'elle ait paru dans aucun journal français. Elle fut publiée le 10 juillet 1927 dans le quotidien russe, *Les Dernières Nouvelles*. Aujourd'hui, elle est oubliée.

AUX ÉCRIVAINS DU MONDE

C'est à vous, écrivains du monde, que nous adressons ces mots.

Comment expliquer que des gens comme vous, qui avez su avec tant de perspicacité sonder les profondeurs de l'âme humaine et pénétrer au cœur de l'histoire des peuples, puissent nous ignorer, nous les Russes, condamnés à ronger nos fers au fond d'une abominable prison dressée contre la liberté d'expression ? Pourquoi restez-vous silencieux, vous qui avez été également façonnés par les œuvres de nos génies, lorsque dans ce grand pays on étouffe la littérature, ses fruits mûrs, comme ses jeunes pousses ?

Ou bien n'êtes-vous pas au courant de la censure communiste qui sévit en ce deuxième quart de notre siècle, celle qu'exerce notre état "socialiste" ? Nous craignons que cela ne soit le cas. Mais pourquoi donc les écrivains qui sont venus en visite en Russie, MM. Duhamel, Durtain et d'autres, une fois rentrés chez eux, n'ont-ils rien dit ? Est-ce parce que la situation de l'édition, chez nous, ne les intéressait guère ou bien parce qu'ils regardaient sans voir ou voyaient sans comprendre ? Il nous est douloureux de penser que le tintement des coupes de champagne offertes aux écrivains étrangers par ceux qui nous gouvernent a pu couvrir le cliquetis des chaînes qui pèsent sur notre littérature et sur tout le peuple russe.

Ecoutez-nous et apprenez.

L'idéalisme, qui a nourri un immense courant de la littérature russe, est considéré comme un crime d'Etat. Nos classiques qui s'en réclamaient sont retirés de toutes les bibliothèques accessibles. Leur sort est partagé par les historiens et les philosophes ayant rejeté les conceptions matérialistes. Toutes les œuvres écrites pour les enfants et datant d'avant la révolution ainsi que les éditions d'épopées populaires sont confisquées dans les bibliothèques publiques et les librairies, lors de razzias opérées par des inspecteurs spéciaux. Les écrivains contemporains soupçonnés d'idéalisme sont privés de tout espoir de voir publier leurs œuvres. En tant qu'ennemis du régime social actuel, ils sont interdits de tout travail et privés de toutes ressources.

Voici le premier mur de la prison derrière lequel l'expression libre est retenue captive. Vient ensuite un deuxième.

Tout manuscrit destiné à la publication doit être présenté au préalable en deux exemplaires à la censure. Lorsqu'il est enfin imprimé, il y retourne de nouveau pour être relu et contrôlé une deuxième fois. Il s'est trouvé des cas où une phrase isolée, un mot unique ou même une seule lettre dans un mot (la majuscule dans le mot "Dieu") ayant échappé à la fois aux censeurs, à l'auteur, à l'éditeur et au correcteur, toute l'édition a subi une confiscation impitoyable à l'occasion du deuxième passage à la censure.

Tout ouvrage dépend de l'approbation de la censure, même les travaux traitant de chimie, d'astronomie ou de mathématiques. L'auteur ne pourra y apporter une correction ultérieure qu'avec, chaque fois, l'accord spécifique du censeur. Sans cela, le typographe ne se hasardera pas à introduire la moindre rectification dans l'assemblage.

Sans cette autorisation préalable, sans une demande spéciale faite sur papier timbré, sans une longue attente jusqu'à ce que le censeur, accablé de travail, arrive finalement à ce bout de papier portant votre prénom et votre nom, on ne peut même pas publier des cartes de visite dans le régime communiste. MM. Duhamel et Durtain auraient pu aisément noter que même les écriteaux qu'on trouve dans les théâtres du type "Interdiction de fumer" ou "Sortie de secours" sont marqués, en bas, du visa sacro-saint de la censure.

Il existe encore un troisième mur, une troisième ligne de barbelés et de fosses aux loups.

Une autorisation gouvernementale spéciale est nécessaire pour l'ouverture d'une maison d'édition privée ou publique. De plus, celle-ci n'est jamais accordée pour une période excédant deux ans, même lorsqu'il s'agit d'éditions scientifiques. Ces autorisations sont difficiles à obtenir et les éditions privées les reçoivent rarement. L'activité de chacune d'elles est délimitée par le programme fixé par la censure. Elles sont obligées de présenter à celle-ci, pour les six mois à venir, une liste complète des œuvres prévues pour la publication, accompagnée d'une biographie détaillée des auteurs. En dehors de cette liste approuvée par la censure, la maison d'édition se gardera bien de publier quoi que ce soit d'autre.

Dans de telles conditions, seuls les ouvrages qui conviennent tout à fait à la censure communiste pourront voir le jour, ceux qui ne s'écartent pas de la conception communiste du monde rendue obligatoire pour tous. Les autres œuvres, même importantes et originales, non seulement ne pourront pas être publiées, mais devront être soigneusement cachées. Si elles sont découvertes lors d'une perquisition, elles peuvent entraîner l'arrestation, l'exil, voire même la peine capitale. L'un de nos meilleurs spécialistes en sciences politiques, le professeur Lazarevski, a été fusillé uniquement parce qu'on a trouvé chez lui, à l'occasion d'une perquisition, son projet d'une constitution pour la Russie.

Saviez-vous tout cela ? Vous rendez-vous compte à quel point est intolérable la situation qui est faite à notre langue, à notre parole, à notre littérature ?

Si vous le savez, pourquoi vous taisez-vous ? Nous avons entendu votre protestation bruyante contre la condamnation de Sacco et Vanzetti et d'autres défenseurs de la liberté d'expression, mais de toute évidence, vous ne voyez pas les persécutions allant jusqu'à la peine capitale dont sont victimes les meilleurs hommes russes, qui ne peuvent même pas propager leurs idées en raison de l'absence totale de liberté d'expression. Nous, en tout cas, nous n'avons pas entendu au fond de notre geôle vos voix indignées, ni votre appel au sens moral des peuples. Pourquoi cela ?

Vous, les écrivains, qui êtes les oreilles, les yeux, la conscience du monde, répondez à notre appel ! Ce n'est pas vous qui allez prétendre que "tout pouvoir vient de Dieu". Vous ne pourrez pas nous lancer ces mots cruels que chaque peuple a le pouvoir qu'il mérite. Vous savez bien que, sous les régimes despotiques, la concordance entre le peuple et le pouvoir ne s'établit qu'au terme d'une longue histoire, ces deux entités pouvant s'opposer de façon tragique durant de brèves périodes de la vie d'une nation. Souvenez-vous des années qui ont précédé notre révolution lorsque nos partis politiques, les administrations locales, notre parlement et même certains ministres ont supplié le chef de l'Etat de s'écarter de cette voie qui menait à l'abîme. Mais le pouvoir est resté sourd et aveugle. Vers qui se portait alors votre sympathie, vers le clan de Raspoutine ou vers le peuple ? Qui avez-vous condamné alors et qui avez-vous soutenu moralement ? De quel côté êtes-vous maintenant ?

Nous savons qu'en dehors de votre sympathie, de votre soutien moral aux principes et aux défenseurs de la liberté, de votre condamnation de ce despotisme des plus cruels, vous ne pourrez rien pour nous ni pour notre peuple. Mais nous n'attendons pas davantage. Nous vous demandons, de toutes nos forces, de faire votre possible pour arracher partout, à chaque instant et avec énergie, le masque hypocrite et rusé de ce visage terrifiant que présente le pouvoir communiste en Russie. Nous-mêmes sommes impuissants à le faire. Notre unique arme, notre plume, nous a été confisquée, la littérature qui est l'air que nous respirons nous a été enlevée et nous-mêmes sommes en prison.

Votre voix n'est pas seulement nécessaire à nous autres, en Russie. Pensez aussi à vous-mêmes : vos peuples sont en train d'être poussés avec une force diabolique, visible de nous seuls, dans la même voie semée d'horreur et de sang que celle dans laquelle notre peuple s'est engagé, il y a dix ans, en un moment fatal de son histoire, quand il était déchiré par la guerre et par la politique du pouvoir en place. Nous avons fait l'expérience de ce chemin qui mène au Golgotha des peuples et nous vous mettons en garde.

Nous sommes personnellement condamnés. Nous ne voyons pas briller d'espoir à notre horizon. Beaucoup d'entre nous ne sont plus capables de transmettre à nos descendants notre témoignage sur l'épreuve terrible que nous avons endurée. Tirez-en la leçon et faites-en l'analyse afin que s'ouvrent les yeux des générations présentes et à venir. Si vous faites cela, il nous sera plus facile de mourir.

Nous vous envoyons cette lettre comme du fond d'un souterrain. C'est au risque de notre vie que nous l'écrivons et que nous la faisons passer à l'étranger. Nous ne savons pas si elle atteindra les feuilles de la presse libre, mais si elle y parvient, si notre voix d'outre-tombe résonne parmi vous, nous vous conjurons de bien écouter, de bien lire et de bien réfléchir. L'attitude de notre grand écrivain disparu, L.N. Tolstoï, qui avait lancé en son temps ce cri au monde entier : "Je ne peux pas me taire" sera alors un modèle pour vous.

Un groupe d'écrivains russes
Russie. Mai 1927.

C'était là le cri qui nous parvenait de la Russie, adressé au monde entier et entendu par la seule émigration. Dans *La Pravda* du 23 août de la même année parut la réfutation de cette lettre. On la présenta comme un faux fabriqué par les émigrés et, pour preuve, on affirma qu'en Russie soviétique, les écrivains étaient les plus heureux et les plus libres du monde et qu'il ne s'en trouverait pas un seul parmi eux pour se plaindre de sa condition et se faire ainsi le complice des "ennemis" du peuple soviétique. Malgré l'intérêt qu'il y aurait à savoir la vérité sur la provenance et la paternité de ce document, il m'est égal à présent de savoir si cette lettre a été rédigée par quelqu'un de l'entourage d'Ivanov-Razoumnik, de Tchoulkov ou de Volochine en Russie, ou par une personne proche de Merejkovski, de Melgounov ou de Pierre Struve à Paris. On y perçoit des accents de désespoir liés aux suicides d'Essenine et de Sobol, aux poursuites contre Voronski, à l'essor du journal *La Sentinelle*, à la chape de plomb qui s'était abattue sur la Russie après l'abolition de la N.E.P. Même si cette lettre était un faux et que *La Pravda* disait vrai, la prophétie qu'elle contenait était on ne peut plus juste ! C'était une véritable bouteille jetée à la mer, quand on se souvient de ce qui allait se produire une ou deux années plus tard et durer un quart de siècle.

Pas un seul "écrivain du monde" ne réagit à cette lettre, pas un seul quotidien, ni une seule revue ne l'a commentée. La presse de "gauche" en France s'aligna sur les positions de *La Pravda* ; quant à la droite, elle ne s'intéressait pas, à ce moment-là, à la situation de la littérature russe. Les écrivains de l'émigration ont essayé de faire leur possible pour que la voix venue de la Russie fût entendue. Mais personne ne les écoutait, on ne les recevait nulle part et la réponse était toujours la même : vous avez perdu vos entreprises et vos usines, vos propriétés et vos comptes en banque ; vous avez toute notre sympathie, mais nous ne voulons pas avoir affaire à vous. Puis Balmont et Bounine rédigèrent des lettres dans lesquelles ils s'adressaient à "la conscience" des écrivains français. Plusieurs mois durant, ils tentèrent de les publier dans la "grande" presse, mais en vain. Elles parurent enfin, le 12 janvier 1928, dans une petite revue, *L'Avenir*. Personne n'y prêta attention.

Il y eut cependant une exception. Romain Rolland lut les lettres de Balmont et de Bounine qui rapportaient et commentaient la lettre anonyme de Moscou, et décida de leur donner une bonne leçon. Il publia sa réplique, datée du 20 janvier, dans le numéro de février du mensuel, *L'Europe*.

Balmont, Bounine, je vous comprends, écrivait-il, *votre monde a été détruit et vous vivez dans un triste exil. Le tocsin d'une époque révolue sonne à vos oreilles. O hommes perspicaces, pourquoi cherchez-vous des alliés parmi ces horribles réactionnaires de l'Occident, parmi les bourgeois et les impérialistes ? O recrues du désenchantement !... Je m'approche d'un nouveau-né et le prends dans mes bras... La police secrète a toujours existé en Russie, c'est un affreux poison qui fane les fleurs de l'âme de la nation... En ce qui concerne la maternité et la petite enfance, lisez le rapport d'O. Kameneva sur ses activités... Votre sang et celui du peuple russe sont le même. Mais maintenant entre vous et votre peuple le sang a coulé... De grands esprits vont en Russie et voient ce qui s'y accomplit... Dans votre patrie, les savants travaillent dans la fièvre... Il y a plus d'écrivains et de lecteurs là-bas que chez nous... J'ai reçu tout récemment en cadeau le nouveau livre de Prichvine... La censure m'a aussi tourmenté dans mon propre pays... Cautérisons la plaie avec un fer chauffé à blanc ! Tout pouvoir sent mauvais... Cependant l'humanité va de l'avant... Aujourd'hui aussi, elle avance... en marchant sur vous et sur moi...*

L'affaire ne s'arrêta pas là. Romain Rolland écrivit à Gorki, à Sorrente, pour lui demander si c'était vrai qu'on opprimait les écrivains en Union soviétique et si leur situation était aussi pénible que cela. La réponse de Gorki, datée du 29 janvier-12 février 1928, se trouve dans le numéro de mars de *L'Europe* de la même année. Elle éclaira et tranquillisa définitivement Rolland sur la situation.

Gorki écrivait que non seulement la lettre adressée "aux écrivains du monde" était un faux, mais qu'en Union soviétique le sort des écrivains était bien meilleur que dans les pays bourgeois. Il y avait des centaines de jeunes talents et les hommes de lettres de l'ancienne génération travaillaient plus et mieux qu'avant la révolution. Pour appuyer ses dires, Gorki citait une liste de noms, dont certains étaient célèbres comme Alexis Tolstoï, Tikhonov, Prichvine, Leonov ; on y trouve aussi les noms de Borissov, Smirnova, Babel, Pilniak, Yakovlev, Klytchkov, Kazine, Orechine, Zochtchenko. Tous ont été, par la suite, victimes des répressions. Borissov cessa d'écrire des ouvrages de fiction et se tourna vers le genre biographique. Six d'entre eux furent liquidés dans les années trente. Zochtchenko fut privé du droit d'écrire en 1946. C'est pourquoi sans doute la lettre de Gorki à Romain Rolland ne figure pas dans l'édition complète de ses œuvres et de sa correspondance.

Cette "polémique" n'était toujours pas close. Un mois plus tard, le 22-23 mars, Gorki écrivit de nouveau à Rolland en disant que Balmont était un alcoolique et lui demanda de publier cette lettre. Rolland ne le fit pas, par peur des attaques "personnelles" qu'elle contenait ; en revanche, cette lettre figure parmi les mille deux cents autres lettres de Gorki qui ont été publiées en U.R.S.S. D'après son propre décompte, Gorki en aurait écrit en tout vingt mille.

Au même moment, *L'Avenir* tentait de faire un sondage auprès des écrivains français pour connaître leur opinion concernant les répressions en U.R.S.S. : pensaient-ils qu'il y en avait encore ou bien partageaient-ils l'opinion de Bernard Shaw d'après lequel elles auraient disparu depuis longtemps ? Mais personne ne lisait cette revue qui était mal distribuée et toute l'affaire fut rapidement étouffée. “Le monde entier”, comme l'écrivait Rolland dans *L'Europe*, fêta l'anniversaire des soixante ans de Gorki en mars 1928. C'est à ce moment-là qu'André Levinson s'interrogeait, dans *Le Temps*, sur la confiance qu'on pouvait avoir en Gorki au moment où celui-ci pleurait la mort de Dzerjinski, le fondateur de la Tchéka. Deux ans après, très exactement, Maiakovski se suicidait et une nouvelle ère commençait en U.R.S.S. qui a duré vingt-trois ans.

Dans le déchaînement des “folles années vingt”, au milieu du tonnerre de la musique militaire le jour de l'Armistice, des feux d'artifice le jour de la prise de la Bastille, des discours du haut des tribunes et enfin des rires qui venaient des théâtres de boulevard, quelle était notre place, à nous, les déshérités de la terre ? Nous n'avions d'autre choix que de nous tenir cois dans notre coin !

Je faisais mon possible pour rendre la vie un tant soit peu supportable à moi-même et à un autre, mais aurais-je la force de tenir le coup ? J'ai plus souvent été l'Ange que Tobie, mais quand il m'arrivait d'être Tobie, je n'étais ni charmante, ni naïve ; je ne tenais pas à l'être. Durant cette période désespérée de ma vie, malgré la maladresse inhérente à ma jeunesse, j'ai su garder mon indépendance, ne pas me plaindre et être sévère avec moi-même.

— En somme, tu n'as besoin de personne, c'est bien ça ? me dit un jour Khodassevitch.

— Si, de toi.

— Pour un temps... J'aimerais bien te voir dans une situation désespérée.

— Plus désespérée que celle que nous vivons, toi et moi ?

— Oui. Car tu arrives parfois encore à transformer les moins en plus.

— Cela ferait un bien vilain tableau.

— En ce qui me concerne, j'ai toujours une issue, je peux rendre le billet.

— En aucun cas. Je tiens à l'utiliser jusqu'au bout et même à faire une partie du trajet à l'œil.

Je me demandais parfois si mon côté dure à cuire lui plaisait ou si ça l'agaçait.

Notre “bonheur” n’était pas fait de félicité, de bien-être, de plaisir et de sérénité. Il s’agissait d’autre chose, d’une vie plus *intense* qu’avant notre rencontre et qui me paraissait, malgré sa dureté, plus fascinante et plus riche que toutes les promesses.

Notre dialogue, qui a duré dix-sept ans, n’appartient pas au passé mais reste vivant et continue à agir en moi, bien que je n’aie plus personne à guider maintenant et que je ne m’appuie plus sur quiconque. L’Ange et Tobie ont fusionné et n’existent plus. Durant des années, nous étions deux ; aujourd’hui comme dans mon enfance, je m’endors et me réveille seule.

4

LE SEL DE LA TERRE

Je conserve un souvenir très vif de l'entrée d'un couple dans le grand salon de Maxime Vinaver. Les battants de la porte s'ouvrirent tout grands. On apporta deux chaises et ils prirent place. L'homme avait une barbiche, il était de petite taille et paraissait avoir la soixantaine. On donnait environ quarante-cinq ans à la femme dont les cheveux étaient légèrement roux. Je ne les reconnus pas tout de suite. Vassili Maklakov, qui lisait ses souvenirs sur Léon Tolstoï, s'arrêta au beau milieu d'une phrase et attendit qu'on eût refermé la porte avant de poursuivre. Tous les visages se tournèrent vers eux. Vinaver se souleva légèrement, puis se rassit. Un mouvement à peine perceptible parcourut le salon et un sentiment de respect diffus figea un instant les invités. Je me demandai qui pouvaient bien être ces personnes. Lorsque je regardai de nouveau l'homme, la réponse me vint en un éclair. C'est lui que je reconnus d'abord, car elle avait un air si jeune que j'avais été induite en erreur. En réalité, elle avait presque soixante ans à l'époque ! C'étaient les Merejkovski.

Elle croisa les jambes, rejeta sa tête en arrière et ferma à moitié ses yeux myopes. Tout en jouant avec sa lorgnette, elle écoutait Maklakov qui poursuivait sans broncher son récit haut en couleur. Elle avait toujours aimé le rose qui pourtant "jurait" avec ses cheveux roux foncé. Mais ce qui pouvait paraître bizarre chez une autre ne choquait pas chez elle, car on finissait par y voir simplement l'expression de sa personnalité. Un foulard vaporeux en soie s'enroulait autour de son cou et ses lourds cheveux formaient une coiffure compliquée.

Ses petites mains maigres aux ongles sans vernis étaient sèches et quelconques. Elle s'habillait toujours court pour montrer ses jambes qui étaient élancées comme celles d'une jeune fille d'antan. Bounine disait en riant qu'elle avait dans sa commode quarante culottes roses en soie et autant de jupons de la même couleur suspendus dans son armoire. Elle possédait des bijoux anciens, des chaînettes et des pendentifs. Elle portait parfois sur son front, entre les sourcils, une émeraude en forme de larme au bout d'une fine chaînette. Elle avait visiblement cultivé deux traits de sa personnalité, l'aisance et la féminité. En réalité, elle n'était ni sereine, ni féminine.

Sa personnalité à lui frappait par le contraste entre une certaine agressivité et un penchant pour la mélancolie. Il riait rarement et même souriait très peu. Il y avait quelque chose de soigné et de net dans son apparence ; il sentait bon et une impression de propreté corporelle et de légèreté physique se dégageait de lui. On devinait que les objets qui lui appartenaient, depuis son peigne jusqu'à son crayon, devaient toujours être impeccables, non parce qu'il s'en occupait, mais parce que la poussière n'y collait pas davantage qu'à lui-même.

Dans les années 1925-1926 se tenait chez les Vinaver un des salons littéraires russes de Paris. Leur immense appartement, situé dans les beaux quartiers, avec ses tapis, ses candélabres, son piano à queue, sa bibliothèque garnie de livres rappelait les appartements pétersbourgeois d'autrefois. Une trentaine de personnages assistaient aux réunions. Il y avait les "célébrités" comme Maklakov, Milioukov, le couple Merejkovski et Bounine, mais aussi les "jeunes talents prometteurs", ceux qui fréquentaient les cafés de Montparnasse et écrivaient dans l'hebdomadaire, *Le Chaînon*, dont l'éditeur et le rédacteur était Vinaver. Ce dernier publiait aussi *La Tribune juive* et il avait écrit un livre de souvenirs, *Un passé récent*. C'était un membre connu du parti cadet et un ancien parlementaire de la Douma. Lui et Milioukov s'étaient partagé en quelque sorte la presse quotidienne démocratique russe, Milioukov étant l'éditeur des *Dernières Nouvelles* et Vinaver le responsable du supplément littéraire.

Lorsque Maklakov eut fini son récit, les invités passèrent à la salle à manger où les attendait le souper. La femme de Merejkovski, Zinaida Hippius, voyait et entendait mal. Pour s'en défendre, elle riait, jouait avec sa lorgnette, souriait et faisait semblant parfois d'être plus myope et plus sourde qu'elle ne l'était réellement. Elle s'abritait derrière son ironie, ses caprices, son goût des intrigues et ses manières affectées pour se protéger de la réalité.

Ils habitaient dans l'appartement qu'ils avaient acquis avant la guerre. Lorsqu'ils quittèrent la Russie soviétique en 1918, ils n'eurent qu'à tourner la clé dans la porte pour retrouver tout en place, les livres, la vaisselle, le linge. Ils ne connurent pas le sentiment d'être sans foyer, ce dont ont tant souffert Bounine et les autres. Durant les premières années, ils fréquentaient les cercles littéraires français où ils rencontraient des hommes de leur génération qui avaient perdu toute audience, Henri de Régnier, Bourget, Anatole France.

— Après quoi, ils en ont eu assez de nous, disait Merejkovski, et ils ont cessé de nous inviter.

— C'est parce que tu maudissais les bolcheviks de façon si indélicate, disait-elle de sa voix un peu aigre et affectée, et eux avaient tellement envie de les aimer.

— C'est vrai que je leur fis part de mes plaintes et de mes prophéties, disait-il en grasseyant les *r* russes à la française. La révolution russe était à leurs yeux une expérience des plus intéressantes, mais elle avait eu lieu dans un pays exotique et ça ne les concernait pas. Comme l'avait dit Lloyd George, on pouvait faire du commerce même avec des cannibales.

Le soir, vêtue d'un vieux caraco encore élégant, Zinaida s'installait sur le divan, près de la lampe, et fumait de fines cigarettes ou bien cousait. Elle aimait coudre ; elle approchait son ouvrage tout près de ses yeux et le dé brillait sur son doigt mince. On sentait dans la pièce une odeur mêlée de parfum et de tabac.

— Où sont mes petits bouts d'étoffe ? demandait-elle, en fouillant dans son panier à ouvrage. Où est mon petit pain ? demandait-elle quand elle prenait le thé, en tirant vers elle la corbeille à pain.

Vladimir Zlobine, leur secrétaire, posait une tasse devant elle.

— Où est ma tasse ? disait-elle, en promenant son regard myope sur les murs de la pièce.

— Ma chère, elle est devant vous, répondait patiemment Zlobine de sa voix apaisante et grave, et voici votre petit pain. Personne ne vous l'a pris. Il est à vous.

C'était un jeu qui avait duré entre eux presque trente ans et qui leur était indispensable à tous deux.

Puis la porte du cabinet de travail s'ouvrait et Dimitri Sergueievitch entrait dans la salle à manger. Je ne me souviens pas qu'il ait jamais abordé un sujet banal. Il s'était créé son propre monde qui comportait bien des lacunes, mais qui répondait à ses besoins. Sa vision des choses était fondée sur le rejet sans appel de la révolution d'Octobre. Les problèmes d'ordres esthétique, moral, religieux, politique ou scientifique étaient subordonnés à son sentiment d'avoir perdu la Russie, à l'amertume de l'exil, à la conscience qu'une menace pesait sur le monde et que personne n'entendait ses plaintes, ses malédictions et ses mises en garde. Parfois ce thème restait voilé et n'éclatait qu'à la fin de la soirée :

— ... Et voilà pourquoi nous sommes ici !... Et voilà pourquoi ils sont là-bas !

Mais le plus souvent, son discours avait une seule et même tonalité :

— Zina, qu'est-ce qui t'est le plus cher : la Russie sans la liberté ou la liberté sans la Russie ?

Elle réfléchissait un instant.

— La liberté sans la Russie, répondait-elle, c'est pourquoi je suis ici.

— Moi aussi, je suis ici, non là-bas, parce que la Russie sans la liberté est impossible pour moi... Mais à quoi me sert cette liberté au fond s'il n'y a pas de Russie ! Que puis-je faire de cette liberté sans elle ?

Il se perdait dans ses pensées, les yeux dans le vide.

De temps à autre, Zinaida m'interrogeait sur mon passé et mon enfance à Pétersbourg, mais je n'aimais pas parler, je préférais écouter.

Zinaida et ses trois sœurs aimaient leur mère d'un amour maladif. Elle seule s'était mariée. Deux de ses sœurs vivaient en Russie soviétique. L'une avait été courtisée jadis par Kartachev qui avait failli l'épouser, mais Merejkovski s'en mêla et le mariage n'eut pas lieu. En 1942, ces deux femmes se retrouvèrent dans la ville de Pskov occupée par les Allemands et Zinaida tenta d'entrer en contact épistolaire avec elles. Sans doute ont-elles trouvé la mort lors de la retraite allemande. C'étaient Tata et Nata dont parle Bely dans ses *Souvenirs*. La troisième sœur s'appelait Anna Nikolaïevna. Desséchée et à moitié folle, elle était de ces personnes qui passent leur journée à la cathédrale russe de la rue Daru à nettoyer les icônes, à réparer les cadres et à se prosterner. Elle était l'auteur d'une *Vie de Tikhon Zadonski* (un saint orthodoxe).

Lorsque j'assistais aux conférences de Dimitri Sergueievitch, j'avais envie bien des fois de lui embrasser la main comme autrefois lorsque j'écoutais Blok. Il traitait toujours le même thème, mais effleurait une foule d'autres questions dont il cherchait les réponses, sans jamais les trouver. Rien de ce qu'il écrivit dans l'émigration n'a résisté à l'épreuve du temps, ni *Le Royaume de l'Antéchrist*, ni *Pascal*, ni *Luther**. Seuls conservent un certain intérêt les textes écrits avant 1920, comme *Leonardo*, *Julien l'Apostat*, *Pierre et Alexis*, *Alexandre Ier et les Décembristes*, ainsi que ses articles de critique littéraire.

Zinaida avait beaucoup de traits communs avec Gertrude Stein, en particulier une nette tendance hermaphrodite. Cette dernière sut néanmoins se libérer et s'accomplir davantage que Zinaida. Elles avaient la même habitude de se disputer avec les gens, puis de se raccommoder avec eux tant bien que mal, et toléraient tout juste chez les autres des relations amoureuses "normales", qu'au fond elles méprisaient et qu'elles ne comprenaient pas. Zinaida avait aussi l'habitude de fantasmer sur les gens ou encore de passer sous silence les livres ratés d'un ami écrivain. Comme Stein ignorait Joyce et n'invitait pas ceux qui en parlaient, Zinaida ne prononçait jamais le nom de Nabokov. C'est Stein qui trouva l'expression cinglante et injuste de "génération perdue". De son côté,

* *Luther*, a été publié chez Gallimard. *(N.d.T.)*

Zinaida estimait que nous étions tous tombés, sauf elle et Merejkovski, dans une "faille de l'histoire".

Zinaida avait éprouvé, dès son jeune âge, un besoin immodéré de faire sensation avec ses robes blanches, ses cheveux flottant librement et ses pieds nus, un détail que Gorki aimait rapporter. Son goût de frapper l'imagination des gens et de se montrer différente, singulière et originale faisait d'elle une sorte d'exhibitionniste.

Les Merejkovski recevaient tout le monde ou presque, mais je me sentais le plus à l'aise lorsque nous étions seules, elle et moi. Dans l'intimité, j'arrivais à recueillir quelques miettes. J'ai évoqué cela dans une de mes poésies que les Merejkovski ont sûrement lue, mais sans deviner qu'il s'agissait d'eux.

"Vois le labeur de nos aïeux,
De nos pères et grands-pères,
Le vase qui coule intarissable
Et qui nous vient du siècle passé.

Vous êtes là devant nous,
Chargés de ce trésor,
Notre cercle bruyant
Vous enferme dans le siècle naissant.

Ne laissez pas vos fils arracher
De vos épaules votre bien.
N'écoutez pas les refrains nouveaux,
Ce sont là mensonges de brigands.

Vos enfants attendent le moment propice,
Epiant le liquide précieux,
Stupides et dépravés,
Ils renverseront le vase que vous portez.

Moi aussi, je marche derrière vous,
Mais avec la main tendue,
Mon Dieu, fais que tombe dans ma paume
Rien qu'une goutte, une seule !

Je vous vois devant moi,
Portant le vase d'où coule intarissable
L'eau prophétique
De votre siècle passé."

En 1927, Zinaida me dédia une poésie intitulée *L'Eternel Féminin* dont je possède le manuscrit dédicacé. A la place du titre on trouve les lettres E.F. Cette poésie a été incluse dans son recueil (1938). Lors de notre séjour au Cannet, dans les Alpes-Maritimes, où se trouvaient également les Merejkovski, que nous voyions quotidiennement, Zinaida me dédia une autre poésie que je publie ici pour la première fois.

L'azur est à peine voilé
De traînées de nuages,
Le pré où broute la chèvre tachetée
Resplendit de mille marguerites.
L'olivier argenté étale ses branches
Dans la touffeur de l'été.
Ici, comme en juillet
Tout est animé, clair et gai...
Mais les araignées ont tissé de longs fils
Entre les campanules bleues...
Et dans la maison dont le nom évoque le paradis
Les hautes fenêtres sont closes.
En vain j'essaie par ces vers
D'occuper mon esprit :
Je n'aperçois pas sa robe blanche
Imprimée de fleurs mauves.

Octobre 1927.

Lorsque, l'année suivante, je passai quelques jours en compagnie des Merejkovski à Thorenc, au-dessus de Grasse, Zinaida m'offrit trois poésies qu'elle avait composées durant ce séjour. J'en fus étonnée et touchée, car ces vers témoignaient à mon égard d'une tendresse que je ne soupçonnais pas. Deux d'entre elles parurent dans son recueil *Eclats* sous le titre *Pour elle, dans les montagnes*, la troisième n'a pas été publiée.

1

Ce n'est pas par hasard
Que j'ai gardé cette fleur mauve,
Au bout de sa longue tige,
Et que je l'ai déposée à ses pieds chéris.
Mais toi, tu te détournes mécontente...
En vain, je tente de capter ton regard.
Qu'importe ! Fais comme il te plaira :
Je t'aimerai tout de même.

2

Je trouverai dans la forêt une autre fleur,
Je ne puis croire à ton indifférence.
Je l'apporterai fraîche et mauve
Dans ta maison claire à la porte étroite.

Mais près du ruisseau la peur me saisit,
Du ravin s'élevaient de froides vapeurs...
Un serpent se glissa en sifflant
Et je n'ai point de fleur pour ma bien-aimée.

3

Dans l'or du couchant tu brilles comme un cierge.
Une fois encore, je me tiens devant toi, silencieuse.
Lisses et tendres, les plis de ma cape
Tombent, lumineux, aux pieds de ma bien-aimée.

Ta joie enfantine ne durera pas,
Nul besoin d'expliquer, tu devineras
Ce que je t'apporte en guise de fleur.
A présent tu le sais et tu l'acceptes.

Thorenc, 1928.

J'étais allée seule chez les Merejkovski, en autocar, depuis Antibes. Nous habitions alors dans la villa de Vladimir Weidlé et de sa future femme. Khodassevitch était malade. Les Merejkovski avaient loué un étage entier dans un ancien château. Une salle de bains de fortune avait été aménagée dans la tour même. Des pins aux troncs noirs et droits entouraient la vieille bâtisse et, plus loin, au sommet d'une haute montagne, on apercevait, depuis la salle à manger, les ruines d'un vieux château "qui a été construit avant que ne fût écrit *Don Quichotte*", m'annonça Dimitri Sergueievitch, le jour de mon arrivée.

On me donna une chambre, longue et étroite, dans l'appartement des propriétaires. Sur les étagères se trouvaient des livres du XVIIe et du XVIIIe siècles, couverts d'une épaisse couche de poussière.

L'après-midi, nous avons fait une promenade le long d'un ruisseau qui bruissait et bondissait sur les pierres. Dimitri observait les araignées d'eau qui, de leurs pattes actives, déployaient des trésors d'énergie pour ne pas être emportées.

— Zina ! Elles nagent à contre-courant ! Elles sont exactement comme toi et moi ! dit-il.

Puis le ruisseau virait, se calmait, poursuivant sa course dans un doux murmure. Dimitri reprit, sans parler cette fois à personne en particulier :

— *Il me raconte en gazouillant une saga mystérieuse sur une contrée merveilleuse où il prend sa source.* (Lermontov)

Il s'interrompit brusquement et se mit à évoquer leur vie d'autrefois, près de Louga. Il n'était pas difficile de deviner que, pour lui, il ne pouvait y avoir au monde qu'une seule "contrée merveilleuse".

Après la mort de Dimitri, Zinaida me dit qu'ils avaient vécu ensemble cinquante-deux ans, sans jamais se séparer. Lorsque je voulus savoir si elle possédait des lettres de lui, elle me répondit qu'elle ne pouvait pas en avoir puisqu'ils ne s'étaient pas quittés un seul jour. Je la revois, lors du service funèbre, à la cathédrale de la rue Daru, vacillante de faiblesse sur ses jambes fines, sa main posée sur celle de Zlobine. Celui-ci, plein de prévenance, le corps droit et puissant, se tenait immobile comme un rocher. Il resta à ses côtés quand elle suivit le cercueil. Un an et demi plus tard fut érigé sur la tombe de Merejkovski un monument financé par une maison d'édition française, avec l'inscription : "Que vienne ton royaume !" Chaque fois que j'allais sur sa tombe, je l'entendais prononcer, grasseyant légèrement les *r*, cette prière à laquelle il donnait un sens personnel.

Les forces mentales de Zinaida baissèrent. En 1944, elle m'avoua ne rien comprendre aux événements. Je sentais que ce n'était plus la peine de lui expliquer quoi que ce soit. Souvent, la nuit, elle criait et appelait Dimitri, tourmentée par l'approche de la mort. Elle se dessécha complètement. Sa vue et son ouïe déclinèrent davantage encore et elle dorlotait son bras à moitié paralysé. Lorsqu'elle fut couchée, petite et ridée, dans son cercueil, plusieurs personnes venues aux obsèques se regardèrent d'un air entendu en disant : "Que Dieu nous pardonne, mais c'était une petite vieille pas commode."

Son cercueil fut déposé sur celui de Dimitri Sergueievitch, au cimetière russe de Sainte-Geneviève-des-Bois. Dans mon souvenir, les deux se fondent en un seul être ou en une voix qui chante une sorte de longue mélopée. Tantôt c'est elle qui chante et lui l'accompagne, mais le plus souvent, c'est lui qui tient le rôle principal et elle le suit. D'année en année, il était devenu plus petit. Il la prenait par le bras, vêtu de sa longue pelisse et de sa petite toque en castor qu'il portait probablement déjà en Russie. On ne savait trop lequel soutenait l'autre. Zinaida portait un manteau râpé de couleur fauve et un chapeau rouge ou rose. Comme elle les aimait ces teintes allant du rose au rouge brique, de l'écarlate au roux foncé ! Elle marchait avec précaution, juchée sur ses talons aiguilles. Ils s'en allaient se promener au bois de Boulogne, puis rentraient dans l'appartement sombre, avenue du colonel Bonnet, où ici et là on allumait des lampes. Chaque chose était à sa place, le vieux mobilier, les étagères chargées de livres, ses affaires de couture à elle, ses papiers à lui.

Le soir tombait. J'arrivais et m'asseyais près d'elle, sur le divan. Elle aimait me poser des questions pour m'embarrasser, mais je ne me laissais pas souvent troubler. Je sentais que c'était un jeu délibéré visant non à obtenir de moi telle ou telle réponse, mais à me sonder en profondeur. Souvent elle s'étonnait de ma franchise et de ma spontanéité.

Je me suis éloignée pendant quelques années. Puis, durant la guerre, je suis de nouveau revenue, lorsque, à Paris, il restait si peu de monde autour d'eux. Mais je n'allais plus au salon et ne m'asseyais plus avec elle sur le divan. J'empruntais l'escalier de service, rentrais par la cuisine et restais à contempler longuement Zlobine en train de laver la vaisselle, de récurer les casseroles, d'essuyer les fourchettes et les couteaux. Nous bavardions, lui et moi, à voix basse. Là-bas, dans le salon, il faisait très froid. Dimitri Sergueievitch y était allongé, recouvert d'un plaid, avec Zinaida à ses côtés. Je craignais de les déranger. Ils se survivaient à eux-mêmes et se consumaient petit à petit. Lorsque je reçus un télégramme, le matin même de Pearl Harbour, avec ces mots : "Merejkovski décédé...", il me sembla que c'était une chose toute naturelle. En revanche, les quatre années durant lesquelles Zina lui survécut me parurent inutiles et pénibles.

Cependant, quel n'a pas été son pouvoir sur nous tous lorsque, au milieu du salon des Vinaver ou des Tsetline, sa voix légèrement grinçante couvrait celle des autres ! Quand Dimitri Sergueievitch parlait, elle guettait le moment pour l'attaquer ou le défendre, ou encore pour intervenir entre lui et son interlocuteur. Elle savait dominer et elle aimait cela. Ce "pouvoir sur les âmes" lui plaisait par-dessus tout. Sa victime pouvait être un petit poète inconnu ou bien tel éditeur à la peau dure, dont elle cherchait l'endroit sensible pour l'égratigner jusqu'au sang.

Bounine avait beau se tenir sur ses gardes avec elle, il lui arrivait rarement d'avoir le dernier mot. Son côté primaire, charmant et démodé l'amusait et éveillait en elle l'envie espiègle de ferrailler avec lui. Le style de Bounine, terre à terre et un peu simpliste, lui paraissait ridicule et, à Merejkovski, ennuyeux. Celui-ci disait : "Bounine m'ennuie."

Quant à moi, le ton de la conversation de Bounine m'enchantait. On aurait dit le personnage de Dostoïevski dans *Le Village de Stepantchikovo*, Foma Fomitch Opiskine, qui demandait aux gens, d'un air humble, de l'appeler simplement "Votre Excellence". J'aimais sa puissante poignée de main, ses discours sur "les signes distinctifs de la noblesse", comme les grains de beauté ou la forme de l'oreille. Je n'avais jamais entendu des choses pareilles, même dans la bouche de mon grand-père, Karaoulov ! Cela faisait ancien et féodal, bien que Bounine voulût toujours être entouré de jeunes et le rester lui-même. Je goûtais ses anecdotes tirées telles quelles de ses anciennes nouvelles, où il parlait de toutes espèces de chiens, de limiers roux, noirs ou tachetés, de chiens de chasse et de chiens d'attelage. Il y avait aussi les histoires qui se passaient dans les tavernes de la rue principale d'Orel, dont la moitié étaient probablement improvisées. Mais quelle merveille !

Lorsque nous avons pénétré dans l'immeuble des Tsetline, Bounine se tenait au bas de l'escalier, près de l'ascenseur. Khodassevitch nous présenta l'un à l'autre. Bounine ne voulait pas entrer dans l'ascenseur. Quelques jours auparavant il avait failli se faire écraser, lorsqu'il était entré dans la cage vide au moment où l'ascenseur descendait. Nous sommes donc montés à pied. Bounine me posa une série de petites questions inquisitrices pour connaître l'impression qu'il produisait sur moi. Il avait la voix légèrement traînante, "à la manière des nobles, des Moscovites ou peut-être des gens de chez nous, du district de Beliov". Il ne cessait de me jeter de petits coups d'œil pour lire sur mon visage l'effet qu'il me faisait.

Il agissait ainsi avec tout le monde, en particulier avec les femmes de lettres. Dès notre première rencontre, il me raconta une de ses aventures de jeunesse. Son histoire commençait comme le premier récit des *Sombres allées*. Un jeune seigneur entre dans une isba où il découvre une jeune femme, bien en chair et dotée d'une forte poitrine. Il s'extasie devant les perspectives qui s'offrent à lui. Jugeant que la belle est consentante, il s'apprête à la saisir par la poitrine quand soudain il entend la voix chevrotante d'un vieillard provenant de la soupente : "Tante Nastia, je viens de chier dans mon froc." Sur ce, le jeune seigneur, qui n'est autre que Bounine, bondit hors de l'isba, saute sur son cheval et part au galop.

Il cessa très vite de me raconter de pareilles histoires. Au début, il avait prononcé deux ou trois fois en ma présence, d'une voix distincte et avec une délectation particulière, des mots "impubliables" qui, du reste, ne l'étaient plus depuis longtemps dans les langues autres que le russe ; sa préférence allait aux expressions grossières du vocabulaire enfantin. Puis, voyant que je n'en frémissais pas et que je les écoutais de la même façon que les autres mots de son vocabulaire, il cessa définitivement de "prendre des airs" avec moi, en particulier lorsque je lui eus dit combien me plaisaient ses *Rêves de Tchang*. Il avait compris que ce n'était pas par un artifice aussi simplet qu'il parviendrait à me troubler et que, si je n'étais pas tout à fait une amie, je ne lui étais cependant pas hostile.

— Bien entendu, vous n'aimez pas ma poésie ?

— Si… je l'aime bien… mais beaucoup moins que votre prose.

Je ne savais pas encore que c'était là son point sensible.

Sa vie durant, il avait été tourmenté par le problème du choix entre la poésie et la prose. Je suis allée lui rendre visite à Grasse. Je conserve de cet été-là deux superbes photos. Sur l'une d'elles, Galina Kouznetzova et moi, nous nous tenons debout derrière lui, pareilles à deux anges gardiens ; sur l'autre il est assis, nu jusqu'à la ceinture et je tiens un parasol au-dessus de sa tête.

— Si j'avais voulu, j'aurais pu écrire n'importe laquelle de mes nouvelles en vers. Tenez, par exemple, *Le Coup de soleil*, si je l'avais voulu, j'en aurais fait un poème.

J'étais stupéfaite par ce qu'il venait de dire : apparemment, il pensait que l'on pouvait habiller de n'importe quelle "forme" n'importe quel "sujet" et superposer la forme au contenu.

Il avait un caractère tyrannique et pénible, aussi bien dans les affaires domestiques qu'en littérature. Lorsque quelqu'un le comparait à Tolstoï ou à Lermontov ou débitait quelque autre bêtise, il entrait dans une fureur noire et rétorquait cependant par une absurdité encore plus énorme :

— Je viens de Gogol ! Personne ne comprend rien, je suis sorti de Gogol !

Tous se taisaient, apeurés et gênés. Mais très souvent sa fureur se changeait soudain en plaisanterie. C'était l'un des traits les plus sympathiques de son caractère :

— Je vais vous tuer ! Vous étrangler ! Fermez-là ! Je viens de Gogol !

Les conversations sur l'art contemporain déclenchaient chez lui des colères encore plus terribles. Même Rodin était trop "moderne" à ses yeux.

— Son Balzac, c'est de la merde, dit-il une fois. C'est pour cela que les pigeons chient dessus.

En disant cela, il jeta un regard perçant de mon côté.

Je répondis qu'à mon avis, même en cet état, le Balzac valait mieux que le Gambetta près du Louvre, avec son drapeau et ses nymphes.

— Alors, pour vous, Proust est mieux que Hugo ?

J'étais déconcertée par la soudaineté de cette question. Je ne voyais pas quel rapport il y avait entre eux.

— Vous trouvez Proust mieux, n'est-ce pas ?

— Bien sûr Ivan Alexeievitch ! C'est le plus grand de notre siècle.

— Et moi ?

Galina et moi avons éclaté de rire. Il aimait le rire ainsi que toutes les autres fonctions "libératrices" du corps. Un jour, dans une épicerie, il se choisit en ma présence un filet d'esturgeon. C'était merveilleux de voir comme ses yeux brillaient et, en même temps, j'étais presque gênée devant le vendeur et les clients. Il me disait souvent combien il aimait la vie et le printemps ; il ne pouvait accepter l'idée qu'il y aurait des printemps qu'il ne verrait pas, qu'il n'avait pas goûté à tous les plaisirs de la vie, n'avait pas respiré tous les parfums, n'avait pas fait l'amour à toutes les femmes (il employait, bien sûr, un autre mot pour dire cela) et ne verrait jamais une certaine race de femmes qui vivaient dans les îles du Pacifique.

Il était un athée endurci, comme il me l'avait souvent répété, et aimait à faire peur, à lui-même et aux autres, en particulier au pauvre Aldanov, en parlant des vers qui leur sortiraient des yeux, de la bouche et des oreilles quand ils seraient sous terre. Il ne se posait jamais de questions relatives à la religion et la pensée abstraite lui était complètement étrangère. C'était un vrai terrien, un être absolument concret, capable de créer une beauté élémentaire, dont les formes préexistaient déjà à l'état naturel, avec une sensibilité linguistique étonnante et une totale absence de vulgarité, jointes à une imagination limitée.

Je le verrais quelque part entre Tourgueniev et Tchekhov, né aux alentours de 1840. Lui-même en a parlé bien plus tard, en 1950, dans ses *Mémoires* : *Je suis né trop tard. Si j'étais né plus tôt, mes souvenirs ne seraient pas ce qu'ils sont.*

Mais, dans les années vingt, il n'aurait jamais écrit une chose pareille et il n'aurait pas permis qu'on pût insinuer, dans la presse ou en sa présence, qu'il était un homme du passé. Un jour, il s'est plaint à moi de ce que les "jeunes" lui reprochaient de ne rien écrire sur l'amour. C'était l'époque où D.H. Lawrence était en vogue. "Tout ce que j'ai déjà écrit et que j'écris maintenant ne parle que de l'amour", me dit-il.

Quand la conversation touchait à la littérature soviétique, on voyait qu'il n'en avait pas la moindre idée. Quant aux écrivains contemporains français, ils étaient tous pour lui des "Proust". Je doute cependant qu'il ait lu les douze volumes d' *A la recherche du temps perdu.*

Son attitude à mon égard varia avec les années. Au début, il s'adressait à moi sur un ton tendrement ironique, en citant le vers de Pouchkine *Je suis née à l'ombre du Caucase, je sais manier le poignard* :

— C'est de vous qu'il parle, de vous !

Par la suite, je lui inspirais de l'étonnement et une certaine méfiance. Puis il finit par accepter de moi ce qu'il avait pris d'abord pour de l'insolence et de l'irrespect et devint bienveillant. Vers la fin de sa vie, il me fut ouvertement hostile en raison du livre que j'avais écrit sur Alexandre Blok. Il ne comprenait pas comment j'avais pu consacrer un livre à Blok, non à lui.

Toute sa vie, Bounine fut obsédé par Blok. Il trouvait le symbolisme dégoûtant, imbécile et insignifiant. Resté en dehors de ce mouvement, il lui témoignait tantôt de l'indifférence, tantôt une hostilité véhémente. "Il n'y a pas eu de plus grands imbéciles depuis la création du monde", disait-il. Dans ses *Mémoires*, il écrivit : "Il m'est arrivé de rencontrer au cours de ma vie pas mal de crétins. Mon existence a été même à ce point extravagante que je me suis retrouvé le contemporain d'imbéciles dont les noms resteront à jamais inscrits dans l'histoire universelle." Il parlait de Balmont, de Sologoub et de Viatcheslav Ivanov. Il se moquait méchamment de la poésie de Zinaida Hippius. Brioussov était un communiste et rien que pour cela méritait la pendaison. Quant à Bely c'était un fou dangereux. Mais le plus abominable de tous était Blok, un être rachitique et dégénéré, qui mourut syphilitique. Un jour que nous étions en visite chez Bounine, Georges Ivanov et moi avons pris sur l'étagère le petit volume de poésies de Blok, *Vers à la Belle Dame*. Il était couvert de jurons obscènes pareils à des graffiti. C'était le commentaire de Bounine sur la première œuvre de Blok. Même Ivanov en fut gêné. "Oublions cela", lui dis-je à l'oreille.

— Et puis, ce n'était pas un si bel homme que cela, s'exclama un jour Bounine en parlant de Blok. J'étais plus beau que lui !

En 1948, dans la petite salle Pleyel, il organisa une soirée de lecture de ses *Mémoires*. Lorsqu'il arriva au passage où il tentait de prouver que Blok était une nullité, je sentis que le moment était venu de me lever et de quitter la salle. Je revis en l'espace de quelques secondes toute l'importance littéraire de l'œuvre de Bounine ainsi que l'amitié qui nous liait depuis vingt-cinq ans. Quelqu'un à l'autre bout de la même rangée se leva, fit claquer son siège et se dirigea bruyamment vers la sortie. Je me levai aussitôt et sortis moi aussi, mais discrètement, en refermant la porte avec précaution. Je me retrouvai devant Ladinski. Nous sommes sortis dans la rue en silence. Lui partit à gauche et moi à droite. Nous avions entretenu, des années durant, des relations amicales, mais on évitait maintenant de se parler : il venait d'obtenir son passeport, était devenu un "patriote soviétique" et se préparait à rentrer en Union soviétique. Pour lui, Staline était un nouveau Pierre le Grand.

La grossièreté dont Bounine faisait preuve dans ses paroles, son comportement et sa façon de penser n'était, au fond, qu'une sorte de paravent lui servant de protection. Non moins que les autres membres de sa génération, il avait peur du monde et des hommes. Je lui ai rendu visite pour la dernière fois en 1947 ou 1948. Au milieu de l'entrée se trouvait un pot de chambre rempli à ras bords : Bounine l'exposait là, de toute évidence, dans un geste de colère contre la personne qui avait oublié de le vider. Il était assis à table, dans la cuisine, en compagnie d'un certain K., un homme fortuné, propriétaire d'un énorme hôtel non loin de la place de l'Etoile et qui venait de purger une peine de prison pour avoir collaboré avec les Allemands. K. écrivait un livre de souvenirs sur son enfance et les deux hommes étaient en train de se féliciter mutuellement de leur style. Il est possible que K. aidât financièrement Bounine durant cette période où ce dernier avait de nouveau à faire face à la pauvreté, l'argent du prix Nobel ayant été dépensé depuis longtemps. Peut-être demandait-il à Bounine de préfacer son livre ou d'écrire un article pour en rendre compte. Lorsque j'aperçus dans la cuisine crasseuse ces deux vieillards légèrement éméchés qui s'étreignaient et s'adressaient en larmoyant des compliments du genre : "Tu es génial", "Tu es notre phare", "Tu es le meilleur", "Il me faut prendre modèle sur toi", j'en suis restée interdite. Au bout d'une dizaine de minutes, pendant lesquelles je ne pus sortir de mon mutisme, je me suis levée et j'ai quitté la pièce. Bounine me lança :

— C'est K., mon seul ami, un grand écrivain de la terre russe. Vous devriez tous vous inspirer de lui.

Je traversai l'entrée. Le pot de chambre avait disparu, et je sortis dans la rue Offenbach. Je ne suis plus jamais retournée chez lui.

Je n'aime pas contempler la déchéance. Pour Bounine, elle commença le jour où on vint le chercher pour l'emmener chez l'ambassadeur soviétique, Bogomolov, afin de boire à la santé de Staline. Une voiture l'attendait en bas de son immeuble. L'affaire avait été arrangée par Stoupnitski, l'œil de Moscou, certainement par le truchement du journal de Milioukov, ce dont personne n'avait eu le moindre soupçon à l'époque. Stoupnitski entreprit d'abord de "travailler" Maklakov en lui faisant croire que tout avait changé en Union soviétique et qu'on allait amnistier les émigrés. La réception chez l'ambassadeur n'eut pas de conséquences politiques, mais marqua le début du déclin de l'émigration, dans son ensemble, et de ses représentants.

Khodassevitch et moi avons été invités à dîner pour la première fois chez les Bounine durant l'hiver 1926-1927. Sur la table du salon se trouvaient ses livres qui venaient de paraître. Il nous dédicaça un exemplaire de *La Rose de Jéricho*, puis, tout de suite après, il en dédicaça un autre à Galina Kouznetzova. Je voyais celle-ci pour la première fois. Elle était avec son mari, Petrov, qui par la suite est parti en Amérique du Sud. Elle avait des yeux violets, comme on disait alors, une silhouette gracieuse, des mains d'enfant et parlait avec un léger bégaiement, ce qui ajoutait encore à son charme et à l'impression de fragilité qui émanait d'elle. Elle ne comprit pas la dédicace de Bounine qui l'appelait "Riki-tiki-tavi" et demanda à Khodassevitch ce que cela signifiait. Il répondit : "C'est tiré de Kipling. Il s'agit d'une petite bête charmante qui tue les serpents."

On aurait dit qu'elle était en porcelaine, alors que moi j'avais l'impression d'être en fonte, à mon grand dépit. Un an ne s'était pas écoulé qu'elle vivait déjà dans la maison de Bounine. Vêtue de robes légères, bleu clair et blanches, elle était particulièrement jolie en été, au bord de la mer à Cannes ou sur la terrasse de la maison à Grasse. En 1932, ils sont venus un soir me rendre visite dans l'hôtel du boulevard La Tour-Maubourg où j'habitais au sixième étage sans ascenseur. Bounine dit à Galina :

— Toi, tu ne pourrais pas vivre ainsi toute seule. Tu ne saurais pas te débrouiller sans moi, n'est-ce pas ?

Elle lui répondit d'une voix douce :

— C'est vrai, je ne pourrais pas.

Mais quelque chose dans son regard disait le contraire.

Lorsqu'elle quitta les Bounine au début des années trente, elle lui manqua terriblement. Il est probable que de sa vie il n'avait jamais vraiment aimé qu'elle seule. Il était blessé dans son amour-propre masculin et humilié. Il n'arrivait pas à croire à la réalité de ce qui s'était passé et essayait de se persuader qu'elle était partie pour un temps seulement, et qu'elle lui reviendrait. Mais elle ne revint jamais.

Il est difficile de discuter quand il y a trop de sujets tabous. Avec Bounine, on ne pouvait parler ni des symbolistes, ni de ses propres vers, ni de la politique russe, ni de la mort, ni de l'art contemporain, ni des romans de Nabokov, ni de bien d'autres sujets encore. Il "réduisait en poussière" les symbolistes, était susceptible et n'admettait pas qu'on jugeât ses poésies. En politique, il avait eu des opinions réactionnaires jusqu'à sa visite à l'ambassadeur soviétique. Puis, ayant bu à la santé de Staline, il admit sans réserve le pouvoir de celui-ci. Il craignait la mort qui le faisait enrager, ne comprenait rien à la peinture, ni à la musique, le nom de Nabokov le mettait hors de lui. Dans ces conditions, la conversation restait le plus souvent triviale et portait sur nos relations communes et sur des sujets prosaïques. Ce n'était qu'à de très rares occasions, en particulier quand il avait vidé une bouteille de vin, que Bounine "se laissait aller". Son beau visage s'animait sous l'effet de l'émotion et de la réflexion ; ses grandes mains puissantes ponctuaient ses paroles qui coulaient librement. Il parlait de lui, bien sûr, pas de celui qui était mesquin, haineux, jaloux et orgueilleux, mais du grand écrivain, qui n'avait pas trouvé sa véritable place dans son époque.

Entre octobre 1927 et novembre 1946, il m'écrivit vingt-cinq lettres – les originaux sont dans mes archives –, dont celle-ci qui date du 2 août 1935 :

Ma très chère Nina Nikolaïevna,

Les bons comptes font les bons amis et je paie ma dette avec un grand plaisir : vous m'avez fait des éloges jadis, mon tour enfin est arrivé de vous les rendre. J'étais terriblement occupé et, après avoir lu la moitié de votre roman, L'Accompagnatrice*, *je l'ai délaissé pendant deux semaines. Pas une minute à moi. Je viens maintenant de le terminer et vous dis très fortement : Bravo ! Comme vous êtes devenue forte, épanouie ! Que Dieu vous permette de grandir encore, mais prenez garde, défiez-vous*

* Actes Sud, 1985.

de la présomption ! Je vous embrasse, ma chère, sans même demander la permission à N.V. que je salue.

Ivan Bounine

Les Merejkovski et Bounine étaient la fine fleur du salon des Vinaver et de celui des Tsetline. Alexis Mikhaïlovitch Remizov, quant à lui, n'y venait pas. J'aimais ses premiers romans, *L'Etang* et *Sœurs en croix*, à l'époque où nous nous fréquentions à Berlin. Sa *Lamentation sur la ruine de la terre russe* est un chef-d'œuvre immortel et la moitié au moins, sinon la totalité, des trente volumes de ses écrits sont destinés à survivre et à retrouver le chemin de la Russie, où son nom a pratiquement disparu depuis près de trente-cinq ans.

Un soir de 1923, à Berlin, nous nous sommes tous retrouvés chez Remizov, autour de la grande table préparée pour le thé, Bely, Zaïtsev, Mouratov, Ossorguine, Khodassevitch et moi. La femme de Remizov, Serafima Pavlovna, lavait du linge dans la cuisine à l'autre bout du couloir et c'était une entreprise périlleuse que de la déranger quand elle faisait sa lessive. Je m'assis discrètement à table, et me mis à boire le thé que Remizov préparait et servait lui-même, tout en marmonnant des choses inaudibles. Emmitouflé dans un plaid, sa joue appuyée contre son poing, à la manière d'une femme, il avait tout l'air d'un sorcier nain.

Après le thé, Remizov nous dit qu'au coin de sa rue se trouvait une brasserie extraordinaire qu'il aimait fréquenter le soir et nous invita à prendre une bière. Tout le monde se leva et passa dans l'entrée. Remizov s'approcha alors de moi et me dit d'une voix douce, mais ferme, tout en levant et en abaissant ses sourcils et en se frottant le nez, que “les demoiselles n'y étaient pas admises”. Je lui demandai ce qu'il voulait dire par là. Khodassevitch me chuchota de ne pas contrarier Alexis Mikhaïlovitch et me promit de revenir au bout d'une demi-heure. Je suis restée seule dans la salle à manger à regarder les lutins suspendus à la lampe.

L'appartement était plongé dans le silence. Serafima Pavlovna ne se manifestait pas. Une demi-heure s'écoula, puis une heure. Je commençais à m'ennuyer ferme et à me sentir très dépitée car on m'avait visiblement oubliée. J'étais particulièrement fâchée contre Remizov qui nous avait invités, et aussi contre Khodassevitch qui m'avait laissée tomber. Je décidai de partir et de rentrer seule, mais lorsque je voulus ouvrir la porte d'entrée, je découvris qu'elle était fermée à clef de l'extérieur. Je me sentis encore plus vexée. Je ne savais pas que Remizov aimait faire des farces à ses invités. Lorsqu'enfin ils revinrent de la brasserie, je dis à Khodassevitch que je voulais rentrer. A la suite de cet incident, je ne suis plus retournée chez Remizov pendant trois ans environ.

J'ai eu l'occasion de fréquenter beaucoup de monde au cours de ma longue vie, et j'ai appris qu'il y a des gens dont on peut faire le tour en une soirée, en une semaine ou en une année, alors qu'il en est d'autres dont on n'arrive jamais à épuiser les richesses. Chez ces derniers il se passe à chaque instant quelque chose : ça bouge, ça travaille, ça remue, ça disparaît pour réapparaître à nouveau. Des rouages se mettent en marche, des ressorts se tendent, des aiguilles oscillent, des barrières s'ouvrent, des feux clignotent et parfois même on a l'impression d'entendre ce qui se déroule dans leur crâne : la chaîne avance, les transmissions sifflent, les moteurs vrombissent. Avec les personnes plus simples, les relations sont également plus simples et se fondent exclusivement sur la sympathie réciproque, ou parfois l'attachement. Des années durant se prolonge une conversation banale qui a débuté un jour, par hasard, et qui ne mène jamais nulle part.

Remizov, lui, s'entourait de gens "simples", recherchant avant tout des relations chaleureuses. Il aimait ceux qui l'aidaient, le protégeaient, lui prodiguaient leurs soins affectueux, ceux qui écoutaient avec vénération ses divagations sur les lutins et les conciles de singes, ses fantaisies presque toujours liées à la sexualité, mais "habillées" avec art. Ses lecteurs étaient peu nombreux et trouvaient tous place dans son appartement, autour de la table à thé. Rien ne liait entre elles ces personnes, si ce n'était leur attitude affectueuse et bienveillante envers le maître de maison.

Quand Remizov prononçait le nom des Merejkovski, qui, eux, étaient au-dessus du quotidien et méprisaient l'esprit “petit-bourgeois”, son visage prenait une expression comique. Sa bouche s’affaissait, ses sourcils se relevaient et on aurait dit qu’il allait fondre en larmes à l’instant même. Il cherchait à exprimer par tout son corps, malingre et voûté, l’attitude de quelqu’un qui se sent complètement dépassé. C’était comme s’il disait : “Nous autres sommes des gens pauvres, humbles, opprimés, meurtris. Nous ne connaissons depuis l’enfance que les coups de pied et occupons la dernière place. Pour nous, le principal, c’est de dénicher un coin où nous abriter au chaud et ramasser si possible quelque croûton de pain. Pour ce qui est de la philosophie, laissons cela à Chestov et à Berdiaev.”

Chez Remizov, comme chez Merejkovski, on percevait une nostalgie lancinante de la Russie qu’il arrivait le plus souvent à dissimuler avec succès. Un jour, alors que je contemplais ses dessins, ses papiers, ses livres étalés sur la table ou debout sur les étagères, je lui demandai comment il pouvait se passer de la Russie. Il répondit doucement, en faisant sa grimace de martyr :

— La Russie, c’était un rêve.

Je crus apercevoir des larmes dans ses yeux.

Alexis Mikhaïlovitch recevait ses hôtes emmitouflé dans son plaid, secoué par des quintes de toux, le dos voûté. Il les conduisait dans son cabinet de travail envahi de livres ; des lutins, des bêtes et des petites poupées étaient accrochés aux abat-jour et des dessins abstraits décoraient les murs et même les vitres des fenêtres. Dans le couloir qui y menait, on passait devant des portes closes. Il se plaignait de sa pauvreté, de l’étroitesse des lieux et de sa mauvaise santé. Respirant à peine, il s’asseyait à sa table, ses énormes mains posées devant lui et, le visage douloureux, il se mettait à raconter quelque infortune arrivée à l’un de ses lutins. Ces histoires rendaient sa vie, déjà assez pénible comme cela, plus triste encore. Il prêtait à sa misère une sorte de dimension mythologique, l’embellissant et l’exagérant pour s’en griser et s’en nourrir. Pourtant, lui aussi savait courir parfois derrière l’autobus qui descendait l’avenue Mozart et sauter dedans aussi lestement que nous autres. Tout ce manège sentait un peu la mystification. Les quatre portes du couloir donnaient dans des pièces propres, vastes et chauffées, avec des livres bien rangés et des rideaux. C'était le royaume de sa femme, Serafima Pavlovna.

Khodassevitch racontait que, d'après Tchoulkov, lorsque Remizov travaillait comme secrétaire à la revue *Problèmes de vie*, il n'assistait pas aux réunions du comité de rédaction, mais ramassait pendant ce temps, dans la pièce voisine, les galoches des participants, les disposait en cercle, s'asseyait au milieu et faisait semblant de tenir avec elles sa propre réunion. Toute une série de héros dostoïevskiens venaient à l'esprit : Marmeladov, Ivolguine, Lebedev, Sneguirev.

Mais lorsqu'une première de Stravinski avait lieu, Remizov était là, au premier rang. "C'est Serafima Pavlovna qui a arrangé ça", disait-il d'un air confus.

Celle-ci, vers la fin de sa vie, pouvait à peine se mouvoir en raison de l'obésité maladive dont elle souffrait. J'ai toujours eu l'impression que c'était elle qui avait imposé à son mari ses propres rêves, fantasmes et complexes, et qui était à l'origine de ses lubies et de ses simagrées. Après la mort de Serafima, en 1943, Remizov s'entoura de femmes compatissantes qui vivaient dans le voisinage et qui lui faisaient la cuisine, le ménage, lui donnaient ses médicaments et, lorsqu'il commença à perdre la vue, lui lisaient à haute voix. Sans ses bizarreries "à la Dostoïevski", Remizov aurait été un grand écrivain. Le lecteur finit par se lasser de cette "mythologie personnelle".

Malgré leur pauvreté, les Zaïtsev faisaient preuve de dignité et même d'une sorte de gaieté. C'était elle, non lui, qui régnait, grâce à son dynamisme et à une sorte de surabondance d'énergie vitale. Mais, à la différence de Serafima, Vera rayonnait de bonté, d'intelligence, de chaleur et de vie. Elle était animée d'une curiosité inépuisable envers les êtres et les choses, et douée d'une sagesse toute féminine, teintée d'ironie.

Je lui ai demandé un jour pourquoi elle n'écrivait pas. Elle me répondit en riant qu'"elle se sentait très bien comme ça, que les livres étaient intéressants, mais que les gens l'étaient davantage". Elle était l'une des personnes les plus authentiques, les plus surprenantes et les plus vivantes que j'aie connues.

Dès le matin, avant même le café, elle avait toujours quelque chose d'intéressant à raconter à Boris lorsque, bien des années plus tard, au cours de l'été 1947, ils vivaient chez moi à Longchêne. Je l'entendais bavarder avec lui, au premier étage, tout en se coiffant et en faisant sa toilette. Elle parlait de tout, de choses importantes ou insignifiantes, profondes ou drôles, s'arrêtant un instant pour se laver et se rincer la bouche. Tout était bon pour éveiller sa curiosité et son intérêt, et pour la faire réagir. Le monde entier était un prolongement de son être. Parfois elle devenait mélancolique, languissait après ceux qu'elle aimait, ceux qui vivaient à Moscou comme ceux qui avaient disparu et qu'elle s'attendait à retrouver un jour.

— Pourquoi es-tu triste, lui demandai-je, si tu es persuadée de les revoir ?

— O toi, von Koren (c'était le surnom qu'elle m'avait donné par référence à l'austère héros du *Duel* de Tchekhov), tu as beau aimer les jugements à l'emporte-pièce du genre : “Qui n'est pas avec nous est contre nous”, tout cela n'est pas si simple.

Ils se sont aimés l'un l'autre, toute leur vie, avec tendresse et passion. Ils n'ont cessé de vivre en étroite communion et cet amour les a transfigurés. Lorsque, en 1957, Vera, qui avait alors dans les quatre-vingts ans, fut terrassée par une paralysie, elle vécut encore de nombreuses années simplement parce qu'il était auprès d'elle, qu'il s'en occupait sans relâche et la soutenait par son amour.

Comme écrivain, Boris Zaïtsev est à bien des égards plus raffiné que Bounine, mais il fut handicapé toute sa vie par son inertie et par sa paresse intellectuelle qu'il reconnut bien des fois devant moi. On aurait dit que, dès son enfance dans la province de Kalouga, durant les années 1880-1890, il avait admis une fois pour toutes que la vie russe, et la vie en général, était de nature statique. Il était incapable de comprendre et d'accepter qu'elle ne cessât de se transformer. L'idée de mouvement, d'effort, de déperdition d'énergie lui était aussi étrangère que détestable. Un fait nouveau, politique, littéraire ou quotidien, une idée nouvelle à laquelle il fallait réfléchir ou simplement un mot nouveau soit le laissait indifférent soit l'empêchait de "mener sa petite vie tranquille". Il aimait les expressions du genre : "Je sirote un petit verre de vin", "Nous nous sommes attardés au restaurant", "J'aime faire des petits tours chez vous", "Je n'ai pas l'habitude d'agir", "Rentrons tout doucement à la maison". Tout le monde savait qu'il aimait le vin rouge qui lui donnait la force nécessaire pour "agir" et "se mettre en route". Durant la guerre, lorsque le vin manquait et qu'il voulait terminer une page, il allait à la cuisine et buvait un petit verre de vinaigre.

Il m'a appelée Ninon quarante années durant. J'ai conservé près de cent vingt lettres d'eux. Ses lettres à lui commençaient presque invariablement par ces mots : "Chère Ninon" et, dans presque chacune d'elles, il s'étonnait lui-même d'avoir réussi à m'écrire deux ou trois pages. Les gens de son entourage le remplissaient d'une admiration mêlée d'effroi : "Vera se rend en ville chaque jour, se lève à sept heures ! Elle a préparé le bortsch à temps pour les invités ! Ma fille Natacha, avec son mari et ses deux fils, comment arrive-t-elle à tout faire !"

Dans le petit appartement des Zaïtsev où ils vécurent plus de trente ans, l'essentiel ne se trouvait pas dans les objets. Ils n'avaient ni radio, ni machine à écrire, ni appareil électrique, ni instrument de musique, ni tableaux, ni tapis. Ce qui importait ici, c'était l'amour.

J'avais fait leur connaissance à Moscou, avant notre départ pour Berlin, en 1922. Natacha avait alors dix ans environ. Elle apparaît souvent dans les romans et nouvelles de son père, avec ses tresses couleur de lin. Natacha savait où l'on distribuait telle ou telle ration et était au courant de tous les prix. Elle n'avait jamais eu une paire de bas en bon état et elle ne connaissait rien d'autre que cette vie soviétique des premières années du communisme. A Berlin, nous nous sommes d'abord installés chez Frau Pauli, dans les chambres qu'avaient occupées les Zaïtsev, avant de déménager à la pension Krampe. Plus tard, nous les avons suivis à Paris où nous nous voyions souvent. Boris venait parfois nous rejoindre dans un café à Montparnasse. Pendant la guerre, quand autour d'eux, à Billancourt, tout avait été détruit par les bombardements, nous avons vécu pour un temps ensemble dans l'appartement d'un tiers, non loin du Champ de Mars. Là, comme le disait Vera, nous avons "tremblé ensemble" sous les bombes.

Ils étaient à mes côtés, à la gare Saint-Lazare, lorsque, en 1950, je suis partie pour les Etats-Unis. Vera était tout émue :

— Tu nous oublieras, si ça va bien pour toi en Amérique, tu nous oublieras ! Tu t'y remarieras ! Pourvu que tout aille bien pour toi, seulement ne nous oublie pas.

Boris m'emmena à l'écart jusqu'au bout du quai.

— Promettez-moi, me dit-il, me regardant avec gravité, de ne jamais offenser Dieu.

— Mais Boria, m'écriai-je, ne voyez-vous pas que c'est Lui qui offense tout le monde !

Il fit trois fois sur moi le signe de croix en me disant :

— C'est la coutume chez nous autres de la province de Kalouga.

Vera aussi fit un signe de croix.

— Tu peux pécher, mais pas trop, me chuchota-t-elle à l'oreille avec son aimable ironie habituelle, derrière laquelle on devinait son fond sérieux et profond.

Je revins à Paris dix ans plus tard. Frappée de paralysie, Vera était allongée sur le divan, sous les icônes éclairées par une veilleuse. Elle me regardait et ses yeux brillaient de joie. Elle avait de la peine à articuler, ce qui donnait à ses paroles une résonance un peu populaire.

— La mémé... est devenue une vraie sotte... J'oublie... comment elle s'appelle déjà cette ville ?

— New York.

— Toi, tu vis... et moi... plus de jambes... plus de bras... Boria est un saint, il s'occupe de moi... ne me laisse pas partir... me tient avec son amour... Ta mémé, tu la soutiens avec ton amour, tu entends, Boria, ce que je dis ? Raconte-lui !

Nul besoin de paroles, tout était clair : cela faisait trois ans qu'il la maintenait en vie auprès de lui, et cela allait durer huit ans encore.

Je leur parlai de ma vie en Amérique, puis évoquai divers incidents comiques qui avaient marqué notre passé commun. Il y avait la fois où Serge Yablonovski avait prié chez eux pour le repos de l'âme de Lénine et que Vera l'avait chassé. Une autre fois, Boris était venu me rendre visite à une heure du matin, en l'absence de Khodassevitch, et était resté jusqu'à trois heures. Nous avions cru bon de ne pas en parler à Vera, mais elle l'avait appris par Khodassevitch, qui avait laissé échapper le secret, et nous avait grondés de lui avoir caché un fait aussi intéressant. Vera, vêtue d'un corsage blanc, impeccablement lavée et parfumée, le visage illuminé d'un sourire radieux, ne me quittait pas des yeux et se contentait de répéter :

— Continue, raconte encore !

J'ai parlé cinq heures durant à en perdre la voix, puis Boris me raccompagna jusqu'au coin de la rue. Il me confia qu'il souffrait d'une hernie à force de soutenir Vera. Le docteur avait ordonné de la promener dix minutes chaque matin et chaque soir pour éviter à ses jambes d'enfler, mais c'était au-dessus de ses forces. Il lui lisait à haute voix d'anciens livres et jamais plus il ne sortait le soir.

Je le persuadai néanmoins de venir déjeuner avec moi à la cantine du Conservatoire russe et trois jours plus tard, nous étions assis à une petite table, mangions des raviolis à la russe et buvions de la vodka. Nous sommes restés l'un en face de l'autre pendant près de deux heures jusqu'à ce que l'envie de manger nous reprît. Il s'anima et se mit à parler de lui-même, de Vera, du présent et du passé, de l'état désespéré de sa femme, de la joie d'être auprès d'elle et de la fatigue physique que cela entraînait. Lorsque nous sommes sortis, il me prit fermement par le bras avec un geste de galanterie masculine.

— Allons-y... obéissez-moi, là-bas, derrière le coin, il y a votre autobus.

— Boria, qu'est-ce qui vous arrive ? Quel âge avez-vous donc ? D'où vous vient brusquement cette vivacité et cette poigne ?

— J'aurai bientôt quatre-vingts ans. Quand on a eu de la poigne, on la garde jusqu'à cent ans... Voilà bien longtemps que je ne me suis promené avec une femme à mon bras. Ça fait du bien !

Nous avons marché en riant jusqu'à l'arrêt du bus.

Je l'ai revu pour la dernière fois cinq ans plus tard, en 1965, lorsque je suis revenue à Paris une nouvelle fois. Vera n'était plus là. Il descendit l'escalier, vint vers moi et éclata en sanglots. Il me confia qu'il était devenu mélancolique, qu'il ne se sentait plus concerné par la vie des jeunes, qu'il avait perdu ses forces et était maintenant dur d'oreille. Il trouvait épuisant de suivre, à table, la conversation de plusieurs personnes à la fois et il lui était même pénible de voir s'agiter les gens autour de lui. Je lui fis mes adieux par une douce soirée de septembre. Sa fille Natacha m'accompagna jusqu'au métro. Elle était à présent mère de deux fils adultes et sa famille entourait Boris de ses soins et de son affection. Quand nous en parlions, elle et moi, nous l'appelions toujours "papi".

— La dernière fois que j'ai quitté Paris, il y a cinq ans, lui dis-je, je savais que je le reverrais encore une fois. Cette fois-ci, j'en doute.

— Moi aussi, me répondit-elle.

Zaïtsev était connu pour sa douceur, sa cordialité et "les tons pastel" de ses œuvres. Il était très tourmenté par la rupture avec Bounine – qu'il connaissait depuis de longues années, peut-être une cinquantaine –, à la suite de la visite de celui-ci chez l'ambassadeur soviétique. Il finit par se décider à oublier, sinon à comprendre, ce qui s'était passé rue de Grenelle et à pardonner à Bounine d'avoir bu à la santé de Staline. Il chercha à se réconcilier avec lui, par le truchement de la femme de Bounine, en alléguant qu'"ils étaient vieux et qu'il ne restait plus grand monde de leur génération...", mais se heurta à un rejet si dur et si grossier qu'il en fut tout décontenancé. Il y fit allusion dès 1948, dans une de ses lettres.

Ivan a été très malade (la pneumonie), mais s'en est tiré. Demain, c'est sa fête. Je voudrais lui écrire pour lui souhaiter bonne santé... Je n'ajouterai rien d'autre, mais je suis triste à l'idée que la séparation éternelle soit déjà si proche et que nous nous soyons éloignés l'un de l'autre à la fin de notre vie.

— Que Dieu le garde, disait Boris.

Bounine, les Merejkovski, Remizov et Zaïtsev étaient des représentants de l'"ancienne" génération. Les écrivains de la deuxième ou de la "jeune" génération sont ceux qui sont nés au début du siècle ou à la fin du dernier et qui sont venus à la littérature après 1920, hors des frontières de la Russie. Il s'agit de Nabokov, de Ladinski, de Prismanova, de Knout, de Smolenski, de Zlobine, de Poplavski et de moi-même. La plupart d'entre eux ne sont plus en vie aujourd'hui, mais ils étaient jeunes dans les années 1920-1930 et ne passèrent pas inaperçus. *Staline eut également raison d'eux* comme de ceux qui sont morts dans les camps de la Kolyma, mais d'une autre façon.

Poplavski, Knout, Ladinski, Smolenski avaient été chassés de la Russie par la guerre civile. C'étaient des hommes déshérités, brisés, réduits au silence. Ils avaient tout perdu, leur foyer, leurs biens, leurs droits et étaient des poètes à moitié instruits. Chacun avait grappillé ce qu'il avait pu au milieu de la guerre civile, de la famine, des premières répressions et de l'exil. C'était une génération de gens talentueux qui n'avaient pas eu le temps de lire les livres nécessaires, de réfléchir sur eux-mêmes, ni d'organiser leur vie. Ils avaient survécu à la catastrophe, mais se retrouvaient complètement dépouillés, essayant en vain de rattraper chacun à sa manière les années perdues.

Poplavski avait auprès de lui son père, un émigré réduit à la misère. Les autres n'avaient personne sur qui s'appuyer. Knout avait des frères et des sœurs plus jeunes dont il lui fallait s'occuper, ainsi qu'une femme et un fils. Ladinski souffrit pendant trente ans d'une blessure reçue à la jambe en 1919 et qui refusait de guérir. Smolenski, lui, avait visiblement un penchant inné pour l'alcool.

La mort de Poplavski, ou plutôt son "naufrage", survint en octobre 1935 et le rendit célèbre l'espace d'un jour. Tous les journaux parlèrent de son prétendu suicide et les émigrés russes de Paris entendirent son nom pour la première fois. Les milieux littéraires apprenaient soudain que parmi nous avait vécu un poète talentueux. Lorsqu'on apprit sa mort à la rédaction des *Dernières Nouvelles* – où je travaillais alors comme dactylo, et Ladinski comme garçon de courses –, on dépêcha un journaliste à l'appartement de Poplavski. Lorsqu'il revint quatre heures plus tard, l'éditeur et rédacteur en chef du journal, Alexandre Poliakov, qu'on avait surnommé "Poliakov le Rouquin", lui demanda sur un ton ironique, en se balançant sur sa chaise :

— Alors ? La déchéance ? Les cafés de Montparnasse ? La drogue ? La poésie, bordel !

Le journaliste le regarda et répondit simplement :

— Père (c'est ainsi que les collaborateurs du journal appelaient Poliakov), si vous aviez vu comme moi, tout à l'heure, le caleçon que portait Poplavski, vous auriez compris.

Dans la pièce, tout le monde se tut.

La première fois que j'ai pu voir les yeux de Poplavski, c'était sur une photo parue dans une édition spéciale des *Dernières Nouvelles* de 1930, à l'occasion des dix ans d'existence du journal. Habituellement, il n'ôtait jamais ses lunettes noires et son visage était comme *privé d'expression*. Sa poésie était à la fois obscure et inspirée, avec des images visuelles et auditives merveilleuses. Mais quand je le rencontrais, j'éprouvais à son égard une pitié inexplicable. C'était un homme sans regard, sans gestes, sans voix. Sa vision du monde et de lui-même était confuse et vague. Il s'exprimait dans sa poésie, et plus tard dans sa prose, plus librement que dans sa vie, mais même dans ses écrits, il était comme entravé. Son russe était pauvre et terne, parfois incorrect. Dans tout ce qu'il écrivait, on sentait une gaucherie qu'il n'arrivait pas à surmonter. Il lisait les auteurs français, qui lui étaient proches, et s'instruisait auprès d'eux. Je pense qu'il aurait fini par abandonner complètement le russe et par écrire en français, comme Arthur Adamov, s'il ne s'était pas tu, comme tant d'autres, au bout de quelques années.

Finalement, il n'a été ni un poète français, ni un "ex-poète russe". Un soir, en compagnie d'un ami probablement de fortune et sans liens avec la littérature, il renifla ou avala une dose excessive d'une drogue quelconque, à la recherche de sensations fortes. Certains ont pensé au suicide, mais pour ceux qui connaissaient Poplavski, il était clair qu'il n'avait pas mis fin intentionnellement à ses jours. Sa vie était trop terne, misérable, monotone, et les instants de rêve et d'inspiration trop rares. Nous les recherchions tous, ces instants-là, avec nos semelles trouées, nos chemises déchirées et nos pantalons rapiécés, noyés dans le vacarme des années vingt et trente.

Pour cette génération que je ne peux plus qualifier de "jeune" et que j'appellerai simplement "la mienne" ou "la deuxième", le point crucial était l'âge auquel nous avions quitté, chacun, la Russie. Ceux qui étaient partis à seize ans comme Poplavski, étaient arrivés les mains presque vides, tandis que ceux qui avaient vingt ans emportaient avec eux un bagage suffisant, ayant eu le temps de lire, de s'instruire et parfois d'approfondir des auteurs russes tels que Bely, Klioutchevski, Khlebnikov, Chklovski, Mandelstam et Soloviov. Quant à ceux qui avaient entre dix-sept et dix-neuf ans au moment de leur départ, leur culture russe était variable, suivant le milieu dans lequel ils avaient grandi et le genre de vie qu'ils avaient menée durant les dernières années passées en Russie.

Knout n'allait pas à l'école et n'avait pas participé aux combats, mais travaillait dans l'épicerie de son père à Kichiniov ; Ladinski était officier dans l'Armée blanche ; Poplavski vivait avec sa famille ; Nabokov émigra avec ses parents, après avoir publié à Pétersbourg en 1917 un recueil de poésies de jeunesse ; Smolenski fut évacué par le sud de la Russie avec ses camarades d'école ; et Zlobine, qui avait passé toute la période révolutionnaire auprès des Merejkovski, les suivit à Paris comme leur secrétaire. Quant à moi, j'ai fait mon apparition dans le milieu de l'émigration en tant que "femme de Khodassevitch", ayant à mon actif une seule poésie parue dans le recueil pétersbourgeois *Les pirates (Ouchkouïniki)* en février 1922.

L'Union des jeunes poètes avait élu domicile, durant les années vingt, au numéro 79 de la rue Denfert-Rochereau. "Nous" n'étions pas les seuls à y lire nos vers. Khodassevitch et Tsvetaïeva venaient aussi, ainsi que Remizov, Zaïtsev,

Chestov et d'autres. Knout lança une revue, *La Nouvelle Demeure*, dont nous étions, lui et moi, les rédacteurs. Cependant, dès la parution du premier numéro, en 1926, nous nous sommes très vite sentis dépassés par les circonstances. Bounine avait été invité à y collaborer, de même que les Merejkovski qui se sont d'emblée imposés pour régler leurs comptes littéraires et politiques avec Remizov et Tsvetaïeva. La revue passa aussitôt dans leurs mains sous un autre nom, *Le Nouveau Navire*.

Une forte amitié nous lia, Knout et moi, durant sept années, comme en témoignent plusieurs de ses poésies qui me furent dédiées. Nous nous voyions souvent, parfois en compagnie de Khodassevitch. Knout était de petite taille, avait un grand nez et des yeux tristes, mais vifs. Dans les années vingt, il tenait un restaurant bon marché au Quartier latin, dans lequel servaient ses sœurs et son frère cadet. Avant cela, il avait travaillé dans une sucrerie, puis avait fait de la peinture sur soie, alors en vogue. Un jour, il m'offrit un coupon de soie orange décoré de fleurs bleues pareil à celui dont il avait fait cadeau à sa douce et gentille femme, la petite Sarah.

Knout avait grandi dans la boutique paternelle et, malgré l'admiration et la confiance que lui avaient prodiguées les siens dès ses premières tentatives littéraires, il ne put jamais vraiment croire en lui-même. Comme Poplavski, il se heurtait au problème de la langue. Pourtant au début, il s'était affirmé avec une certaine hardiesse. Khodassevitch lui disait :

— Ça ne se dit pas comme ça en russe.

— Où ça ?

— A Moscou.

— Mais à Kichiniov, si.

Très vite il comprit qu'à Kichiniov on ne parlait pas si bien le russe que ça et il devint mélancolique. Sa poésie perdit de son caractère original et viril ; elle se fit prolixe et monotone. Il eut un fils, puis commença à avoir des problèmes dans sa vie privée. Il quitta Sarah et se mit en ménage avec une nouvelle amie. Fidèle aux traditions ancestrales des prophètes et des patriarches, il s'entoura alors d'une famille de plus en plus importante, formée d'abord par les siens, puis par les enfants que sa deuxième femme, Ariane Scriabina, la fille du compositeur et de T.F. Schloezer, avait eus de ses deux mariages antérieurs. Ariane, qui s'était convertie au judaïsme, fut tuée par la Gestapo en 1944 à Toulouse, où un monument lui a été dédié. Après la mort de sa femme, Knout emmena tout le monde en Israël, ses enfants à elle, les siens et ceux qu'ils avaient eus ensemble. L'une des filles d'Ariane devint membre de l'organisation terroriste Irgoun Tsevai Leoumi. Entouré de tous ces enfants et de sa nouvelle femme, visiblement heureux dans cette arche de Noé qu'il s'était créée, il mourut à Tel Aviv en 1955, à l'âge de cinquante-cinq ans.

Khodassevitch et moi avons fini par tutoyer Vladimir Smolenski en portant un toast pour fêter l'événement. Khodassevitch aimait sa personnalité, ainsi que son allure. Ils avaient tous deux la même légèreté et la même grâce native. Smolenski était mince et élancé, il avait les mains fines, de longues jambes, le teint basané et des yeux magnifiques. Il eut, sa vie entière, l'air d'avoir dix ans de moins que son âge. Il ne se ménageait pas, buvait beaucoup, fumait sans arrêt, passait des nuits blanches et gâchait sa propre vie comme celle des autres. Il perdit graduellement sa santé et ne développa pas son modeste talent, sans doute par manque d'intelligence. Il tombait sans cesse amoureux, souffrait, était jaloux, menaçait de se suicider et fabriquait des vers à partir de ses drames personnels. Pour lui, il était impensable qu'un poète pût vivre autrement.

"Le sort lui sourit", comme il disait, car dès sa première année à Paris, il reçut une bourse, fit des études de comptabilité et se mit à travailler dans une grosse entreprise. Il passait ses nuits dans les cafés de Montparnasse, comme Poplavski et nous tous. Il fréquentait aussi un cabaret où se produisaient des Tziganes et où nous allions par fidélité à la tradition poétique russe.

La ravissante Maroussia Dmitrievitch nous ensorcelait avec ses chansons et ses danses. L'idée ne venait à personne d'y souper, car c'était beaucoup trop cher pour nos bourses, mais de temps à autre nous pouvions nous permettre d'y passer une partie de la nuit devant un verre de cognac. La faim finissait par nous chasser de cet endroit paradisiaque et nous partions manger un petit pain dodu avec une mince tranche de saucisson dans l'un des cafés du boulevard ouverts jusqu'à l'aube.

Smolenski et moi parlions de nos déboires, et le plus souvent nos rencontres n'avaient d'autre but que celui de nous plaindre de notre sort. Il régnait entre nous une confiance réciproque et, jusqu'au bout, il me racontait les épisodes les plus intimes de sa vie personnelle. Il était entièrement responsable de ses infortunes et le savait, mais il n'avait aucune envie de changer. J'appelais cela "son fatalisme de buveur", me fâchais et essayais de le convaincre "d'envoyer tout ça au diable" et de "recommencer à zéro".

Il secouait la tête. Que lui resterait-il s'il ne souffrait plus ? Où chercherait-il l'inspiration ?

Lorsque je suis revenue à Paris, en 1960, après dix ans d'absence, il souffrait d'un cancer de la gorge. Sa trachée avait été percée par le chirurgien et on entendait une sorte de sifflement. Il lui était interdit de parler. Je me suis souvenue comment, durant de longues années, il avait répondu invariablement à la question : "Comment vas-tu ?" par ces mots :

— Ma vie est une mort lente.

Il avait à présent devant lui une petite ardoise sur laquelle il écrivait, puis effaçait ce qu'il désirait dire.

— Volodia ? lui dis-je simplement. Je craignais de lui demander comment il allait, sachant que ce serait dur pour lui de répondre.

Il inscrivit rapidement quelques mots sur l'ardoise et me la tendit. Il y avait écrit :

— C'est sûrement pour bientôt maintenant.

Sa femme entra. Elle le soignait nuit et jour et savait lire sur son visage ses pensées et ses désirs.

— Parlez-lui de vous, Nina Nikolaïevna.

Je me suis mise alors à raconter comment je vivais. Je ne reconnaissais plus guère son visage rouge et un peu enflé, au regard fixe. On entendait sans cesse ce bruit de sifflement, mais, en dépit de tout, il avait l'air d'avoir dix ans de moins. L'appartement était petit et ils vivaient à deux dans une même pièce où ils mangeaient et dormaient. Dans la pièce voisine vivait la belle-mère de Smolenski et la troisième servait de débarras pour toutes sortes de vieilleries et de déchets. La salle de bains était sale et cela sentait mauvais dans tout l'appartement.

Je lui parlai de mes dix années de vie américaine, de New York, de Chicago, du Colorado, des bibliothèques, des chutes d'eau, des gens que j'avais rencontrés ici et là, et chaque fois que je m'arrêtais, il écrivait sur son ardoise : ENCORE.

Tout étranger ne naît pas avec un amour passionné pour Paris, a dit Léon Bloy, et il avait raison. Ladinski, lui, détestait Paris ! Une nuit, nous marchions dans la rue Vaugirard et son visage exprimait, comme d'habitude, l'ennui et le dégoût pour tout ce qu'il voyait. Soudain, il s'arrêta et me dit :

— Comme je hais tout cela : leurs magasins, leurs monuments, leurs femmes, leur langue, leur histoire, leur littérature.

— Cela fait pourtant, d'après les estimations les plus modestes, trois cents ans que le monde entier s'est nourri de tout cela en bien et en mal, et nous avec. Nous aurions pu aussi bien aboutir à Belgrade ou à Toronto ou mener une vie au grand air à Karaganda, en Sibérie, ou sur l'île de Tristan da Cunha, avec ses scorpions et ses tremblements de terre, lui dis-je sur un ton badin et ironique que je ne prenais qu'avec lui.

— Cela n'aurait pas été pire.

— Voyons, n'exagérons rien ; de toute façon, où voulez-vous aller ?

— Peut-être que vous, vous ne savez pas où aller, moi si. Dans la province de Vladimir ; là-bas, j'ai une mère et un frère.

— D'accord... Sauf qu'il n'y en a plus, des "provinces".

Mais Ladinski n'avait pas d'humour. Il était très grand et terriblement maigre, avec de longs bras et une petite tête aux cheveux précocement grisonnants. Il ne riait jamais et même ses rares sourires étaient forcés. Lorsque j'entendis pour la première fois ses vers, ils m'ont frappée par leur nouveauté, leur maturité, leur sonorité, l'originalité du jeu des images et des rythmes. Khodassevitch les fit passer tout de suite dans les revues et les quotidiens. On se mit à le publier et il commença à être connu dès la parution de son premier recueil. Mais, on ne l'aimait guère. On ressentait en sa présence une sorte de gêne, car c'était un homme amer et blessé, torturé par la nostalgie de sa patrie, insatisfait et frustré en permanence. Loin de cacher ses sentiments, il y revenait sans cesse.

— Nous avons été écrasés, broyés. J'occupe les fonctions d'un laquais. Et vous voilà dactylo. Si la Russie existait encore, nous aurions des villas en Crimée, non celles du grand-père ou de papa, mais les nôtres, achetées avec notre argent, nous serions célèbres... alors que là, un goujat m'a même donné un jour un pourboire.

A ces moments-là, je lui serrais fortement le bras, "les os et la peau", pour que personne ne l'entende.

A la rédaction, Poliakov s'étonnait :

— Qu'est-ce que c'est que cette amitié entre vous ? Il déteste et jalouse tout le monde.

— Non, il n'est pas jaloux de tout le monde. Il écrit de beaux vers. Donnez-lui un autre travail.

Mais on ne lui en donna pas d'autre.

Nous nous sommes beaucoup vus au cours des années trente et plus encore pendant la guerre. Il prit très mal l'incident soviéto-japonais, au lac de Hassan, en 1938, au cours duquel les Russes s'étaient rendus aux Japonais, et broyait du noir en évoquant leurs difficultés dans la guerre soviéto-finnoise, ou la manière dont des centaines de milliers de combattants soviétiques s'étaient livrés sans combat aux Allemands au cours des premiers mois de la guerre. Un jour, il a réellement "grincé des dents" en déclarant que Sébastopol et Kronstadt avaient capitulé le même jour (ce qui n'était pas exact). A la fin de la guerre, il demanda un passeport et devint "patriote soviétique".

L'historien Melgounov me dit une fois :

— Celui qui a perdu la tête le jour où la valeureuse Armée rouge a pris Berlin est définitivement rayé de la liste de mes amis. On ne peut pas perdre la tête tant que Staline est en vie.

Je perdis de vue Ladinski. Nous nous sommes rencontrés un jour dans la rue, il m'interrogea du regard et je fis un pas vers lui. Il me dit qu'il partait pour l'U.R.S.S., mais il n'en fut rien. Un an plus tard, il vint me faire ses adieux. Il était environ minuit. Il resta sur le seuil sans tendre la main, craignant que je ne lui donne pas la mienne. Je pressentais que cette fois encore, il ne partirait pas.

Nous sommes restés près d'une heure à échanger de rares paroles. Il disait que l'Europe était pourrie et qu'elle était condamnée.

— J'ai été piétiné ici, et vous aussi, on vous a piétinée.

Je tentai de lui faire comprendre que notre destin n'avait rien à voir avec une infortune individuelle et fortuite, mais résultait d'une catastrophe générale, nationale, dont nous avions été les victimes.

— Là-bas, on ne vous permettra pas d'écrire, ni de publier, lui dis-je.

— Tant mieux.

Nous savions que c'était notre dernière rencontre.

Mais, cette fois encore, il n'est pas parti. En 1948, la police française finit par l'expulser avec une dizaine d'autres en tant que "patriote soviétique". Le camion les emporta à toute allure vers l'est et le soir même, ils étaient à Strasbourg. On les avait arrêtés tôt le matin et certains étaient partis en pyjama. Ils furent retenus un certain temps à Dresde et le bruit courut que Ladinski avait été obligé d'y passer deux ans. On disait même qu'il s'était donné la mort. Mais tout cela était faux. Il finit par atteindre la "province de Vladimir" et vécut là, chez son frère, jusqu'en 1959, l'année de sa mort. Son nom parut plusieurs fois, de manière fugitive, dans la presse soviétique. Il traduisait des ouvrages français.

Au printemps, à Paris, fleurissent les marronniers. Les premiers à s'épanouir sont ceux du boulevard Pasteur, là où le métro jaillit de dessous la terre et où l'air chaud s'élève par vagues jusqu'aux arbres. En automne, sur les Champs-Elysées, les feuilles avant de tomber prennent une teinte brun foncé, couleur cigare. En été, durant quelques jours, le soleil se couche en plein centre de l'Arc de Triomphe, vu depuis la place de la Concorde. Les jardins des Tuileries sont les plus beaux de Paris parce qu'ils font partie d'un ensemble ; et face au globe ardent du soleil qui inonde de ses rayons la dalle de l'Arc, on finit par se confondre avec cet ensemble, comme devant le tableau de Rembrandt, *Aristote contemplant le buste d'Homère*. Il n'y a pas à proprement parler d'hiver à Paris. Il pleut et les gouttes d'eau clapotent et chuchotent contre les vitres et sur les toits. Soudain, en janvier, vers la fin du mois, vient un jour où tout resplendit : il fait bon et le ciel est bleu. Sur les terrasses des cafés, les clients ont quitté leurs manteaux et les femmes, vêtues de robes légères, transfigurent la ville. On a beau savoir qu'il reste encore deux mois de mauvais temps à passer, personne n'y fait allusion. Chaque année, ce jour revient telle une fête mobile qui tomberait entre le 20 janvier et le 5 février, laissant sur son passage un parfum de promesse.

J'aime la place de la Concorde, d'où l'on découvre une étendue de ciel presque aussi vaste qu'au-dessus d'un champ de seigle en Russie ou de maïs au Kansas. J'aime m'attarder sur un petit banc derrière la cathédrale Notre-Dame, là où la Seine coule autour de l'île Saint-Louis et ses belles maisons anciennes. Sur le boulevard Raspail, je m'arrête devant la vitrine d'une charcuterie sans pouvoir en détacher les yeux ; elle me paraît plus somptueuse que n'importe quelle autre vitrine de cette ville. J'ai constamment faim. Je porte des robes de seconde main et de vieilles chaussures ; je n'ai ni parfums, ni soies, ni fourrures, mais rien ne me fait plus envie que ces denrées délicieuses. Derrière la vitrine, une jeune vendeuse bien en chair fait tourner le disque d'un coupe-jambon. Ses lèvres ressemblent à de petites tranches de jambon, ses doigts à des saucissons roses et ses yeux à des olives noires. Vue du dehors, elle finit par se confondre avec les jambonneaux et les côtes de porc, ce qui oblige le client, une fois entré, à la chercher des yeux. Alors elle reprend vie et le disque se remet à tourner, un long couteau aiguisé danse dans sa main, une feuille de papier huilé se glisse sous la saucisse, la flèche de la balance oscille et l'on entend enfin résonner le vacarme familier de la caisse enregistreuse. Si cette caisse n'existait pas, comme la vie serait facile ici-bas !

On se servait encore à l'époque de petits poêles à charbon, dans lesquels nous jetions exactement douze boulets de manière à ce qu'un sac dure cinq jours. En ce temps-là, les toilettes étaient souvent communes et donnaient sur l'escalier. Il y faisait froid, le crochet sautait facilement, on entendait jour et nuit le vacarme de l'eau qui jaillissait du plafond. Lorsque quelqu'un arrachait la chaînette, on la remplaçait par une ficelle. Tôt le matin, de lourds fourgons tirés par des percherons passaient sous nos fenêtres. Certains fourgons étaient noirs, c'étaient ceux des égoutiers, d'autres d'un blanc sale, ceux des distributeurs de glace. Le samedi et le dimanche venaient dans notre cour des joueurs d'orgue de Barbarie, accompagnés d'enfants qui chantaient de leur voix perçante des chansons d'amour malheureux. Ils avaient parfois aussi des chiens savants, aux yeux larmoyants, qui dansaient sur un petit tapis. Les cylindres égrenaient une chanson mélancolique qui m'était familière depuis 1914 : elle avait accompagné les soldats en uniforme bleu et rouge qui partaient vers la Marne. A cette époque, on pouvait encore voir dans les rues de Paris des bergers promenant leurs troupeaux de chèvres et vendant du fromage. Les concierges accouraient, un petit récipient à la main, et trayaient les bêtes en pleine rue. Les bêlements retentissaient en chœur lorsqu'un chien au pelage râpé les chassait de la chaussée sur le trottoir.

Des douzaines de livres de souvenirs ont été consacrés à ces années-là. On était jeune et pauvre et il faisait bon vivre à Paris. Mais notre situation à nous n'avait rien à voir avec celle de ce journaliste américain venu pour écrire un roman que "personne ne publierait jamais", ni avec celle de ce peintre suédois qui s'était juré de ne pas céder au goût du public et de peindre "pour lui-même", ni avec ce musicien des Caraïbes, joueur de scie, qui avait coupé, pour des raisons politiques, tout lien avec son île natale et qui vivait dans un grenier du Quartier latin. Ils avaient décidé de vivre à Paris, mais pouvaient repartir s'ils le désiraient.

Nous représentions, quant à nous, un bizarre ramassis de gens qui, de par leur âge, n'avaient pu être ni banquiers, ni généraux dans l'armée tsariste et qui pourtant n'admettaient pas ce qui se passait dans leur pays d'origine.

Le destin de Trotski troublera quelque temps l'Occident, les procès de Moscou impressionneront les intellectuels européens et le pacte germano-soviétique les ébranlera. Mais ces événements devaient survenir plus tard. Entre 1925 et 1935, malgré les suicides d'Essenine et de Maiakovski, les difficultés éprouvées par Ehrenbourg, la disparition de Pilniak et les bruits qui couraient au sujet des ennuis de Gorki, les intellectuels occidentaux continuaient à croire que l'U.R.S.S. représentait pour le monde de l'après-guerre, et plus particulièrement pour l'art d'avant-garde, un renouveau, un soutien et des perspectives illimitées. Cette foi résistait à toutes les hésitations et à tous les doutes. Il suffit de rappeler que, même dans les années soixante, après qu'on eut dénoncé le "culte de la personnalité", Louis Aragon osa publier sa monumentale *Histoire de l'U.R.S.S.*, en se basant principalement sur les archives de la période stalinienne, et que Jean-Paul Sartre, dans son livre sur Jean Genet, se permit de qualifier Nicolas Boukharine de traître et d'ennemi du peuple, se solidarisant une fois encore avec Staline. Tous deux étaient sûrement au courant des changements apparus en Russie soviétique à la suite du XXe Congrès, mais faisaient semblant de les ignorer, n'ayant ni le temps ni l'envie de réexaminer leur idéologie et de revoir leur échelle de valeurs.

Cent fois nous avons observé des faits similaires. De nombreux écrivains de l'émigration essayèrent alors de se faire entendre de l'opinion publique européenne, mais n'y réussirent pas. Durant les vingt-cinq années qui suivirent, ni en Europe, ni en Amérique, les intellectuels n'ont cru à la persécution des écrivains russes par le parti communiste.

Voici une lettre que Khodassevitch m'adressa en 1928. Ayant l'intention de répondre à Gorki dans la presse française en évoquant le sort des poètes et écrivains disparus sans laisser de traces, les suicides, la "politique littéraire" du Parti, la censure et les menaces qui pesaient sur les hommes de lettres russes, il avait réussi à sensibiliser Halperine-Kaminski, le vieux traducteur des classiques russes qui avait connu personnellement Léon Tolstoï.

5 avril 1928. Versailles.

Hier matin au café, j'ai lu la lettre de Halperine et, sans passer à la maison, suis parti à Paris. Après m'être fait couper et laver les cheveux, je suis allé chez lui. C'est sa lettre qui m'a définitivement convaincu de ne pas publier ma réponse à l'enquête. J'ai complètement charmé le vieux bonhomme. Nous voici devenus de grands amis, jusqu'à la tombe. J'espère toutefois qu'il y descendra avant moi. Notre plan est le suivant :*

*Halperine écrira à Romain Rolland pour que celui-ci lui envoie la lettre de Gorki**, qu'il fera paraître non dans* L'Avenir, *qui n'a ni lecteurs, ni rédacteur, ni guère de place, mais dans* Candide. *Et* juste au-dessous *de la lettre figurera le grand article documenté que j'ai l'intention d'écrire.* Candide *n'est pas* L'Avenir *et mon article ne sera pas une réponse à l'enquête. Clouer le bec à Gorki, à la demande d'un éditeur français, c'est autre chose que quelques pauvres balbutiements perdus parmi d'autres en réponse à une enquête déjà ancienne. Pour couronner le tout, j'exigerai des honoraires et ferai tirer tout cela, la lettre de Gorki et mon article, le même jour, dans* Renaissance.

Je suis bien malin, pas vrai ? Mais pour ce qui est de la deuxième lettre de Gorki, de la réponse que je compte écrire et de Candide, *garde le secret le plus absolu. N'en parle à personne.*

Est-il nécessaire de dire que ce projet n'aboutit à rien ?

Les grands du monde non totalitaire dans lequel nous vivions et auquel nous avions lié nos destinées, réagissaient

* Il s'agit de l'enquête de *L'Avenir* dont il est question dans le chapitre 3. *(N.B.)*

** Khodassevitch fait référence à la deuxième lettre de Gorki dans laquelle figuraient des insultes personnelles à l'endroit de Balmont. *(N.B.)*

soit comme André Gide, qui des années durant avait cherché à prouver les vertus du régime du grand Staline, avant d'y voir brusquement clair à la suite d'un voyage en U.R.S.S., soit comme Bernard Shaw qui soutenait le régime, voyageait en U.R.S.S. et continuait à se voiler la face. En compagnie de quelques péronnelles anglaises d'origine aristocratique, favorables comme lui au Cambyse du Kremlin, Shaw se rendit en 1931 chez Staline pour le saluer. De retour en Angleterre, il écrivit une bouffonnerie intitulée *La Rationalisation de la Russie*, qui fut du reste rééditée en 1964, dans laquelle il annonça *urbi et orbi* qu'en Union soviétique "toutes les persécutions contre l'intelligentsia avaient cessé depuis longtemps".

Dans nos meilleures années, lorsque Khodassevitch travaillait régulièrement à *Renaissance* et moi aux *Dernières Nouvelles*, nous gagnions environ quarante francs par jour, à deux. Auparavant, cela ne dépassait guère les trente francs. Un nouveau plombage dans une dent malade, un manteau d'hiver, deux billets pour *Le Sacre du printemps* laissaient un trou impossible à combler dans notre budget, nous obligeant à aller à pied à travers la ville durant des semaines.

Les gens que nous connaissions le mieux étaient les logeurs et les propriétaires qui nous louaient des chambres ou des appartements, le marchand de charbon qui nous vendait les boulets et le bois pour nos poêles, le boulanger, le boucher, les vendeurs de chez Damoy, où nous achetions le sucre, le café, le thé et le sel, et la concierge qui surveillait de son œil aigu nos allées et venues, nos invités et notre courrier. C'est d'elle que dépendaient notre réputation au commissariat de police, le crédit qu'on nous faisait dans les boutiques, la réception d'un mandat, le renouvellement de notre bail. Parmi nos connaissances, il y avait encore les garçons de café chauves et moustachus de la Rotonde, de la Coupole, du Sélect et du Naples, où il nous arrivait de passer des soirées entières devant une unique tasse de café crème, discutant des heures durant d'Annenski, de Bagritski, d'Olecha, de Lawrence, de Kafka ou de Huxley. Mais nous n'avons pas approché Valéry, qui publiait ses œuvres dans une édition luxueuse, en un nombre limité d'exemplaires, ni Katherine Mansfield, auteur en vogue et grande admiratrice de Tchekhov, dont les héros, des vieilles filles anglaises, passaient leur temps à siroter du thé autour de tables élégantes. C'était dans ces années-là que James Joyce dînait dans un restaurant de la rue Jacob et discutait avec sa femme et ses enfants en italien, mais lui non plus, nous ne l'avons pas rencontré. Quant à Henry Miller, qui n'était pas connu alors, et sa femme June, nous les avons aperçus à plusieurs reprises, mais de loin seulement. D'une certaine façon ils nous ressemblaient un peu.

Nous formions un groupe de huit, dix ou, selon le moment, douze personnes unies davantage par les circonstances que par l'amitié. Il ne s'agissait pas de "la douce alliance" qui "liait" les poètes du temps de la pléiade pouchkinienne, mais d'une relation extrêmement tendue et changeante entre des gens qui, durant quinze ans, ont été obligés de cheminer dans la vie côte à côte. A certains moments, j'étais très proche d'eux, à d'autres très loin. Puis ce fut la guerre, des rideaux noirs d'occultation apparurent aux fenêtres de nos énormes cafés bruyants. Paris fut mis sens dessus dessous par l'occupation des militaires. Lorsqu'enfin la ville reprit vie, nos cafés étaient remplis d'une foule bigarrée d'inconnus venus d'autres quartiers, de prostituées de Montparnasse, de soldats des Armées alliées. Nous aussi, nous avions changé. Comme dit Nabokov, "la nuit était tombée sur le Parnasse russe".

Nous ne fêtions pas la prise de la Bastille, ni la Noël ou la Pâque russes lorsque la cathédrale de la rue Daru et les innombrables églises orthodoxes de Paris et de la banlieue se remplissaient de "russes blancs". C'étaient de fringants "gradés de l'armée", flanqués de leurs dévouées épouses qui travaillaient comme couturières, brodeuses ou modistes et qui, jadis, avaient été infirmières dans l'Armée blanche ou simplement filles d'officiers, oisives et protégées. Ils arrivaient à l'église avec leurs enfants : un fils inscrit à la mairie sous le nom de Gleb-Jean et une fille sous celui de Kira-Jeannette. Des bambins aux cheveux blonds et aux yeux bleus allaient communier à quatre pattes. On inclinait le calice vers les nourrissons et le chant du chœur envahissait de son grondement l'église tout entière. Sur le parvis se tenaient les veuves d'anciens hauts fonctionnaires tsaristes, des vieilles femmes qui autrefois avaient été les grandes dames de la société pétersbourgeoise, des admiratrices de Raspoutine, dont les maris étaient morts depuis longtemps, transpercés par une baïonnette ou fusillés. Il y avait aussi des mendiants aux yeux rouges et au visage enflé qui tenaient un chapeau sale à la main :

— S'il vous plaît, faites l'aumône à un ancien membre de l'intelligentsia qui en l'an 15 a versé son sang sur les champs de la Galicie... et qui est un pensionnaire de l'Armée du Salut.

— Donnez quelque chose à un chômeur victime des lois sur le travail de la douce France...

— Donnez à un invalide de la campagne de Kornilov...

— Donnez à un noble russe un morceau du pain amer de l'exil...

Nous avions nos fêtes à nous : les banquets donnés par les *Dernières Nouvelles* pour célébrer les cinq ou les dix ans d'existence du journal, le millième ou le cinq millième numéro ; le prix Nobel de Bounine que l'on fêta au Théâtre des Champs-Elysées et à la rédaction des *Dernières Nouvelles*, le 15 novembre 1933 ; le vingt-cinquième anniversaire de l'activité littéraire de Boris Zaïtsev ; les dîners du groupe littéraire “Le Camp des Nomades”, lié au journal de Marc Slonim, *La Volonté de la Russie*, auxquels j'ai assisté à deux reprises en 1932 et de nouveau deux fois en 1933 ; les réunions du quotidien *Les Jours* ; les soirées à la maison des Tsetline où Khodassevitch lut pour la première fois son poème *Les Photographies de Sorrente* ; les déjeuners plus intimes et plus amicaux avec les proches collaborateurs du journal de Milioukov et les dîners entre amis avec Zaïtsev, Mouratov, Aldanov, Ossorguine, Tsetline ; enfin, la plus solennelle d'entre elles, le banquet des *Annales contemporaines* auquel furent conviées quelques centaines de personnes le 30 novembre 1932, pour fêter la parution du cinquantième numéro de la revue.

Je m'étais acheté pour cette occasion une robe de soirée blanche, la première robe longue de ma vie, avec une cape rouge vif et des escarpins en soie rouge. J'étais assise à côté du célèbre sioniste, Vladimir Jabotinski, un ami de longue date dont je connaissais déjà les idées, l'activité littéraire, le passé légendaire et l'engagement actuel de polémiste. Il avait créé la Légion juive pendant la Première Guerre mondiale et avait servi comme lieutenant dans l'armée britannique. Puis il avait été l'un des fondateurs de la Haganah et de l'Irgoun. Il mourut en 1940 aux U.S.A. Huit ans après prit naissance l'Etat à la création duquel il avait œuvré sa vie entière. Seize ans plus tard seulement, en juin 1964, ses cendres furent solennellement transférées à Tel Aviv où des dizaines de milliers de personnes lui firent leurs adieux. Je connaissais par cœur sa traduction en russe du *Corbeau* d'Edgar Poe, faite à vingt ans environ, et que j'avais lue par hasard dans une anthologie lorsque moi-même j'en avais quinze. Elle était bien supérieure à celle de Brioussov et même à celle de Balmont qui avait pourtant des qualités indéniables. Nous nous étions rencontrés la première fois à la rédaction des *Dernières Nouvelles*. Au moment de me quitter, il me dit d'un ton tout à fait sérieux :

— Veuillez bien me compter parmi vos admirateurs.

— Et vous, veuillez me compter parmi vos admiratrices, lui répondis-je en riant.

Il était petit de taille et avait un visage laid, mais distingué, énergique et original, au teint basané ; son port était celui d'un militaire. Il fut certainement l'une des personnes les plus intelligentes que j'aie jamais connues. Il comprenait son interlocuteur à demi-mot car il lui portait un intérêt vorace et s'impliquait de façon créatrice dans la conversation. Il avait aussi de l'humour. Je buvais littéralement ses paroles, aussi brillantes et mordantes que sa pensée.

Lors du banquet, on prononça de nombreux discours, on congratula abondamment le journal et on fit quantité de déclarations optimistes au sujet de l'avenir. J'en retirai cependant une impression de tristesse, celle d'un espace clos et confiné où la plupart d'entre nous s'étaient réunis de manière artificielle et sans conviction.

La portée de l'événement n'était assurément pas politique, mais exclusivement littéraire. Les idées politiques exprimées par les orateurs, Milioukov, Kerenski, P. Struve et les rédacteurs des *Annales contemporaines*, membres du parti S.-R., ont disparu avec eux, laissant une trace à peine visible dans l'histoire de l'émigration russe. La littérature en revanche a survécu, ainsi que la peinture, le théâtre, la musique. Des artistes tels que Tchelichtchev, Arkhipenko, Kandinski, Larionov, Terechkovitch, Medtner, Stravinski, Tcherepnine, les danseurs, les acteurs dramatiques russes qui se sont mis à se produire sur les scènes françaises, menaient une vie plus normale et se mêlaient d'une façon ou d'une autre aux courants européens. C'était encore plus vrai pour la peinture que pour la musique. La littérature, elle, survivrait, c'était sûr. Il nous suffirait de mourir pour ressusciter dans notre patrie, illustrant de façon ironique la parabole : *Si le grain ne meurt.*

Nicolas Medtner habitait près de Paris dans les années 1930-1931. Je suis heureuse d'avoir pu lui rendre visite à plusieurs reprises, d'abord à Antony, puis à Montmorency. Ce n'étaient pas alors des villes, mais des jardins potagers. Un jour, en rentrant à Paris de chez Medtner, en compagnie de Georges Raïevski-Otsoup, nous nous sommes égarés dans un champ de choux et avons erré près de deux heures à la recherche de la gare. Medtner nous jouait ses "poèmes" et ses "contes de fées" et d'autres pièces pour piano. Son jeu était si merveilleux que lorsque j'entends ces œuvres-là aujourd'hui, c'est comme si je l'entendais, lui, en personne. Le musicologue Leonid Sabaneiev, qui était alors en pleine possession de ses moyens intellectuels, venait parfois le voir, ainsi que la merveilleuse soprano Hélène Frey qui interprétait les romances de Medtner accompagnée par le compositeur. La femme de Medtner, Anna Mikhaïlovna, une véritable "mère-poule", était constamment préoccupée par des tâches domestiques. Plus encore que la femme d'Alexandre Benois, Anna Karlovna, elle était "la femme au foyer" et "l'épouse de son mari". Ces deux Anna ont fusionné dans mon souvenir en une seule créature éternellement affairée aux besognes du ménage.

Alexandre Benois arriva à Paris au milieu des années vingt. Comme beaucoup d'autres, il ne savait visiblement pas s'il resterait en Occident ou rentrerait à Leningrad, qu'il appela jusqu'à la fin de sa vie Pétersbourg. Durant les premières années, il était discret, se montrait peu et allait pratiquement tous les jours à Versailles. Là, dans le parc, dès le matin, il exécutait frénétiquement quantité de croquis, jusqu'à six ou huit par jour.

Avec le temps, il se rasa la barbe, prit de l'embonpoint, se ratatina et se mit à gesticuler de plus en plus en parlant. Il esquissait des pas de danse, faisait des courbettes, exécutant de ses petits bras toutes sortes de mouvements agréables. Il se sentait malheureux de ne pas être reconnu à Paris comme peintre, mais seulement comme décorateur de ballets romantiques. Dans ses souvenirs, publiés aux *Dernières Nouvelles*, il s'attendrissait longuement sur son enfance, en évoquant "son petit corps doux", ses "petites mains et ses petits petons", sa "maman chérie", si belle, et son beau "petit papa". On se moquait souvent de lui ; personnellement, vu son éducation, je n'ai jamais trouvé cela risible. Son passé lui paraissait idyllique, et tout ce qui concernait Pétersbourg, le "Monde de l'Art", la famille ou plutôt le clan des Benois était sacré. Il avait un petit ventre rond et, un jour, alors qu'il se trouvait en visite chez moi, il resta coincé dans un profond fauteuil. Il riait en se démenant de manière fort comique, mais sa posture, que je remarquais du coin de l'œil, devenait de plus en plus fâcheuse. Le moment du départ arriva et tout le monde prenait déjà congé, tandis que lui cherchait toujours un point d'appui pour s'extraire du fauteuil. Je me mis à rire moi aussi, m'approchai et lui tendis discrètement mon petit doigt. Il s'en saisit et se mit debout d'un bond, grimaçant de son gros visage aimable et poupon. Doboujinski, qui avait remarqué le manège, me sourit d'un air malicieux :

— On dirait un noyé s'accrochant à un brin de paille, dit-il.

Au moment où je publiais ma biographie de Tchaïkovski*, sous forme de feuilleton, dans les *Dernières Nouvelles*, Alexandre Benois me répétait sans cesse qu'il avait le sentiment que j'étais de sa génération et que c'était "comme si

* Actes Sud, 1987.

j'avais connu tout le monde, Bob, Modeste et Argo (Argoutinski)". Un jour, dans un élan d'enthousiasme, il s'exclama :

— Et vous vous souvenez de la première de *La Dame de pique* ?...

Il s'interrompit brusquement, fort embarrassé, baissa les yeux et se mit à chanter, d'une petite voix grêle, l'aria : *Le soir tombe déjà et les nuages...* La première avait eu lieu en effet neuf ans avant ma naissance.

J'avais fait la connaissance de Doboujinski alors que nous étions encore à Berlin. C'était un homme très séduisant. Tout en lui respirait la beauté et la noblesse : sa taille était élancée, ses mains puissantes et un sourire venait souvent illuminer ses yeux intelligents et sérieux, car il avait beaucoup d'humour. Dans son vieil âge, il resta très droit et malgré une certaine raideur de traits son visage demeura mobile. Enfin sa voix calme et musicale s'harmonisait avec son aspect physique. Comme il savait et aimait rire ! Cependant il était encore moins apprécié en France qu'Alexandre Benois. Il n'était même pas considéré comme décorateur de théâtre, et en tant que portraitiste ou paysagiste il était complètement ignoré. Il savait pourtant animer tout ce qu'il touchait et possédait un authentique don de conteur. Ses calembours et mots d'esprit tombaient à point nommé, reflétant parfaitement son tempérament, sa façon de vivre et ses goûts.

Il avait entrepris à Berlin de constituer avec mon aide un catalogue des noms de famille russes, qu'il avait l'intention de me dédier. J'ai longtemps gardé ces étroites bandes de papier couvertes de son écriture. L'entreprise avait commencé par une tentative de classification. Il y avait les noms de famille inspirés d'oiseaux, de bêtes ou d'objets. Il était défendu de puiser dans les œuvres littéraires, les noms devant appartenir à des personnes que nous avions réellement connues. Doboujinski connaissait un grand nombre d'enseignes à Pétersbourg, à Vilna et à Pskov, ce qui lui facilitait la tâche, et moi, je l'aidais de mon mieux. Il nous arrivait tout à coup, alors que nous prenions le thé chez quelqu'un, de nous regarder l'un l'autre et de lâcher au beau milieu de la conversation : Moundirov-Trechtchov, Abesgous, Likhocherstov...

Nous nous voyions souvent à Paris et nos relations étaient toujours détendues et enjouées. Il possédait une collection de vieilles photographies qu'il s'était constituée autrefois au marché Alexandrov à Pétersbourg. Les femmes avaient toutes quelque chose de Pauline Souslova, la maîtresse de Dostoïevski, et les hommes faisaient penser au compositeur Balakirev. Doboujinski s'en servait comme modèles pour ses costumes et coiffures de théâtre.

A Paris, il s'était mis à collectionner les petites annonces drôles des journaux russes, du genre : "Viens à domicile, apporte avec moi des rayons ultraviolets" ou encore : "J'élève des lapins. Recherche partenaire, le moins intellectuel possible." Pour m'amuser et m'impressionner, il croisait ses bras sur la table d'un air solennel et, les yeux fixés au plafond, débitait de mémoire les enseignes de la perspective Nevski du début du siècle, depuis la gare Nicolas jusqu'à l'avenue Liteïny, en descendant d'un côté, puis en remontant de l'autre. C'était un grand bonheur pour moi de pouvoir arpenter ainsi, avec lui, dans les deux sens, la Nevski de mon enfance, ma petite moufle serrée dans sa grande main.

Puis nous nous sommes perdus de vue pendant de nombreuses années. Lorsque je suis arrivée à New York en novembre 1950, il est venu le soir même me rendre visite à l'hôtel de la 72e rue. J'étais déjà au courant de l'échec qu'avait subi *La Khovanchtchina** au Métropolitain, dont Doboujinski avait réalisé les décors. Cela avait été un coup terrible pour lui. Il détestait l'Amérique, New York, la peinture et la musique modernes, toute cette vie mécanisée d'après-guerre. Il lui restait cependant la joie d'écrire ses Mémoires qui n'ont jamais été publiés *in extenso* jusqu'à ce jour. Il avait trouvé, pour parler du passé et de lui-même, un ton juste et un style remarquable. Il prit l'habitude de venir chez moi pour me lire son travail et j'étais toujours heureuse de le voir. Il avait un besoin impérieux de lire à haute voix devant quelqu'un ce qu'il venait juste d'écrire. J'avais beau, en toute sincérité, lui

* Opéra inachevé de Moussorgski (1872-1880) que termina et orchestra Rimski-Korsakov (1886). *(N. d. T.)*

faire part de mon enthousiasme et de mon émotion, il continuait à douter de lui-même. Il avait peur que cela fasse “trop intime”, me demandant parfois, à brûle-pourpoint, “qui pouvait bien s’intéresser à tout cela”. Je lui répondais que *tout le monde* pouvait se sentir concerné, et faisais de mon mieux pour le rassurer.

Je savais qu’il y avait eu autrefois entre lui et la ballerine Tamara Karsavina, ce qu’on appelle en langage populaire un “roman d’amour”. Que de soins il prenait pour éviter ce sujet ! Je n’osais pas lui demander d’en parler plus ouvertement, car il était d’une discrétion totale vis-à-vis de tous, moi y comprise, en ce qui concernait sa vie privée. Un soir, pourtant, il me lut quelques pages dans lesquelles je sentis passer soudain comme “un souffle mystérieux”. Il évoquait le souvenir d’une jeune femme en robe claire debout sur la véranda d’une maison de campagne. Bientôt, pareille à une apparition, elle s’envolait de sa vue. Il s’agissait d’une vision concrète, celle d’une figure de ballet peut-être, qui m’avait rappelé l’acte II de *Gisèle* ou bien le Cygne noir du *Lac des cygnes* et qui passait dans ces quelques lignes comme un reflet du drame intime de cet homme discret, torturé par sa propre réserve. A ma connaissance, ce passage n’a jamais encore été publié et peut-être même a-t-il été détruit par la suite. La voix de Doboujinski, habituellement grave et égale, se mit à trembler un instant. Il me regarda, mais je ne levai pas les yeux. J’avais peur d’effrayer cette vision fugitive et ineffable et de laisser voir que j’avais deviné son secret.

Tandis que Doboujinski symbolisait parfaitement l’harmonie de Pétersbourg, Nicolas Milioti était, de la tête aux pieds, un vrai Moscovite, ce dont il était très fier. Il connaissait tout le monde, en particulier dans le milieu des artistes et des riches bourgeois moscovites. Khodassevitch ne l’aimait pas, le traitait de “bourreau des cœurs” et de vulgaire Don Juan. Il y eut même un certain froid entre lui et nous. Dans l’une de ses lettres, datée du 25 novembre 1930, Khodassevitch me faisait les recommandations suivantes : *Je te demande fermement de ne pas te réconcilier avec Milioti. Il ne s’agit pas, bien sûr, de se disputer avec lui, mais je te prie très instamment,*

Décès de maman 15/04/2008 4h00

vu tout ce qui a été dit à son sujet et la situation ambiguë et stupide dans laquelle il nous a placés, toi et moi *également* (exprès, *comme tu le sais !), de ne jamais te montrer nulle part* seule *avec lui et de ne plus le recevoir chez* nous. *Dans un endroit neutre, d'accord, mais je te préviens, dans notre appartement, je ne lui tendrai pas la main... Ta réputation t'appartient, certes, mais je tiens aussi à la mienne...*

A la suite de cette lettre, Milioti n'est plus jamais revenu chez nous.

Il n'était pas encore très âgé, mais il n'était plus celui qu'avaient connu les Moscovites du temps où il était, d'après ses propres mots, "le plus bel homme de la terre". Dans l'émigration, il eut un fils qu'il ne reconnut pas. Sa femme était restée à Moscou avec leurs deux enfants. Jusqu'à son dernier souffle, il chercha refuge auprès de ses adoratrices. Il était très pauvre, malgré une exposition dans les années vingt aux U.S.A. qui eut, selon lui, un grand succès. A la fin de sa vie, il avait l'air d'un vrai clochard parisien avec ses cheveux blancs comme neige, sa bouche édentée, son manteau déchiré qu'il fermait à l'aide d'une épingle de nourrice et son sac sur l'épaule. Je n'ai aucune idée de ce qu'est devenu son studio, place de la Sorbonne, dont les murs étaient tapissés de ses portraits de belles mondaines.

Constantin Somov, l'ami de Diaghilev, fit également un séjour aux Etats-Unis, mais ce petit homme, discret et tranquille, non seulement ne dilapida pas l'argent gagné en Amérique, mais se constitua une petite rente. Il menait une vie solitaire, réglée et sobre, avait un faible pour la beauté des jeunes garçons bouclés aux joues roses et en faisait des portraits à l'huile aux couleurs vives. Il les représentait le col ouvert, avec des mains pâles aux doigts effilés. Quand je lui rendais visite, il y en avait toujours une nuée autour de lui.

Il y a vingt ans environ, j'ai fait un rêve : je me trouvais à la gare de Leningrad et attendais un train en provenance de Paris. Il s'agissait d'un train de marchandises qui ramenait au pays les cercueils des émigrés défunts. Je courais sur le quai le long d'une file interminable de wagons qui avançaient lentement. Sur le premier wagon on pouvait lire, écrits à la craie, les noms suivants : Milioukov, Struve, Rachmaninov, Chaliapine ; sur le second, figuraient les noms de Merejkovski, Bounine, Diaghilev et un autre encore. Je demandai où se trouvait Khodassevitch. On m'indiqua d'un geste de la main la queue du train. Un wagon passa avec les noms de Chestov, Remizov, Berdiaev. Je continuais à courir. J'aperçus enfin, le cœur battant, son cercueil qui se trouvait dans le dernier wagon. Pourquoi étais-je si émue, comme si j'allais réellement le revoir ? Les portes s'ouvrirent dans un bruit fracassant et une dizaine de cheminots arrivèrent en poussant des chariots. “On décharge ! On décharge !” cria quelqu'un derrière mon dos. Soudain, dans la pénombre du wagon, je remarquai, à côté du cercueil de Khodassevitch, d'autres portant les noms d'Essenine, de Tsvetaïeva, d'Akhmatova... “Pourquoi sont-ils ici ? me demandai-je, perplexe, ils ne sont pourtant pas morts à Paris. Il doit y avoir un malentendu.”

En face du café La Closerie des Lilas, près des jardins du Luxembourg, se trouvait encore au début des années vingt l'énorme baraque en bois du Bal Bullier, dans laquelle les artistes parisiens organisaient en été leurs bals de charité. Ce jour-là, les peintres à moitié nus, déguisés en sauvages, en Indiens ou en nègres, le visage peinturluré, parcouraient le quartier Montparnasse en compagnie de leurs jolis modèles également maquillés et à peine vêtus de quelques bouts de tissu. On retrouvait un peu tout le monde : Derain, le calme patricien, Zadkine, Pevzner et Braque. Cela se terminait par un festin bruyant et orgiaque dans l'un ou l'autre de leurs ateliers. Une fois la fête nocturne eut lieu chez Terechkovitch, encore célibataire, qui invita Bounine, Zaïtsev et Aldanov. Ce dernier fut “choqué” par tout ce qu'il vit et se retira assez vite. Bounine fut tout d'abord abasourdi par le spectacle, puis, non sans une certaine délectation, prit part à ces bacchanales. Zaïtsev “s'attarda un moment”, “but un petit verre”, “jeta un coup d'œil autour de lui” et se mit finalement de la partie, ce genre d'amusement lui rappelant sa jeunesse.

Le matin, à l'aube, tout le monde avait l'air défait et un peu louche. On rentra, chacun chez soi, par les rues désertes où les égoutiers déplaçaient bruyamment leurs tonneaux et où les maraîchers, juchés sur leurs grands chariots, transportaient choux et carottes aux Halles.

Certains peintres russes vécurent très vieux comme Michel Larionov, qui avait habité à Paris avec sa femme Nathalie Gontcharova longtemps avant la Première Guerre mondiale, et qui y mourut en 1964. Soutine et Bakst, en revanche, moururent relativement jeunes. Dans son caractère et son comportement, Larionov conserva jusque dans son vieil âge cette espèce d'*espièglerie* typique des futuristes, qu'on retrouvait chez Chklovski, Maiakovski, les imaginistes, les membres de la société "La Queue d'âne*", qui furent tous des habitués du café littéraire moscovite, La Stalle de Pégase. Ce côté farceur était un trait nouveau et important de tout un groupe d'artistes, de poètes et de musiciens contemporains, mais passa presque inaperçu. Les symbolistes et les membres du "Monde de l'Art" détestaient ce genre et les acméistes s'en détournaient avec dégoût. Il existait chez les futuristes une relation profonde entre "le génie" et "l'immaturité" et une réaction un peu grossière, mais au fond légitime et saine, contre "le vin triste" de Blok, la lugubre folie de Vroubel, le pathos de Scriabine et la mélancolie de Serov.

Comme beaucoup de ses contemporains, Larionov était un polisson, toujours en train de manigancer quelque bon tour, le plus souvent aux dépens de quelqu'un. Il arborait tantôt un petit sourire malin, tantôt jubilait de plaisir et n'avait de considération pour personne hormis "sa bande", avec laquelle il était sentimental et tendre. Ce qui frappait surtout chez lui, c'étaient l'irrespect à l'égard des honorables têtes grisonnantes de ses ennemis, même quand la sienne se mit à grisonner, et le culte inlassable qu'il vouait aux préceptes du futurisme de sa jeunesse. A cela s'ajoutaient une attirance, assez anodine tout compte fait, pour le communisme soviétique et

* Cercle de peintres d'avant-garde, néo-primitivistes, fondé par Larionov à Moscou en 1912. *(N. d. T.)*

une certaine sympathie pour l'Allemagne dont il espérait, durant la guerre, qu'elle produirait des changements et "donnerait une bonne leçon" à cette vieille idiote d'Europe. N'importe quoi, pourvu que ce fût nouveau et inattendu, qu'on démolît l'ancien et qu'on le balançât "par-dessus le bord de la modernité" !

Dans l'appartement, où il habitait avec sa femme depuis des temps immémoriaux et qu'on ne balayait jamais, on pouvait découvrir, sous la couche de poussière qui s'était déposée sur les livres, les papiers et les dessins, des trésors sans prix. Mais personne, ou presque, n'avait le droit de pénétrer dans cette tanière. "Oui, c'est vrai, j'ai des dessins du jeune Picasso, des croquis de Soutine, des lettres de Diaghilev et tous ses programmes." Des esquisses de Bakst avaient été oubliées dans quelque recoin, ainsi qu'un brouillon d'Essenine et un impromptu de la main de Maiakovski. Mais il n'avait jamais le temps de les chercher. Le maître de céans se prélassait ou courait les rues et les cafés, "en chahutant", ou bien, installé dans un coin de son studio, près de la fenêtre éclairée par la lumière jaunâtre du jour parisien, peignait une femme trapue au teint et aux cheveux également jaunâtres.

Ses plaisanteries ne prenaient jamais, à mon égard, un tour offensant mais restaient d'un caractère amical. Son goût des facéties n'était pas le fait du hasard, il se retrouvait chez tous ceux qui étaient en contact, d'une manière ou d'une autre, avec l'art moderne pris dans son sens le plus large. L'Occident connaissait bien sûr ce phénomène. Le célèbre Bateau-Lavoir de Montmartre est devenu un musée, alors que ceux qui y vivaient jadis continuaient, un pied déjà dans la tombe, à faire des farces, pour autant qu'ils en étaient encore capables.

Comme peintre, Larionov était non moins doué que sa femme, Gontcharova, qui, elle, était une artiste remarquable. Mais pendant que celle-ci travaillait dur, allant jusqu'à décorer de ses fresques certains restaurants parisiens pour gagner de l'argent, lui gaspillait ses forces, gâchait son talent et s'éparpillait en d'interminables palabres et disputes, en mauvais tours, en farces, en allées et venues. On aurait dit un de ces jeunes coquins qui pourraient, s'ils le voulaient, terminer brillamment leurs études, mais qui se font bêtement expulser de l'école. Il s'en moquait pas mal du reste, ce en quoi il avait peut-être bien raison !

Certains peintres continuèrent, jusqu'au milieu des années trente, à renouveler leur passeport soviétique et à attendre, confiants, le jour où ils pourraient rentrer à Moscou pour y occuper la place due "aux artistes de gauche". Jusqu'en 1936 et aux procès de Moscou, ils gardèrent l'espoir que dans ce pays, qui avait fait la plus grandiose révolution du monde, l'art de gauche serait enfin officiellement reconnu comme le courant artistique majeur, sinon le seul. Le suicide de Maiakovski ébranla cet espoir, mais ne le tua pas. L'arrivée de Zamiatine en 1931 les bouleversa à nouveau fortement.

Un jour, nous nous sommes rencontrés, par hasard, Zamiatine et moi, à la librairie russe, rue de l'Eperon, et avons passé deux heures à bavarder ensemble au café Danton. C'était au mois de juillet 1932. Zamiatine ne fréquentait personne, car il ne se considérait pas comme un émigré et gardait l'espoir de pouvoir rentrer à la première occasion. Je ne pense pas qu'il y croyait réellement, mais il lui était trop dur de renoncer définitivement à cet espoir. J'avais fait sa connaissance à Pétersbourg, en 1922, dans le cadre des soirées littéraires des "Frères Serapion". Il s'approcha de moi et me tendit la main.

— Vous me reconnaissez ?

Nous étions les seuls clients et sommes sortis ensemble.

Au café, il alluma sa pipe, appuya son visage sur ses deux mains et m'écouta longuement. Puis il se mit à son tour à parler de son ton légèrement affecté de mentor. Il faisait semblant d'être optimiste et prétendait qu'il était indispensable de savoir "attendre et se tenir tranquille", comme certaines bêtes qui, au lieu de lutter, se terrent.

Je ne partageais pas cette opinion. Pour moi, la vie ne pouvait pas attendre.

Il se renfrogna. Son visage qui n'était déjà pas très avenant était devenu plus figé et plus sombre que dix ans auparavant. Nous nous sommes tus ; il y eut un silence long et pénible, et je compris qu'il savait que j'avais raison et que j'avais conscience qu'il le savait. Mais nous n'avions nulle envie, ni l'un ni l'autre, de reprendre à zéro notre discussion sur ce qui se passait *ici et là-bas*. Il avait perdu sa raison de vivre et d'écrire, détestait ceux de là-bas et nous méprisait un peu, nous les émigrés. Je pensais en moi-même qu'il serait mieux avisé de faire un choix *net et clair*, mais je n'eus pas le courage de le lui dire, car j'avais pitié de lui. Sa tactique consistait à survivre et à se taire, cela ne pouvait être la mienne.

Il ne fut pas seul à réagir ainsi. Jusqu'en 1936, Viatcheslav Ivanov refusa également de lier son sort à celui de l'émigration. Mais lui vivait en Italie où il pouvait tranquillement renouveler son passeport soviétique et correspondre avec Gorki au sujet de l'obtention d'une pension et d'une aide pour soigner son fils qui était tuberculeux. Il commença à publier dans les *Annales contemporaines* en 1936 seulement, au début de l'époque des procès et après la mort de Gorki. Zamiatine n'eut pas le temps sans doute d'en faire autant car il mourut en 1937. Personnellement je ne pense pas qu'il aurait changé sa façon de voir, car il avait été bolchevik et membre du Parti dès l'époque tsariste. Staline lui avait fait cadeau de ce sursis de six ans.

La collaboration aux *Annales contemporaines* représentait, dans l'émigration, une sorte de distinction honorifique. Avec ses soixante-dix tomes, cette revue est un véritable monument de la littérature. Ce n'était pas une revue "d'avant-garde", mais, durant un quart de siècle, y parurent des œuvres importantes, malgré le manque de liberté dont souffrait la majorité des écrivains, gênés par les exigences et les goûts démodés des rédacteurs qui comptaient parmi les derniers représentants du populisme.

Les trois rédacteurs, des admirateurs de Tchernychevski et de Mikhaïlovski, comprenaient qu'ils n'auraient pas de successeurs et finirent par accepter, non sans difficulté, certains compromis. Le plus doué d'entre eux, Marc Vichniak, apprit même certaines petites choses durant ces années-là grâce aux contacts qu'il eut avec Hippius, Khodassevitch, Nabokov, Tsvetaïeva et d'autres, mais cela n'allait pas très loin. La situation financière du journal était précaire. Pas plus de dix à quinze exemplaires n'entraient en U.R.S.S. Quant aux autres, ils étaient distribués en France, dans les pays Baltes, en Extrême-Orient et aux U.S.A. Le tirage ne dépassait pas en tout un millier d'exemplaires.

L'un des rédacteurs des *Annales contemporaines*, Ilia Fondaminski, était auréolé d'une "légende" incluant sa femme Amélie et Vladimir Zenzinov, un S.-R. qui vivait chez eux.

Dans ses Mémoires, intitulés *Mon passé*, totalement dépourvus d'humour comme il l'était lui-même, Zenzinov raconte avec une sincérité naïve comment il laissa s'échapper l'agent double Azef et comment, dans sa jeunesse, il était tombé amoureux d'Amélie avant le mariage de celle-ci avec son meilleur ami, Ilia Fondaminski. A l'époque où je les ai connus, ils vivaient ensemble tous les trois comme d'ailleurs ils l'avaient fait toute leur vie. Cela avait commencé après le mariage du couple quand, la nuit, Zenzinov faisait les cent pas devant la chambre des jeunes mariés. Ses amis mettaient cette pénible situation sur le compte de son innocence.

Quant à Fondaminski, de l'avis unanime de son entourage, c'était un être hors du commun. On le disait beau, brillant et raffiné ; il représentait une sorte de phare parmi les hommes de sa génération. C'était en réalité un homme assez corpulent, basané, pas très soigné, qui arborait un sourire mielleux et un peu faux sur son visage charnu et mal rasé. Il était très économe et, vu les grandes difficultés financières de la revue, il créa une sorte de Société des Amis des *Annales contemporaines*, dont les membres versaient un véritable tribut. Quand il n'était pas occupé à écrire ses articles historiques qu'il signait du nom de "Bounakov", il passait le plus clair de son temps à ramasser ce tribut, principalement parmi les juifs russes, généreux et cultivés. Les gradés de l'Armée blanche, quant à eux, ne lisaient guère et, de plus, devaient compter le moindre sou. J'avoue avoir été stupéfaite lorsque j'appris de Marie Tsetlina, alors que je me trouvais déjà à New York, que Fondaminski ne touchait pas moins de huit mille francs par mois, provenant de l'entreprise commerciale de sa femme. Comme les Tsetline, les Fondaminski possédaient des plantations de thé sur l'île de Ceylan. Fondaminski aurait donc pu soutenir les *Annales contemporaines* sans faire appel à de l'aide extérieure. Marie Tsetlina m'expliqua que cet argent ne lui appartenait pas et que, déjà avant la Première Guerre mondiale, il avait légué sa fortune au parti S.-R. Depuis lors, il ne possédait rien en son nom propre, se nourrissait mal, allait chez les coiffeurs bon marché, s'habillait chichement et vivait avec l'argent de sa femme.

Amélie Fondaminskaïa, une personne douce et accueillante, était également auréolée d'une "légende". Elle avait la réputation d'être une femme exceptionnellement jolie, intelligente et romanesque. En fait elle était tout simplement oisive, alors que les autres femmes de rédacteurs étaient obligées de travailler comme couturières. Lorsqu'elle mourut, son mari publia un recueil de textes dédié à sa mémoire, auquel collaborèrent leurs amis. La plus grande partie du livre fut écrite par Zenzinov.

Les activités de Fondaminski ne se limitaient pas à la collecte du tribut. Il organisait également des rencontres auxquelles il invitait des poètes, des prêtres et des philosophes, éditait une revue religieuse, *La Cité nouvelle*, et animait des réunions où il prenait souvent et longuement la parole. Il fréquentait l'Eglise orthodoxe, mais enveloppait cet aspect de sa vie d'un certain mystère. On disait qu'il s'était fait baptiser ou se préparait à le faire, mais qu'il désirait que cela restât secret pour ne pas froisser la famille de sa femme. Après la mort d'Amélie, en 1935, on raconta même qu'il avait l'intention de se retirer dans un monastère. Lorsque Paris fut occupé par les Allemands, il crut un moment, avec un optimisme bizarre, que "ce n'était pas là un si grand malheur !" Il avait constitué dans l'émigration une bibliothèque importante. Un jour de 1940, je suis passée chez lui pour lui proposer de transférer une partie de ses livres chez moi, à la campagne. Il me regarda avec méfiance et me dit qu'un Allemand bibliophile l'avait assuré de sa protection. Par la suite, outre les livres de Fondaminski, cet homme fit confisquer l'inestimable bibliothèque russe Tourgueniev de Paris, ce dont j'ai rendu compte en 1961 dans la *Nouvelle Revue* (New York).

Sa vie se termina tragiquement. Fondaminski fut arrêté en juin 1941 et mourut dans un camp nazi. Sa légende lui survécut et on raconta même qu'il n'était pas mort, mais qu'il avait regagné la Russie pour "y souffrir au nom du Christ"...

Fondaminski consacrait ses loisirs aux bonnes œuvres et il lui arrivait souvent d'aider réellement les autres. Lors de ses voyages à Paris, Nabokov pouvait loger chez lui. Il fit paraître la série *Poètes russes* ; c'étaient de petits volumes de poésies écrites en général par la "jeune" génération. C'est ainsi que de petits recueils de poésies de Smolenski, de Kouznetzova, de Ladinski et d'autres furent publiés aux éditions des *Annales contemporaines* avec l'argent ramassé par Fondaminski. Il les vendait lui-même un peu partout. De temps à autre, il organisait également des parties de bridge et des "thés", où des amies de sa femme, des dames d'âge mûr, jouaient aux cartes et versaient l'argent gagné à des écrivains tels que Merejkovski, Remizov et Khodassevitch.

Dans le domaine littéraire, Fondaminski essayait, comme il convient au rédacteur d'un important périodique, de saisir au vol les goûts du jour ou, selon l'expression de Khodassevitch, "ce qui se portait". Fondaminski essayait de comprendre pourquoi il valait mieux ne pas publier dans les *Annales contemporaines* le poète-feuilletoniste Lolo ni Sacha Tchorny, dont les vers étaient parfaitement limpides et sonnaient si joliment, alors qu'il convenait de publier Tsvetaïeva et Poplavski en dépit des obscurités et des sonorités insolites de leurs poésies.

L'autre rédacteur, le S.-R. Vadim Roudnev, un homme charmant, qui fut maire de Moscou en 1917, sous le gouvernement provisoire, n'essayait même pas de savoir "ce qui se portait". Un jour, ayant reçu une poésie d'un auteur de la "jeune" génération, il la montra à Khodassevitch et lui demanda, perplexe, en quel mètre elle était écrite. De son avis, cela faisait trop léger, pas assez sérieux. En fait, la poésie était écrite en trimètres iambiques. En rentrant, Khodassevitch se coucha le visage tourné vers le mur et dit :

— Voilà les gens dont nous dépendons !

J'avais fait la connaissance de Roudnev dès la fin des années vingt et le connaissais donc depuis fort longtemps lorsque soudain, en juin 1940, nos relations professionnelles et, au fond, assez impersonnelles jusque-là, prirent une tournure inattendue. Il était intimement lié à Paris, depuis longtemps, à une veuve parente d'Amalia Fondaminskaïa. Deux jours avant l'arrivée des troupes allemandes dans Paris, à la veille de l'exode général, Roudnev vint me voir et, surmontant son embarras, me pria de rendre visite de temps à autre à L. S. G. et de le tenir au courant de ce qu'elle devenait. Il prévoyait qu''il resterait dans le midi de la France jusqu'à la fin de la guerre et me fit promettre de l'avertir si je voyais que son amie se trouvait en danger. Je lui donnai ma parole.

Je compris au bout de quelques mois que L. S. G. périrait si Roudnev ne venait pas la chercher. En 1940-1941, il était encore assez facile de venir à Paris et de repartir avec quelqu'un. Lorsque j'allais la voir, je la trouvais dans un état d'exaltation anormal. Serrée dans un corset, poudrée à l'excès, elle ne cessait de faire briller ses meubles, un chiffon à la main. Il n'y avait pas de doute pour moi que Roudnev devait venir la chercher, ce dont je lui fis part dans une lettre. Mais cela lui a été impossible, car il souffrait déjà d'un cancer dont il mouut bientôt à Pau. Le jour tragique du 16 juillet 1942, L. S. G. fut arrêtée et déportée à Auschwitz. Lorsque la femme de Roudnev trouva ma carte postale parmi les papiers que laissait son mari, elle fit courir le bruit comme quoi je me plaisais tellement sous l'occupation allemande que je cherchais à faire revenir les autres en zone occupée.

Le troisième rédacteur des *Annales contemporaines* et, à un certain moment, rédacteur en chef, était Marc Vichniak. Son caractère violent et impulsif était connu de tous. Khodassevitch disait que lorsqu'il pénétrait dans le local de la rédaction, rue de la Tour, et discutait avec Vichniak, il avait l'impression qu'il était entré dans la cage d'un lion. Il n'y avait plus qu'à rester aux aguets, la cravache au poing, au cas où le lion s'apprêterait à vous dévorer !

Vichniak avait un sens aigu du réel et, en dépit d'un esprit petit-bourgeois et d'une déférence marquée pour les grands de ce monde, il avait la capacité et le désir d'élargir ses connaissances. Il avait aussi une vision lucide de ce qui se passait en U.R.S.S. et n'acceptait aucun compromis à l'égard de

Staline. Il ne se faisait pas d'illusion sur "la politique du Parti vis-à-vis de la littérature", comme certains hommes politiques de l'émigration. Il survécut de nombreuses années à ses collègues tout en continuant à se disputer avec ses amis et ses compagnons de parti. Un certain G. le traita publiquement un jour de "gendarme" et moi, dans une de mes lettres, de "juge d'instruction".

Je fis la connaissance d'Alexandre Kerenski à Berlin, en 1922. Dans un premier temps, les S.-R. publièrent à Prague son quotidien, *La Voix de la Russie*, puis à Berlin, et plus tard à Paris, sous le titre *Les Jours*. Aldanov et Khodassevitch étaient chargés de la rédaction de la page littéraire. C'est ainsi que mon premier récit, *Une nuit de fuite*, fut publié dans *Les Jours* par les soins d'Aldanov. Kerenski dictait ses éditoriaux d'une voix forte qui résonnait dans toute la rédaction. Parfois il en faisait des vers. Il avait l'habitude de s'adresser en criant à son interlocuteur, ce qui avait pour effet d'effrayer une personne non prévenue.

Quand je vis Roudnev pour la première fois, Khodassevitch me dit à voix basse :

— C'est Roudnev. Un doigt lui a été arraché pendant qu'il fabriquait une bombe. Tu vois, il lui manque le petit doigt.

Et quand je fis la connaissance de Kerenski, Khodassevitch m'avertit :

— C'est Kerenski. Il crie affreusement. Il n'a qu'un rein.

Je l'examinai et remarquai que son visage, qui m'était connu d'après ses portraits de 1917, n'avait pas changé au cours des cinq années écoulées. Il conserva, durant les quarante années où je l'ai connu, sa coupe en brosse et sa voix, alors que la peau de ses joues s'était distendue, que son dos s'était voûté et que son écriture, déjà illisible, était devenue totalement indéchiffrable. J'ai gardé de lui plus d'une centaine de lettres.

Il m'a toujours paru être un homme à la fois velléitaire et aux aspirations démesurées. Ses convictions étaient faibles, mais son obstination insensée. Sans être très intelligent, il avait une grande confiance en lui. Un homme comme lui, littéralement *anéanti* par 1917, se devait de se forger une carapace, un bec et des griffes pour pouvoir continuer à vivre.

Le pire châtiment pour un homme politique, c'est l'oubli. Un jour, une fillette soviétique d'environ treize ans demanda à sa maman devant moi :

— Maman, est-ce que Kerenski a vécu avant ou après l'émancipation des serfs ?

Kerenski, c'était comme du sel qui aurait perdu sa saveur. C'était un homme encore vivant physiquement, mais moralement il était mort depuis longtemps. Il était solitaire malgré ses enfants et petits-enfants qui vivaient en Angleterre et il avait enterré tous ses contemporains.

Kerenski aimait parler du nombre de kilomètres qu'il était capable de parcourir à pied, de son amour des aéroplanes et de l'espoir qu'il nourrissait de s'écraser un jour dans l'un d'eux. Il avouait n'avoir jamais mis les pieds au cinéma parce que, depuis quarante-sept ans, il portait le deuil de la Russie. Quand on l'invitait, il jetait un coup d'œil dans son agenda et répondait qu'il était trop occupé. Il nous promettait de faire un petit saut, sans plus. En réalité, il était tout à fait libre, n'allait nulle part et recevait peu de visites.

Il était rigide, froid et peu réceptif. Il cherchait constamment à soumettre les autres à sa volonté, mais ne réussissait qu'à les faire fuir. Son regard métallique était dur et fermé.

Il y eut trois périodes dans l'histoire de nos relations. Celles-ci furent d'abord purement mondaines et professionnelles. Kerenski était rédacteur d'un journal dans lequel on me publiait, orateur dans des réunions politiques auxquelles j'assistais et l'invité des Tsetline et des Fondaminski chez qui j'allais aussi. Puis, durant la période d'avant-guerre, nous nous sommes rapprochés. Il venait nous rendre visite avec sa femme, Nell, à Longchêne, où ils passaient parfois une semaine entière. Leur dernière visite eut lieu la veille de la prise de Paris par les Allemands. La troisième et dernière période englobe le retour de Kerenski à Paris, après la mort de Nell, notre rencontre en 1949, mon arrivée en Amérique et mes premières années à New York. A cette époque nos relations s'estompèrent et, dans les années soixante, on ne se voyait plus guère.

Nell aimait Longchêne comme tous ceux qui y venaient. Elle aimait les heures matinales silencieuses, le jardin potager où elle allait chercher de la salade fraîche, de l'aneth et de l'oignon avant le déjeuner. Elle s'asseyait sur l'emplacement, entre nos deux maisonnettes, que nous appelions la terrasse, où fleurissaient des roses et, au printemps, un amandier. Elle écossait les petits pois de ses jolis doigts aux ongles longs et effilés. Elle était belle, calme, intelligente et avait toujours quelque chose à dire soit sur l'Australie, où elle était née et avait grandi, soit sur l'Italie où elle était venue après la Première Guerre mondiale dans l'espoir de rencontrer des Russes. A la suite de la lecture du *Journal* de Marie Bachkirtseva, elle s'était en effet éprise de la Russie. En Italie, elle avait rencontré Nadejine, le petit-fils de Makarov, l'auteur du dictionnaire franco-russe. C'était un chanteur et un Don Juan, et elle l'épousa. En dépit des relations qu'il avait à Londres et de l'audition qu'on organisa pour lui au Covent Garden, il ne fut pas engagé à l'Opéra. Il n'aimait pas travailler et trompait sa femme avec des dames anglaises d'un certain âge, un peu folles, riches et oisives. Nell se sépara de lui. Nadejine se lia avec une de ces femmes, qui était l'épouse d'un écrivain anglais connu. Il s'établit avec elle dans sa villa de Capri et y vécut, jusqu'à ce qu'ils eussent dilapidé argent et villa. Il s'essaya à la composition de romances, puis à la poésie et finit par écrire ses "Mémoires", dans lesquels il raconta comment on buvait et mangeait dans l'ancienne Russie… C'était plat, dénué de talent et sans aucun intérêt. J'ai découvert par hasard, un jour, dans des archives, la fin de son histoire, comment il soignait des fleurs, promenait des petits chiens, préparait des boulettes de viande à la russe pour les invités et chantait ses romances à d'autres femmes d'écrivains anglais que jalousait son amie. Tout cela finit dans la misère, les maladies, des tentatives de soutirer quelques maigres subsides au mari, parti se promener dans les îles écossaises. Ce dernier entretenait un véritable harem, mais refusait de subvenir aux besoins de sa femme et de son amant, un chanteur raté et, qui plus est, un imbécile et un fainéant.

Ce fut, pour Nell, sa première rencontre avec les Russes. Plusieurs années après sa séparation d'avec Nadejine, elle rencontra Alexandre Kerenski. Elle avait les épaules, la poitrine et les petites mains d'Anna Karénine, des yeux toujours brillants et des mèches rebelles qui s'échappaient de sa coiffure, autour de ses oreilles. Je ne savais pas encore l'anglais à cette époque-là et nos conversations se déroulaient en français. Il existe une photo qui nous montre, elle et moi, couchées dans l'herbe épaisse au fond du jardin. Nous portons la même robe de coton imprimé et nous rions, en nous regardant l'une l'autre.

La nuit de leur départ je préparais leur lit, les yeux voilés de larmes. En rangeant sa valise, elle me demanda de lui promettre "de venir vivre avec elle «sous son aile», au cas où quelque chose m'arriverait". Elle comprenait le russe et aimait cette expression. Je me souviens de mon tablier bleu avec lequel je m'essuyai les yeux, de mes espadrilles qui me donnaient une démarche traînante, de la chambre d'amis où, le matin, les hirondelles entraient par la porte ouverte pour ressortir par la fenêtre. Parfois, quand les nuits étaient tièdes, notre chien Rex leur rendait visite et, se roulant en boule, se couchait sur la descente de lit. Le chat, avec un doux miaulement, bondissait par-dessus le chien et s'installait sur le lit. Sentant que Kerenski n'appréciait pas les animaux, il se pelotonnait le plus près possible des genoux de Nell.

Elle aimait nos soirées calmes et nos nuits étoilées que nous passions sur la terrasse, parmi les roses, assis sous l'amandier, les conversations à voix basse, les lointains bruits de la campagne et le vol rapide d'une chauve-souris au-dessus de nos têtes. Elle allait volontiers ramasser des champignons et restait à contempler la forêt, des heures durant, assise sur le petit banc sous le noyer. Plus tard, nous avons juré de ne plus nous asseoir sur ce banc qui finit par pourrir...

A l'aube du 12 juin, leur automobile lourdement chargée se mit en route. Je n'ai plus revu Nell, car elle est morte en avril 1946, en Australie, où elle s'était rendue avec Kerenski chez ses parents. Son père avait un commerce de meubles. Ses frères et sœurs qui, eux, n'avaient pas lu le *Journal* de Marie Bachkirtseva, étaient restés en Australie où ils menaient une vie tranquille et sans soucis. Pendant longtemps, Kerenski ne put quitter Brisbane, car tous les bateaux étaient réquisitionnés pour le rapatriement des soldats démobilisés. Je reçus d'abord un télégramme, à Paris, m'annonçant la mort de Nell, puis vint une lettre que je cite ici presque *in extenso*. Elle montre Kerenski sous son jour le plus humain.

17 avril 1946

Le Christ est ressuscité !

Ne vous étonnez pas, ma chère Nina Nikolaïevna, que je vous écrive sans attendre la lettre que vous m'avez promise. Pardonnez-moi, je n'ai pas la force de garder tout cela au fond de moi. Ici, je me trouve humainement parlant dans une espèce de désert. Nell était étrangère par l'esprit à ceux auxquels elle était liée par le sang. Votre dernière lettre de janvier n'est pas arrivée trop tard : j'ai pu la lui lire et elle s'est réjouie d'avoir des nouvelles de vous. Elle se souvenait de beaucoup de choses et rêvait de s'échapper de nouveau avec moi à Paris "pour nous reposer chez Nina"... A partir de la mi-janvier commença son dur chemin de croix. Elle a lutté désespérément, jusqu'au bout, avec une volonté de vivre et une lucidité incroyables qui étonnaient les médecins. A un moment donné, même, l'eau cessa de s'accumuler dans son corps. J'avais beau savoir déjà à New York qu'elle était condamnée, je me mis à prier de toutes mes forces pour qu'un miracle se produise... Un jour, elle m'envoya chez la mère supérieure d'un couvent de carmélites pour qu'elle ordonne une neuvaine (le prêtre orthodoxe d'ici est un affreux réactionnaire) et lorsque je suis revenu, elle m'annonça joyeusement que, dès que j'étais parti, elle s'était sentie mieux et qu'à présent elle allait guérir. Durant quelques jours, elle cessa, en effet, de souffrir grâce à la force de sa foi. Puis tout reprit à nouveau. Mais jusqu'au bout, notre vie intérieure se plaçait à un autre niveau, inhabituel, que je ne puis me décider à définir avec des mots... A la mi-février, à la suite de sa deuxième attaque cérébrale (la première eut lieu le 5 avril de l'an passé), la communication avec le monde extérieur devint de plus en plus difficile pour Nell. Elle perdit la clé de son être terrestre. Ses lèvres prononçaient toujours plus souvent des mots autres que ceux qu'elle VOULAIT *dire. Mais pour moi, il n'y avait aucun doute que sa conscience vivait et luttait contre les obstacles physiques et qu'elle* N'ÉTAIT PAS ABOLIE. *Il suffisait de lui souffler le mot perdu et sa pensée redevenait compréhensible.* CE FUT AINSI JUSQU'AU BOUT, *bien qu'il lui fût de plus en plus difficile de communiquer avec nous. Comment Tolstoï, dans la description abominable qu'il fit de la mort d'Ivan Ilitch, et malgré tout son génie, a-t-il pu être si infiniment loin de saisir la signification de la mort en tant que* TRANSFIGURATION *de la vie ? Il est vrai qu'il l'a décrite avec une précision impitoyable. Ma chère amie ! Vous auriez été épouvantée de voir le beau corps de Nell affreusement déformé, envahi par "l'eau", démesurément enflé, couvert d'escarres ! Mais vous auriez surmonté votre faiblesse et votre horreur devant la force de son* ESPRIT, *devant le courage avec lequel elle suivait elle-même la montée de la vague... Dix jours avant son départ, après trois attaques de cœur, elle me pria, à l'aube, en toute lucidité, de lui dire la* VÉRITÉ... *Je lui dis que bientôt elle cesserait de souffrir et qu'elle connaîtrait la joie... Elle me demanda de prier avec elle, de ne pas la laisser seule (et je suis resté ainsi auprès d'elle, jour et nuit, durant de longues semaines). Puis nous nous sommes dit adieu sans paroles et elle me demanda de lire l'Evangile. Je me mis à lire le Sermon sur la Montagne et elle s'endormit tranquillement... Après cette nuit commença son agonie. Deux jours avant sa mort, "l'eau" l'étouffait dans la gorge et elle n'arrivait plus pratiquement à avaler que quelques gouttes. La dernière nuit, elle m'appela et me dit : "J'ai peur, tiens-moi fort..." Le mercredi, 10 avril, vers midi, elle respirait à grand-peine... A une heure vingt-quatre minutes, elle nous quitta tout doucement. C'est étrange, car justement à cet instant, je perdis connaissance et j'entendis au-dessus de moi la voix de la merveilleuse sœur de charité dire : "Je suis désolée, elle n'est plus." Nous étions trois dans la chambre, Nell, la sœur et moi. La sœur est partie prévenir la mère de Nell et moi, je me mis à réciter à Nell les prières russes dont je me souvenais. Ensuite nous l'avons parée, la sœur et moi, et entièrement recouverte pour que personne ne voie sa beauté abîmée. Un prêtre épiscopal vint lire des prières et moi, j'ai passé la nuit à lui lire l'Evangile. C'est là une chose que ni les Australiens, ni les Américains ne comprennent. Le lendemain, on incinéra sa dépouille. Mais avant de l'emporter, au moment où nous l'avons déposée dans le cercueil, il est arrivé quelque chose d'inexplicable pour la raison : lorsque son visage toucha l'oreiller, un* SOURIRE *rayonnant vint l'illuminer un instant. "Ma sœur, elle sourit", m'écriai-je. "C'est une crispation musculaire", dit-elle. Mais pourquoi ce sourire* DISPARUT*-il comme s'évanouit un arc-en-ciel, sans qu'il y eût une nouvelle "crispation" ?! Chers amis, moquez-vous de moi, si vous le voulez, en privé, mais ne m'exposez pas à la moquerie des autres, car ma vision est un défi pour le monde rationnel dans lequel nous vivons... Pour moi qui ai vécu avec Nell la mort comme une transfiguration de la vie, ce signe venu de l'au-delà n'est pas un "délire", mais un phénomène du même ordre qu'un "message radiophonique". Seulement, je ne me sentais PAS digne alors d'une telle perception, pas plus qu'aujourd'hui. Je ne sais pas comment j'ai pu mériter pareille grâce, car je n'ai pas su assez bien comprendre ni servir Nell. Une semaine s'est écoulée. Autour de moi, la vie a repris son cours normal, mais cela m'est insupportable et je n'ai nulle part où m'enfuir ! Il n'y a pas de bateau et personne ne sait quand il y en aura un, peut-être en mai ou en juin. Il me serait plus facile d'être tout à fait seul, mais je ne peux pas quitter cette maison sans les offenser. De plus, Nell m'a demandé d'aider ses parents quand elle ne serait plus là... C'est seulement ici, quand j'ai vu le milieu et la famille d'où Nell était issue, que j'ai compris vraiment à quel point sa vie avait été un total échec. Lorsque nous nous sommes rencontrés, il était déjà trop tard pour réparer les choses. Mais je n'ai pas la force d'écrire maintenant à ce sujet... J'attends vos lettres. Chère Nina Nikolaïevna, le colis vous a été envoyé avec beaucoup de retard, ne m'en voulez* *pas... Je retournerai bien volontiers en France, mais d'après les lettres de V.A. (Maklakov) qui est à New York, vous serez plus vite aux* U.S.A. *que nous à Paris. La situation est-elle donc si désespérée ? Où s'arrêtera la débâcle, pas seulement celle de la France ? !*

Je vous embrasse très, très fort. Le souvenir de Nell sera un nouveau lien entre nous. Vous souvenez-vous de la dernière nuit que nous avons passée chez vous ?!...

Votre fidèle
A.K.

Saluez (un mot est illisible) les Zaïtsev et Maklakov et tous ceux qui se souviennent de moi. Sacré Bounine !!

Cette dernière exclamation fait allusion à la visite de Bounine chez l'ambassadeur soviétique. L'idée que nous nous retrouverions bientôt aux U.S.A. était inspirée par les lettres extrêmement pessimistes que Vassili Maklalov avait envoyées à Kerenski quand celui-ci était à New York. Il lui écrivait que le gouvernement français, qui comprenait alors des communistes, risquait d'expulser les émigrés russes vers l'Union soviétique.

Alexandre Kerenski est arrivé à Paris en octobre 1949. Je suis allée l'accueillir à la gare des Invalides, en pleine nuit ; cela faisait neuf ans que nous ne nous étions pas vus. Ce fut une étrange rencontre : il était seul, moi aussi. Il ne savait pas chez qui passer cette première nuit et je lui avais loué une chambre à l'hôtel Passy, où visiblement il était inconnu, personne ne s'étonnant d'entendre son nom. Autrefois, on l'avait bien connu à Passy, mais maintenant il ne restait plus qu'un endroit où l'on se souvenait de lui, le café des Tourelles, au coin de la rue Alboni et du boulevard Delessert. Là, les vieux serveurs l'appelaient depuis 1919 "monsieur le Président".

Il avait toujours les cheveux en brosse et la même voix. Ses yeux et son visage s'étaient figés encore un peu plus et il donnait l'impression de ne rien voir, de ne rien regarder. Le lendemain, il vint me voir et me lut "l'histoire de la maladie et de la mort de Nell" qu'il avait écrite. Il avait fait si chaud à

Brisbane qu'on avait dû procéder à la crémation moins de vingt-quatre heures après sa mort.

Nell avait eu peur de la mort ; autrefois elle n'avait jamais peur de rien, sinon de l'avance des troupes allemandes. Un jour elle avait fondu en larmes, elle répétait qu'Alexandre serait bientôt jeté en prison par les Allemands "comme Schuschnigg". Une autre fois, elle me demanda s'il avait une chance de rentrer un jour à Moscou monté sur un cheval blanc. Je lui répondis qu'il n'y en avait aucune.

Kerenski s'intéressait davantage à la "situation politique" qu'au sort de nos amis communs. C'était là un trait caractéristique de sa personnalité. Il m'interrogea sur la presse russe à Paris, sur ceux qui étaient encore là et qui pourraient faire quelque chose, préoccupé qu'il était par tout ce qui pouvait être utile à la cause politique des émigrés. Il considérait comme normal de retrouver au plus vite sa place dans ce chaos, mais il n'y avait plus ni "l'ambiance" ni "les circonstances" dont il avait besoin. Il n'y avait plus rien. Nous étions plongés dans la misère, terrorisés, épuisés par ce que nous avions vécu, coupés de ceux qui avaient collaboré, de ceux qui avaient calomnié des innocents, ainsi que des "patriotes soviétiques" qui s'étaient compromis avec les Allemands. Nous ne savions pas si nous pourrions conserver notre malheureux "statut d'apatrides". Alexandre Kerenski partit en Allemagne pour créer un comité russo-américain ou américano-russe, mais cette initiative se termina dans la confusion. Il se considérait comme l'unique et le dernier chef légal de l'Etat russe et se tenait prêt à agir en accord avec cette conviction. Cependant, il ne se trouva personne pour le soutenir.

Je ne lui ai jamais rien demandé, ni à ce moment-là, ni plus tard quand je suis partie aux U.S.A. Je ne lui ai même pas demandé conseil. Je savais qu'il n'aimait pas être dérangé par les problèmes et les difficultés des autres.

Mais je me souviens très bien de l'une des plus importantes conversations "à cœur ouvert" que j'eus avec lui en Amérique. C'est moi qui en pris l'initiative. Cela ne fut pas facile, mais j'y tenais. J'avais appris, vers 1958, qu'après la mort en Suisse de Catherine Kouskova, les archives de celle-ci avaient été confiées à sa demande à la Bibliothèque Nationale de Paris pour que les documents se rapportant à 1917 ne soient publiés qu'en 1987. Je ne suis pas certaine cependant que tout cela soit exact*. Je découvris également que dans ces papiers se trouvait la clé de l'énigme relative à la décision du gouvernement provisoire de ne pas signer, durant l'été 1917, une paix séparée avec l'Allemagne et de continuer la guerre. Au mois de juillet 1917, le ministre français, Albert Thomas, était venu à Pétersbourg et on lui avait soi-disant promis solennellement que le gouvernement provisoire "n'abandonnerait pas la France". Les ministres russes et le ministre français étaient liés, en effet, par la franc-maçonnerie. Terechtchenko et Nekrassov, deux membres du gouvernement provisoire, étaient de proches collaborateurs de Kerenski et ils lui restèrent fidèles jusqu'au bout. Ils appartenaient à la même loge maçonnique que lui, le premier n'ayant pas été membre de la Douma et le deuxième ayant appartenu au "bloc progressiste" de cette assemblée. Même quand il devint clair, en septembre 1917, que la paix séparée pourrait sauver la révolution de Février, le serment maçonnique ne fut pas rompu. Kouskova, qui était elle-même membre de la franc-maçonnerie, ce qui était très rare pour une femme, en savait visiblement long sur le sujet.

Les raisons précises pour lesquelles Kerenski, Terechtchenko et Nekrassov insistèrent pour continuer la guerre ont commencé à m'intriguer dès le début des années trente et me préoccupent toujours aujourd'hui. Je peux citer cinq personnes avec qui j'ai eu des conversations, à des époques différentes, sur ce sujet. Je n'ai pas trouvé auprès d'elles des informations précises sur ces faits, mais certains rapprochements m'ont permis d'éclairer partiellement le passé. Ce n'est pas suffisant pour en tirer des conclusions historiques, mais assez pour indiquer clairement de quel côté se trouve la clé de cette affaire. Il s'agit de Vassili Maklakov, d'Alexandre Konovalov, d'Alexandre Khatissov, de Nicolas Volski et de Lidia Dan.

* Il s'avère en effet que les archives de Catherine Kouskova sont "de communication réservée" jusqu'au 24 février 2008. *(N. d. T.)*

Je me suis entretenue de cette question avec Maklakov lorsque nous sommes devenus amis bien plus tard, après de longues années de simples relations mondaines. Je l'avais rencontré chez Maxime Vinaver en 1925-1926 et, pendant quinze ans, je le voyais trois ou quatre fois par an. Mais au début de la guerre et durant l'Occupation, nous nous rencontrions plus souvent, au moment du transfert en Allemagne de la bibliothèque Tourgueniev. Puis j'ai continué à le fréquenter jusqu'à son arrestation par les Allemands. Il vivait dans un appartement, rue Péguy, en compagnie de sa sœur, Maria Alexeievna, et de sa vieille servante. Ni le frère ni la sœur ne s'étaient jamais mariés.

Comme du reste d'autres anciens cadets et "progressistes" de droite, il souffrait d'un profond sentiment de culpabilité quant au rôle qu'il avait joué dans la révolution. Il disait que Milioukov n'aurait pas dû prononcer son fameux discours devant la Douma, en novembre 1916 – "Bêtise ou trahison ?" – et qu'il n'aurait même pas fallu assassiner Raspoutine. Comme il était lui-même un éminent franc-maçon, il méprisait profondément et sans doute injustement les membres de la loge, moscovite en particulier, qui "conspiraient déjà en 1915". J'ai tout lieu de penser que des notes concernant cette question sont restées dans ses papiers ; il s'agit d'une partie de ses Mémoires qui n'a pas pu, bien sûr, être publiée encore.

La deuxième personne avec qui j'ai pu parler de cette affaire était Alexandre Konovalov. Nous nous sommes connus à la rédaction des *Dernières Nouvelles* où il occupait le poste de président du conseil d'administration. Je ne suis jamais allée chez lui, mais il me rendait parfois visite et il est même venu deux fois chez moi, à Longchêne, en compagnie de sa femme, une Française, du nom d'Anna Ferdinandovna. Nos relations ont été tout de suite chaleureuses et simples, et datent du temps où je travaillais régulièrement au journal, au début des années trente. Dans le local se trouvait ce qu'on appelait "le coin lavabo" où trônait, sur un réchaud, une éternelle bouilloire pour le thé. Là, on venait se laver les mains, les dactylos se poudraient, les collaborateurs se retrouvaient pour discuter de leurs affaires privées et professionnelles. Alexandre

Konovalov y venait régulièrement, son verre à la main, et me saluait de loin. Il me dit une fois, visiblement pour plaisanter, qu'il aimerait que j'épouse son fils, Serge Alexandrovitch, qui était professeur à l'université de Cambridge et que je connaissais vaguement.

Konovalov appartenait à cette catégorie de Russes qui, en vieillissant, deviennent plus lourds, plus lents et plus gauches et qui, au lieu de surmonter ce trait, le soulignent encore davantage. A cinquante ans, il avait l'air d'en avoir soixante et *faisait semblant* d'en avoir soixante-dix. Il avait beau parfaitement entendre et comprendre ce qu'on venait de lui dire, il regardait son interlocuteur, le visage impassible, avec l'air de quelqu'un qui continue à réfléchir, puis sortait de la pièce d'un pas lourd pour revenir quelques instants après et répondre d'une voix lente et sourde à la question qui lui avait été posée ou rire s'il s'agissait d'une plaisanterie. J'ai plusieurs fois déjeuné avec lui seul à seul dans le grand restaurant russe, près de l'Etoile, qui, on ne sait trop pourquoi, était toujours vide. Nous parlions de choses et d'autres, en plaisantant et en faisant des mots d'esprit, puis petit à petit nous en sommes venus à parler du passé. Cela commença par une question banale et somme toute anodine. Je lui demandai pourquoi il n'écrivait pas ses Mémoires, alors que tout le monde en écrivait. Il me répondit que Terechtchenko lui aussi se taisait.

Cette réponse me surprit. J'appris que Terechtchenko avait également émigré, qu'il vivait à Londres, mais qu'il ne participait pas à notre vie. Quant à Nekrassov, il était resté *là-bas*... J'avais complètement oublié Nekrassov qui, comme Konovalov et Terechtchenko, avait été membre jusqu'au bout du gouvernement provisoire.

J'ai noté, dans ses grandes lignes, l'une de ces conversations. Elle me parut présenter un certain intérêt, bien que je n'aie compris que plus tard sa vraie signification. Elle date de l'été 1936. *Les Dernières Nouvelles* publiaient les souvenirs d'Alexandre Goutchkov, premier ministre de la Défense dans le gouvernement provisoire, qui venait de mourir. Après avoir parlé de Goutchkov, qui, de notoriété publique, avait été maçon, il se mit à m'entretenir de la franc-maçonnerie.

Je soupçonnais que Konovalov était également maçon, mais je savais, bien entendu, que je ne devais pas l'interroger à ce sujet. Nous avons parlé des deux loges parisiennes fondées par des membres éminents de la maçonnerie russe au début de l'émigration, principalement par Maklakov et Avksentiev. Puis, je lui demandai ce qui s'était passé en Russie durant l'année qui avait précédé la révolution.

— Nous cherchions le soutien des radicaux, me dit-il, et des appuis dans l'armée.

Nous avons parlé ensuite des généraux de l'armée tsariste et d'Alexeiev, l'auteur de la première version de l'acte d'abdication par lequel le tsar renonçait au pouvoir en faveur de son fils. D'Alexeiev nous sommes passés à Krymov qui s'était suicidé tout de suite après l'affaire Kornilov. Par une association qui me parut étrange à ce moment-là, mais que je comprends maintenant, nous sommes passés aux événements de 1917 et à l'arrivée du ministre français, Albert Thomas. Après quoi, nous avons parlé de Gorki et des proches relations qui existaient entre sa première femme, Catherine Pechkova, et Catherine Kouskova. “Elles sont bel et bien en correspondance l'une avec l'autre et, malgré les circonstances, chaque fois que Pechkova part à l'étranger, elle passe à Prague chez Kouskova”, me dit Konovalov. Je savais que Kouskova était membre d'une loge maçonnique, car Evdokia Nagrodskaïa, auteur des *Foudres de Dionysos*, qui se trouvait à la tête de la loge féminine de Paris, m'en avait parlé jadis. Elle m'avait invitée un jour à une réunion semi-publique où des hommes étaient également présents.

Je demandai à Konovalov de me parler du rôle joué par la franc-maçonnerie dans la Douma durant la Première Guerre mondiale. Il me regarda fixement un long moment.

— Si vous ne me racontez rien, je demanderai à Vassili Maklakov. Il me dira tout, lui dis-je en plaisantant.

Mais Konovalov ne sourit pas.

— Non, ce n'est pas la peine, dit-il d'une voix lente. Il ne vous dira rien et moi non plus.

— Alors, écrivez tout ça et enterrez-le durant cent ans.

— Cela non plus, je ne le ferai pas.

A présent, quand je me rappelle le milieu de l'émigration russe à Paris de cette époque déjà lointaine, je pense que j'ai fait l'erreur de ne pas essayer d'en discuter avec le général Alexandre Spiridovitch. Je le connaissais grâce au docteur Golovanov qui, à un moment donné, avait soigné Khodassevitch gratuitement. Bien que son jugement fût biaisé et que son attitude à l'égard du "bloc progressiste" et du parti cadet à la Douma fût négative, j'aurais peut-être pu apprendre de lui ne fût-ce qu'une parcelle de vérité. Mais il était naturellement impensable pour moi, à cette époque-là, d'entrer en contact avec un homme comme Spiridovitch : c'était un "gendarme" et je n'avais rien de commun avec les "gendarmes". Je dois avouer, néanmoins, avoir rencontré un jour un homme de cette sorte, M. Kountsevitch. Nous avons évoqué l'affaire Beïlis. Cela se passait en 1931. J'ai demandé à ce haut fonctionnaire de la police tsariste qui donc avait bien pu calomnier Beïlis et si lui, Kountsevitch, considérait, ne serait-ce qu'un instant, qu'il y avait eu dans l'accusation une part de vérité. Il me répondit, entre quatre yeux, qu'il n'avait jamais eu le moindre doute que toute l'affaire avait été montée par le ministre de la justice, Chtcheglovitov, et qu'il l'avait su dès le départ.

Alexandre Khatissov, qui avait épousé une femme russe, était un vieil ami de mon père et un militant politique important en Arménie, en 1917. Durant la Première Guerre mondiale, il fut le maire de Tiflis. Il me connaissait depuis mon enfance et était en quelque sorte le chef des Arméniens russes à Paris, comme Maklakov était celui des "apatrides" russes. Khatissov était un maçon important. Je l'ai rencontré juste avant la Deuxième Guerre mondiale, chez un autre ami de ma famille, L. S. Garganov, qui était lié à la firme cinématographique Lianozov. Un jour, Khatissov me dit que si je désirais entrer dans la loge féminine russe, il me suffirait de lui en toucher un mot. Il me demanda également si je connaissais la franc-maçonnerie contemporaine, en particulier, celle des Russes. Je lui répondis que j'en savais plus qu'il ne le supposait, lui nommai les deux loges de Paris, la loge dite de "droite" et celle dite de "gauche", ainsi qu'environ dix-huit noms de personnes parmi nos connaissances communes qu'il avait l'occasion de rencontrer chaque jeudi dans le bâtiment du Grand-Orient, rue Cadet, et le mardi à la Grande Loge. Il éclata de rire et me dit qu'il était lié, comme on le savait, par un serment et qu'il ne pouvait rien me dire. Il me conseilla toutefois de devenir membre de la loge féminine et d'écrire un roman sur la franc-maçonnerie russe contemporaine.

— Et qu'en est-il de la maçonnerie "d'autrefois", lui demandai-je, de celle de 1915, 1916, 1917, du "bloc progressiste" de la Douma, des "groupes de travail", des généraux Alexeiev et Krymov, des membres de la Douma comme Goutchkov et Adjemov, des ministres du gouvernement français et de leurs amis russes ?

Il détourna la conversation, mais je compris que j'avais visé juste.

Une autre personne que j'ai connue grâce à ma mère fut Lidia Ossipovna Dan, née Tsederbaum. Elle était la femme de F. Dan, un menchevik connu, et la sœur de Youli Martov, théoricien du parti social-démocrate russe et chef de file des mencheviks. Durant de longues années, elle avait occupé le même pupitre en classe que ma mère, au lycée Marie, dans la rue Tchernychev à Pétersbourg. Petite fille, ma mère allait souvent chez les Tsederbaum, au début des années 1890. Les conversations que j'ai pu avoir avec Lidia Dan ont eu lieu à New York où je l'ai rencontrée à trois reprises environ, en 1958. Cela se passait après la mort de son amie, Catherine Kouskova. Lidia fut toujours très gentille à mon égard, aussi bien au début des années trente, lorsque j'ai fait sa connaissance grâce à Larionov et Gontcharova, qu'à la fin des années cinquante, peu de temps avant sa mort. Elle me faisait penser à la femme de Trotski, Nathalie Ivanovna, bien qu'elle ne lui ressemblât absolument pas. Pour des raisons que je ne m'explique pas, Nathalie Ivanovna me traitait également avec beaucoup d'amabilité et se passionnait même pour mes écrits. Le fils de Victor Serge, qui était peintre, me l'avait fait connaître jadis. Au cours d'une de nos dernières rencontres, Lidia Dan me parla des archives de Kouskova et nomma une personne qui "savait tout". Aussi bizarre que cela pût paraître, il s'agissait de Catherine Pechkova, la première femme de Gorki, qui mourut en 1965, à Moscou. Il est aujourd'hui clair que durant les années qui ont précédé la révolution, elle faisait également partie de la loge maçonnique de Moscou avec Kouskova.

Ayant su par Lidia Dan que les archives étaient "tenues sous clé" jusqu'en 1987*, je compris qu'il ne me serait jamais possible de les voir et demandai pourquoi il fallait attendre si longtemps. Lidia répondit que Kouskova avait estimé qu'il était indispensable que tous ceux qui avaient pris part, d'une façon ou d'une autre, aux événements de 1917 soient morts. "Il y a des secrets qu'il vaut mieux découvrir le plus tard possible", dit-elle, en ajoutant qu'"on trouverait là la raison pour laquelle le gouvernement provisoire n'avait pas conclu de paix séparée avec l'Allemagne". De ses propos d'alors il ressort que "même en septembre, il n'était pas encore trop tard, mais qu'ils ne l'ont pas fait". Le ministre de la Guerre, Verkhovski, qui plus tard a écrit ses Mémoires, avait estimé qu'il était devenu indispensable, justement en septembre 1917, de conclure la paix, mais ni Kerenski, ni Terechtchenko, ni Nekrassov n'étaient de cet avis.

Mes relations avec Nicolas Volski et sa femme, Valentine Nikolaïevna, furent un moment très amicales, puis un malentendu est venu nous brouiller. A la fin des années quarante, nous avons eu de nombreuses conversations très franches sur les événements présents et passés. Puis lorsque je me trouvais à New York, dans les années cinquante, nous avons eu une correspondance suivie et je possède environ quatre-vingts lettres de lui. Par la suite il publia ses souvenirs sur Blok et sur Bely, pleins de fiel, d'attaques méchantes et de contrevérités. Craignant que je ne rompe avec lui, il cessa de m'écrire.

Comme il n'était pas impliqué dans les activités de la franc-maçonnerie russe, ni lié par un quelconque serment, Volski me parla librement. Pour lui il n'y avait pas de doute qu'au cours de l'été et de l'automne 1917, le gouvernement

* Cf. p. 330.

de Kerenski avait été paralysé par un engagement envers la France et que dès 1915 existait un lien spécial et secret entre dix ou douze membres du parti cadet, quelques socialistes de droite et une poignée de généraux parmi les plus lucides du haut commandement. Ce fut à peu près à cette époque qu'ils avaient élaboré un plan politique dont l'existence était connue de certains membres anglais et français de loges amies et qu'ils s'étaient engagés par un serment solennel et indissoluble. D'après Volski, Kouskova avait laissé dans ses archives des preuves irréfutables de ces faits.

Donc, aux U.S.A., j'ai interrogé Kerenski sur le rôle joué par la franc-maçonnerie dans la décision du gouvernement provisoire de ne pas signer, durant l'été 1917, une paix séparée avec l'Allemagne.

— J'attends de vous des explications, lui dis-je.

Il y eut un silence.

— Peut-être que tout cela n'est que mensonge ?

Il continua à se taire.

— Combien de temps voulez-vous attendre encore ?

Il détourna son regard, puis soudain se mit à chanter d'une voix forte la Marche d'*Aïda*.

J'étais catastrophée. Il chantait si fort qu'on l'entendait dans tout l'appartement. Il voulait visiblement m'exaspérer, comme il l'avait fait avec son amie des premières années de l'émigration, qui parfois durant des jours ne pouvait rien tirer d'autre de lui que ce chant. Quand il eut terminé sa Marche, notre conversation prit fin et il partit aussitôt*.

Il y eut d'autres entretiens en tête à tête. Parfois, il me déclarait qu'il ne savait plus où aller. Je lui disais qu'il était grand temps d'organiser sa vie et de s'installer avec quelqu'un. Il vieillissait, en effet, et perdait la vue. Mais, il rétorquait

* Nina Berberova a publié un ouvrage en langue russe sur le rôle de la franc-maçonnerie dans la révolution russe, intitulé : *Lioudi i loji. Rousskie Massony XX stoletia*, New York, éd. Russica, 1986. A paraître chez Actes Sud sous le titre : *Les Hommes et les Loges. Les Francs-Maçons russes du XXᵉ siècle* (en coédition). *(N. d. T.)*

qu'il mourrait très bientôt dans un accident d'avion ou bien me disait avec irritation qu'il ne serait jamais invalide et qu'il ne perdrait pas la tête, même si moi je pensais qu'il était déjà retombé en enfance ! Il était parfois d'humeur combative.

— Pour vous, je suis un imbécile...

Ou bien :

— Vous avez toujours pensé que je ne comprenais rien...

Un jour, je lui dis en plaisantant à moitié :

— Sur la table de chevet de Staline se trouvaient, paraît-il, les œuvres de Machiavel. Churchill aussi les avait près de lui, de même que Roosevelt, Napoléon, Bismarck et Disraeli, mais pas vous.

Il pâlit, se leva, et se dirigea vers le coin où se trouvait sa canne. Il prit son chapeau qui était suspendu au portemanteau et gagna la porte. Je ne bougeai pas. Au moment où il sortait, je lui lançai :

— Alexandre Fiodorovitch, je vous préviens que je ne vais pas vous courir après dans l'escalier en vous priant de revenir et en vous faisant mes excuses.

Il sortit en claquant la porte si fort que la maison en trembla. A une heure du matin, il me téléphona et me demanda de l'excuser.

Je ne voyais plus guère Kerenski, hormis les quelques visites de politesse que je lui rendais chaque année. J'essayais de parler de choses agréables et gaies, mais ce n'était pas facile d'en trouver. Son dernier livre, qu'il écrivit en Californie, fut publié en 1965 et figure à présent sur les étagères des bibliothèques américaines. Il disait que c'était difficile pour lui de travailler, car il ne pouvait pas se relire, ni corriger ce que sa secrétaire écrivait sous sa dictée.

Nabokov. Je le vois encore entrer dans le local des *Dernières Nouvelles* où je travaillais alors tous les jours. J'y publiais des nouvelles, des articles critiques et des comptes rendus d'ouvrages, principalement soviétiques ; le vendredi, je rédigeais la rubrique cinématographique ; parfois, je remplaçais un reporter au tribunal ou interviewais quelqu'un ; je publiais mes vers et faisais aussi de la dactylographie. A cette époque-là, Nabokov était élancé, mince et droit, il avait des mains fines, de longs doigts et portait des cravates soignées. Sa démarche était légère et il grasseyait les *r* à la manière pétersbourgeoise qui m'était si familière depuis mon enfance, la moitié des membres de la famille de ma grand-mère de Tver ayant cette prononciation. Merejkovski et Tolstoï avaient la même habitude et l'ancien ministre du Tsar, Kokovtsev, qui a fini ses jours à Paris en 1942, donnait l'impression de se rincer la gorge quand il disait : "Feu Sa Majesté l'Empereur."

Nous allions nous asseoir à la terrasse du café près de la station du métro Arts et Métiers, dans le même immeuble que le journal. Nous bavardions et rions ensemble. Lors d'une de nos dernières "rencontres sur la terrasse", les arbres avaient pris une teinte sombre, le feuillage brunissait, il pleuvait et ventait ; c'était l'automne. Les lumières du soir s'allumaient dans le crépuscule précoce de ce carrefour animé de Paris. Une radio hurlait dans le café bondé et les passants se hâtaient. Nous étions curieux moins de nous connaître l'un l'autre que de découvrir nos goûts réciproques, les auteurs que nous aimions et ceux qui nous avaient lassés.

Durant ces années-là, Nabokov était un invité de choix du journal. Lorsqu'il arriva de Berlin, il fut reçu à bras ouverts par des personnes qui le connaissaient depuis son enfance, les amis de son père, Vladimir Dmitrievitch, l'un des chefs du parti cadet de la Douma. C'étaient des libéraux russes, Milioukov, la veuve de Vinaver, des anciens membres de la loge maçonnique de Pétersbourg, des diplomates de l'ancienne Russie, collègues de l'oncle de Nabokov, Constantin Dmitrievitch. Pour toutes ces personnes, il était simplement "Volodia". Ils se souvenaient de lui comme d'un "enfant prometteur qui passait son temps à écrire des vers" et ne s'étonnaient pas de le voir publier des livres talentueux, mais un peu obscurs.

Tout le monde au journal voulait le voir et ce fut avec un air quelque peu solennel que Milioukov le présenta à ses collaborateurs. A Berlin, en 1922, lors d'un meeting politique des émigrés russes, deux voyous d'extrême droite tirèrent sur Milioukov. Vladimir Dmitrievitch Nabokov le couvrit de son corps de sorte que la balle l'atteignit, lui, non celui à qui elle était destinée. Son fils venait maintenant collaborer au journal de Milioukov.

Par deux fois eurent lieu dans l'appartement de Khodassevitch, où je vivais encore, au milieu de la fumée des cigarettes, des tasses de thé et des jeux avec le chaton, ces conversations subtiles, ardentes et magiques qui, après bien des mutations, sont devenues dans *Le Don* les paroles imaginaires de Godounov-Tcherdyntsev et de Kontcheiev. J'y ai assisté et je suis la seule aujourd'hui à pouvoir témoigner de ce phénomène inhabituel : la métamorphose en un *fait imaginaire*, venant hanter les insomnies du héros, qui n'est autre que l'auteur, d'un *événement réel* qui eut lieu en octobre 1932, rue des Quatre-Cheminées à Billancourt.

J'avais déjà entendu parler de Nabokov à Berlin, en 1922. Youli Aichenwald, critique littéraire dans le journal russe *Le Gouvernail*, avait dit à Khodassevitch que c'était un jeune poète talentueux. Mais à l'époque, ses poésies n'intéressèrent pas Khodassevitch ; il les trouvait à la fois ternes et bien rythmées, comme celles qu'écrivaient les amateurs russes cultivés. C'étaient d'agréables pastiches d'un peu tout le monde, de Blok, du style pseudo-populaire et de Pouchkine, bien sûr.

Cinq ans plus tard, son *Poème universitaire* passa comme une étoile filante dans les *Annales contemporaines*. Le style en était aérien et même brillant, mais n'avait toujours pas de “caractère”. Puis parut sa première nouvelle, *Machenka*. Ni Khodassevitch ni moi ne l'avions lue à l'époque. Nabokov rédigeait parfois pour *Le Gouvernail* des articles critiques sur la poésie. Dans l'un d'eux, il mentionna ma “vivacité” et nous présenta, Ladinski et moi, comme de “jeunes espoirs de la littérature russe de Paris”. Peu de temps auparavant, Aichenwald m'avait également consacré un long article.

Un jour de 1929, lors d'une discussion littéraire, l'un des rédacteurs des *Annales contemporaines* déclara subitement qu'on allait publier dans le prochain numéro de la revue une œuvre remarquable. Nous avons tous dressé l'oreille. Khodassevitch réagit avec scepticisme, ne faisant pas trop confiance au goût de Vichniak. La nouvelle déclencha une certaine inquiétude chez les prosateurs de l'ancienne génération. Comme j'avais déjà publié des textes en prose dans les *Annales contemporaines*, j'éprouvai soudain une curiosité et une émotion intenses : enfin ! Si seulement c'était vrai !

— Qui est-ce ?

— Nabokov.

Il y eut une légère déception et une certaine incrédulité. Celui-là ne serait pas "notre Olecha".

Je suis la première personne à avoir écrit sur Olecha dans la presse de l'émigration et j'en suis fière. C'était en été 1927 au moment où son roman, *L'Envie*, paraissait dans la revue soviétique *Terre vierge rouge*. A l'époque, j'écrivais une chronique de la littérature soviétique, paraissant tous les jeudis, dans le journal parisien *Renaissance*. On croyait que Khodassevitch en était l'auteur, mais en fait c'était moi qui signais "Gulliver". De cette manière, je collaborais en cachette à deux journaux à la fois, ce que bien sûr je n'aurais pas pu faire ouvertement.

Je le faisais pour Khodassevitch qui se disait incapable de lire les journaux ou les nouveaux livres soviétiques. Le secret fut entièrement gardé jusqu'en 1962 lorsqu'un jeune chercheur de Harvard, Philippe Radley, qui préparait son doctorat sur Khodassevitch, me dit avoir récemment appris par Gleb Struve que Khodassevitch avait régulièrement rédigé, sous le pseudonyme de Gulliver, des articles sur la littérature soviétique dans le quotidien *Renaissance*. J'ai dû avouer que Gulliver, c'était moi, mais que Khodassevitch bien sûr relisait mes articles avant de les faire publier comme s'ils étaient de lui, en y ajoutant parfois des remarques personnelles.

Depuis bien des années, je n'avais éprouvé une aussi forte impression littéraire que lorsque je lus, cet été-là, le roman d'Olecha, *L'Envie*. Je l'ai considéré, et le considère toujours, comme un événement de tout premier plan dans l'histoire de la littérature soviétique, plus important encore peut-être que *Vagues* de Pasternak. Il s'agissait de l'œuvre d'un jeune écrivain original et talentueux, pleinement concerné par son temps. Son écriture était tout à fait nouvelle par rapport à ce qu'on connaissait jusqu'alors. Il possédait le sens de la mesure et du goût, et savait entremêler le drame et l'ironie, la douleur et l'humour. Il existait chez lui une complète osmose entre les procédés littéraires dont il usait et sa vision personnelle de la réalité qu'il appréhendait, puis recréait sur un mode indirect. Il traçait ses personnages sans céder à la tentation du "réalisme", avec toute la fraîcheur d'une sensibilité native. Je réalisai qu'Olecha était l'un des rares écrivains vivant alors en Russie à savoir donner à un texte une dimension sous-jacente et à maîtriser le rythme, le grotesque, l'hyperbole, la musicalité et les images inattendues. J'étais frappée par la conscience claire qu'il avait de ses buts, l'art qu'il mettait à les réaliser et l'équilibre merveilleux du roman. Il avait créé une œuvre qui n'avait rien à voir avec *La Mère* de Gorki, *Le Ciment* de Gladkov, ni même avec le *Que faire ?* de Tchernychevski, et qui était dans le droit fil du *Pétersbourg* de Bely, du *Manteau* de Gogol et des *Mémoires écrits dans un souterrain* de Dostoïevski, les chefs-d'œuvre de notre littérature.

J'ai parfaitement gardé dans ma mémoire l'été 1927, les numéros de la revue *Terre vierge rouge* et ce que j'ai écrit sur Olecha dans la chronique de *Renaissance*. Ce fut seulement quelques mois plus tard que parut, dans *Les Dernières Nouvelles*, un compte rendu sur l'*Envie*. Enfin, en 1931, Khodassevitch écrivit en son nom propre un article sur Olecha où il donna son sentiment sur l'œuvre qu'il avait trouvée superbe. Nous attendions la suite, mais il n'y eut plus de production de cette qualité et le nom d'Olecha ne figure même pas dans la *Grande Encyclopédie soviétique* (1954). Aujourd'hui, on le ressuscite. *Si le grain ne meurt !*

En ce temps-là, c'était une sorte de rituel sacré que de nous retrouver dans un quelconque café après une conférence ou une soirée. Nous nous installions autour d'une petite table, à Montparnasse, à la porte de Saint-Cloud ou à la porte d'Auteuil, selon le lieu où la majorité d'entre nous habitait. Une fois, vers minuit, on se mit à parler de Léon Tolstoï. Il y avait Bounine, Khodassevitch, Aldanov, Nabokov et moi.

Nabokov déclara qu'il n'avait jamais lu les *Récits de Sébastopol* et, de ce fait, il n'avait pas d'opinion sur eux. "Hélas, dit-il, je n'ai jamais eu l'occasion de jeter un coup d'œil sur ces «péchés de jeunesse»." Aldanov cacha avec peine son indignation. Bounine qui, lorsqu'il se mettait en rage, devenait verdâtre, marmonna une grossièreté entre ses dents. Khodassevitch eut un rire sceptique, sachant que les *Récits de Sébastopol* étaient au programme dans les lycées russes. Personnellement, j'en tirai une leçon : il n'était donc pas nécessaire dans la vie d'avoir tout lu, ni d'avoir honte d'ignorer quelque chose, ni de tout respecter.

Les soirées durant lesquelles Nabokov lisait ses œuvres avaient généralement lieu dans l'ancienne et sinistre salle Las-Cases dans la rue du même nom. Cent-soixante personnes environ pouvaient s'y asseoir. La "jeune génération", celle de Nabokov, qui ne le connaissait pas personnellement, mais qui connaissait bien entendu chaque ligne de ses livres, se regroupait dans les dernières rangées et l'écoutait d'un air indifférent et morose. La "crème" de l'intelligentsia de l'émigration, dont l'âge moyen se situait entre quarante-cinq et cinquante ans, lui réserva un accueil nettement plus chaleureux, du moins à ce moment-là. Plus tard, surtout après la parution de *L'Invitation au supplice*, on trouva son style trop abscons. C'était là une réaction naturelle chez des gens qui ignoraient complètement la littérature occidentale contemporaine.

Quant à la froideur, pour ne pas dire l'hostilité à son égard, de la "jeune génération", il serait grand temps d'en parler. Trois raisons, à mon avis, l'expliquent. Il y avait d'abord une jalousie évidente, à quoi bon le cacher, en particulier chez les collaborateurs du journal *Chiffres*, puis un certain mauvais goût, toujours vivace chez les "jeunes réalistes" dont je ne citerai pas les noms, et enfin une triste incapacité chez ces Bachmatchkines* dispersés à travers l'Europe à croire que quelque chose de grand et d'original pût surgir parmi eux.

Le numéro des *Annales contemporaines* qui contenait les premiers chapitres du roman de Nabokov, *La Défense*

* Héros du *Manteau* de Gogol, petit fonctionnaire obscur. *(N. d. T.)*

Lougine, parut en 1929. Je me mis à les lire et les relus deux fois de suite. J'avais devant moi un auteur contemporain de grande envergure, mûr et complexe. Un grand écrivain russe, tel le phénix, était né du feu et des cendres de la révolution et de l'exil. Notre existence prenait dorénavant un sens. Toute ma génération s'en est trouvée comme justifiée.

Je n'ai jamais fait part à Nabokov des réflexions qu'il m'inspirait. J'ai appris à bien le connaître dans les années trente, lorsqu'il venait de temps à autre de Berlin, puis quand il s'est installé juste avant la guerre à Paris avec sa femme et son fils. Je me suis peu à peu habituée à la façon qu'il avait toujours eue, et qui ne datait pas des Etats-Unis, de feindre de ne pas reconnaître les gens (Ivan Ivanovitch, une vieille connaissance, devenant Ivan Petrovitch et Nina Nikolaïevna devenant Nina Alexandrovna), de déformer de manière grossière en public le titre du recueil de poésies *En Occident**, d'écraser de son mépris une personne qu'il avait jadis aimée, de se moquer dans la presse de quelqu'un de bien disposé à son égard, comme dans son compte rendu de *La Caverne* d'Aldanov, de puiser abondamment dans un auteur célèbre pour dire ensuite qu'il ne l'avait jamais lu. Tout cela, je le sais à présent.

Cependant, ce n'est pas de lui que je veux parler, mais de son œuvre. *Debout, au carrefour poussiéreux, je regarde passer ton équipage royal* **, sachant que ma génération et moi-même, nous n'avons pas disparu, que nous ne nous sommes pas volatilisés entre le cimetière de Billancourt, Shanghai, New York et Prague, mais que nous survivrons en lui. Tous autant que nous sommes, les chanceux, s'il y en a, et les malchanceux qui sont légion, nous nous accrochons à lui de toutes nos forces. *Si Nabokov est vivant, je le suis, moi aussi !* ***

* Nabokov joue sur les mots : *Na Zapade* (En Occident) et *Na Zadnitse* (Dans le cul) dont la consonance est proche en russe. *(N. d. T.)*
** Poème de Blok écrivant à Viatcheslav Ivanov. *(N. d. T.)*
*** Tiré de Léon Tolstoï in *Maître et serviteur* : "Si Nikita est vivant, c'est que moi aussi je le suis !" *(N. d. T.)*

J'imagine que quelqu'un me demande sur un ton moqueur :

— Dites-moi, comment pouvez-vous croire que vous y êtes pour quelque chose ? N'avez-vous pas prétendu bien des fois, avec cette assurance qui a parfois tant irrité les gens, même ceux qui vous aimaient, que chacun était seul, que Pouchkine, Gogol, "Tolstoïevski", etc., sans parler des écrivains du XXe siècle, étaient des phénomènes à part et n'avaient rien à voir avec "le génial peuple russe" ? Que venez-vous faire ici, vous et votre génération ? Nabokov se souciait bien de sa génération, lui qui ne distinguait pas, dans la rue, entre Ivan Ivanovitch et Ivan Petrovitch, ni même dans le salon de Fondaminski, le rédacteur des *Annales contemporaines* ! Nabokov est bien vivant et le restera, mais il n'est pas dit que d'autres, vous comprise, survivront dans son ombre.

A cela je réponds :

— Oui, chacun est en soi un monde, un enfer, tout un univers, et je ne pense absolument pas que Nabokov entraînera qui que ce soit dans l'immortalité. Certains ne la méritent pas du tout, d'autres ne méritent pas de survivre dans son ombre, d'autres encore, moi y comprise, ont trop aimé la vie pour avoir un quelconque droit de rester dans la mémoire des hommes. Ceux-là, dont je suis, ont aimé la vie plus que la renommée littéraire, le goût de la vie plus que l'immortalité, "la folle ivresse de l'action" plus que ses résultats et la marche vers le but plus que le but lui-même. Pourtant, du point de vue de l'histoire, Nabokov représente la réponse aux doutes de ceux qui ont été exilés, persécutés, offensés, de ceux qui sont passés "inaperçus" ou qui "ont été laissés pour compte".

Nabokov est le seul écrivain russe, émigré ou non, à appartenir à la fois à la Russie et au monde occidental dans son ensemble. Au fond, pour des hommes de son espèce, l'appartenance à une nationalité ou à une langue déterminée ne joue plus un rôle essentiel. Un phénomène culturel nouveau est apparu, il y a soixante-dix ans déjà : Strindberg dans son *Plaidoyer*, Wilde dans *Salomé*, Conrad et Santayjana, écrivaient parfois, sinon toujours, *dans une langue qui n'était pas la leur*. Chez Kafka, Joyce, Ionesco, Beckett, Jorge Luis Borges et Nabokov, la langue maternelle a perdu le sens étroitement national qu'elle avait, voici quatre-vingts ou cent ans. Aujourd'hui, tant pour l'auteur que pour le lecteur, de simples effets stylistiques liés à une psychologie nationale ne présentent plus guère d'intérêt *s'ils ne sont pas soutenus par d'autres éléments.*

Depuis ces trente dernières années, on ne peut plus parler dans la littérature occidentale, du moins au niveau le plus élevé, de romans "français", "anglais" ou "américains". Les meilleures œuvres deviennent internationales. Elles sont traduites aussitôt dans d'autres langues ou souvent publiées simultanément en deux langues différentes. De plus, il n'est pas rare qu'elles soient écrites dans une autre langue que celle où elles auraient dû normalement être écrites. Il existe ainsi au moins *cinq* langues dans lesquelles on peut s'exprimer aujourd'hui et être entendu. Le choix de l'une d'entre elles n'est plus un problème majeur.

S'il est vrai que Nabokov écrit d'une manière nouvelle, il nous apprend également à lire autrement, créant ainsi un nouveau type de lecteur. Qu'il s'agisse de sa prose, de sa poésie ou de son théâtre, il nous a appris, avec d'autres écrivains de la littérature contemporaine, à nous identifier non avec les héros, comme le faisaient nos ancêtres, mais avec l'auteur lui-même, quel que soit son déguisement ou son masque. Son thème principal, celui de l'exil, est devenu le nôtre. Il apparaît déjà furtivement dans *Machenka*, traverse en filigrane *La Défense Lougine*, et se développe dans *L'Exploit* où la recherche du "paradis perdu" fit naître sa Zoorlandia symbolique. Par la suite, on retrouve ce mythe dans *D'autres rivages*, dans *Pnine* sous une forme ironique et dans *Le Don* sous une forme lyrique et musicale. Transfiguré, ce thème donna son unité à *L'Invitation au supplice*, réapparut dans les deux premiers livres de Nabokov écrits en anglais, ainsi que dans *Lolita*. Il éclata comme un coup de tonnerre dans les pages de *Feu pâle* inspiré par la pièce de Shakespeare *Timon d'Athènes*, d'où Nabokov tira le titre.

Feu pâle est issu de son roman russe inachevé, *Solus Rex*, dont les premiers chapitres furent publiés dès 1940. Un roi imaginaire, privé de son royaume, y apparaît déjà sous les traits d'un exilé, exclu du paradis dont l'accès lui est désormais interdit. C'est dans *Feu pâle* que l'ensemble des symboles profondément personnels à Nabokov commencèrent à s'exprimer pleinement.

Il avait beau nous assurer que ce qui le contrariait dans la vie, c'était une graine de fraise logée dans sa dent, comme son homonyme Vladimir Vladimirovitch (Maiakovski) nous avait assuré qu'un clou dans sa chaussure était pour lui plus effrayant qu'une fantasmagorie de Goethe, nous avions depuis longtemps deviné ce qui en réalité le rongeait, tout en lui donnant matière à création. Nous n'avions pas besoin d'autres confessions. *O jure-moi que jusqu'au bout de ta route, Tu ne seras fidèle qu'à ton seul rêve !* avait-il écrit dans *Le Don*. Comme Baudelaire dans son "enfer belge" et Dante à Ravenne, il n'avait qu'une seule pensée, un seul tourment.

A Paris, j'ai vu Nabokov pour la dernière fois en 1940, quand il habitait provisoirement à Passy, dans un appartement sans confort où j'étais venue lui rendre visite. Il avait eu la grippe, mais commençait déjà à se lever. Il n'y avait pratiquement pas de meubles et l'appartement était vide. Nabokov était couché dans son lit, pâle et maigre, et nous sommes restés d'abord dans sa chambre, à discuter. Soudain, il s'est levé et m'a conduite dans la chambre d'enfant, auprès de son fils qui avait alors dans les six ans. Des jouets traînaient par terre et un enfant d'une beauté et d'une grâce extraordinaires rampait au milieu d'eux. Nabokov prit un énorme gant de boxe et le tendit au garçonnet en lui disant de me montrer son art. Ayant enfilé le gant, l'enfant se mit à taper son père sur le visage. Je vis que Nabokov avait mal, mais il supporta l'épreuve avec le sourire. J'assistais à une séance d'entraînement, la sienne et celle de son fils. Lorsqu'elle prit fin, je sortis de la pièce avec un sentiment de soulagement.

Il partit bientôt pour les Etats-Unis. Les premières années, en Amérique, ne furent pas faciles pour lui, mais il s'affirma progressivement. Deux romans parurent, écrits en anglais, puis un livre sur Gogol, *Pnine*, des récits, des souvenirs d'enfance.

Il avait visiblement commencé *Lolita* à Paris déjà, en russe. Il suffit pour s'en convaincre de se reporter au livre qu'Andrew Field consacra à la nouvelle intitulée *L'Enchanteur*, écrite en russe et jamais publiée. J'en avais entendu parler par Aldanov en 1939. Il me raconta que Nabokov avait lu des pages à quelques élus et il m'en résuma le contenu. *Solus Rex* devint *Feu pâle*, *Le Don* fut enfin traduit, puis *La Défense Lougine*.

En 1964 parut son commentaire sur *Eugène Onéguine*, ainsi que sa traduction de l'œuvre. On s'aperçut qu'il n'y avait jamais eu, jusqu'alors, de tentative de critique littéraire de cette nature, et que nous n'étions pas en mesure d'en juger, faute de disposer des critères nécessaires. Nabokov avait inventé et appliqué sa propre méthode. Pouchkine se trouvait à la fois porté aux nues et ébranlé dans ses bases. Nabokov fit pareil avec le *Dit du prince Igor* qu'il traduisit, commenta, puis discuta. Il avait une attitude identique à l'égard de lui-même : il "se commentait", "se portait aux nues", puis "sapait ses propres bases".

Avec ses *r* pétersbourgeois, ses cheveux blonds, son visage hâlé aux traits fins, son corps maigre, agile et sec, revêtu parfois d'un smoking que lui avait donné Rachmaninov et qui avait été taillé, comme disait Nabokov, à l'époque du *Prélude* – c'est ainsi que je l'ai connu durant nos dernières années parisiennes, à la veille de la guerre. Il était comme ivre de lui-même et de Paris. Un jour, Youri Felzen assista à l'une de nos conversations, mais je crains qu'il n'ait pas réussi à placer un seul mot, nous ne lui en avons pas donné l'occasion.

Une autre fois, Nabokov m'invita à déjeuner dans un restaurant russe. Nous y avons mangé des blinis, heureux de vivre et enchantés l'un de l'autre. Moi du moins je l'étais, c'est sûr ; quant à lui, *je n'en suis pas certaine* mais pourquoi m'aurait-il invitée à manger à L'Ours* s'il n'était pas content de me voir ? Une autre fois encore, chez les Fondaminski où il logeait quand il était de passage à Paris, nous

* On retrouve ce restaurant transformé en cabaret de nuit dans le roman de Nabokov, *Ada*, écrit en 1969, c'est-à-dire trente-sept ans plus tard. *(N.B.)*

sommes restés un long moment dans sa chambre après une soirée de lecture, et il me raconta sa façon d'écrire. Il réfléchissait longuement, accumulait lentement les éléments, puis, d'un coup, se mettait au travail, des journées entières, comme pour se libérer. Ensuite, il corrigeait et réfléchissait à nouveau lentement. C'était à l'époque où il écrivait *Le Don*.

Il allait bientôt partir pour les Etats-Unis. Lorsque je le revis à New York, lors de sa dernière soirée littéraire russe, il avait pris du poids, montrait un début de calvitie et essayait de paraître myope pour ne pas avoir à répondre aux salutations. Il me reconnut et me salua de loin, mais je ne suis pas tout à fait sûre que ce salut s'adressait à moi.

5

"CES FIÈRES FIGURES DE PROUE"

Au début, il y avait au sud-ouest de Paris deux faubourgs distincts qui ont fusionné par la suite pour donner Boulogne-Billancourt. Comme Paris, ils appartenaient au département de la Seine. Le nom de Boulogne résonnait élégamment et rappelait que le Bois n'était pas loin. Boulogne possédait un champ de courses, tandis qu'à Billancourt se trouvaient les usines Renault, un cimetière, une rivière et des quartiers pauvres, sales, délabrés. On arrivait de Paris à Boulogne par une large avenue verdoyante et à Billancourt par une rue commerçante, poussiéreuse et laide. Les rues de Boulogne avaient été baptisées au hasard, celles de Billancourt avaient reçu depuis la Commune jusqu'à nos jours des noms de militants du mouvement ouvrier. A Boulogne, on trouvait des restaurants luxueux, tandis qu'à Billancourt c'étaient des tavernes russes ou françaises.

Léon Chestov et, pendant un temps, Remizov habitaient à Boulogne, les Zaïtsev et nous à Billancourt. Les faubourgs où vivaient les Russes étaient nombreux : Berdiaev habitait à Clamart et Tsvetaïeva à Meudon. A Noisy résidaient des Vieux-croyants* et à Ozoire le général Skobline qui avait kidnappé le général Miller. A Asnières, on trouvait même un campement de Tziganes qui vivaient dans des roulottes et parlaient russe entre eux. Au début, lorsque nous sommes venus à

* Appelés encore *Vieux-ritualistes* ; fidèles orthodoxes qui, au XVIIe siècle, ont refusé les réformes liturgiques introduites par le patriarche Nikon. *(N. d. T.)*

Billancourt, c'étaient encore des faubourgs, puis, au bout de quelques années, ils ont fusionné avec Paris.

Aujourd'hui, la ville refoule les gens ; en ce temps-là, elle ne les laissait pas entrer. Il n'y avait pas de place pour nous dans ces maisons devant lesquelles nous passions et qui avaient été construites cinquante, cent ou deux cents ans auparavant. Les vieux appartements se léguaient de père à fils, de mère à fille. Ils étaient bondés. Dans la cuisine se trouvait parfois une baignoire, tout près de l'unique porte d'entrée. Sous la baignoire courait une conduite de gaz percée de petits trous par où sortaient les flammes qui chauffaient l'eau comme celle d'une casserole. D'autres appartements avaient de larges escaliers, de hauts plafonds et des grandes fenêtres. Mais nous n'avions guère l'occasion de les voir.

Les immeubles datant de la fin du siècle dernier et du début du nôtre se distinguaient par un luxe d'un genre particulier : ils avaient des balcons en pierre et une lanterne à l'entrée. Ils étaient gris et comme ventrus. Pour s'y installer, il fallait payer des sommes élevées. Après la Première Guerre mondiale, on se mit à construire différemment. C'étaient des quartiers entiers de cages à lapins de sept étages, le plus souvent sans ascenseur. La pointe d'un clou planté par un voisin pouvait traverser le mur et si le clou venait à tomber, on voyait la vie de son voisin, comme autrefois j'apercevais Paris dans la canne de mon grand-père. On devait attendre longtemps pour obtenir une de ces cages.

Dans l'une des rues de Billancourt, toutes les enseignes étaient en russe et, au printemps, comme dans le sud de la Russie, ça sentait le lilas, la poussière et les détritus. La nuit, rue Traversière, on entendait brailler du côté du cabaret russe. C'était une pâle imitation de ces boîtes de nuit de Montmartre et de Montparnasse où chantait un chœur tzigane, où dansaient des Tcherkesses aux tailles de guêpe, coiffés de bonnets d'astrakan (très appréciés des Parisiennes qui les appelaient "chapskas" russes), et où l'on chantait les romances de Vertinski et de Varia Panina. Y venaient des Français, des Anglais, des Américains qui chantaient, pleuraient et cassaient des verres comme Mitia Karamazov à Mokry, dont ils avaient entendu vaguement parler.

On retrouvait cette ambiance dans le cabaret de la rue Traversière, mais en plus modeste. Un Tcherkesse à la retraite et dans le besoin se lançait dans une danse sauvage à deux heures du matin. Une chanteuse au double menton et à la poitrine généreuse, vêtue d'une robe à paillettes qu'elle s'était confectionnée elle-même, prenait place près du piano droit devant lequel était assis un vieux chérubin qui avait connu des temps meilleurs. Elle interprétait : *Je ne vous parlerai pas de mes souffrances secrètes* et *L'Etoile* dont les paroles étaient tirées d'une poésie d'Innokenti Annenski. Elle chantait aussi la poésie de Blok, *Comme autrefois, elle a voulu*, en forme de romance tzigane, sur une musique composée sans doute par le vieux chérubin en personne, et la célèbre chanson *Les Yeux noirs* dans laquelle elle glissait quatre vers de Poplavski :

Le restaurant est fermé, le chemin hivernal scintille,
Et l'aube point au loin par-dessus les toits.
Tel un rêve, tels les sons d'une guitare,
Tu es partie, tu as disparu, ma bien-aimée !

Praskovia Gavrilovna entrait en scène en dernier. Elle avait près de soixante ans déjà, mais, dans son visage sévère et sombre, ses yeux gardaient leur ardeur. Un châle effiloché recouvrait ses épaules et une jupe de coton imprimé à fleurs flottait autour de ses maigres genoux. Elle avait chanté jadis à Moscou dans les fameux cabarets Yar et Strelna. Ses amis finissaient maintenant leur carrière à Montmartre ou à Montparnasse, ayant réussi à former une nouvelle génération de chanteurs tziganes prêts à prendre la relève. Praskovia n'avait plus de voix et ne pouvait plus se produire là où le champagne était de mise et où, à l'entrée, se tenait, la barbe en éventail, "Son Excellence" l'ancien gouverneur de la province de Perm ou d'Irkoutsk. Il ne restait plus pour elle que Billancourt... Elle balbutiait plutôt qu'elle ne chantait, et sa voix se perdait par moments dans un chuchotement rauque. Elle était assise entre deux “Tziganes”, l’un arménien et l’autre juif, qui l’encadraient de leurs guitares.

Sur les petites tables recouvertes de nappes en papier maculées, il y avait des lampes bon marché aux abat-jour roses, des assiettes fissurées, des fourchettes tordues et des couteaux émoussés. On buvait de la vodka, “notre petit vin à nous”, en grignotant des cornichons et “notre hareng”. La salle était remplie de vacarme et de l’odeur de graillon, les blinis fumaient, des voix hurlaient ; on évoquait la retraite de Crimée, Perekop et l’évacuation vers Gallipoli. Les serveuses, plus jolies les unes que les autres, glissaient entre les tables avec leurs bouteilles et leurs assiettes. On entendait sans cesse “Maria Petrovna”, “Irotchka”, “Tania” ; tout le monde les connaissait pratiquement depuis l’enfance. Mais après le cinquième petit verre, elles devenaient mystérieuses et engageantes comme celles qui “respiraient le parfum et les brumes” dans une de ces romances d’antan...

Au coin de la rue se trouvait un salon de coiffure où l’on ne me demandait pas de pourboire, parce que “nous lisons vos histoires et nous vous sommes reconnaissants de ne pas mépriser notre petite vie modeste”, et un peu plus loin une école du dimanche, à côté d’une église, installée dans un ancien bistrot. Le dimanche, des enfants pâles et maigres chantaient des comptines et faisaient des rondes en levant les bras et en s’accroupissant sur les talons. Les petits garçons étaient davantage appréciés que les fillettes, car c’étaient de futurs soldats pour la France et leurs parents obtenaient grâce à eux la citoyenneté française. Les enfants grasseyaient les *r* russes. Papa travaillait chez Renault ou était chauffeur de taxi ou encore serveur au cabaret Les Cloches de Moscou, près des Champs-Elysées. Maman faisait de la broderie au plumetis ou était modiste. La grande sœur était mannequin chez Chanel, le frère travaillait comme garçon de courses à l’épicerie Pychman.

L’été, les enfants allaient en camp où, le matin, ils se rassemblaient autour du drapeau russe tricolore et chantaient en chœur des prières. Leur maîtresse se plaignait qu’ils ne comprenaient pas les vieilles expressions de la langue russe dans la pièce de Griboïedov, *Le Malheur d'avoir trop d'esprit*, et qu'il fallait expliquer chaque mot. Comme eux, elle était pâle et maigre. C'était la fille d'un pope, car il y avait beaucoup d'églises orthodoxes à Billancourt. L'une d'elles se trouvait dans un ancien "bistrot", une autre dans un vieux garage au fond d'une cour, une autre encore dans une petite église catholique désaffectée par manque de clientèle.

La sirène de l'usine hurlait. Vingt-cinq mille ouvriers se déversaient sur la place à travers le large portail en fer. Un ouvrier sur quatre était un ancien gradé de l'Armée blanche. Ils se tenaient droits comme des militaires et leurs mains étaient abîmées par le travail... C'étaient de paisibles pères de famille, d'honnêtes contribuables. Ils lisaient les quotidiens russes, étaient membres d'innombrables clubs d'anciens combattants et conservaient précieusement au fond de leurs vieilles malles russes les décorations, les insignes de régiment, la croix de Saint-Georges, les médailles, les épaulettes, les dagues, des photographies fanées. On savait qu'ils n'étaient pas des instigateurs de grèves et qu'ils s'adressaient rarement au fonds d'aide médicale de l'usine. Ils jouissaient d'une santé de fer acquise sans doute au cours de la Grande Guerre et de la Guerre civile, et ils étaient particulièrement soumis à la loi et à la police. La criminalité était pour ainsi dire inexistante et les rixes rares. Un crime passionnel avait lieu une fois tous les dix ans et, d'après les statistiques, on n'avait jamais trouvé de cas de faux-monnayeur ou mentionné un détournement de mineure.

Je les ai vus au travail, debout à côté d'ouvriers arabes, déversant l'acier dans les fours Martin, à moitié nus, assourdis par le bruit des marteaux-pilons qu'ils manœuvraient, serrant des boulons sur la chaîne de montage au milieu du sifflement des transmissions et d'un remue-ménage général. Le plafond de l'immense atelier était si élevé qu'on ne le voyait même pas, de sorte qu'on aurait dit que tout cela se passait en pleine nuit, sous un ciel noir et menaçant. Mais le soleil brillait sur la place et l'on voyait miroiter deux chariots métalliques près du portail de l'usine, l'un avec du café et des petits pains, l'autre avec du vin chaud.

Les vendeurs pour se réchauffer se dandinaient d'une jambe sur l'autre. Un cortège funèbre passait non loin de là, accompagnant un philosophe russe au cimetière. Trois femmes suivaient le cercueil, leurs voiles de crêpe soulevés par le vent. Au milieu d'une dizaine d'hommes marchait un être fantomatique, petit et maigre, que j'avais aperçu autrefois. Aujourd'hui, il portait la barbe et n'avait pas de mandoline. Je l'avais remarqué un soir quand il était entré au café de la place Saint-Michel où nous lisions des vers. C'était un lieu très fréquenté, on y a même vu une fois Boris Kokhno, le librettiste et poète, ami de Diaghilev. Là, dans la fumée, parmi les tasses de café et les verres de bière et de cognac, ce petit homme fluet et transparent comme du papier à cigarette avait lu, lui aussi, de la poésie, d'une voix grêle et en rejetant d'un mouvement de tête une mèche de cheveux grisâtres. Je ne sais trop pourquoi, personne ne connaissait son nom de famille... La fille du boulanger, une Française, passa devant moi. Elle était enceinte et poussait une voiture d'enfant dans laquelle se trouvaient deux petits Chinois. Ils avaient froid eux aussi. Pendant que je me tenais là, deux chiens réussirent à faire au moins dix-huit fois le tour d'un arbre.

Dans l'épicerie Pychman étaient exposées des conserves de caviar d'aubergine et de poivrons farcis portant la marque de la Firme alimentaire des Ouvriers et Paysans de Kiev. On y trouvait toutes les variétés de vodka et de liqueurs, des caramels Moskva, des pirojkis farcis et, dans un coin, sur une étagère, des icônes et des cuillers en bois peint. Mme Pychman se tenait à la caisse ; elle allait chaque année aux bals de la presse russe et participait au buffet en offrant une tourte aux choux ou un poisson en gelée. La situation internationale l'inquiétait.

— Que fait Staline ? Il tue. Que fait Hitler ? Il se met à son école et apprend à tuer. Il sera bientôt diplômé. Il faudrait un nouveau Jésus-Christ pour arrêter tout cela, disait-elle en soupirant.

Je devinais que pour elle "l'ancien" Jésus-Christ était plutôt compromis.

Souvent Mme Pychman ajoutait gratuitement un caramel à mes emplettes. Elle m'aimait bien parce que j'avais des activités “littéraires et artistiques” et qu’elle avait le sentiment d’y participer en me vendant ses produits. Son mari sortait du fond du magasin, me souriait et me saluait de la tête, sans mot dire : il était sourd. Il avait perdu l’ouïe lors d’un pogrom en Ukraine pendant la Guerre civile.

Jour et nuit, des silhouettes familières allaient et venaient dans ces rues comme si elles formaient une ronde. Il y avait un mendiant dont la poitrine ressemblait à un tonneau. Il effrayait les enfants français, et personne ici n’avait jamais entendu une voix aussi basse. Il psalmodiait en marchant des chants religieux, passait ses nuits à l’Armée du Salut et se lavait deux fois par an, à Noël et à Pâques, lorsqu’il chantait dans le chœur de l’une des églises de Billancourt. On racontait qu’il émettait au *Credo* un *fa* tel que l’ampoule rouge qui faisait office de veilleuse au-dessus de l’iconostase se mettait à trembler. Puis, il y avait Mlle Fourreau que tout le monde connaissait. C’était la présidente de la Société des Ci-devant Françaises. C’est ainsi que s’appelait un étrange “syndicat” qui regroupait les anciennes gouvernantes rentrées chez elles, à Paris, après la révolution russe. Elles s’étaient retrouvées seules et ruinées, après avoir converti leurs économies constituées de roubles tsaristes en un Emprunt de la Liberté auprès du gouvernement provisoire. Elles n’avaient pas retrouvé le Paris d’autrefois et, après le suicide de deux d’entre elles, prises de nostalgie pour la Russie et “cette vie pleine de charme, pareille à un doux rêve inoubliable”, comme disait Mlle Fourreau, elles avaient décidé de créer une association pour se soutenir les unes les autres. A la fin des années trente, elles n’étaient plus que six ou sept, mais Mlle Fourreau continua à parcourir Billancourt sur ses petites jambes dodues jusqu’à sa mort dans un bombardement en 1942.

Les médecins russes n’avaient pas le droit de travailler dans les hôpitaux. Cependant le vieux docteur Serov allait chaque jour à l’Hôtel-Dieu et faisait des gardes, même le dimanche, en compagnie des infirmiers et infirmières qui dansaient au son d’un gramophone hurlant à en faire trembler l’hôpital tout entier. Serov vivait de sa pratique privée qui était illégale, et travaillait à l'hôpital par "pure passion". Il craignait sans cesse d'être dénoncé et de passer en jugement. A un moment donné, il s'occupa plus particulièrement de lépreux. D'autres russes marginaux venaient également le consulter, comme ce personnage un peu illuminé qui distribuait l'Evangile et commentait le Sermon sur la Montagne aux lépreux, russes ou non. Un autre de ses clients devait être un moine à en juger par sa vieille soutane rapiécée, sa toque fanée et informe. Celui-ci ne distribuait rien et ne faisait pas de discours ; il tenait compagnie aux malades, convalescents ou mourants, et leur rendait des services. Il finit par exaspérer complètement l'administration, on l'arrêta et on lui infligea une amende. Il disparut tout à coup pour ne refaire surface que beaucoup plus tard, à la veille de la guerre. Il fut ballotté de prison en prison, entre les autorités françaises et allemandes, avant d'être pris par la Gestapo.

La criminalité existait certes dans notre milieu, mais elle était insignifiante. En trente ans, et pour une population de soixante-quinze à quatre-vingt mille personnes, on a dénombré deux meurtres passionnels, un meurtre commis pour un héritage, un vol avec effraction, dix-neuf vols ordinaires, quatre cas d'escroquerie flagrante, quatre de bigamie, etc. C'est une statistique approximative qui ne prend en compte que ceux qui furent arrêtés. J'ai connu deux Russes qui étaient des souteneurs professionnels et quelques prostituées. Celles-ci ne faisaient pas le trottoir : cinq d'entre elles travaillaient dans des cabarets de nuit, les autres dans des maisons closes qui ont été fermées officiellement entre 1935 et 1940. Je ne mentionne pas celles qui pratiquaient la prostitution de façon occasionnelle, ni ceux qui se livraient au trafic de devises, au recel ou à la vente de drogues et de préservatifs interdits à cette époque.

J'ai bien connu à un certain moment le bâtiment du tribunal au beau milieu de l'île de la Cité. Dans certaines salles, on jugeait des petits délinquants, des concierges bagarreurs ou un matelot qui avait balancé une bouteille dans un réverbère ; dans d'autres se déroulaient des procès civils compliqués ; ailleurs des jurés décidaient du sort de meurtriers qui risquaient la guillotine.

Tout s'y déroule selon un rite "officiel", impersonnel et éternel, réglé comme l'horaire immuable d'un train, au milieu d'un décor de robes rouges, de moustaches, de lunettes, de bottes, de revolvers. On s'ennuie à mourir, puis soudain c'est l'horreur : que va-t-on faire de cet homme ou de cette femme ? Le destin d'un être humain se décide et nous assistons à cette chose terrible, assis sur les bancs réservés à la presse ! Les avocats volettent comme des papillons, en se lançant des mots d'esprit, tandis que les avocates aux yeux vifs et au sourire charmeur et pensif ressemblent à des libellules. Tout cela n'est qu'une mise en scène plaisante, une comédie ennuyeuse et immuable... jusqu'au verdict et au frisson glacé du dernier acte d'*Œdipe*.

On dirait que chacun joue un rôle, même le criminel, et que tout cela est irréel, sans doute parce que les règles du jeu sont fixées d'avance. Rien n'est spontané, les billets du public sont contrôlés à l'entrée, ceux qui n'en ont pas sont refoulés derrière une balustrade comme au "poulailler". On sait quand un tel doit prendre la parole, quand tel autre doit élever la voix, quand tel autre ne pourra plus se retenir et se déchaînera. Là-bas, au loin, sur le banc de chêne du box des accusés est assis un hystérique qui a poignardé sa maîtresse à coups de ciseaux. Il a fait ses classes dans le corps des Cadets de Novotcherkask, à l'Ecole de cavalerie, et ses papiers sont en ordre. Il est chauffeur de taxi, la nuit, et attend à présent que se décide son sort. Il n'a plus qu'à écouter le verdict des jurés. Une autre fois, c'est une femme bouffie, avec des plaques rouges sur la peau et des cheveux jaunes, qui est assise sur le même banc de chêne et qui regarde droit vers moi. Elle a tué son amant d'une balle de revolver. Je la connais. Quand elle avait seize ans, on l'habillait encore comme une fillette. Elle avait tellement importuné son amant qu'il avait décidé sans doute de la laisser tomber... La voici assise maintenant, immobile, tenant parfaitement son rôle dans la pièce qui se joue devant le public, se levant au bon moment, parlant quand on le lui demande, tandis que dans la salle des propos de tout genre vont bon train comme au théâtre.

C'est dans cette même salle que j'ai entendu les inventions de Nadejda Plevitskaïa, la femme du général Skobline, qui avait enlevé le général Miller, président de l'Union des Armées des "Russes blancs". Elle était habillée comme une bonne sœur et dans un langage populaire, sa joue appuyée sur son poing, s'adressait au traducteur : "C'est-y pas malheureux ! Pauvre de moi, va donc te rappeler tout ça maintenant. On a ben dit quequ'chose de cet'affaire, mais allez donc y comprendre quequ'chose à c'qu'ils racontent ces gens instruits !" En fait, elle parlait un français assez convenable, mais jouait ici un rôle. Elle sera néanmoins condamnée à quinze ans de réclusion. C'était accablant d'ennui et d'horreur. Dix ans plus tard, après la mort de Plevitskaïa à la prison de la Roquette, son avocat me raconta qu'elle l'avait fait venir à la veille de sa mort et lui avait *tout* avoué, en particulier qu'elle avait bel et bien été la complice de son mari dans l'enlèvement de Miller.

Durant l'interruption de séance, je cours au café du sous-sol où résonnent les voix des avocats et des journalistes. On dirait un restaurant de gare. Des boiseries à l'ancienne recouvrent les murs, l'endroit est inconfortable et mal entretenu. On échange quelques propos rapides sur "l'affaire" du moment. Un reporter communiste cherche à persuader deux jeunes avocates qu'en fait personne n'a kidnappé le général Miller, mais qu'il a simplement faussé compagnie à sa vieille femme avec une jeune maîtresse. Un vieux journaliste russe répète pour la énième fois :

— Mon Dieu, qu'est-elle devenue ! Je me souviens d'elle coiffée d'un kokochnik* et vêtue d'une sarafan*, un collier de perles autour du cou... Quelle enchanteresse !... Elle chantait : "A la moisson, je liais les gerbes d'or."

Un célèbre avocat français, un bel homme svelte, aux cheveux grisonnants, écrivain, ami de ministres et d'ambassadeurs, se tient à l'écart et, d'un air dégoûté, mange un gâteau

* *Kokochnik* : sorte de coiffe traditionnelle russe en forme de bandeau brodé rehaussé parfois de perles. *Sarafan* : robe de paysanne sans manches portée par-dessus une blouse aux manches longues. *(N. d. T.)*

avec de la crème fouettée. Tout à coup, le voilà entouré et assailli de questions : “Que pensez-vous, maître, quelle est votre opinion ?”

Il donne son avis tout en avalant la crème fouettée.

Le journaliste russe continue à chantonner : “... Oh comme je languis, comme je languis après lui !”

Je quitte le tribunal. Sur la berge, les réverbères sont allumés et les arbres, nus et noirs, se penchent au-dessus de l’eau. Les bouquinistes ferment leurs boîtes. Une lumière rouge clignote au loin sur la tour Eiffel. Les avions qui arrivent de Londres ou de Rome l’aperçoivent, mais ils ne me voient pas. Personne ne me connaît.

Le trajet est long pour rentrer chez moi à pied. Il fait déjà nuit et les rues de la banlieue, désertes et silencieuses, sont plongées dans l’obscurité. Devant moi marche une silhouette minuscule, une mandoline sous le bras. Comment, si tard déjà ? Le lieutenant va donc à son boulot à la Rose Alpine ? Non, c’est un musicien, il joue trop mal pour travailler à la Rose Alpine. Il va de cour en cour. Quand il déclare qu’il est ancien cuirassier de Sa Majesté, personne ne le croit, en raison de sa petite taille. On chuchote autour de lui :

— Il se moque de nous, est-il pensable qu’on recrutait sous le Tsar des gens de ce gabarit ?

— Peut-être a-t-il reçu son grade de lieutenant sous Kerenski ?

— Excusez-moi, mais il n’y en avait pas des cuirassiers, du temps de Kerenski. C’est un vrai nabot !

— Il paraît qu’il jouait dans des vaudevilles au Théâtre Troïstsky... A présent, il fait la tournée des cours, il chante et ramasse les sous qu’on lui jette.

Je le rattrape et remarque qu’il m’arrive à l’épaule. Il porte sa mandoline dans un étui. Il commence à pleuvoir, l’asphalte brille, son nom me revient soudain :

— Chelmetiev.

Pas le comte Cheremetiev, mais simplement Chelmetiev.

Je l’aperçois de temps à autre, toujours entre chien et loup, balançant sa balalaïka au rythme de ses pas, puis fondant dans la nuit comme du papier à cigarette mouillé que le vent emporte... Il se confond avec les brumes automnales de Paris, s'évapore comme une goutte de pluie sur la vitre, de cette pluie élégante, gaie, raffinée, parisienne en un mot, dans laquelle évoluent toutes sortes de Chelmetiev, de spectres, de comtes, de poètes et de musiciens, dont certains ne dépassent pas mon épaule.

Durant dix ans, Khodassevitch et moi avons vécu côte à côte, "lui" et "moi". Nous avons tenté de former un couple, mais il nous manquait beaucoup de ce qui constitue une vie familiale normale. J'avais renoncé à appliquer à notre vie les schémas classiques. Par-dessus tout, je remarquais l'absence totale entre nous de cette rivalité qui existe dans presque tous les couples. Nous exercions la même profession, mais l'idée que je puisse jamais l'égaler ne m'a jamais effleurée à aucun moment.

La notion suivant laquelle c'est à l'homme de gagner le pain quotidien nous était totalement étrangère. Chacun de nous faisait ce qu'il pouvait et l'argent était mis en commun. S'il avait décidé de quitter le journal, *Renaissance*, où il se sentait parfois si accablé, j'aurais trouvé normal de supporter le poids de cette décision. Nous étions deux camarades, deux amis d'infortune. J'avais souvent l'impression que c'était moi qui étais le principal responsable de notre vie matérielle : j'étais plus forte, plus jeune, plus endurante que lui. Sur le plan pratique, j'étais son égale et avais même pris de l'avance sur lui.

Nous ne nous sommes jamais blessés l'un l'autre, ni en paroles, ni dans nos écrits. Tout ce qu'il faisait était bien et tout ce que je faisais l'était également. Il disait qu'un jour, dans dix ou quinze ans, j'écrirais mieux encore que maintenant, et j'avais le sentiment qu'il y croyait vraiment. Mais comment attendre si longtemps ! Je devais chaque mois publier deux feuilletons "coupés" sur mesure. Je ne les réussissais pas toujours. Pourtant, je n'avais pas le choix, il fallait y arriver coûte que coûte, sinon nous étions perdus.

Il dépendait de moi, mais la réciproque nétait pas vraie. Nous le savions, mais n'en parlions jamais. Il était souvent malade et d'humeur dépressive. Il disait qu'il se desséchait et n'arrivait plus à écrire de la poésie. Il avait besoin de se plaindre, de s'apitoyer sur lui-même, de raconter ses rêves et ses angoisses pour pouvoir s'en délivrer. Il ne nous venait pas à l'esprit que c'était là une chose anormale, voire dangereuse.

Il se retirait parfois dans ses chimères durant une journée ou une nuit entière. Ces "voyages" me faisaient penser à son *Elégie* écrite en 1921, dans laquelle il évoque les pérégrinations de son âme :

Mon esprit élu se retire
Dans son antique demeure natale,
Fier, il se déclare l'égal
De ses frères redoutables.
Jamais il ne voudra retrouver
Celui qui erre, insignifiant,
Sous une pluie oblique
Dans les allées du parc Kronwerk.
Comment saisir avec mes pauvres sens,
Comprendre avec ma raison engourdie
Sa métamorphose future, là-bas,
Dans je ne sais quel paradis, quel enfer...

Les vers chantent en russe comme un violoncelle.

Puis, il retrouvait "son insignifiance" et revenait vers moi. Il avait conscience de mon désir constant de grandir, de me transformer, de mûrir, mais n'aimait pas cette aspiration. Il aimait ma jeunesse et ne souhaitait pas que je change. Il savait bien cependant qu'il ne pourrait pas me barrer la route.

Nous arrivions à résoudre nos problèmes d'une façon ou d'une autre grâce à d'infinies discussions et à un commun effort de réflexion. Chacun *existait* et *se transformait* sous le regard de l'autre. Khodassevitch cependant n'aimait parler que du présent, et je compris peu à peu que ce qui touchait à notre *devenir* constituait l'une de ses angoisses. Il avait peur de la vie, moi pas. Il craignait l'avenir, moi, j'y aspirais. Il redoutait la misère et les offenses. Un simple orage l'effrayait ou une foule, un incendie, un tremblement de terre. Il disait qu'il sentait la terre trembler en Australie, et c'était vrai. Il m'est arrivé de lire dans la presse du matin que la terre avait tremblé aux antipodes, alors que lui m'en avait déjà parlé la veille.

Cela m'était égal de savoir que la terre avait tremblé quelque part, car, pour moi, elle ne cessait de le faire. Un orage ne m'impressionnait pas plus qu'une petite pluie. En cas d'incendie, il nous suffirait d'emporter quelques livres et papiers et de sortir dans la rue. Pour ce qui était de la foule, je ne la craignais pas puisque je n'avais ni chapeau à plumes ou à fruits, ni jupon amidonné à protéger. Pourquoi aurais-je eu peur de la foule puisque j'en faisais moi-même partie et que je n'aurais pas voulu qu'on eût peur de moi ?

Cette angoisse s'est peu à peu muée en une sorte de terreur dont l'intensité n'avait aucun rapport avec la cause. Les moindres bagatelles prenaient tout à coup une dimension cosmique. Une radio voisine hurlant du jazz au milieu de la nuit ou l'odeur de poisson frit montant de la cour et pénétrant par la fenêtre ouverte suffisait pour provoquer en lui un état de désespoir incommensurable qui finissait par l'engloutir. Il devenait toujours plus vulnérable dans "ce monde de loups". La plupart de ses frayeurs et de ses susceptibilités étaient exagérées ou fictives. Il ne distinguait déjà plus le réel de l'imaginaire, plus terrifiant encore que la réalité. Son unique refuge, c'était son bureau, ses papiers, ses livres, son poêle et moi. Nous avions *un toit* que Khodassevitch appréciait à sa manière. Moi aussi, j'aimais notre foyer et l'ai toujours aimé à des degrés divers selon les époques. Il nous appartenait, nous l'avions choisi et construit dans la pauvreté et les difficultés. Il était fragile, mais pouvait servir à l'occasion à ceux qui avaient perdu le leur.

— Regardez-moi ça, s'il vous plaît. Ils ont un coq sur la théière ! s'exclama un jour Bounine, en entrant dans notre salle à manger. Qui l'eût cru, continua-t-il, il est bien connu que les poètes vivent sous les ponts et voilà tout à coup un coq sur la théière !

Ce coq, qui coiffait notre théière, nous avait été envoyé en 1928 de Leningrad par la personne qui l'avait elle-même brodé, et qui fut déportée plus tard pour "relations avec l'étranger", peut-être justement à cause de ce fameux coq.

Lorsque je quittai définitivement notre appartement de Billancourt, en 1932, un farceur pas trop méchant raconta ainsi l'événement :

— Elle lui prépara un bortsch pour trois jours, reprisa ses chaussettes, puis s'en alla.

C'était presque ça.

Ma forteresse se mit lentement à chanceler. Lorsqu'un jour je revins chez nous, après une visite de deux semaines chez des amis à Nice au printemps 1930, je réalisai tout à coup que mon tempérament "de fer" était sur le point de se briser. "Si je craque, me disais-je, je ne pourrai plus être utile à personne, ni à moi-même, ni, à plus forte raison, à lui."

Je m'aperçus alors que l'être humain n'était pas un chaudron que l'on peut récurer avec de la brique écrasée, mais qu'il était sans doute d'une nature plus fragile et plus délicate. Je me rappelai les mots de Virginia dans un de ses moments de tendre ironie : "Tu es mon vase étrusque", ce qui avait déclenché chez moi un éclat de rire.

La faille était là et, à la fois curieuse et perplexe, je la regardais s'élargir.

Voici une lettre que Khodassevitch m'écrivit alors que je me trouvais à Nice :

Le 18 février 1930

... C'est mardi aujourd'hui, le matin. Je viens juste de recevoir ton petit mot et suis content que tout aille bien pour toi. Ne t'inquiète pas pour moi ; de mon côté, ça va aussi.

Dimanche, je suis resté toute la journée à la maison, puis, le soir, j'ai rapporté cent francs à K. et suis allé au café. Hier, j'étais aux Annales contemporaines. *J'y ai rencontré les Bounine. Vera Nikolaïevna est devenue une sorte d'idiote, silencieuse et souriante. Elle m'a déclaré qu'elle avait l'intention de venir me voir. Je lui ai répondu : "Mon Dieu, je serais ravi de vous voir, seulement N. N. est actuellement à Nice." Elle me dit que ça lui était égal, que c'était justement moi qu'elle voulait voir et elle m'a demandé quand je serais chez moi. Bounine a essayé de la raisonner : “Mais pourquoi aller chez lui ? Invite-le donc chez nous puisqu’il est célibataire en ce moment...” Mais elle insista, elle voulait venir chez moi !*

Seigneur ! Va-t-elle vraiment débarquer ? Qu’est-ce que je vais en faire ?

Après quoi, je suis allé au café-tabac où Zina persiflait de sa voix grinçante, mais pas un mot sur toi. Elle m’a invité à dîner vendredi et j’ai accepté. K. et les Vichniak m’ont invité également, mais j’ai refusé. Je n’irai que chez les Merejkovski et samedi, chez Génia.

Hier, après le dîner, qui était merveilleux (quelle belle chose que la cuisine familiale !), je me suis reposé, puis j’ai pris un bain (ou plutôt, le bain me prit, ce qui est bien plus précis, imagé et voluptueux), ensuite j’ai écrit. En deux jours, depuis ton départ, j’ai réussi à écrire en tout quatre pages. C’est normal, mais aujourd’hui, je les reprendrai, ce qui est moins bien. Ce soir, je vais à un dîner d’écrivains, mais je travaillerai toute la journée, demain aussi, puis après-demain et ainsi de suite. J’ai déjà porté ma chronique, ce qui fait que, jusqu’à lundi prochain, je ne suis plus obligé de sortir dans la journée, si ce n’est samedi pour aller déjeuner chez Génia. C’est plutôt amusant.

Vichniak m’a dit qu’Aldanov a l’intention de m’inviter chez lui jeudi, ils ont une “réception”.

L’affaire Koutepov se complique, car j’ai lu aujourd’hui dans les journaux que le cabinet Tardieu est tombé. Sa chute a été causée par un problème financier secondaire, mais à la veille du débat au Parlement sur les Soviets. *Les communistes, les socialistes, les radicaux-socialistes et les radicaux se sont unis comme je l’ai prévu. Tu t’étais moquée de moi. Tout le monde a été “frappé par la tournure inattendue” des événements, sauf moi. Qui vivra verra. Tout ce beau monde s’est révélé plus malin que je ne le pensais : ils ont réussi à renverser le cabinet* à la veille *de l’enquête, ce qui est très astucieux.*

J’ai fini par commander quatre et non trois flacons de médicaments que j’ai reçus hier et que j’ai commencé à prendre.

Décris-moi ta vie dans le détail, je veux tout savoir, les allées et venues du chat, ce qu'il a mangé ou seulement reniflé. Fais attention, ne te fatigue pas. Tu ne me manques pas du tout encore, mon temps est sacrément occupé. Le travail, le ménage... Je ne fais pratiquement pas de patiences, juste deux hier soir. Je t'embrasse les mains et les pieds et je cours poster cette lettre, puis faire de la monnaie, car la fille de la blanchisserie va arriver d'un moment à l'autre. Envoie-moi sans faute des cartes postales... ainsi qu'à notre concierge qui m'inonde de sa tendresse maternelle.

Comme tu es bonne ! Je prie Dieu qu'il fasse beau à Nice. Ici, il gèle depuis deux jours ; cette nuit, il a neigé et tout est blanc. Je ne prendrai pas froid.

Ecris plus souvent !

Les quatre lettres suivantes sont de la même année. Khodassevitch est parti en automne à la pension russe d'Arthies pour travailler à son livre sur Derjavine.

Arthies, 29 octobre 1930

... Je suis arrivé sans encombre et me suis installé dans la chambre de P. où il fait plus chaud. Du reste, les lieux sont correctement chauffés.

La chambre est spacieuse. J'ai à ma disposition deux tables rapprochées l'une de l'autre dont la longueur dépasse deux mètres. Mes papiers et mes livres s'y trouvent rangés dans un ordre tout à fait charmant. Devant les tables il y a deux chaises et au lieu de déplacer les livres, je passe d'une chaise à l'autre. C'est très pratique. Une lampe éclaire magnifiquement le champ de bataille. Sur le flanc droit, il y a la machine à écrire.

30 octobre

Quelle merveilleuse nuit je viens de passer ! De dix heures à huit heures et demie. J'ai rêvé que Goukassov avait installé un stand de tir dont les cibles étaient des enfants vivants et qu'il avait tué un petit garçon. J'ai encore vu le tsarévitch Alexis. Bref, "des garçons ensanglantés sous mes yeux" (Pouchkine). Sans doute la chronique hebdomadaire doit-elle me préoccuper un peu. Ne pourrais-tu pas m'envoyer, vendredi soir, deux pages manuscrites ? Je les recevrai dimanche matin, les recopierai en y ajoutant quelque chose (j'ai de quoi écrire une page entière) et les enverrai le jour même. Ah ! si tu pouvais le faire ! Ça irait encore pour samedi matin !

Ecris-moi qui tu as vu ces temps-ci et donne-moi des nouvelles, sinon je vais m'ennuyer. Embrasse-toi de ma part ainsi que le chat. Nettoie-lui bien les oreilles.

Lundi, le 3 novembre
Avant le souper

... Hier, j'ai terminé le chapitre de Derjavine, *Le Ministère, et l'ai envoyé à Makovski. Le ciel est dégagé aujourd'hui et je suis allé me promener. L'air est si transparent qu'on distingue au loin des petites maisons qu'on ne peut pas voir en été. Puis j'ai lu, copié des passages et fait des fiches pour mes futurs travaux. Après le souper, j'espère terminer le chapitre huit, au moment où Derjavine quitte ses fonctions pour aller chez Chichkov, puis demain me mettre à écrire sur Chichkov.*

Je ne me suis pas encore rasé, mais demain j'attends la visite d'une mémère et de sa fille, et j'ai décidé de me faire beau pour ne pas les effrayer. Elles viennent pour la première fois et même sans ma barbe, elles risquent de prendre peur. Le temps est humide, tout est monotone, un peu sale et moche. S.M. est un homme difficile à supporter, bien que rien ne soit venu le moins du monde troubler notre amitié. Cela m'ennuie d'avoir à manger en sa compagnie. Derjavine passait son temps à dîner chez l'Impératrice (et moi, je ne suis même plus invité chez les Zetlin).

Sur ce, je vais souper. Demain matin, j'écrirai encore s'il y a de quoi. De toute façon, je peux toujours parler de mon amour pour vous, Nissia, c'est là un thème inépuisable. Dieu, comme tu es bonne !...

Mardi, 4

Merci pour l'argent. J'ai reçu trois paquets de journaux d'un coup...

Lentement, d'une manière à peine perceptible, quelque chose se mit à se désagréger en moi, puis autour de moi, enfin entre lui et moi. Notre relation qui avait représenté pour nous une consolation et un adoucissement devint graduellement une simple habitude. J'étais détraquée, je détraquais tout ce qui m'entourait et commençais à redouter de gâcher le lien qui nous unissait. Je craignais l'inactivité et, pour la première fois de ma vie, j'eus l'impression que le temps, faute de mener quelque part, s'était arrêté. Tout allait "de travers", le matin lorsque je traînais, désœuvrée, dans l'appartement, pendant que Khodassevitch dormait parfois jusqu'à midi, et l'après-midi quand je n'arrivais ni à lire, ni à écrire. Nos soirées avaient toujours été teintées de mélancolie, mais à présent elles étaient franchement tristes.

Je me sentais démolie par tout ce qui m'était arrivé durant ces années ; plus personne n'avait besoin de moi. Des bagatelles sans importance, que je n'aurais même pas remarquées auparavant, m'irritaient maintenant. Lui aussi était irrité, mais ne le montrait pas. A quoi pouvais-je servir dans l'état où j'étais ? Le mieux serait de lui rendre visite une fois par semaine. Tout redeviendrait comme avant. Je retrouverais mon identité et pourrais redevenir celle qu'il avait aimée.

L'existence m'a appris que même lorsqu'en apparence, rien ne se passe, les choses ne sont jamais vraiment figées. Le monde est en devenir perpétuel et il est vain de vouloir retenir quoi que ce soit, même au-dedans de nous. Entre l'aube et le crépuscule, les hommes ne cessent d'évoluer. Des processus mystérieux sont constamment à l'œuvre, faisant surgir de nouvelles mutations et des circuits inédits. Je sais aujourd'hui ce que j'ignorais alors, qu'il m'est impossible, sous peine de me mutiler, de passer ma vie entière avec un seul être, de le placer pour toujours au centre du monde et de n'appartenir qu'à lui. Je ne suis pas un *roc*, mais un *fleuve*. Ceux qui pensent que je suis un roc se méprennent sur moi, à moins que je ne les trompe en faisant semblant de l'être.

Par mon *inconstance*, telle qu'elle m'apparaît à travers ma vie et celle de mes contemporains, je ressemble à l'immense majorité des êtres vivants. Tout le monde n'éprouve pas le besoin de la reconnaître, ni même de se l'avouer : les uns estiment qu'on ne peut de toute façon rien y changer et qu'il faut donc en prendre son parti ; d'autres sont submergés par un sentiment de culpabilité et n'ont pas la force de lutter ; d'autres encore croient pouvoir attendre tant bien que mal une occasion favorable, dans l'espoir que tout finira par s'arranger ; d'autres aussi espèrent qu'ils changeront avec le temps, se fatigueront et accepteront le *statu quo* ; d'autres enfin pensent qu'il ne peut en être autrement et que cette instabilité est inhérente à la vie.

La fêlure était d'abord apparue en moi, puis dans notre couple qui se disloquait peu à peu.

À cette époque, nous avions commencé à nous séparer l'un de l'autre, tantôt pour trois jours, tantôt pour une semaine ou deux. Chaque fois il devenait de plus en plus évident pour moi que j'allais bientôt m'engager dans une vie nouvelle. Ces séparations, qui étaient liées aux circonstances, nous semblaient normales : il partait à Versailles pour terminer un chapitre délicat de *Derjavine*, je m'en allais pour trois jours chez les Merejkovski, à Thorenc, ou deux jours chez Virginia, à Peïra-Cava, il partait deux semaines à Arthies, près de Mantes, pour échapper aux tourments causés par les difficultés au journal, je rentrais seule à Paris de la Riviera où nous avions séjourné en compagnie de Weidlé et de sa future femme, pour préparer son retour... Chaque fois que je me retrouvais seule, j'éprouvais de plus en plus intensément une "folle ivresse" d'être sans lui, libre, forte, avec à ma disposition un temps illimité, une vie frémissante, de nouveaux amis que je m'étais choisis moi-même.

Lorsque nous nous retrouvions, je ne me sentais plus docile comme avant. A présent, il passait ses soirées à faire d'interminables patiences à la lumière de la lampe et ne se mettait au travail qu'après minuit, quand j'étais déjà couchée. Sans doute ma nervosité le gênait-elle, moi-même j'avais l'impression qu'elle envahissait tout l'appartement. Il travaillait jusqu'à six heures du matin, puis allait se coucher pour ne se réveiller que vers les deux heures de l'après-midi. Pendant ce temps, j'avais passé la majeure partie de la matinée à des travaux domestiques. Après le déjeuner, j'allais à la bibliothèque ou à la rédaction, ou bien je flânais. Je rentrais vers les cinq heures et préparais le dîner, puis me sauvais à Montparnasse pour échapper à ses patiences, ses plaintes, ses angoisses.

Pendant les années 1930-1932, se réunissaient parfois au Select ou au Napoli jusqu'à vingt personnes autour des tables que nous avions rapprochées. Des "jeunes" y venaient, mais aussi des "aînés" comme Fedotov et Zaïtsev. Khodassevitch sortait parfois également pour faire un bridge au café Murat à la porte d'Auteuil, et souvent lorsque je rentrais il n'était pas encore à la maison. Au moment où je m'assoupissais, j'entendais sa clé tourner dans la serrure. Je me levais, lui préparais le thé et restais auprès de lui jusqu'au moment où il allait s'asseoir à son bureau, dans sa chambre.

Il était à présent clair pour moi que j'allais le quitter et que je devais le faire au plus vite afin d'éviter à tout prix de le quitter *pour quelqu'un d'autre*. Je n'osais pas lui infliger pareille offense. Je ne m'étais pas trompée. Sa première question fut :

— Qui est-ce ?

Je ressentis, en cet instant, comme jamais auparavant, le bonheur indicible d'une conscience tranquille :

— Personne.

Mais quelques jours plus tard, il reposa la même question :

— Qui est-ce ? K. ? S. ? A. ?

Je lui répondis, légèrement amusée :

— Sur la tête de qui veux-tu que je jure ? Sur celle de Pouchkine ?

Durant les dernières semaines de notre vie commune, il se faisait du souci pour ma situation financière et se demandait comment j'allais joindre les deux bouts. J'avais évalué mon modeste budget de la façon suivante : trois cents francs par mois pour la chambre d'hôtel, dix francs par jour pour la nourriture, ce qui faisait six cents francs au total. Je pouvais gagner cette somme grâce aux deux feuilletons que je devais aux *Dernières Nouvelles*, auxquels s'ajoutaient parfois un article littéraire, une critique de film ou des heures de dactylo, le dimanche, à la rédaction. Quant aux frais de cordonnerie, de blanchisserie, l'achat d'un livre ou d'un vêtement, il faudrait bien que je me débrouille. *Les Annales contemporaines* me proposeraient peut-être quelque chose. Khodassevitch ne pouvait pas m'aider, mais il promit de me confier la chronique littéraire sous le pseudonyme de Gulliver, et je lui en fus reconnaissante.

Je n'emportai que deux caisses de livres, mon étagère, deux valises avec mes vêtements et mon linge, et un carton de documents. Tout resta en place comme si rien ne s'était passé : le coq sur la théière, le mobilier, les bibelots, la lampe, le divan et les gravures du vieux Pétersbourg que j'avais achetées un jour au Quartier latin avec l'argent que Khodassevitch avait gagné aux cartes.

Il se tenait à la fenêtre ouverte et me regardait partir. Lorsque j'avais loué cet appartement, l'idée m'avait effleurée qu'il pouvait être dangereux d'habiter au quatrième étage et que je ne serais jamais tranquille à cause de lui. Mais ces derniers temps, il songeait à un autre moyen. L'après-midi du jour de mon départ, alors que je lui préparais le "bortsch pour trois jours", il vint à la cuisine :

— Pourquoi pas une bouffée de gaz ?

Debout à la fenêtre grande ouverte et vêtu de son pyjama rayé, il tenait l'encadrement des deux mains dans la position d'un crucifié.

C'était à la fin du mois d'avril 1932.

Je me suis trouvé une chambre à l'hôtel des Ministères, sur le boulevard Latour-Maubourg, entre la Seine et l'Ecole militaire, dans un quartier que j'ai toujours aimé. Ses larges rues, plantées d'arbres, étaient encore calmes à l'époque. De ma fenêtre, j'apercevais le palais des Invalides et les lumières de la tour Eiffel. Ma chambre était au sixième étage. Pour y accéder, il fallait grimper un escalier raide et étroit. La chambre était mansardée, un paravent cachait un lavabo et un réchaud à pétrole sur lequel je faisais bouillir de l'eau pour le thé.

Le premier soir, j'ai rangé mes livres, suspendu mes robes dans l'armoire, disposé mes documents sur la petite table branlante et me suis écroulée dans le lit dès que la nuit fut tombée. J'étais épuisée, j'avais la tête vide et n'essayais pas de comprendre. Je dormis jusqu'au lendemain, lorsque Khodassevitch vint voir à quatre heures de l'après-midi comment je m'étais installée et m'emmena souper. De retour, à peine déshabillée, je m'effondrai de nouveau et dormis encore une fois jusqu'au soir suivant. Cela dura trois jours. Le quatrième, je me réveillai à l'heure habituelle, entre huit et neuf heures et, apercevant le plafond de ma mansarde, réalisai en un éclair éblouissant ce que je venais de faire. Je me sentis inondée de bonheur.

Ce jour-là, je me suis promenée dans des parcs. Assise sous des arbres qui verdissaient, j'ai écouté le bruit de l'eau s'engouffrer sous les ponts avec un mouvement pareil à celui de la foule qui vous emporte. J'échouai au Louvre juste avant l'heure de fermeture et j'ai erré dans les salles égyptiennes que je ne connaissais pas. La sonnerie retentit et je me précipitai vers la sortie. Je finis par retourner chez moi en gravissant les six étages d'un bond. Là, je pris un livre, puis un second. Tout m'appartenait, mais moi je n'appartenais à personne.

J'ai passé l'été à lire. La ville était déserte, il faisait chaud, les journées étaient longues et étouffantes, les nuits courtes et orageuses. Dès le matin, encore couchée, j'ouvrais un livre et poursuivais ma lecture jusqu'au soir. Je continuais à lire en me promenant au Champ de Mars ou en sirotant un café sur une terrasse. Dans ma mansarde, il faisait une chaleur insupportable. Impossible de dormir, je lisais aussi la nuit : Lawrence, Huxley, Virginia Woolf, Joyce, Valéry, Claudel, Gide,

Kafka, Proust enfin. A partir de 1932, je me suis détournée de la littérature classique et me suis mise à aimer passionnément celle de notre siècle.

Je compris cette année-là que l'usage au second degré du discours et l'ironie du mot étaient les mieux à même d'exprimer l'ensemble des nouveaux rapports politiques, économiques, psychologiques et amoureux qui caractérisaient la littérature moderne. Cette manière indirecte de décrire la réalité permet d'arracher le voile millénaire et de mettre à nu les relations humaines. Il ne reste plus dans ce monde que l'homme. Les digressions relatives à son arbre généalogique ou à son gagne-pain ou encore la description de la nature n'ont plus qu'un intérêt secondaire. Lui seul est important dans son *actualité* ; tout le reste relève d'un passé à deux dimensions, plat et régi par des lois inopérantes.

Lorsque je relis les grandes œuvres classiques, à l'exception de quelques-unes parmi lesquelles figurent les tragiques grecs, Shakespeare et Cervantès, je suis obligée sans cesse de faire un effort d'imagination historique. Seule la littérature contemporaine pénètre en moi comme l'air que je respire. Elle apporte avant tout une nouvelle conception de l'homme nécessitant un renouvellement de la forme, et c'est cela qui, dans l'art moderne, me procure ce bonheur.

Notre drame, à moi et à mes amis de la "jeune" génération de l'émigration, résidait justement dans l'absence de style et dans l'incapacité où nous étions de le renouveler. Seul Nabokov, grâce à son génie, réussit cette gageure. Pour la littérature de l'émigration, ce n'était ni le problème de la thématique, ni celui de la langue qui lui fut fatal, mais celui du style. Nos "aînés" reconnaissaient ouvertement qu'ils n'en ressentaient pas le besoin. Les anciennes formes étaient là, toutes prêtes, et ils continuaient à s'en servir, en s'efforçant d'ignorer leurs côtés désuets. Quant aux "jeunes" qui avaient du talent, ils se bornaient à moduler ces formes. Chateaubriand écrit : "On ne peut renouveler les idées sans en renouveler le style." En ce domaine, nous n'avons rien apporté de neuf. Notre petit cercle de lecteurs, critiques et "sympathisants", n'attendait rien d'autre de nous que quelques changements au niveau du sujet. Notre originalité n'allait pas plus loin et cela ne suffit pas à rendre vie à ce qui, dans le fond, s'étiolait.

Dans l'"espace clos" où nous vivions, nous les "jeunes" écrivains de l'émigration, sans patrie, ni langue, ni tradition, ni même la possibilité de nous rebeller contre elles, les sujets ne manquaient certes pas, mais nous étouffions par incapacité de créer un style susceptible de les exprimer. Ce drame d'une littérature en exil prouverait à lui seul qu'en art le fond ne peut être dissocié de la forme. Mon jugement porte à la fois sur ma génération et sur moi-même. Dans cinquante ans on sera peut-être plus indulgent à notre égard.

Il existait aussi une forte pression du côté de ceux qui attendaient de nous la poursuite de la tradition réaliste de Bounine-Chmeliov-Kouprine pour reprendre leur expression, non la mienne. Personne ne comprenait ni n'appréciait nos tentatives pour nous en dégager. La prose de Tsvetaïeva, qui figurait parmi les meilleures de cette époque, ne fut pas comprise. On s'est mis à lire Poplavski après sa mort et personne n'aimait Remizov. J'ai moi-même entendu Milioukov dire : "J'ai terminé mes études secondaires et universitaires, mais je ne comprends pas Tsvetaïeva." Quelqu'un se permit de murmurer à mi-voix, derrière son dos, que si l'on n'y comprenait rien, c'était peut-être qu'on ne méritait pas la place qu'on occupait. A ce genre de propos, Milioukov répondait toujours :

— Le journal est avant tout une affaire politique et commerciale, nous ne faisons que tolérer la littérature.

Tout à coup, à la veille de la guerre, des voix se sont élevées pour demander si finalement ce n'était pas la littérature, et elle seule, qui subsisterait pour témoigner de ce quart de siècle d'exil. Elle a beau être médiocre, moribonde et peu autonome, elle a néanmoins su transmettre quelque chose, tandis que la politique de l'intransigeance ou de la réconciliation, de l'"élargissement ou du colmatage de la brèche" n'a rien donné du tout et disparaîtra sans laisser de traces. Et si nos "vers médiocres" et nos "petites histoires" survivaient aux éditoriaux de Milioukov lui-même, aux élucubrations historiques de Fondaminski qui ne cachait pas une certaine sympathie pour la monarchie russe, ou à “l’idéologie blanche” de la droite dont les représentants tomberont à coup sûr dans l’oubli ! Je ne me souviens plus qui a exprimé cette idée le premier. Ce fut peut-être Khodassevitch ou Fedotov, ou bien l’un des “jeunes” qui l’avait lâchée étourdiment, ou encore un orateur qui l’avait lancée lors d’une réunion littéraire ou politique, à moins que ce ne fût un mot d’esprit du salon des Zetlin, destiné à amuser la galerie.

Pratiquement personne d’entre nous n’avait de conception esthétique. On aurait dit que nous avions régressé par rapport au symbolisme pour revenir à une époque où l’on considérait que si, pour écrire des vers, il fallait respecter certaines règles, la prose, elle, coulait de source. Aux *Annales contemporaines*, ni Fondaminski, ni Roudnev, ni Vichniak ne s’intéressaient le moins du monde à la littérature. A la revue *Chiffres*, il en allait de même, en dépit de quelques tentatives de poser en termes clairs le problème fondamental. Son rédacteur, Otsoup, vivait dans l’espoir d’un miracle, car il était tombé dans un mysticisme religieux excessif, allant jusqu’à comparer sa concubine au Christ. Mais le miracle n’eut pas lieu. Le Dieu russe refusa de nous venir en aide.

Je me suis mise à écrire de la prose dans les années vingt. Mes premiers récits parurent dans *Les Jours* et *La Nouvelle Demeure*. Malgré ma totale inexpérience de l’écriture, on y trouve une certaine vivacité de l’imagination et une tentative de symbolisation. Lorsque je suis entrée aux *Dernières Nouvelles*, j’ai commencé le cycle intitulé *Les Chroniques de Billancourt*. Je décrivais sur un mode à la fois lyrique et ironique la vie des Russes à Billancourt, celle des indigents, des ivrognes, des pères de famille, des ouvriers de Renault, des chanteurs ambulants et de tous les marginaux. Ces récits étaient de valeur inégale. J’avais écrit certains à la va-vite en usant d’effets faciles, mais la moitié d’entre eux au moins n’étaient pas dénués d’intérêt. Il y avait là des réminiscences de Gogol, de Zochtchenko, de Dostoïevski et du jeune Tchekhov. Ils portaient la marque de ma propre recherche d’un style proche du langage quotidien et de sujets où le drame se mêlait au burlesque, comme dans les romances “sentimentales” et “cruelles”.

Ces récits eurent un grand succès. *Les Dernières Nouvelles* tiraient à trente ou trente-cinq mille exemplaires. Tout le monde les lisait, pas seulement à Paris. Mme Pychman se débrouillait pour me glisser dans mon sac à provisions une boîte de conserve, une fois le cordonnier russe me refit les semelles gratuitement, les déménageurs qui emportèrent nos affaires à Longchêne n'acceptèrent pas de pourboire. On me reconnaissait aux réunions littéraires et, un soir dans le métro, toutes les têtes se tournèrent vers moi : une trentaine de Russes rentraient d'une fête et j'entendis chuchoter mon nom.

Dans *Les Annales contemporaines*, je publiais de brefs romans. Au début, il s'agissait de pastiches, comme mon premier roman, *Les Derniers et les Premiers*, qui eut un accueil plutôt sympathique.

Durant ces années-là, je subissais de façon excessive l'influence de Dostoïevski dont je n'ai réussi à me libérer qu'en me tournant vers un genre plus léger, comme pour le narguer. Mon deuxième roman et, dans une certaine mesure, le suivant aussi, portent la marque de cette réaction.

A partir des années trente, je commençai à comprendre que la forme littéraire qui me convenait le mieux était celle de la nouvelle. Les plus réussies d'entre elles furent réunies dans un recueil intitulé *L'Allégement du destin*, comprenant six nouvelles*, qui parut aux éditions Y.M.C.A. en 1948.

Saveliev-Cherman fit, dans *Les Annales contemporaines*, l'éloge de *Rocquenval*. Bounine me confia qu'il avait annoté abondamment *Le Laquais et la Putain*** dans son numéro des *Annales contemporaines* (volume 64) et me promit de me le montrer un jour. Je me demande où peut bien se trouver aujourd'hui cet exemplaire, dans quelles archives ou dans quelle cave de bouquiniste.

Les tirages de livres oscillaient à cette époque entre huit cents et mille cinq cents exemplaires. Ceux de Bounine étaient

* Le récit intitulé *L'Allégement du destin* a paru en traduction française aux éd. Actes Sud (1988) sous le titre : *Astachev à Paris. (N. d. T.)*
** Actes Sud, 1986.

tirés à mille cinq cents, les miens à mille. Une pièce au Théâtre russe était jouée dix à douze fois au maximum, comme celles de Teffi ou d'Aldanov. Ma comédie *Madame* fut jouée quatre fois en 1938. Une représentation unique signifiait un four ; quand une pièce se donnait deux fois, c'était un petit succès.

Le public réclamait un théâtre réaliste, avec un samovar sur la scène et des acteurs qui buvaient du thé. Il ne pouvait qu'être déconcerté quand Nabokov lui donna *L'Evénement* et *L'Invention de Valse*, dans laquelle il ne s'agissait pas d'une danse, mais d'un homme – l'un des rôles féminins était écrit en vers et l'actrice, qui avait joué jadis au Mkhat*, n'arrivait pas à les réciter – ou lorsque, à la fin de ma pièce, la moitié des personnages se demandaient si l'autre moitié existait bien. Personne n'y comprit rien et Guermanova, elle aussi une ancienne du Mkhat, trouva même qu'on y sentait l'influence de Leonid Andreiev.

Je n'ai jamais pu oublier l'adaptation des *Frères Karamazov* dans laquelle Guermanova jouait le rôle de Grouchenka et Rochtchina-Insarova celui de Katerina Ivanovna. Elles avaient l'air toutes deux d'être soit les grands-mères des personnages qu'elles interprétaient, soit les héroïnes de Dostoïevski *elles-mêmes*, qui, jeunes filles dans les années 1870, seraient encore vivantes aujourd'hui.

Le critique de théâtre des *Dernières Nouvelles*, un vieux journaliste d'Odessa, se montra bienveillant envers ma pièce. On m'invita à monter sur la scène et on m'offrit un bouquet de fleurs. En revanche, le critique de *Renaissance*, Sourgoutchev, que je ne saluais plus depuis de nombreuses années, me reprocha de ne pas avoir laissé à mon héros le temps, dans le dernier acte, d'aller à la *bania***.

C'était là l'opinion d'un critique de "droite", collaborateur de *Renaissance,* mais même ceux de "gauche", qui régnaient en maîtres dans les *Annales contemporaines*, n'étaient pas moins incultes en matière artistique. Milioukov ne comprenait

* Le Théâtre d'Art de Moscou, fondé en 1897 par Stanislavski et Nemirovitch-Dantchenko, auquel Tchekhov confia *La Mouette.*

** Sauna russe. *(N. d. T.)*

rien à Tsvetaïeva, Roudnev rien à Nabokov, et Volski, qui écrivait parfois sous les pseudonymes de Valentinov ou de Yourievski, traitait dans ses mémoires Bely et Blok de bouffons loufoques.

La renaissance russe du XXe siècle a été l'œuvre de deux courants de l'intelligentsia. Le premier ignorait tout de la politique et n'avait pas lu Lénine. A ce courant appartenaient les grands poètes et prosateurs, les artistes peintres, les compositeurs et les gens de théâtre. Le second était formé par des hommes qui militaient activement dans les divers mouvements révolutionnaires. Ceux-ci imposèrent aux artistes, du moins partiellement, leur vision de l'histoire et de la réalité russes ; les artistes, quant à eux, ne réussirent pas à transmettre aux militants politiques leur idéal esthétique. Ces deux groupes étaient animés par des buts et un "esprit" différents : le premier, malgré son originalité, dépendait de l'Europe et de l'Occident ; le second était fortement marqué par les traits nationaux russes traditionnels, en dépit des liens qui les unissaient à l'idéologie de Marx et d'Engels.

Mes vers d'alors ont un caractère "inachevé" que l'on retrouve chez presque tous mes contemporains. C'est la raison pour laquelle j'ai préféré ne pas les publier*. Cependant, presque tout le monde connaissait par cœur ma parodie d'une romance, *La Guitare*.

"A l'heure du crépuscule,
Dans la brume des vieilles rues,
On entend parfois
Un vieil air de guitare.
Une porte s'est-elle ouverte
Là-bas où l'on danse ?
Ou bien est-ce une belle
Qu'on embrasse à sa fenêtre ?

* Ce recueil, que Nina Berberova n'envisageait pas de publier à l'époque, a paru, en russe, en 1984 aux éd. Russica, sous le titre : *Poésies* (1922-1983). *(N. d. T.)*

La chanson s'envole
Au-dessus des pavés,
Pleine de nostalgie,
De bonheur et d'espoir.
Un autre la chante
Maintenant, quand le soir tombe,
Mais elle est restée pareille
A ce qu'elle était jadis.

Et toi ? Les années ont passé
Plus vite que les eaux du fleuve,
Mais ton amour dure toujours,
Encore plus tendre,
Encore plus fidèle,
Que lors de nos premières rencontres,
Ta flamme est plus douloureuse,
Plus cruels tes aveux."

En ce temps-là, il m'importait davantage de rester en relation avec la Russie contemporaine que de garder un lien avec celle du passé. Petit à petit, son visage révolutionnaire se transformait : Trotski fut écarté, puis exilé. Gorki retourna en U.R.S.S. et y vécut, touché par ce qu'il voyait et incapable de prévoir ce qui allait bientôt se passer pour lui-même et pour la littérature, à moins qu'il ne préférât fermer les yeux selon son habitude. Il mourut et le mystère qui entoure sa mort n'a fait que s'épaissir durant ces trente dernières années. On n'en parle jamais nulle part, sinon pour évoquer sa maladie et ses funérailles ! Puis les gens se mirent à disparaître. Dans la presse de Moscou et de Leningrad des dizaines de noms cessèrent de paraître, tandis qu'on trouvait à chaque page le nom de celui qui allait devenir l'objet de ce qu'on a appelé "le culte de la personnalité". J'ai toujours éprouvé un profond dégoût à l'égard de quelque "culte" que ce soit. Le fanatisme, sous toutes ses formes, m'apparaît comme le trait humain le plus terrifiant, le plus humiliant, le plus néfaste et provoque invariablement en moi une sensation de nausée.

Certains d'entre nous retournèrent en Russie soviétique, comme le peintre Ivan Bilibine, Natacha Serova, Hélène

Sofronitskaïa, Serge Prokofiev, Kouprine, et plus tard Tsvetaïeva. Presque tous espéraient trouver là-bas une vie meilleure, moins sur le plan matériel que personnel et artistique. Bilibine n'était pas reconnu comme peintre en France et il est parti en maudissant les éditeurs français qui ne l'invitaient que rarement à illustrer des traductions de contes russes pour les enfants. Natacha Serova, la fille du peintre Serov, s'était lancée dans la photographie, mais son affaire ne marchait pas. Hélène Sofronitskaïa, la fille de Scriabine et de sa première femme Vera Ivanovna, était venue à Paris avec son mari, le pianiste, mais ne retourna pas tout de suite à Moscou avec lui. Elle hésita pendant quelques années, puis se décida enfin à repartir, car on lui promettait un poste au musée Scriabine.

Je n'ai pas vu partir Serge Prokofiev. Sofronitskaïa me raconta qu'il avait installé sa femme et ses deux enfants dans une voiture à laquelle il avait attaché une remorque pour les bagages, et qu'il s'en était allé. Je doute cependant que cela se soit passé ainsi, bien qu'il m'eût dit une fois à propos de l'Amérique :

— Il n'y a pas de place pour moi ici tant que Rachmaninov est en vie, et il pourrait bien vivre encore dix ou quinze ans. L'Europe ne me suffit pas et je ne veux pas occuper la seconde place en Amérique.

J'ai vu pour la dernière fois Marina Tsvetaïeva le 31 octobre 1937 aux obsèques du prince Serge Volkonski, un catholique de rite orthodoxe – ou était-ce peut-être un office des morts dédié à sa mémoire. Le service avait eu lieu dans l'église de la rue François-Gérard et je venais de sortir dans la rue. Tsvetaïeva se tenait sur le trottoir, les mains croisées sur sa poitrine. Elle était seule et nous regardait avec des yeux pleins de larmes. Elle avait vieilli et ses cheveux étaient presque gris. Cela se passait peu après le meurtre d'Ignace Reiss auquel son mari Serge Efron avait été mêlé. On aurait dit une pestiférée. Personne ne s'en approchait et moi aussi je suis passée à côté d'elle, comme les autres. Elle partit pour l'U.R.S.S. en juin 1939.

Nous étions nombreux, à cette époque-là, à nous demander ce qui nous empêchait, nous aussi, de reconnaître le régime soviétique. Les hommes de lettres étaient surtout gênés par la politique littéraire menée par le parti communiste. Aujourd'hui, à la suite des réhabilitations officielles on voit clairement quelle menace pesait sur les écrivains qui retournaient là-bas en espérant pouvoir s'exprimer ouvertement. Nous ne nous étions, il est vrai, jamais bercés d'illusions, mais une autre idée nous venait parfois à l'esprit. Ne pourrions-nous pas renoncer à la littérature et nous contenter d'être de petits fonctionnaires provinciaux ou des agents culturels en Sibérie ? Ou encore, après quelques années passées à travailler dans la forêt, ne pourrions-nous retrouver une activité intellectuelle ? A cela, il n'y avait qu'une seule réponse : Staline. Durant toutes ces années, je n'ai pas connu un seul jour sans ressentir sa présence dans le monde, sans en éprouver de l'indignation, du dégoût, de l'humiliation et de la terreur.

En mars 1953, mon attitude envers le régime soviétique s'est modifiée sinon dans sa totalité, du moins de façon importante. J'entrevois maintenant la fin de l'idôlatrie du tyran et la possibilité d'une évolution de la pensée communiste. L'histoire intellectuelle de tout un pays s'est remise en marche après avoir marqué un arrêt, du moins est-ce mon impression au moment où j'écris ces lignes*. La pensée est énergie et elle ne peut pas être indéfiniment bloquée, de même qu'un peuple ne peut pas être à jamais coupé de l'évolution générale de la civilisation. Cependant, si les bases du régime ne sont pas révisées, l'ère glaciaire de l'idéologie risque de revenir à n'importe quel moment.

Je n'avais pas de contacts réels avec la littérature soviétique dans la mesure où cela aurait supposé des échanges réciproques. Tout ce qui, là-bas, avait la moindre valeur arrivait jusqu'à nous ; par contre, rien ne passait en sens inverse à l'exception d'extraits de la presse de l'émigration destinés à “des fonds spéciaux” secrets. Nous avons passé ces vingt années, coincés entre l'Union soviétique et les grandes figures de l'ancienne Russie qui disparaissaient petit à petit, entre notre propre impuissance et le dur visage de la France moderne. Je

* En 1967. *(N. d. E.)*

n'ai jamais voulu me désolidariser de ma génération, en dépit du manque de véritables liens entre nous, que ce soit sur le plan de l'action ou sur celui des idées. Je n'ai pas la prétention de m'écarter des autres, ni la pusillanimité du "petit-bourgeois" qui se tapit chez lui, derrière sa porte close, par peur des voleurs et des voisins. Mais je n'ai jamais ressenti le besoin d'émotions collectives. Il m'est plus facile de réaliser un travail ardu dans la solitude que d'en accomplir un, plus aisé, en groupe. J'ai cependant conscience d'être liée, dans l'espace et le temps, à ceux qui ont eu la même destinée que moi. Je n'ai pas de goût pour ce phénomène typique de la culture russe qu'est la réflexion collective sur les problèmes cruciaux de l'existence. J'ai résolu, à ma façon, ces questions-là, et ne cache à personne mes réponses.

Le dur visage de la France d'entre les deux guerres était pour nous celui des dadaïstes, des surréalistes, des jeunes peintres abstraits, des cubistes en fin de carrière et des poètes qui pratiquaient le vers libre. Tous continuaient à considérer Moscou comme le refuge de l'art d'avant-garde. Tous s'arrachaient les traductions françaises de Maiakovski, les romans prolétariens, les pièces de Seïfoullina, les films d'Eisenstein, et la "révolution permanente" de Trotski. Mais ils ne comprenaient pas très bien pourquoi Stravinski était ici, non là-bas, pourquoi Diaghilev était mort à Venise, couvert de dettes, alors qu'on lui aurait sûrement offert le poste de directeur des théâtres soviétiques, ni pourquoi Ehrenbourg ne rééditait pas ses premières œuvres. A leurs yeux, les émigrés russes de la vieille génération étaient des gens qui avaient perdu leur compte en banque, leur propriété et leur bonne petite situation. Quant à ceux qui avaient entre dix et quinze ans en 1917, on supposait que leurs pères avaient été des grands princes et qu'ils n'avaient que ce qu'ils méritaient !

Les années trente ont été marquées par la dépression financière américaine, la crise économique mondiale, la montée d'Hitler, les guerres d'Ethiopie et d'Espagne, le culte de la personnalité en U.R.S.S., le désarmement des uns et le réarmement des autres. C'était, en Europe et dans le monde, une époque de désespoir, de peur et de bassesse. On avait beau appeler au secours, personne ne répondait. Quelque chose s'était mis en marche et plus rien ne pouvait l'arrêter. On nous avait refusé la citoyenneté, mais les tranchées nous attendaient. Nous avions l'impression d'être coupables de la montée d'Hitler, du culte de la personnalité, du meurtre du président Doumer*. Qui d'autre avait bien pu le tuer, sinon un émigré russe, sorti récemment de l'hôpital psychiatrique et désireux d'attirer l'attention générale sur son sort misérable ?

— Comme ils en ont *assez* de nous, disait Ladinski, mon Dieu, comme ils sont fatigués de nous supporter ! A leur place, j'aurais chassé depuis longtemps sur les îles Sandwich cette bande d'émigrés avec leurs demandes d'allocations de chômage, d'instruction gratuite pour les enfants et de pensions de retraite. Vous verrez, lorsque la guerre éclatera...

C'était devenu une rengaine chez lui. Et Khodassevitch, que je voyais maintenant plusieurs fois par semaine, me disait également :

— Tu verras, quand la guerre éclatera...

Il venait chez moi, nous déjeunions, puis allions jouer au billard jusqu'au soir dans le bistrot du coin. Parfois, c'était moi qui allais chez lui et nous déjeunions ensemble ou nous nous retrouvions dans le sous-sol du café Georges V, non loin de la rédaction de *Renaissance*. Puis, je le raccompagnais ou bien nous nous promenions longuement dans les rues. Il se couchait, selon son habitude, au petit matin.

Voici des extraits de deux lettres que j'ai reçues de lui durant cette période :

26 août 1932

... Je suis arrivé ici hier. J'ai une chambre au village, non loin de la pension. Elle est plus confortable que celle que nous avions à Arthies. Il y a même une armoire à

* Elu président de la République en 1931, fut assassiné en 1932 par un Russe blanc, Gorgoulov. *(N. d. T.)*

glace et un lit à baldaquin qui penche d'un côté. C'est propre. Le parc est en fait un jardin. On dirait Deauville par rapport à Arthies. On y trouve même des femmes superbes en pyjamas extravagants ! Les pensionnaires sont nettement plus élégants et diablement plus jeunes que ceux d'Arthies. Ça fait du bien. Personne ne connaît Renaissance, *beaucoup ont entendu parler des* Dernières Nouvelles, *mais seuls les K. sont abonnés. Les autres soit ne lisent rien, soit achètent* Le Matin *et* Le Journal. *Aujourd'hui, une dame (sans pyjama) recommanda à une autre (en pyjama) la lecture d'un livre. Celle-ci demanda pourquoi elle se mettrait à lire alors qu'elle n'était pas encore vieille. Il y a une demoiselle qui m'a dit avoir lu récemment un livre russe, il y a de cela trois ans environ. C'était, paraît-il, un excellent bouquin, drôle quoique bolchevique, et il y était question d'une douzaine de chaises**. *Je te parle de tout cela parce que je côtoie ici "la grande masse des lecteurs" et tiens à ce que tu sois au courant.*

Ecris-moi et donne-moi des nouvelles de Paris et de toi. Lors de nos dernières rencontres, tu étais si gentille. Parle-moi aussi du chat. Comment l'as-tu trouvé, comment va-t-il ? Je me repose bien ici. Mon Dieu, quel bonheur de n'avoir rien à écrire et de ne pas avoir à penser au prochain feuilleton...

Printemps, 1933

... Je viens juste de recevoir ta lettre, dans la nuit du 2. Merci de ta franchise amicale. Je te répondrai avec la même sincérité... Ce que je sais de toi, c'est de toi et de toi seule que je le tiens. Peux-tu croire que je sois capable de jaser sur ton compte avec des imbéciles ?... Supposons que demain, dans les journaux, on raconte que tu fais ceci ou cela. De quel droit t'imposerais-je tel ou tel comportement,

* *Les Douze Chaises* d'Ilf et Petrov (1928) est un célèbre roman humoristique et satirique dont l'action se déroule sous la N.E.P. *(N. d. T.)*

ou bien te jugerais-je ? Ce n'est pas ton comportement *qui me déplaît. J'ai dit à Assia que ce qui me chagrinait, c'était ta crédulité insensée, ta façon de t'emballer pour des gens qui n'en valent pas la peine* (des deux sexes et sans qu'il soit question d'amour)*, puis de les envoyer promener de façon également excessive. Cela a toujours été une tendance chez toi, je te l'ai dit bien des fois. Et maintenant que tu te retrouves seule, tu te laisses emporter par cette vague humaine, tantôt sur la crête, tantôt au creux. A mon avis, tu finiras par te disperser complètement. Pourvu que je me trompe ! C'est là mon seul reproche. Tu vois qu'il ne s'agit pas de comportement.*

Mon petit, rien ne peut modifier en aucune façon les sentiments profonds que je te porte. Ils seront toujours ce qu'ils ont été : tu sais très bien comment j'ai réagi à l'égard de ceux qui t'ont fait du tort et qui ont essayé de nous brouiller. Cela sera toujours ainsi : les gens qui veulent être bien avec moi devront aussi l'être avec toi. De mon côté, il n'y a jamais eu d'ambiguïté sur ce point.

Ne te fâche pas, je te prie, de ce que je viens de dire sur les risques que tu cours de t'éparpiller. Je ne l'ai fait que pour clarifier la conversation que j'ai eue avec Assia (il m'est déjà arrivé mille fois de lui parler, rue des Quatre-Cheminées, de ta façon d'être avec les gens, tantôt en ta présence, et alors nous te le reprochions ouvertement, tantôt quand tu n'étais pas là ; pourquoi me méfierais-je d'Assia ?)...

*Bref, j'espère que ce malentendu (si c'en est un) se dissipera. Samedi, j'irai aux Trois Obus**, *à trois heures trente. Je te parlerai alors de mes projets pour l'hiver. Les prévisions sont assez bonnes. Pour le moment, mes créanciers me harcèlent et me tourmentent. Les pires sont le percepteur (c'étaient deux mille, j'ai payé mille, et à nouveau ce sont deux mille !) et Goukassov à qui j'ai emprunté mille francs en automne. Il prélève deux cent cinquante francs sur mes revenus tous les quinze jours. Quand j'aurai terminé de payer, j'emprunterai encore et tout recommencera !*

* Café à la porte de Saint-Cloud. *(N. d. T.)*

Passons. Porte-toi bien. Je me couche, il sera bientôt quatre heures du matin. Je t'embrasse la main.

Un matin, Khodassevitch vint frapper à ma porte. Il me demanda pour la dernière fois si je ne lui reviendrais pas. Au cas où je refusais, il avait pris la décision de se marier, car il ne supportait plus la solitude. Je m'affairai dans ma chambre pour lui cacher mon soulagement : il ne serait plus seul, il était sauvé ! Et moi aussi. Je le plaisantai et le taquinai en le traitant de "fiancé", mais il garda son sérieux. A présent, je pouvais songer à mon avenir et il le prendrait calmement.

J'embrassai son cher visage maigre et ses mains. Lui m'embrassa également, trop ému pour pouvoir parler. "Moi aussi, lui dis-je, je me marierai et tout ira bien pour nous quatre, tu verras !" Il se mit à rire, enfin, à travers ses larmes. Il devinait qui j'allais épouser et moi, je savais pertinemment qui serait sa femme.

— C'est pour quand ?

— Cet après-midi.

Je finis par le chasser en lui disant qu'elle "risquait de s'enfuir" et il partit.

Olga Margolina était apparue dans notre vie au cours de l'hiver 1931-1932. Elle vivait avec sa sœur, était dans la quarantaine, mais ne le paraissait pas. Elle avait de grands yeux gris-bleu et de magnifiques dents blanches régulières qui donnaient à son sourire un attrait extraordinaire. Plus tard, pendant la guerre, lorsqu'elle habitait chez nous à Longchêne, je la taquinais :

— Le dentiste de notre petite Olga est vraiment minable ! Il lui fait de fausses dents, mais ça se voit qu'elles sont en porcelaine. Tu devrais réclamer...

Olga était petite, elle se déplaçait sans bruit et parlait d'une voix douce. Elle me raconta un jour comment, à quatorze ans, elle était entrée un soir, par hasard, dans une église située entre le canal Moïka et le canal Catherine. Elle vivait alors à Pétersbourg et y faisait ses études. Les bougies brillaient d'un vif éclat, on célébrait un office et des fidèles priaient.

Durant quelques instants inoubliables, elle avait éprouvé un sentiment singulier d'humilité et d'exaltation qui l'avait bouleversée à jamais. Elle se distinguera, plus tard, de ses proches, de ses deux sœurs aînées et de ses frères par la douceur de son caractère et par sa sérénité.

— Et vois-tu, je ne me suis pas mariée dans ma jeunesse, les choses ne se sont pas passées chez moi comme chez les autres.

"Chez les autres" signifiait chez les gens de son milieu, des bourgeois conformistes et traditionnels.

Sa famille était riche, car son père était joaillier. Ils vivaient dans un hôtel particulier et, ce qui m'avait toujours frappée, ils possédaient une vache en plein Pétersbourg. On conduisait Olga au lycée dans la calèche familiale tirée par des chevaux élégamment harnachés deux à deux. Plus tard, ils vécurent en Suisse, où ils menèrent une existence oisive. Ils jouaient au tennis et dansaient. Elle jouait mal, cependant, et n'aimait pas la danse.

A présent, elle gagnait sa vie en tricotant des chapeaux, selon la mode d'alors. Lorsque j'ai quitté Khodassevitch, elle allait parfois l'aider dans son ménage.

Je me souviens qu'auprès d'elle, j'avais l'impression d'être un éléphant dans un magasin de porcelaine, risquant à chaque instant de tout briser. Olga ne ressemblait pas à la plupart des personnes que nous fréquentions et il fallait en tenir compte. Croyante, elle était arrivée petit à petit à la conviction qu'elle devait se faire baptiser. Elle disait que dans la religion juive la femme, en quelque sorte, n'avait pas sa place, la foi judaïque étant d'essence masculine. Cela dit, il ne pouvait y avoir qu'un seul Dieu, non deux, cinq ou dix. Je pensais à l'éléphant et me taisais : je risquais, par un mouvement maladroit, de tout gâcher.

Khodassevitch et Olga vécurent six années ensemble et, au cours de la dernière, celle de Munich et de l'annexion de la Tchécoslovaquie, lorsqu'il était gravement malade, ils ont fait plusieurs séjours prolongés à Longchêne. Lors de la dernière visite, Khodassevitch ne sortait plus guère au jardin mais restait allongé toute la journée dans un fauteuil sur la terrasse. N.V.M. faisait tout son possible pour qu'ils se sentent à l'aise chez nous. Il aimait beaucoup Olga.

Les dernières lettres de Khodassevitch révèlent bien son état d'âme à la fin de sa vie. Voici deux d'entre elles :

21 juin 1937

... Je ne dissimule plus, en effet, mon désenchantement intégral par rapport à l'émigration (et à ses "guides spirituels", à quelques rares exceptions près). Voilà trois semaines environ que j'ai appris le prochain départ de Kouprine. "Les représentants de l'élite" en ont conclu que je m'en irai également bientôt. Hélas, cette rumeur n'a aucun fondement sérieux. Je n'ai entrepris aucune démarche dans ce sens, je ne saurais même pas comment m'y prendre. J'ignore surtout comment on réagirait à Moscou (bien qu'au fond de mon cœur je sois convaincu que la réaction serait positive pour peu qu'on prenne en compte un grand nombre de circonstances importantes). De toute façon, je ne partirais pas en douce, comme Kouprine (c'est vrai qu'il est devenu sénile). Je ne me priverais pas de claquer pas mal de portes avec fracas et tu en aurais des échos.*

*Je reste à la maison ou bien je vais jouer aux cartes. La littérature m'écœure complètement, aussi bien l'ancienne que la nouvelle. J'éprouve encore un reste de tendresse pour Smolenski et Sirine**. Je te transmets deux informations : il paraît que F. change de cap et revient à sa patrie spirituelle, délaissant la littérature pour des voies balisées, la bourse. Hier, A. a épousé une musicienne riche et laide. Les jeunes mariés, une fois l'appartement installé, sont partis à la montagne. Bref, la vie suit son cours naturel.*

J'ai entendu parler de ton petit chien. Je regrette de ne pas pouvoir faire sa connaissance, car le trajet me

* Le bruit courait que Khodassevitch avait l'intention de regagner l'U.R.S.S. *(N.B.)*

** Pseudonyme de Nabokov au cours des années 1920-1939. *(N.B.)*

coûterait cinquante francs. Si tu viens à Paris, préviens-moi pour qu'on puisse se voir.

J'ai rencontré Mme P. Elle m'a fait penser à ma jeunesse (la mienne), et à la vieillesse (la sienne). Elle se promenait au bras de Micha Struve et parlait d'Akhmatova, comme les vieux généraux du temps de Nicolas Ier se souvenaient de Catherine.

Ziouzia a épousé un Anglais. Elle va habiter près de Birmingham, le Hollywood anglais. Je crains pour elle cette ambiance, mais pour l'instant elle est contente. C'est toi finalement qui as tracé son destin, c'est amusant.*

Quelles horreurs Bounine est en train d'écrire sur Tolstoï !...

N. ne brille pas par son talent, c'est sûr, mais ne la houspille pas trop. On ne doit être exigeant qu'avec des professionnels, et puis, n'importe qui vaut mieux qu'un écrivain.

Zut ! J'ai failli oublier. Je joins une lettre que j'ai reçue par l'intermédiaire de Renaissance *; je l'ai ouverte par mégarde. C'est seulement quand j'ai commencé à lire que j'ai remarqué sur l'enveloppe "Mlle N. Berberoff". Je te prie de m'en excuser. Pardonne-moi, je fais du coq-à-l'âne dans ma lettre, mais aujourd'hui j'ai réussi à terminer un feuilleton, suis allé en ville, ai lu trois journaux français (sur Léon Blum) ; il est deux heures du matin, je suis fatigué et il est temps de dormir.*

Porte-toi bien. Olga t'embrasse. Mes salutations à N.V. Je bénis le petit chien, donne-lui de bonnes habitudes dès l'enfance.

21 mai 1938

*Je t'envoie, ma chère, ma chronique d'hier. Demain, il faut que je me mette à la suivante. Je parlerai sans doute de Boris Nikolaïevitch (Bely), mais ce n'est pas encore tout à fait sûr. J'ai pris un des volumes** chez Fondaminski,*

* Nièce d'Olga, Melita Thorneloe, née Livchitz. *(N.B.)*

** Il s'agit des *Souvenirs* en trois tomes d'A. Bely. *(N.B.)*

mais je n'arrive pas à lire plus d'une page par heure. Quel triste et horrible fatras ! Il est donc possible que je renonce à lui consacrer ma chronique.

Nous avons mangé chez N. Le seul bénéfice qu'on en ait retiré est qu'un chauffeur de taxi nous a dit qu'il ne fallait en aucun cas planter du raifort avec les autres légumes. Il faut le planter dans un coin à part, car cette sale bête est envahissante : ses racines se répandent sous la terre pour resurgir là où on ne s'y attend guère, et bientôt étouffent tout le reste. Le potager se transforme en une plantation de raifort : c'est affreux d'y penser ! Cette information est de la plus haute importance pour toi.

C'est seulement en revenant en ville que nous avons pu réellement apprécier combien c'était agréable chez vous. C'est seulement après avoir été chez N. que nous avons compris à quel point nous sommes bien chez nous. C'est seulement après avoir fait un tour à Montparnasse, le même soir, que nous avons regretté de n'être pas restés chez N. Ça te donnera une idée de ce qui se passe ici.

Portez-vous bien.

Je te téléphonerai d'ici quelques jours.

Voici les notes que j'ai prises entre le 13 et le 23 juin 1939 sur la maladie et la mort de Khodassevitch.

"Il est tombé malade à la fin du mois de janvier 1939. Il reçut alors les soins du docteur Z. qui fit un diagnostic partiellement juste : obstruction des voies biliaires. Mais le traitement était cruel et barbare. A la fin du mois de février, il était chez nous à Longchêne et il se sentait bien. «Si je pouvais rester avec toi, ici, je guérirais», me disait-il. Il prétendait que la campagne lui ferait du bien et je me mis à la recherche d'une chambre dans les environs où il pourrait passer l'été.

"A la fin du mois de mars, son état empira brutalement. Les douleurs apparurent. Il changea plusieurs fois de médecin. Juste avant Pâques (9 avril), il allait très mal, il était très amaigri et souffrait beaucoup. Ses douleurs étaient localisées au niveau des intestins et du dos. Durant la semaine qui suivit Pâques, il est allé se faire examiner par le docteur Lévène.

Celui-ci commença par un traitement des intestins. Nous craignions un cancer.

"Tout le mois d'avril, il souffrit cruellement et perdit du poids (neuf kilos). Ses cheveux étaient devenus longs et à moitié gris. Il se rasait rarement, sa barbe était blanche. Il ne mettait plus son dentier. Il était torturé jour et nuit par des douleurs abdominales. Parfois un médecin du voisinage venait lui faire une injection de morphine, après quoi il délirait : il rencontrait André Bely, les bolcheviks le persécutaient, il se préoccupait de mon sort. Une nuit, il a terriblement crié et pleuré. Il avait assisté en rêve à un accident de voiture dans lequel j'avais perdu la vue (cette année-là, j'apprenais à conduire en voiture). Il n'a réussi à se calmer qu'au petit matin et, quand je suis venue le voir l'après-midi, il s'est mis de nouveau à sangloter.

"Je venais lui rendre visite deux fois par semaine. Lévène tentait de remettre graduellement en état ses intestins qui avaient souffert, des années durant, d'une inflammation chronique. Les douleurs s'atténuaient et s'espaçaient, mais son état nerveux restait très déprimé. Certains jours, il n'arrêtait pas de pleurer : c'étaient des larmes d'attendrissement, d'apitoiement sur lui, d'angoisse même. Les papiers peints de la chambre étaient vert olive tirant sur le gris, la couverture verte, les draps grossiers, le lit un simple canapé étroit. Il était étendu là, émacié, les cheveux longs et il fumait toujours beaucoup. Au mois de mai, il fit une jaunisse.

"Je suis allée chez Lévène. Il me dit que d'après les radios et les analyses (qui n'avaient rien donné), il avait l'impression qu'il ne s'agissait pas des intestins (qu'il avait réussi à traiter partiellement), mais du pancréas. «Il est possible que ce soit une obstruction des voies biliaires, mais il n'est pas exclu qu'il s'agisse du cancer du pancréas. Il faut attendre et voir.» Il pesait maintenant quarante-neuf kilos ; il avait très mauvaise mine, son teint de jaune était devenu verdâtre (ce qui était mauvais signe), il maigrissait moins et continuait à avoir de l'appétit (ce qui était plutôt positif).

"Même le blanc des yeux avait pris une couleur jaune verdâtre. Ses jambes étaient devenues maigres comme des baguettes.

Son visage exprimait l'angoisse et l'horreur. Il avait complètement perdu le sommeil. Il ne pensait pas au cancer et ne se doutait pas de la gravité de son mal. Mais tout en lui traduisait le désarroi. Il ne trouvait de soulagement nulle part. Les douleurs se manifestèrent à nouveau, de façon moins intense. Elles se situaient plus haut, «au creux de l'estomac». On lui fit des injections pour soigner le pancréas, mais son teint ne cessait de s'assombrir.

"A la fin du mois de mai, on décida de confronter les avis du docteur Lévène et du grand chirurgien Abrami. Celui-ci pencha pour l'hypothèse de l'obstruction des voies biliaires et préconisa une hospitalisation de deux semaines afin de procéder à des analyses devant permettre de préciser le diagnostic. On le transféra à l'hôpital Broussais. Le lieu était affreux : il est difficile d'imaginer qu'il puisse exister pareil enfer sur terre.

"Les visites avaient lieu entre une et deux heures de l'après-midi. Nous attendions, près de la grille, avec nos balluchons qui contenaient de la nourriture, comme devant une prison. Les portes s'ouvraient à une heure précise et nous courions tous, chacun de son côté, pour ne pas perdre une minute de ce temps précieux. Khodassevitch était couché dans une espèce de cage vitrée. Des draps suspendus en guise de rideaux l'isolaient des autres malades. Un soleil chaud et éclatant éclairait les lieux qui étaient si exigus qu'on pouvait à peine se mouvoir. Il était tellement affamé qu'il tremblait et se jetait sur tout ce que nous lui apportions (la nourriture de l'hôpital était mauvaise et il n'y touchait guère) ; il se moquait de lui-même, puis, subitement, se taisait, se couchait, gémissait et parfois pleurait.

"On ne lui donnait pas de bains pour soulager les démangeaisons que lui causait la jaunisse, sous prétexte qu'«il n'était pas assez sale», et on ne lui apportait pas de bouillotte la nuit. Les infirmières étaient bruyantes, indifférentes et désagréables. Abrami faisait ses visites entouré de quinze étudiants. Quand on faisait une prise de sang, il y en avait partout et Khodassevitch avait mal jusqu'au soir.

"On lui donnait un somnifère tantôt à onze heures du matin, tantôt à trois heures de l'après-midi. Nous n'avions pas assez d'argent pour le mettre dans une clinique privée. Il est resté là à souffrir, grattant jusqu'au sang son corps maigre et jaune, perdant parfois connaissance de faiblesse et de douleur. Durant deux semaines, on lui a fait des radios et des analyses de toutes sortes, l'obligeant à boire soit du lait, soit de l'eau froide, ce qui ravivait ses douleurs. Mais on n'arrivait pas à localiser l'origine de ces dernières, car il indiquait tantôt l'estomac, tantôt le côté gauche ou encore le ventre.

"Le lit n'était qu'un grabat, les draps étaient rêches, la couverture pauvre et mince comme celle d'une prison. On avait obtenu à grand-peine un second oreiller. Au-dehors, le souffle chaud de juin tentait de pénétrer dans la pièce. Khodassevitch me disait : «Cette nuit, j'ai détesté la terre entière. Tous me sont devenus étrangers. Celui qui n'a pas passé ici comme moi, sur ce grabat, des nuits d'insomnie, celui qui n'a pas connu ces heures de torture n'est plus rien pour moi. Celui-là seul est mon frère qui a vécu ce bagne.»

"Les événements du monde ne l'intéressaient plus guère. Il devenait indifférent à tout. Il ne lui restait plus que l'ironie, quelques mots de dérision, mais son aspect était si pitoyable qu'on n'arrivait pas à sourire de ses plaisanteries. Il avait toujours sa jaunisse et il perdait ses forces à une vitesse effrayante. Il se levait encore parfois, faisait même quelques pas seul, mais cela l'épuisait.

"Au bout de la deuxième semaine, on était arrivé à la conclusion qu'il n'y avait ni tumeur, ni calcul biliaire au niveau de la vésicule. L'hypothèse d'une obstruction des voies biliaires était donc à exclure mais, comme me l'expliquaient les médecins, le cancer du pancréas ne pouvait être détecté ni par radio, ni au toucher. C'est la raison pour laquelle Abrami et Lévène envisagèrent cette hypothèse et décidèrent de le faire opérer pour s'en assurer et, sans doute, pour hâter sa fin. Au cas où il s'avérerait que c'était bien, en fin de compte, une obstruction, l'opération pouvait éventuellement le sauver.

"Un jour, un prêtre qui venait à l'hôpital «pour consoler les personnes seules» vint s'asseoir un long moment au pied de son lit. En général, les «visiteurs» mettaient Khodassevitch hors de lui. Il les priait de s'en aller en leur disant qu'il n'était pas seul et qu'il n'avait pas besoin de personnes étrangères. Certains, malgré tout, ne partaient pas et restaient à discuter avec lui de littérature, ce qui le fatiguait beaucoup. De nombreux amis l'aidèrent financièrement, les uns en faisant parvenir de l'argent par l'intermédiaire d'un «comité» qui s'était créé, les autres en le lui apportant quand ils venaient le voir. Ce fut sa sœur qui l'aida le plus. Mais, malheureusement, c'était trop tard.

"Il rentra chez lui, le jeudi 8 juin, exténué par les examens et par la vie hospitalière. Il avait le teint encore plus sombre, le corps plus amaigri, la tête hirsute et grisonnante. Ses yeux avaient des cernes noirs, son ventre était brûlé par les bouillottes, ses jambes et ses bras couverts d'égratignures et aussi de bleus dont on ne comprenait pas l'origine. Il ne pouvait ni s'étendre, ni rester assis, et ne cessait de s'agiter, terriblement angoissé par l'impossibilité de dormir, tourmenté tantôt par ses douleurs, tantôt par l'idée qu'elles allaient reprendre. Il se réjouit de ma venue et me dit que l'opération était prévue pour mardi, que le plus vite serait le mieux. Il ne songeait pas à sa mort, mais ne croyait pas non plus à sa guérison. Il n'était plus que l'ombre de lui-même.

"Par moments, il restait couché sur le dos et regardait en silence dans le vide, de ses yeux jaune verdâtre. Il souffrait et était au bord des larmes. N.V.M. et Olga se sont retirés dans la salle à manger et je suis restée auprès de lui. C'était le vendredi 9 juin, à deux heures de l'après-midi. Je savais, et lui aussi, que je ne le reverrais pas d'ici l'opération. «Etre quelque part, dit-il en sanglotant, et ne rien savoir de toi !»

"J'essayai de trouver des mots pour le consoler, mais il poursuivit : «Je sais bien que je ne suis plus qu'un obstacle dans ta vie... mais être dans un lieu où plus jamais je ne saurai rien de toi... seulement de toi... Je n'aime que toi seule... je pense tout le temps à toi, jour et nuit, à toi seule... Tu le sais bien... Comment vais-je faire sans toi ?... Où serai-je ?... Mais, c'est égal. Ce qui compte, c'est ton bonheur, ta santé. Conduis lentement. Et maintenant, adieu.»

"Je m'approchai de lui. Il fit à plusieurs reprises le signe de croix sur mon visage et sur mes mains. J'embrassai son front jaune et ridé et lui m'embrassa les mains en les mouillant de ses larmes. Je le pris dans mes bras. Ses épaules étaient maigres et saillantes. «Adieu, adieu, dit-il, sois heureuse. Que le Seigneur te garde.»

"Je passai dans la salle à manger, puis revins sur mes pas. Il était assis sur le lit, sa tête dans les mains.

"Le dimanche 11 juin, N.V.M. lui rendit visite et apprit qu'on n'allait pas l'opérer à l'hôpital Brousset, mais dans une clinique privée, rue de l'Université. C'était sa sœur qui avait arrangé la chose. Il y fut transporté le lundi et, le lendemain, mardi 13 juin, à trois heures, on l'opéra. «Si l'opération ne réussit pas, avait-il dit le dernier vendredi, *cela* sera toujours un repos.»

"Dimanche, il dit à N.V.M. qu'il n'allait pas survivre à l'opération et ils se sont bénis l'un l'autre.

"Lundi matin, on le transporta à la clinique. Les dernières vingt-quatre heures avant l'opération furent très dures. «Qu'on la fasse au plus vite !» disait-il. Les préparatifs commencèrent. Le chirurgien arriva à trois heures. On l'emmena et on l'endormit avec difficulté.

"L'opération dura une heure et demie. A la fin, le chirurgien sortit, tremblant et couvert de sueur. Il dit que d'après lui, il s'agissait sans aucun doute d'un cancer, mais qu'il n'avait pas réussi à atteindre la tumeur. Il était néanmoins parvenu à retirer des voies biliaires le pus, le sang et des calculs. Il déclara que Khodassevitch n'avait plus que vingt-quatre heures à vivre, mais qu'il ne souffrirait plus. Il tendit à Olga les deux calculs qu'il avait retirés et que les radios n'avaient pas révélés ! N.V.M. me demanda de venir à Paris et, à sept heures du soir, j'étais auprès de Khodassevitch.

"Il était bien couvert. Ses yeux étaient à moitié fermés, son pouls très faible. On lui fit une transfusion, ce qui améliora son pouls pendant une demi-heure. Ni l'infirmière, ni Olga, qui était complètement désemparée, ne quittaient son chevet. Il fronça les sourcils à plusieurs reprises. L'infirmière dit qu'il ne fallait pas qu'il souffre. Nous sommes partis entre huit et neuf heures. Je me sentais comme engourdie. Nous avons passé la nuit à l'hôtel.

“A sept heures et demie, nous étions déjà à la clinique. C'était le 14 juin. Il était mort à six heures du matin sans avoir repris connaissance. Avant de mourir, il tendait sans cesse sa main droite *tenant une fleur qui tremblait* *. Il gémissait, en proie, sans doute, à des visions. Olga l'avait appelé. Il avait ouvert les yeux et lui avait souri légèrement. Quelques instants plus tard, tout était fini.

“Quand je suis arrivée, le corps était encore chaud. Son visage s'était instantanément transformé, de manière étrange. Son nez paraissait plus proéminent et on avait attaché sa mâchoire. Nous sommes restés là environ deux heures. Weidlé est arrivé en compagnie d'un prêtre catholique de rite oriental. Puis, après la cérémonie, je me suis rendue à une entreprise de pompes funèbres, au commissariat de police et aux *Dernières Nouvelles* pour y faire passer l'annonce de sa mort.

“Il demeura à la chapelle de la clinique, qui se trouvait au sous-sol, le jour suivant. Il était très maigre, son visage était menu et ses yeux creusés. A cinq heures eut lieu l'office des morts. Une quinzaine de personnes y assistèrent, les plus proches seulement. Sa sœur n'était pas là. Elle ne l'a plus revu après sa mort. Le soir, Olga et moi avons chacune détaché une mèche de ses cheveux. Elles sentaient l'eau de Cologne.

“Il y avait des fleurs, des bougies, mais moi, je ne désirais qu'une chose pour lui, le repos. Il avait souffert si longtemps que je n'attendais plus que ce moment où «il rejoindrait la terre» pour ne plus être tourmenté. L'hôpital Broussais l'avait achevé. Le chirurgien nous a dit plus tard qu'il aurait fallu l'opérer dix ans plus tôt, qu'on l'avait soigné toute sa vie pour une affection intestinale et que personne n'avait pensé au foie.

“Le soir du 15, on le déposa dans le cercueil. Olga mit entre ses mains ma petite icône de baptême représentant la Vierge de Kazan qu'il avait suspendue ces dernières années au-dessus de son lit. Sur son front, on avait posé le bandeau mortuaire. Le matin du 16, le fourgon l'emmena depuis le

* Khodassevitch, 1921.

sous-sol de la clinique à l'église russe catholique de la rue François-Gérard (n° 39), où il arriva à une heure quarante-cinq. Quelques centaines de personnes s'y trouvaient. L'office dura une heure.

"Le service se termina à deux heures quarante-cinq. Nous avons attendu pour pouvoir suivre le cercueil. Les employés emportèrent les bouquets et les couronnes (N.V.M. avait apporté de Longchêne un énorme bouquet de fleurs des champs), puis ils soulevèrent le cercueil. Nous les suivîmes. Je tenais Olga par le bras. Il y avait beaucoup de monde dehors. Dans notre voiture prirent place Eugénie, la sœur de Khodassevitch, le mari de celle-ci, N.V.M. et Olga. Je suis partie, je ne sais trop pourquoi, avec Nikouline. Nous suivions le fourgon où le prêtre avait pris place, à l'avant, et qui était couvert de couronnes. C'était une claire journée d'été et, près du pont Mirabeau, j'eus le sentiment qu'il y avait même quelque chose de réconfortant dans ce cortège de sept à huit voitures qui avançaient vers le même lieu. A la porte du cimetière beaucoup de monde attendait déjà.

"Le plus pénible était de suivre le cercueil. Le prêtre marchait légèrement sur le côté, Eugénie juste derrière, Olga et moi de chaque côté. Le chemin depuis la grille jusqu'à la tombe me parut interminable. Celle-ci était étroite et sèche. Mandelstam (Youra), Weidlé, N.V.M., Niedermiller (le beau-frère de Khodassevitch), Smolenski, Raïevski et d'autres portèrent le cercueil du corbillard à la tombe. On le descendit rapidement et facilement dans la fosse, le prêtre lut quelque chose et jeta, le premier, un peu de terre. On tendit à Olga la petite pelle, puis à moi. Je ressentis un étrange sentiment de soulagement.

"Après l'enterrement, Olga avait soif et nous sommes allés à quelques-uns au café en face du cimetière. Prismanova pleurait."

N.V.M. insista pour qu'Olga passât l'été à Longchêne et, lorsque la guerre éclata en septembre, elle ne retourna pas à Boulogne-Billancourt, mais resta chez nous. Nous avons fêté ensemble le Nouvel An à Longchêne, en 1940 et en 1941.

Dès l'automne 1939, Olga s'était convertie à la religion orthodoxe et N.V.M. était son parrain. Qu'elle était sinistre et déserte l'église Saint-Serge de la rue Crimée en cette soirée de novembre ! Tous les deux se tenaient près de l'autel, à côté des fonts baptismaux. Olga était bleue de froid, car l'église n'était pas chauffée durant la guerre. Je claquais des dents, assise sur un banc dans l'une des chapelles, attendant la fin de la cérémonie. J'ai insisté ensuite pour qu'on aille quelque part au chaud boire un grog avec du rhum ou du cognac. Ce soir-là, Olga était heureuse dans la mesure où elle pouvait l'être après la mort de Khodassevitch.

A présent, elle vivait de nouveau avec sa sœur, lorsqu'elle ne se trouvait pas chez nous. Je lui rendais toujours visite quand j'allais à Paris. Elle restait de plus en plus souvent en ville, sous prétexte que sa sœur "s'ennuyait" et avait besoin d'elle. J'insistais parfois pour la ramener avec moi, car je savais qu'elle aimait Longchêne, nous, les chiens et le chat. Elle tricotait sur le banc du noyer, se promenait dans les bois à la recherche de champignons, mais elle considérait qu'elle n'avait pas le droit de vivre "comme au paradis". Lorsque parut le décret allemand sur les Juifs, elle alla même se faire enregistrer et se mit à porter l'étoile jaune.

En ce terrible jour du 16 juin 1942, on les arrêta toutes les deux, elle et sa sœur. J'étais venue à Paris par hasard, la veille au soir, et j'avais passé la nuit dans un appartement vide dont je possédais la clé. Olga savait où je me trouvais. A huit heures du matin, je fus réveillée par la sonnerie du téléphone. Elle m'appelait de chez ses voisins :

— A côté de moi, il y a un policier, me dit-elle en français. Je ne peux pas parler longtemps. On nous arrête. Essaie de me retrouver.

Une demi-heure plus tard, je me trouvais à la mairie de Boulogne. En m'approchant de cette énorme bâtisse "style moderne", je voyais converger de tous côtés des femmes chargées de balluchons et de valises, certaines avec des enfants. Elles étaient escortées par des policiers français. On les conduisait au sous-sol de la mairie d'où parvenaient des bruits de voix inquiètes. On ne voyait pas d'Allemands.

Les hommes avaient déjà été arrêtés en automne, mais jusqu'ici on n'avait pas touché aux femmes. Olga disait souvent qu'on n'emmènerait pas les femmes ni les personnes âgées. On avait pris tout le monde, jeunes et vieux, avec ou sans étoile.

Je fourrai dans la main d'un gros policier un paquet de cigarettes et lui demandai de transmettre un mot à Olga. Elle me pria sur un bout de papier de lui acheter des médicaments, de lui apporter quelques petites affaires (dans son affolement, elle n'avait presque rien emporté) et d'être près de la porte de la mairie à quatre heures, lorsqu'on les emmènerait au camp de Drancy, au nord-est de Paris. Je me précipitai dans les pharmacies, puis chez elle pour y prendre du linge. C'était l'été et j'hésitai à emporter son manteau d'hiver et une couverture. Finalement, je les pris avec le reste. A la mairie, de nouveau le policier, les cigarettes. Puis je retournai à Paris, place de l'Etoile, par l'avenue large et calme du bois de Boulogne. C'était là, dans les splendides hôtels particuliers, que s'était installée la Gestapo. Un détachement de soldats allemands marchait au pas au milieu d'une avenue déserte, la plus belle du monde. J'entendis résonner le commandement de l'officier. Sur les façades flottaient les drapeaux avec la croix gammée noire. Les entrées étaient gardées par des S.S.

J'ai de la peine à me rappeler le nombre de bureaux où je suis allée ce jour-là pour essayer de savoir si un certificat de baptême pouvait servir à quelque chose. J'allais d'hôtel en hôtel, sans pouvoir m'arrêter, comme si depuis huit heures du matin, quand le téléphone avait sonné, une force me propulsait en avant. Je me souviens vaguement que, dans l'un de ces hôtels, je vis un homme portant l'étoile jaune, le visage en sang, traîné par deux militaires. On me chassait d'un endroit à l'autre. Quelqu'un m'offrit, je crois, un verre d'eau, mais je le renversai sur moi et je me rappelle avoir continué mes démarches, ébouriffée, trempée, sans m'être lavée depuis la veille. La manche de ma robe d'été souillée était déchirée (quelqu'un avait tiré dessus en me traînant vers une porte, puis m'avait frappée au visage). Je posais sans cesse la même question à propos du certificat de baptême. Enfin j'arrivai au bon endroit. Derrière une table, dans un de ces bureaux, un militaire encore jeune, à la taille élancée, daigna répondre à mes questions. La conversation se déroula à peu près de la façon suivante :

— Elle est mariée ?

— Non, veuve.

— Le mari était-il juif ?

— Non, *aryen.*

— Y a-t-il des documents ?

— Oui, c'est facile à prouver.

— Mais elle est juive ?

— Elle s'est convertie au christianisme.

— Il ne s'agit pas de religion, mais de *race.*

— Qu'est-ce que ça veut dire ?

— Cela signifie qu'elle peut se remarier et retourner au judaïsme.

— Elle a cinquante ans.

Ici, il réfléchit un instant.

— Non, dit-il, il n'y a rien à faire. Si son mari était encore en vie, ce serait autre chose.

Je le regardai, ahurie. L'idée que Khodassevitch aurait pu être encore en vie me parut si grotesque que je me mis à pleurer bruyamment et deux hommes me traînèrent par les bras jusque dans la rue. Je remontai la plus belle avenue du monde, en pleurant. Personne ne fit attention à moi. Je m'arrêtai au café Pressbourg, à l'Etoile, lié dans mon souvenir à Paul Mouratov avec lequel j'avais passé parfois des soirées, là où maintenant étaient assis des généraux allemands, une raie rouge sur le pantalon. J'allai aux toilettes me laver le visage et les mains, et me recoiffer.

Je me décidai d'aller chercher N.V.M. C'était l'heure du déjeuner et je savais où il pouvait éventuellement se trouver. Je le rencontrai en compagnie d'Assia et j'appris qu'il avait réussi à obtenir la copie du certificat de baptême d'Olga à l'église Saint-Serge, ainsi qu'un document attestant que son mari légal, décédé trois ans auparavant, était *aryen* et catholique de naissance. N.V.M. avait pu contacter un avocat et lui transmettre les documents. Il avait même emprunté de l'argent pour payer un acompte à l'avocat qui s'appelait Rabinovitch et qui portait l'étoile jaune. Celui-ci l'avait informé que deux bureaux allaient s'ouvrir pour s'occuper des "affaires juives". D'étranges cabinets s'ouvrirent, en effet, rue de la Bienfaisance et à Montmartre ; dans l'un d'eux, se retrouva, entre autres, le vieux journaliste russe, Paul Berline, mais j'ignore de quoi s'occupaient ces gens. En tout cas, Olga avait des chances d'être retenue à Drancy, au cas où elle serait menacée de déportation.

C'est ce qui arriva : elle resta deux mois à Drancy grâce aux documents qu'on avait pu fournir. Tous ceux qui avaient été arrêtés le 16 juin furent déportés, dès le lendemain, vraisemblablement à Auschwitz. Olga, elle, est restée au camp et nous avons pu correspondre tout ce temps avec elle et même lui envoyer des colis. Cependant N.V.M ne réussit pas à la rencontrer. Dans sa dernière carte, écrite à la mi-septembre, en français bien sûr, elle nous faisait ses adieux à la veille de son départ. Elle nous dit qu'elle n'avait pas peur et qu'on l'avait déjà rasée.

Je l'ai vue pour la dernière fois lorsque à quatre heures de l'après-midi, le 16 juin, on l'a poussée avec son balluchon dans un camion ouvert, le quatrième de la file, cerné par la police. Assia avait eu le temps de courir vers elle au moment où elle sortait du sous-sol de la mairie et l'avait prise dans ses bras. Je me tenais sur les marches du large escalier, incapable de bouger. Une femme que je ne connaissais pas me cacha pour qu'on ne me vît pas. Je devais ressembler à une personne atteinte de la danse de Saint-Guy : je claquais des dents bruyamment et mon sac me glissa des mains. Je n'arrivais pas à me contrôler ; mon corps était comme secoué par une crise nerveuse, depuis les genoux qui s'entrechoquaient jusqu'à la tête qui s'agitait au point que les oreilles me bourdonnaient. Un de mes bras était nu, car j'avais perdu la manche, et au bourdonnement dans ma tête se mêlait un sifflement bizarre qui s'était déclenché au moment où l'Allemand m'avait donné un coup de poing sur l'oreille.

Tout à coup, j'entendis une voix douce :

— Madame Berberova !

Une inconnue m'appelait de l'un des camions. Le tremblement s'arrêta aussitôt. Je me précipitai vers le camion en me faufilant entre la haie des policiers. La femme me chuchota :

— Vous ne me connaissez pas. Allez chez moi et dites à mon mari qu'on m'a arrêtée dans la rue. Vous n'oublierez pas l'adresse ?

Je la regardai d'un air abruti. Je ne pus retenir le numéro de la maison, quelque chose s'était produit dans mon cerveau et celui-ci ne fonctionnait pas normalement. J'enregistrai, néanmoins, le nom de la rue. Je lui tendis, sans mot dire, un crayon, mais un policier m'avait déjà tirée en arrière. En cet instant, par un sursaut de ma volonté, je retrouvai brusquement l'usage de mes facultés et le numéro de la maison me revint à l'esprit. Je criai en russe : "Seize !" Les camions s'ébranlèrent.

La femme esquissa un sourire et embrassa mon crayon qu'elle serra dans sa main, sans le retirer de ses lèvres. Le deuxième camion se mit en marche, puis le troisième. Les unes étaient assises, les autres debout. Je ne me rappelle pas si des enfants pleuraient ou criaient (je ne garde aucun souvenir des bruits de ce jour-là), mais il y avait des enfants, à coup sûr. Olga était debout dans le quatrième camion et sa sœur s'appuyait sur un sac. Olga nous regardait, moi et Assia, de ses yeux clairs et, jusqu'à ce que le camion eût tourné le coin de la rue, elle faisait sur moi le signe de la croix, ainsi que sur Assia et sur tous ceux qui étaient là, sur la mairie, sur le ciel, sur Billancourt et Boulogne. Puis arrivèrent d'autres camions, toujours dans un silence total, du moins à ce qui me semblait. Ils sont repartis les uns après les autres, comme nous l'avons appris plus tard, chargés de femmes, jusque tard dans la nuit.

Les Zaïtsev ne se trouvaient pas à Paris à ce moment-là. Voici la lettre que Vera m'adressa en réponse à celle où je lui racontai l'arrestation d'Olga :

21 juin (1942)

Ma Nina ! Nous avons reçu deux lettres de toi. Que pouvons-nous dire ? Il est affreux de penser à ce qui s'est passé ! Nous te saluons très humblement ainsi que Nikolacha

(N.V.M.) pour l'énergie que vous avez déployée. Pauvres Olga et Marianne. C'est épouvantable ; partiront-elles ensemble ou seront-elles séparées ? Bien sûr, je désire ardemment qu'Olga puisse rester... Ma chère ! Nous te demandons absolument de nous tenir au courant. Tu nous demandes de nos nouvelles. Nous avons honte d'en parler ! Il y a de tels malheurs autour de nous, alors que nous nous sommes fait un trou et c'est si calme qu'on croirait que rien ne se passe... Je suis effrayée à l'idée qu'il reste si peu d'espoir. Je t'écris à ton adresse de ville, car je pense que vous êtes tout le temps à Paris. Quand nous avons reçu ta première lettre, j'ai eu, dans la nuit, un malaise cardiaque. Si nous ressentons de telles inquiétudes alors que nous sommes loin, j'imagine ce que vous devez éprouver.

Ne t'inquiète pas pour nous, nous allons bien.

Explique-nous à peu près ce que tu entends par les mots suivants : "La deuxième chose dont j'aimerais vous parler, c'est au sujet de notre avenir commun. Mais cela peut encore attendre, semble-t-il. Je pense, en tout cas, que rien ne changera d'ici septembre." Je crains qu'on ne nous sépare les uns des autres ; ce serait terrible. Qu'a-t-on fait de l'appartement d'Olga ? L'a-t-on mis sous scellés ? Peut-on prendre les manuscrits de Vladia (Khodassevitch) et ses livres ? Tu écris encore ceci : "Il faut vous dire que je ne suis pas tout à fait moi-même, en ce moment ; ne vous étonnez donc pas que ma lettre soit un peu décousue..." Que veux-tu dire ? Es-tu malade, ma chère Ninoussia ? Ta lettre est détaillée et parfaite, et je l'ai relue plusieurs fois. Je t'embrasse ainsi que Nikolacha et Assia. Boris vous embrasse aussi...

Pendant la guerre, nous avions constamment le souci de sauver documents et livres. Soit les gens abandonnaient leur appartement et on emportait leurs archives et leur bibliothèque vers des destinations inconnues, soit ils étaient arrêtés et tout était confisqué au bout d'une semaine ou deux. Lorsqu'on eut emporté la bibliothèque Tourgueniev, on apprit que dans la cave du bâtiment où elle se trouvait (l'hôtel Colbert, rue de la Bûcherie) étaient cachées les archives de Bounine. Dès l'été 1941, la ville de Paris avait exigé que tout ce qui restait de la bibliothèque Tourgueniev fût emporté. Boris Zaïtsev m'écrivit à ce sujet du département de l'Yonne où il se trouvait chez des amis à la campagne.

24 août 1941

Chère Ninon, j'ai appris qu'on envisageait de débarrasser d'ici le mois d'octobre tout ce qui reste de la bibliothèque Tourgueniev.

Ce qui reste de plus important, ce sont les archives de Bounine. Pensant que j'étais à Paris, la bibliothécaire m'a demandé de l'aider à chercher un endroit, "ne serait-ce qu'un hangar", pour les mettre à l'abri. Les étagères, les armoires et même les trois cents livres ne m'intéressent guère. Nous passerons probablement le mois de septembre ici à la campagne. Mais que faire des neuf malles de Bounine, avec ses manuscrits et sa correspondance ?! Vera et moi, nous nous demandons s'il n'y aurait pas moyen de caser ces neuf malles chez vous. Si j'avais un local un tant soit peu adéquat à Paris, je les aurais prises chez moi. Mais même notre cave est emplie de vieilleries, et puis, elle est humide. Mes quelques livres et lettres ont failli y pourrir.

Je sais que vous aussi avez un tas d'affaires, mais peut-être que vous trouverez un coin libre (mais comment déménager tout cela ?). Combien cela coûterait-il ? Ce sont là des questions cruciales. Je sais que vous aimez Bounine et il s'agit d'une entreprise sérieuse. Nous pourrions réunir, d'une façon ou d'une autre, l'argent nécessaire au transport.

Il existe une autre possibilité : vous pourriez peut-être nous indiquer un lieu sûr à Paris (pour l'instant, je n'en vois pas).

En un mot, chère Nina, répondez-nous ! Ecrivez-moi tout de suite votre avis et vos conseils : le seul membre du conseil d'administration de la bibliothèque qui se trouve actuellement à Paris est Knorring. Il habite n° 123 rue du Château, dans le 14e. En ce moment, il s'occupe en priorité de ce problème, semble-t-il. Ce serait vraiment très triste si ces archives disparaissaient. Sachez que si ma participation personnelle s'avérait indispensable, nous reviendrions à Paris avant la fin du mois de septembre.

J'ai reçu votre carte amicale, un grand merci pour Natacha. Elle est enchantée de son séjour chez vous ; elle nous a écrit une lettre de son côté. Nous vivons bien ici. Vera se repose et se rétablit. A vrai dire, je n'ai pas besoin de repos, car à Paris je mène une vie de pacha comme je l'ai toujours fait.

Nous cherchons des champignons, mangeons beaucoup de prunes délicieuses cueillies de l'arbre. J'écris et je lis pas mal.

Je vous embrasse la main. Vera vous embrasse aussi ! Mes salutations amicales à N.V. Bien des choses !

Votre Boris Zaïtsev.

Je répondis que j'étais prête à transférer les archives de Bounine à Longchêne, mais qu'il fallait obtenir l'accord de celui-ci. D'après la carte qu'il m'avait écrite de Grasse, en français, en réponse à ma lettre, il ne réalisait absolument pas quelle était la situation à Paris. Voici sa réponse :

23 septembre 1941

... J'ai écrit à Knorring le 21 septembre : "Si possible, je préférerais que mes malles (au nombre de neuf) soient transportées dans mon appartement de Paris. Dans l'affirmative, informez-moi du coût de l'opération pour que je puisse vous rembourser ces frais par voie postale. Si cela s'avérait trop difficile, veuillez les conserver avec les vôtres." Je vous remercie de tout cœur pour le mal que vous vous donnez, Nina. Je vous ai écrit au mois d'août, je n'ai pas reçu votre colis. Que faites-vous ? Moi, je ne

fais rien, sinon lire. On ne se baigne plus. Il n'y a rien de neuf dans ma triste vie. Votre vieux bonhomme qui vous embrasse de tout cœur.

I. Bounine

Il était bien sûr beaucoup trop risqué de transférer les malles dans l'appartement parisien de Bounine. Que voulait-il dire, du reste, lorsqu'il proposait à Knorring de garder ses archives "avec ses propres malles" ? Zaïtsev revint de la campagne et, après de longues réflexions et un important échange de lettres, nous avons décidé de transporter les archives rue Lourmel où se trouvaient un foyer et une cantine russes. Ce n'était pas un lieu sûr, et un an plus tard, on y effectuera des arrestations. Je crois savoir cependant que Bounine retrouvera ses malles une fois rentré à Paris après la guerre. Par la suite, une partie de ses archives sera expédiée à Moscou.

Nous n'allions plus nous asseoir sur le banc, sous le noyer, nous avions décidé d'attendre le retour d'Olga. Lorsque Longchêne fut vendu en 1948, ce banc était pourri. Mais il paraît que le noyer est splendide et donne, chaque année, un peu plus de noix. Nous les ramassions après avoir enfilé de vieux gants pour ne pas nous tacher les mains.

Longchêne fut acheté par N.V.M. au printemps 1938. Nous avions passé les cinq premières années de notre vie commune à Paris, mais en 1938, nous avions pris la décision de déménager à la campagne. Nous cherchions depuis longtemps un endroit où nous pourrions vivre en permanence, une maison, un jardin, bref un site "rustique". Lorsque nous avons enfin trouvé Longchêne, ce lieu nous parut d'emblée idéal pour y passer le restant de nos jours.

La maison ne se trouvait pas dans un village, car, en France, la notion de village suppose la présence d'une école, d'une église et d'un bureau de poste. A Longchêne, il n'y avait que quatre grandes fermes et une dizaine de maisons habitées par des personnes à la retraite. Le matin, cinq ou six enfants descendaient la colline pour aller à l'école du village voisin et le facteur en venait lorsqu'il faisait sa tournée l'après-midi. La route principale passait à deux kilomètres de chez nous ; seul un chemin de campagne conduisait à notre hameau qui ne comptait pas plus de cinquante habitants.

Je me souviens de la première nuit passée à Longchêne. Le logis ressemblait davantage à une grange qu'à la maison d'habitation qu'il allait devenir un an plus tard. C'était une ancienne petite ferme. Lorsque nous sommes revenus de chez le notaire, nous avons soupé et nous nous sommes couchés dans la chambre du haut qui était, en réalité, un grenier. On y déchargeait le foin par un trou pratiqué dans le mur, juste au-dessous du plafond. Plus tard, j'en ai fait mon cabinet de travail.

Un voisin nous apporta du foin qu'il venait de faucher et sur lequel nous nous sommes couchés, car il n'y avait pas de meubles. Par la fenêtre, on voyait briller les étoiles. Des années durant, je saurais exactement à quel endroit et à quel moment précis se lèverait Mars, où apparaîtrait Sirius et où disparaîtrait Vénus, consumée dans le couchant. C'était au mois de mai, il faisait frais et près de la maison fleurissait un lilas. Cela sentait si fort le foin qu'il n'était pas question de fermer les fenêtres.

Nous avons décidé d'installer dans ce bâtiment une cuisine, une salle de bains et une salle à manger, et au premier, un bureau et une chambre à coucher. Il a fallu dégager la petite cour devant la maison sur laquelle donnait un second bâtiment comportant une unique pièce. Dans le grenier de celui-là, nous avons trouvé, inscrite au goudron sur l'une des poutres, la date de 1861. Cette seconde bâtisse allait devenir l'atelier de N.V.M. et pouvait servir, occasionnellement, de chambre d'ami.

Quand elle nous voyait planter des arbres fruitiers, installer des ruches et bêcher le potager, Nell nous disait que cela lui rappelait un roman chinois qui racontait l'histoire d'une ferme qui avait pris naissance à partir d'un noyau de pêche que le héros avait planté dans la terre.

Durant la guerre, lorsque je revenais de Paris à bicyclette le long du chemin qui serpentait à travers champs, je voyais surgir de la brume bleutée de l'Ile-de-France deux vieux toits de tuiles rouges, un petit et un grand, noyés dans le feuillage des vieux pommiers et des poiriers dont les plus jeunes n'étaient pas plus hauts que moi. Je me disais alors que j'avais une maison, pour toujours. Le temps s'était arrêté, et moi avec lui. Je ne pouvais pas imaginer que je viendrais un jour dans ce lieu sans éprouver le sentiment de lui appartenir.

Mais en 1960, je suis passée ici sans reconnaître ni le jardin, ni la maison. Tout avait été refait ; les pommiers et les poiriers avaient énormément poussé et cachaient la vue ; une nouvelle grille d'entrée conduisait à un endroit que je ne connaissais pas. Il n'y avait plus de ruches et on avait arraché les groseilliers. Enfin, l'amandier, près de la maison, pareil à une mince fourchette à deux dents, qui jadis avait des fleurs rose pâle, ressemblait maintenant par son feuillage à un frêne ou à un bouleau.

A présent, je ne plante plus d'arbres, je ne m'occupe plus d'abeilles et je ne bêche plus les fraisiers. J'écris l'histoire de ma vie et suis libre de la rédiger selon ma fantaisie. Je peux dévoiler ou non des secrets, m'arrêter à tel moment ou simplement fermer ce cahier et l'oublier. Je pourrais aussi bien détruire ce manuscrit et en écrire un autre, en changeant de sujet, tout en parlant toujours de moi. Ce serait comme un second tome d'un ouvrage qui n'aurait pas de premier. Les Russes ont souvent écrit des autobiographies. Berdiaev commença la sienne par ses années d'enfance, puis passa à l'analyse de la lutte des idées dans la Russie prérévolutionnaire pour finir en se posant des questions angoissantes sur les mérites du régime soviétique et sur la providence divine. Stepoun raconta comment il découvrit sa véritable profession juste avant la Première Guerre mondiale : faire des tournées dans les provinces russes en donnant des conférences sur le thème : "Comment faut-il vivre ?" Bely remania sa première version sur Blok en démontrant que lui avait été marxiste, tandis que Blok était un petit seigneur chouchouté par sa maman. Nabokov parla, avec le talent qu'on lui connaît, de ses gouvernantes. Boborykine vanta le confort des trains et la qualité des restaurants à l'étranger. La demoiselle d'honneur de la tsarine raconta comment elle avait aidé Raspoutine à destituer les ministres et un socialiste comment il les avait assassinés. Les émigrés décrivirent la vie qu'ils avaient menée dans leurs propriétés avec leurs allées de tilleuls et leurs galeries de portraits, éclairées par une double rangée de fenêtres. Les compagnons de Lénine, quant à eux, évoquèrent l'habitude qu'il avait de plisser ses paupières d'un air intelligent à Simbirsk, à Londres, en Suisse, à la gare de Finlande...

Je n'ai voulu imiter personne en rédigeant ces pages et je tiens à en assumer pleinement la responsabilité pour ce qui y est dit et aussi pour ce qui est tu. Deux règles m'ont guidée dans leur rédaction : une sincérité totale et le souci de préserver ma vie personnelle. La première m'a été inspirée par un de mes contemporains, la seconde par Epicure.

Je connaissais N.V.M. depuis longtemps, dès l'époque où je collaborais au quotidien des S.-R., *Les Jours*. Pour moi, il était et il est demeuré un de ces Russes qui, comme le héros d'un conte de fées, savent absolument tout faire, mais, pour des raisons inexpliquées, ne tirent rien de tous ces talents. Le sable leur coule entre les doigts, le vent emporte leurs paroles et les projets s'évanouissent. Personne finalement n'attend plus rien d'eux. Moins on croit en eux, plus ils doutent d'eux-mêmes ; moins on attend d'eux, plus ils se dispersent follement. Il ne reste plus, en fin de compte, que le charme personnel qu'ils ont reçu comme une grâce à leur naissance.

N.V.M. pouvait construire une maison, planter un jardin, peindre des tableaux et improviser au piano. Il savait rire et amuser les autres. Il était toujours en bonne santé, aimait le beau temps, les promenades, les voyages, Longchêne, les gens et les livres qui me plaisaient. Il avait été l'un des plus jeunes délégués à l'Assemblée constituante de 1917, membre du parti S.-R., journaliste, auteur d'un ouvrage sur la Russie, publié à Londres en 1919, et collaborateur des *Jours* et des *Annales contemporaines*. Il exposait ses tableaux au Salon de Paris dans les années trente. On éprouvait tout de suite de la sympathie pour lui. Il était accueillant, gai, toujours bon et généreux, et en même temps plein de fantaisie, énergique et capable.

Il me connaissait depuis sept ans déjà lorsqu'un jour il me remarqua et ne me lâcha plus. Nous avions en commun la même vision des choses, un jardin ou une maison avait, pour l'un comme pour l'autre, la même valeur symbolique. Des mots comme "le présent" et "l'avenir", "l'arbre" et "la rivière", "toi" et "moi" évoquaient pour nous les mêmes images. Il comprenait bien ce que signifiait être un pauvre Lazare et il avait aussi son puits. Il connaissait tous les Himalayas et toutes les mers Mortes de ma géographie et il lui arrivait également de ne pas vouloir choisir entre l'Ange et Tobie.

Nous avons parcouru ensemble un nombre incroyable de routes, à pied, en voiture, en autobus ou à bicyclette. On rencontrait partout, derrière un voile de brume bleutée et sous un ciel toujours changeant, les chemins bordés de platanes et de peupliers de Pissarro, les collines de Monet, les petits ponts et les étangs de Sisley. Nous avons relu Shakespeare et Cervantès, écouté Beethoven et Mozart à la radio. Quel ne fut pas notre bonheur jusqu'en septembre 1939, quand éclata la guerre, comme nous nous sentions jeunes et comme nos soucis étaient légers !

Nous incarnions l'un pour l'autre ce qui nous était, à ce moment-là, le plus nécessaire et le plus précieux et c'était justement en cela que résidait le sens de notre amour. J'avais besoin d'être moins sèche, moins raisonnable, moins froide, moins indépendante, pour devenir plus chaleureuse, plus affective, plus dépendante et plus spontanée. Nous nous apportions l'un à l'autre ce qui nous avait fait défaut dans nos relations antérieures. Comme pour un texte poétique ou une phrase musicale, il est impossible de dépeindre ce qui nous liait sans en détruire le sens caché.

Notre bonheur aurait pu durer infiniment plus longtemps que dix ans si un conflit brusque n'avait éclaté entre nous. Quelqu'un nous a délibérément dressés l'un contre l'autre et a fait de nous des rivaux. Cette lutte a détruit notre union. Je suis sortie victorieuse et lui vaincu, cela aurait pu être l'inverse. Le combat nous a laissés également meurtris. Ma victoire a été aussi vaine que sa défaite. En amour, il n'y a pas de place pour la pitié. Tobie jette le poisson sur le sable et s'en va, l'Ange regagne le ciel : le tableau reste vide et la magie s'évanouit. Aimer, c'est partager une feuille d'artichaut, tout le reste n'est que rivalité et pugilat, où les coups bas l'emportent de loin sur les coups permis. Aucun de nous n'a cédé et c'est moi qui ai emporté le morceau. Mais la victoire a été probablement plus chèrement payée que ne l'aurait été la défaite. Le butin se transforma au bout de quelques années en un fardeau que je ne pouvais, ni ne voulais porter et dont je me suis débarrassée. Je me retrouvai seule, sans lui et lui sans moi.

De 1938 à 1944, l'année où notre vie commune a commencé à se désagréger, tous nos amis de Paris sont venus faire des séjours chez nous, à Longchêne, au cœur des Yvelines. Nell et Kerenski y venaient souvent, ainsi que Khodassevitch et Olga. Bounine, les Zaïtsev, Weidlé, Zlobine et Ladinski sont passés nous voir à plusieurs reprises, de même que Georges Annenkov, Rochtchina-Insarova, Roudnev, Fondaminski et mes amis des *Dernières Nouvelles*. Tous aimaient ce lieu qui leur paraissait respirer le bonheur, l'intimité, le charme, avec le petit bois sauvage au bout du jardin, les prés qui s'étendaient des deux côtés de la clôture et qui nous isolaient des voisins.

Le jour de la déclaration de la guerre, nous sommes restés assis, prostrés, sur le banc près du noyer. Le jour de l'entrée des troupes allemandes à Paris, nous nous sommes couchés, face contre terre, dans le fossé au fond du jardin. Le matin, un parachutiste allemand était tombé dans notre petit bois et Marie-Louise, qui nous aidait dans la maison, lui avait apporté une carafe d'eau, l'avait fait boire, avait lavé sa blessure, aspergé son visage avant qu'il ne fût fait prisonnier. Il avait les deux jambes fracturées. Nous sommes restés cachés chez nous toute la journée. A la Libération, lorsque la première unité américaine arriva, nous nous sommes trouvés avec tous les autres sur la place du village au milieu de laquelle poussait un châtaignier. D'après Marie-Louise, on l'appelait autrefois "l'Arbre de la Liberté". Il avait été planté du temps de la Commune. Nous regardions passer dans un grondement les jeeps, quand la vieille Mme Villier, qui venait d'avoir ses quatre-vingt-dix ans, dit :

— *Alors*, ils étaient passés près des meules de foin des Mounier, par le chemin qui mène à nos champs d'avoine.

Ensuite, ils sont venus de l'autre côté, en passant devant les étables des Bonnier et les étangs des Tullier. *Maintenant*, vois-tu, ils prennent une autre direction encore et passent directement de la forêt au champ de trèfle par la vieille route. Mon Dieu, que ma vie a été longue !

Elle faisait allusion à 1870, puis à juin 1940 et maintenant elle prenait les Américains pour des Allemands de retour pour la troisième fois.

Je me demande bien comment nous avons réussi à survivre, durant ces cinq années, aux deux perquisitions, aux menaces de travail obligatoire en Allemagne, à la disparition d'Olga, aux privations, aux peurs nocturnes, aux bombardements, aux morts, aux arrestations, aux déportations.

Il y eut d'abord Paris déserté par ses habitants. Nous étions désespérés de n'avoir plus personne à qui parler et de n'avoir même plus envie de voir qui que ce soit. Nous n'avions plus qu'un désir, nous cacher et nous taire. Puis vinrent les privations organisées qui, cette fois, coïncidèrent avec le dépérissement de la vie autour de nous. Nous n'avions envie ni de lire de nouveaux livres, ni de relire les anciens. Je n'arrivais pas à écrire, mon bureau m'inspirait un mélange de peur et de dégoût. J'essayais même d'éviter de le regarder quand j'allais dans ma chambre.

Lorsque j'écrivis, plus tard, *La Résurrection de Mozart** et *De cape et de larmes***, ce n'est pas chez moi que je l'ai fait, mais au hasard des lieux où je me trouvais.

Une étrange somnolence m'envahissait, due à la mauvaise alimentation et au travail physique. Nous avions agrandi le jardin et faisions pousser des pommes de terre. J'avais de la peine à surmonter cet engourdissement. J'attendais toute la journée sept heures du soir pour écouter à la radio les informations. Mais, à sept heures moins le quart, je m'assoupissais sur le divan, dans le fauteuil ou sur une chaise, et ne me réveillais que lorsque tout était fini. Je suppliais N.V.M. de m'empêcher de m'endormir, mais lui aussi s'engourdissait.

* Actes Sud, 1989.
** Actes Sud, 1990.

Il sciait et coupait du bois. Nous restions près du poêle qui ressemblait à celui que j'avais connu à Pétersbourg il y avait de cela vingt ans. Le soir, nous buvions du thé et à onze heures précises, les avions commençaient à tourbillonner dans tous les sens au-dessus de nos têtes. Rex percevait leur vrombissement monotone vingt secondes avant nous et se réfugiait, tremblant, sous la table, le poil dressé. Le chat le rejoignait et se couchait sous son ventre. Pendant les bombardements, nous nous tenions dans l'embrasure de la porte du mur principal qui avait été construit, d'après ce qu'on nous avait dit, quatre-vingts années plus tôt, et qui nous protégerait.

Plusieurs hivers se succédèrent. Enfin vint le dernier, c'était le cinquième. Nous en perdions le décompte. Dès le début de la guerre, j'avais acheté un gros cahier recouvert de toile cirée à la tranche rouge. J'y notais parfois des événements et les réflexions qu'ils m'inspiraient.

Paris était vide, silencieux ; les boutiques fermées. Je passais sur ma bicyclette *devant des lieux où jadis nous dansions, buvions du vin* (Akhmatova), lisions nos vers et parlions de poésie. Youri Mandelstam avait été arrêté, Felzen aussi, Raissa Bloch et Michel Gorline avaient péri, Motchoulski était tuberculeux, Adamovitch et Sofiev, qui avait perdu sa femme, étaient au front, Knout et Otsoup avaient rejoint la Résistance, Ladinski et Raïevski se cachaient, Galina Kouznetzova était dans le Midi, en zone libre, et y menait une vie errante, Bojnev était dans un hôpital psychiatrique, personne n'avait plus entendu parler de Steiger depuis longtemps. Prismanova et Guinger étaient encore vivants et espéraient en un miracle.

Voici l'endroit où j'ai vécu, rue des Quatre-Cheminées, à Billancourt détruit par les bombes. Où êtes-vous à présent, guerriers de Denikine, racaille de Wrangel de noble extraction, prolétariat de confession orthodoxe venu surveiller les fours Martin de M. Renault ? Les uns sont derrière des barbelés, réduits par les Allemands au pain et à l'eau, sous prétexte qu'ils sont russes ; on ne sait jamais, en effet, quel tour ils pourraient jouer, maintenant que l'armée allemande assiège Leningrad et Stalingrad. Les autres ont endossé l'uniforme allemand et se battent contre les "Soviets", d'autres encore se terrent, invisibles, vendant du kvas au marché noir ou lavant les planchers des casernes allemandes.

Voilà encore un autre endroit où j'ai vécu, boulevard La Tour-Maubourg, transformé maintenant en quartier militaire. Plus loin se trouve le Pretty Hôtel où jadis je brodais au point de croix. Ces rues sont aussi désertes que celles des quartiers ouvriers, de même que la rue Crimée où il avait fait si froid quand on avait baptisé Olga près des fonts baptismaux en étain, pareils à une baignoire d'enfant. J'avais dit à Olga pour lui faire peur : "On va t'y plonger, maintenant", et elle m'avait jeté un regard effrayé.

Je passe avec recueillement devant le dernier appartement de Khodassevitch d'où on l'avait emmené à l'hôpital et où on avait arrêté Olga, trois ans plus tard. Depuis lors j'étais revenue ici à deux reprises. La concierge m'avait laissée entrer et nous étions montées sur la pointe des pieds, en chuchotant. J'avais emporté la valise pleine des papiers de Khodassevitch, la montre en or de son père, munie de sa petite clé, son porte-cigarettes et l'une des lithographies que j'avais achetées autrefois sur les quais. Elle représentait la maison Elisseiev, devenue la Maison des Arts, au coin du canal Moïka et de la perspective Nevski, où avait vécu Khodassevitch*. On y voit la fenêtre de sa chambre par laquelle il guettait mon arrivée. Dans la première pièce de leur appartement, il y avait de la poudre répandue par terre et des fleurs desséchées dans un vase. Cela sentait le renfermé et les lits étaient en désordre. Lorsqu'on était venu pour l'emmener, sans doute Olga dormait-elle encore. Dans la cuisine, sur une assiette, se trouvaient trois pommes de terre cuites qui étaient moisies. La concierge montait la garde près de la porte et me demandait de me dépêcher.

Lorsque je suis revenue la seconde fois, tout avait été emporté, les livres, le mobilier, la vaisselle... La concierge me dit : "Ils sont venus hier et m'ont dit qu'ils passeraient ce soir

* Cette lithographie a été conservée et se trouve maintenant dans ma maison de Princeton, aux U.S.A. *(N.B.)*

poser les scellés." Je suis restée debout, dans la pièce vide, au milieu de laquelle on avait fait un petit tas de détritus pareil à la cendre qu'on trouve au fond des poches des héros de Beckett ou dans les urnes emmurées des columbariums. C'était une poignée de poussière que le vent emporte au loin, dans le tourbillon absurde de l'histoire.

Autour de moi, je voyais le papier peint jauni ou simplement sale à l'endroit des étagères qui avaient porté Pouchkine et Derjavine.

Je suis retournée à Montparnasse où il n'y avait personne, puis à la rue "Betove", comme on dit à Paris, où j'ai vécu avec N.V.M. avant l'achat de Longchêne. Mais là non plus, il ne restait personne, rien que des soldats qui marchaient au pas et des passants inconnus qui rasaient les murs.

Ici commencent les notes de mon Cahier noir qui dégage encore aujourd'hui une odeur de terre. Je l'avais enfoui dans la cave un certain temps et il s'était couvert de taches de moisissure vert foncé.

6

LE CAHIER NOIR

1939

Août
Signature du pacte germano-soviétique (Molotov-Ribbentrop). Cela signifie la guerre. Staline et Hitler ont scellé leur amitié à coups de signatures et de tampons. Cet accord divise les partis communistes du monde en deux camps : ainsi prennent fin leur unité, leur monolithisme, leur unanimité. La même hache a porté un coup à la fois au mouvement communiste international et à la bourgeoisie européenne.

Septembre
Je suis restée étendue dans l'herbe au fond du jardin, une heure, deux heures. C'était le premier jour de la guerre... L'herbe a poussé autour de mes veines, les fleurs se sont écloses entre mes doigts et mes pieds, le liseron s'est enroulé autour de mon cou comme pour m'étrangler. Puis, je ne me rappelle plus rien.

Octobre
La renaissance russe de la fin du XIXe et du début du XXe siècle savait qu'elle était condamnée d'avance. En cela, elle différait de toute autre "renaissance".

Résurrection et mort au cours d'une même période culturelle. Encore une originalité de l'histoire russe.

Novembre
Je regardais d'anciennes photos et suis tombée sur l'une d'elles prise dans la propriété de mon grand-père Karaoulov,

lorsque j'avais environ onze ans. Je suis assise sur le rebord de la fenêtre, les jambes dans le vide, des sandales aux pieds. J'ai deux tresses et mon visage est sérieux. J'ai dit à Ladinski :

— Je vais vous montrer maintenant une enfant disgraciée. C'est fou ce que j'ai pu être laide.

Il examina la photo et me dit :

— Je ne comprends pas pourquoi vous trouvez cette fillette si affreuse. Elle a de petites jambes fines, de jolies tresses et un visage charmant.

Je me regardai encore une fois, avec les yeux d'un autre, et il me sembla soudain que je n'étais pas si horrible que ça et que le vers de Plechtcheiev, *Pauvre enfant, elle est si laide*, que ma mère avait inscrit dans mon album, ne s'adressait pas à moi.

Novembre

— Pourquoi vouloir se retrouver dans l'autre monde ? Déjà ici-bas, au bout de quelques années, on n'a plus envie de se revoir. Les années passent et les gens n'ont plus rien à se dire. Tu ne reconnaîtrais même plus ton Aliocha* et c'est bien ainsi.

Vera Zaïtseva soupira.

Décembre

Il y avait une fois un écrivain russe, D. Kratchkovski. Tchekhov avait dit de lui, il y a une quarantaine d'années, qu'il était un jeune espoir de la littérature russe. Cela lui fut fatal. Il écrivait mal et personne ne le lisait. Il vivait dans la misère à Monte-Carlo et jouait à la roulette quatorze heures par jour, cinq francs par-ci, cinq francs par-là. Il en retirait assez pour survivre. Il était déguenillé, mal rasé, hirsute et ne cessait de jouer.

Un jour, il tomba malade et le docteur lui dit qu'il devait se faire opérer pour une hernie. Il écrivit une lettre aux *Dernières Nouvelles* en expliquant qui il était et en demandant une somme de trois cents francs. On réussit à les trouver, non

* Aliocha, fils de Vera, de son premier mariage, fut fusillé par les bolcheviks en 1918. *(N. d. T.)*

sans peine, car personne ne le connaissait et il n'était publié nulle part. On lui envoya l'argent qu'il perdit au jeu en l'espace d'une heure.

En proie au désespoir, il voulut s'adresser au directeur du Casino, mais on l'en empêcha. Cependant, un employé haut placé accepta de le recevoir. Kratchkovski lui dit :

— Je suis un écrivain russe. J'ai vécu comme un mendiant. Je souffre d'une hernie. On a trouvé de l'argent à Paris pour mon opération et je viens de tout perdre. Rendez-moi mes trois cents francs.

Il arriva alors ce qui, paraît-il, n'est jamais arrivé depuis que la roulette existe : la direction lui rendit l'argent et l'opération eut lieu.

Décembre
Un étudiant d'origine russe compte soutenir dans une université californienne une thèse intitulée : *André Bely, vie et œuvre*. Il me demande, dans une lettre, le nom de la jeune fille à l'origine de la dispute qui avait failli se terminer par un duel entre Blok et Bely. Dix-huit ans se sont écoulés depuis la mort de Blok et déjà les gens ne savent plus qui était sa femme, alors que nous étions persuadés que tout le monde s'en souviendrait à jamais ! La vie passe, emportant les petits événements comme les grands. Des noms et des époques illustres, il ne reste que cendres.

Décembre
Je réfléchis beaucoup en ce moment au symbolisme. C'était un mouvement nécessaire à la Russie, car il a prouvé, une fois de plus, qu'elle est une partie intégrante de l'Europe. Après le symbolisme, il ne peut plus y avoir de “slavophilisme”, ancien ou rénové.

Décembre
Bounine se demande avec inquiétude s'il a su accomplir tout ce dont il était capable et donner toute l'étendue de son talent. Il m'a dit à plusieurs reprises que Rachmaninov avait des préoccupations du même ordre. De plus, il craint de

n'avoir pas assez profité de "cette mystérieuse chair féminine blanc rosé face à laquelle le reste n'est rien". "La vie est passée tel un repas qui se termine. Dieu que j'ai été bête ! Je voudrais retrouver ma jeunesse pour mieux apprécier la beauté du monde !"

Décembre
La cruauté et la sentimentalité, qui vont toujours de pair, sont des traits caractéristiques de notre siècle. Jadis, cet alliage pouvait paraître paradoxal, aujourd'hui il semble naturel. Cela vient de notre sentiment douloureux d'avoir été abandonnés et des dures contraintes de notre "époque de fer". L'homme sans défense s'apitoie sur son sort et en veut à la vie.

Décembre
Ma solitude commence à deux pas de toi, dit une héroïne de Giraudoux à son amant.

On pourrait tout aussi bien dire : ma solitude commence dans tes bras.

Décembre
De toutes les passions, celles du pouvoir, de la gloire, des drogues, des femmes, c'est finalement cette dernière qui est la moins impérieuse.

Décembre
Extraits d'une lettre que j'ai envoyée à un ami dans le Midi de la France :

"... Avant la guerre, il existait une Russie chez nous, dans l'émigration ; elle était pauvre et pitoyable avec ses quotidiens, ses revues, ses commérages, ses Russes qui arrivaient de *là-bas*. Certes, nous rejetions parfois ce qui se passait en U.R.S.S., mais nous avions toujours la possibilité de nous faire une *opinion*. De tout cela, il ne reste rien, nous sommes coupés de notre patrie. Il n'y a plus ni quotidiens, ni revues, ni nouveaux arrivants, ni opinions. On ne sait pas, du moins pas moi, s'il faut se réjouir ou non de ce que Staline renforce ses positions sur la Baltique...

“Nous avions une émigration minable, triste, provinciale, des livres, des bordels, des histoires russes : il n’en reste rien. Ma génération sera tuée à la guerre et les vieux disparaîtront sans tarder.

“L’histoire du monde me remplit de doutes maintenant, je n’y trouve ni justice, ni bonté, ni beauté. Il y en a encore moins que dans la nature. Je n’écris rien, je n’y arrive pas et je n’en ai pas envie. Pourquoi d’ailleurs écrirai-je et pour qui ? J’ai toujours aimé être entourée d’amis et maintenant je suis privée de ces êtres qui m’étaient chers, même s’ils n’étaient pas forcément des gens «aimables». Certains sont morts, d’autres sont partis, d’autres sont happés par leur destin. Le plus terrible, c’est que même ceux-là, je n’ai pas envie de les voir.

“Autrefois, Khodassevitch disait qu’un jour tout finirait par disparaître et qu’alors quelques Russes se réuniraient pour former une association, peu importe laquelle : cela s’appellerait, par exemple, «La Société de ceux qui jadis se promenaient au Jardin d’Eté», ou bien «L’Association des amateurs d’*Anna Karénine* plutôt que de *Guerre et Paix*», ou tout simplement «Le Club de ceux qui sont capables de distinguer les iambes des trochées». Ce jour est arrivé.

“De quel côté sommes-nous ? Du côté de nos génies ou de nos imbéciles qui sont entrés en Pologne orientale avec les portraits de Staline et les vers minables de Koumatch* ?

“J’avais l’intention d’envoyer à Bounine quelques-unes des réflexions que je viens de vous écrire. Mais j’ai peur de l’accabler encore davantage, il est déjà assez malheureux comme cela. J’en ai touché un mot à Zaïtsev et il est tombé tout de suite d’accord avec moi.”

Décembre

Extraits d’une autre lettre :

“... En lisant vos derniers articles, je m’aperçois que pour vous les intérêts de la civilisation et de la culture occidentales sont plus importants que tout le reste et qu’il y a un abîme entre nous deux. Mon seul et unique espoir à moi est que nous puissions revenir en Russie, après notre mort, grâce

* Pseudonyme de Lebedev, barde de Staline à moitié illettré. *(N. d. T.)*

à nos œuvres. C'est pourquoi je suis si préoccupée par ce qui se passe actuellement en Carélie. Mon "occidentalisme" ne me coupe pas de la Russie, ce serait plutôt l'inverse. Le vôtre vous distrait et vous console. C'est votre raison de vivre à vous ; la mienne, à présent, est entachée de la honte, non plus du drapeau tricolore du Tsar, mais de l'étoile soviétique, à cause du pacte germano-soviétique et de l'invasion de la Finlande."

Décembre
Nous avons dû passer une nuit à Paris, car il était trop tard pour rentrer chez nous. Nous sommes allés chez Bounine, rue Offenbach. Vera absente, il était seul dans l'appartement. N.V.M. et lui ont bu, moi aussi j'étais légèrement éméchée, paraît-il. Il nous a installés dans la chambre de Galina Kouznetzova où se trouvaient deux étroits lits jumeaux, mais nous avons encore traîné assez longtemps et discuté jusqu'à trois heures du matin. Dans la chambre de Vera, sur son bureau, se trouvait son fameux journal dont Aldanov m'avait dit une fois : "Prenez garde, Nina Nikolaïevna ! Elle finira par y parler aussi de vous !" Il était ouvert et on pouvait lire les mots suivants, transcrits dans une écriture enfantine et appliquée : "Mardi. Il a plu toute la journée, Yan avait mal au ventre. Mikhaïlov est passé."

J'ai pensé au journal que tenait le père de Tchekhov à Melekhovo : "Une pivoine a fleuri au jardin. Maria Petrovna est arrivée. La pivoine s'est fanée, Maria Petrovna est partie."

Nous sommes restés avec Bounine dans son cabinet de travail et il nous a raconté, de A à Z, l'histoire de son amour (Galina Kouznetzova) dont il souffre encore aujourd'hui. A la fin, il était complètement bouleversé (tous deux continuaient à boire), les larmes coulaient le long de ses joues et il répétait sans cesse : "Je n'y comprends rien. Je suis un écrivain, un vieil homme et je n'y comprends rien. Est-ce possible, une chose pareille, dites-moi, est-ce possible ?"

N.V.M. le prenait dans ses bras et l'embrassait, et moi je lui caressais la tête et le visage. Nous avions un gros cafard et on a fini par se coucher. Le matin, nous sommes partis alors qu'il dormait encore.

1940

Janvier
Misérable émigration russe, stupide, puante, pitoyable, malheureuse, lâche, harassée, affamée, dont je fais moi-même partie ! L'année dernière mourait Khodassevitch, squelettique, hirsute, sur un matelas affaissé et des draps déchirés, n'ayant pas de quoi payer les docteurs et les médicaments. Cette année, je rends visite à Nabokov et le trouve, lui aussi, couché, malade et misérable. L'an prochain, ce sera le tour de quelqu'un d'autre de partir à l'hôpital après une quête auprès des braves Juifs, fortunés et généreux. (J'ai apporté à Nabokov un poulet que V. est partie tout de suite faire cuire.)

Pour moi, Billancourt c'est un ouvrier ivre, le quinzième arrondissement un méli-mélo de larmes, de trivialités et de "rêves de gloire", le seizième un col amidonné sur le cou ridé d'un escroc mondain, des manteaux de fourrure, des maladies de femme, des dettes, des ragots, des cartes... Puis viennent Meudon, Asnières, toutes ces banlieues constellées d'églises orthodoxes où nous sommes tout juste tolérés et où, à cause de nous, il n'y aura bientôt plus de place dans les cimetières !

Février
Ladinski m'a confié sous le sceau du secret que, lors de l'incident avec les Japonais sur le lac Khassan, les Russes sont purement et simplement passés du côté de l'ennemi. La même chose a lieu, en ce moment, en Finlande au vu et au su du monde entier.

Mars
Aujourd'hui, la paix a été signée entre l'U.R.S.S. et la Finlande. Et à ce propos j'ai dit à Kerenski :

— Un jour, lors d'une victoire célèbre, l'un des proches de Napoléon lui dit : Sire, nous assistons aujourd'hui à un tournant de l'Histoire.

Kerenski, cependant, ne saisit pas l'ironie de ma remarque.

Mai
L'invasion allemande a commencé.

Les nouvelles, à la radio, sont terrifiantes. Je les attends avec impatience, mais sous l'effet de la fatigue et de la nervosité, je m'assoupis une demi-heure avant l'émission du soir. Une voix annonce :

Sur terre,
Sur mer,
Et dans
Les airs.

Cela sonne comme des rimes à mon oreille de "barbare".

Juin
Je note tout ce qui s'est passé durant ces journées de juin, marquées par la prise de Paris :

Vendredi, 7. Le soir, arrivée des Baranov (Natacha, fille de Léon Chestov, et son mari). Ils passent la nuit chez nous.

Samedi, 8. Natacha Baranova part pour la journée et revient le soir avec Assia.

Dimanche, 9. Au loin, tir d'artillerie. Le soir, D. Odinets, sa fille et un jeune Français nous rejoignent. Les hommes dorment sous la tente au jardin, la jeune fille sur le divan de la salle à manger.

Lundi, 10. Un avion allemand est tombé dans les environs. Nous avons passé la matinée à chercher une chambre avec les Odinets. Nous en avons trouvé une et ils s'y sont installés. Natacha Baranova et Assia sont parties. Les Kerenski sont arrivés à cinq heures et ont passé la nuit.

Mardi, 11. Les Kerenski sont partis à cinq heures du matin (pour le Portugal ?). Les Baranov ont passé la journée à Paris. Olga est arrivée à pied de Saint-Rémy à deux heures. Le soir, les Baranov sont revenus avec Nora. Il n'y a plus de journaux.

Mercredi, 12. Nora et moi sommes allées le matin à Bullion. Sur le chemin, nous avons vu une voiture accidentée. Nous avons fait la connaissance de Mme Caffin et de son fils. Epuisée à la suite d'une nuit blanche, elle avait heurté un arbre. Son fils était légèrement blessé à la jambe. Nous les avons invités à venir chez nous. Les Baranov ont passé la journée à faire leurs bagages. Départ de la famille Amiot. Terrible exode de Paris, les gens passent devant chez nous. La famille Caffin s'est installée, en face, au café.

Jeudi, 13. Dès le matin, grande agitation. Les Baranov emballent leurs affaires. Certains villageois partent. Départ de la patronne du café, Mme Parrot, qui a abandonné ses chiens. Le soir, le village a un air désert et sinistre.

Vendredi, 14. A quatre heures du matin, les Baranov, Nora et les deux Caffin s'en vont. Paris a été pris. Départ des Debort. Arrivée depuis Paris de Pierrot. Lui et sa femme, harassés, restent chez nous jusqu'à midi en attendant que le pain arrive. Au village stationnent les régiments d'Algériens et la Croix-Rouge. Pillages des maisons vides. Le soir, pas d'électricité. La vieille Amiot arrive à moitié ivre. Les Vallé s'en vont cette nuit avec elle. Leur maison a été pillée. Tir de mitrailleuse. Nous nous couchons face contre terre. Nous nous construisons un abri, dans le fossé, près du bois.

Samedi, 15. La Croix-Rouge et les Algériens partent à l'aube. C'est un spectacle lugubre dans le brouillard et l'obscurité. Plus les tirs d'artillerie deviennent audibles, plus on entend les rossignols. Chaque nuit, c'est le même concert. La canonnade se rapproche des deux côtés. Tout le monde est parti. Motté a évacué ses chevaux, mais lui est resté. Marius a disparu. A onze heures nous courons à l'abri. Nous ne sommes plus que dix-sept personnes au village. Nous restons allongés une heure et demie. Le grondement des canons est assourdissant. Les enfants tremblent sans arrêt. Nous tombons de sommeil après trois nuits blanches. Pas de Français ni d'Allemands à l'horizon.

Les fraises sont mûres, mais toutes noires : un énorme rideau de fumée s'est apparemment abattu sur le jardin et des flocons d'ouate noire se sont déposés sur les fruits. On a beau les laver, la suie reste collée et il n'est plus question de les manger. Les réfugiés commencent à arriver.

Dimanche, 16. On raconte que les Allemands ont pris Chartres après leur passage chez nous. Les gens se sentent soulagés car le danger est passé ! Nous allons à Bonnelles avec les Motté. Il y règne une atmosphère de fête. On y voit quelques Allemands sur des motos. Longchêne a été épargné. Le matin, des colonnes motorisées sont passées non loin de chez nous, car on entendait leur grondement sourd de l'autre côté de la forêt. Nous avons mangé et dormi. Un gros orage a éclaté. Les chevaux des Motté sont de nouveau là et on attend le retour de beaucoup de villageois. Il est impossible de passer à pied ou en voiture car les routes sont barrées.

Lundi, 17. Nous avons dormi tout notre soûl et nous nous sommes débarbouillés. Tout le monde est au travail. Il n'y a pas de pain. Pas de rumeurs non plus, rien. Les tirs sont lointains. Les chiens vagabondent, les gens reviennent. On raconte qu'un Allemand serait déjà venu à Bullion et aurait donné l'ordre aux réfugiés de rentrer à Paris. Le soir, l'électricité a été rétablie et on a pu allumer la radio. Marche chinoise de *Casse-Noisette*. Le cabinet est tombé. Le maréchal Pétain demande la paix.

Mardi, 18. La vie reprend son cours. On s'est mis à faire du pain avec de la farine moulue à la main. La radio allemande. Les Allemands sont déjà aux portes de Lyon. Au village, on attend l'armistice.

Juillet

Je suis allée à Paris en bicyclette. La capitale est vide comme autrefois Pétersbourg, mais ça ne lui va pas. Dans le silence inhabituel des Champs-Elysées, une voix retentit : c'est le commentaire en allemand des événements filmés de la semaine. J'entre dans la salle obscure qui est presque pleine. A l'écran, on voit la percée de la ligne Maginot, la capture d'un demi-million de prisonniers, la bataille de la Loire, la signature de la paix à Compiègne, l'accueil fleuri de la population de Strasbourg et de Colmar. Ensuite, on voit Hitler arrivant au Trocadéro et contemplant de cet endroit la tour Eiffel. Tout à coup, il a un geste d'une telle vulgarité qu'on a peine à croire que quelqu'un puisse se conduire ainsi en de pareilles circonstances. De jubilation, il s'envoie une bonne claque sur le derrière tout en pivotant sur un de ses talons.

J'eus d'abord envie de crier ma honte et mon horreur, puis les cloches de Strasbourg se mirent à sonner, un orchestre militaire à jouer et cela devint ridicule. A côté de moi, j'entendais les rires étouffés de couples qui s'étreignaient et s'embrassaient dans la pénombre.

Septembre
Le vainqueur se promène dans le village, le vaincu le regarde et, pour se rassurer, lui trouve toutes sortes de traits agréables : il est propre, poli et il paie pour tout avec de l'argent véritable (qu'on imprime jour et nuit chez lui à Francfort). On se dit qu'ils ne sont coupables de rien, qu'ils ne font qu'exécuter des ordres.

Octobre
Durant huit mois (de septembre à avril), les hommes revenaient du front et nous parlaient de la guerre. Chacun en parlait à sa manière : c'était intéressant ou ennuyeux, effrayant ou drôle, patriotique ou désespéré. Je les écoutais tous, sans savoir que le seul à avoir raison était Guenia A. qui disait que “les Allemands finiraient par nous chasser jusqu'aux Pyrénées”. Il ajoutait que le patriotisme était du reste une notion démodée et qu'il valait mieux être un poltron vivant qu'un héros mort.

Octobre
L'année dernière, lorsque la guerre commença, les femmes françaises demandèrent à la presse et au gouvernement comment se rendre utiles. Elles n'avaient plus personne de qui s'occuper, leurs maris et leurs fils se trouvant au front. Tous ceux qui avaient de l'autorité auprès d'elles, journalistes, ministres, écrivains, ecclésiastiques leur dirent : Tricotez.

Cette année, elles demandèrent de nouveau comment elles pourraient bien tuer le temps, maintenant que leurs maris et leurs fils étaient en captivité, que tout était nickel chez elles et qu'elles étaient lasses d'aller au cinéma. Voilà-t-il pas que la coqueluche de tout le monde, Colette, leur répondit dans les pages du *Petit Parisien* : Dormez.

Novembre
Salomon Kaploun-Soumski vient de mourir ; il avait été le propriétaire de la maison d'édition Epoque, laquelle publiait la revue *La Conversation* entre 1923 et 1925 à Berlin. C'était un homme tout à fait ordinaire mais, curieusement, sa vie fut assez mouvementée, comme si elle avait été destinée à quelqu'un de plus énergique, de plus intelligent et de plus remarquable. La caissière de l'hôtel où il a vécu, boulevard Sébastopol, suivait son cercueil. Quand les Allemands sont arrivés en juin, elle l'avait emmené en Bretagne, dans la maison de sa mère. Soumski emporta avec lui ses propres archives ainsi que celles de son ancienne maison d'édition. Il m'a dit récemment qu'il avait tout laissé là-bas. Elles contenaient des lettres de Bely et peut-être même de Blok, de Gorki et d'autres encore. Il y avait également de nombreux manuscrits parmi lesquels se trouvaient sûrement des inédits de Bely. Il les avait entreposées quelque part dans un grenier à Plugonven. La caissière, une femme désintéressée et douce, s'était attachée à Soumski. Il vécut chez elle au village de Plugonven durant trois mois. En la voyant marcher derrière le cercueil, je remarquai qu'elle boitait légèrement. Il était mort dans ses bras. Je crains que le jour où un historien de la littérature russe parviendra jusqu'à Plugonven, il ne trouve plus rien que des crottes de souris.

Novembre
Le 19 Vadim Roudnev est décédé à Pau. Il souffrait d'un cancer. C'était l'un des rédacteurs des *Annales contemporaines* et il avait été, en 1917, le maire de Moscou.

Lorsque j'ai épousé N.V.M. en 1936, il avait été l'un des témoins à notre mariage, l'autre était Kerenski. Le maire qui nous a mariés dit à Roudnev qu'il ressemblait à Poincaré. Il me faisait aussi penser à Lénine.

La messe funèbre de Roudnev eut lieu le 24 novembre, rue Lourmel, dans l'église aménagée par Mère Marie près de la cantine.

Novembre
L'année dernière, j'ai relu *Don Quichotte* et suis tombée sur un passage qui m'a fait penser à un endroit des *Ames mortes*. Les deux auteurs évoquent une région dont Schopenhauer dit un jour qu'elle est toujours là, près de nous, mais qu'il nous est impossible de la définir par des mots.

Novembre
Je viens de relire *Le Diable* de Léon Tolstoï.

D'après ce que nous savons aujourd'hui, il était sans aucun doute un obsédé sexuel. Tout se ramène chez lui au sexe, la musique, les grosses jambes d'une paysanne, une belle robe, la *Vénus de Milo*.

Le héros du *Diable* est un homme possédé par le désir, incapable de survivre un mois sans femme. Un pareil être aurait dû épouser une femme passionnée, "gaie et solide" alors que la sienne était une créature pâle et maladive. S'il avait eu la femme qui lui convenait, il aurait pu regarder les jambes de Stepanida avec détachement et il n'y aurait pas eu de récit. Le dualisme tolstoïen apparaît ici clairement, Stepanida symbolisant l'idée du "corps" et la femme maladive celle de "l'âme". L'auteur décrit la passion du héros pour Stepanida de façon fort colorée, alors que le style devient terne dès qu'il s'agit de "l'amour" pour son épouse.

Visiblement Tolstoï ne comprenait pas que les mariages d'Irteniev et de Stiva Oblonski n'avaient rien d'authentique, puisque les femmes n'étaient pas partie prenante. Mieux vaut parler d'insémination artificielle que de véritables mariages.

Décembre
Des souvenirs me reviennent...

1928, 13 janvier. Lors du bal de charité organisé par la presse russe fut représentée une farce de Teffi, écrite spécialement pour cette occasion. Ce bal avait lieu chaque année, à l'hôtel Lutetia, à la veille du Nouvel An russe. L'argent ramassé allait aux écrivains, poètes et journalistes démunis. C'était un bal élégant, qui attirait beaucoup de monde, et la collecte était conséquente. Il arrivait qu'un nécessiteux reçût de deux cent cinquante à quatre cents francs, suivant ses mérites littéraires. Un comité constitué par des dames ramassait les dons et organisait le bal, alors qu'une commission, nommée par l'Union des écrivains, distribuait l'argent.

Tous les ans, il fallait inventer un spectacle un peu original pour attirer les gens fortunés, principalement des Juifs, car les émigrés russes ne s'intéressaient guère à notre littérature, soit parce qu'ils étaient trop pauvres, soit parce qu'ils disaient "avoir été nourris de Pouchkine" et qu'ils n'avaient que mépris pour tous ces écrivains modernes. C'est ainsi qu'en 1928, Teffi écrivit une farce hilarante en vers, dans laquelle des rejetons royaux étaient kidnappés, puis remplacés par d'autres. On découvrait que la fillette était en réalité un garçon, que le frère et la sœur ne l'étaient pas et ainsi de suite. Ladinski et moi jouions les rôles des enfants que tout le monde confondait. Pour finir, nos camarades nous portèrent sur la scène dans leurs bras. Ladinski, qui était de très grande taille, avait dû se faire tout petit je ne sais trop comment.

L'année suivante, quelqu'un eut l'idée d'amener une élégante calèche à laquelle on attela les écrivains pour qu'ils fassent faire un tour de salle à leurs fortunés mécènes. Je me souviens comment Ossorguine et moi nous nous sommes placés entre les brancards et avons parcouru la salle à toute allure, moi en robe de soirée, lui en smoking. Dans la calèche s'était installé l'avocat moscovite M. Goldstein (qui devait plus tard se suicider) ; il avait fait monter à ses côtés Raphaël, avec son petit accordéon. Celui-ci était un Roumain plantureux dont l'orchestre animait l'un des cabarets de nuit russes de Montmartre. Perché sur la calèche, il jouait de son accordéon. Quant à Goldstein, il riait tellement qu'il faillit tomber. Lorsque nous l'avons ramené à sa table, où se trouvait une bouteille de champagne et autour de laquelle avaient pris place quelques dames élégantes, il descendit, sortit son portefeuille et, avec une courbette, me tendit un billet de cent francs. En ce temps-là, cela représentait une grosse somme. "Et pour la musique ?" demanda Ossorguine. Goldstein offrit un second billet. Nous nous sommes précipités chez un membre du comité. Je me demande à qui on a bien pu remettre cet argent, à Kratchkovski peut-être, pour son hernie, ou à Boris Lazarevski, jadis l'auteur en vogue du roman, *Une Ame de femme*, ou à Fiodor Blagov, l'ancien éditeur et rédacteur du grand quotidien moscovite, *La Parole russe*, ou encore au journaliste en chômage, Bourychkine, un ancien millionnaire moscovite.

En 1933, on monta un acte du *Mariage* de Gogol. Je jouais Agafia Tikhonovna, le rôle de Podkolessine étant interprété par le peintre Verechtchaguine (neveu du célèbre artiste). Celui-ci prenait la chose très au sérieux, s'y préparant et se maquillant avec soin. C'était un acteur dans l'âme. On loua, à mon intention, une perruque avec des boucles dorées et une robe dans le style de l'époque.

1930, 4 avril. Célébration des vingt-cinq ans d'activité littéraire de Khodassevitch dans un restaurant diagonalement opposé à la fameuse Closerie des Lilas. Une quarantaine de personnes s'y sont retrouvées dans une atmosphère assez peu officielle. La tâche la plus délicate en l'occurrence fut de réunir les représentants des *Annales contemporaines* et des *Dernières Nouvelles*, l'aile "gauche" de la presse, avec ceux de *Renaissance*, l'aile "droite", où travaillait Khodassevitch. J'ai réussi tant bien que mal à équilibrer les deux tendances. Mon intention était bien sûr "d'accroître le prestige" de Khodassevitch et j'y suis arrivée finalement assez bien. Je me souviens du discours fleuri du professeur N. Kulman, un représentant de l'aile "droite". Il comparait Khodassevitch à Pygmalion et déclarait que sa meilleure créature était sa Galatée. Celle-ci à dire vrai se sentait plus morte que vive. Je voulais tant que cette fête, même si elle ne devait pas être aussi brillante que celle de Zaïtsev, fût du moins "comme il faut".

1931, 10 mars. Mon unique "repas d'écrivain". Le groupe comprenait un nombre restreint d'amis – Zaïtsev, Mouratov, Khodassevitch, Ossorguine, Aldanov et Zetlin. On m'invita à le rejoindre, mais, après ce repas du 10 mars, le groupe se disloqua. Des divergences de vues relatives aux événements de Russie avaient surgi entre Khodassevitch et Ossorguine. Ce dernier renouvelait son passeport soviétique tous les ans, recevait des honoraires de Moscou pour sa traduction de *La Princesse Turandot* de Gozzi, et répétait à qui voulait l'entendre qu'il n'était pas un émigré, bien qu'il écrivît dans la presse de l'émigration... Par ailleurs, Aldanov et Zetlin trouvaient que Mouratov était devenu un réactionnaire et qu'il était passé dans le camp des antidémocrates, surtout à la suite de son article intitulé : *Grands-mères et Grands-pères de la Révolution russe*, dans lequel il traitait les "meilleurs représentants" de l'ancien radicalisme russe de prédateurs. C'est ainsi que nos repas d'écrivains prirent fin.

En automne 1937, N.V.M. se cassa la jambe au niveau du genou. Lorsqu'il reçut les indemnités d'assurance, nous avons acheté Longchêne. C'était en mai 1938. Au printemps 1939, les travaux de réfection étaient terminés et nous avons quitté définitivement notre appartement parisien pour nous installer à la campagne. Cinq mois plus tard la guerre éclatait.

Décembre
Dostoïevski écrit dans ses *Mémoires écrits dans un souterrain* que la civilisation n'apporte rien de nouveau et qu'elle ne fait que compliquer la vie. Ce serait comme une petite maison à laquelle on rajouterait des étages, des tourelles, des balcons, des ailes et des mezzanines. Ce néogothique rococo finit par nous empêcher de vivre.

Décembre
Dans un Etat réactionnaire, on dit à l'individu : "Ne fais pas ceci", et la censure lui ordonne : "N'écris pas cela." Dans un Etat totalitaire, on lui dit : "Fais ceci, écris comme cela." Voilà toute la différence.

Décembre
Rien n'est pire que la virginité. C'est quelque chose de monstrueux, qui inspire répugnance et dégoût. Quoi de plus contraire à la nature que de ne jamais se donner à quelqu'un !

Décembre
Au cours d'une expérience de laboratoire, le chimiste suit à travers les tubes et les cornues en verre le flux des substances chimiques. L'essentiel, c'est de sentir ce flux incessant en soi, de ne pas être coupé en deux parties, dont l'une serait "supérieure", l'autre "inférieure", séparées par une "muraille de Chine". C'est ça que j'aime dans la vie. Mais je ne l'ai pas découvert du premier coup. J'en ai pris conscience seulement lorsque je suis devenue femme. J'eus l'impression alors d'être de la tête aux pieds une sorte de "champ expérimental unifié" à travers lequel coulaient mes propres "humeurs".

Je me rends compte à présent que ce qui pourrait m'arriver de plus terrible, ce serait de me dessécher tout entière, mes yeux, ma bouche, mon cerveau. Je continuerais encore longtemps à vivre, une quarantaine d'années peut-être, privée de ce *flux vital* que j'ai aimé par-dessus tout.

Décembre
Depuis l'automne 1938, à l'époque de Munich, sont décédés : Eugène Petit, – il s'est suicidé, à la pensée que la guerre allait le priver de ses économies ; Chestov : le cœur ; Somov : le cœur ; Khodassevitch : le cancer ; Guermanova : le cancer ; Korovine : le cœur ; Kulman : le cœur ; Jabotinski : le cœur ; Soumski : le cœur ; Roudnev : le cancer.

Décembre
J'ai rêvé de Khodassevitch. Il y avait beaucoup de monde et personne ne le remarquait. Ses cheveux étaient longs, il était mince, presque transparent, un "esprit" léger, élégant et jeune. Enfin, nous nous sommes retrouvés seuls. Je me suis assise tout près de lui. J'ai pris sa main fine et légère comme une plume. Je lui ai dit :

— Alors, dis-moi, si tu le peux, comment tu te sens là-bas.

Il m'a fait une drôle de grimace et j'ai compris que ça n'allait pas trop mal. Il a aspiré une bouffée de fumée, en se recroquevillant, et m'a dit :

— Comment te dire ? On ne se sent pas toujours à l'aise...

Décembre
Une seule chambre, un seul lit, une seule couverture. Qui ne comprend pas ça ne comprend rien au mariage. Le jour, la vie peut nous séparer, nous refroidir, nous ébranler, nous déchirer. Mais la nuit nous réconcilie. Un corps ranime l'autre par sa chaleur, sinon par son ardeur.

Napoléon a dit : "Donnez à l'Impératrice une chambre à part. Je veux garder ma liberté, ne serait-ce que la nuit. Si un mari partage la chambre de sa femme, il ne peut plus rien lui cacher." C'est parfaitement exact.

Décembre
Neige et soleil.

J'ai couru dans les bois. J'avais envie de me rouler dans la neige et de me frotter avec. J'étais seule avec les chiens et je riais aux éclats.

Décembre
Quand les riches Chinois se construisent une maison, ils aménagent au fond du jardin "une porte pour la paix", par laquelle ils s'enfuient en cas de révolte ou de catastrophe. Tout homme riche possède un passage secret de cette sorte, dont il porte sur lui la clé. C'est par là qu'il se sauve à la dernière minute emportant avec lui ses trésors.

Je n'ai ni issue de secours ni clé. J'ai toujours voulu "rester avec les autres", ou du moins être là où se trouvaient la plupart des nôtres.

Décembre
Enfant, j'étais un peu poltronne, vilaine et lâche. Avec l'âge, ces tendances ont progressivement disparu. Ce n'était pas un effet du milieu ambiant, j'avais cela en moi, avant toute forme de contact social. Belinski a dit : "Je ne suis pas un enfant du siècle, mais un fils de pute." Je me rends compte qu'à douze ans, j'aurais été capable de sacrifier bien des choses pour simplement sauver ma peau.

Décembre
Chacun de nous a des souvenirs secrets et merveilleux qui remontent à son enfance, à sa jeunesse ou même à son âge adulte. Ce sont des bribes du passé qui nous sont particulièrement chères : une journée d'été, un bord de mer, les paroles ou le silence d'une personne aimée. Dans la vie réelle, il n'en reste rien. Les protagonistes, jeunes ou vieux, sont morts ou devenus méconnaissables. La maison a brûlé, le jardin a été détruit, le lieu a changé trois fois de nom, la végétation l'a envahi ou bien on y a creusé un lac artificiel. Nous sommes seuls avec nos souvenirs, comme dans un rêve.

Lorsque nous mourons, ces charmantes visions, légères et secrètes, disparaissent avec nous. Jamais personne ne les ressuscitera. Chacun de nous est un réservoir où survivent ces instants comme des poissons dans un aquarium.

Décembre
Je vis avec un homme sain de corps et d'esprit, équilibré, franc, généreux, actif et tendre. Tout ce qu'il entreprend lui réussit. Il est bienveillant envers tous ; il n'est ni rancunier, ni envieux, ni médisant. Il prie chaque soir et fait des rêves d'enfant. Il est capable de réparer l'électricité, de dessiner un paysage et de jouer au piano un passage du *Carnaval* de Schumann.

Décembre
Lorsque j'évoque un certain souvenir, c'est comme si je me mettais à dialoguer avec moi-même telle que j'étais à seize ans. Il s'agit de l'excursion à Pavlovsk, par un jour de printemps 1917. C'était la fin de mes études au lycée et j'étais heureuse. Nous formions un groupe de neuf ou dix jeunes filles accompagnées de deux de nos professeurs. Je me sentais si débordante de vie que, dans le train de retour, mes pensées se sont envolées vers l'avenir. Un jour, je me souviendrai du bonheur de cette journée, et ce souvenir pourra sinon m'épargner l'épreuve, du moins me réconforter. Ce qui m'arrive aujourd'hui correspond à ce que j'imaginais alors. A présent, je me tourne vers ce passé qui m'enveloppe et je

me rends compte que ce souvenir, telle une sentinelle, monte la garde et protège ma vie.

Décembre
En 1918-1920, au moment des événements, je me suis dit : "Cela ne me concerne pas ; c'est l'affaire des aristocrates, des bourgeois, des contre-révolutionnaires, des banquiers et des gouverneurs de province. Moi, j'ai seize ans et je ne suis rien." En 1940, un nouveau "séisme" et je reprends ma litanie d'antan : "Ça ne me concerne pas ; c'est l'affaire de l'Europe. Qui suis-je, moi ? Une émigrée russe, à moitié asiatique, n'est-ce pas ? Bref, une moins que rien."

— Tu ne t'en tireras pas à si bon compte ! me suis-je dit en me regardant dans la glace.

Décembre
Les artistes européens sont étonnamment hautains. Ils ne daignent pas se livrer au désespoir et sont très sûrs d'eux : les Anglais à cause de leur grand empire, les Allemands parce qu'ils ont Hitler, les Français en raison de la convergence parfaite entre leur mentalité et leur Etat bourgeois. Nous autres Russes étions tourmentés en pensant à tous nos illettrés et à tous nos pouilleux. Encore aujourd'hui il reste des traces de ces tourments dans les consciences aristocratiques.

Décembre
Je n'aime pas la vie facile. C'est sans doute la lecture de Nietzsche, quand j'étais adolescente, qui m'a donné ce goût et je l'ai gardé toute ma vie. J'aime avoir à résoudre des problèmes et à surmonter des obstacles, bref j'aime la destinée humaine dans ce qu'elle a de complexe et de "sportif".

Décembre
"L'honneur est plus précieux que la vie."

Je n'ai jamais compris ce que cela voulait dire. Comment une chose peut-elle être plus précieuse que la vie ? Sans la vie, il n'y a rien. Cela reviendrait à dire que les trous valent mieux que le gruyère. Rien ne peut se comparer à la vie.

J'ai trouvé par hasard chez Schopenhauer l'idée selon laquelle l'honneur n'est qu'une notion conventionnelle, variable suivant l'époque. "L'honneur, c'est objectivement l'opinion que les autres portent sur notre mérite et, subjectivement, la peur que nous inspire cette opinion."

1941

Février
A l'approche des époques de famine et de froid, les allumettes brûlent difficilement. Je l'avais déjà remarqué en 1920. C'est là le présage d'une grande misère.

Février
Que sont devenus tous nos pots de grès qui nous seraient si utiles aujourd'hui ? Il n'y en a plus un seul. Notre vieille voisine qui se souvient de l'invasion allemande de 1870 m'en a donné un. J'y conserve les bouts de pain. Elle me dit que ce pot avait appartenu à son grand-père. Or, ce dernier avait fait la campagne de Russie en 1812. Le pot serait-il russe ? Après examen, N.V.M. a déclaré qu'il avait été sans aucun doute fabriqué à Vladimir (bref, un "compatriote").

Février
Quelques jours avant sa mort, en 1918, Leonid Andreiev entendait dans sa maison de Finlande les raids aériens ennemis et rêvait de partir en Amérique. J'ai l'impression qu'il n'y a pas eu de coupure entre ses nuits et les miennes.

Mars
J'ai lu récemment ma nouvelle, *La Résurrection de Mozart*, lors d'une soirée littéraire, rue Lourmel, à la cantine de la Mère Marie. Il y avait une centaine de personnes et la salle était pleine. Beaucoup pleuraient. Dans l'assistance se trouvaient Zaïtsev, Weidlé, Prismanova, Ladinski...

Avril
J'ai préféré toute ma vie les vainqueurs aux vaincus, les forts aux faibles. A présent, je n'aime ni les uns ni les autres.

Avril
Savoir Isaac Babel en prison me bouleverse davantage qu'apprendre qu'un croiseur a été coulé avec tout son équipage à bord.

Avril
Il y a un an, c'était la veille de la chute de la Hollande et de la Belgique, de la prise de Paris et de l'entrée en guerre de l'Italie. Aujourd'hui, des événements encore plus graves se profilent à l'horizon. Sans doute se produiront-ils en mai. En attendant, des dizaines d'avions passent chaque soir au-dessus de nous en direction de l'Angleterre, et Londres est en flammes.

Avril
A Noël 1919 (ou en janvier 1920) stationnait dans notre cour, à Nakhitchevan, une division blindée. Chaque soir, nous montions au grenier et de là suivions le spectacle des Rouges qui, en ordre déployé, s'élançaient à l'attaque de la forteresse de Bataïsk, d'où les Blancs leur tiraient dessus. Ils perdaient chevaux et hommes, puis revenaient dans notre cour. Quelques-uns manquaient. Et maintenant, chaque soir, des centaines d'avions passent au-dessus de nous pour aller bombarder, en Angleterre, des villes et une population pacifique. Je n'arrive pas à dormir, obsédée par l'idée que cela ne s'arrêtera qu'avec ma vie.

Mai
L'amour que me porte autrui et que je ne partage pas me rend méchante : j'ai l'impression que quelqu'un pose sa main sur moi et j'ai envie de la frapper. Une bouffée de haine que je contiens.

Je trouve que c'est muflerie de ma part, mais je n'arrive pas à m'en défaire.

Juin
M. Duplan (quatre-vingts ans, inventeur de la rayonne et millionnaire) raconta comment en juin 1940 il était resté dans son château alors que tous ses serviteurs s'étaient enfuis. Il vécut une semaine complètement seul et relisait, chaque soir, le passage de *Guerre et Paix* où le vieux Bolkonski attend les Français. Puis un jour, il vit arriver par l'allée, qui existait déjà du temps de son grand-père, un petit détachement d'Allemands. Il se planta sur le seuil de sa porte, les mains dans ses poches et à ses pieds un mouton qu'il venait d'égorger.

— Entrez, je vous prie, nous allons souper.

Juin. Dimanche 22.
La radio a annoncé ce matin l'entrée des troupes allemandes en Russie.

Juin
G. et sa femme sont nos voisins (leur fille sort avec des soldats allemands). De l'autre côté de notre clôture, sur leur terrain, pousse un jeune mirabellier. Il penche tout entier de notre côté et ses fruits, qui sont mûrs et sucrés, tombent chez nous. Il doit y en avoir environ une centaine de livres. Aucun ne tombe de leur côté. J'ai rencontré sa femme et lui ai dit de venir prendre les fruits quand elle le voulait. Nous en ramassons chaque jour et, comme il n'est pas question, faute de sucre, de faire de la confiture, j'en fait de la compote pour l'hiver. Cependant, la femme de G. n'est pas venue et un beau matin, lorsque je suis sortie au jardin, j'ai vu que G. avait coupé ce merveilleux petit arbre. Il était couché là, avec ses fruits, de l'autre côté de la clôture, déchiqueté, mort. "C'est par pure méchanceté", dit Marie-Louise. Ils ne ramassèrent pas les fruits et cela aussi c'était "par pure méchanceté". L'arbre est resté ainsi jusqu'à ce que les oiseaux eussent mangé toutes les mirabelles et que les branches se fussent desséchées. Tous les jours, nous restions longuement à regarder les feuilles recroquevillées, le tronc brisé, fin et puissant. Nous avions beau réfléchir, nous n'arrivions pas à

trouver d'explication, sinon que G. était animé par une haine féroce et bestiale à notre égard.

Juin, 24.
Le 22 juin, environ cent cinquante émigrés russes ont été arrêtés à Paris. Il s'agissait principalement de personnalités "en vue", mais toutes ne l'étaient pas. C'était en tant que "Russes", de droite ou de gauche, qu'on les avait arrêtés. Parmi eux se trouvaient Fondaminski, l'avocat Philonenko, Zeler et d'autres. L'avoué N. sanglotait et disait qu'il n'avait jamais rien eu contre les Allemands : "Mein Vater ist in Berlin begraben." ("Mon père est enterré à Berlin.")

Juin, 25.
Il s'agissait surtout, semble-t-il, de francs-maçons de la Grande Loge (à droite) et du Grand-Orient (à gauche).

Juin
Le 28, à huit heures du matin, je suis allée au cimetière, sur la tombe de Khodassevitch. La terre avait déjà été enlevée et des planches recouvraient la fosse. Six ouvriers se présentèrent munis de cordes ; ils retirèrent les planches et soulevèrent le cercueil. Celui-ci, en chêne, avait noirci au cours de ces trois années, il était léger et le bois était un peu moisi aux coins. Un employé m'expliqua que le sol était sec à cet endroit et que le défunt ne s'était probablement pas décomposé, mais desséché comme une momie ; il devait sans doute être maigre. On transporta le cercueil sur une charrette jusqu'au nouvel emplacement, définitif. De nouveau les cordes, la fosse, les planches. On le descendit facilement et sans bruit. Puis ils se sont mis à le recouvrir de terre.

Je suis allée chez les Zaïtsev qui habitent tout près.

Juillet
Lvov, Riga, Kichiniov, Minsk, Smolensk.

Août
La musique de Beethoven évoque souvent pour moi le rythme d'un train en marche. La première partie de la *Sonate pathétique*,

par exemple, me fait penser au train qui écrasa Anna Karénine. Je viens de voir au cinéma des scènes de guerre sur le front russe : des centaines de tanks allemands avançaient dans les marécages, le long des routes, à travers le seigle mûr et les fourrés, et traversaient les rivières à gué, le tout au son de la *Neuvième Symphonie*.

Août
Novgorod. La guerre se propage par "cercles". Une ville est cernée, l'armée détruite, la place prise. On découpe le pays en grosses "rondelles".

Août
Je me suis retrouvée à la Kommandantur, à Rambouillet. On y avait convoqué les Russes pour qu'ils se fassent enregistrer. Les Allemands voulaient vérifier s'il s'agissait bien de "blancs" et non de "rouges", ces derniers devant être envoyés dans des camps. Une quinzaine de personnes se trouvaient là : un grand vieillard, qui ressemblait au prince Volkonski, violoniste au Conservatoire russe, deux dames aristocrates coiffées d'énormes chapeaux démodés, un homme pâle et bouffi, accompagné d'un garçonnet au nez camus, et d'autres encore. Leurs vêtements étaient usés, leurs grosses mains calleuses. La peur leur donnait un air hagard.

Un Allemand les interrogea. C'étaient tous des "blancs", des émigrés avec un "passeport Nansen". L'Allemand fut étonné. J'essayai de lui expliquer ce qu'était un "passeport Nansen", que nous avions le statut d'apatrides et que leur convocation ne correspondait à rien. Il ne comprenait pas comment ce document permettait de prouver que nous n'étions pas des Soviétiques. Je parlais vite en faisant des fautes d'allemand. J'avais envie de dire : "Regardez-les, ces gens, il n'y a rien à en tirer, relâchez-les, ça fait vingt ans..."

"... Cela fait vingt ans qu'ils souffrent, qu'ils accomplissent les travaux les plus pénibles ; on les a chassés de partout, on les a privés du droit à l'emploi..." Je poursuivais en rêve mon dialogue avec le même officier allemand, debout près de la fenêtre inondée de soleil, dans le bureau de la Kommandantur.

“... Pendant vingt ans, ils ont vécu à l’étranger, mais voyez-vous, jadis ils étaient pareils à vous, jeunes et forts. Leurs enfants sont craintifs et silencieux, comme eux. Leurs femmes sont harassées par les soucis et le travail. Qu’ils sont résignés ! Ils paient leurs impôts, vont à l’église et sont sages. Ils ont des «passeports Nansen» et des visages si tristes... Ayez pitié d’eux... Ce sont là des émigrés russes...”

Je me suis réveillée en larmes.

Août

En relisant la correspondance de Dostoïevski, je découvre dans les lettres de 1877 des thèmes analogues à ceux du *Journal d’un écrivain*. J’y retrouve à nouveau la succession des générations que ceux qui croient au progrès perçoivent comme une ligne droite ascendante, mais qui à mes yeux se rapprocherait davantage du balancement très lent et irrégulier d’un pendule.

La lettre de Kovner à Dostoïevski et la réponse de ce dernier illustrent bien le heurt de deux époques. Dostoïevski écoute attentivement ce que lui dit ce nouveau type d’homme quelque peu cynique, athée, affairiste et cosmopolite. Dostoïevski, étonné, hausse les épaules, passe outre et l’oublie. On sent que Kovner lui est étranger. Pourtant, celui-ci incarne un fait sociologique de première importance. Il voit les choses, l’immortalité, l’argent, l’amour, sous un jour totalement nouveau.

Les hommes de cette espèce sont apparus au cours des vingt-cinq dernières années du XIXe siècle et ma génération en a encore connu. Un reste d’idéalisme trivial survivait en eux, mais les gens d’aujourd’hui, avec leurs idées post-révolutionnaires, et toute la pensée de notre temps, leur seraient complètement incompréhensibles. Les Kovner nous sembleraient sentimentaux.

Pouchkine serait devenu fou s’il nous avait connus ou plutôt s’il avait lu le passage sur le pot de chambre dans *L’Eternel Mari* de Dostoïevski. Celui-ci aurait été choqué par Tchekhov qui l’aurait été par nous. Ils se seraient tous détournés de nous, dégoûtés par notre “avilissement”.

Août
Vingt ans se sont écoulés depuis la mort de Blok. Qui s'en souvient encore ? Tous les ans, je pense intensément à lui ce jour-là. J'aimerais lui consacrer un livre.

Septembre
C'est bien ce que je pensais, l'enfant de Lioubov Blok, dont la mort en 1911 leur causa tant de peine, n'était pas de Blok. Vera Zaïtsev me rapporta la conversation qu'elle avait eue avec lui à Moscou après la révolution. Ils marchaient ensemble dans la rue. Le fils de Vera venait d'être fusillé. Elle en parlait à Blok.

— Et vous, Alexandre Alexandrovitch, n'avez-vous jamais eu d'enfants ?

— Non, jamais, répondit-il.

Septembre
Schlüsselburg est tombé et, le 20, Kiev.

Octobre
Odessa, Tver, Kalouga et Taganrog sont pris et, pendant ce temps, je lis *L'Invasion de la Russie par Napoléon* de Tarlé.

Novembre
Soudain, un rayon de lumière inattendu, merveilleux, a brillé dans cette vie difficile, monotone, triste et l'a complètement transfigurée. J'ai offert un ruban à la fille du bûcheron, une petite Espagnole de huit ans, élevée dans la misère. Je n'ai pas pu communiquer avec elle, car elle ne parle que l'espagnol. Mais quel regard, quel sourire ! Ce visage d'enfant, triste et beau, me bouleversa et m'illumina. Brusquement, au milieu de la mort, a jailli la beauté.

Son père, certainement un "rouge", a été interné en France et travaille maintenant comme bûcheron dans la forêt, près de chez nous. Sa femme est malade, ils ont cinq enfants, le fils aîné, parti l'an dernier, ne donne pas de nouvelles, et ils vivent dans une cabane forestière.

Novembre
Kronstadt et Sébastopol ont été bombardés le 13 et mis à feu et à sang.

Un million d'Allemands ont traversé la Russie et sont arrivés jusqu'à Tikhvine, Maloïaroslavets, Toula et Kertch.

Décembre
Déclaration de guerre entre les U.S.A. et le Japon. Pearl Harbor, destruction de la flotte américaine.

C'est étrange, je sens parfois dans l'air comme une odeur de sang qui me rend malade. C'est comme si j'étais entourée d'une quantité effrayante de cadavres. Certains sont presque déjà recouverts par la terre, d'autres par la neige ou par le sable du désert, d'autres sont dévorés par les poissons dans les profondeurs de la mer.

Décembre
Hong-Kong a été pris par les Japonais.

Décembre
Merejkovski est mort le 7 à neuf heures du matin. Il était très amaigri, ces derniers temps, et avait beaucoup vieilli. Il trottinait à petits pas le long de la rue de Passy au bras de Zinaida Hippius. Lorsque je lui rendis visite il y a trois semaines, il était indifférent à tout, moi y comprise. Zlobine lui enveloppait les pieds dans un plaid car il avait tout le temps froid.

Zinaida faisait peine à voir lors de l'office funèbre à l'église. Son visage était blême et sans vie, ses jambes flageolantes. Zlobine se tenait à ses côtés, large et puissant, et la soutenait.

Pas mal de monde – environ quatre-vingts personnes – était venu à l'office. La nouvelle de sa mort s'est répandue rapidement malgré l'absence de journaux russes. Olia m'envoya un télégramme. Etaient présents Maklakov, Teslenko, les Zaïtsev, Lioubimov, Stavrov, Ladinski, le professeur Mikhaïlov, Knorring, Kartachev, Lifar, Mamtchenko, le Père Boulgakov... Le métropolite Euloge célébrait l'office, assisté de quatre popes et de deux diacres. Zinaida se trouvait devant moi. Le cercueil me parut tout petit.

Merejkovski, qui est né en 1865, était l'un des derniers représentants vivants du symbolisme russe. Il ne reste plus maintenant que Balmont, qui se survit à lui-même, et Viatcheslav Ivanov qui vit en Italie.

Décembre
Si seulement je pouvais m'empêcher de trembler en regardant la carte de la Russie, mais je n'y arrive pas.

Décembre
Les enfants espagnols, ceux du bûcheron, qui vivent dans la cabane forestière, sont venus nous rendre visite à Noël : Anita, trois ans, Juanito, six ans, José-Maria, huit ans, Ramona, neuf ans. Diego, seize ans, les accompagnait. Ils portaient tous des habits propres. Ils sont petits et ont des nez camus. Ils avaient un tambour et une trompette. C'était un vrai cortège. On leur a donné des petits gâteaux, des bonbons et des pommes. José-Maria, visiblement un joyeux luron, nous a chanté des chansons espagnoles. Ramona chantait avec lui. J'en avais les larmes aux yeux et suis partie me cacher dans la cuisine où il faisait sombre. Ramona avait deux tresses nouées autour de sa tête et j'y ai attaché un petit ruban. Elle portait en elle toute la tristesse et la beauté du monde.

Je l'avais rencontrée un mois plus tôt. Le ravissement, la pitié et la tendresse qu'elle m'inspirait m'avaient tirée d'un état de sécheresse et d'insensibilité, l'un des plus pénibles que je connaisse.

Au cours de cette dernière année, je me suis mise à douter de la beauté et du tragique de l'existence, de la tendresse, du charme et de la chaleur d'une vie paisible. Puis, dernièrement, en allant chercher du lait à la ferme un soir, sous la pluie, par la rue du village pleine de flaques, j'ai rencontré Ramona. Elle n'avait sur elle qu'une petite robe ou plutôt des guenilles, car on voyait par endroits son corps nu. Elle portait de gros souliers troués, apparemment ceux de sa mère, qui lui glissaient des pieds. Ses cheveux noirs et lisses étaient coiffés en deux minces tresses qu'on avait entortillées autour de sa tête et nouées au-dessus de son front à l'aide d'un bout de laine rouge. Elle cheminait vers la même ferme que moi, trébuchant dans l'obscurité, un pot de fer-blanc vide dans ses mains.

Quand nous sommes arrivées toutes deux dans la cuisine où se trouvait un seau rempli de lait fraîchement trait, que la grosse fermière versait à l'aide d'une mesure en étain, je pus l'examiner à loisir. Elle sortait tout droit d'une page d'Andersen ou d'un tableau de Goya. Elle me regarda longuement de ses grands yeux sombres, pleins d'une douce et calme curiosité. Ses doigts étaient fins et basanés. Brusquement, elle m'adressa un sourire muet et confiant, sans savoir qui j'étais, ses yeux doux fixant les miens. Je sentis quelque chose se réveiller en moi et fus transportée par la joie et la pitié. "Viens chez moi, lui dis-je, je te donnerai un vrai ruban pour tes tresses." A vrai dire, j'avais l'intention de lui donner quelque lainage chaud. Mais elle ne comprenait pas le français !

Avec son sourire et son pot en fer-blanc, son ignorance de la langue des gens qui l'entouraient et cet éclair de sauvagerie qui passa dans son regard apeuré, elle m'était apparue pour me tirer de ma torpeur, pour me régénérer et pour effacer de mon cœur le sang et la moisissure.

1942

Janvier

J'ai surpris dans un café parisien une conversation en russe entre une grand-mère, qui portait un vieux manteau en peau de phoque, et sa petite-fille âgée d'une vingtaine d'années.

La grand-mère dit en examinant le menu :

— Regarde, ils ont une choucroute à seize francs.

Sa petite-fille lui répondit :

— Commande-la donc, grand-mère. Nous avons de quoi nous payer une choucroute.

— Mais toi, tu n'en auras pas ?

— Ce sera pour une autre fois.

— Elle est bonne, au moins, leur choucroute ?

— Vas-y, commande-la, on a assez d'argent.

— N'avons-nous vraiment pas assez pour deux choucroutes ?
— Non, ça ne suffit pas.
— Ça fait si longtemps que je n'en ai pas mangé. Non, finalement, je ne vais pas la prendre, je ne veux pas gaspiller l'argent.

Janvier
J'ai lu dans un petit journal russe, intitulé *Notre parole,* un reportage de Savoleinen sur ce qui se passe à Leningrad. On y enterre dans des fosses communes ceux qui sont morts de faim et de froid, ou bien on attend, pour le faire, le dégel, et les cadavres s'amoncellent en tas dans les cours comme des bûches. Je vois mes deux parents : ils sont vieux, amaigris, à moitié gelés, affamés, pareils à des squelettes, marchant à peine et tombant de faiblesse. C'est bizarre, j'ai rêvé que je recevais un télégramme m'annonçant que maman était morte avant mon père. Je n'arrive pas à y croire*.

Janvier
Visite "aux tombes qui me sont chères". Je suis retournée dans les cafés de Montparnasse où l'on pouvait voir, il y a de cela dix ou quinze ans, ou même moins, des gens comme Ehrenbourg, Savitch, Bounine et Fedotov. A présent, plus un seul visage familier, pas même une ombre. C'est comme si je me promenais à Paris en l'an deux mille.

Soudain, j'aperçois, accoudé au comptoir d'un bistrot mal éclairé, Georges Raïevski. Nous nous sommes précipités l'un vers l'autre. Il ne craint rien, il est en règle (il doit avoir des faux papiers). Il est terriblement amaigri. Il m'a lu ses vers.

Janvier
J'en ai rencontré des hommes de talent, voire même de génie ! C'étaient des gens malheureux, morbides, insupportables, aux vies brisées et entourés de victimes. Ils ne connaissaient pas le bonheur et ne comprenaient pas l'amitié. C'étaient

* En 1961, j'appris de S.A. Rittenberg que cela s'est effectivement passé ainsi. *(N.B.)*

toujours les mêmes plaintes : "On ne nous lit pas", "on ne nous écoute pas", "on ne nous comprend pas", "il n'y a pas d'argent", "il n'y a pas de public". La prison et l'exil les guettaient, la censure les opprimait. Impossible d'imaginer rien de plus mélancolique.

Février
E.K. est arrivée du Midi (Favières) et m'a raconté que tout ce petit monde russe là-bas se répétait la phrase où je dis aimer une vie difficile. Ils la trouvent très amusante !

Février
Le bruit a couru que Tsvetaïeva s'est pendue à Moscou le 11 août. *Notre parole* (ou *Parole nouvelle* ?) en a rendu compte de manière triviale et stupide. En relisant récemment un des écrits en prose de Tsvetaïeva, je suis tombée sur un passage où elle raconte que quelqu'un, la voyant de dos, l'avait prise pour Essenine. C'est comme si je les voyais maintenant se balançant au bout de deux cordes semblables, lui à gauche, elle à droite, leurs têtes blondes, aux cheveux de lin coupés au carré, prises dans des nœuds coulants identiques.

On dit qu'Efron a été fusillé. Leur fils, qui est membre du Parti, est sans doute à la guerre. Comment, dans ces conditions, ne pas se pendre lorsque, de surcroît, l'Allemagne que l'on adore bombarde votre cher Moscou, que les vieux amis, effrayés, se détournent de vous, que les journaux vous harcèlent et qu'il n'y a rien à manger ?

Mars
Zinaida Hippius reste cloîtrée chez elle ; sur la porte, on peut lire : "La clé est sous le paillasson." Elle est complètement sourde à présent. Zlobine est occupé à faire les courses (le beurre, le sucre). Elle reste là à écrire et à repriser. La nuit, elle crie et court dans sa chambre.

Mars
Le 3, à neuf heures quinze du soir, a commencé le bombardement de Billancourt. Il y a eu environ mille morts et deux

cents immeubles ont été détruits. On a fermé le cimetière pendant quatre jours : des bombes ont démoli de nombreuses tombes ; des cercueils ont volé en éclats, libérant des os et des crânes. Les Zaïtsev ont eu leurs vitres brisées.

Cette nuit-là, nous nous trouvions à Paris, dans l'appartement de Zoum. dont on nous avait laissé la clé. On entendait et voyait tout depuis le balcon. Dans le ciel de Paris d'énormes boules de feu roses, suspendues dans l'air, éclairaient les rues. C'étaient les Anglais qui les lançaient. Le bombardement dura deux heures et demie, la terre tremblait.

Pendant une semaine, on a déterré les gens qui avaient été enfouis dans les abris. Dans une cave, on entendait une voix d'enfant crier en russe : "Je suis ici ! Maman, je suis ici !"

Mars

Les Russes pleurent facilement, les travailleurs polonais de la ferme des Debort également, les Français jamais. Lorsque le frère d'Ivan, un Galicien, est mort, ce dernier s'est à ce point consumé de chagrin que tous les villageois sont venus le contempler : ils n'avaient jamais rien vu de pareil. Quand Billancourt a été bombardé, les gens sont venus en foule, le dimanche, pour s'y promener. On entendait dans les caves les gémissements de ceux qui s'y trouvaient enfouis, tandis que dans les rues, les gens riaient, s'embrassaient et mangeaient des tartines.

Avril

Récit d'une mère et de sa fille, toutes deux françaises.

Elles ont fui devant les Allemands en juin. La mère est une aristocrate et sa fille lui est en tout point soumise. Elles ont abouti dans une ferme abandonnée et se sont mises à traire les vaches qui étaient venues vers elles en meuglant pour se faire tirer le lait. Dans la cave, elles ont découvert un Sénégalais blessé qu'elles ont soigné et réchauffé. Une fois guéri, il est devenu leur serviteur. C'était un homme merveilleux, dévoué, à moitié illettré, tendre, fin, un genre de prince Mychkine noir. Les deux femmes, qui n'étaient plus toutes jeunes, ont soudain retrouvé le goût de la vie. Ils reprirent tous trois le chemin de Paris, mais lorsqu'ils arrivèrent en zone occupée, un soldat allemand abattit le Noir.

Avril
Lorsque dans la nuit du 3 mars les Anglais et les Américains ont bombardé Billancourt, la tombe de Khodassevitch a été épargnée. A présent, elle se trouve au milieu d'une trentaine de tombes de ceux qui ont été tués pendant les bombardements. Des familles entières sont enterrées là : le père et la mère Robert, leurs cinq enfants, la grand-mère Coiffard, ses enfants et ses petits-enfants... Sa croix grise se dresse parmi ces tombes fraîches.

Juin
On a arrêté et emmené Olga le jeudi 16 à huit heures trente.

Juin
J'ai passé le 21 à Paris. Cette journée pourrait parfaitement illustrer notre époque, la décadence de notre culture, l'indigence et la médiocrité de notre vie. Tout en effet allait contribuer à créer cette impression, de façon à peine croyable. Je me suis retrouvée à trois reprises dans une atmosphère véritablement provinciale et j'ai fini par comprendre qu'il nous était arrivé quelque chose d'irrémédiable.

D'abord, ce fut le service funèbre pour l'enterrement de R. à l'église arménienne. Après l'office, plusieurs personnes prirent la parole. On chantait les louanges d'un homme qui ne laissait rien derrière lui, ni poème, ni œuvre en cours, pas même une pensée. Simplement, il avait connu personnellement, à la fin du siècle dernier, telle ou telle figure publique arménienne. A l'âge de vingt-cinq ans, il avait fréquenté Patkanian et Toumanian, et à sa mort il en avait près de soixante-dix. Sa vie durant, il avait été banquier et, depuis sa jeunesse, il n'avait rien fait d'autre que détacher des coupons.

Ensuite eut lieu, à quatre heures, dans la salle du Conservatoire russe, une lecture de Chmeliov. L'assistance y était nombreuse, mais à part quelques enfants, presque tous avaient plus de soixante ans. Parmi les hommes de lettres, il y avait Teffi, Zaïtsev, Kartachev, Sourgoutchev...

Chmeliov lisait comme on le faisait autrefois en province avant l'époque de Tchekhov, avec emphase, poussant des cris et marmonnant. Il était question de processions religieuses et d'esturgeon, le style était désuet et onctueux. Le public, enthousiaste, applaudissait.

Le soir, nous sommes allés à une représentation de *Don Carlos* à l'Odéon. Le traducteur avait pris la liberté d'escamoter l'élément politique pour souligner le thème amoureux.

Donne-nous aujourd'hui notre *ersatz* quotidien !

Juillet
Je suis passée à l'appartement d'Olga et j'y ai pris deux valises remplies de livres, de papiers et de quelques affaires de Khodassevitch.

Traînaient là dans un grand désordre des bas, des manuscrits, des chiffons, des pelotes de laine, des livres et de la nourriture. J'ai l'intention d'y retourner pour ranger tout cela. Je n'ai pas trouvé grand-chose, pas même la correspondance de Sologoub. Au milieu de la pièce, il y avait des documents, parmi lesquels le diplôme de fin d'études remis à Olga par un lycée de Pétersbourg.

Juillet
Le vieux Plechtcheiev, qui a dans les quatre-vingt-cinq ans, est presque aveugle et se déplace avec une canne blanche. Il aime évoquer Nekrassov et Dostoïevski qui lui avaient jadis caressé la tête. Lorsqu'il a besoin de traverser la rue, il s'adresse aux passants en roulant les *r* à la russe : *"Traversez-moi !"* Un jour, on lui a fait l'aumône.

Août
J'ai retrouvé dans les papiers de Khodassevitch son poème : *Non, ce n'est pas comme une princesse écossaise...* Il n'a pas voulu le publier de son vivant. Dans les années 1935-1936, on donnait à Paris un film dans lequel jouait Kathreen Hepburn. Il existait une certaine ressemblance entre nous et, aux *Dernières Nouvelles*, on me taquinait à ce sujet. Je me

souviens, Khodassevitch me dit un jour : “Hier, nous avons vu ton sosie dans *Marie Stuart*. Cela m’a fait plaisir.”

Août
A la demande de Vera Zaïtseva, j’ai rendu visite à l’archimandrite Cyprian. Au mur sont suspendus les portraits de Léon Tolstoï, de Blok et de Berdiaev. Cela ne m’a pas plu. Livres. Icônes. Veilleuse. Lit étroit.

Je lui dis :

— Je ne viens pas pleurer sur mes péchés. Je n’attends pas de miracle. Les dogmes ne m’intéressent pas, ni Ephrem Sirine, ni Irineï Eleonski, mais celui qui a dit : “Heureux ceux qui pleurent.” Je suis de ceux qui pleurent, mais rien ne me consolera. Tout cela est mensonge.

Il me répondit :

— L’Eglise est la gardienne de la vérité. Ce que vous dites là est une hérésie.

Je lui ai demandé pourquoi dans ce cas, lui, fils de l’Eglise, était si morose et ne se réjouissait pas.

Il me répondit qu’il avait toujours été profondément pessimiste, sans doute parce qu’il souffrait d’une mauvaise santé.

Cela ne m’intéressait pas de discuter avec un malade et je suis partie.

Août
Je n’ai jamais aimé Nekrassov. Son pathétique me paraît ridicule. Il se contentait de réussir ses effets de style. Déjà de son temps, ses métaphores étaient usées.Quand je le relisais de temps à autre, il me plaisait de moins en moins. Lorsqu’il écrit : *Ils sont partis, brûlés par le soleil...*, on dirait que cela se passe en Afrique alors que la scène se déroule à Moscou. Ses symboles sont primaires : le mauvais temps figure le pouvoir inique, le beau temps les futures réformes. Sa façon de recourir sans cesse à l’image de la mère est démagogique ; ce n’est là qu’un procédé pour faire pleurer le lecteur !

Août
L’armée allemande est aux portes de Tikhoretski et de Stalingrad.

Septembre
Comment l'amour me venait-il ?

De l'extérieur. Un sourire éclairait le visage sérieux qui, un instant plus tôt, m'était encore étranger et les yeux se mettaient à parler. Je découvrais un charme inconnu jusque-là : la ligne des cheveux, la tiédeur des mains, l'odeur de son corps et de son haleine, sa voix. J'ai toujours été sensible à la voix et à l'expressivité du visage. C'est seulement après coup, par la force de l'amour, que je pénétrais dans sa vie intérieure, que je l'acceptais et qu'elle devenait pour moi une source de bonheur. Je n'ai jamais tenu compte du "caractère" et des "goûts".

Ces premières impressions venues de l'extérieur n'avaient cependant aucun rapport avec la beauté physique. Il n'y avait rien non plus de cérébral chez moi, ni au début, ni lors de la période d'"adaptation". La faculté de s'adapter a été de tout temps l'une des sources du bonheur et je plains ceux qui ne l'ont pas connue. Il n'y a rien d'humiliant à "s'adapter". C'est la condition même de la félicité.

Novembre
Il suffit de lire deux numéros du journal russe berlinois *Parole nouvelle*, pour saisir la nullité, la servilité, la bassesse et la vénalité du Russe lorsqu'il cherche à gagner les faveurs des puissants.

Novembre
Je lis en ce moment Léon Bloy.

C'est un mélange étonnant et triste de Rozanov, Merejkovski, Remizov et Khodassevitch. C'est le plus "russe" de tous les Français.

De Rozanov, il a le style, la religiosité envahissante, le conservatisme, l'intérêt pour les Juifs, la haine des radicaux, l'étalage de ses difficultés matérielles et de ses malheurs sentimentaux.

De Merejkovski, il a le goût du paradoxe, la froideur, le culte des mots, l'égocentrisme et la capacité de traiter des questions essentielles sans être un grand écrivain.

De Remizov, il a les jérémiades, les embarras d'argent et cette façon particulière de tirer parti de ses infortunes.

De Khodassevitch, il a la tendance à se tourmenter, à s'asservir au travail et à ne pas écrire "pour son plaisir".

Les circonstances dans lesquelles fut publié le livre de Bloy, le jour même de l'assassinat du président Carnot, me font penser à Khodassevitch. Tout le monde se préoccupa du meurtre, le livre passa inaperçu et on l'oublia tout bonnement. C'est exactement ce qui aurait pu arriver à Khodassevitch !

Novembre

J'ai été convoquée à la section russe de la Gestapo, près du musée Galliera. N.V.M., lui, avait été convoqué à Versailles. Il était question de nous envoyer en Allemagne pour le travail obligatoire. Je suis allée seule. Des fonctionnaires sont assis à leurs bureaux dans une grande pièce. Je leur jette un regard rapide, ne reconnais personne, mais devine sur-le-champ de qui il s'agit : pour ce qui est des Russes de Paris, j'ai l'œil. Ce sont des gens d'extrême-droite, des goujats obscurs, âgés, formant la véritable "génération oubliée" de l'émigration. On y retrouve des anciens fonctionnaires de "la cour de Sa Majesté l'Empereur" et du ministère de l'Intérieur, des ex-membres de l'Union du Peuple russe, des ex-gouverneurs réchappés de la révolution, d'anciens cadres politiques d'organisations paramilitaires et de bandes armées. C'était à présent "leur jour", pas le nôtre.

— Vous êtes franc-maçonne ?

— Non.

— On dit ici que vous l'êtes pourtant.

Il me tend un pamphlet de l'avocat Petchorine, *Les Francs-Maçons et l'émigration*. On y trouve des dizaines de noms de famille, parmi lesquels figure R.I. Berberov.

— Ce n'est pas moi.

— Qui est-ce alors ?

— Le frère de mon père.

— Où est-il ?

— Il est mort il y a quelques mois, dans le Midi.

Silence.

— Ne seriez-vous pas juive ?

— Non, je ne le suis pas.

— Prouvez-le.

— Je ne peux pas, prouvez vous-même que je le suis.
Silence.

— On a déporté une *parente* à vous qui, elle, est juive.
Il faisait allusion à Olga. Je me suis tue.

— Je vous ai posé une question.

— Je ne vois pas de qui vous parlez.

Il sortit alors d'une armoire une grosse chemise. C'était mon "dossier". Il s'y plongea longuement. C'était visiblement une masse de dénonciations.

— Pourquoi ne publiez-vous rien dans nos journaux ?

— Je n'écris rien en ce moment.

— Pourquoi ?

— J'ai vieilli. Mon inspiration s'est tarie.

Nous avons continué à échanger des propos de cette veine durant cinq minutes, puis il a fini par me laisser partir, à contrecœur, semble-t-il.

A la sortie, je me suis heurtée à un homme que je connaissais bien de visage, mais dont le nom m'échappait. Il avait un œil poché et, l'espace d'une seconde, je me suis sentie comme transpercée par son regard.

Novembre
Nous vivons comme sur une grande route sans pouvoir nous abriter nulle part. A n'importe quel moment, on peut entrer chez moi, m'arrêter, jeter mes livres dehors. Je vois trouble à force de regarder la carte de l'Europe, ou bien est-ce à cause des larmes ? Les avions passent au-dessus des toits, en direction ou en provenance de Londres, de Hambourg ou d'ailleurs.

Décembre
Mes parents *n'ont fait que me donner un nom*. Ce n'est pas moi qui l'ai choisi, mais eux. Le reste est de moi : je l'ai créé, cultivé, échangé, volé, ramassé, prêté, pris ou trouvé.

Décembre
Un héros de notre temps.

J'ai connu S. autrefois en Russie. Dès l'âge de treize ans, il couchait avec les bonnes dans la maison de ses parents. On le chassa deux fois du lycée. A dix-huit ans, il a rejoint les partisans blancs et poignardé quelqu'un. Puis, ce fut Berlin où il fit de la prison pour avoir falsifié un chèque. Il y eut un assassinat politique : un jeune Arménien abattit le ministre turc, Talaat-Pasha, qui avait pris une part active dans les massacres des Arméniens. La femme de la victime reconnut, parmi trente-deux photographies d'"étudiants", S. comme étant l'assassin de son mari. Il fut de nouveau jeté en prison. Mais le soir de l'assassinat il avait amené chez lui du Kurfürstendamm une prostituée. Son papa et sa maman se trouvaient à l'Opéra. Il avait donc un alibi et tout le monde apporta son témoignage : papa, maman, la putain, qui était son unique salut, le portier et l'amant de la fille qui l'attendait au coin. On relâcha S. Il épousa une jeune fille de dix-neuf ans. La nuit des noces, il disparut trois jours durant pour faire la bringue avec des femmes et elle resta seule à pleurer. Il vécut six ans à ses crochets. Elle le quitta après qu'il eut tenté de violer sa sœur de quinze ans. Il traîna quelque temps, s'engagea dans la Légion étrangère et partit en Afrique. C'était à l'époque de la guerre entre les Français et Abd El-Krim.

En Afrique, il tua de nouveau quelqu'un et revint au bout de cinq ans. Lorsque je le revis à Paris et lui demandai où étaient ses médailles et ses croix et quel était son grade, il m'avoua qu'il n'avait pas pu devenir officier, n'ayant pas réussi l'examen. Il se trouva une place de steward sur un paquebot qui transportait des Juifs fuyant Hitler en Argentine. En sens inverse, il se livra à la contrebande et fit de nombreux voyages, se qualifiant lui-même de "petit Hitler" du paquebot. Puis il disparut.

S. savait dissimuler son passé ; il parlait quatre langues et étudia un ou deux ans à l'Université de Cambridge d'où il fut également expulsé, semble-t-il. Il savait se tenir dans le monde et était assez bien de sa personne. Il s'y connaissait en femmes à qui il faisait perdre la tête.

Il porte maintenant l'uniforme allemand, combat sur le front de l'Est, ou plus exactement, il est au service des Allemands en tant qu'interprète russe.

Il vient d'arriver en permission de la région de Smolensk et raconte que tout le monde s'est enfui de cette ville quand les Allemands sont arrivés, sauf un instituteur, sa femme et sa fille. Apparemment, il s'est mis à vivre avec la femme ; quant à l'instituteur, on l'a obligé à servir d'agent de liaison entre le commandement allemand et la population russe.

Durant sa permission, S. s'arrangea pour me rencontrer et sortit de sa poche un petit paquet. "Voici un cadeau de ta chère patrie", me dit-il. Il contenait deux objets : une poésie pornographique recopiée à la main, avec des fautes d'orthographe et des grossièretés, et une icône en cuivre.

1943

Avril
Le roman de Fallada, *Un loup parmi les loups*, qui a fait grand bruit ces temps-ci, me fait penser un peu à mon premier roman, *Les Derniers et les Premiers*. On y retrouve le même intérêt documentaire, la présence envahissante d'une thèse, la lourdeur du style, la prétention à la modernité, des personnages sans vie, mais indispensables à la démonstration, une "atmosphère dostoïevskienne". Bien sûr, Fallada est plus habile et a réussi à créer pour ainsi dire une fresque de l'époque des années vingt.

Avril
Billancourt a été à nouveau bombardé. On a dénombré cinq cents morts. C'est l'exode général. Chez les Zaïtsev, les vitres ont de nouveau volé en éclats. A présent, Boris et Vera se sont réfugiés dans l'appartement de Zoum. dont nous avons la clé.

Juillet
Débarquement en Sicile. Prise de Palerme. Bombardement de Rome. Deux cents divisions russes ont pris position de part et d'autre d'Orel.

Juillet
Un apiculteur est venu contrôler nos ruches. Marie-Louise m'a rapporté à son sujet l'histoire suivante :

Il avait trente ans et son père soixante. Ils possédaient une centaine de ruches et engagèrent une femme pour les aider. Le soir, elle prit le souper avec eux et leur demanda où elle devait se coucher. Le père lui dit de choisir qui elle voulait, lui ou son fils. Elle choisit ce dernier et resta là pour de bon. Le vieux mourut. Tous deux ont maintenant soixante-dix ans. Avant cela, elle avait vécu à Paris où elle faisait le trottoir, boulevard Montmartre. Elle louait sa place et, quand elle est partie à la campagne, l'a vendue de façon avantageuse.

Août
Mme Chaussade et son mari se sont installés dans la maison déserte du garde-barrière ; cela fait longtemps que le chemin de fer est désaffecté. Elle a accueilli chez elle trois fillettes juives qu'elle cache. Le Comité juif paie pour elles une pension. Leurs parents ont été déportés depuis longtemps à Auschwitz.

Mme Chaussade les amène parfois chez nous, deux jumelles de quinze ans et Régine qui en a onze. Comme elles n'ont pas de cartes de rationnement, Mme Chaussade s'est mise à cultiver un grand jardin potager et a même acheté quelques poules. Tout se serait bien passé si M. Chaussade ne s'était montré un peu bizarre. Il s'est épris de l'une des jumelles et la mettait sur ses genoux. Mme Chaussade avait peur pour la petite et passait ses nuits à errer dans la maison et à surveiller les enfants. Elles ont dû finalement se barricader. M. Chaussade étrangla alors les poules, mit un cadenas au jardin potager, ne leur donna rien à manger et menaça de les dénoncer à la Gestapo.

Je suis allée à Paris au Comité juif où travaille, entre autres, P.A. Berline et là, on m'a promis de transférer les enfants dans un autre lieu.

Août
Hier, à la station Denfert-Rochereau, j'ai eu bien peur. Je me trouvais près d'un distributeur automatique de chocolat et

actionnait le levier en espérant voir tomber une barre de chocolat Meunier. Une voix retentit soudain : “Bonjour, Nina Nikolaïevna.”

C’était Georges M. Je ne l’ai pas reconnu tout de suite. J’ai dû laisser passer deux rames, il ne me lâchait pas. Voilà à peu près ce qu’il me dit :

— Nous venons de recréer notre Union des Ecrivains. Comme président, nous avons élu notre cher Ilia Grigorievitch (Sourgoutchev, que je ne saluais plus depuis une quinzaine d’années). C’est moi le secrétaire. Sont membres... (suivit une série de noms). Remizov a promis de se joindre à nous (je savais que c’était un mensonge). Quand nous rejoindrez-vous ? Ne manquez pas de m’envoyer votre demande d’admission. Nous aurons des réunions, des lectures, des conférences... Vous savez, Nina Nikolaïevna, plus vite vous vous inscrirez, mieux ça vaudra : *nous ne laisserons pas rentrer en Russie ceux qui ne seront pas membres*. C’est mot pour mot ce que j’ai dit hier à Boris Zaïtsev. Je suis allé exprès chez lui pour lui expliquer que seuls les membres pourront être autorisés à rentrer, les fondateurs étant les premiers à en bénéficier. Nous voulons éditer un journal à Minsk. Vous habitez en banlieue, je crois ? C’est de la chance que je vous ai rencontrée. Envoyez donc votre demande au plus vite.

— Je n’habite pas en banlieue, lui répondis-je, mais à la campagne, très loin, et il n’y a pas de moyen de communication. Je ne pourrai pas assister aux réunions.

— C’est comme vous voulez, mais réfléchissez.

La deuxième rame arriva.

— A propos, lui dis-je, il y a un an, me semble-t-il, N.V.M s’est adressé à votre comité pour qu’on l’aide à sauver la bibliothèque de Khodassevitch. Vous n’avez rien fait alors, et les livres ont disparu.

— Nous étions très occupés par les services funèbres que nous devions organiser. Il y avait tout le temps des offices et nous n’avions absolument pas le temps de nous occuper de cette affaire.

Ce furent ses propres mots. La troisième rame s’approcha et je pus enfin sauter dedans.

*On ne peut échapper à son destin**, me dis-je en moi-même.

Boris Zaïtsev m'a fait savoir qu'il valait mieux que j'évite de venir en ville, en ce moment ; Levitski veut me rencontrer pour obtenir ma collaboration à leur hebdomadaire, *Le Messager de Paris.*

Septembre
On inaugura le 5 le monument sur la tombe de Merejkovski à Sainte-Geneviève-des-Bois. Des vieilles personnes de la maison de retraite russe se trouvaient là, ainsi que Zinaida Hippius, terriblement vieillie, amaigrie et frêle, Zaïtsev et deux ou trois autres connaissances. Le monument a été offert par des éditeurs français. Milioti et Chuzeville prirent la parole. Zinaida remercia les Français. Zaïtsev ajouta deux mots en russe. Nous nous sentions tristes. Je me récitai une poésie que j'avais dédiée jadis à Dimitri Sergueievitch.

Octobre
P. Ryss, un vieux journaliste, qui s'est attaché à moi depuis 1925, je ne sais trop pourquoi, est venu me voir et m'a raconté qu'il avait été obligé de quitter sa femme, une Française qu'il avait épousée après la mort de Marie Abramovna. Elle menaçait de le dénoncer parce qu'il ne s'était pas fait enregistrer comme Juif. Il était parti d'Asnières sans rien et s'était installé dans une chambre de bonne dans le quartier Saint-Germain. Il avait peur d'affronter l'hiver sans manteau chaud. N.V.M. lui en a donné un, très chaud mais passablement usé, et il est reparti. Il nous avait raconté que pour tuer le temps il passait des journées entières à faire des mots croisés et à apprendre l'espagnol.

Octobre
Zinaida Hippius avait invité hier Loris-Melikov, Teffi et quelques autres pour un thé. J'ai jeté un coup d'œil sur la

* Vers de Pouchkine. *(N. d. T.)*

pendule : il était huit heures moins le quart. Nous nous sommes levés pour partir. Soudain, on a entendu des avions et le hurlement d'une sirène. Zlobine et moi, nous nous sommes précipités à la cuisine. Par la fenêtre, on voyait des bombardiers américains qui volaient en formation triangulaire et qui lâchaient leurs bombes. Trois groupes se suivaient. La sirène mugissait, les bombes éclataient, la ville tout entière s'est mise à trembler et nous avec. Nous avons décidé de nous réfugier à la cave. J'ai pris Zinaida par le bras, Zlobine a fait de même pour Teffi, Loris nous a suivis. Nous nous sommes mis en devoir de descendre l'escalier, depuis le troisième étage, au milieu d'un vacarme épouvantable, et tout à coup j'ai vu l'escalier de marbre vaciller sous mes pas. Zinaida n'entendait ni ne voyait rien. Arrivés en bas, nous sommes restés un certain temps dans l'entrée. La sirène a retenti. Fin de l'alerte. Je suis partie.

Sur l'avenue Mozart, tout était envahi de fumée. Les gens couraient, des pompiers passaient à toute allure ainsi que des ambulances. Ils descendaient la rue en direction de Billancourt et de Boulogne. Ma première pensée fut pour les Zaïtsev. Je traversai en courant le quartier d'Auteuil jusqu'à la porte de Saint-Cloud. Là, je réalisai que Billancourt avait été bombardé et brûlait. Le quartier était entouré d'un cordon sanitaire et on ne laissait passer personne.

Novembre
L'armée russe a pris position près de Kherson, de Kiev, de Krivoï-Rog, de Gomel et de Kertch.

Décembre
S. est revenu une seconde fois en permission de Smolensk. Il a très mauvaise mine : il a vieilli, maigri, il est parcouru de tics nerveux. Il raconte qu'il n'avait plus retrouvé personne à Smolensk. Les Allemands avaient pendu l'instituteur et sa femme, la fillette avait disparu.

Il n'avait pas rencontré “un seul homme instruit sur une distance de mille kilomètres”. En Ukraine, les Allemands avaient rouvert des théâtres et des églises. A Odessa avait été inaugurée une “Université roumaine”. Pour qui ?

Je lui ai parlé d’Olga. Il me répondit :

— Ils ne reviendront jamais.

Je ne pouvais le croire.

1944

Février

Je voulais me coucher, à onze heures et demie du soir, quand j’entendis quelqu’un frapper doucement à la porte. C’était Alexandre Guinger, poète et époux d’Anna Prismanova. Je le fis entrer.

Il me raconta qu’il restait terré chez lui et ne sortait qu’une fois par semaine, à la tombée de la nuit, pour se donner de l’exercice. Il est persuadé que, dans son immeuble, personne ne le dénoncera. Sa femme passe pour une “Aryenne” ainsi que leurs fils. Je suis très inquiète, mais il reste serein et m’assure qu’il ne craint rien.

— Je suis protégé par sainte Thérèse.

Je me suis fâchée.

— Ni sainte Thérèse ni aucune autre sainte n’a encore sauvé personne. Il suffirait d’une rafle dans votre rue et vous êtes fichus.

Mais il est tout à fait convaincu qu’il s’en tirera. Nous nous serrons dans les bras en nous quittant.

Mars

Un dimanche ordinaire chez Zinaida Hippius. Elle “reçoit” de cinq à huit, fidèle à son habitude. Zlobine prépare le thé. Il y a les habitués : Loris-Melikov (qui vient de la maison de retraite de Sainte-Geneviève-des-Bois), Teffi, des dames, parfois Mamtchenko, plus rarement moi-même. Loris-Melikov, le neveu du ministre d’Alexandre II, a dans les quatre-vingts ans et parle huit langues. Il occupait, jusqu’en 1917, un poste au ministère des Affaires étrangères. Il connaît Faust par cœur ainsi qu’une bonne moitié de *La Divine Comédie.*

N. Davidenkov, un partisan de Vlassov*, arriva. Il avait été un ami d'études de Léon Goumiliov, le fils du poète et d'Akhmatova, à l'Université de Leningrad. Il nous parla longuement d'Akhmatova et nous récita quelques-unes de ses poésies que personne d'entre nous ne connaissait :

Fils en prison, mari en terre,
Pensez à moi dans vos prières.

Je ne pus retenir mes larmes et quittai la pièce. Le silence se fit dans la salle à manger. Davidenkov attendait visiblement mon retour. Lorsque je repris ma place, il récita la poésie qui parle du saule :

J'aimais la bardane et l'ortie,
Mais par-dessus tout, le saule d'argent,
Comme c'est bizarre, je lui ai survécu !

C'était bien la voix d'Akhmatova qui parvenait jusqu'à nous à travers ces vingt années, et quelles années ! J'avais envie de noter ces vers, mais la présence de Zinaida et de Teffi me gênait et m'en empêchait. Il récita également *Je célèbre le dernier anniversaire*, puis :

L'un suit un droit sentier,
L'autre fait un crochet...
....
Moi j'avance, le malheur à mes trousses,
Ni droit, ni de travers,
Nulle part et hors du temps
Comme un train qui déraille.

Je me levai de nouveau et sortis, non pour pleurer, mais pour noter ces derniers vers dans le bloc-notes de Zinaida Hippius. Je les gardai précieusement en mémoire le temps de trouver un crayon. Quand je revins, Davidenkov me dit : "Pardonnez-moi, je ne m'attendais pas à ce que cela vous bouleverse à ce point" et cessa de réciter.

* Davidenkov fut déporté, par la suite, dans un camp soviétique ; le général soviétique Vlassov, passé à l'ennemi, fut jugé et pendu par Staline. *(N. d. T.)*

Avril
La nuit où les quartiers au nord de Paris (La Chapelle) furent sévèrement bombardés, nous nous trouvions dans un petit hôtel proche de la rue de la Convention. Nous avons gagné le hall d'entrée. On aurait dit que les bombes tombaient près de nous. Tout paraissait en feu. Le ciel prenait des teintes rouge-orange, puis violettes, le fracas était indescriptible, continu et assourdissant. Ce fut le bombardement le plus violent dont j'aie été témoin. Je regardais la rue à travers la porte vitrée. A mes côtés se trouvait M. et je vis soudain qu'elle avait les cheveux dressés sur la tête. Je couvris de ma main son visage et ses cheveux retombèrent.

Juin
Nous sommes allés nous baigner dans une petite rivière bordée de saules pleureurs, à trois kilomètres de Longchêne. L'eau nous arrivait aux genoux, mais cela suffit pour nous rafraîchir. L'eau était transparente, on voyait les cailloux au fond. N.V.M. et Marie-Louise essayaient de nager, nous avions le fou rire, M. et moi, en les regardant. Sur le chemin du retour, nous entendîmes soudain un bourdonnement d'avion : c'étaient deux chasseurs américains. Ils nous aperçurent, piquèrent et se mirent à ouvrir le feu sur la saulaie. N.V.M., Marie-Louise et M. se jetèrent à terre dans les buissons et moi tout habillée je me jetai à l'eau. Les avions disparurent, nous sommes restés couchés encore quelques instants (moi, dans l'eau), puis nous sommes rentrés à la maison, sales, déprimés et apeurés.

Juin
Le 6. Débarquement en Normandie.

Juillet
J'ai rencontré la sœur de S. Elle m'a dit qu'elle avait reçu la notification officielle de l'Etat-Major : "Mort au combat près de Tchernovtsy, en défendant héroïquement son commandant." Nous nous sommes regardées un instant en silence, puis nous nous sommes quittées.

Août
Le voisin qui avait abattu le mirabellier raconta au village que, les Allemands une fois partis, il y aurait le communisme en France. Il allait devenir maire et nous pendrait en tant que "Russes blancs". Les Allemands s'en allèrent le 20. Le 21, notre voisin G., ivre, est venu nous chercher avec une corde, déclarant qu'il allait pendre tous "les riches" à "l'Arbre de la Liberté" au milieu du village. Avec nous furent arrêtés quelques fermiers, parmi lesquels Debort. Je suis restée couchée par terre une heure environ, attachée par une grosse corde, dans un hangar de G. Mais N.V.M. ne se rendit pas. J'étais inquiète à l'idée que Marie-Louise, M. et Ramona me voient pendue et en soient impressionnées.

Le téléphone ne fonctionnait pas, mais Marie-Louise réussit à prévenir la police et on nous libéra tous. Les gendarmes arrêtèrent G. et l'envoyèrent à la prison de Rambouillet. Il avait préparé trois revolvers et les appuyait, l'un après l'autre, contre mon oreille gauche, celle qui avait reçu autrefois le coup de poing.

Dans mon hangar, je me préparais à une mort absurde, partiellement logique et prévisible pourtant, *l'histoire du mirabellier nous étant complètement sortie de la tête*. Plus moyen de l'oublier maintenant, si je m'en tire.

La femme de G. se précipita sur moi et me couvrit de baisers. Elle avait terriblement peur de notre témoignage. Debort insista pour que lui et N.V.M attaquent G. en justice. Les gendarmes nous invitèrent à ne pas rester chez nous cette nuit-là et recommandèrent aux fermiers d'être prudents.

Nous sommes partis tous les quatre à Rochefort, à huit kilomètres de là. Nous avons traversé la forêt à bicyclette et dans l'obscurité on entendait un bruissement dans les arbres. Nous avons pris deux chambres à l'hôtel.

Le 22, arrivèrent les Américains, le 23, les premières troupes françaises, le 25, Paris fut libéré et le 27, nous sommes rentrés à Longchêne. Durant notre absence, on avait pillé la maison, mais il n'y avait pas grand-chose à prendre.

Le 24 au matin nous prenions notre petit déjeuner, assis près de la fenêtre. Le long de la rue principale, une foule chassait devant elle une jeune fille en la conspuant. Elle était pieds nus et à moitié dévêtue. On venait de lui raser la tête et de lui peindre des croix gammées sur la peau. Elle était petite et potelée. Ses seins ballottaient, son visage était tuméfié. Une soixantaine de personnes la poursuivaient et les gens se tenaient aux fenêtres. (Elle avait été la maîtresse d'un Allemand.)

Marie-Louise voulait sortir et "arrêter" la foule. Elle était hors d'elle ! Forte et de grande taille, elle avait l'impression qu'elle pouvait tout faire. Nous l'avons retenue à grand-peine. On disait qu'"elle avait des péchés sur la conscience". Elle avait donné de l'eau à un parachutiste allemand blessé et on ne l'avait pas oublié.

Octobre
J'ai assisté à une réunion de poètes au café Grillon, dans le sous-sol. C'est ici que nous nous retrouvions jadis, mais depuis cinq ans on ne se rencontrait plus. Tout le monde a vieilli, moi y comprise. Mamtchenko n'a plus rien d'un gamin, Stavrov est presque chenu. Il y avait Piotrovski, ainsi que Raïevski et Guinger, qui s'en est tiré.

Nous nous sommes recueillis un moment à la mémoire de Youra Mandelstam, Voinov, Knorring et Wilde, puis nous sommes rentrés par les Tuileries. C'était là, il y a quinze ans, que nous nous promenions, Youra Mandelstam, Smolenski, Knout, Khodassevitch et moi. Tous étaient un peu amoureux de moi et moi un peu de tous.

1945

Août
J'ai fêté mon anniversaire le 8. J'ai trouvé à grand-peine une demi-livre de saucisson, puis j'ai dressé la table de la salle à manger et coupé douze tranches de pain gris sur lesquelles j'ai posé les rondelles. Les invités sont arrivés à huit heures et je les ai installés d'abord dans ma chambre. La bouilloire s'est mise à siffler, j'ai préparé le thé, j'ai mis sur la table le sucre, le lait et une bouteille de vin rouge. La table avait belle

allure. Pendant que je versais le thé, les invités passèrent dans la salle à manger. Bounine entra le premier, jeta un coup d'œil sur les tartines et, sans hâte excessive, mangea l'une après l'autre les douze rondelles. Lorsque les autres prirent place (parmi lesquels Makovski, Smolenski et Assia), il ne restait que les tranches de pain qui avaient un air bizarre et pitoyable.

1946

Août

J'ai passé deux mois au Cannet chez Zlobine. Il avait loué une villa et m'avait invitée. Nous avons partagé les dépenses.

Greta Guerell est arrivée de Suède. Elle m'a appris qu'on avait réédité mon *Tchaïkovski** et qu'il avait un grand succès. Elle m'a poussée à écrire à l'éditeur.

Si je reçois une réponse, j'irai en Suède.

Décembre. Stockholm

J'ai fait la connaissance à Stockholm de l'actrice Harriet Bossé, la troisième femme d'August Strindberg. *Le Plaidoyer d'un fou* (elle lui avait promis de ne pas le lire) est un cri désespérant de Strindberg sur lui-même. Il s'agit d'un livre qui appartient déjà au XXe siècle. Mis à part Rousseau, personne avant Strindberg n'a parlé de soi avec autant de sincérité. Ce fut un homme qui socialement, matériellement et sexuellement était dominé par la femme. Pourtant, il l'a écrit en 1893, à l'époque de *La Sonate à Kreutzer* !

Il raconte comment sa première femme, Siri von Essen, née en Finlande et sachant le russe, l'avait quitté et pourquoi. Tout son drame intime est contenu dans ce livre. Puis, il épousa sa deuxième femme et lui fit promettre qu'elle ne lirait jamais son *Plaidoyer*. Elle ne tint pas parole, lut le livre et partit, emmenant ses deux enfants. Lorsqu'il épousa Harriet Bossé, il lui fit également jurer de ne pas le lire. Celle-ci me dit qu'elle avait respecté sa promesse. Cependant, après six

* Actes Sud, 1987.

années de vie conjugale, bien qu'elle n'ait pas lu *Le Plaidoyer*, elle le quitta tout de même avec les enfants. Toute jeune, elle avait interprété les rôles principaux de ses pièces. Elle me montra ses photos. Comme elle était charmante dans *Damas* et dans *Pâques* ! Elle ne m'en offrit qu'une seule, où elle a quarante-cinq ans. A présent, elle en a environ soixante-dix.

Le Plaidoyer de Strindberg annonce toutes les autobiographies de notre époque, dont celle d'André Gide. Il a été le premier à se montrer tel qu'il est, c'est peut-être pour cela qu'on lui a dédié, près de l'Hôtel de Ville à Stockholm, un monument où il est représenté nu.

1947

Janvier
Lors de mon séjour en Suède, l'année dernière, aux mois de novembre et décembre, Frü Asplund m'invita à lui rendre visite l'été suivant. Elle possède une maison sur une île du Skärgarden, à six heures de Stockholm, où il n'y a ni routes, ni électricité, ni téléphone. C'est là qu'elle passe l'été en compagnie de Greta Guerell. Frü Asplund a soixante-deux ans. Elle est grande, élancée et ne parle que le suédois. Nous arrivons à nous comprendre un peu soit avec l'aide de Greta, soit dans un mauvais allemand. Autrefois, elle avait enseigné la gymnastique suédoise, était championne de voile et pratiquait l'escrime. C'est une femme assez remarquable. J'ai décidé de passer chez elle le mois de juin, mais je ne sais trop comment lui témoigner ma reconnaissance.

En guise de cadeau, je me suis mise à étudier le suédois avec l'aide du vieux Loris-Melikov qui, du temps du Tsar, avait été consul en Norvège.

Janvier
1946 fut une année heureuse : j'ai repris mon travail, il y eut deux voyages, l'un dans le Midi chez Zlobine, l'autre en Suède, et puis, j'ai écrit un livre sur Blok.

Février
Libération ? De quoi ? De l'anarchie intellectuelle. Des jugements dictés par les caprices de l'humeur. Du dualisme (tout à fait surmonté). Du sentiment de culpabilité (totalement liquidé). De l'angoisse. De la peur de l'opinion d'autrui. De la nervosité et des malaises physiques. Du pédantisme de la jeunesse. D'un trop-plein d'émotions contradictoires et informes. De la peur de la mort. De la tentation de fuir. Du cabotinage, qui très rarement me fut nécessaire, mais qui est définitivement éliminé.

Au moment où je suis parvenue à ce "calme", "les questions ayant trouvé les réponses", j'ai senti que j'étais encore capable de me *révolter* et j'ai eu le pressentiment que *cela ne finirait pas ainsi*, sous un toit parisien. J'entrevoyais de vagues événements à venir. *L'énergie est une joie éternelle.* (W. Blake)

Juin. Hemmarö, Suède
Il y a eu un petit malentendu : lorsque je suis arrivée chez Frü Asplund, je découvris qu'à la place du suédois, Loris m'avait enseigné le norvégien. Si je ne peux pas discuter avec Frü Asplund, je peux au moins lire Ibsen.

Juillet. Hemmarö, Suède
Frü Asplund et Greta à peine levées vont nager avant de prendre le café. L'après-midi, elles vont chercher en bateau à moteur le courrier et les provisions sur une île voisine. Le soir, Frü Asplund part en mer seule sur son voilier et passe deux heures à louvoyer entre les récifs. Parfois Greta prend un bateau à rames et s'en va sur quelque îlot désert. La vie ici se passe sur l'eau. L'archipel porte le nom de Ruslagen ; on dit que le prince Rurik est parti d'ici et que le nom de Rous* pourrait y trouver son origine.

Je ne nage pas et ne sors pas en bateau. J'ai peur de l'eau et avec l'âge cette peur ne fait qu'augmenter. Un matin, Frü Asplund me dit :

— Je te regarde et je ne comprends pas : *Du bist ja so harmonisch !* Si tu ne cesses pas de craindre l'eau, l'un des

* Rurik, premier Grand Prince de la Rous, ancien nom de la Russie. *(N. d. T.)*

éléments naturels et un constituant de ton organisme, ton “harmonie” sera précaire. Avec les années, cette peur comme toute phobie deviendra envahissante et, que tu le veuilles ou non, tu auras réchauffé dans ton sein un serpent qui te dévorera. Tu n'es toi-même qu'eau et sel. C'est maintenant qu'il faut régler cette affaire.

— De l'eau et du sel, lui dis-je. Ça fait un peu vieux jeu, non ?

— Je ne crois pas. Si tu nies l'eau qui est en toi, tu te transformeras graduellement en une statue de sel.

C'était la période des nuits blanches et le soir, je pris l'habitude de monter en barque et de ramer jusqu'aux îles lointaines. Une énorme lune pâle voguait au-dessus de la forêt, tandis que le soleil restait suspendu des heures durant sur l'horizon. J'étais troublée, car j'avais peur et en même temps me sentais légèrement ridicule ; je savais qu'elles m'observaient depuis le balcon de la villa et qu'elles voyaient que je ramais avec maladresse. Je rentrais avec peine dans le parc à canots dont la porte était pourtant assez large pour laisser passer quatre barques. Elles me suivaient des yeux en s'amusant, mais jamais elles ne me donnaient de conseil et faisaient semblant de ne pas remarquer mon manège nocturne.

Je m'éloigne très loin en essayant de ramer avec régularité. Je respire l'air imprégné du parfum des pins nordiques, l'eau scintille et frémit autour de moi ; de temps à autre un poisson fait surface en clapotant. Dans le silence du soir sans fin qui se fond dans l'aube, je me retrouve absolument seule avec l'eau, parmi les écueils, comme jamais je ne l'ai été dans ma vie. Je dompte mon épouvante de toujours, je laisse traîner ma main dans la vague... La rumeur de l'eau, la transparence de l'air et les effluves du rivage, tout se fond en moi dans une sensation unique de vie, de libération et de force intérieure. Sans savoir au juste où se trouvent l'est et l'ouest, je navigue toujours plus loin vers le soleil, immobile dans le ciel, qui déverse ses doux rayons sur moi, sur la barque et sur ce paysage divinement serein.

L'île où j'accoste est inhabitée depuis cinq cents ans déjà. La peste a sévi ici jadis et tous sont morts. Depuis lors, personne ne veut plus y habiter. La forêt est épaisse et cela sent la sève de pin. Les oiseaux gazouillent jour et nuit, infatigables et intrépides.

A présent, c'est moi qui, la première, cours au bain le matin. Frü Asplund et Greta font toujours semblant de ne rien remarquer. Au bout de deux mois, cette infirmité, héritée de mon père, s'est évanouie.

Moi aussi maintenant je file chercher le courrier l'après-midi et vogue sur la mer d'azur. Je passe devant l'île de la peste et devant le palais d'un quelconque amiral à la retraite dont la propriété est devenue un asile pour des marins, malades mentaux. J'arrive à un village où il y a un téléphone, une pharmacie et même une école. L'hiver, les enfants y viennent à skis depuis les îles voisines. Je ramasse les journaux, les lettres, les revues suédoises colorées, puis je rentre à toute allure au bourdonnement du moteur, coupant l'eau et le vent. Frü Asplund m'attend dans le parc à canots. Nous prenons un café dans le jardin, puis elle m'emmène sur son voilier comme si de rien n'était. Assise à l'avant, tenant les cordages, elle se tait, selon son habitude en mer.

Septembre
L'homme avec lequel je vis en ce moment (mais plus pour longtemps) n'est ni gai, ni bon, ni gentil. Rien ne lui réussit, il a oublié tout ce qu'il savait et n'aime personne. Peu à peu, on cesse de l'aimer aussi.

1948

Juillet
Longchêne a été vendu. C'est une actrice de la Comédie-Française, Mony Dalmès, qui l'a acheté. Elle veut “condamner cette porte-ci”, “percer une fenêtre-là”. Percez, condamnez, agissez à votre guise !

Juillet. Stockholm
La Suède exerce sur moi une certaine séduction. Hier, A.K. m'a demandé :

— Aimeriez-vous rester ici définitivement ?

— Est-ce que c'est possible ?
— C'est difficile, mais possible.
Je sentis brusquement que je devais prendre une décision. J'éprouve le besoin de *m'intégrer* quelque part, mais je sais que je n'y arriverai pas en Suède.

Août
Mougins, à mi-chemin entre Cannes et Grasse. De tous côtés, la vue est d'une beauté indescriptible. On aperçoit la mer au loin. Devant la maison que nous habitons pousse un vieux figuier. Le matin, je ramasse une vingtaine de figues tombées dans la nuit ; les fruits mûrs ont éclaté et leur sucre s'est cristallisé. Non loin de là se trouve une ancienne chapelle qui appartient au propriétaire de la maison. Il nous a permis de vivre ici gratuitement à condition que le dimanche nous ouvrions la chapelle pour y laisser entrer les visiteurs. Six jours par semaine, je vais me baigner à Cannes et le dimanche, j'ouvre les lourdes portes garnies de fer et m'assieds sur un tabouret. L'entrée est libre, mais je dois veiller à ce que rien ne soit cassé ni volé. On y trouve cinq crèches du XVIIIe siècle, c'est cette collection qui attire les touristes.

Novembre
Soirée de Bounine à la salle Chopin. Il a lu ses Mémoires dans lesquels il se moque des symbolistes. Il y dépeint (en les singeant) Balmont, Guippius, Blok, traite Bely de bouffon et ainsi de suite. Adamovitch en a publié une étude critique dans *Les Nouvelles russes* (journal pro-soviétique) dans laquelle il donne raison à Bounine en disant que les symbolistes "sondaient les abysses", ce dont Léon Tolstoï (qui naturellement ne pouvait pas se tromper) s'était moqué, en son temps. Il ajoute que "si Pouchkine avait lu Blok, il n'aurait rien compris, lui non plus".

Décembre
Meeting à la salle Pleyel. Camus a pris la parole. Il m'a fait penser à Blok par son allure, ses gestes et ses propos : il parlait d'une voix triste de la liberté du poète. Sartre déclara

qu'il n'était plus possible de décrire l'amour et la jalousie sans avoir pris position par rapport à Stalingrad et à la Résistance. Breton divagua sur Trotski.

Décembre
Du temps où nous vivions rue Beethoven, au-dessus de nous habitait M., la cousine de l'avocat R. qui travaillait au Comité juif pendant l'occupation, rue Bienfaisance. Elle recevait des gens bizarres et l'était elle-même.

Elle était russe, mais elle avait été la femme jadis d'un Américain et possédait un passeport de cette nationalité. Les Allemands l'avaient arrêtée en tant qu'Américaine et l'avaient internée au camp de Vittel où elle resta durant toute la guerre. En 1945, je l'ai rencontrée dans la rue et l'ai interrogée sur la manière dont cela s'était passé. Elle me sourit et me dit que tout avait été parfait et même plutôt amusant. Elle nous invita, N.V.M. et moi, à déjeuner, nous téléphonant à trois reprises, en insistant. N.V.M. y est allé, mais je n'ai pas pu m'y décider et, sans raison précise, suis restée à la maison. Lorsque N.V.M. rentra, il me raconta qu'il y avait eu un autre invité, le secrétaire de l'ambassade soviétique. Je fus frappée de stupeur.

Je viens d'apprendre qu'elle s'est suicidée. Elle s'est jetée, la nuit, par la fenêtre de son appartement, du quatrième étage. On l'a retrouvée le lendemain matin sur le trottoir en chemise de nuit. Il n'y a pas eu d'échos dans les journaux.

1949

Janvier
Dans la cathédrale russe de la rue Daru, on édifia dans les années trente un monument dédié à Nicolas II. Devant ce monument, d'une laideur inqualifiable, brûlaient des cierges.

En 1947-1948, lorsque le métropolite (un fonctionnaire soviétique), Nicolas Kroutitski, est venu à Paris, avec mission de faire passer l'Eglise de l'émigration sous la juridiction de Moscou, il fut reçu avec des larmes d'attendrissement. Les chrétiens de "gauche" étaient prêts à accepter avec joie, mais "la droite" remporta la majorité à une voix près.

Pendant son séjour à Paris, Kroutitski occupait à l'hôtel la même suite qu'Ehrenbourg et se rendait avec lui dans la même voiture à l'ambassade soviétique.

Mars
Boris Nikolaïevski est venu à Paris. Nous avons bavardé longtemps chez moi. Le lendemain, nous nous sommes revus dans un café, place Denfert-Rochereau. Margarete Buber-Neumann était là. Elle a passé onze ans dans les camps. Elle s'est d'abord trouvée dans la Kolyma, en Sibérie, puis Staline l'a livrée à Hitler. Elle a écrit un livre là-dessus.

1950

Février
On nous a invités, Boris Zaïtsev et moi, à Bruxelles pour animer une soirée littéraire. Ce fut pour Boris une grande joie ; moi aussi, j'étais contente de faire ce voyage. Nous sommes descendus à Bruxelles chez le docteur Orlov où l'accueil fut chaleureux. Le lendemain, le secrétaire de l'Union des Armées blanches nous invita à dîner, puis nous emmena dans un club. La salle était petite et bondée. Nous avons lu des extraits de nos œuvres, on nous remit une petite somme d'argent. Boris se souvient de ce voyage comme d'un événement extraordinaire, voire d'une aventure. "Cela s'est passé lorsque Nina et moi nous sommes allés en Belgique", disait-il, son regard perdu dans le vide. Moi aussi, je tente d'y penser comme à une petite fête...

7

SANS ATTENDRE GODOT

Au début de l'été 1947, je me suis retrouvée seule. Longchêne avait été vendu et je n'avais pas de logement à Paris, ni l'argent nécessaire pour en louer un. Mon amie Katia venait de s'acheter un appartement au centre de la capitale, à cinq minutes du palais présidentiel et des Champs-Elysées. Elle revenait de Perse et désirait se fixer de nouveau à Paris.

Katia et moi avions jadis été à l'école ensemble, mais juste durant une année. Bien que d'origine arménienne, elle possédait un passeport perse. Elle ne descendait toutefois pas comme moi des "Arméniens reconnaissants", mais d'une lignée perse, et son grand-père, au milieu du siècle dernier, n'avait pour toute fortune que son âne. Il avait eu l'idée de s'en servir pour transporter depuis Téhéran jusqu'en Russie un sac de fruits secs, car il avait entendu dire que les Russes ne connaissaient pas cette pratique. C'est ainsi qu'il arriva à Vladikavkaz et vendit sa denrée. De retour à Téhéran, il s'acheta un second âne et refit le voyage. Au bout de quelques années, il vint s'installer en Russie, se maria et ouvrit un magasin de fruits séchés, puis une fabrique. Son fils, le père de Katia et l'ami du mien, passa de la vente des fruits séchés à celle de divers autres produits, dont l'huile végétale et l'huile de graissage. Quand éclata la révolution, il était fabuleusement riche. Sa femme, la mère de Katia mourut jeune, lui laissant trois filles qui furent élevées par la grand-mère.

L'année où nous étions en classe ensemble, Katia venait au lycée avec une énorme perle, de la taille d'une noix, enserrée dans une couronne de diamants et suspendue à une chaînette autour de son cou. Le père avait pitié de ses filles orphelines et les comblait de pierres précieuses. Agées de quinze, treize et cinq ans, les fillettes portaient des perles, des émeraudes et des diamants comme nous autres des collerettes et des manchettes.

Après la révolution, ils durent vendre les bijoux pour survivre. Katia se maria et, comme son mari ne faisait strictement rien, elle ouvrit un atelier de confection pour femmes qui lui permit de nourrir mari, sœur et nièce. Au bout de six ans environ, elle se débarrassa de son mari, continua de travailler et, lorsqu'en septembre 1939 elle fut obligée en raison de sa nationalité de partir en Perse, elle devint la couturière attitrée de la cour et habilla les princesses et les autres dames de la famille du Chah.

A présent, elle avait décidé d'acheter à toutes fins utiles un appartement à Paris. Celui-ci, un grand duplex, avec un escalier intérieur et un balcon, se trouvait dans un immeuble ancien où, paraît-il, était venu parfois Chateaubriand. Comme il fallait tout refaire, réparer le toit et installer une salle de bains, il n'était pas question pour elle d'emménager dans l'immédiat. En attendant, Katia vivait près de là dans un hôtel, pendant que les ouvriers travaillaient d'arrache-pied. Elle m'offrit de m'héberger dans une des pièces de son duplex jusqu'à la fin des travaux et je m'y installai tant bien que mal. Elle possédait les quatre principales qualités féminines, elle était bonne, gaie, travailleuse et jolie.

La nuit, je contemplais les étoiles à travers le plafond percé. A côté de ma pièce, dans la salle à manger, on avait enlevé le toit. A sept heures du matin, les maçons arrivaient et se mettaient à démolir les murs autour de moi. Je restais couchée en attendant de pouvoir faire un saut à la salle de bains où les plombiers sciaient et soudaient les tuyaux. Un soir, en rentrant, je vis qu'on avait enlevé ma porte et un trou béant s'ouvrait sur l'étage inférieur. Pour accéder à la cuisine, je devais marcher sur des planches posées le long du mur extérieur où les peintres chantaient à tue-tête sur leurs échafaudages. En bas, les automobiles filaient et de petites silhouettes se hâtaient. Le soir, je n'avais pas de lumière et je restais là, sous les étoiles, à réfléchir des heures durant. Une fois même, une poutre barra le couloir et on me demanda de ne pas me laver pendant un certain temps. Une couche de poussière blanche se déposa sur toutes mes affaires et mes cheveux paraissaient grisonnants.

La nuit, dans l'obscurité totale, j'étais comme suspendue dans le ciel au-dessus de Paris, entre les réverbères et les nuages ; j'avais l'impression d'être au niveau des rares avions dont l'aile au passage risquait de me frôler.

Un jour, au mois de juin, il plut et mon divan fut trempé. La concierge me fit remarquer qu'il était tout à fait illégal d'habiter un appartement sans murs ni plafonds, avec un plancher plein de trous. S'il m'arrivait de passer au travers ou de tomber dans la rue, aucune compagnie d'assurances n'accepterait de m'indemniser. J'essayais de ne plus la rencontrer ; les ouvriers me regardaient en silence et je me faisais toute petite pour ne pas être remarquée.

Les travaux prirent fin. Tout avait été raboté, réparé, repeint, et je quittai ce lieu. J'avais trouvé un appartement près du Trocadéro : il était minuscule, mais j'avais l'eau, un ascenseur, un petit réchaud électrique et des étagères pour mes livres. Je me suis mise peu à peu à vendre ceux-ci : Fet partit, puis Baratynski, *Le Démon mesquin* de Sologoub, les œuvres complètes de Léon Tolstoï ainsi qu'un vénérable Larousse et un bottin mondain, *Le Tout-Pétersbourg de 1908*, qui avait appartenu à l'ambassade russe au temps du Tsar et que m'avait offert Maklakov. J'avais deux acquéreurs, un ancien amiral, fin connaisseur des éditions russes, et un bavard sans gêne aux allures de filou. Ils revendaient les livres à des universités américaines. C'est ainsi que mon Fet et mon Sologoub se retrouvèrent là-bas sur les rayons des bibliothèques où je les ai revus et même touchés. Mais le bottin mondain avait disparu. Il était d'une lecture fort intéressante, en particulier les pages consacrées aux Théâtres Impériaux où, sous la rubrique "ballet", figuraient les noms des célèbres danseurs, Kchesinska et Karsavina, comme s'il s'agissait d'Ivanov ou de Petrov.

Pour vivre, je vendais donc mes livres, et écrivais dans *La Pensée russe*. Les fondateurs de ce journal n'auraient pas pu trouver un titre plus spirituel pour un hebdomadaire russe parisien. Il commença à paraître en avril 1947 au moment où le gouvernement français fut remanié et que les communistes en furent écartés. Tant qu'il y avait eu des ministres communistes, les émigrés n'avaient pas reçu l'autorisation de faire paraître un journal. J'eus la charge de la rédaction de la page littéraire. J'entrai en relation avec la nouvelle vague d'écrivains émigrés qui vivaient alors en Allemagne, dans des camps pour réfugiés, et qui n'étaient pas retournés en U.R.S.S. après la guerre. A partir de janvier 1949, au moment de l'affaire Kravtchenko, auteur du livre *J'ai choisi la liberté*, il y eut deux tirages par semaine grâce aux comptes rendus que je faisais du procès.

Je me trouvai de nouveau, comme dix ans plus tôt, sur les bancs de la presse aux côtés des correspondants du *New York Times* et des *Izvestia* ainsi que des journalistes canadiens et français. L'affaire faisait du bruit et elle eut à l'époque un certain retentissement. La personnalité même de Kravtchenko, qui avait intenté un procès en diffamation à un journal communiste français, était assez haute en couleur. On apercevait parfois, dans le public, André Gide, Mauriac et Aragon. Le soir, une foule de curieux s'assemblait sur le trottoir pour voir Kravtchenko. Je m'esquivais promptement, sachant que l'on me regardait aussi depuis la parution d'une caricature de moi dans *Les Lettres françaises*, et rentrais en essayant d'éviter les rues sombres. Je travaillais sur mon compte rendu tard dans la nuit et, à sept heures du matin, un commissionnaire de la rédaction venait le chercher. Par la suite, le journal publia mon reportage, en entier, sous forme de brochure. Celle-ci est tombée depuis longtemps en poussière.

Voici résumée en quelques mots cette affaire aujourd'hui oubliée. L'un des membres de la commission soviétique d'achats à crédit, envoyée aux U.S.A. en 1943, décida de ne pas retourner en U.R.S.S. En avril 1944, il rompit avec Moscou, puis écrivit et publia un livre dans lequel il exposait les raisons de cette rupture. Il y parlait de la vie en U.R.S.S., de la politique paysanne de Staline, des technocrates et des vieux bolcheviks. Le livre de Kravtchenko eut une fortune extraordinaire.

Il fut traduit en vingt-deux langues et on le lisait partout. *Les Lettres françaises* déclenchèrent une campagne diffamante contre lui, l'insultant et insinuant que l'auteur du livre était un fasciste hitlérien. Cependant, pour beaucoup, dont moi-même, le nœud de cette affaire était l'existence des camps de concentration en U.R.S.S. qui avait enfin reçu une large divulgation. Kravtchenko en parlait dans son livre, ainsi que les témoins cités à la barre, d'anciens internés des camps de la Kolyma et de Karaganda.

La question des camps prit soudain en France toute sa dimension. *Les Lettres françaises* niaient, bien sûr, leur existence et leurs témoins affirmaient que c'était une pure invention. Entendre de mes propres oreilles un ancien ministre ou un savant mondialement connu, lauréat du prix Nobel, ou un professeur de la Sorbonne, la Légion d'honneur à la boutonnière, ou encore un écrivain célèbre prêter serment, puis affirmer qu'il n'y avait pas et n'y avait jamais eu de camps de concentration en U.R.S.S. produisit sur moi une des impressions les plus fortes de ma vie.

Le public, favorable à Kravtchenko, accueillait ces affirmations par des cris hostiles. Lorsque, en 1962, je lus le récit de Soljenitsyne, *Une journée d'Ivan Denissovitch*, et que j'appris qu'il était paru en traduction française, je m'attendis à ce que l'une au moins de ces personnalités, qui avaient menti sous serment au procès en 1949, réagît à cette œuvre. Mais il n'en fut rien.

J'aimais vagabonder entre le Trocadéro et l'Etoile et contempler les vitrines encore très pauvres. Il y avait en particulier celle d'un photographe au coin de la rue Lauriston. Il photographiait, comme dans le temps, les premiers communiants, les jeunes mariés, les grands-pères et les grands-mères le jour de leurs noces d'or, ainsi que les conscrits. A gauche, on voyait des rangées de soldats de 1914, à droite des photos de militaires de la dernière guerre. Ils se regardaient les uns les autres, et moi, je les regardais tous. Les moustachus toisaient les glabres et les soldats en uniforme kaki dévisageaient ceux qui avaient de longues capotes bleu et rouge. Les poilus tenaient parfois à la main de longs fusils encombrants, les autres avaient des revolvers et paraissaient être les fils de ces héros fanés et oubliés, ce qu'ils étaient effectivement. Je les regardais et me disais que bientôt cela ferait un demi-siècle que je vivais sur cette terre !

C'est alors, me semble-t-il, devant la vitrine du photographe, qu'a surgi pour la première fois en moi une forme singulière de mémoire qui, par la suite, m'est devenue familière et s'est renforcée avec le temps jusqu'à ce jour. Elle fonctionnait comme un contrepoint "visuel", un ensemble d'images simultanées qui s'engendraient les unes les autres, indépendamment du temps et de l'espace, pour former une vue panoramique, sans que je pusse comprendre le lien qui les unissait. En 1970, par exemple, le tableau pouvait consister en des bribes de souvenirs datant de 1928, 1912, 1906, 1946 : deux énormes chiens se jettent sur moi au fond d'une cour obscure, une poule tachetée, la tête tranchée, a un dernier soubresaut sur une souche ensanglantée, j'appuie mon visage sur des mains maigres et tièdes et essuie mes yeux humides avec ses doigts secs et fins, à la fenêtre d'un wagon surgit un visage désemparé auquel je chuchote : "C'est bien fait pour toi !"

J'ai beaucoup apprécié, durant ces années d'après-guerre, mes trois séjours en Suède, mes vacances en Provence, audessus de Cannes, le petit voyage de trois jours en Belgique en compagnie de Boris Zaïtsev, les flâneries, le soir, dans le quartier du Trocadéro où les jardins dévalent jusqu'à la Seine. J'avais cependant conscience que la disparition de notre milieu russe, qui avait commencé le 14 juin 1940 avec la prise de Paris, se poursuivait aujourd'hui en s'accélérant, malgré la Libération. Je réalisais aussi que je ne faisais pas partie de ce monde finissant, en raison de mon âge, de mes forces intérieures et de mon énergie physique, que j'étais encore bien vivante et presque seule à l'être.

La nuit, les jardins bruissants du Trocadéro étaient sombres et silencieux ; de rares réverbères formaient des cercles de lumière éclairant tantôt un bout de sentier, tantôt une large branche basse de platane ; j'oubliais, le temps d'un instant, qui j'étais et ce qui m'arrivait.

Dans l'obscurité, on sentait déjà arriver l'automne et au-delà, la promesse émouvante du printemps que tous les Parisiens connaissent. Parfois, des gens passaient et j'essayais de marcher au même rythme qu'eux. Mais ces pas ne me menaient nulle part, pas plus que les nuages sombres dans le ciel ni les platanes qui murmuraient au-dessus de ma tête et puis se taisaient. Comme les mots d'une poésie, ils se contentaient d'exister et de signifier, sans pour autant mener quelque part.

Je vivais seule, sans dîners, ni fêtes, ni jours ouvrables, ni dimanches, et presque plus de livres. Les autres étaient libérés, ils étaient revenus et revivaient. Pour moi, il n'y avait pas de "retour".

Je rentrais dans la nuit noire. A cette heure, avant l'aube, Paris devient un court instant un peu fantomatique comme notre ancienne capitale légendaire. Cela arrive quand les feuilles ne bruissent plus, que le vent tord les branches nues et que la pluie monotone et grise coule doucement sur mes yeux et sur mes lèvres. Le printemps finit par arriver : un parterre de tulipes roses bordées de myosotis brille d'un même éclat pour les voleurs, les mendiants, les béotiens, les artistes et pour moi aussi. Les rossignols chantent, l'un ici, l'autre là-bas, près des fontaines qui s'animent les jours de fête, un autre encore au pied de la tour Eiffel ; je les avais entendus il y a un quart de siècle.

Il n'y avait rien à acheter à l'époque et, de toute façon, je n'en avais pas les moyens. Mais il y avait les bibliothèques. Je les connaissais bien et elles m'étaient accessibles. La bibliothèque Tourgueniev n'existait plus depuis longtemps, les Allemands ayant emporté les livres dès 1940 ; mais, non loin des Halles, se dressait, pareille à une forteresse ou à un arsenal, la Bibliothèque Nationale. Pour les apatrides, l'entrée avait toujours été difficile, car ils devaient présenter, comme tout étranger, une attestation de bonne conduite délivrée par *leur* ambassade pour avoir droit à une carte de lecteur. Par la suite, un arrangement a été trouvé, mais on se heurtait encore à une autre difficulté qui était l'étroitesse des lieux. Dès le matin, une file d'attente se formait à l'entrée de la salle de lecture, toutes les places étant occupées. Dès qu'un des petits vieux de quatre-vingt-dix ans, qui piquait du nez au-dessus de son volume, s'endormait, on le faisait sortir, car il était interdit de dormir dans ce lieu, et une place se libérait. Certaines salles n'étaient pas ouvertes aux étrangers et les heures d'ouverture étaient limitées. Je me souvenais encore du temps où il n'y avait pas l'électricité dans la grande salle de lecture (comme du reste au Louvre) et où, en hiver, on chassait jeunes et vieux à trois heures de l'après-midi, quand il commençait à faire sombre.

A présent, la bibliothèque fermait à cinq heures, et si on avait réussi à trouver une place le matin, il valait mieux ne la quitter sous aucun prétexte jusqu'à l'heure de fermeture. Le dimanche, tout était fermé. Du reste, je n'ai jamais lu dans cette salle autre chose que des livres "bizarres" car les ouvrages "courants" étaient soit pris, soit perdus, soit inaccessibles ce jour-là pour une raison mystérieuse. Des invalides de la Première Guerre mondiale, en uniformes garnis de boutons de cuivre, grinçant des bottes et bavardant les uns avec les autres, se promenaient lentement entre les tables. Ils veillaient à ce qu'on ne dessine pas dans les marges et à ce qu'on n'arrache pas des pages. De temps à autre, on amenait au beau milieu de la salle un appareil semblable à un énorme clystère, qui pulvérisait au plafond un jet de désinfectant, et une pluie légère retombait sur nos têtes.

La bibliothèque de l'Ecole des langues orientales était autrement plus accueillante. Je n'étais pas obligée de justifier ma présence, ni de m'excuser d'être restée trop longtemps, ni de produire un certificat de bonne conduite. On y trouvait les classiques russes et divers journaux soviétiques. La bibliothèque était fréquentée par les étudiants français de l'Ecole, élèves du professeur Pascal, et par de très vieux clochards russes, anciens membres de partis politiques et d'organisations sociales de tout genre ; ayant fait des études universitaires, ils avaient pris l'habitude de lire, mais étaient à présent sans travail et à moitié affamés. Pour eux, il était trop tard pour changer de profession, comme le faisaient peu à peu ceux de la "jeune" génération, âgés de cinquante ans, voire plus. On apprenait soudain que tel poète se retrouvait à l'usine, et composait des poésies à ses moments perdus, ou que tel écrivain était devenu chauffeur de taxi, la nuit, et qu'il ne réussissait que de temps à autre à écrire un récit. Les vieux habitués de la bibliothèque n'étaient plus capables de faire cela. Ils finissaient tant bien que mal leur vie, de plus en plus coupée de celle de la société dans laquelle ils vivaient.

J'ai pris moi aussi un jour la décision, sinon de changer de profession, du moins d'en franchir la première étape en cherchant un gagne-pain complémentaire pour arriver à joindre les deux bouts. Ce que je gagnais à *La Pensée russe* ne me permettait pas de vivre au-delà des vingt premiers jours du mois, les dix derniers étant une sorte de luxe que le sort m'offrait, mais que je ne pouvais pas me payer. Il n'était pas question, cependant, d'amputer le mois d'un tiers, ni l'année de quatre mois. Je suis allée chez Katia qui avait monté un atelier et me suis installée devant une machine à coudre. J'ai toujours aimé les machines, les moteurs, les grues, les bétonnières, les moissonneuses-batteuses et les linotypes. Je reçus ma paie à la fin de cette journée mais, sous l'effet de la joie et de l'excitation, je perdis l'argent sur le chemin du retour. Je revins le lendemain et, dès le matin, je cassai par inadvertance une canette. Casser une canette en acier de Singer n'est pas chose aisée, mais je l'ai réussi, je ne sais trop comment.

En 1947-1948, les canettes étaient irremplaçables. Je n'avais pas d'autre solution que de me rendre au magasin central Singer, à l'heure du déjeuner, sans rien dire à personne. A vrai dire, l'idée du suicide ne m'effleura pas plus de cinq minutes, car la pensée qu'on pourrait dire : “elle s'est tuée à cause d'une canette” me parut tout à coup si comique que je rejetai presque aussitôt la tentation de me jeter du haut d'un pont dans la Seine ou de sauter par une fenêtre. Lorsque j'arrivai au magasin Singer, avenue de l'Opéra, je devais avoir un drôle d'air : j'étais hagarde, légèrement vacillante, sans doute sous l'effet de la faim, et je souriais en songeant au suicide pour “cause de canette”. Je ne cessais de comparer ma situation à celle des héros des tragédies grecques ou de

Shakespeare. Une employée affable, mais visiblement sous-alimentée elle aussi, me regarda attentivement en écoutant jusqu'au bout ma requête ahurissante. Elle me pria de m'asseoir et sortit. J'essayais de m'imaginer le prix d'une telle bagatelle. Peut-être qu'on me demanderait en échange, au lieu de l'argent, cinq livres de savon ou du vrai café ou une ancienne machine à coudre... Tout à coup, la porte s'ouvrit et il en sortit un homme robuste et grassouillet, à la mine sérieuse. Il me parut très important et j'eus l'impression en cet instant de me trouver devant le président-directeur général en personne des usines Singer de Melbourne, de Zanzibar, d'Alaska et du Chili. Entre les doigts, il tenait une canette neuve. Lui aussi me regarda attentivement et, sans un mot, déposa la canette dans la main que je lui tendis machinalement, s'inclina et sortit. En descendant l'escalier, je me vis dans une glace et remarquai avec étonnement que j'étais complètement verte. Je me suis arrêtée pour vérifier si par hasard ce n'était pas la glace qui avait cette couleur. Mais c'était bien moi.

Et mes compatriotes, qu'étaient-ils devenus ? Ils avaient vécu ici durant vingt-cinq ans, comme moi, et je n'arrivais pas à croire qu'ils aient tout à coup disparu jusqu'au dernier. C'était pourtant vrai. Ils étaient partis, *chacun à sa manière*, et ce fait me paraît suffisamment curieux pour que je m'y arrête brièvement.

Certains avaient travaillé pour l'occupant, et on n'en entendait plus parler. Il y avait eu parmi eux des collaborateurs actifs qui furent jugés et d'autres, passifs, qui furent privés de leur travail et oubliés. Certains, comme Ladinski, Guinger, Prismanova, reçurent des passeports soviétiques après avoir reconnu, non sans quelques réserves, Staline comme le père de tous les peuples. Il m'arrivait de les rencontrer, mais nos relations n'étaient plus les mêmes. D'autres cherchaient pour diverses raisons, parfois par inconscience ou par bêtise, à se réconcilier avec le régime de Staline et essayaient de se convaincre, et de convaincre les autres, qu'il n'était plus opportun, le rôle politique de l'émigration étant terminé, d'afficher son anticommunisme. Il valait mieux se tourner vers l'avenir où se profilaient des changements : l'évolution de l'idéologie communiste, les prémices de la liberté, l'amnistie pour les émigrés. A ce groupe appartenaient Maklakov, Bounine, Makovski, Adamovitch et bien d'autres. J'en ai discuté personnellement avec chacun de ceux que je viens de nommer et j'ai fini par les perdre graduellement de vue.

Il y avait aussi ceux qui, comme Marie Tsetlina, Alexandre Kerenski, Boris Nikolaïevski, étaient partis en Amérique et ne revenaient qu'occasionnellement à Paris. D'autres, comme David Knout et Galina Kouznetzova, étaient restés en Suisse ou en Allemagne. La correspondance que j'avais entamée avec les nouveaux venus d'U.R.S.S., qui vivaient en Allemagne dans des camps pour réfugiés, prit fin, car ces gens quittaient l'Europe pour l'Afrique, l'Australie, l'Amérique du Nord et du Sud. Beaucoup enfin étaient morts, les uns de vieillesse comme Balmont, Korovine, Berdiaev, Plechtcheiev, d'autres de maladie comme Motchoulski, Steiger ; certains avaient trouvé la mort en déportation comme Raissa Bloch, Michel Gorline et Youri Felzen. Il restait Remizov et Zaïtsev, qui menaient une vie retirée, accablés par la guerre, les soucis matériels et la solitude. Quant à Georges Ivanov, il écrivait en ces années-là ses meilleures poésies, transfigurant sa destinée personnelle, faite de pauvreté, de maladies et d'alcoolisme, en une sorte de mythe de l'autodestruction : dépassant les limites admises du bien et du mal, de ce qui est permis (par qui ?) et interdit (pour qui ?), il laissait loin derrière lui tous ces "poètes maudits" qui ont réellement existé et ces "âmes perdues" inventées par les romanciers, depuis Apollon Grigoriev et Marmeladov *(Crime et Châtiment)* jusqu'à Tiniakov et le vieux Babitchev *(L'Envie* d'Olecha*)*.

Je le connaissais depuis 1921, à l'époque du carnet de Goumiliov, mais je n'avais jamais eu avec lui de relations personnelles ou amicales. Dans les années vingt, nous avions plus d'une fois passé la nuit à flâner, Khodassevitch, lui et moi, à Montmartre, qu'Ivanov préférait au Montparnasse, littéraire. Un soir, alors que nous étions assis à une petite table de café et que nous n'avions pas encore bu un seul verre, il me déclara, en triturant ses gants (il portait, à l'époque, des gants jaunes, une canne à pommeau, un monocle et un chapeau melon) que soixante-quinze pour cent de ses *Hivers pétersbourgeois* étaient de la *pure invention*. Sur ce, suivant son habitude, il cligna des yeux. Je ne m'en étonnai pas le moins du monde, pas plus que Khodassevitch ; pourtant, jusqu'à ce jour, ce livre passe pour être un "recueil de Mémoires", voire un "document".

Puis, nous nous sommes perdus de vue pendant de nombreuses années. Après la guerre, il fut blâmé par l'opinion pour sa germanophilie, mais il avait simplement perdu tout sens moral, clamant sur les toits qu'il préférerait être chef de la police à Smolensk pris par les Allemands que d'y être le rédacteur d'un journal littéraire. A présent, en 1948-1949, à l'avant-dernier stade de sa déchéance, il donnait l'impression d'être à moitié fou ; quand on discutait avec lui, on avait constamment le sentiment qu'il lui manquait quelque chose, un morceau de pain, une bouffée de fumée, un verre de vin ou une injection quelconque, et qu'il parlait pour ne rien dire. Lorsqu'un homme a un besoin vital de quelque chose, il n'est pas en mesure d'écouter, ni de répondre de façon raisonnable. Quelques années plus tard, il en arriva au dernier stade dans un foyer pour vieillards à Hyères.

Ivanov avait perdu toute apparence humaine et ressemblait à un personnage en carton, tiré de *Baraque de foire* de Blok. Lorsque, en 1949, il me demanda de lire ses propres poésies à l'une de ses soirées littéraires, j'acceptai ; puis je le revis de loin en loin, mais ne réussis pas à avoir avec lui une conversation cohérente. Il cherchait ses mots en émettant un son vocalique prolongé qui ressemblait plus ou moins à un *a* ou un *e*. Beaucoup de gens se sentaient mal à l'aise en sa présence lorsqu'il se courbait jusqu'à la taille, avec son melon, ses gants, sa canne, sa pochette, son monocle, sa mince cravate, ses cheveux brillants séparés par une raie jusqu'à la nuque, et cette légère odeur de pharmacie qui se dégageait de sa personne, et lorsqu'il effleurait de ses lèvres la main d'une femme tout en étirant ses mots et en zézayant, non plus en raison de son défaut de naissance, mais parce qu'il lui manquait des dents.

Il venait aux rares soirées littéraires ou "poétiques" qui avaient encore lieu, sans âge, sans sexe, irréel, mais étonnant.

Je me souviens qu'un jour j'étais assise entre lui et Ladinski, à une longue table. Il regardait devant lui, clignait des yeux et, tout en tapotant la table de sa cuiller, répétait sans cesse :

— Je ne peux pas supporter les youpins.

Ladinski me chuchota à l'oreille qu'il allait lui casser la gueule. Je retirai un crayon de mon sac et sur un bout de serviette gribouillai les mots suivants : "Cessez, Guinger est assis à vos côtés." Ivanov prit mon mot, le passa à Guinger et dit :

— Elle croit que tu pourrais te fâcher contre moi, comme si tu ne savais pas que je déteste les youpins. Mais es-tu vraiment capable d'être vexé ?

Je n'entendis pas la réponse de Guinger, mais celui-ci m'avait toujours fait l'effet d'un saint homme, pour ne pas dire un innocent. Je me levai, repoussai ma chaise et me mis à l'autre bout de la table où Ladinski me suivit.

Avant mon départ en Amérique, j'eus une rencontre avec Ivanov que je ne suis pas près d'oublier. La bibliothécaire du quotidien *Renaissance*, devenu entre-temps un hebdomadaire, puis un mensuel, la gentille Milevskaïa, avait organisé un vin d'honneur à mon intention. Je ne collaborais pas à la revue, mais j'avais gardé des liens personnels avec les employés de la bibliothèque et de la librairie ainsi qu'avec le rédacteur d'alors, Serge Melgounov. La table avait été dressée dans une grande pièce et était garnie d'une tarte aux pommes confectionnée par Milevskaïa, de quatre ou cinq bouteilles de vin blanc et de quelques verres. Une quinzaine de personnes étaient venues parmi lesquelles Boris Zaïtsev et Serge Melgounov. Vers la fin, Georges Ivanov entra. Je jetai un regard inquiet sur la table où il ne restait plus qu'un fond de vin dans deux bouteilles et un petit morceau de tarte. Pendant qu'il adressait ses salutations aux uns et aux autres, je cherchai un verre propre, y versai le reste de Sauternes, lui tendit le verre et le priai de prendre le bout de tarte. Il but le vin d'un trait, mais lorsque je lui présentai l'assiette et la fourchette, il me dit à voix basse, mais distinctement :

— Permettez-moi de l'emporter chez moi.

J'étais gênée. J'ai enveloppé la tarte dans une serviette en papier. Il glissa le tout dans la poche extérieure de sa veste et s'esquiva. Le lecteur pourrait naïvement croire qu'il s'agit d'une histoire de poète misérable qui rapporte à un affamé, resté à la maison, un croûton dérobé à la table d'hôte. Mais j'en doute fort. Il avait fait cela pour produire un certain effet et il y réussit ; quant à la tarte, c'est possible qu'en sortant il l'ait jetée dans une poubelle.

Dix jours plus tard, vers les cinq heures, on frappa à la porte de ma chambre. J'avais décidé de faire ma lessive ce jour-là, ce qui était toujours une entreprise délicate en raison de l'étroitesse des lieux. Je devais aménager pour cela ce qui était censé être la cuisine, chauffer de l'eau sur le réchaud électrique et tendre des fils au-dessus de la baignoire qui prenait littéralement toute la place et n'avait jamais été équipée ni d'eau froide, ni d'eau chaude. Je venais de nouer mon tablier, de relever mes manches et de me mettre à l'ouvrage, lorsque j'entendis toquer. Je décidai de ne pas ouvrir. Je ne fais jamais cela d'habitude, mais l'eau avait enfin atteint la bonne température et je ne voyais pas, dans ces conditions, comment je pouvais recevoir quelqu'un. Cependant, la personne restait à la porte. Je ne fis pas de bruit. Soudain, la voix d'Ivanov me dit derrière la porte :

— Nina Nikolaïevna, ouvrez, je sais que vous êtes là.

— Qui est-ce ? demandai-je pour gagner du temps.

— C'est le soutireur d'élite, vous connaissez ? Je viens vous soutirer dix francs.

Je lui demandai d'attendre quelques minutes. Je mis de l'ordre dans ma "cuisine", retirai mon tablier et me donnai un coup de peigne. Quand il entra, en traînant ses pieds et en faisant des courbettes, je lui dis que ma fortune ne dépassait pas dix francs et que je ne pouvais pas lui en donner plus de cinq.

— Auriez-vous du vin ? demanda-t-il.

J'avais un litre de rouge. Il s'assit à la table. On ne pouvait pas se déplacer à deux dans la pièce tellement elle était petite. Mais quand l'un s'asseyait, l'autre pouvait faire quelques pas. Je posai la bouteille sur la table et lui apportai un verre. Il se mit à boire lentement, à boire et à parler. Ce fut un monologue. Il avait un grand besoin de s'épancher. Cela dura près de trois heures. Puis, il s'en alla. Après son départ, je suis restée longtemps étendue sur le divan à contempler par la fenêtre le ciel déjà obscur et la butte éclairée de Montmartre, coiffée du Sacré-Cœur ; ma fenêtre du huitième étage donnait, côté nord, sur les toits de Paris qui s'estompaient au loin.

Etait-ce le délire d'un ivrogne au dernier stade de la déchéance, le caprice d'un poète névropathe, une confession ou le bavardage d'un ancien homme du monde cherchant à impressionner son interlocuteur ? C'était une lamentation, mais elle ne portait ni sur les circonstances, ni sur les gens, ni sur Ivan Ivanovitch, Lénine, Staline, Nicolas II ou Nicolas Ier, ni sur sa santé délabrée, sa pauvreté, sa solitude, ni sur lui-même tel que son père, sa mère, les femmes l'avaient fait... C'était une plainte *sans objet*. Il ne cherchait pas de coupable à sa destinée. Comme il le dit lui-même, s'il en avait trouvé un, il l'aurait tapé de dix francs pour aller boire avec lui à la fraternité humaine. Mais on percevait à travers cette plainte une angoisse mortelle devant tout, un ver de terre, une araignée, une voiture, une femme, les autorités, un vent froid, le sifflet du policier, la civilisation ou la nature, ainsi que l'aspiration irrationnelle de s'engloutir dans cette terreur et dans la boue.

— La boue seule ne me fait plus peur, au fond, répéta-t-il plusieurs fois.

Nous ne nous sommes plus revus. La veille de mon départ pour New York, je reçus de lui une lettre à laquelle, pour autant que je m'en souvienne, je n'ai pas répondu. La voici :

(tampon de la poste : Paris, 31 octobre 1950)

Chère Nina Nikolaïevna,
En reconnaissant mon écriture, vous serez sans doute étonnée... Voyez-vous, j'avais envie de vous écrire quelques mots au moment où vous partez pour l'Amérique. Peut-être bien que nous ne nous reverrons plus jamais, en tout cas nous serons séparés pour longtemps, par un océan et par deux mondes différents. Bref, tout ce qui a constitué

notre vie ici va prendre fin pour toujours ou pour très longtemps et c'est justement à cause de cela que j'ai envie de vous dire quelques mots, en profitant de cette "liberté" : nous ne serons plus réels l'un pour l'autre pendant un "fragment d'éternité". C'est un peu confus, mais tant pis. Essayez de déchiffrer cela tant bien que mal, de même que mon écriture illisible.

Je tiens à vous dire franchement ce que nos rencontres, ou plutôt le risque de nous rencontrer du fait que nous habitions la même ville ne m'a jamais permis de vous dire. Avant tout, je voudrais vous souhaiter de tout mon cœur bonheur et réussite. J'ajoute que je vous considère comme l'une des rares personnes qui méritent cela. Nous nous connaissons bien sûr depuis longtemps et nos relations ont été surtout une suite de divers malentendus. Ce n'était pas votre faute, mais la mienne, je le sais parfaitement. Hélas, longtemps "avant" Khodassevitch, avant tout (mot illisible). *J'apprécie d'autant plus votre jugement impartial sur ma poésie que sur le plan humain je vous suis "légitimement" désagréable, c'est le moins qu'on puisse dire. Et voilà qu'en vous faisant mes adieux je profite de l'occasion pour vous dire que depuis longtemps déjà je vous ai, comment dire..., admirée de loin. Vous êtes intelligente, talentueuse et, ce qui est peut-être plus important encore, vous avez "le sens inné de la responsabilité", une qualité plutôt masculine. En même temps, vous êtes très féminine. Si vous étiez restée à Paris, je n'aurais pas pu vous dire cela, bien sûr. Lors de votre "réception", à* Renaissance, *où j'étais venu en passant et où nous avons pu échanger quelques mots, j'ai apprécié votre charme et votre jeunesse, votre robe, votre petit chapeau marron* (?), *votre sourire et la vivacité de votre regard. Excusez-moi de la hardiesse de mes propos, mais à quoi bon faire semblant, on aime toujours entendre qu'on a laissé une impression de charme et de jeunesse. Je vous souhaite une fois de plus bonheur et réussite. Vous y avez pleinement "droit" et j'ai aussi le "droit" de vous le dire au nom de cette relation qui n'a jamais pu s'épanouir par "la force des choses". Cela ne vaut pas la peine de m'étendre, mais ne vous méprenez pas sur "ma démarche", c'est-à-dire cette lettre. Pourquoi le cacher, tout en aimant mes poésies (ce qui est très important pour moi), vous m'avez pris pour une vraie canaille. Comme nous tous dans la vie, vous avez à la fois tort et raison. Le fait est qu'"au-dedans de moi" je ne suis pas, mais alors pas du tout, ce que je parais "à travers mes actes", mais ça c'est du "Dostoïevski"...*

Au revoir. Soyez sans rancune à mon égard. Crachez sur La Nouvelle Parole russe *et le marécage de l'émigration. Une fois en Amérique, vous trouverez là-bas le succès tout simplement grâce à vos "qualités" et à votre courage. Je vous le souhaite et suis sûr que vous réussirez bien. Malgré l'incohérence de ma lettre, je pense que vous ne l'interpréterez pas de travers.*

J'embrasse vos charmantes mains.

Votre Georges Ivanov

(Sa poésie, *Une mélodie se fait fleur*, écrite de sa main était jointe à sa lettre ainsi que le petit mot suivant :)

Je vous offre ceci en guise de bouquet. J'aime bien moi-même cette petite poésie. Depuis mon Portrait sans ressemblance, *j'ai déjà réussi à écrire une quarantaine de petites choses assez bonnes, à mon avis.*

G.I.

De New York, je lui ai fait parvenir un colis.

Il y eut plusieurs autres lettres, puis il m'envoya son recueil *Portrait sans ressemblance*, avec une dédicace écrite au crayon rouge : "A ma chère Nina Nikolaïevna Berberova de G. Ivanov qui est *complètement fichu*, 1956." J'ai conservé ce livre chez moi.

Dans l'asile pour vieillards, à Hyères, où il mourut, il se trouve encore aujourd'hui des personnes qui ont assisté à sa fin. Ses bras et ses jambes portaient de nombreuses traces de piqûres, des cafards couraient sur sa couverture et son oreiller, on ne faisait pas sa chambre durant des semaines. Ce n'était pas la faute de l'administration, mais parce que, à la vue de personnes étrangères, le malade avait des accès de fureur ou de dépression. Il avait été dépressif de façon chronique durant les dernières années de sa vie, ce dont témoignent ses poésies. Quand on lui disait qu'il fallait se laver, qu'on devait faire sa chambre ou changer ses draps, il répétait simplement qu'"il n'avait peur d'aucune crasse." Cette phrase avait pour lui à la fois une signification morale et physique. Il avait toujours éprouvé une véritable terreur à l'égard de la mort. Elle vint enfin comme une délivrance.

Voici le genre de personnes que j'avais l'occasion de fréquenter à la fin des années quarante, durant ma dernière période parisienne. Il ne restait certes plus grand monde, mais le drame était que je n'avais plus envie de me lier avec ceux qui étaient encore là.

— Mais toi, tu as survécu ! s'écria avec une force inattendue une jeune femme venue de Londres pour me rendre visite. C'était la nièce d'Olga. Elle était la seule à être restée en vie d'une famille très nombreuse. Il doit bien y avoir une raison, poursuivit-elle. (En cet instant, l'idée d'écrire ce livre me traversa-t-elle l'esprit, le temps d'un éclair ? Je ne sais plus au juste, mais c'est fort possible.)

Je la regardai en silence. Depuis que j'avais reçu son télégramme, quelques jours auparavant, je me demandais avec inquiétude comment j'allais l'accueillir et ce que je pourrais bien lui dire sur tous ses parents morts. Et la voilà qui se réjouit de me voir, me montre les photos de son fils, me parle du présent et de l'avenir.

— Tout cela, c'est du passé. Maintenant, il s'agit de vivre. J'ai un fils et j'aurai aussi une fille, c'est sûr. C'est grâce à toi que j'ai été sauvée (je l'avais présentée, par hasard, à son futur beau-père, à la veille de la guerre). Tu dois vivre comme si tu étais la seule au monde à avoir survécu. Il n'y a plus personne, tous sont morts, pour toi comme pour moi. Mais nous deux, nous sommes vivantes.

Elle s'était mariée en 1937 et était partie en Angleterre, sans retourner chez elle, à Varsovie, où toute sa famille devait périr. C'était elle maintenant qui me tendait une main secourable.

— Et *là-bas* ? lui demandai-je. Un seul au moins pourra-t-il en réchapper ?

— Oui, sûrement, pour raconter ce qui s'est passé. Tu verras, ce sera peut-être Pasternak ou Ehrenbourg.

Cela me fit penser à un passage des *Mémoires d'outre-tombe* de Chateaubriand. Je pris l'un des tomes sur l'étagère et lui montrai l'endroit où il est question de Néron en train de se déchaîner à Rome, *alors que Tacite était déjà né.*

— Tu vois bien, me dit-elle, en remettant les photos de son fils et de son mari dans son sac, cela s'est toujours passé ainsi et maintenant ce sera pareil.

Cette année-là, en 1948, parut un recueil de mes nouvelles. J'avais toujours fait appel jusque-là à des éditeurs particuliers, mais dans la débâcle générale, je dus me tourner vers une association qui sentait un peu l'école du dimanche, la section russe d'Y.M.C.A.* C'était à l'époque le seul endroit où l'on pouvait faire publier un livre en russe : ils en avaient les moyens et disposaient d'une imprimerie à caractères cyrilliques. Il était indispensable d'avoir l'appui de deux membres du conseil d'administration. Berdiaev vint rapidement à mon secours ainsi que Zaïtsev et le recueil fut accepté sans avoir été lu. Quand il parut, les autres membres du conseil, ceux qui aimaient le style "école du dimanche", le lurent et s'aperçurent avec horreur qu'il contenait des "scènes de lubricité" (comme on les appelait au siècle dernier). Ni Y.M.C.A., ni *a fortiori* sa section russe ne pouvaient tolérer un récit tel que *Le Laquais et la Putain*. On arrêta la vente du livre qui est resté dans les caves de l'association durant vingt ans très exactement.

Le recueil contenait six récits. Encore aujourd'hui, je considère *L'Accompagnatrice*, *La Résurrection de Mozart*,

* *Young Men's Christian Association*, association de préservation morale constituée par des jeunes gens chrétiens, fondée par G. William aux U.S.A. en 1844. *(N. d. T.)*

De cape et de larmes et *Astachev à Paris* comme de très bons récits, sensiblement du même niveau que *Le Roseau révolté* et *Le Mal noir* qui furent les derniers en date (1958-1959)*.

Personnellement, j'ai un faible pour *A la mémoire de Schliemann*, peut-être parce qu'au moment où je l'écrivais j'avais constamment l'impression d'être en train de pondre un œuf dans un nid qui n'était autre que mon siècle. Stravinski dit, lors d'une interview, que la création ressemble à un processus physiologique : lorsqu'il compose, il a tantôt le sentiment d'être un cochon à la recherche de truffes, tantôt une huître fabriquant une perle. Parfois même, avoue-t-il, la salive lui coule de la bouche sous l'effet des sons et des accords qu'il est en train de noter. A ses yeux, toute forme de création relève de la sécrétion glandulaire. Puisque tout ce que nous avalons est digéré, assimilé, puis éliminé, il ne fait pas de doute que la création, elle aussi, est un acte d'ordre physiologique. Ainsi comprise, la création est une fonction de l'organisme en interaction avec un environnement biologique et social donné, nous permettant de percevoir, de modifier et de transcender ce dernier.

Parmi les décisions importantes que j'ai eu à prendre au cours de ma longue vie, la plus lourde de signification et la plus dure fut celle d'émigrer aux Etats-Unis. A la difficulté de joindre les deux bouts dans le Paris d'après-guerre, à la disparition du microcosme littéraire qui, durant un quart de siècle, avait constitué mon univers quotidien, à l'ambiguïté du milieu intellectuel français après 1945, dominé par Sartre, Aragon et Eluard, s'ajoutait l'échec de ma vie intime que je désirais fuir. Apparemment j'avais remporté une victoire, mais le prix en avait été si lourd que j'étais prête à tout laisser tomber et à partir n'importe où.

— Où donc sont vos bagages ? me demanda G. qui m'attendait sur le quai à New York.

* Ces "petits romans" ont paru en traduction française aux éd. Actes Sud (1986-1989). *(N. d. T.)*

J'eus honte, moins de ma pauvreté que de mon inconscience. Je lui indiquai deux valises que le douanier n'avait même pas daigné ouvrir. Le porteur chargea mes valises sur son chariot et G. me déposa à la 72e rue.

Je me souvenais qu'avant mon départ, j'avais été convoquée au consulat américain à Paris où l'on m'avait demandé un certificat de bonne santé.

Je suis tombée sur un médecin qui ne manquait pas d'humour :

— De quoi sont morts vos parents ?

— Ma mère probablement d'épuisement, de froid et de toutes sortes de privations en relation avec le siège de Leningrad par les Allemands en 1941-1942. Et mon père, je suppose, de chagrin.

— Et les maladies ?

— Les leurs ? Je ne me souviens pas qu'ils aient jamais été malades.

— Pas eux, vous.

— Moi... Cela fait vingt ans en gros que je n'ai pas été malade. Excusez-moi, il y a parfois eu des refroidissements. Vous savez, ces terribles rhumes de cerveau...

— Quand avez-vous été chez le médecin pour la dernière fois ?

— Assez récemment, il y a cinq ans. C'était quelque chose de sérieux : une mastoïdite. Il a même fallu percer le tympan. C'était le jour de la prise de Berlin.

— Quelle oreille ?

— La gauche. Elle a autrefois souffert d'un coup...

— Est-ce que vous entendez de cette oreille ?

Je répondis d'une voix mal assurée :

— Plutôt mieux qu'avant, je ne sais trop pourquoi.

Le docteur m'ausculta consciencieusement.

— Qu'en est-il des organes génitaux ?

— Ils sont à leur place.

— Et votre cycle ?

— Tant qu'il était là, cela me rendait la vie très agréable : à chaque fois, j'avais le sentiment de renaître. Quand ça a cessé, ce ne fut pas mal non plus : j'ai eu moins de soucis.

— Veuillez bien commenter votre dernière observation.

— Non, docteur, je ne ferai pas de commentaire, car cela nous prendrait trop de temps.

— Et si je vous demandais de faire un petit exposé sur ce thème devant une commission scientifique ?

— Je serais heureuse de servir la science, mais je n'ai vraiment pas la tête en ce moment à faire des exposés.

— C'est moi qui le ferai et je vous présenterai pour illustrer mon propos.

En regardant par la fenêtre, au-dessus de sa tête grisonnante aux cheveux coupés en brosse, je lui fis remarquer qu'il allait bientôt pleuvoir. C'était un brave homme et il n'insista pas, Dieu merci. Il me fit passer une radio des poumons. Par la suite, un employé du bureau américain de l'immigration examina l'énorme cage de mes côtes, pareille à celle d'un perroquet. Mon cœur était là, au milieu de la cage, avec la crosse sombre de l'aorte qui ressemblait à la crête d'un oiseau tropical. Il admira longuement la photo sous tous ses angles tandis que je restais là, me répétant en moi-même : "Vous ne me reconnaissez pas ? Comme c'est étrange. Je suis la fillette à qui vous avez envoyé jadis des colis de nourriture *ARA*. En ce temps-là, votre président s'appelait Guerbert Gouver. Maintenant, par décret de l'Académie des sciences de l'U.R.S.S., on l'appelle *Kherbert Khouver**..." Le fonctionnaire finit par poser tous mes documents sur le bureau, puis les tamponna. Comme il avait des difficultés pour prononcer mon nom de famille, il se contenta de m'appeler par mon prénom pour me souhaiter la bienvenue aux U.S.A.

— *Enjoy it*, Nina ! me dit-il. Je franchis la porte. Je ne me souviens plus si celle-ci était ouverte, entrouverte ou tout à fait fermée. Je la franchis, c'est tout.

Trois raisons m'avaient donc poussée à quitter la France lorsque je me promenais, l'été 1950, dans le verdoyant parc du Trocadéro. J'étais bien sûr habituée à tirer "le diable par

* Il s'agit de deux prononciations possibles en russe du *h* aspiré dans Herbert Hoover. *(N. d. T.)*

la queue", mais à présent, la situation était devenue vraiment inquiétante. Ensuite, je me retrouvais seule, ou presque, dans cette ville où, durant un quart de siècle, j'avais vécu au milieu d'une vingtaine de personnes liées par leur attachement à la poésie russe, à ses mots, à sa musique, à ses idées, à ses rythmes, que nous cultivions de façon plus ou moins heureuse.

Nous formions comme un orchestre dans lequel certains d'entre nous, dont moi-même, développions un fort esprit de corps qui, tout en nous unissant, nous séparait des autres groupes de la diaspora russe. Maintenant, il ne restait presque plus personne et, devant moi, c'était le vide sur le plan individuel et social.

Mais, avec le recul du temps, c'est la dernière raison qui m'apparaît aujourd'hui comme ayant été la plus déterminante. La plupart d'entre nous, les "jeunes" du moins, avaient retiré de la France, avec reconnaissance et vénération, et la même avidité, ce que nous pouvions, chacun à sa manière : les uns avaient choisi Valéry et Gide, les autres Anatole France et Duhamel, d'autres Maritain, d'autres Mauriac et Green, d'autres encore Baudelaire et Verlaine. Entre les deux guerres, il n'y avait que l'embarras du choix. Aldanov et Remizov, Berdiaev et Khodassevitch, Poplavski et Nabokov avaient eu de quoi "picorer" pour nourrir leur propre progéniture. Mais, dès 1945, tout avait changé. L'absence de "nourriture intellectuelle" me conduisait tout droit au dénuement et à la stagnation spirituels.

Loin de moi l'idée de porter un quelconque jugement sur la littérature française d'après-guerre, dominée par Sartre, Camus, Aragon et Eluard. Le premier personnifiait l'ambiguïté de l'intellectualisme français de l'époque*, le deuxième a été victime, dès le début de sa courte vie, d'une certaine difficulté à s'incarner comme artiste ; il fut grand moins en tant qu'écrivain ou poète que comme phénomène et témoin marquant de son époque. Le poète Pierre Emmanuel, que j'appréciais

* Sartre considérait entre autres que N. I. Boukharine n'avait pas été la victime de Staline, mais un traître à la révolution, justement châtié à la suite de ses aveux. (cf. *Saint Genet*, Gallimard, 1952, p. 544-556). *(N.B.)*

beaucoup, commençait à être connu, mais il n'occupa jamais le devant de la scène comme Aragon et Eluard qui étaient des membres notoires du Parti communiste français*.

L'œuvre de Marcel Aymé caractérise bien la littérature française de cette période : elle traduisait, sur un mode ironique, léger et mélancolique, le manque d'ouverture, l'étroitesse d'un horizon limité. C'est à ce moment que se mit à briller, tel un soleil noir, le nom de Jean Genet que Sartre s'empressa d'élever au rang de génie et de saint. Deux livres de Genet, des autobiographies, l'une manifeste, l'autre déguisée, ont éclipsé dix ans durant tout le reste. Pourtant, il avait écrit dans l'une des préfaces que "les occupants allemands, tels des anges", volaient dans les cieux d'où ils lâchaient des bombes sur la France ; l'autre ouvrage était dédicacé à un certain Pilorge qui avait assassiné son amant, Escudéro, et au célèbre Weideman qui avait poignardé six personnes et qui fut exécuté en 1939. Sartre prit la défense à la fois de la préface, de son auteur et des deux livres, en se targuant, au passage, de l'ambiguïté de sa propre démarche. D'un côté, il prônait l'*engagement* de l'artiste, la responsabilité politique des intellectuels, la reconnaissance *a priori* du bien-fondé de toutes les revendications de la classe ouvrière ; de l'autre, en raison de ses tendances féminines, obscures et vicieuses, il était fasciné, et pas seulement lui, par la soi-disant force virile d'une race anti-bourgeoise d'"élus" : les ouvriers slaves, grands et robustes, forgeant une révolution sociale, les blonds guerriers en uniforme *feldgrau* ou tout simplement d'hirsutes criminels condamnés par la loi.

Je garde une éternelle gratitude à la France pour tout ce qu'elle m'a apporté. Il n'était cependant pas question pour moi d'arrêter ma propre évolution intérieure qui continuait à compter plus que toutes les philosophies contemporaines, locales ou universelles.

* Pour ce qui est d'Aragon je désire rappeler ici que son *Histoire de l'U.R.S.S.*, écrite en 1965, se fonde sur l'interprétation stalinienne de quarante-trois années d'histoire russe, à quelques réserves près dues à Khroutchev. *(N.B.)*

Il y a un temps pour les secrets et le silence, un autre pour les confessions. J'avais une autre raison encore pour quitter Paris, la France et l'Europe, mais elle n'était pas à vrai dire du même ordre que les trois premières : elle les sous-tendait toutes et leur donnait leur dimension existentielle. Il s'agissait de la victoire remportée dans ma vie intime, qui en réalité équivalait à un échec. Apparemment j'avais gagné, mais le prix payé avait été si lourd que j'étais prête à céder pour rien les bénéfices de ma victoire au premier venu, à tout laisser tomber et à partir n'importe où. Sans cela, j'aurais sans doute pu surmonter la pauvreté, la destruction et le sentiment de l'absurde. Sous les arbres du Trocadéro, dans ces allées qui dévalaient jusqu'à la Seine, je marmonnais des vers, les miens ou ceux des autres, et réfléchissais à ma destinée ou parfois simplement l'écoutais, en essayant de deviner ses desseins. C'est là que, faisant usage de ma liberté, je décidai de partir pour toujours.

Sur le pont du bateau qui m'avait emmenée aux Etats-Unis, j'avais lié conversation avec un Américain qui rentrait aux U.S.A. après avoir travaillé durant trente ans dans une banque américaine comme expert en fausse monnaie. C'était un amateur de langues étrangères et il adorait chercher querelle. Au dîner, il affirma qu'on pouvait voir autour du bateau quantité de dauphins à condition de savoir regarder. Il voulait absolument parier avec nous tous qui soutenions le contraire. De retour sur le pont, il me raconta l'histoire de deux grenouilles :

— Un jour, deux grenouilles sont tombées dans un pot à lait. “Je suis perdue”, dit l'une d'elles. Elle tomba au fond et se noya. L'autre se mit à agiter les pattes de toutes ses forces et se retrouva, au matin, perchée sur une motte de beurre fraîchement baratté.

— Un dauphin ! m'écriai-je, et nous avons dû convenir qu'il avait eu raison.

— J'ai toujours raison, me dit d'un air sombre le chasseur de faux-monnayeurs, en haussant les épaules, après quoi il n'ouvrit plus la bouche.

J'avance d'un pas dans mon récit pour revenir aussitôt en arrière car c'est comme cela, au fond, que je suis partie en Amérique, en dépit de la décision que j'avais prise.

Je ne laissais pas seulement Paris derrière moi, mais aussi Pétersbourg-Leningrad, Venise, Rome, Nice, la Provence et la campagne française, à la fois lumineuse et voilée de brume, que j'aimerai toujours. A présent, lorsque je ferme les yeux, c'est elle que je vois, avec ses routes bordées d'arbres bruissants, ses champs de blé, ses prairies en pente, ses toits de tuiles somnolant derrière une colline et le clocher pointu d'une église oubliée, délaissée, mais si gracieuse, bâtie il y a mille ans, avant Montaigne et Cervantès, comme aurait dit Merejkovski.

Je quittais pour toujours ces lieux où j'avais appris à chercher moins le bonheur que la ferveur, moins la joie et la prospérité qu'une vie plus intense, plus pleine. J'entrais dans un monde nouveau, inconnu, mais je n'avais pas peur.

Ma situation pourtant n'était guère brillante : je ne connaissais pas l'anglais, je possédais en tout et pour tout à mon arrivée à New York soixante-quinze dollars dont vingt-cinq partirent aussitôt pour le remboursement d'une dette, et je n'avais pas de visa d'immigration. Le quota pour les Russes était atteint et on devait attendre environ cinq ans pour recevoir un visa de résident permanent. Je savais parfaitement que je ne pouvais pas me permettre d'attendre cinq ans. Je dus me contenter d'un visa temporaire et c'est seulement au bout de quatre ans que ma situation fut normalisée grâce à mon troisième mariage. Khodassevitch avait eu raison lorsqu'il disait, en me regardant faire mes points de croix en 1925 à Paris, que tout cela avait déjà été décrit par Tchernychevski ou par un autre et que ça n'avait plus aucun intérêt. Je renvoie donc le lecteur au *Procès* de Kafka, au *Consul* de Menotti et à une kyrielle d'autres œuvres du même genre.

— Tu abandonnes tous les coqs brodés sur toutes les théières, m'avait dit Vera Zaïtseva, en me serrant dans ses bras à la gare.

En cet instant, je percevais les choses avec une acuité pareille à celle du prince Mychkine avant ses crises d'épilepsie : ce que je quittais et ce que j'avais déjà quitté, ce qui m'attendait et, par-dessus tout, sur le quai de la gare, ces quatorze visages qui m'étaient chers, dont chacun me rappelait une longue histoire d'amitié. Je réussis à chuchoter à l'un : "Ne tombe pas malade, ne sois pas triste", à prendre un autre dans mes bras, à me pendre au cou d'un troisième, à serrer la main de deux autres, à répondre à la tendresse et à la chaleur de tous.

Chose rare chez moi et d'autant plus précieuse, mes larmes se mirent à couler et ne s'arrêtèrent qu'au Havre. Un Russe, assis en face de moi, qui m'avait reconnue, me demanda avec sympathie :

— Puis-je vous offrir un verre d'eau des plus ordinaires ?

Cela n'eut aucun effet sur moi et je n'ai cessé de pleurer que lorsque je vis l'énorme paquebot blanc, la baie bleu foncé, les grues dans le ciel et l'allure majestueuse du vaste port.

Puis il y eut les dauphins, le conte des deux grenouilles et un couple de géants, mes voisins de table, qui ne cessèrent de parler durant le dîner, avec dans le regard une douce exaltation, de *taxis* qu'ils allaient enfin retrouver. Etait-ce possible qu'ils n'en aient pas vu en Europe ? pensai-je. Je découvris finalement qu'il s'agissait du Texas. Je venais de prendre ma première leçon d'anglais.

A l'aube du sixième jour apparut devant moi une ville étroite et haute, pareille à une cathédrale gothique, entourée d'eau. Elle surgit soudain dans le léger brouillard de ce petit matin de novembre. J'étais montée sur le pont et j'observais, sur la droite, les phares de centaines d'automobiles qui sillonnaient la rive plate depuis cinq heures du matin. On aurait dit qu'il faisait déjà jour. Celui-ci se levait péniblement, découvrant dans le ciel de lourds nuages venant à notre rencontre. Je gagnai avec deux ou trois passagers la proue du paquebot qui entrait, à présent, dans la baie. Sur la rive gauche, plus élevée, apparaissaient aussi des lumières en mouvement. Nous croisions des ferry-boats, des remorqueurs, des bateaux à moteur et longions des îles. La cathédrale se rapprochait de plus en plus, devenait plus nette et perdait graduellement son aspect gothique pour se métamorphoser en une immense ville moderne avec ses centaines de gratte-ciel où brillaient par endroits des fenêtres. Celles-ci s'éteignirent peu à peu à mesure que se levait cette matinée d'automne bleuâtre.

Il y a quelque chose de *prémédité* dans cette ville : comme dans notre ancienne capitale russe, c'est un ensemble unique d'éléments fonctionnels et symboliques. Ici également, peut-être, un homme *plein de hautes pensées* décida* d'acheter aux Indiens une parcelle de terre et de "fonder une ville" en ce lieu précis. Là-bas, des marais et des brumes, des tourbillons de vent et des tempêtes de neige ; ici de noirs rochers et, durant trois mois de l'année, une chaleur subtropicale. Les étendues d'eau avec leur luminosité particulière confèrent à l'une comme à l'autre une apparence irréelle et atemporelle. Moscou, Londres, Rome et Paris sont comme rivés sur place, Leningrad et New York voguent toutes voiles dehors, leur proue fendant l'espace.

Marie Tsetlina, mon amie de longue date, m'avait écrit un mois plus tôt que je pouvais venir chez elle. Elle occupait un petit appartement dans un hôtel où elle loua une chambre pour moi. G. me conduisit directement chez elle. Dès le premier soir, j'étais entourée de gens venus me voir par curiosité : d'anciennes et de nouvelles connaissances, des Américains russes et des Américains américains, auxquels s'ajoutaient des Russes qui, comme moi, étaient arrivés récemment d'Europe, de vieux et de nouveaux émigrés, des réfugiés de Pologne, de Tchécoslovaquie, de Shanghai et des pays Baltes. Suivant sa vieille habitude moscovite, puis parisienne, Marie organisait des soirées informelles où se mêlaient des hommes de lettres et des figures politiques.

Je fis la connaissance des pianistes Vsevolod Pastoukhov, Nicolas Orlov, Georges Kotchevitski, des poètes Ivan Elaguine et Olga Ansteï, ainsi que de l'écrivain S. Maximov, du peintre N. Nikolenko et de sa femme, d'un autre Elaguine, Youri, auteur de *Comment apprivoiser les arts*. J'ai retrouvé de vieilles connaissances parisiennes, Alexandre Kerenski, Roman Grinberg, Galina Kouznetzova, Mstislav Doboujinski, Youri Deineké, Georges Fedotov, Hélène Izvolskaïa et d'autres. Le lendemain de mon arrivée, X. me rendait visite.

* Citation tirée du poème de Pouchkine : *Le Cavalier de Bronze*, dans lequel la figure de Pierre le Grand, fondateur de Saint-Pétersbourg, est omniprésente. *(N. d. T.)*

— Pourquoi êtes-vous venue ? me demanda-t-il en s'asseyant. C'est affreux ici. Cela fait dix ans que j'y suis. Impossible d'y vivre. Il y a une telle pauvreté partout ! Et les poires n'ont pas le moindre arôme.

Je fus déconcertée.

— Des poires sans arôme ? C'est affreux, en effet !

— Je ne sais pas ce qu'ils en font. Ils les cueillent encore vertes et elles mûrissent dans des frigidaires. On ne peut pas vivre ici. Les fraises n'ont pas de goût, vraiment aucun. Avez-vous assez d'argent pour le billet de retour ? Méfiez-vous, mettez-le de côté, il vous sera utile.

Je répondis que je n'en avais pas ; j'avais peur qu'il ne propose de m'en prêter, mais il n'en fit rien.

— La pauvreté est effrayante. Ne vous fiez pas aux journaux, ils mentent tous. Le bien-être n'existe qu'en surface. Le pays est misérable. La question noire, l'alcoolisme, vous verrez.

Il parla longtemps. Il me raconta qu'il avait vu récemment, la nuit, en allant d'un de ses appartements à l'autre (pour des raisons familiales, il en avait deux), un homme qui dormait sur le trottoir. Les policiers ne l'avaient pas ramassé car, d'après lui, il y avait déjà trop de sans-abri qui dormaient dans les postes de police.

— Et vous n'êtes jamais retourné en Europe ?

— Je ne suis pas assez riche, je ne peux pas me le permettre.

— Vous savez, là-bas non plus, les poires n'ont plus d'arôme.

— Ça, je ne peux pas le croire !

— Les poires n'ont plus d'arôme, parce qu'il n'y en a pas. Je ne sais pas où elles sont passées. La seule fois que j'en ai vu c'était dans la vitrine d'une épicerie fine où elles étaient posées sur du coton, dans du papier de soie...

Il poursuivit, ravi que je ne cherche plus à répliquer. Mais lorsqu'il sortit sur le palier, je courus après lui :

— Ecoutez, comment ça se fait qu'il y ait des mégots ?

— Quels mégots ?

— Hier soir, sur le bord du trottoir, à l'entrée de l'hôtel, j'ai vu vingt mégots et au moins cinq cigarettes entières. Ils y étaient encore ce matin et peut-être sont-ils toujours là. Vérifiez vous-même. Pourquoi personne ne les a-t-il pris ?

Il haussa les épaules :

— Vous avez toujours été spirituelle, dit-il entre ses dents. Très drôle ! Très drôle !

Je jetai un manteau sur mes épaules et le suivis. Sur le trottoir se trouvaient les mégots, quelques cigarettes entières et un tas de détritus.

— La ville est sale, dit X., on ne balaie pas les rues, ici.

Un taxi arriva et il partit.

J'ai passé dix jours chez Marie Tsetlina, puis je me suis trouvé une chambre d'hôtel, grâce à une annonce dans le *New York Times*, dans un quartier que je ne connaissais pas. C'était dans la 94e rue, presque au coin de l'avenue West End. J'étais seule avec mes deux valises et vingt-sept dollars en poche. Malgré mes protestations, on me prenait à l'hôtel pour une Française, en raison sans doute de mon accent français. A droite de ma chambre vivait un détective, ou plutôt un policier en civil, d'après ce que me dit le garçon d'hôtel, désirant peut-être me mettre en garde. A ma gauche habitait un homme qui dormait de huit heures du soir à huit heures du matin, de même que tout le samedi et le dimanche, à en juger par ses ronflements qu'on entendait depuis l'ascenseur. Dans ce dernier était collée toute une série d'instructions que je cherchais à épeler en montant les dix-huit étages.

La nuit, j'étais cernée par des gratte-ciel illuminés et, loin en bas, j'entendais le vacarme de la ville. Mes soirées étaient occupées par la lecture des annonces du *New York Times*. Il n'y a rien de plus intéressant que de lire les offres d'emploi dans un pays qu'on découvre. "Cherchons 150 ingénieurs-électriciens", "Cherchons 220 biochimistes", "Cherchons bibliothécaires pour des emplois dans des bibliothèques municipales de 23 Etats" (en quantité illimitée), "Agence de services à domicile cherche 12 cuisinières diplômées, 17 domestiques sachant servir à table, 5 chauffeurs habitant à demeure, 11 pour la journée, 8 jardiniers (mariés), 38 bonnes d'enfant pour nouveau-nés", "Cherchons 45 médecins pour 9 nouveaux hôpitaux", "4 clarinettistes pour orchestre itinérant", "Cherchons

3 journalistes expérimentés, spécialistes en politique étrangère de l'Indonésie", "Agence de recrutement d'employés de bureau recherche 198 secrétaires-sténographistes." J'avais envie d'être biochimiste, cuisinière, clarinettiste : tout avait l'air tellement intéressant.

Dans les colonnes suivantes, on recherchait des balayeurs de rue, des couturières, des plongeurs, des gens pour promener les chiens à Central Park et des baby-sitters pouvant faire de petites lessives. Toute lecture m'était utile. Je me lançai aussitôt dans un roman à la mode, sans cependant en saisir l'essentiel : le héros avait-il fini par suivre, à la dernière page, celui qui l'entraînait à coup sûr à sa perte ou bien avait-il échappé à toutes les tentations ? Mais cela ne suffit pas à me décourager durant ces premiers mois, ni même ces premières années de ma vie aux U.S.A.

Sept années, sept professions. Certaines furent bizarres, d'autres très banales, d'autres m'obligèrent à travailler dur, de sorte que le soir je n'avais plus la force de lire ni annonces, ni romans. Une fois, on m'a remerciée pour incompétence. Un certain temps, je fus présentatrice en langue russe à la radio, car on découvrit par hasard que j'avais une voix de contralto et cela convenait tout à fait. Une autre fois, j'ai travaillé le soir sur un adressographe. Il n'y avait pas de canettes ici, je n'avais donc pas peur. Cette machine me plaisait bien, comme toutes les machines, et je la respectais. Avec un vacarme métallique, elle avalait les enveloppes qui tombaient entre ses dents ; je la faisais marcher, à ma grande satisfaction, non point *à la sueur de mon front*, mais en chantonnant des mélodies au rythme de son crépitement, tout en méditant sur l'utilité des machines en général et de l'adressographe en particulier. Je rentrais chez moi vers minuit, dormais peu et passais la journée à me promener dans la ville. Je ne regardais plus les vitrines avec abattement, comme dans ma jeunesse, celles de Moscou ou de Paris, mais avalais des yeux tout ce que je pouvais voir, sans m'appesantir sur mon "triste sort" ; je ne perdais pas un instant de vue mon but : lutter pour conquérir des amis, la ville, le pays, ce continent qui, dès mon arrivée, m'était apparu comme un monde de par son immensité et sa variété.

Au cours de ma première année en Amérique, mais seulement cette année-là, il m'arriva parfois de me laisser aller à des rêveries mélancoliques. De temps à autre je songeais à me faire clocharde. A dix ans, on peut se croire pompier ou facteur pendant un assez long moment, car on ne sait pas qu'il ne s'agit là que de fantasmes. Je me livrai cependant à ce petit jeu assez sérieusement et visitai à plusieurs reprises les lieux où l'on pouvait se lancer dans cette nouvelle "carrière". J'avais bien connu à Paris ces endroits tristes, sales et bruyants où vivaient les héros déclassés de mes premiers récits. Maintenant, c'était moi qui envisageais de m'y installer à mon tour.

La première personne que j'eus envie de voir et de connaître était Alexandra Tolstoï, la fille cadette de Léon Tolstoï. Elle dirigeait à l'époque un organisme financé par les Américains, chargé de faciliter la venue aux Etats-Unis des réfugiés d'Allemagne et d'ailleurs, qu'on appelait alors les D.P. *(displaced persons)*. Grâce à cet organisme, chacun trouvait du travail, les académiciens, les camionneurs, les inventeurs et les plongeurs. L'un des employés inscrivit mon nom sur une feuille et me pria d'attendre. Sachant qu'Alexandra Lvovna était une personne fort occupée, je laissai entendre que je n'étais pas pressée et pouvais revenir le lendemain. Mais au bout d'une vingtaine de minutes, la porte du bureau s'ouvrit et une dame plantureuse, mais musclée et bien proportionnée, me regarda d'un air sévère à travers d'épaisses lunettes. Son visage était large, ses cheveux lisses et il y avait en elle une sorte de distinction naturelle. Elle était habillée de façon très soignée : on voyait du premier coup d'œil que tout ce qu'elle portait était d'excellente qualité, d'une propreté impeccable et repassé avec soin. Elle était elle-même très nette, avec son visage brillant et bien savonné, ses ongles peints d'un vernis incolore et ses cheveux retenus par des peignes en écaille selon l'ancienne mode.

— Entrez, dit-elle, à la manière d'une femme-médecin faisant entrer le patient dans son cabinet. Asseyez-vous, ajouta-t-elle en s'asseyant à son bureau et en m'examinant avec sérieux de la tête aux pieds. Qui êtes-vous ? La fille ou la nièce ?

J'étais interloquée. Je pensai qu'on avait écorché mon nom et me demandai avec qui elle me confondait.

— De qui ? demandai-je d'une voix douce, en cherchant comment lui éviter une situation gênante.

— De l'écrivain.

Je fus soulagée.

— C'est moi l'écrivain.

Ses sourcils peu fournis se levèrent, son large visage s'épanouit en un sourire encore plus large et ses deux bras puissants s'ouvrirent pour m'embrasser.

— C'est vous que j'ai fait attendre une demi-heure ?

Nous nous sommes serrées dans les bras. Je l'avais vue en photo, pour la première fois, quarante ans plus tôt. Sur l'une d'elles, elle suivait le cercueil à Astapovo, sur une autre elle était assise sur un banc, sous un laurier-rose, coiffée d'un canotier, sur la troisième, elle prenait le thé à Iasnaïa Poliana : un corset soutenait sa poitrine, une petite cravate était nouée sous son menton, une montre au bout d'une chaînette était glissée sous sa ceinture. Je la voyais à présent devant moi.

Alexandra avait gardé quelque chose de la jeune fille avec son lorgnon attaché à une chaînette, son nez épaté et sa taille serrée par une large ceinture munie d'une énorme boucle. Elle m'emmena déjeuner dans un restaurant chinois où nous sommes restées à bavarder jusque vers quatre heures de l'après-midi. Le vendredi suivant, elle me conduisit en voiture dans la ferme où elle habitait. Elle me montra des photographies parmi lesquelles je reconnus celles que j'avais vues autrefois. Sur l'une d'elles, on les voit tous les trois, Alexandra, sa mère, Sofia Andreievna, grande et vêtue de noir, et Tolstoï coiffé déjà de la casquette paysanne, se protégeant de son manteau contre le vent. Sur une autre, elle est assise avec son père sur un banc, au bord de la mer Noire : elle le regarde, et lui regarde au loin. Sur une troisième photo, que je n'avais jamais vue et que personne, me semble-t-il, n'avait jamais bien regardée tant elle est révélatrice, Tolstoï est assis dans un fauteuil avec Alexandra auprès de lui. De ses mains larges et puissantes, il tient les mains de sa fille et les serre de toutes ses forces ; son visage est tourné vers elle et il la regarde avidement, droit dans ses yeux clairs, de son œil à lui, perçant et passionné. Il est grand temps qu'elle se marie, mais lui s'accroche et ne la laisse pas partir.

Elle me reçut plusieurs fois chez elle. Le soir, au couchant, elle sortait en barque sur le lac pour pêcher. J'étais appuyée sur les rames et regardais sa silhouette puissante et peu féminine. Elle était vêtue d'un imperméable à capuchon, se tenait à la proue, me tournant le dos, et jetait la ligne. Elle s'étonnait que je ne sache pas pêcher, ni jouer aux cartes, ni chanter à deux voix, ni déchiffrer un morceau à quatre mains au piano, ni danser la valse comme eux l'avaient fait autrefois dans leur maison de Khamovniki (jusqu'à ce que son père l'eût interdit). Elle entreprit de m'apprendre tout cela. Les cartes m'ont donné le plus de mal. Après la partie de pêche, nous restions au salon dans la grande maison (elle vivait dans la petite où je logeais également). Deux petites vieilles, qui vivaient retirées sur la ferme, nous rejoignaient et nous nous mettions à jouer à la canasta. Je n'arrivais pas à comprendre ce qu'on attendait de moi et, comme ma partenaire était généralement Alexandra, elle se fâchait et me traitait de "gourde africaine", disant que je ferais bien de me mettre un anneau dans le nez. Gorki aussi aimait le dire jadis. Alexandra, quant à elle, jouait si bien que nous gagnions tout de même, presque chaque fois.

— Vous voyez bien ! lui disais-je, vous qui disiez que je ne valais rien.

— Gourde africaine, répondait-elle, mettez un anneau dans votre nez, espèce de barbare !

Elle avait deux chiens, un mâle et une femelle, de magnifiques labradors qu'elle adorait et ils le lui rendaient bien. Un jour, elle me dit avoir été si occupée qu'elle n'avait pas trouvé le temps de faire leur toilette. Nous avons fait étendre les chiens par terre et nous sommes assises à côté d'eux. A l'aide d'une brosse et d'un peigne, nous nous mîmes à les toiletter. L'opération dura longtemps. Quand elle fut terminée, les chiens ne voulurent pas nous lâcher, ils auraient aimé que cela dure indéfiniment. Ils nous poussaient de leur museau, se couchaient à nos pieds, grimpaient sur nos genoux en soupirant, posaient leurs pattes sur nos épaules, nous regardaient dans les yeux, donnaient des coups de tête dans nos mains et fouettaient nos visages de leur queue. Nous recommencions sans cesse à les brosser, peignant leurs ventres touffus et durs, leurs queues de soie et leurs têtes rudes et intelligentes. Comme les animaux m'avaient manqué, je me délectai, ce soir-là, non moins qu'eux.

— *Il* aurait été vraiment heureux d'être ici avec nous, s'exclama-t-elle soudain en démêlant un nœud de poils qui s'était formé sous l'une des queues, c'était l'une de ses occupations préférées !

Il ne la quittait pas. Elle avait vingt-sept ans lorsqu'il mourut, et depuis lors quarante ans s'étaient écoulés. Mais il vivait en elle et elle n'avait pas la moindre intention de modifier ses sentiments à son égard ou de réexaminer leurs relations, cela ne lui venait même pas à l'esprit. Tôt ou tard, tout le monde est amené à juger ses parents, à quinze, vingt-cinq ou cinquante ans. Mais Alexandra, qui avait jugé et condamné sa mère (plus tard, elle se réconciliera intérieurement avec elle), n'envisagea jamais de regarder son père autrement qu'avec ses yeux de jeune fille.

Le premier poste de télévision fit son apparition dans la maison d'Alexandra. Après nos parties de cartes, nous nous installions dans des fauteuils et regardions un film, parfois intéressant, parfois stupide. De temps à autre, l'économe ou l'intendant venait chercher Alexandra pour raison d'affaires, ou bien le téléphone sonnait. Elle revenait à grands pas et se laissait tomber lourdement dans le fauteuil.

— Qui c'est qui a tué ? On ne sait toujours pas ? A-t-on démasqué le méchant ? Le héros n'est-il pas encore marié ?

Elle croisait ses jambes et allumait une cigarette. Quand des chiens apparaissaient sur l'écran, ses labradors, couchés sur le tapis entre nous deux, se mettaient à gronder et elle disait :

— Quels idiots ! Ils montrent leurs dents à un bichon. J'ai bien peur qu'ils ne réveillent mes vieilles dames.

Les labradors se contentaient d'agiter leur queue contre nos jambes.

Pourquoi ne pourrais-je pêcher, moi aussi, me suis-je demandé en me rappelant le rituel sacré de Greta Guerell et de Frü Asplund, dans le Skärgarden, en Suède, à l'heure où le crépuscule rattrapait l'aube ? Je continuais à parcourir, de temps à autre, les petites annonces du *New York Times* et suis tombée un jour sur l'une dont le sens m'échappait complètement. Son contenu énigmatique était le suivant : *Hélène III. Départ à 8. Retour à 6. Apporter le déjeuner. Prix : 3.50, instruments compris*. Le nom d'*Hélène* flanqué du chiffre *III* et celui d'*instruments* me laissèrent perplexe. Peut-être s'agissait-il d'un voilier, d'un schooner ou d'un brigantin ? J'ai montré cette annonce aux uns et aux autres, mais personne ne put m'expliquer ce qu'elle voulait dire. Finalement, le mot de l'énigme me fut donné par mon voisin, le policier. Il me dit, en un yiddish dont je saisissais à peu près le sens, qu'il s'agissait d'un de ces bateaux de pêche qui partaient en mer depuis la 23e rue et l'East River, en prenant comme passagers des amateurs passionnés à qui on prêtait un attirail convenable. Le produit de la pêche était ensuite réparti entre les participants : des espadons, des barbues... A partir de là, je cessai de le suivre, n'étant pas très versée dans la nomenclature des poissons en yiddish. Cependant, l'homme me fit comprendre par des gestes éloquents qu'il s'agissait de gros poissons de la taille, par exemple, d'un jeune chevreau, et que si j'apportais pareille prise à la dame assise à la caisse de l'hôtel, cela serait soustrait de mon loyer, la dame n'étant autre que la patronne.

Pourquoi ne pas devenir pêcheur ? C'était une chaude journée d'été, le thermomètre affichait 93° Fahrenheit. Mais lorsque nous sommes arrivés en haute mer sur le vieux schooner étroit, nous avons été pris dans un épais brouillard froid qui trempa tout sur-le-champ. Les passagers d'*Hélène III* étaient des plus disparates : mis à part le capitaine, un beau vieillard au visage buriné comme il sied à un capitaine, et trois ou quatre hommes d'équipage, nous n'étions pas plus d'une quinzaine. Il y avait un élégant monsieur grisonnant, vêtu d'un magnifique ensemble, accompagné de ses deux fillettes, chacun équipé d'une luxueuse ligne personnelle ;

d'après les propos qu'ils échangeaient avec les autres passagers, je compris qu'ils avaient également été à la pêche la veille, mais sur le *Margarita*, et qu'ils feraient de même le lendemain. Visiblement, ils passaient leur vie à ça. Il y avait aussi deux Noirs, dont l'un, âgé, avait de grandes dents jaunes et des boucles blanches. Trois vieilles dames coiffées de casquettes avaient particulièrement de la chance avec les barbues qui leur ressemblaient un peu. Enfin, quelques pêcheurs professionnels discutaient passionnément des qualités d'*Hélène III*, critiquaient le capitaine et se montraient sceptiques quant au trajet suivi qui nous menait au large de Long Island.

Le vieux Noir commença à souffrir du mal de mer, même avant moi, et on nous installa bientôt tous deux sur des couchettes dans la cale. Le capitaine nous fit apporter une poudre qui nous endormit. Lorsque nous reprîmes nos esprits, le second ne voulut pas accepter notre argent et nous consola en nous offrant deux énormes poissons. Le bateau approchait à présent de New York. Je revis la silhouette gothique, cubiste, constructiviste de la ville au moment où, émergeant du brouillard glacé, nous sommes entrés dans la chaleur torride de cette journée de juillet.

Une autre fois, je l'ai découvert d'en haut, à bord d'un petit avion à six places qui me fit faire le tour après un voyage jusqu'à la frontière canadienne. Le propriétaire de l'avion était aux commandes. Il s'était illustré dans deux guerres et occupait maintenant un poste de pilote d'essai d'hélicoptères. Il m'emmena d'abord vers le nord, puis nous sommes revenus en suivant le détroit qui sépare Long Island du littoral de la Nouvelle-Angleterre. Après quoi, nous avons tournoyé au-dessus de l'énorme agglomération au centre de laquelle on apercevait la tache verte de Central Park. De part et d'autre coulaient, pareilles à des veines, les eaux de l'Hudson et de l'East River. Une autre fois encore, j'ai vu New York d'en bas, quand, sur un petit bateau, nous sommes passés sous tous ses ponts, ceux des voies ferrées, des automobiles, des piétons et du métro, là où il jaillit des entrailles de la terre. Depuis lors, il m'est souvent arrivé d'entrer en voiture dans cette ville par l'un ou l'autre de ses six ou huit côtés, sur de larges artères à cinq voies.

Un mois s'était écoulé depuis mon arrivée. J'avais à peine eu le temps de m'orienter que Michel Karpovitch, qui était professeur d'histoire russe à l'Université de Harvard, m'invita à lui rendre visite à Cambridge. Il habitait une maison, au bord de la rivière Charles, que lui louait l'Université. Je l'avais déjà rencontré à plusieurs reprises à Paris où il venait parfois avec sa femme, Tania, avant la guerre. Ils y avaient même séjourné une fois, durant six mois, avec leurs quatre enfants. J'ai gardé le souvenir d'une visite que Khodassevitch et moi leur avions rendue un soir, à Clamart. Nous étions assis dans le salon, au rez-de-chaussée. Tania m'avait demandé si je désirais voir les enfants. Je répondis que oui, pensant qu'elle me conduirait en haut dans leurs chambres. Mais elle est repartie seule les chercher l'un après l'autre en les portant dans ses bras, d'abord deux garçons dont l'un était déjà assez grand et probablement lourd, puis deux fillettes. Ils étaient profondément endormis et ne furent en rien dérangés dans leur sommeil par ce manège. L'aînée des filles, Natacha, avait dans les quatre ans ; maintenant elle en avait vingt-quatre. C'est elle qui, accompagnée de son ami, un étudiant de Harvard, vint me chercher tard dans la nuit à New York et m'emmena à toute allure en voiture jusqu'à Boston où nous sommes arrivés vers six heures du matin.

La maison était vieille et spacieuse. Dans le salon se trouvait un piano à queue en mauvais état sur lequel Karpovitch jouait le soir des valses viennoises d'autrefois, en les chantonnant tout bas. On racontait que dans sa jeunesse il avait été un dandy, qu'il aimait danser et faire la cour aux dames. A présent, c'était un homme d'âge mûr, bedonnant, chauve, au teint coloré, qui chez lui était accablé de soucis domestiques et à l'Université de tâches administratives.

Dans les années cinquante, unique rédacteur du mensuel russe, *La Nouvelle Revue*, il était submergé par les manuscrits qu'on lui envoyait, les lettres auxquelles il n'arrivait pas à répondre et les comptes. Dans son minuscule cabinet de travail qui se trouvait sous l'escalier régnait un grand désordre. Il ne laissa pas après sa mort de travaux historiques, il avait trop de travail, de soucis et d'intérêts divers : l'art moderne, la littérature et les gens de toutes professions, de tous âges et de tous milieux. On sentait chez lui une sorte de mélancolie contenue, perceptible par moments à travers son humour subtil ou lorsque, assis au piano, il chantonnait doucement quelque valse de Strauss. J'avais toujours l'impression que le temps lui manquait, pas seulement pour écrire, mais aussi pour bavarder tranquillement un moment, sans regarder sa montre.

Vers la fin de sa vie, il devint dur d'oreille et sa femme manifesta graduellement des signes d'une grave maladie mentale. Cet homme, bon et charmant, mourut à la suite d'une longue maladie, vraisemblablement d'un cancer du pancréas. Il aimait la gaieté, la jeunesse, la vie et ce qu'elle apportait de nouveau, mais les choses lui échappaient toujours davantage, cependant qu'il chantonnait de plus en plus à mesure que les années passaient, peut-être à cause de sa surdité. On aurait dit qu'il avait au fond de lui une musique qui cherchait désespérément à se faire entendre, mais qu'il n'avait ni le temps, ni la force, ni les moyens pour la communiquer. Sa mort fut un coup dur pour *La Nouvelle Revue* et pour tous ceux qui s'étaient regroupés autour d'elle.

Nous sommes arrivés à Cambridge le matin et, après le café, Karpovitch m'emmena à Harvard pour me montrer la bibliothèque et les vieux bâtiments de la prestigieuse Université. Pour la première fois de ma vie, je voyais un "campus" américain. C'était l'hiver, peu avant Noël, et les étudiants étaient en vacances. Je fus frappée par l'aspect spacieux et luxueux de la bibliothèque, des bureaux, des laboratoires, des amphithéâtres, par la facilité d'accès, le confort, le silence.

— Ces lieux sont dignes d'un roi, pas d'un simple mortel, dis-je en me souvenant de la queue à la Bibliothèque Nationale à Paris.

— Ils sont dignes d'un étudiant américain, ajouta Karpovitch. Quels sont, selon vous, les gens les plus heureux sur cette planète ? J'ai mon idée sur ce point.

Je n'en savais rien.

— En tout cas, pas les écrivains russes, ni les coolies chinois, lui répondis-je.

Il éclata de rire :

— Ce sont les étudiants américains. Quand vous connaîtrez mieux la vie américaine, vous vous souviendrez de mes paroles.

De retour chez lui, nous avons trouvé Roman Jakobson qui nous attendait. J'étais touchée par sa venue : cela faisait vingt-huit ans que nous ne nous étions pas revus, depuis Prague, en 1923. Dans cet intervalle, il avait réussi à se placer au premier rang des slavistes dans le monde. Il avait perdu ses joues roses, mais gardé ses yeux bleus qui étaient restés vivants dans mon souvenir depuis le souper chez Chklovski, à Berlin. J'étais heureuse de le revoir et lui comme moi avons essayé d'éviter des sujets pouvant provoquer une dispute ou des paroles amères. Comme tous ceux qui avaient lu le livre de Jakobson sur Maiakovski, je savais qu'il détestait Khodassevitch pour son article, *Le Cheval en décolleté*, consacré au poète. Onze ans plus tard seulement, en 1962, à l'occasion d'un dîner, j'ai osé lui demander :

— Eh bien, vous ne le supportez toujours pas ?

Il me répondit avec douceur :

— C'était il y a si longtemps. Il n'en reste plus rien.

Et comme il avait été autrefois un "formaliste" et que tous les formalistes sont par tempérament d'incorrigibles romantiques, je remarquai que ses yeux, jadis d'un bleu éclatant et qui avaient pris une teinte bleu-gris, se voilèrent d'une brume légère.

Voyant dans quelles conditions je vivais à New York, Natacha me proposa de louer à deux un appartement non loin de l'avenue Columbus. L'argument qu'elle mettait en avant était que ce serait plus pratique pour faire la lessive. Celle-ci, en effet, occupait dans notre vie domestique une place assez considérable : on voyait chaque dimanche, sur une corde tendue dans la salle de bains, sept de ses petites culottes, sept paires de bas et, de temps à autre, un ou deux soutiens-gorge. Le lundi, nous déposions chacune la même somme d'argent dans une caisse commune sur la cheminée. Quand il en restait quelque chose le samedi, nous allions au cinéma. Lorsque j'avais des invités, c'était elle qui rangeait et réciproquement. Cette année-là, je faisais de petits travaux pour Alexandra Tolstoï.

L'appartement comprenait trois chambres : "la mienne", "la sienne" et "la commune". Le soir, je me retirais dans la mienne, lisais et me couchais tôt. Natacha recevait des jeunes ; ils écoutaient du Bartók, fumaient, bavardaient et venaient me tirer du lit en me priant de me joindre à eux. A une heure du matin, tout le monde avait faim. Ils allaient eux-mêmes à la cuisine, ouvraient le frigidaire et se servaient suivant la coutume américaine. Puis ils rangeaient tout, lavaient la vaisselle et revenaient auprès de leur hôte.

— Tu devrais leur donner du fromage et du vin rouge, ou encore du saucisson, disais-je à Natacha.

— Ils boiront du lait, répondait-elle, insouciante.

En effet, les étudiants de Harvard buvaient du lait et mangeaient des petits gâteaux, puis se remettaient à écouter Schoenberg et Bartók.

Nous sommes allées rendre visite à l'un d'entre eux, en été, au bord de la mer où lui et sa femme avaient loué une villa. Là aussi, il y avait une caisse commune sur une étagère et chacun y puisait selon ses besoins ; une fois par semaine, nous partions tous ensemble faire les courses. Aujourd'hui, les plages à la mode se succèdent les unes aux autres à cet endroit ; mais à l'époque, c'étaient des lieux sauvages et solitaires. On n'y trouvait que du sable, l'Océan, des pêcheurs d'origine portugaise et, la nuit, on allumait un feu de camp sur le rivage où grondait l'Océan. On grillait des saucisses, puis on s'endormait sur le sable, sous les étoiles.

Au cours de ma deuxième année aux Etats-Unis, j'ai connu deux crises. La première était liée à un rêve qui revint à plusieurs reprises. Quelqu'un venait à ma rencontre et je l'accueillais avec joie, mais il (ou elle) me disait : "Pas maintenant" ou "Pas maintenant, mais dans dix ans", puis disparaissait. Parfois, il ne me disait rien, levait la main et s'en allait. La seconde crise ne dura guère plus de cinq minutes : je fus saisie de terreur du côté de Broadway, non loin de la rue Chambers. C'était un endroit que je ne connaissais pas. J'étais allée chez un imprimeur russe pour corriger des épreuves. Les gratte-ciel avaient disparu dans les nuages et il faisait sombre ; une bizarre coupole apparaissait derrière un toit métallique verdâtre. Il y avait au coin un bâtiment jaune soutenu par des colonnes blanches dont la peinture s'écaillait. Soudain, je crus me retrouver à Pétersbourg au milieu de la Sadovaïa, du côté de la Gorokhovaïa. Au moment où, sous l'emprise de mon cauchemar éveillé, j'allais prendre la direction du canal Catherine pour déboucher dans la rue Kazanskaïa, je compris qu'il ne s'agissait pas du tout de la Sadovaïa, mais de l'angle de la rue Roquette et du boulevard Parmentier. Ces deux crises étaient sans aucun doute liées au fait que je venais de donner du sang, car chaque fois j'avais de singulières hallucinations.

Cette année-là, je devins l'amie de Jessica. Elle m'avait téléphoné un jour et sachant que je parlais à peine l'anglais, elle m'avait épelé son nom de famille, puis avait crié dans le téléphone : "Shakespeare, rappelez-vous Shakespeare ! Pas Ophélie, ni Cordélia, ni Desdémone ! C'est dans *Le Marchand de Venise* ! Vous vous souvenez du marchand ?" Elle m'invita à dîner. Sa sœur, qui habitait Philadelphie, lui avait parlé de moi au téléphone, une de ses amies m'ayant rencontrée quelque part à une soirée.

— Mais, vous ne me connaissez pas, bredouillai-je, comment pourrais-je venir dîner chez vous ?

— Vous êtes seule, vous venez juste d'arriver, il vous faut pratiquer l'anglais.

— Ça va, je me débrouille, je me plais ici, lui répondis-je en criant moi aussi.

Lorsque quelqu'un parle très fort au téléphone, je me mets aussi à crier, par mimétisme.

Jessica insista.

— N'oubliez pas le marchand !

Elle avait un visage allongé aux traits réguliers ; mince, élancée, elle portait de grands chapeaux d'où s'échappaient de magnifiques cheveux dorés. On lui donnait entre trente-cinq et quarante-cinq ans. Elle parlait fort, prenait plaisir à injurier les hommes politiques, traitant Eisenhower et Truman de tous les noms. Le soir de la défaite de Stevenson aux présidentielles, de dépit elle but un peu trop et cassa un joli bibelot en verre de Venise. “C’est un héritage du marchand”, lui avais-je dit.

Elle était d’une bonté et d’une patience rares. C’était une femme du monde qui aimait fréquenter les gens cultivés, célèbres, en particulier les hommes politiques : diplomates, députés du Congrès, sénateurs et leurs semblables. Elle m’invitait souvent, m’emmenait au théâtre et au restaurant, et c’est avec elle que je me mis à parler sérieusement l’anglais.

Je suivais maintenant des cours du soir dans une école. Certains étaient destinés aux débutants, d’autres à ceux qui savaient déjà la langue, mais voulaient enrichir leur vocabulaire. C’est dans ce dernier groupe que je me suis inscrite. Après deux mois de leçons, on commença les travaux pratiques. La jeune enseignante, énergique et sévère, n’en revint pas lorsqu’elle entendit la lecture que je faisais du chapitre huit du *Paradis perdu*.

— Excusez-moi, mais d’où venez-vous ? Comment êtes-vous arrivée ici ? Il faut aller dans l’autre salle, avec les débutants. Vous ne pouvez pas rester ici... Qui vous a autorisée ?

Après la leçon, je lui dis que j’avais retiré un immense plaisir de l’étude de Milton et la priai de me laisser assister tranquillement à son cours. Elle me regarda avec une certaine méfiance, haussa les épaules et décida apparemment de m’oublier.

Jessica me dit : “Il vous arrive toujours des histoires, à vous autres Européens.” Mais à elle aussi, il arriva quelque chose qui transforma complètement sa vie : elle écrivit par oisiveté une nouvelle qui s’inspirait, bien entendu, de sa propre expérience. Elle l’acheva en deux soirées et l’expédia à l’une de ces revues américaines qui tirent à des millions d’exemplaires. La nouvelle fut acceptée, on lui paya une somme rondelette, Hollywood en acheta les droits par téléphone et elle fut invitée à parler à la télévision dans l’émission “Nos célébrités". Lors d'une de mes visites, elle me montra plusieurs centaines de lettres de lecteurs qui la suppliaient de poursuivre. Pour couronner le tout, l'éditeur du magazine qui avait publié sa nouvelle exigeait à présent un feuilleton ou un roman entier.

Jessica décida de fuir New York pour un temps. J'essayai de lui donner quelques conseils, comme Flaubert à Maupassant, mais cela ne donna rien ; du reste, je ne crois pas à l'efficacité des conseils. Elle partit et se maria peu après.

Je me suis engagée chez Mrs. Toom. Celle-ci cherchait une secrétaire pour sa correspondance personnelle. Elle écrivait en quatre langues à diverses personnes dont Albert Schweitzer, Gary Cooper, deux sénateurs, Furtwängler, un lauréat du prix Nobel en physique nucléaire, la veuve d'un philosophe français connu et un inventeur russe qui vivait à Londres. Elle me demanda si je pouvais taper à la machine en français et en russe, et lorsque je lui répondis que oui, elle fut étonnée et ravie. Elle acheta sans tarder une machine à caractères cyrilliques puis me demanda ce que je pensais de l'achat d'une machine à écrire allemande. Après un instant de réflexion, je lui dis que c'était également possible à condition qu'elle me dicte la lettre en allemand. Elle ne me posa même pas la question pour l'anglais, trouvant que cela allait de soi. Dès le premier jour, je tombai sur une lettre de Schweitzer dans laquelle il remerciait Mrs. Toom de lui avoir fait parvenir une somme d'argent destinée à financer le toit d'un de ses dispensaires pour lépreux. On avait remplacé la paille de la baraque par de la tôle. Mrs. Toom venait de rentrer tout juste d'Afrique et ne supportait pas que cette baraque eût un toit de chaume.

La deuxième semaine, un photographe vint lui apporter trois films qu'elle avait tournés à Lambaréné. Je l'aidai à monter l'écran et tirai les rideaux. Nous nous sommes assises pour visionner le film et vérifier si le montage avait été bien fait. Mais il s'avéra que le photographe avait inséré dans le film un éléphant qui n'avait rien à y voir.

— Où avez-vous pris cet éléphant ? De la bobine de quelqu'un d'autre ? Les lions sont de moi, les buffles aussi, mais pas l'éléphant. Enlevez-le-moi et rendez-le à qui de droit. Que voulez-vous que j'en fasse ?

Je lui demandai comment elle était allée jusqu'à Lambaréné, en voiture ou en avion.

— J'ai pris l'avion jusqu'en Afrique, puis un taxi, me dit-elle.

La troisième semaine, ses petits-enfants sont venus lui rendre visite. Pâles, le nez camus, ils lui dirent : "Salut, Grandma !" et restèrent plantés sur le seuil de la porte, les doigts dans le nez.

— Salut ! dit-elle, avez-vous pris le petit déjeuner ?

— Oui, mais on a encore faim, répondirent-ils.

— Puisque vous avez déjà mangé, vous ne devez plus avoir faim, dit Grandma. Nous allons monter sur l'Empire State Building. Elle m'expliqua qu'elle leur avait promis d'y aller, il y avait plus d'un an de cela, mais qu'ils n'avaient jamais eu le temps.

— Mais on a faim, répétèrent les enfants.

Je posai la lettre que j'étais en train de taper pour Furtwängler où elle confirmait l'attribution d'une bourse à un jeune flûtiste et demandai si je ne pouvais pas leur donner à chacun un verre de lait et un petit pain.

— Pas question ! Des blagues tout ça ! Je vais les emmener maintenant à l'Empire State Building.

A leur retour, je demandai aux garçons si cela leur avait plu (j'y étais allée au moins trois fois, car je ne pouvais pas me détacher de cette vue sur New York). Ils répondirent :

— Non, on avait faim.

Mrs. Toom était contente de moi. Je composais moi-même les lettres pour l'inventeur russe sur la nouvelle machine Hermès. Voici l'une d'elles :

"Très honoré Semion Petrovitch !

La somme que vous me demandez pour vos expériences concernant le dessalement de l'eau de mer est trop importante. Je vous en envoie aujourd'hui la moitié par l'intermédiaire de ma banque. Pour ce qui est des gisements de manganèse au pôle Nord, il vous faut obtenir absolument l'autorisation du gouvernement canadien pour ce genre d'expédition. A la fin du mois, je serai à Ottawa où j'essaierai de parler de votre projet avec le Premier Ministre..."

— Ne serait-ce pas un escroc ?

— C'est un vieil ami à moi, répondit-elle, indignée.

— Pas le Premier Ministre, mais Semion Petrovitch.

— Je ne pense pas. Il y eut un silence. Quels beaux noms vous avez, vous autres Russes, dit-elle rêveuse. Semion Petrovitch ! Charmant !

Celui-ci lui écrivait des lettres manuscrites calligraphiées, en l'appelant "Très vénérable Mrs. Toom". Un jour, je suggérai que ce serait une bonne chose qu'il nous envoie sa photo. Cela nous permettrait peut-être de nous faire une opinion sur cet homme qui commençait à m'inquiéter.

— Comme vous êtes sûre de vous, dit Mrs. Toom. Ne seriez-vous pas physionomiste par hasard ? Pensez-vous vraiment être capable de deviner le caractère d'un homme d'après sa photo ?

A la suite de cette conversation, je fus plus prudente lorsqu'il s'agissait de Semion Petrovitch. Un jour, elle me demanda à brûle-pourpoint :

— Etes-vous capable de taper en italien ?

— Je peux lire Dante, mais seulement à l'aide d'un dictionnaire, avouai-je, après un instant de réflexion.

— Dante Alighieri, 1265-1321, répondit-elle sur un ton indifférent. Quatre fois par an je fais parvenir de la nourriture et des affaires à un orphelinat en Calabre... Et en suédois ?

— J'ai fait un tout petit peu de suédois, mais c'était en réalité du norvégien.

— Du norvégien ? Qui en a besoin à part les Norvégiens ?

Je ne sus que répondre.

Elle avait besoin du suédois car, de temps en temps, elle écrivait au secrétaire de l'Académie royale pour son candidat au prix Nobel.

— Qui est-ce ? Je passai différents noms dans ma mémoire.

— Ce n'est pas un écrivain, mais un chimiste.

Soudain, j'eus une idée lumineuse.

— Mais, Mrs. Toom, lui dis-je, pour le suédois il vous faut une tout autre machine parce qu'il y a des *a* et des *o* surmontés de petits cercles qui ressemblent à des trous. Sans cela, vous ne pouvez rien taper.

— Mettez-moi en communication avec Hermès, dit-elle. Demain ils m'enverront une machine suédoise.

Elle participait comme tout un chacun à l'absurdité universelle, pensai-je, ce qui signifiait que nous nous ressemblions. Ma présence ici relevait également de l'absurde. Il fallait bien que j'arrive à faire cohabiter ma propre absurdité avec la sienne.

Mrs. Toom me retenait parfois après le déjeuner et, certains jours, jusqu'au soir. De temps en temps, de vieilles dames, ses amies, venaient boire un cocktail et sa voix prenait alors des intonations autoritaires :

— Quel appartement charmant, quel cocktail délicieux, quelle merveilleuse secrétaire ! roucoulaient les vieilles dames.

— Je ne vous demande pas votre avis. Buvez et mangez, c'est pour cela qu'on vous a invitées.

Au bout d'un mois, elle m'invita à l'accompagner au théâtre japonais Kabuki. Lorsque, à la sortie, je l'ai remerciée, elle leva les sourcils d'étonnement :

— N'en parlons plus, c'est déjà du passé.

Au printemps, elle me proposa de laisser tout tomber, de liquider l'appartement et de partir avec elle dans sa propriété du New Hampshire, pour y cultiver des roses.

Je n'étais pas d'accord.

— Alors, pas des roses, des tulipes, proposa-t-elle.

Je refusai également les tulipes.

Elle eut un petit sanglot, mais cela ne dura pas longtemps. L'instant d'après, elle usait déjà avec moi du ton d'un adjudant :

— Dans ce cas, décampez.

C'est ce que je fis. Le lendemain matin à sept heures, elle me téléphona : elle était affolée car, la veille, elle avait perdu le roman policier qu'elle était en train de lire. Elle en avait lu la moitié et ne connaîtrait jamais *le nom de l'assassin.* Comme elle en avait oublié le titre, elle serait condamnée à l'ignorer jusqu'à la fin de ses jours.

— Je suis une vieille sotte, me dit-elle d'un ton rude. Trouvez-moi le livre, je vous en supplie, faites-le pour une vieille sotte.

Mais je ne réussis pas, bien entendu, à le retrouver et nous nous sommes séparées sur cet incident pénible.

Ce fut durant cette période que je me liai d'amitié avec Vsevolod Pastoukhov qui était pianiste, professeur et un peu poète. Entre les deux guerres, il avait vécu à Riga où il avait fondé une école de musique. Entre 1910 et 1920, il habitait Pétersbourg et connaissait bien Michel Kouzmine, Georges Ivanov et d'autres. Ils fréquentaient tous le Chien errant, puis l'Etape des Comédiens*. Il m'apporta comme l'écho d'une musique oubliée du vieux Pétersbourg que je n'avais pas pu connaître personnellement, mais dont j'avais perçu les dernières notes, en 1921, au moment où elles se dissipaient dans l'air du Petrograd révolutionnaire.

A la lumière des épreuves de la Russie, cette "période pétersbourgeoise" de notre poésie apparaît maintenant comme frappée d'anémie et condamnée dès le premier jour de son existence, à l'exception des chefs de file du mouvement acméiste, Akhmatova, Mandelstam et Goumiliov qui, à la différence des poètes mineurs, sont restés fidèles aux principes qu'ils s'étaient fixés, la clarté du dessin, la précision du mot et la vigueur du chant. Ce n'est pas par hasard que, lors de notre dernière rencontre, en 1965, à Paris, Georges Adamovitch me dit avec irritation, en parlant de Nabokov : "Je n'aime pas sa vivacité." Il l'avait déjà dit plus d'une fois à propos de Tsvetaïeva. "Mais Pouchkine n'en avait-il pas ?" lui demandai-je. Il m'avoua que même la plume alerte de Pouchkine l'avait parfois heurté. A ses yeux, un roman écrit avec relâchement et maladresse, mais où "il y avait quelque chose" (suivant son expression préférée) avait plus de prix que les œuvres policées et sans faille.

* Cabarets de Pétersbourg fréquentés par l'intelligentsia. Le Chien errant, rue Karavannaïa, ferma ses portes en 1915 ; l'Etape des Comédiens, qui lui succéda, sur le canal Moïka, fut fermée en 1919. *(N.B.)*

Pastoukhov non plus n'aimait pas la vivacité dans le sens où l'entendait Adamovitch. Il n'aimait pas les virtuoses brillants, ni les poètes qui lisaient leurs vers d'une voix trop assurée. Il disait qu'en portant ces jugements, il ne cherchait pas à convaincre qui que ce soit et qu'il ne prétendait pas à l'impartialité.

Pastoukhov était un habitué du salon new-yorkais de Marie Tsetlina. A Paris, les invités de celle-ci se connaissaient de longue date, parfois depuis l'époque de Moscou, alors que maintenant elle les réunissait un peu au hasard, suivant un critère qui n'était pas évident. Je pensais au mot de Khodassevitch qui avait dit que le jour viendrait où les gens de lettres de l'émigration se réuniraient simplement parce qu'ils étaient encore capables de distinguer un iambe d'un trochée. Tous les hôtes de Marie Tsetlina n'en étaient cependant pas capables. A vrai dire, ils se distinguaient les uns des autres bien plus qu'ils ne se ressemblaient, et cela pour des raisons différentes de celles d'autrefois, à Paris.

Dans la capitale française, c'était avant tout une question de générations et aussi d'options politiques. Il y avait la droite, les monarchistes (avec qui nous n'avions pas de relations), et la gauche, les soi-disant socialistes. On pouvait reconnaître le Moscovite du Pétersbourgeois, le citadin du provincial, l'ancien combattant de la Guerre civile de celui qui avait poursuivi des études universitaires. De telles catégories n'existaient pas à New York. Ce qui importait ici, c'était la date à laquelle on avait quitté la Russie, 1920, 1943, ou encore celle à laquelle on était arrivé en Amérique, 1925, 1939, 1950.

Il existait une autre ligne de démarcation qui, à mes yeux, était plus importante encore. Indépendamment du nombre d'années passées en Occident, certains éprouvaient le besoin d'y puiser tout ce qu'ils pouvaient, alors que d'autres en étaient comme séparés par un mur. Ces derniers avaient apporté avec eux leur propre rideau de fer, portatif et inoxydable, familial ou personnel, et l'avaient accroché entre eux et le monde occidental. Tantôt ils le cachaient, tantôt ils l'exhibaient, mais le plus souvent ils vivaient derrière lui sans se préoccuper de ce qui se passait autour d'eux, suivant le principe : "C'était mieux chez nous, à Penza."

Il y avait peu de gens de cette espèce en France et ils étaient souvent capables de faire un compromis : c'était certes mieux à Penza, pensaient-ils, mais à présent ils devaient changer, bon gré mal gré. Cela s'expliquait pour plusieurs raisons : la présence traditionnelle de personnes d'origine russe vivant autrefois à Paris ; la sensibilisation dès l'école à la littérature française même chez des gens peu cultivés ; l'introduction dans les familles, dès leur arrivée, des coutumes du nouveau pays par l'intermédiaire des enfants d'émigrés ayant grandi en France ; enfin, chez un petit nombre, de vagues souvenirs de leur père ou de leur grand-père qui avait rapporté en Russie quelque chose qui n'existait pas à Penza.

En Amérique, la situation était complètement différente : les Russes n'avaient pas eu l'habitude d'y venir ; il ne pouvait pas y avoir ici de pression culturelle comme en France, la littérature, la peinture et la musique américaines étant quasiment inconnues des nouveaux venus ; les enfants des émigrés non seulement n'aidaient pas leurs parents à s'intégrer mais, en raison du système pédagogique américain, s'éloignaient toujours davantage de la génération précédente, en s'opposant aux parents qui, eux, raillaient ou repoussaient ce que les enfants recevaient avec tant de générosité.

Les Russes de New York, aussi bien les "anciens" que les "nouveaux", étaient pour la plupart des provinciaux, alors qu'à Paris c'était l'inverse. Et de ce fait, ils étaient bien plus marqués par "la psychologie de Penza". Ceux qui s'empressaient d'adopter le mode de vie américain ne prêtaient même pas attention, bien sûr, à ces gens-là et se hâtaient de sauter, pour ainsi dire, par-dessus les générations. Ainsi prenait fin leur "identité" russe factice.

Trop nombreux étaient ceux qui vivaient derrière leur rideau de fer portatif ou plutôt le paravent de leurs grands-mères, là où la lumière de ce jeune pays immense, riche, énergique et moderne ne pénétrait absolument pas. Ces gens ne lui faisaient pas confiance et le craignaient même parce qu'il mettait en cause leur fierté nationale. Dès le premier mois après mon arrivée, sans hésiter, j'ai jeté par-dessus bord ceux de mes compatriotes qui n'avaient pas voulu ou pu s'adapter à la jeune société américaine en pleine évolution.

A Paris, vers 1950, j'avais manqué d'amis, de travail, de livres et de satisfactions personnelles, mais maintenant que je vivais dans un pays nouveau et que tout changeait autour de moi et en moi, ils m'étaient donnés, mais ne ressemblaient pas du tout à ceux que j'imaginais à Paris.

Des amis, je n'en ai guère eu plus ici, durant les premières années, que je n'en avais à Paris, le jour de mon départ. Ce qui comptait maintenant avant tout pour moi, chez les gens, c'était leur capacité de s'adapter. J'ai retrouvé ici ce que j'avais connu jadis en Russie, à savoir la facilité d'entrer en contact avec tout un chacun, surtout lorsque j'eus assimilé la langue. Mes contacts se sont élargis indéfiniment et m'ont valu de nombreux amis grâce à mes sept professions successives, puis à la huitième et dernière, laquelle est devenue mon métier principal et définitif. Le champ de mes intérêts s'est graduellement déplacé vers d'autres aspects de la littérature russe, laquelle a repris vie après une éclipse d'une quarantaine d'années. Il me semblait qu'il devenait possible, et même passionnant, de m'y intéresser et de la faire connaître aux autres.

J'ai pu explorer à loisir durant ces années ce pays, découvrir ses villes, ses montagnes, ses fleuves, ses routes, son ciel et son horizon. C'est au bord de l'océan Atlantique, en compagnie de Natacha Karpovitch, au cours de l'été 1952, que j'ai été frappée pour la première fois par l'immensité et la solitude des espaces américains. Parfois, il n'y avait pas la moindre silhouette vivante en vue sur cette langue de terre en forme de pince de crabe qui s'avance dans la mer entre New London et Boston. Les habitations sont séparées du vaste littoral où l'on ne voit que le ciel et l'océan, et de-ci, de-là, un pieu avec l'inscription humoristique suivante : "D'ici au Portugal, il y a tant et tant de miles."

Nous dévalions les dunes derrière lesquelles le soleil d'août se couchait rapidement et nous nous retrouvions au bord de l'eau où grondaient les vagues. Une lune blafarde et bouffie s'élevait imperceptiblement dans le ciel, puis la nuit tombait. Nous nous baignions dans de l'eau parfois plus tiède que l'air, après quoi nous allumions un feu et je me couchais à côté. Tout en regardant le ciel, j'entendais parler autour de moi de peinture moderne, de musique contemporaine, de livres récents, de politique en Asie et de l'architecte local, un élève du fameux Wright, qui construisait maison après maison dans une forêt de pins, sur la colline. Parfois, je me promenais sur la plage où des vagues de plus en plus hautes venaient se briser à mes pieds. Je ne rencontrais âme qui vive, pas même des traces de pas sur le sable. Quand je revenais, on parlait de planification, des raisons pour lesquelles ça réussissait dans certains pays et pas dans d'autres. L'air devenait plus frais et, après avoir soigneusement éteint le feu, en le recouvrant de sable, et nettoyé les lieux, nous escaladions les dunes jusqu'à la voiture. Nous marchions pieds nus, d'abord dans le sable frais, puis sur les aiguilles de pin tièdes, douces et sèches, de l'année passée.

Comme il arrive très souvent aux Etats-Unis, les travaux domestiques se réduisaient à peu de chose dans cette vieille demeure portugaise et nous y participions tous les quatre. Le Portugal se trouvait certes à des milliers de miles de nous, mais il était présent dans cette maison à travers les descendants des navigateurs venus là, deux cents ans plus tôt. Une jeune femme basanée et paisible venait nous montrer son nouveau-né. Une autre, vieille et élancée, vêtue d'une robe noire, nous chantait, les yeux brillants, des chansons qui me rappelaient celles que chantait jadis la Tzigane Praskovia Gavrilovna dans un cabaret de Billancourt. Le dimanche, un garçon au teint brun nous rendait visite en arborant son costume national orné de galons dorés qui avaient foncé avec le temps. Le portrait de l'ancêtre en uniforme de marin, avec ses favoris poivre et sel, était suspendu dans l'entrée de sorte qu'on ne pouvait pas ne pas le voir. Les hommes étaient tous des pêcheurs de métier qui ne partaient pas en mer pour une heure ou une nuit, mais pour cinq ou six jours. Les villages de pêcheurs alternaient avec des lieux de villégiature, aussi bien sur la péninsule que sur les îles des environs. Sur l'une d'entre elles, minuscule et difficile d'accès, tout était petit, en particulier les maisons couvertes de roses, et seule la plage, large et longue, était faite pour les géants, ainsi que l'océan sans fin qui paraissait occuper toute la surface de la terre lorsque le soleil se levait en son sein, ne laissant aucune place pour le Portugal.

J'ai vu les grands espaces solitaires dans toute leur splendeur quand, suivant une ligne droite comme tracée à la règle, j'ai quitté Washington pour le Colorado, à travers les vertes collines du Maryland et les champs de blé du Kansas. J'étais prévenue : "Le Kansas est ennuyeux, vous roulerez droit devant vous durant six heures sans que le paysage ne change." En effet, il y avait là, au-dessus de moi, six heures et demie durant, un ciel comme je n'en avais jamais vu de ma vie. Il occupait tout l'espace visible tandis que la terre se réduisait à une croûte fragile sans épaisseur aucune. Aux quatre coins de ce ciel immense se dressaient de gigantesques nuages semblables à des Laocoons, sur lesquels grimpaient des singes, dont les pieds reposaient sur la terre et les têtes se rejoignaient au centre de la coupole céleste. Des Cupidons dodus de Boucher gambadaient autour d'eux et des serpents enlaçaient les singes géants du Titien en un combat de nuées figées dans une parfaite immobilité.

Les noms des villes du Colorado décourageraient n'importe quel ethnographe. Certains sont d'origine indienne, d'autres d'origine germanique, espagnole ou anglaise. Au fur et à mesure que je m'enfonçais toujours plus haut dans les montagnes se succédaient des villes, les unes modernes, d'autres mortes et d'autres encore qui avaient soudain repris vie avec des routes, des hôtels, des magasins et même un petit restaurant fréquenté par des artistes barbus et leurs compagnes. Les montagnes Rocheuses étaient toutes proches et j'arrivais dans des lieux où bientôt il n'y aurait plus ni routes goudronnées, ni poteaux téléphoniques, ni antennes de télévision, rien que des truites. Dans le torrent qui coulait à nos pieds, elles étaient roses et lilas, tandis que dans le lac en forme de cœur, au-dessus de nous, elles avaient les couleurs de l'arc-en-ciel. Nous étions à trois mille mètres. Au sommet des Rocheuses vivait un homme qui possédait quarante-cinq chevaux et trois femmes mexicaines, l'une plus menue que l'autre. Il n'avait jamais vu Chicago, et New York ne l'intéressait pas plus que Pékin ou Le Cap.

Le soir de notre arrivée, je me suis jetée au lit sous l'édredon. Au moment de m'endormir, j'ai senti un animal gratter sous l'oreiller, mais je n'avais pas la force de rallumer la bougie et de laisser s'échapper cette bête inconnue. D'après les bruits qui me parvenaient, je devinais qu'elle devait être petite et active. Elle ne grignotait pas comme une souris, de façon monotone, ennuyeuse et obstinée. Elle jouait sous mon oreiller et explorait les contours de ma tête. Je décidai que, de toute manière, elle ne pourrait pas me manger et m'endormis, épuisée.

Je fus réveillée, le lendemain matin, par une sensation curieuse. Quelque chose mordillait doucement les doigts de mon pied droit. C'était le tamias qui s'était amusé durant la nuit sous mon oreiller. On trouve partout en Amérique ces petites bêtes enjouées à la queue touffue qui, lorsqu'elles aperçoivent un homme, se dressent sur les pattes postérieures et le saluent de leurs pattes antérieures. Le mien s'installa le matin même dans la cuisine, puis il disparut pour reparaître de temps à autre dans la cabane, en compagnie d'une demi-douzaine d'autres.

Le soir, quand nous grillions nos truites, on entendait les pas légers d'un daim et le bruit sec de ses bois contre le montant de la porte. Il me présentait d'abord sa tête soyeuse sur laquelle brillait un énorme œil. Puis, il me regardait de face avant de disparaître fièrement sans rien demander. Il s'éloignait à pas légers et soudain se mettait au galop en frappant le sentier de ses sabots qui résonnaient sourdement dans le silence du soir.

Les ours étaient petits et trapus ; ils gardaient davantage les distances. Les enfants de notre hôte, qui couraient pieds nus même dans la neige de juillet, aperçurent un jour une ourse avec ses petits ; mais il n'y eut pas d'incident, comme s'ils s'étaient entendus d'un commun accord. Autour de nous vivaient des amateurs de pêche et de chasse, ainsi que des cavaliers qui louaient des chevaux au propriétaire. Les nuages dorés du couchant, le ciel d'azur et les trembles des Rocheuses, aux cimes bouclées, se reflétaient dans le lac. Des colombines bleues poussaient dans l'ombre fraîche. Personne ne les cueille, car elles sont le symbole de l'Etat du Colorado.

Cette superbe contrée sauvage s'étend au nord-ouest du Nouveau-Mexique où se trouvent Santa Fé, les réserves indiennes et les colonies d'artistes et de poètes de Taos. Lorsque j'y suis allée, Frieda Lawrence, la veuve de D.H. Lawrence, était déjà morte. Elle avait vécu dans les montagnes solitaires au-dessus de Taos, à côté de l'endroit où est enterré D.H.L. A présent, la maison est restaurée et les alentours sont restés aussi majestueux qu'il les avait connus. Dans les rues de Taos, on rencontre encore de vieilles personnes qui l'ont connu.

En visitant une "mesa" habitée par des Indiens, j'eus l'occasion de bavarder avec la jeune institutrice originaire du Vermont. Elle me recommanda de visiter sans faute son Etat natal. Je le connaissais déjà, car Karpovitch y possédait une maison où je lui avais rendu visite plusieurs fois avant sa mort. Pour moi, le Vermont est une région trop attachée aux traditions et trop conservatrice. Le temps s'y est arrêté il y a environ cinquante ans, et les gens, assis sur leurs balcons dans des chaises à bascule, me rappelèrent le roi de *La Violette nocturne* de Blok qui, durant mille ans, contemple le même point de l'horizon. Si je devais choisir parmi les Etats de la Nouvelle-Angleterre, j'opterais pour le Maine où j'ai retrouvé le rivage de l'océan Atlantique. Tout est harmonieux ici : la couleur locale, les pêcheurs, les travaux, les fêtes et le tourisme. Les bateaux à moteur filent à toute allure entre une multitude d'îles, sans but apparent, sinon celui de se faire admirer.

On disait qu'il n'y aurait bientôt plus qu'une seule et même ville, entre Boston et Washington. Mais, pour le moment, il n'en était rien. A part l'immense agglomération industrielle de New York, tout était vert, ça sentait partout les fleurs et la mer, jusqu'en Floride où l'on trouvait encore, il y a un siècle à peine, des forêts vierges. Aujourd'hui, des jeunes filles, mi-sirènes, mi-écolières, filaient sur des skis derrière des vedettes, puis, ébouriffées, pieds nus, pressaient des oranges dans de grands verres remplis de glace. On entendait de la musique et les palmiers se balançaient avec un chuchotement métallique.

J'ai visité les quartiers noirs de Miami situés à la périphérie de cette grande cité maritime. Les gens y sont pauvres ; ils ne savent ni travailler à la chaîne dans les usines, ni remplacer la vitre d'une fenêtre, ni réparer une clôture, ni sarcler un jardin. Certaines maisons grouillent d'enfants, la plupart nus ; la femme y règne en maîtresse : elle est enceinte, elle accouche, elle nourrit, elle lave, trime toute la journée et fait vivre les siens. L'homme pèse deux fois moins qu'elle et passe le plus clair de son temps à se rouler des cigarettes, assis sur un banc. Il lui arrive souvent de s'en aller droit devant lui, abruti par l'ennui, les cris et les taloches de la femme. La fille aînée grandit et un autre homme arrive. La même histoire recommence ou plutôt se poursuit jusqu'à ce que le plancher de la maison s'effondre. La famille déménage alors dans la maison voisine, abandonnée l'année précédente ou depuis des temps immémoriaux.

En bordure des villes et des villages on trouve quantité de ces maisons abandonnées. Leurs portes sont enfoncées, les fenêtres brisées, les balcons branlants. Il est moins cher de construire du neuf que de réparer le vieux. Un jour, je suis tombée sur un aérodrome désaffecté qui me laissa une impression particulièrement forte. C'était un petit aéroport de province avec deux hangars vides, grands ouverts. Un rayon de soleil pénétrait dans l'un d'eux à travers le toit effondré et tombait sur un tas de détritus, juste à l'entrée. Deux énormes camions et un vieux tracteur gisaient sur le flanc. Une brise légère faisait grincer et balancer un objet métallique au-dessus de la porte d'un local qui avait dû être un bureau. Au milieu du terrain se trouvait un avion de douze places, vieux, tordu, écaillé, avec une aile arrachée. J'y suis montée. Quatre pigeons volèrent à grand bruit droit sur moi. Le capitonnage des sièges était déchiré. Tout était silencieux. Au loin, on voyait les contours bleutés des montagnes. Les alouettes se détachaient dans la brume de chaleur comme des points tremblants. Les roseaux se balançaient sous la caresse d'une brise chaude et paresseuse. Le cadavre d'un chien gisait au milieu d'un framboisier devenu sauvage dont les fruits, mûris précocement, étaient restés petits et durs.

J'ai acheté une voiture dans l'Etat d'Indiana verdoyant et parfumé de fleurs, m'y suis installée et suis rentrée chez moi, dans le Connecticut, où, depuis 1958, j'enseignais la littérature russe du XXe siècle à l'Université de Yale. Dans mon empressement, j'avais oublié de demander comment on allumait les phares et lorsque, à la tombée de la nuit, cinq miles plus loin, je me mis à presser sur les boutons, j'entendis d'abord de la musique, puis sentis de l'air chaud, ensuite froid, un cendrier s'ouvrit, enfin des gouttes tombèrent sur mes jambes. Tout finit par s'arranger, les phares s'allumèrent ; il était temps, car pendant que je m'amusais à essayer les boutons, la nuit était tombée.

Je me dirigeais maintenant vers Chicago, sur une autoroute qui traversait le continent en diagonale. A cinquante miles déjà, on devine la proximité de l'énorme agglomération. Des panneaux couverts de lettres rouges et noires vous font des signes de bienvenue, des pylônes grands comme des tours Eiffel se dressent dans les champs et les prairies de l'Ohio et de l'Illinois. Les forêts disparaissent brusquement et on est saisi par une sorte d'inquiétude sur la large autoroute : là-bas, au loin, au-delà de l'horizon, juste après ce tournant ou le suivant, quelque chose va venir interrompre la monotonie de cette route propre et nette. A présent, je vais découvrir cet espace de fonte et d'acier, sillonné de lignes à haute tension et saturé d'odeurs chimiques.

Je suis arrivée enfin sur une boucle en forme de parabole, au centre tonitruant de la ville.

J'ai évoqué Chicago dans ma nouvelle, *Le Mal noir* *. Pour moi, c'est resté une ville aux allures fantastiques, où se mêlent le luxe et la pauvreté, l'élégance et la boue, le parfum subtil des fleurs dans les parcs au bord du lac et les puanteurs suffocantes. On a beaucoup décrit cette ville, mais il faut l'avoir vue, comme Palerme ou Naples, dans son mélange

* Actes Sud, 1989.

monstrueux de beauté et de crasse, non lorsqu'une couche de neige efface ses contrastes ou qu'une pluie fine les voile, mais par une chaleur humide et insupportable de terrarium, qui écrase durant deux ou trois semaines la ville tout entière.

J'ai sillonné, de bon matin, dans tous les sens, les routes du Missouri, du Kentucky, de la Virginie, traversé des champs de pommes de terre et des réseaux fluviaux, longé des lacs et enfilé à la queue leu leu les tunnels des Appalaches. Il ne tiendrait qu'à moi (car je n'ai ni enfants, ni petits-enfants pour contrarier mes caprices) de contempler les figures mythiques sculptées dans les rochers du Dakota, de me tenir au bord du Grand Canyon teinté de rose, de voir un couchant dans l'Oklahoma, de me trouver sous les anges en fer forgé des grilles de la Nouvelle-Orléans par une nuit de pleine lune, de jeter un coup d'œil sur la Caroline du Sud afin de vérifier si elle est bien, comme l'avait prétendu le passager du transat, le plus bel endroit du monde et, enfin, de découvrir le Pacifique.

J'ai reçu en Amérique un certain nombre de leçons mais, comme je ne compose pas un guide pour touristes, je ne parlerai que d'une seule d'entre elles. Et c'est une chose très simple : les gens intelligents de ce pays ne se prennent pas trop au sérieux.

Dans la littérature russe du passé, je ne connais qu'un auteur qui refusait de se prendre trop au sérieux, Tchekhov. Au lieu de dire à une femme aimée : "Vous êtes ma déesse", l'un de ses personnages lui dit : "Tra la la", et au lieu de répondre à Léon Tolstoï, qui lui adressait des éloges pour sa nouvelle, *Chérie*, : "Oui, je l'ai bien réussie, n'est-ce pas ?", Tchekhov dit en essuyant son pince-nez : "Il paraît qu'il y a des coquilles." On trouve ce genre d'esprit au XVIIIe, en particulier chez Pouchkine et Derjavine, mais au XIXe siècle, on a pris de la bedaine, un air important et on a perdu le sens du ridicule : Gogol en brûlant le second tome des *Ames mortes*, Herzen tel qu'il apparaît dans le sixième tome de ses Mémoires, *Passé et Pensées*, et Dostoïevski dans son discours sur Pouchkine. De nos jours, deux noms seulement me viennent à l'esprit, André Bely qui, sa vie durant, a fait semblant d'être plus bête, plus ridicule et plus fou qu'il ne l'était réellement, et Ossip Mandelstam qui, dans le dialogue entre Alexandre Skertsevitch et Alexandre Serdtsevitch, dit infiniment plus que les poètes qui se sont suicidés après avoir rédigé leurs derniers vers avec leur sang. Cela n'avait rien à voir avec l'ironie sinistre, commune à toute une génération décadente, dont parlait Blok, mais c'était "une façon intime de se moquer de soi", laquelle a tant manqué à la Russie et à l'Europe. Peut-être me demandera-t-on pourquoi l'auteur de *Madame Bovary*, celui de *Maître et serviteur* ou encore celui des *Elégies de Duino* n'auraient pas le droit de se prendre au sérieux puisqu'ils le sont à nos yeux...

Je laisse aux autres le soin de me respecter et de m'honorer. Moi, je sais fort bien que je ne peux pas me prendre éternellement au sérieux, car je participe inévitablement de l'absurdité universelle. Les Grecs se moquaient de leurs lieux sacrés et les Sefardim adoraient un dieu qui savait plaisanter. Seul le renoncement au sentiment de mon importance me donne la possibilité de développer des aspects inattendus de ma personnalité et la liberté de me transformer au cours de cette vie qui passe si vite. J'ai appris à sourire : je suis sortie de la tragédie de ma jeunesse pour entrer dans une maturité *qui porte la marque de l'humour*. La marche russo-prussienne continue à résonner sur la place des parades, le fier coq gaulois chante toujours, mais je ne les entends plus. Je suis passée de l'autre côté, où certains mots n'ont pas cours parce que trop pompeux et ampoulés. Depuis un certain temps, moi aussi je cessai de les employer et les ai remplacés par d'autres. On pourrait appeler ça une philosophie, si ce terme n'était pas ronflant et ne risquait de vous placer sur un piédestal de marbre...

Je m'aime raisonnablement et n'ai jamais cru pouvoir refaire le monde. C'est à moi de m'adapter à lui, non l'inverse. Tous les vingt-cinq ans, depuis ma naissance, j'ai dû faire peau neuve. A chaque fois, ce fut une expérience bouleversante.

Je sais que je peux toujours revenir à Paris : il me suffit de prendre un billet et d'aller faire un tour au pays d'où je suis venue. C'est ce que j'ai fait à deux reprises. Il m'est impossible, en revanche, de retourner en Russie, sinon en suivant le fil de mes souvenirs à travers ce livre. Un jour, j'ai rêvé que j'y étais revenue. Me voici dans le métro de Leningrad. Une heure s'écoule, puis deux, et soudain je m'aperçois que cela fait déjà un mois, puis une année que je suis là. Je ne vois pas de sortie. J'ai beau regarder les panneaux et interroger les passants : ils me répondent à la hâte et de façon incompréhensible. Je me remets à courir et prends place dans une rame. Les stations défilent. L'accès de la ville, au-dessus de ma tête, m'est interdit.

C'est peut-être là l'image fondamentale de toute mon existence, celle que recherche le critique dans l'œuvre du poète et qui, vers la fin de sa vie, exprime à ses yeux, le mieux, sa destinée. Il découvre subitement qu'il n'est ni Prométhée, ni Orphée, mais, disons, un simple serrurier incapable d'ajuster la bonne clé à la serrure de sa propre maison. A la fin du rêve, je me sentis cependant sereine et confiante : d'ici cinquante ou cent ans, quelqu'un viendra me tirer de là par les bras et les pieds et je sortirai sur la place du Sénat ou dans la traverse du Manège. Les noms auront peut-être changé, mais cela ne m'inquiète guère.

Je suis retournée en Europe, une première fois, dix ans après mon arrivée aux Etats-Unis, puis cinq années passèrent encore avant mon deuxième voyage. Compte tenu du "métabolisme du monde occidental", suivant l'expression d'Orwell, dix ou même cinq années représentent une période importante. Le cimetière russe de Sainte-Geneviève-des-Bois était devenu l'une des curiosités de Paris. Près de l'entrée s'alignaient cinq autocars et les appareils de photos crépitaient. On guidait les touristes vers la partie "ancienne" où les tombes avaient vingt ou trente ans, puis vers la partie "nouvelle" où elles en avaient cinq ou dix. Sont enterrés là, côte à côte, les ouvriers de l'usine Renault et les prix Nobel, les grenadiers de "Sa Majesté" et les mendiants du parvis de la cathédrale de la rue Daru, devenue également, paraît-il, un lieu touristique. Ici reposent Bounine et Merejkovski, Tchelitchev et Pevsner, des généraux de l'Armée blanche et des poètes, des couturières et des ballerines, des agents secrets de

Staline et ses détracteurs qui l'avaient fui, ceux pour qui la sortie des livres d'Olecha, de Bagritski et de Tynianov représentait un événement et ceux qui allumaient de petits cierges devant l'icône du "Tsar-martyr". Les tombes des héros de la Résistance, garnies de fleurs fraîches, côtoient celles des traîtres, envahies par les ronces. Ici dort l'histoire de l'émigration russe, faite de gloire, de misère, de folie et de boue. Dans cent ans, suivant l'usage en France, on labourera ce grand espace pour en faire des jardins potagers.

Je retrouve Paris pareil à lui-même et plus tout à fait le même. Dans les jardins du Trocadéro, une multitude d'enfants se balancent ou jouent dans le sable et une foule d'adultes lisent les journaux, assis sur des bancs. Les femmes tricotent à côté de landaux disposés en étoile, dans lesquels des nourrissons crient, se mouillent, reniflent et sucent leurs tétines. C'est dans le silence et la solitude de ces lieux que je me promenais jadis, la tête vide ou pleine de pensées, et que je prenais mes décisions. Même la façon de parler des gens a changé : ils ont des intonations plus rudes, un peu comme s'ils aboyaient. Est-ce pour qu'on ne les soupçonne pas de sentimentalité, les hommes de douceur, les femmes de soumission, les enfants de docilité ?

A Montparnasse, je ne reconnais plus aucun visage familier, et la Rotonde est redevenue petite comme avant 1914, lorsque Lénine y venait parfois. En ces temps-là, d'après ce qu'on m'a raconté, "tout le monde" fréquentait les cafés sombres du boulevard Saint-Michel, ornés de boiseries : les étudiants, les poètes, les philosophes, les artistes, les prostituées, les parasites, les modèles des peintres, les professeurs et les militants politiques. Dans les années vingt, Saint-Michel fut délaissé, "tous" se déplacèrent vers Montparnasse et la Rotonde devint un immense café bruyant, entouré de multiples troquets où nous nous retrouvions. Après la Deuxième Guerre mondiale, ce fut le tour de Saint-Germain-des-Prés. A présent, le cercle se referme et, de nouveau, Saint-Michel grouille de monde ; une foule cosmopolite de jeunes envahit cafés et terrasses. Là non plus, je ne reconnais absolument personne.

Dans l'un des restaurants de ce quartier, entre l'Observatoire et la gare Montparnasse, qui sentait le romarin et le laurier, je me suis assise à l'une des tables couvertes de nappes à carreaux. Comme il arrive parfois, quand nos yeux s'habituent à l'obscurité et commencent à distinguer les objets, ma mémoire, lentement, comme à tâtons, s'est attachée à une femme assise dans un coin. Je l'ai reconnue soudain, c'était Simone de Beauvoir.

Je l'avais vue pour la première fois en 1943-1944, elle était gaie, vive et jeune. Elle marchait dans la rue en balançant ses larges hanches, les cheveux tirés en arrière, les yeux pétillants de vie et d'intelligence. Vingt-deux ans avaient passé et je ne l'ai pas reconnue tout de suite. Elle jouait de ses gros doigts maladroits avec la fermeture cassée de son vieux sac ; son visage, penché, paraissait fané ; on aurait dit qu'il n'y avait plus d'yeux dans ce visage bouffi et morose, aux joues lourdes et aux paupières gonflées. Dans le troisième tome de ses Mémoires, elle se décrit elle-même, de façon ô combien cruelle ! Le livre tout entier est plein d'hôpitaux, d'opérations, de terreur face à la vieillesse et à la mort. Elle parle de sa tension, de celle de Sartre, d'un infarctus imminent. Sartre travaille comme un automate à sa *Critique de la raison dialectique*. Il est si accablé de travail durant ses dernières années qu'il n'a même plus le temps de relire ce qu'il a écrit. Il devient sourd à force de prendre des somnifères. Ils n'ont plus d'amis...

Elle était maintenant assise devant moi en compagnie d'une autre femme, encore assez jeune, mais irritée et harassée, comme Simone elle-même. Elles se taisaient. Les gros doigts essayaient en vain de fermer le sac : une robe sombre et fermée moulait étroitement le grand corps pesant. Je l'observais longuement. Elle ne levait pas les yeux et je ne voyais que ses paupières et ses joues.

J'ai toujours lu ses livres et je venais juste de terminer le troisième tome de ses Mémoires. Elle se plaint que Sartre qui, sa vie durant, a exigé une littérature engagée, n'arrive plus, depuis un quart de siècle, à choisir son camp, lui demandant de temps en temps d'un air sombre ce qu'il doit faire, de quel côté se tourner et qui rejoindre.

Au moment où je suis arrivée, elles terminaient de dîner et quand je suis repartie, elles étaient toujours là. Peut-être attendaient-elles Godot ? La soirée était fraîche, les lumières s'allumaient, les voitures klaxonnaient, les néons clignotaient et le *Balzac* de Rodin se blottissait sous la verdure des arbres. Mais où vais-je ? Peu importe, puisque j'ai un lieu en ce bas monde où aller, peu importe si c'est à pied, en voiture ou en avion, je sais qu'il m'attend.

Dans deux semaines, je le retrouverai : devant une large baie, il y a une énorme table couverte de papiers, des étagères garnies de livres, des crayons aiguisés et le silence. De la fenêtre, on aperçoit quatre bouleaux qui dansent au milieu d'un pré et les buissons au bord du chemin : ils seront bientôt dorés, écarlates, jaunes et pourpres. Le matin, résonne le chant des oiseaux, le soir, tout se tait... Puis, soudain, des bruits de pas, la clochette tinte et de jeunes visages intelligents et heureux apparaissent. Que m'importe de vieillir, pourvu qu'eux restent jeunes et ils le resteront à coup sûr *puisque je ne les verrai pas vieillir*. Amis, livres, papiers, lettres avec les cachets de la Californie, de l'Australie, de la Suède... Ma vie m'attend là-bas, dans la petite ville universitaire, et à cette pensée la joie m'étreint. Je me promène en Europe avec trois clés au fond de mon sac de voyage : celle de la maison, celle de mon bureau à l'Université et celle de mon casier à la bibliothèque.

J'erre dans les rues de Paris et la joie ne me quitte pas pendant que je fais le tour du jardin du Luxembourg. C'est ici qu'un jour Mouratov chercha à me persuader de ne plus écrire en russe et d'apprendre au plus vite à rédiger dans n'importe quelle autre langue. C'est ici que j'ai attendu avec ardeur un homme et que nous nous sommes embrassés sous le sombre feuillage. A présent, je me prépare à rentrer "chez moi" avec la même ardeur qu'il y a trente ou quarante ans.

Mon vieil ami, Serge Rittenberg, arrive de Stockholm, son béret sous le bras et un bouquet de pois de senteur à la main. Nous flânons dans Paris, déjeunons, longeons la Seine et restons à bavarder sur un banc aux Tuileries. Puis il repart.

Je me souviens de la date, c'était le 21 juillet 1965. La veille de son départ, je lui avais promis de venir le chercher en taxi, de l'emmener à la gare du Nord, d'y déjeuner avec lui et de l'accompagner sur le quai à deux heures dix.

On m'avait avertie qu'Anna Akhmatova, qui était arrivée d'Oxford la veille, retournait en Union soviétique par ce même train, dans le wagon Paris-Moscou. Rittenberg la connaissait bien, car il lui avait rendu visite à Komarovo. Je me tenais près d'un pilier de béton, sur le quai, devant le wagon. Je portais des lunettes noires. Il faisait très chaud et j'avais enlevé mes gants. Je portais une robe légère sans manches et tenais mon lourd sac, tantôt d'une main, tantôt de l'autre. Rittenberg se trouvait à l'avant, dans le wagon Paris-Stockholm. Akhmatova arriva enfin et on l'installa dans son compartiment. Elle portait un long imperméable bleu foncé, des sandales de velours et était nu-tête. Son visage figé exprimait la concentration. J'enlevai mes lunettes et nos regards se croisèrent.

Je montai dans le wagon. Elle était assise dans le compartiment, immobile. Je savais qu'elle avait déjà fait trois infarctus, dont deux dans des gares. La banquette sur laquelle se coucherait Anitchka Kaminskaïa*, qui était partie à la recherche d'eau minérale, était déjà en place. J'entrai dans le compartiment et lui dis rapidement :

— Anna Andreievna, je suis Berberova.

Soudain, son visage s'éclaira. Je lui pris la main et la baisai. Elle me serra dans ses bras.

— Pourquoi n'êtes-vous pas venue plus tôt ?

— Je ne savais pas si je devais.

— C'était il y a un demi-siècle ?

— Non, quarante-trois ans très exactement, lui répondis-je.

En l'embrassant, je sentis son énorme corps gonflé d'eau. Chacun de ses mouvements était difficile, ses doigts ne se fermaient plus. Elle essuya la sueur de son visage et je l'aidai à ôter son imperméable. Nous avons parlé du recueil de Khodassevitch publié par mes soins, et que je lui avais envoyé.

* Petite-fille de N. Pounine. *(N. d. T.)*

Elle me dit qu'elle l'avait reçu, qu'elle avait aimé les vers et qu'elle m'en remerciait. Lorsque je lui ai demandé comment elle se sentait, elle me répondit :

— Je suis encore en vie.

Je lui ai suggéré de rester encore quelques jours à Paris, parmi nous, mais cela n'était pas possible, car elle avait déjà manqué à la consigne de rentrer directement en avion d'Oxford à Moscou. J'avais eu le temps de lui acheter un flacon de parfum de chez Caron que j'avais confié à Rittenberg. Il devait le lui remettre quand le train se mettrait en marche. Mais il ne put le faire, car les wagons, en quittant Paris, furent fermés à clé. Il se rendit à Komarovo deux mois plus tard et réussit enfin à lui transmettre mon cadeau.

Je m'avisai que d'autres attendaient dans le couloir.

Je suis restée longtemps sur le quai avec trois amis peintres de Pétersbourg. Elle se tenait à la fenêtre et nous regardait, tantôt l'un après l'autre, tantôt tout notre petit groupe, jusqu'au moment où le train se mit en marche. Elle leva la main et un sourire furtif passa sur son visage.

Le wagon fut rapidement bouclé de l'intérieur et de l'extérieur de sorte que personne ne pouvait plus ni entrer, ni sortir. A Cologne, on le décrocha.

Parmi les émigrés de la "deuxième génération", il me restait encore quelques amis chers et parmi ceux de la "troisième", quelques visages familiers. Ce n'était pas le cas sur l'Acropole, ni sur la place Saint-Marc où je ne connaissais que les pigeons, ceux-là mêmes qu'avait évoqués autrefois Khodassevitch, et qui en étaient sans doute à leur dixième génération.

Les pigeons s'envolent craintifs
Sous les pas de ma bien-aimée.

A l'époque où ces vers furent écrits, je pensais que "je deviendrais quelqu'un", mais je ne suis "devenue" personne, je n'ai fait qu'"être".

A présent, j'arrive à la dernière page de mon livre. *Je n'ai pas attendu Godot.* Mes "crimes" et mes "châtiments" appartiennent maintenant à tous ceux qui parcourront ces lignes.

Toute une époque ainsi que les hommes qui l'ont traversée ont nourri ce livre qui s'est développé à l'image d'un embryon auquel poussent des bras, des jambes et une tête. Désormais, il me faut vivre *face à l'inconnu*, ayant épuisé les multiples facettes de l'existence. Je me prépare de la sorte à affronter la dernière expérience qui me reste à découvrir et à laquelle j'ai donné mon consentement il y a longtemps déjà. Elle ne m'effraie pas pour la bonne raison qu'elle est inévitable.

1960-1966
New Haven,
Colorado, Yaddo,
Taormina, Venise,
Princeton.

INDEX BIOGRAPHIQUE

Les notices biographiques qui suivent ont été établies par les traducteurs et relues par l'auteur en vue de l'édition française et n'ont d'autre ambition que d'être un simple guide pour le lecteur. Celui-ci trouvera également des indications relatives aux divers courants littéraires et politiques de l'époque, ainsi qu'aux journaux et revues qui s'y rattachent.
Pour ce qui est de la transcription des noms propres russes, nous avons adopté, à quelques détails près, le système de conversion dit courant. Signalons cependant que pour respecter la prononciation russe, nous avons préféré transcrire *ë* par *io*, non par *e* (Goumil*io*v au lieu de Goumil*e*v), mais que nous avons renoncé, dans un souci de simplification, à noter le *e* russe par *é* ou *ié*. A titre d'exemple, Khodassevitch sera prononcé Khodassiévitch, Tsvetaïeva – Tsviétaïéva et Essenine – Essiénine.

AICHENWALD, Youli Issaïevitch (1872-1928), critique littéraire "impressionniste", auteur d'une série d'ouvrages à succès intitulés *Silhouettes d'écrivains russes* : 180, 340.

AKHMATOVA, Anna Andreievna (Gorenko, dite) (1889-1966), poétesse acméiste ; femme de Goumiliov (1910-1918), puis de l'assyriologue V. Chileïko (1918-1921), enfin de N. Pounine, historien et critique d'art, arrêté dans les années 1930. Le fils d'Akhmatova, L.N. Goumiliov, fut également arrêté à cette époque. Rangée parmi les "décadents", exclue de l'Union des Ecrivains (1946), elle fut une "émigrée de l'intérieur". On lui doit entre autres le plus beau monument poétique dédié aux victimes des purges staliniennes, *Requiem* : 79, 83, 85-86, 91, 93, 138-139, 146, 151-152, 154-155, 163, 166, 312, 390, 414, 463, 522, 538.

ALDANOV, Mark Alexandrovitch (Landau, dit) (1886-1957), auteur de nombreux romans, notamment historiques, émigra en 1919 avec un petit groupe de socialistes de droite ; fonda avec M. Zetline, aux Etats-Unis, *Novy Journal* : 73, 241, 274, 304, 312, 321, 342-344, 348, 366, 378, 422, 431-432, 497.

ALEXEIEV, Mikhaïl Vassilievitch (1857-1918), général commandant en chef des armées russes en février-mai 1917, forma l'Armée révolutionnaire du Sud (ou Armée des Volontaires) avec Kornilov et Denikine, fusillé en 1918 sur ordre de Staline, alors chef du Conseil militaire pour le Caucase du Nord : 333, 335.

ALIANSKI, Samouïl Mironovitch (1891-1974), fondateur des éditions *Alkonost* (1918), éditeur et ami de Blok. *Alkonost* fut l'une des dernières maisons d'édition privées à Petrograd : 180.

ANDREIEV, Leonid Nikolaïevitch (1871-1919), l'un des plus célèbres écrivains russes du début du siècle, peintre de l'absurde et de l'horreur, d'abord proche des S.-D., puis antibolchevique : 94, 196, 206, 378.

ANDREIEVA, Maria Fiodorovna (1868-1953), Jeliaboujskaïa en premières noces, actrice du Théâtre d'Art de Moscou, compagne de Gorki à partir de 1903, commissaire des théâtres et des spectacles de Petrograd (1918-1921), nommée en 1921 à la représentation commerciale soviétique de Berlin, directrice de la Maison des Savants de Moscou (1931-1948) : 192, 198-199, 214.

Annales contemporaines (Les) (Sovremennye Zapiski), la plus importante revue politique, culturelle et littéraire paraissant dans l'émigration

Les Annales contemporaines. S'établit par la suite aux U.S.A. : 243, 371, 376, 447, 502.

FELZEN, Youri (Freidenstein, Nikolaï Bernardovitch, dit) (1895-1943 ?), écrivain qui subit l'influence de Proust, émigra à Riga, puis à Berlin (1922), enfin à Paris (1924) ; fut élu président de l'Union des Poètes et des Ecrivains (1935), mourut en Allemagne, déporté par les nazis : 243, 348, 414, 485.

FET, Afanassi Afanassevitch (Chenchine, dit) (1820-1892), poète contemplatif, impressionniste et musical, l'un des poètes préférés des décadents et des symbolistes : 477.

FIODOROVA, Sophia (1881-1963), ballerine du Bolchoï, puis des Ballets russes de Diaghilev (1909) ; surnommée "Fiodorova II" : 188.

FONDAMINSKI, Ilia Issidorovitch (pseudonyme : Bounakov) (1879-1943), S.-R. (1905-1917) ; émigra en France (1919) où il fut rédacteur des *Annales contemporaines* ; déporté par les nazis : 246, 317-318, 322, 345, 348, 375-376, 390, 412, 440.

FORCH, Olga Dmitrievna (1873-1961), écrivain soviétique, auteur de romans historiques sur le mouvement révolutionnaire ; correspondait avec Gorki : 159, 248-250.

FORMALISTES (L'ÉCOLE DES), courant linguistique et littéraire pour lequel l'œuvre d'art est un phénomène d'"ordre immanent", possédant ses propres lois ; les formalistes réagissaient contre la méthode traditionnelle d'analyse littéraire basée sur un ensemble de données historiques, biographiques et sociologiques en mettant l'accent sur les formes esthétiques et le principe de l'unité du fond et de la forme. Chefs de file à Moscou : R. Jakobson, G. Vinokour, O. Brik ; à Petrograd : Chklovski, Eichenbaum, Tynianov, Bernstein, Jakobinski, Polivanov (cercle de l'OPOIAZ, 1916). Très critiqués par les marxistes, les formalistes durent se disperser à partir de 1926. Certains fondèrent l'école de Prague (Jakobson) qui devint l'un des laboratoires du structuralisme moderne : 212.

FRÈRES SERAPION (LES), cénacle littéraire de jeunes écrivains d'avant-garde à la recherche d'un renouveau artistique dans la totale indépendance par rapport à l'idéologie. Regroupés d'abord autour de Zamiatine et de Chklovski, puis de Tchoukovski, Goumiliov et Eichenbaum : la première réunion officielle eut lieu à la Maison des Arts à Petrograd le

1er février 1921 avec Grouzdev, Zochtchenko, V. Ivanov, Kaverine, Lounts, Nikitine, Slonimski, Tikhonov, Posner, Polonskaïa. Un recueil collectif parut à Berlin sous le titre : *Les Frères Serapion* (1922). Déclarés "compagnons de route" en 1925, ils furent tolérés jusqu'en 1927 : 151-153, 163, 166, 177, 315.

FROMAN, Mikhaïl Alexandrovitch (1891-1940), poète, mari d'Ida Nappelbaum, secrétaire durant un temps de l'Union des Poètes à Leningrad ; arrêté, puis réhabilité après sa mort : 142.

FUTURISME, courant littéraire d'avant-garde (1910-1920) caractérisé par son engouement pour la civilisation urbaine et industrielle, son rejet de la culture traditionnelle "bourgeoise", son anarchisme et ses recherches formelles audacieuses, voire provocantes. En dépit de l'attitude positive des futuristes, en particulier de Maïakovski, à l'égard de la révolution, ils furent rejetés ainsi que leur revue *L.E.F.* (Front de gauche) par le régime soviétique, en tant que représentants d'un art "bourgeois et décadent" : 155, 313.

GERCHENZON (ou GERSCHENSON), Mikhaïl Ossipovitch (1869-1925), critique littéraire pouchkiniste ; émigra avec sa famille à Berlin en 1923, puis poussé par les siens, rentra en U.R.S.S. ; ami de Bely, Khodassevitch, Chestov : 166, 170, 177, 185, 188.

GIBBON, Edward (1737-1794), historien anglais, auteur de *La Chute de l'Empire romain* : 104.

GIDE, André (1869-1951), fit un voyage en U.R.S.S. en juin-juillet 1936 dont il rapporta des impressions critiques, *Retour de l'U.R.S.S.*, qui auraient été assez anodines si Gide n'avait été un célèbre "compagnon de route" du PCF : 187, 191, 241, 248, 302, 468, 478.

GLINKA, Mikhaïl Ivanovitch (1804-1857), premier compositeur russe à puiser son inspiration dans le folklore national (*Ivan Soussanine*, 1836, et *Rouslan et Lioudmila*, 1842) : 133-134, 150, 166.

GONTCHAROV, Ivan Alexandrovitch (1812-1891), romancier russe ; le héros de son roman, *Oblomov*, (1859) est resté le symbole de la décadence intellectuelle et politique de la noblesse russe : 29, 35.

GONTCHAROVA, Natalia Sergueievna (1881-1962), peintre, épouse de Larionov, participa à l'exposition parisienne de Diaghilev (1906), puis travailla aux Ballets russe à partir de 1913 : 313-314, 335.

GORKI, Maxime (Pechkov Alexeï Maximovitch, dit) (1868-1936), considéré comme le plus grand écrivain de la révolution russe ; passa progressivement, dans des œuvres empreintes d'un réalisme pathétique et romantique, de la description de marginaux à la dénonciation de la bourgeoisie et des intellectuels non engagés ; cofondateur avec Piatnitski à Pétersbourg de la revue *Le Savoir* (Znanie) (1898-1913) ; fit la connaissance de Lénine en 1905, émigra une première fois en 1906 (Berlin, U.S.A., Capri) ; amnistié par le Tsar, il rentra en Russie en 1913 ; en 1915, fonda à Petrograd le journal *La Chronique* (Letopis), dans lequel il critique vivement les bolcheviks ; ses relations tendues avec Lénine trouvèrent un écho dans une série d'articles polémiques, *Pensées intempestives*, publiés en 1917-1918 dans son quotidien *Vie nouvelle* (Novaïa Jizn). Fonda les éditions *La Littérature mondiale* et tenta de défendre les écrivains contre la "terreur rouge" ; émigra une seconde fois en 1921, soi-disant pour raisons de santé (Berlin, Sorrente). Après plusieurs voyages en U.R.S.S. entre 1928 et 1932, rentra définitivement en 1933. Président de l'Union des Ecrivains (1934) ; mourut le 18 juin 1936 dans des circonstances restées obscures ; enterré à côté de Kirov dans les murs du Kremlin : 101, 149, 152, 165-168, 178, 180, 182, 191-213, 219-221, 223, 234, 237, 248, 257-258, 266, 300-301, 316, 333, 342, 380, 428, 508.

GORLINE, Mikhaïl (1909-1943), poète et slaviste, mari de R. Bloch. Comme elle, fut déporté par les Allemands et mourut en camp de concentration : 414, 485.

GORODETSKI, Sergueï Mitrofanovitch (189>84-1967), poète, cofondateur avec Goumiliov de l'acméisme (1912) ; se rapprocha en 1915 des "poètes paysans" : Essenine, Klytchkov, Kliouïev. Devint par la suite le chantre du nouveau régime : 91.

GOUL, Roman Borissovitch (1896-1986), écrivain, critique littéraire ; combattit lors de la guerre civile du côté des Russes blancs ; collabora à Berlin à la revue *La Veille* (Nakanoune) d'A. Tolstoï ; fut le correspondant en Occident des journaux de Leningrad (1927-1928) ; vécut à Paris (1933), puis s'établit aux U.S.A. (1950) où il devint corédacteur, puis rédacteur en chef de la revue *Novy Journal* : 494-495, 502.

GOUMILIOV, Nikolaï Stepanovitch (1886-1921), poète, premier mari d'Akhmatova. Le chef de file des acméistes, animant dès 1911 l'"Atelier des Poètes" qui édita la revue *Hyperboreus* (1912-1913) et des recueils de

JDANOV, Andreï Alexandrovitch (1896-1948), succéda à Kirov à Leningrad, mena après la guerre la lutte contre les intellectuels (Akhmatova, Zochtchenko, Eisenstein, etc.) ; sa mort, attribuée à des médecins, servit de prétexte à une épuration sanglante du parti de Leningrad par Malenkov et Béria : 169.

Jours (*Les*) (Dni), quotidien d'A. Kerenski, d'abord intitulé *La Voix de la Russie* (Golos Rossii) à Prague (1921-1922), puis à Berlin (1922-1925), enfin à Paris (1925-1928) sous le titre *Les Jours* : 153, 200, 239, 240, 243, 304, 321.

KAPLOUN-SOUMSKI, Solomon Gitmanovitch (1891-1940), militant menchevik, directeur des éditions *L'Epoque* à Berlin (1922-1925) ; à Paris, collabora aux *Dernières Nouvelles* : 179, 190, 199, 428.

KARONINE, Nikolaï Elpidiforovitch (1853-1892), écrivain, fils de prêtre, ami de Gorki : 200-201.

KARPOVITCH, Mikhaïl Mikhaïlovitch (1888-1959), historien américain d'origine russe qui avait émigré en 1916 ; professeur à Harvard, directeur de la revue littéraire *Novy Journal* de 1946 à sa mort : 512-513, 529.

KARTACHEV, Anton Vladimirovitch (1875-1960), ministre des Affaires religieuses dans le gouvernement provisoire (1917), émigra à Paris en 1920 ; professeur de théologie : 265, 444, 450.

KAVERINE, Veniamin Alexandrovitch (Zilber, dit) (1902), un des grands romanciers soviétiques modernes, fit partie en 1920 des "Frères Serapion" ; très critiqué dès la fin des années vingt, diffamé à partir de 1946, prend systématiquement la défense des écrivains oubliés, écartés ou attaqués depuis le XXe congrès : 152-153.

KAZINE, Vassili Vassilevitch (1898-1981), considéré dans les années vingt comme l'un des meilleurs poètes prolétariens ; rédacteur aux éditions d'Etat, Goslitizdat, (1931-1940) : 257.

KERENSKI, Alexandre Fiodorovitch (1881-1970), avocat socialiste "travailliste", franc-maçon à partir de 1912 ; ministre de la Justice, puis de la Guerre dans le gouvernement provisoire, puis président de ce gouvernement (juillet 1917) et commandant en chef des armées. Vécut dans la clandestinité après la révolution d'Octobre, s'embarqua en mai 1918 à Mourmansk pour Londres. Plus tard vécut tantôt à Paris, tantôt aux

LADYJNIKOV, Ivan Pavlovitch (1896-1961), éditeur et ami de Gorki dont il fut l'agent littéraire et financier ; directeur des éditions *Kniga* (Le Livre) à Berlin : 199.

LANSKOY, André (1902-1976), peintre abstrait né à Moscou ; s'installa à Paris à partir de 1921 et prit la nationalité française : 237.

LAPPO-DANILEVSKAIA, Nadejda Alexandrovna (1876- ?), romancière qui jouit d'une certaine popularité avant la révolution ; auteur de romans légers et humoristiques : 179.

LARIONOV, Mikhaïl Fiodorovitch (1881-1964), peintre d'avant-garde, quitta la Russie dès 1914 ; de 1915 à 1929, il se consacra surtout aux décors des Ballets russes ; naturalisé français en 1938 ; fonda en 1913 avec sa femme N. Gontcharova le "rayonnisme" : 306, 313-314, 335.

La Sentinelle (Na Postou), revue littéraire, organe du groupe "Octobre", des jeunes écrivains bolcheviks irréductibles (1923-25), puis de la V.A.P.P. (1926-1932) ; ses collaborateurs "les bourreaux de la littérature russe" *(N.B.)*, Rodov, Lelevitch, le critique Averbach, etc., attaquaient systématiquement, *Pereval*, les "compagnons de route", les formalistes, les futuristes, etc. et faisaient régner la terreur : 240, 255.

LAZAREVSKI, Boris Alexandrovitch (1871-1936), écrivain de romans populaires avant la révolution *(Une âme de Femme)*, émigra après 1920 : 431.

LAZAREVSKI, Nikolaï Ivanovitch (1868-1921), professeur de droit international à Pétersbourg, fusillé en août 1921 lors de l'affaire Tagantsev : 146, 149, 253.

LEJNEV, Abram (1893-1938), écrivain soviétique, théoricien et membre important du mouvement littéraire "Le Passage" (Pereval) qui regroupait les "compagnons de route" au cours des années vingt ; fut accusé de "trotskisme", aujourd'hui réhabilité : 180.

L.E.F. (Levy Front Iskousstva), front gauche de l'art, groupe littéraire marxiste et revue du même nom, fondé en 1922 à Moscou par les futuristes avec à leur tête Maïakovski. Ils se considéraient comme les seuls authentiques représentants de l'art révolutionnaire, voulaient mettre l'art au service de la production et de la technologie tout en refusant de l'abaisser sur le plan formel. Le groupe se disloqua après le départ, en 1928, de Maïakovski et d'O. Brik : 212, 240.

nature russe". Ne reconnut pas la révolution, se retira à la campagne où il poursuivit une activité littéraire a-politique : 256-257.

PRISMANOVA, Anna Semionovna (1898-1960), poétesse de la jeune génération des émigrés comme son mari, Guinger ; son premier recueil, *L'Ombre et le Corps* (1937) s'ouvre sur une poésie dédiée à Boris Poplavski : 289, 398, 414, 437, 462, 484.

PROKOFIEV, Sergueï Sergueievitch (1891-1953), pianiste et compositeur ; après la révolution d'Octobre, se réfugia aux U.S.A., puis en Europe, fit des tournées en U.R.S.S., en 1927 et 1929, puis rentra définitivement en U.R.S.S. en 1932 : 127, 381.

RADLOV, Nikolaï Ernestovitch (1889-1942), peintre, et son frère, Sergueï Ernestovitch, (1892-1958), metteur en scène, directeur du Théâtre de la Comédie populaire (1920-1922) : 151, 154, 163.

RAIEVSKI, Gueorgui Avdeievitch (Otsoup, dit) (1897-1963), poète, frère de Nikolaï Otsoup : 306, 398, 414, 447, 466.

RAKITSKI, Ivan Nikolaïevitch (1883-1942), peintre, vivait avec Gorki et les siens comme un membre de la famille depuis 1919-1920 à Petrograd. Surnommé le Rossignol : 195, 197, 203, 207, 219.

REMIZOV, Alexeï Mikhaïlovitch (1877-1957), romancier et conteur, émigra en 1921, héritier de Gogol, dépeint la vie provinciale dans un style archaïsant et baroque : 149, 152, 180, 186, 225, 240, 249, 280-283, 289, 291-292, 312, 319, 351, 375, 453, 459, 485, 497.

Renaissance (Vozrojdenie), d'abord quotidien (1924-1936), puis hebdomadaire (1936-1940), enfin périodique politique et littéraire, publié à Paris, anticommuniste et conservateur (mais jamais fascisant) (1949-1974). Financé par le mécène arménien, A.O. Goukassov mort en 1969 ; premier rédacteur : P.B. Struve. Y ont collaboré les écrivains les plus éminents de l'émigration : 301-302, 341, 362, 378, 385, 390, 431, 487, 490.

RITTENBERG, Sergueï Alexandrovitch (1899-1975), fit ses études à Pétersboug, puis s'établit en Finlande (Vyborg) en 1918 où il vécut jusqu'à la guerre ; bien que n'écrivant pas lui-même, il fut très lié sa vie durant avec les poètes et les écrivains russes ; il se fixa en Suède à partir de 1944 où il enseigna le russe à l'université de Stockholm : 447, 537-539.

SEIFOULLINA, Lidia Nikolaïevna (1889-1954), écrivain, décrit de manière naturaliste les bouleversements causés par la révolution en province et chez les paysans ; connut une certaine popularité dans les années vingt, puis fut critiquée et rarement publiée : 383.

SEROVA, Natalia Valentinovna (1899), fille du grand peintre, Valentin Serov (1865-1911) ; rentra à Moscou vers 1932, fut victime de la terreur stalinienne : 380-381.

SEVERIANINE, Igor Vassilievitch (Lotariov, dit) (1887-1941), poète qui eut son heure de gloire avant la révolution ; fondateur du courant excentrique "l'ego-futurisme" (octobre 1911) ; émigra en Estonie (1918) ; tournées poétiques (Berlin, Paris, Yougoslavie, Bulgarie) : 179, 222.

SLONIM, Mark Lvovitch (1894-1976), le plus jeune député S.-R. de l'Assemblée constituante en janvier 1918 ; émigra à Prague où il édita la revue *La Volonté de la Russie* (Volia Rossii) ; à Paris, rédacteur de *La Nouvelle Gazette* (1931). Vécut aux U.S.A. où il publia de nombreux ouvrages sur la littérature russe et soviétique : 179, 226, 304.

SLONIMSKI, Mikhaïl Leonidovitch (1896-1972), secrétaire en 1920 de la Maison des Arts à Petrograd, l'un des premiers membres du groupe "Les Frères Serapion", devint par la suite un écrivain soviétique conformiste : 152, 161.

SMOLENSKI, Vladimir Alexeievitch (1901-1961), l'un des poètes les plus remarquables de la jeune génération ; s'établit à Paris en 1920 après avoir perdu son père fusillé par les Bolcheviks et s'être battu lui-même du côté des Blancs. Grand admirateur de Lermontov, Blok et Khodassevitch ; ses vers sont inspirés par une réflexion philosophique sérieuse et un profond sentiment religieux *(A mon Père, L'Ange de la Mort)* : 243, 289-295, 319, 389, 398, 466-467.

SOBOL, Andreï Mikhaïlovitch (1888-1926), écrivain soviétique, ancien S.-R. ; rendit visite à Gorki à Sorrente au printemps 1925 ; se suicida : 255.

SOCIAL-DÉMOCRATE (PARTI) ou S.-D., regroupa à partir de 1898 la position radicale d'obédience marxiste, précédé par le groupe "Emancipation du travail" créé par Plekhanov (1883) ; lors du second congrès (Londres, 1903), le parti se scinda en bolcheviks avec Lénine, qui voulaient une organisation très structurée de révolutionnaires professionnels, et en mencheviks, avec Martov, Plekhanov..., qui préféraient un type d'organisation plus lâche et plus ouverte ; après la révolution d'Octobre, ces derniers furent soit exécutés soit bannis : 72, 103, 180, 235.

SOCIALISTE-RÉVOLUTIONNAIRE (PARTI) ou S.-R., parti révolutionnaire non marxiste (1901-1922), né du rassemblement de divers groupes populistes sous l'impulsion entre autres de Tchernov. Son "détachement de combat" organisa dans les années 1902-1906 des attentats politiques. Après octobre 1917, le parti se scinda en S.-R. de gauche (Blumkine, Spiridonova), proches des bolcheviks, et en S.-R. de droite opposés à la politique de Lénine ; au procès de Moscou (août 1922), il y eut douze condamnations à mort qui furent "suspendues" sous la pression de l'opinion internationale. Sous Staline, les S.-R. furent systématiquement déportés : 72, 103, 235, 238-239, 246, 306, 319, 321.

SOFIEV, Youri Borissovitch (1899), poète de la jeune génération de l'émigration, mari de la poétesse Irina Knorring (1906-1943) laquelle mourut durant la guerre en Allemagne. Il devint "patriote soviétique", regagna l'U.R.S.S. et fit publier des poésies de sa femme à Alma-Ata en 1965 (fait rarissime pour un poète de la deuxième génération) : 414.

SOLOGOUB, Fiodor Kousmitch (Teternikov, dit) (1863-1927), poète, romancier et dramaturge symboliste, auteur du *Démon mesquin* (1907) : 91-93, 106-109, 139, 151-152, 166, 276, 451, 477.

SOLOVIOV, Vladimir Sergueievitch (1853-1900), philosophe religieux proche de Dostoïevski, poète précurseur des symbolistes et critique littéraire ; une des grandes figures de la vie spirituelle de la deuxième moitié du XIXe siècle : 108, 175, 194, 200, 291.

SOMOV, Konstantin Andreievitch (1869-1939), peintre et dessinateur, l'un des fondateurs de la revue *Le Monde de l'Art*, s'établit à Paris en 1925 : 311, 433.

SOUDEIKINA, Olga Afanassievna, née Glebova, (1885-1945), actrice chez Meyerhold, grande amie des poètes acméistes, en particulier d'Akhmatova : 91.

SOULTANOVA, Ekaterina Pavlovna, née Letkova (1856-1937), écrivain, traductrice, pensionnaire de la Maison des Arts : 135-136.

SOUMBATOV, Alexandre Ivanovitch (Youjine, dit) (1857-1927), acteur du Théâtre Alexandrinski et auteur de pièces à la mode : 111.

SOURGOUTCHEV, Ilia Dmitrievitch (1880-1956), écrivain et dramaturge proche des "réalistes" rassemblés autour de Gorki et de la revue *Znanie* ; sa pièce *Violons d'automne* fut montée au Théâtre d'Art de Moscou ; émigré, de tendance réactionnaire pro-hitlérien : 378, 450, 459.

SOUTINE, Chaïm (1893-1943), peintre français expressionniste, d'origine lituanienne établi à Paris à partir de 1913 : 313.

SPIRIDONOVA, Maria Alexandrovna (1889-1941), ancienne terroriste S.-R., condamnée au bagne en 1906, libérée en février 1917 ; devint l'un des leaders de l'aile gauche du parti S.-R., passa les années vingt et trente en déportation ou en prison ; fusillée à l'automne 1941, à la prison d'Orel : 103.

SPIRIDOVITCH, Alexandre Ivanovitch (1873-1959), général, chef de la garde du corps de Nicolas II (1906-1916), auteur d'une *Histoire de la terreur en Russie* ; vécut à Paris, mourut aux U.S.A. : 334.

STEIGER, Anatoli Sergueievitch (1907-1944), jeune poète de l'émigration qui fréquentait "les dimanches" de Z. Hippius et correspondait avec Tsvetaïeva : 414, 485.

STEINER, Rudolf (1861-1925), philosophe autrichien, fondateur de l'anthroposophie, vécut à Dornach (Suisse) ; la loge anthroposophique russe fut fermée en 1922 et ses adeptes poursuivis : 180-181.

STEPOUN, Fiodor Avgoustovitch (1884-1965), professeur d'université en Allemagne entre les deux guerres, consultant à Paris pour la rubrique littéraire des *Annales contemporaines* : 179, 409.

STOLYPINE, Piotr Arkadievitch (1862-1911), ministre de l'Intérieur et président du Conseil des ministres à partir de 1906 ; assassiné par un agent de la police politique affilié à un groupe révolutionnaire. Son nom resta attaché à la réforme agraire tendant à créer en Russie une classe moyenne de paysans aisés, propriétaires de leurs terres, les "Koulaks" : 35.

STOUPNITSKI, A.F., journaliste, collaborateur des *Dernières Nouvelles*, fut à l'origine de la rencontre entre l'ambassadeur soviétique, Bogomolov, et des écrivains de l'émigration ; quitta l'Union des Ecrivains et journalistes russes émigrés après la réunion du 22 novembre 1945 où, par voie de vote, on décida d'exclure les "patriotes soviétiques" comme n'étant plus des émigrés : 277.

STRUVE, Gleb Petrovitch (1898-1985), critique littéraire, spécialiste de la littérature de l'émigration (*La Littérature russe en exil*, éd. Tchekhov, 1956) et figure éminente du monde de l'édition : 180, 341.

STRUVE, Piotr Berngardovitch (1870-1944), économiste, historien, représentant du "marxisme légal", puis l'un des leaders du parti cadet ; émigra, travailla à la rédaction de divers périodiques : 255, 306, 312.

STRUVE, Mikhaïl Alexandrovitch (1890-1948), poète acméiste, émigra : 243, 390.

TATLINE, Vladimir Evgrafovitch (1885-1953), peintre, architecte, décorateur, constructiviste : 191.

TCHAADAIEV, Piotr Yakovlevitch (1793-1856), penseur russe, ami de Pouchkine, auteur des célèbres *Lettres philosophiques* dans lesquelles il soutint la thèse "occidentaliste" selon laquelle la Russie accéderait à la civilisation occidentale grâce à l'union des Eglises orthodoxe et catholique ; fut déclaré fou par les pouvoirs publics et obligé d'émigrer : 97, 200.

TCHABROV, Alexeï Alexandrovitch (Podgaïeski, dit) (1888-1935), acteur proche de Scriabine dans sa jeunesse, émigra, se convertit au catholicisme, entra au monastère (Belgique) : 180, 188.

TCHERNOV, Viktor Mikhaïlovitch (1876-1952), principal théoricien du parti S.-R., ministre de l'Agriculture dans le gouvernement provisoire, élu président de l'Assemblée constituante immédiatement dissoute par les bolcheviks (janvier 1918) ; émigra en 1920 : 179.

TCHERNYCHEVSKI, Nikolaï Gavrilovitch (1828-1889), représentant du socialisme utopique (*Que faire ?* 1863), philosophe et critique littéraire, idéologue des "hommes nouveaux" ou "nihilistes" des années 1860 : 213, 239, 316, 342, 500.

TCHIRIKOV, Evgueni Nikolaïevitch (1864-1932), écrivain et dramaturge réaliste, proche au départ de Tchekhov, puis de Gorki et de *Znanie* ; populiste, puis marxiste ; émigra et s'établit à Prague : 226.

TCHORNY, Sacha (Glickberg Alexandre Mikhaïlovitch, dit) (1880-1932), poète humoriste, collaborateur avec Teffi à la revue satirique *Satiricon* d'Avertchenko, publié à Pétersbourg (1903-1914), puis sous le nom *Le Nouveau Satiricon* (1914-1918), qui reparut à Paris après la révolution : 178, 319.

par Pouchkine, admiré par Tourgueniev, fut révélé au public vers 1850 par Nekrassov : 83, 91, 150, 156.

TOLSTAIA, Alexandra Lvovna (1884-1977), fille cadette de Léon Tolstoï, vécut aux U.S.A., auteur de mémoires sur son père : 506-509, 515.

TOLSTOI, Alexeï Nikolaïevitch (1883-1945), émigra et vécut à Paris et Berlin de 1918 à 1923 ; éditeur et rédacteur du quotidien *La Veille* (Nakanoune) ; rentra en U.R.S.S. et devint le principal écrivain de l'époque stalinienne : 192, 257, 339.

TOMACHEVSKI, Boris Viktorovitch (1890-1957), grand érudit, pouchkiniste, professeur et auteur de nombreux ouvrages sur la littérature russe : 150, 156.

TRIOLET, Elsa Yourievna, née Kagan (1896-1970), romancière russe d'expression française, amie à Pétersbourg de Maïakovski qu'elle présenta à sa sœur, Lilia Brik, en 1915. Epousa en 1918 un officier français, André Triolet, puis devint la compagne et l'inspiratrice d'Aragon à partir de 1928 : 180, 241.

TSETLIN, Mikhaïl Ossipovitch (1882-1945), poète et critique, issu d'une famille moscovite aisée ; fut également collectionneur de tableaux et éditeur de l'almanach *La Fenêtre* (Okno) ; anima un salon littéraire qu'il recréa en émigration. Sa femme, Maria Samoïlovna († 1972), était née Toumarkina : 236, 271-272, 280, 304, 317, 322, 368, 376, 431-432, 502, 504, 523.

TSVETAIEVA, Marina Ivanovna (1892-1941), poétesse, mémoiriste et critique ; l'un des grands poètes russes du XXe siècle ; ne peut être classée dans aucun courant littéraire précis, émigra en 1922, résida trois ans à Prague (1922-1925) puis s'établit à Paris, avec son mari, Serge Efron et ses deux enfants, sa fille Ariane et son fils Mour (né en 1925). Son mari, devenu collaborateur du Guépéou (police politique de Staline), rentra en U.R.S.S. avec Ariane en 1937 ; il y fut arrêté et fusillé, sa fille déportée et ballottée d'un camp à l'autre durant seize ans. Lorsque Marina finit par gagner l'U.R.S.S. à son tour avec son fils, en 1939, elle ne se rendait pas encore compte de l'étendue du désastre. Evacuée avec Mour à Elabouga, au début de la guerre, elle y mit fin à ses jours ; son fils fut mobilisé et tué au front. Seule Ariane survécut et fut réhabilitée en 1955 : 183, 225-230, 240, 291-292, 312, 316, 319, 351, 375, 379, 381, 448, 522.

VAGUINOV, Konstantin Konstantinovitch (1900-1934), poète acméiste à ses débuts, puis membre en 1927 du cercle avant-gardiste "Oberiou", dernier bastion à résister au "réalisme socialiste" ; mort de tuberculose : 142-143, 166.

VAKHTANGOV, Evgueni Bagrationovitch (1883-1922), metteur en scène du théâtre juif Habima (fondé en 1918 et qui monta en 1922 la pièce de An-ski *Le Dibouk*, écrit en yiddish et traduit en hébreu par le poète Bialik) et du Studio du Théâtre d'Art de Moscou : 188.

V.A.P.P. (R.A.P.P.), association panrusse des écrivains prolétariens, fondée en octobre 1920. Tomba sous l'influence des bureaucrates de la littérature les plus dogmatiques, du groupe "Octobre", à partir d'avril 1924. Leur organe de combat, *La Sentinelle* (Na Postou) pourchassa sans relâche dès 1926 tous les "non-alignés" tels que les "compagnons de route" du "Passage", les formalistes, etc. Rebaptisée R.A.P.P. (Association russe des écrivains prolétariens, 1928) elle conserva son hégémonie sur la littérature soviétique jusqu'à ce qu'elle cédât la place à l'Union des écrivains de l'U.R.S.S. (1932) : 169.

VASSILIEVA, Klavdia Nikolaïevna (1890 ?-1970), deuxième femme d'André Bely à partir de 1924 : 183, 185.

Veille (La) (Nakanoune), quotidien édité à Berlin (1922-1924), porte-parole des "Smenovekhovtsy", regroupés autour de l'almanach *Le Changement des jalons* (Smena Vekh). Mouvement recherchant la réconciliation et le retour des premiers émigrés en Russie soviétique. Représenté par A. Tolstoï, le professeur Karsavine, Sezeman et Loukianov... : 192, 195.

VENGUEROVA, Ziniada Afanassievna (1867-1941), critique et traductrice, épouse du poète décadent Minski ; fut la première dans les années 1890 à avoir publié en Russie un article sur la nouvelle poésie française des symbolistes et des décadents : 180.

VERBITSKAIA, Anastassia Alexeievna (1861-1928), auteur de romans faciles, populaires avant la révolution : 179.

VERKHOVSKI, Youri Nikandrovitch (1878-1956), poète, traducteur, ami de Blok, Khodassevitch, etc. : 152, 245.

VERTINSKI, Alexandre Nikolaïevitch (1889-1957), poète-chansonnier très populaire, vécut dans l'émigration jusqu'en 1943, se produisait dans les restaurants parisiens, rentra en U.R.S.S. où il devint acteur de cinéma : 352.

VICHNIAK, Abram Grigorievitch (1895-1943), directeur de la maison d'édition à Berlin, *Helikon*, qui publiait l'almanach de Bely, *Epopea*. Fut déporté par les nazis, et mourut à Auschwitz : 190.

VICHNIAK, Mark Veniaminovitch (1883-1976), S.-R., secrétaire de l'Assemblée constituante (1918), l'un des rédacteurs à Paris des *Annales contemporaines*. S'établit à New York où il collabora à partir de 1940 au journal *Time Magazine* : 238, 316, 320, 340, 366, 376.

Vie Nouvelle (Novaïa Jizn), journal de Gorki à Petrograd, fondé en avril 1917 et interdit par Lénine en juillet 1918. Les articles polémiques de Gorki ont été réunis et traduits en français par Lucile Nivat : *Pensées intempestives* (Le Livre de poche, coll. Pluriel, 1977) : 192, 206.

VINAVER, Maxime Moisseievitch (1863-1926), importante figure de la vie politique russe, député cadet de la Douma ; à Paris, éditeur de *La Tribune juive*, en trois langues. Egalement éditeur et rédacteur de l'hebdomadaire, *Le Chaînon*, supplément littéraire des *Dernières Nouvelles*. Auteur de Mémoires : 261-262, 271, 280, 331, 339.

VOLKONSKI, Sergueï Mikhaïlovitch (1860-1937), critique de théâtre, proche de Diaghilev et du "Monde de l'Art". Dans l'émigration, collaborateur des *Dernières Nouvelles* : 85, 381.

VOLNOV, Ivan Egorovitch (Vladimirov, dit) (1885-1931), écrivain soviétique "paysan" sans envergure ; ancien S.-R. ayant connu Gorki à Capri avant la révolution : 218.

VOLOCHINE, Maximilian Alexandrovitch (1877-1932), poète symboliste et peintre, vécut en Crimée à Koktebel où se reunissaient, l'été, les poètes de Moscou et de Pétersbourg dans les années 1912-1932 : Brioussov, Bely, Khodassevitch, Tsvetaïeva, Mandelstam... N'a pas émigré, mais fit partie de ceux qu'on a appelés les "émigrés de l'intérieur" : 255.

VOLODARSKI, Moisseï Markovitch (1891-1918), bolchevik, assassiné par le S.-R. Sergueiev : 156.

VOLSKI, Nikolaï Vladislavovitch (1879-1964), bolchevik et ami de Lénine dans sa jeunesse, puis menchevik ; travailla dans les années 1920 à la Commission du Plan, profita en 1928 d'une mission à l'étranger pour rester en Occident. Auteur sous divers pseudonymes d'articles précieux sur la politique soviétique. Mena une vie solitaire et retirée : 330, 336-337, 379.

LECTURE
par Michel Niqueux

La règle du jeu

Pas d'artifices ni de brouillage des cartes. Avec sa franchise habituelle, Nina Berberova définit son projet dès le début : "Ceci n'est pas un livre de souvenirs. C'est l'histoire de ma vie, une tentative pour la retracer dans l'ordre chronologique et pour en déchiffrer le sens." On ne saurait rêver de "pacte autobiographique[1]" plus explicite et plus sage.

La soumission à l'ordre chronologique révèle une volonté de maîtriser le temps, un refus de se laisser emporter par le courant irrationnel des associations spontanées, de s'abandonner à une mémoire par trop primesautière. La construction de l'autobiographie sera à l'image de la vie de l'auteur, qui fut lutte contre le chaos, l'impulsivité, l'informe (p.128, p. 469) et recherche d'un centre et d'une unité. La littérature moderne (V. Woolf, Joyce, Proust...) que Nina Berberova découvrit avec passion dans les années trente (p. 373) n'a pas eu d'influence sensible sur la quête autobiographique : la phobie de l'eau (p. 55), de l'engloutissement dans le mouvant ou de la dissolution dans l'inconscient (surmontée seulement en 1947 [p. 470]), l'instabilité funambulesque de l'existence, symbolisée par cet appartement de l'après-guerre au plafond et au plancher éventrés (p. 476), l'inconstance (p. 370), sont comme conjurées par la maîtrise de l'écriture et l'architecture du texte.

Ce choix initial, à travers lequel s'esquisse déjà l'autoportrait de l'auteur, détermine naturellement l'ordre du récit : la généalogie familiale, les lieux de l'enfance, le monde extérieur, la vocation, les études, les premières amours, etc. Un biographe ne procéderait pas autrement. Nina Berberova, qui a écrit avec brio des biographies de Tchaïkovski, Borodine, Blok, et (après *C'est moi qui souligne*) de la baronne Boudberg, ne nous donne-t-elle pas une nouvelle *biographie* dans laquelle le personnage serait l'auteur ? A la biographie, plus qu'à l'autobiographie, se rapportent en effet la reconstitution linéaire du passé, moins retrouvé que donné, l'utilisation du "langage d'aujourd'hui" (p. 23), qui explique l'anachronisme de certaines images (l'immeuble de dix étages, p. 118), le recours à des documents variés : lettres, déclarations collectives, tel l'appel contre la censure de 1927 (p. 250), extraits de carnets personnels (pour la maladie de Khodassevitch et la période de l'Occupation : "Le Cahier noir"). Le *je* est ainsi relayé par d'autres voix, le monologue devient polyphonie.

Et cependant *C'est moi qui souligne* n'est pas une biographie en bonne et due forme. Le titre même est là pour affirmer l'entière liberté de l'auteur dans le choix de ce qu'il se propose de livrer à la postérité : "J'écris l'histoire de ma vie et suis libre de la rédiger selon ma fantaisie. Je peux dévoiler ou non des secrets..." (p. 409). Le texte russe dit : "J'écris la saga de ma vie" : toute autobiographie tend à l'épopée. La liberté créatrice, qui semblait avoir été abdiquée en faveur d'une règle contraignante, est ici retrouvée. Nina Berberova sait que l'art n'est pas fatras, mais affaire de choix et de pesée. Ces choix peuvent être jugés, interprétés, mais on ne saurait les reprocher à l'auteur qui tient à "assumer pleinement la responsabilité [de ces pages] pour ce qui y est dit et aussi pour ce qui est tu. "Deux règles m'ont guidée dans leur rédaction : une sincérité totale et le souci de préserver ma vie personnelle" (p. 410). Une autobiographie n'est pas une confession. Comme l'héroïne du *Roseau révolté*, Nina Berberova défend son droit à un espace secret intime, un *"no man's land*[2]" qui lui assure indépendance et liberté. Ce désir est lié à une pudeur (mais non pruderie) qui remonte à l'enfance (p. 40) et à une aversion pour les élans et épanchements lyriques (p. 45) que traduit le laconisme elliptique des "petits romans". Nina Berberova n'a du reste pas besoin de s'exhiber : elle est tout entière dans l'arrangement de son livre, dans ses aveux et ses silences, dans ses métaphores et ses portraits.

La volonté de produire une image de soi autonome, la présence d'un moi délibérément fragmentaire, l'art du *nota bene*, font de *C'est moi qui souligne* un texte plus moderne qu'il ne semblait.

L'intention

D'emblée aussi, l'incipit répond à la question que l'on est en droit de poser à tout autobiographe qui n'a pas de "lettres de créance" spéciales (p. 17) : Nina Berberova veut "déchiffrer le sens" de sa vie, une fois celle-ci arrivée au port dans cette nouvelle patrie que devinrent pour elle les Etats-Unis à partir de 1950.

La "connaissance de soi", "donnée constante" de la vie de Nina Berberova (p. 24), conduit à un équilibre libérateur : "Après avoir pris la mesure de moi-même, je voulais me libérer, atteindre un équilibre intérieur, trouver des réponses aux questions posées, défaire des nœuds et ramener le dessin confus et morcelé à quelques lignes simples" (p. 26). L'auteur se libère ainsi du dualisme, de l'angoisse, de la peur de l'opinion d'autrui, etc. (p. 469). Sous une forme sécularisée, on reconnaît la visée de toute autobiographie spirituelle : le "remembrement de la personnalité", l'édification de soi en vue d'une édification des autres, le bilan d'une vie[3]. La "dernière expérience" peut être alors abordée sereinement (p. 540). L'écriture romanesque a du reste la même finalité cathartique : "Je voulais écrire, non pour un lecteur bienveillant, mais pour me purifier au cas où j'arriverais à me connaître avant de mourir" (p. 244).

Quand l'image de soi est reconstituée, épurée et représentée par quelques symboles simples (la couture [p. 47, 60], la feuille d'artichaut [p. 123, 411], Tobie et l'Ange [p. 233]), l'introspection laisse la place aux souvenirs littéraires, et l'autothérapie au témoignage. L'intention peut paraître différente, mais le registre est le même : tout est vu par un sujet témoin, un témoin de son siècle, avec sa sensibilité et ses goûts, loin de l'observateur impassible du "nouveau roman" : "Je vais parler [...] de *mes* relations avec autrui" (p. 23). C'est encore un autoportrait sans complaisance ni fausse modestie qui se profile derrière le portrait des autres, illustrant cette "nécessité d'aimer et d'être aimé" affirmée au terme de l'excursion préliminaire sur les relations littéraires franco-russes (p. 19).

"L'acte d'écrire se présente en regard de chacun de ses destinataires comme une demande de reconnaissance, d'amour ou encore comme un plaidoyer destiné à dresser et à imposer une image de soi aimable et propre à désarmer le regard de l'autre. En ce sens l'autobiographie est donc tentative de *séduction* : c'est en tant qu'objet à séduire que mon interlocuteur imaginaire agit sur le contenu et la forme de mon discours, sur ce que j'y exhibe et ce que j'y censure[4]."

L'accueil réservé par les lecteurs et les médias à l'œuvre de ce roseau qui a résisté à toutes les tempêtes résout la question de la séduction, si tant est qu'il y ait eu volonté initiale de séduire. Mais quel était le *destinataire* de l'autobiographie, puisqu'elle ne se réduit pas à l'autodestination (la "connaissance de soi") ? Ecrite en russe aux Etats-Unis de 1960 à 1966, alors que Nina Berberova avait atteint à la consécration universitaire, publié en anglais en 1969 puis en russe trois ans plus tard[5], *C'est moi qui souligne* s'adressait autant au lecteur étranger qu'au lecteur russe. Tâche difficile, le degré d'information n'étant pas le même pour les deux catégories de lecteurs, et qui est résolue par la pluralité des genres : le lecteur étranger entre de plain-pied dans la genèse d'une personnalité, le second dans les souvenirs littéraires, où il trouvera, selon son degré d'initiation, du connu, de l'inconnu, du pittoresque ou de la polémique. Un index biographique est là pour donner les points de repère indispensables. Dans l'édition française, qui sert l'original avec élégance et intelligence, il a été ramené au strict nécessaire.

Les mythes fondateurs

Déjà manifeste dans la "règle du jeu", le *je* dont l'histoire nous est contée est inséré dès le début dans une généalogie familiale à laquelle se mêle l'évocation des premiers souvenirs. Si les "digressions relatives à son arbre généalogique [...] n'ont plus qu'un intérêt secondaire" pour la littérature moderne (p. 374), elles restent un terrain de prédilection pour Nina Berberova qui n'a jamais reconnu les liens du sang" (p. 96), mais possède une âme d'historienne et de détective. Imbattable sur la chronique mondaine, douée d'une mémoire des noms phénoménale, elle aime fureter dans le passé, compulser les archives (on le verra dans son livre sur les francs-maçons russes, *Les Hommes et les Loges* [p. 330-337]), débrouiller des fils, traquer des secrets (le Tchaïkovski homosexuel, la baronne Boudberg, dont le rôle d'agent double n'avait pas encore été élucidé dans *C'est moi qui souligne* [p. 199]).

La généalogie est l'une des composantes du mythe personnel de l'écrivain, c'est-à-dire de l'ensemble des éléments internes et externes de la biographie qui ont été consciemment valorisés et à partir desquels la personnalité s'est formée et interprétée. Il faut en retenir la double ascendance, russe (du côté maternel) et arménienne (du côté paternel) : cette double culture donne déjà le sentiment de l'universalité (contre l'enfermement dans le "nid", quel qu'il soit), et place Nina Berberova dans la riche lignée des écrivains russes qui ont une part de sang méridional, et notamment Pouchkine, à l'époque duquel notre auteur a le sentiment d'être relié (p. 73). Symbolique aussi est la figure de l'arrière-grand-père maternel que la tradition familiale donnait pour le prototype d'Oblomov (p. 29), ce héros de Gontcharov qui, plus qu'un personnage de roman, est "un des mythes essentiels de la littérature, de la culture et de la pensée russes[6]" : non seulement un pantouflard, mais un sage qui se détache des choses du monde pour trouver la paix de l'âme. Réduit par la critique à un symbole de la Russie aboulique, il sera bien sûr un repoussoir pour Nina Berberova, l'anti-Oblomov par excellence.

Nina Berberova a toujours été attirée par les "Russes européens", libéraux, humanistes, ouverts au progrès et à la démocratie. Son grand-père paternel en fut un (p. 49), son père aussi, haut fonctionnaire (5e classe de la noblesse) du ministère des Finances, pour lequel elle éprouve un attrait qu'elle ne cache pas (p. 55). Avec l'hostilité envers la mère (p. 43, 44), victorienne engoncée dans les conventions sociales (p. 65), nous avons là un exemple classique de complexe d'Œdipe. C'est aussi une interprétation freudienne qui est suggérée pour l'apparition du désir d'un métier, présenté rétrospectivement comme une compensation au complexe de castration (p. 37).

Plus significatif est un souvenir d'enfance qui paraît bien avoir joué le rôle de scène fondatrice : cachée derrière un rideau, la petite-fille assiste à une consultation de son grand-père médecin (p. 52). Elle est punie, mais la curiosité imaginative, le don d'observation tout gogolien (cf. le début du chapitre VI des *Ames mortes*) ou flaubertien ("le coup d'œil médical de la vie") détermineront la création littéraire de Nina Berberova : "Je me mis à m'intéresser à «ce qui se passait derrière le paravent». J'aimais regarder à travers les fenêtres, surtout le soir, sans le moindre désir de partager la vie des autres, mais seulement pour la connaître, la comprendre et échafauder des hypothèses [...]. Cette habitude de regarder à travers les fenêtres d'autrui m'a permis, beaucoup plus tard, d'illustrer par des images un de mes récits" (p. 110). Nina Berberova mentionne *Le Cap des tempêtes* et *La Grande Ville* (non encore traduits en français). On pense naturellement à l'accompagnatrice devenue limier, cachée derrière la cloison d'un café[7], à la fillette de *Platch (De cape et de larmes)*, qui observe la vie des adultes derrière un paravent. Dans *C'est moi qui souligne*, il y a l'enfant "tapie au fond du grand fauteuil du coin, derrière le canapé" (p. 41), qui écoute son grand-père parler aux moujiks, il y a l'envie d'accompagner une jeune prostituée dans le Moscou d'après la révolution, – "toujours mon désir de regarder ce qui se passait «derrière le paravent»" (p. 119) –, la scène de voyeurisme à l'arrivée à Berlin (p. 177), la fréquentation des séances du tribunal (en tant que journaliste), d'où est peut-être sortie l'intrigue du *Laquais et la Putain* (p. 359). L'*Histoire de la baronne Boudberg* doit beaucoup aux conversations entre la baronne et Khodassevitch, écoutées par Nina Berberova (qui avait respectivement neuf et quinze ans de moins qu'eux) "assise dans un coin près de la fenêtre [8]".

Curiosité provoquée par la vie de l'enfant dans un monde d'adultes, la distance de l'âge, côté dostoïevskien de Nina Berberova ? Il n'est pas d'écrivain sans ce regard en éveil, ce don d'observation à l'œuvre dans les portraits comme dans les descriptions de la nature, qui crée si bien, à partir de quelques notes d'une remarquable précision, ces sonatines berberoviennes reconnaissables entre toutes : ainsi, dans *C'est moi qui souligne*, ces marronniers de Paris qui en automne ont les feuilles couleur cigare et qui au printemps s'épanouissent en premier près des bouches de métro (p. 297), ou ces figues tombées dont le sucre s'est cristallisé durant la nuit (p. 472).

La vocation

Découverte d'une poésie de Lermontov (p. 64), compensation d'un manque, choix fait au hasard (p. 36-37), réponse au mystère de la puberté[9], peu importe comment le désir d'écrire des vers est venu : il y avait des poètes en herbe dans toutes les bonnes familles russes. L'important est que ce désir ait été ressenti comme nécessité et vocation (p. 67).

Cette vocation a été nourrie et soutenue par ce que l'on appelle, à la suite du critique d'art et mémorialiste S. Makovski (1877-1962), émigré lui aussi, l'"Age d'argent", par référence à l'"Age d'or" de l'époque de Pouchkine. Au début des années dix du XXe siècle, le symbolisme a connu son apogée, le futurisme défie toutes les traditions, l'acméisme s'affirme en réaction contre l'un et l'autre. Les circonstances ont placé Nina Berberova dans la mouvance de l'acméisme : au lycée, elle se lie avec la sœur du poète Nikolaï Otsoup, son professeur de français est la sœur du poète et critique Georges Adamovitch et c'est elle qui la présentera à Anna Akhmatova (p. 93), que Nina Berberova imitait alors (p. 86) ; en 1921 Goumiliov lui fait la cour et l'invite à son séminaire de poésie "Le Coquillage sonore" (p. 141), elle fréquente aussi le séminaire de traduction poétique de M. Lozinski (p. 155). Tous ces noms sont liés à l'acméisme. *Acméisme* (du grec *acmé*) veut dire pointe suprême, plein épanouissement. C'est un mouvement qui rappelle un peu notre mouvement parnassien. Dans leurs manifestes de 1913, Goumiliov et Gorodetski prônaient un retour au concret, sur la "planète Terre", dans un "monde sonore, coloré, doté de formes, de poids et de durée". Le mot clair et net est matériau de construction et non pont entre le "réel" et le "plus réel". Le mysticisme dualiste, avec ses correspondances, est laissé aux symbolistes. Nina Berberova trouvait dans l'acméisme l'équilibre et la mesure apolliniens auxquels elle aspirait, ainsi que "la clarté du dessin, la précision du mot" (p. 522). Dionysos n'est pas son dieu. L'acméisme s'est aussi appelé "adamisme", que Goumiliov définissait ainsi en 1913 : "regard courageusement ferme et lucide sur la vie" : n'est-ce pas exactement le regard que conserva Nina Berberova toute sa vie ?

Avec les acméistes, les "Frères de Sérapion" et les "formalistes" (voir l'index), fréquentés en 1921-1922, enracinent Nina Berberova dans le concret, la culture européenne, lui apprennent le métier. Tous ces groupes se rencontraient et cohabitaient dans la Maison des arts, arche de Noé, "Nef des fous" (Olga Forch), ruche littéraire créée par Gorki en décembre 1919, en plein "communisme de guerre" pour sauver l'intelligentsia de la faim et du froid, et fermée à l'automne 1922 par Zinoviev qui n'y voyait qu'un "nid bourgeois". C'est là que Nina Berberova rencontre V. Khodassevitch, proche du mouvement acméiste sans y avoir adhéré formellement.

Malgré les dénégations initiales (p. 23, 24), *C'est moi qui souligne* comporte une part importante de souvenirs littéraires, auxquels les historiens de la littérature font souvent référence.

Au centre, bien sûr, Vladislav Khodassevitch, compagnon d'infortune de Nina Berberova de 1922 à 1932, poète raffiné et désabusé, tenu en très haute estime par V. Nabokov, essayiste et critique exigeant, pouchkiniste, mémorialiste pénétrant[10]. Le portrait de Khodassevitch (chapitres 3 et 5), complété par le journal de son agonie, est un document précieux, poignant, et circonstancié. Nina Berberova ne cite que quelques lettres de V. Khodassevitch (la plus importante étant sans doute celle du printemps 1933, p. 385), mais la lecture des soixante-quatorze lettres de V. Khodassevitch à N. Berberova (1926-1939) récemment publiées en russe[11] n'apporte guère plus que ce qui est livré dans l'autobiographie. Elle confirme notamment que lorsque Nina Berberova voulut reprendre sa liberté, ne se sentant plus la force de jouer le rôle de bouée de sauvetage pour Khodassevitch, elle continua à être un soutien pour lui, de même que pour sa quatrième femme, Olga Margolina, qui périra dans un camp de concentration nazi.

Les autres portraits littéraires sont disposés dans un ordre rigoureux : d'abord les émigrés de Berlin (ville qui servit de salle d'attente d'où certains écrivains comme A. Tolstoï et A. Biély repartiront pour l'URSS), puis Gorki en Allemagne et en Italie, dans l'entourage duquel Nina Berberova vécut à plusieurs reprises entre 1922 et 1925 et dont elle donne un portrait très perspicace, loin de toute hagiographie (il sera repris et complété dans l'*Histoire de la baronne Boudberg*). C'est ensuite le passage en revue de la vieille génération des émigrés de Paris (le couple Merejkovski-Hippius, Ivan Bounine, Remizov, Boris Zaïtsev) puis de la "jeune génération" (p. 289), génération perdue de laquelle seuls V. Nabokov et Nina Berberova émergeront[12]. La galerie se termine par quelques souvenirs sur des artistes, des hommes politiques (Kerenski) et sur les rédacteurs des *Annales contemporaines*, où Nina Berberova publia ses romans et récits des années trente.

Nina Berberova a souvent dit ne jamais s'être intéressée "qu'aux gens"[13]. Ses portraits témoignent de cette aptitude à voir d'abord l'homme dans l'écrivain, avec ses qualités et ses faiblesses, ces petits riens qui révèlent une personnalité dès la première rencontre : la synecdoque (la partie pour le tout) est maniée avec art (le détail révélateur), mais parfois comme un "poignard" (p. 275) : le pot de chambre de Bounine (p. 277), emblème de sa grossièreté démonstrative, ou les dessous roses de Z. Hippius (p. 262) ont fait jaser. La déchéance, les compromissions politiques sont dénoncées sans pitié, mais les marques de sympathie (lettres, poésies) ne sont pas oubliées. L'anecdotique se mêle à l'histoire et à la critique littéraires, avec des jugements sur l'homme et l'œuvre toujours incisifs, "à l'emporte-pièce" (p. 284), même si certains peuvent paraître un peu hâtifs[14]. Nina Berberova sait manier l'étrille comme Saint-Simon, Chateaubriand ou Nabokov, dont les commentaires acerbes sur le Gogol moraliste et Gorki concordent avec les siens[15]. Avec souvent le mot qui ouvre des horizons, la notation qui recueille comme dans une goutte d'eau tout l'univers de l'écrivain : la russité de Léon Bloy (p. 453), les tons pastel de Zaïtsev (p. 288), etc.

Le lecteur russe ou slavisant se délecte, ou regimbe, devant cette adresse à planter des banderilles (qui avait déjà été notée pour *Tchaïkovski*[16]), auxquelles n'échappent guère que Boris Zaïtsev, pourtant peintre de la "vieille Russie", Pavel Mouratov, un "Russe européen", Nabokov et Kerenski. Notre propos n'est pas d'essayer d'établir ou de rétablir une hypothétique vérité, en confrontant tous les souvenirs, par définition subjectifs, écrits sur l'émigration russe : ceux d'Irina Odoevtseva (née en 1901), épouse de Gueorgui Ivanov, qui fréquenta comme Nina Berberova le séminaire de Goumiliov et les "dimanches" de Merejkovski à Paris, ceux de Zinaïda Schakhovskoy, ancienne directrice de *La Pensée russe*, de Boris Zaïtsev, Iouri Terapano, G. Annenkov, R. Goul, qui accueillit Nina Berberova aux Etats-Unis (il est désigné par un G. page 494, mais figure à l'index), auteur, entre autres, d'un panorama encyclopédique de la vie culturelle de l'émigration à Berlin et à Paris. Il y a aussi les mémoires littéraires de Bounine, où seuls Tolstoï et Tchekhov échappent à sa férocité hargneuse. Plus qu'un trait russe, cette animosité est peut-être le lot de toute émigration, close sur elle-même et divisée, prompte à rompre et lente à se raccommoder. Les portraits berbéroviens renferment en eux-mêmes leur vérité : à la fois reflets d'une réalité vue à travers un moi, et image en retour du témoin. Même lorsqu'ils sont emplis de sympathie, ils font naître l'envie d'aller aux sources, c'est-à-dire aux œuvres : Merejkovski, qui a été abondamment traduit dans les années vingt et trente et fut en concurrence avec Bounine pour le prix Nobel de 1933, Ivan Chmeliov dont le *Garçon !*[17] (p. 451) est un classique (on en retrouve l'écho dans le héros du *Laquais et la Putain*), Kouprine qui est le "Maupassant russe", Bounine un peintre de l'âme et de la nature et un styliste d'une extraordinaire précision. D'Ossorguine, qui n'avait rien d'un prosoviétique, il faut lire *Une rue à Moscou* (1928, rééd. L'Age d'homme, 1973), sur l'irruption de la révolution dans le nid familial. Il y a là tout un continent que les Soviétiques sont en train d'éditer et de découvrir. Il en va de même pour les artistes : Alexandre Benois retombant en enfance (p. 307) est amusant ou bouffon, mais il fut l'un des grands décorateurs des Ballets russes et un historien de l'art réputé. De même, on aimerait en savoir plus sur l'activité de peintre de N.V.M. (deuxième mari de Nina Berberova, présent dans l'index à Makeiev), élève d'Odilon Redon.

La part que Nina Berberova accorde à sa propre activité littéraire est modeste, trop modeste depuis sa résurrection comme écrivain. Peut-être est-ce parce que l'écriture ne fut d'abord qu'un gagne-pain[18], et parce qu'elle a toujours "aimé la vie plus que la renommée littéraire" (p. 244, 345) ? Aussi, ses débuts sont-ils sévèrement jugés par l'auteur, qui est critique envers lui-même comme envers ses contemporains (p. 375, 494). Nina Berberova se reconnaît pour maîtres Dostoïevski, Chateaubriand, Flaubert, et "surtout Proust, que je relis sans cesse[19]". Les *Mémoires d'outre-tombe* sont l'une de ses œuvres de prédilection. Pour Dostoïevski, on peut supposer que c'est le peintre des "humiliés et offensés" plus que le prophète du célèbre discours sur Pouchkine (p. 532) qui l'attire. Comme sans doute le Flaubert de *Madame Bovary* et *Bouvard et Pécuchet*, et le Proust de *Du côté de chez Swann*. Affinités, cependant, plus qu'influences : la phrase de Nina Berberova, en particulier, n'a rien des arabesques de celle de Proust ou du lyrisme de Chateaubriand (le lecteur trouvera cependant une atmosphère romantique dans *Roquenval*, dont on peut faire une lecture sociale ou poétique, rappelant *Le Grand Meaulnes*). Sur la création elle-même, peu d'aveux, sinon que celle-ci est ressentie comme un "processus physiologique", la "ponte d'un œuf" (p. 494), la naissance d'un "embryon" (p. 540). Nina Berberova ne regrette pas de ne pas avoir eu d'enfants[20] : ses livres lui en tiennent lieu.

L'espace autobiographique

"Je ne vous raconterai pas ce que j'ai fait, mais je vais vous dire qui je suis" – telle est la formule de l'autoportrait littéraire, dont les *Essais* sont le modèle[21]. A la fin de *C'est moi qui souligne*, Nina Berberova estime qu'elle n'a fait "qu'être" (p. 539). Tout concourt dans ce livre à tracer un autoportrait de l'auteur : la "forme" comme le "fond", les souvenirs littéraires autant que les éléments biographiques.

La philosophie de l'existence qui ressort de cet autoportrait repose sur l'affirmation du primat de la vie, d'une vie vécue "dans la féroce immanence de l'instant" (p. 231), ressentie comme un potentiel d'énergie vitale liée à l'énergie cosmique (p. 25). C'est ce principe vital (il y a du vitalisme chez Nina Berberova) qui lui permet de surmonter le dualisme (p. 47, 433), d'accepter et même d'aimer la solitude (p. 43) contre le refuge du "nid", sans se plaindre du destin ni se laisser écraser par lui, en trouvant la force de "faire peau neuve" plusieurs fois dans l'existence (p. 533), de "mourir et ressusciter intérieurement[22]", de s'observer et d'observer les autres avec cette distance ironique qui permet de garder son intégrité et sa liberté[23].

Nina Berberova n'est pas une philosophe. Mais sa conception de l'existence comme "seule et unique réalité" (p. 96), son rejet catégorique de la métaphysique[24], le sentiment de l'absurde (p. 533), le jeu de la liberté qui résulte d'un choix (p. 37) et de la responsabilité, par lequel l'homme, seul face à lui-même, se crée sans cesse (p. 96-97), tout cela fait penser à l'existentialisme. A l'existentialisme comme humanisme et non engagement politique, car Nina Berberova n'a partagé aucun des errements ou aveuglements de l'intelligentsia parisienne de gauche (p. 300) : le procès de Kravtchenko, qu'elle couvrit pour *La Pensée russe* (ses comptes rendus d'audience furent réunis en volume en 1949 et paraîtront prochainement chez Actes Sud), fut l'une des "impressions les plus fortes" de sa vie (p. 479). Elle doit cette indépendance d'esprit à son expérience du bolchevisme, mais aussi à une bonne information sur l'URSS stalinienne qu'elle tenait des émigrés mencheviks (comme B. Nikolaïevski ou Volski-Valentinov (p. 336), auteur d'intéressants souvenirs sur Lénine et sur les symbolistes) restés en contact avec leurs coreligionnaires survivant en URSS[25]. Lucidité, mais non pessimisme : en 1967, Nina Berberova entrevoyait déjà la nécessité et les limites du gorbatchévisme : "Un peuple ne peut être à jamais coupé de l'évolution générale de la civilisation. Cependant, si les bases du régime ne sont pas révisées, l'ère glaciaire de l'idéologie risque de revenir à n'importe quel moment" (p. 382).

L'autoportrait de Nina Berberova ne se limite pas à *C'est moi qui souligne*. Cet ouvrage se rattache à l'ensemble des textes non explicitement autobiographiques (textes de fiction, biographies, poésies) et forme avec eux un "espace autobiographique[26]". Tous les "petits romans" (sauf *Astachev à Paris* et *Le Laquais et la Putain*) sont écrits à la première personne, et le narrateur est féminin (sauf dans *Le Mal noir* et *Roquenval*). Le recours au "je" n'indique pas une identité du narrateur-personnage et de l'auteur, mais suggère cependant dans l'esprit du lecteur une certaine contiguïté entre eux. La lecture de l'autobiographie permet de voir comment le réel et l'expérience sont transmutés dans l'œuvre littéraire : on retrouve les mêmes cadres spatio-temporels – premières années de la révolution *(L'Accompagnatrice)*, le Paris de l'émigration, dont l'atmosphère est si bien rendue dans *C'est moi qui souligne (Le Laquais et la Putain, Astachev à Paris)*, l'Occupation (*La Résurrection de Mozart, Le Roseau révolté*, qui a notre préférence), la Suède *(Le Roseau révolté)*, les Etats-Unis *(Le Mal noir)* –, les mêmes destins de "déclassés" (p. 28) "entre la joie et l'horreur[27]". Les concordances de situation et de sensibilité entre le narrateur et l'auteur de l'autobiographie permettent par exemple de tenir *Le Roseau révolté* pour un récit "sans doute plus que les autres nourri de [la] propre histoire" de Nina Berberova[28].

Mais le texte le plus immédiatement autobiographique après *C'est moi qui souligne*, et son complément indispensable, est la biographie de la baronne Boudberg, amante du diplomate et agent britannique Lockhart, du tchékiste Peters, de Gorki dans les années vingt et enfin de H.G. Wells. En russe, l'ouvrage est intitulé *La Dame de fer*. C'est l'histoire de la *survie* d'une jeune fille de l'aristocratie russe dans la tourmente révolutionnaire, l'émigration puis la guerre. *C'est moi qui souligne*, où l'héroïne a aussi un tempérament "de fer" (p. 365), est la réponse à la constatation étonnée d'une amie, après la guerre : "Mais toi, tu as survécu !" (p. 492). Nina Berberova a connu la baronne Boudberg à Berlin, a vécu sous le même toit qu'elle à Sorrente chez Gorki, l'a revue à Paris. Elle utilise largement ses souvenirs, qui complètent pour la période berlinoise et italienne ceux de l'autobiographie, et perce les secrets de cette baronne (qui ne fut baronne que par un mariage blanc) avec une grande intuition[29].

Dans cette biographie, on voit Nina Berberova à la fois fascinée par l'énergie vitale de Moura (le petit nom de la baronne), sa liberté, sa modernité, mais réticente dès que celle-ci se met à pactiser avec Staline : "Je comprenais et estimais son énergie, sa vitalité, son désir acharné et instinctif de «ne pas périr» [...] Toutes les deux, nous avions décidé une fois pour toutes de ne pas retourner à la vie de caverne et connaissions les moments où il fallait prendre nos responsabilités et choisir[30]".

L'exemple de Moura n'a-t-il pas fortifié Nina Berberova, de neuf ans plus jeune, dans sa volonté de "survivre", mais de "survivre à [sa] manière", sans devenir "épervier ni léopard[31]", en conservant son "mystère et [sa] liberté[32]" ?

Personne ne m'a jamais dit "Ne pleure pas"
Et je n'ai encore jamais dit "Pardon" à quelqu'un.
....
Solitude, souveraine est ton allure,
Insoumission, haute est ta voix impitoyable[33] *!*

NOTES DE LA LECTURE

1. Cf. Philippe Lejeune, *Le Pacte autobiographique*, Le Seuil, 1975 ; "Le Pacte autobiographique (bis)" in *Poétique*, 56, 1983.
2. Nina Berberova, *Le Roseau révolté*, Actes Sud, 1988, p. 32, 67, 69.
3. Cf. G. Gusdorf, "De l'autobiographie initiatique à l'autobiographie genre littéraire", *Revue d'histoire littéraire de France*, n° 6, 1975 *(L'Autobiographie)*, p. 957-994.
4. H. Brochier, "Psychanalyse et désir d'autobiographie" in *Revue de l'Institut de Sociologie* (Bruxelles), n° 1-2, 1982 *(Individualisme et autobiographie en Occident)*, p. 181-182.
5. Une deuxième édition, revue et corrigée, a paru en 1983 à New York. Elle est suivie de lettres de sympathie reçues d'URSS, premiers signes de ces retrouvailles des deux Russies que la perestroïka a rendues possibles.
6. J. Bonamour, *Le Roman russe*, PUF, 1978, p. 58.
7. Nina Berberova, *L'Accompagnatrice*, Actes Sud, 1985, p. 88-93.
8. Nina Berberova, *Histoire de la baronne Boudberg*, Actes Sud, 1988, p. 180.
9 'Je suppose que la poésie a jailli en moi du fait de cette mystérieuse mutation intérieure et extérieure, que je n'arrivais pas à maîtriser" (entretien avec Jean-José Marchand, *La Quinzaine littéraire* du 1er au 15 juin 1989, p. 10).
10. Son recueil de portraits littéraires, *Nécropole*, doit paraître aux éditions Actes Sud.
11. Publication de D. Bethea, *Minouvchee*, Istoritcheski almanakh (Paris), n° 5, 1988. Pour une analyse de la poésie de V. Khodassevitch, voir l'étude de John E. Malmstad in *Histoire de la littérature russe du XXe siècle. La Révolution et les années vingt*, Fayard, 1988, p. 113-126, et l'article de G. Nivat, "Angoisse et classicisme dans la poésie de Khodassevitch" in *Cahiers du monde russe et soviétique*, 1989,

vol. XXX (3-4), p. 309-320. Treize poésies de Khodassevitch ont été traduites dans *Poésie russe*, anthologie présentée par E. Etkind, La Découverte / Maspero, 1983.

12. Dans le chapitre sur "Les jeunes prosateurs" de son ouvrage *La Littérature russe en exil* (1956, en russe), Gleb Strouve place Nina Berberova, à laquelle il consacre deux pages, juste après V. Nabokov et avant G. Gazdanov (1903-1972), dont la manière est proche de celle de Nina Berberova.

13. Cf. entretien avec J.-M. Rouart et J.-R. Van der Plaetsen, *Le Figaro*, 2 octobre 1989, p. 22 ; *Literatournaïa gazeta*, 4 octobre 1989, p. 5.

14. Ainsi, les poésies du *Docteur Jivago*, "teintées de religiosité" (p. 221), qui forment un cycle indissociable du roman, auquel elles donnent sa dimension symbolique, sont rejetées, de même que le Gogol mystique des *Passages choisis de ma correspondance avec mes amis* (le "Pascal russe", pour L. Tolstoï) et celui du second tome des *Ames mortes* (p. 225). C'est là une attitude traditionnelle depuis Biélinski. De même, les jugements sur les moujiks (un terme péjoratif) ou sur Nicolas II sont peu nuancés (sur ce dernier, voir Marc Ferro, *Nicolas II*, Payot, 1990). Mais ils reflètent bien l'attitude de l'intelligentsia libérale d'avant la révolution.

15. Cf. V. Nabokov, *Littératures II*, Fayard, 1985.

16. Anne Rey, "'Le *Tchaïkovski* de Nina Berberova", *Le Monde*, 31 mars 1987.

17. Réédité aux éditions Actes Sud en 1989, avec une préface d'Henri Troyat.

18. Entretien avec K. Privalov, *Literatournaïa gazeta*, 17 mai 1989, p. 15.

19. Entretien avec J.-J. Marchand, article cité.

20. Cf. Hubert Nyssen, *L'Editeur et son double*, Actes Sud, 1988, p. 168.

21. Cf. Michel Beaujour, "Autobiographie et autoportrait", *Poétique* 32, 1977, p. 442-448 ; *Miroirs d'encre*, Le Seuil, 1979.

22. Nina Berberova, *Le Mal noir*, Actes Sud, 1989, p. 90.

23. Cf. p. 503 un exemple de cette ironie mordante : "J'avais peur qu'il ne propose de m'en prêter (de l'argent), mais il n'en fit rien." Cf. p. 532-533 sur l'humour et le sérieux.

24. Comme une large partie de l'intelligentsia libérale d'avant la révolution, Nina Berberova est dans ce domaine l'héritière du positivisme (p. 46). Sur l'"immanence" opposée à la transcendance (p. 26), Nina Berberova s'est clairement exprimée lors d'une de ses rencontres publiques à Moscou. A quelqu'un qui lui demandait de parler de sa "philosophie de la vie", elle fit la réponse suivante : "Je n'y ai jamais pensé. Mes fondements ont été inébranlables depuis l'âge de vingt ans jusqu'à maintenant. Je n'ai

besoin de rien d'autre. Ni de la vie éternelle, ni d'adorer le Dieu chrétien ou quelque idole. Toutes les lois – chrétiennes, démocratiques, humaines – sont avec moi et je n'en cherche pas d'autres. Votre question est même étrange pour moi. Je cherche mes mots pour vous répondre, car je n'ai jamais sérieusement pensé à cela. Je considère ces discussions comme une pure perte de temps. Le bouddhisme, le christianisme, je n'en ai que faire, je ne crois en rien de tout cela. Il y a des principes qui sont identiques aussi bien dans le christianisme, le bouddhisme que, d'ailleurs, dans le socialisme classique – les "Tu ne tueras pas", "Tu ne voleras pas"...
— Il serait intéressant de savoir à quel socialisme classique vous pensez ?
— En tout cas, bien sûr, pas à celui sous lequel il y a eu le goulag." (*Literatournaïa gazeta*, 4 octobre 1989, p. 5.)

25. Cf. entretien avec K. Privalov, article cité. Au moment de la révolution, Nina Berberova dit avoir été proche de Martov (p. 103), c'est-à-dire de l'aile gauche des mencheviks.

26. Expression de Ph. Lejeune, *op. cit.*

27. "Le sujet de tous mes livres, le voilà : la situation de l'homme entre la joie et l'horreur" (entretien avec J.-J. Marchand, article cité).

28. H. Nyssen, quatrième de couverture du *Roseau révolté*. Sur le prototype de Sonetchka (dans *L'Accompagnatrice*), voir H. Nyssen, *op. cit.*, p. 239-240 (*Alexandre Blok et son temps* est dédié à la même Mina Journot).

29. La publication récente par la *Literatournaïa gazeta* (12 juillet 1989, p. 5) de souvenirs de Moura Boudberg confirme que celle-ci se trouvait au chevet de Gorki mourant (alors qu'elle avait toujours nié être allée à Moscou en 1936) et donne du poids à l'hypothèse de Nina Berberova sur le "marché" entre Staline et Moura Boudberg : autorisation de revoir Gorki en échange des archives qui lui avaient été confiées (cf. *Histoire de la baronne Boudberg*, p. 250-256).

30. *Histoire de la baronne Boudberg*, p. 185, 187.

31. *Ibid.*, p. 187.

32. Nina Berberova, *Le Roseau révolté*, p. 33, 67, 70.

33. Poésie de 1933 dédiée à David Knout (voir index) *in* Nina Berberova, *Stikhi 1921-1983*, Russia Publ., New York, 1984, p. 48.

CHRONOLOGIE

Les pages indiquées sont celles de la présente édition. Les titres des œuvres sont donnés directement en français.

1901 : 8 août (26 juillet selon l'ancien calendrier) : naissance à Saint-Pétersbourg.

1914 : Eté : voyage en Europe avec ses parents (p. 75).

1915 : Rencontre de Blok, Akhmatova (p. 90-93)

1918 : Printemps : fin des études secondaires (p. 113). Passe les quatre mois d'été à Moscou (p. 115). Automne : départ pour Rostov/Don (p. 119).

1919-1920 : études supérieures à Rostov/Don (p. 122-124).

1921 : Retour à Petrograd (p. 129). Participe à une séance du séminaire poétique de Goumiliov (p. 138).

1922 : Février : première poésie publiée (p. 291). Juin : départ de Russie avec V. Khodassevitch (p. 170). Arrivée à Berlin (p. 177) ; août à Heringsdorf chez Gorki (p. 193), novembre chez Gorki à Saarow (p. 197).

1923 : Novembre : départ pour Prague (p. 225).

1924 : Avril : départ pour Paris (p. 234). Automne – avril 1925 : chez Gorki à Sorrente (p. 204).

1925 : Avril : arrivée à Paris (p. 238).

1926 : *Pommes* (récit) , *Zveno*, n° 202. Avec D. Knout, Iouri Terapiano et V. Focht, fonde la revue *Novy Dom (La Nouvelle Demeure)* : trois numéros en 1926-1927 (p. 292).

1927 : *Ces dames, Zveno*, n° 27.

1928 : Zoïa Aandréevna, *Annales contemporaines*, n°34.

1930 : *Les Derniers et les Premiers* (roman), *Annales contemporaines*, n° 43 et 44, et édition en volume (p. 377, 457).

1932 : Avril : séparation d'avec V. Khodassevitch (p. 365, p. 371). *La Souveraine (Povelitelnitsa)*, roman (*Annales contemporaines*, n° 49 et 50, et édition en volume à Berlin). Années trente : publie les *Chroniques de Billancourt* dans *Les Dernières Nouvelles* (p. 376).

1935 : *L'Accompagnatrice* (*Annales contemporaines*, n° 58).

1936 : *Tchaïkovski*, (Paris-Berlin). *Roquenval* (p. 377). Epouse N.V. Makeiev (p. 428).

1937 : *Le Laquais et la Putain*, *Annales contemporaines*, n° 64.

1938 : *Borodine* (Paris-Berlin). *Madame*, comédie (p. 378). *Sans déclin*, roman (Paris).

1939 : S'installe à la campagne (Longchêne), dans les Yvelines, où elle passera les années d'Occupation (p. 407, 432). *Astachev à Paris (Oblegtchenie outchasti)*, (L'Allégement du destin), *Annales contemporaines*, n° 69. 14 juin : mort de V. Khodassevitch (p. 397).

1947 : Quitte N.V. Makeiev (p. 411, 471). Passe l'été en Suède (p. 468). *Alexandre Blok et son temps* (en français), éd. du Chêne (achevé d'imprimer en 1947). *La Résurrection de Mozart*, *Novy Journal*, n° 17.

1947-1950 : Travaille à *La Pensée russe* (p. 477). Rédige la page littéraire hebdomadaire.

1949 : *L'Allégement du destin* (six récits), YMCA-Press, Paris (p. 377). Publication en recueil des comptes rendus des séances du procès Kravtchenko.

1950 : Quitte la France pour les Etats-Unis (p. 494, p. 496). Sept professions en sept ans (p. 505).

1950-1951 : *Le Cap des tempêtes*, roman (*Novy Journal*, n° 24-27).

1951 : "V. Khodassevitch, poète russe. 1886-1939" (article), *Grani*, n° 12.

1953 : "Fragments de souvenirs pétersbourgeois", *Opyty*, n° 1.

1954 : Mariage blanc (p. 500) et naturalisation américaine.

1959-1968 : Fait partie du comité de rédaction de la revue *Mosty* (USA).

1958 : *Le Roseau révolté*, *Novy Journal*, n° 55 ; *A la mémoire de Schliemann*, *Mosty*, n° 1 (p. 494). Début d'un enseignement à l'Université de Yale puis de Princeton.

1959 : "Nabokov et sa Lolita", *Novy Journal*, n° 57. *Le Mal noir*, *Novy Journal*, n° 58.

1960 : Séjour à Paris (p. 534).

1961 : "Trois années de la vie de M. Gorki", *Mosty*, n° 8.

1962 : *La Petite Fille* (pièce), *Mosty*, n° 9.

1965 : Séjour à Paris (p. 534).

1967 : *C'est moi qui souligne* (extraits), *Novy Journal*, n° 87.

1969 : Parution de la version américaine de *C'est moi qui souligne (The Italics Are Mine)*.

1971 : Nina Berberova prend sa retraite à Princeton (New Jersey).

1972 : Edition russe de *C'est moi qui souligne*, Munich.

1981 : *Histoire de la baronne Boudberg*, New York.

1983 : Deuxième édition russe de *C'est moi qui souligne*, New York, revue et corrigée.

1984 : : Publication d'un recueil de poésies choisies (1921-1983) à New York.

1985 : Début de la publication de l'œuvre de Nina Berberova aux éditions Actes Sud, avec *L'Accompagnatrice*.

1986 : *Les Hommes et les Loges. Les Francs-Maçons russes du XX*e *siècle*, New York.

1988 : Publication de larges extraits de *C'est moi qui souligne* en URSS (*Voprosy Literatoury* et *Oktiabr*).

1989 : Publication en URSS de larges extraits de l'*Histoire de la baronne Boudberg (Droujba narodov)*. 28 avril 1989 : Premier passage à *Apostrophes*. Septembre 1989 : voyage à Moscou et Leningrad (premier retour en URSS depuis 1922). 29 septembre 1989 : second passage à *Apostrophes*

NINA BERBEROVA AUX ÉDITIONS ACTES SUD

Depuis 1985, la publication intégrale de l'œuvre de Nina Berberova a commencé aux éditions Actes Sud qui, de surcroît, sont chargées de sa diffusion dans le monde entier.

PARUS

L'Accompagnatrice (Akkompaniatorcha), 1985.
Le Laquais et la Putain (Lakeï i devka),1986.
Tchaïkovski (Tchaïkovski. Istoria odinokoï jizni), 1987.
Astachev à Paris (Oblegtchenie outchasti), 1988.
La Résurrection de Mozart (Voskrechenie Motsarta), 1988.
Le Roseau révolté (Mysliachtchi trostnik), 1988.
Histoire de la baronne Boudberg (Jeleznaïa jenchtchina), 1988.
C'est moi qui souligne (Moï koursiv), 1989.
Borodine (Borodin), 1989.
Le Mal noir (Tchernaïa bolezn), 1989.
De cape et de larmes (Platch), 1990.

A PARAÎTRE

La Disparition de la bibliothèque Tourgueniev (Konets Tourguenevskoï Biblioteki).
Le Procès Kravchenko (Protsess V.A. Kravtchenki).
A la mémoire de Schliemann (Pamiati Chlimana).
Roquenval (Rokanval).

Alexandre Blok.
Les Chroniques de Billancourt.
Textes dits "académiques".
Russes et francs-maçons (Lioudi i Loji. Rousskie masony XX stoletia), en coédition avec Noir sur Blanc.

BIBLIOGRAPHIE

Il n'existe pas encore d'ouvrage consacré à Nina Berberova. Parmi la multitude d'articles de presse parus en France depuis le début de la publication de son œuvre par Actes Sud, nous n'avons retenu que ceux qui contenaient quelque information ou réflexion.

Calame C., "Portraits de scènes", *Scènes Magazine*, Genève, 30 juin 1989.

Cortanze G. de, "Berberova : la force de l'ironie", *Magazine littéraire*, janvier 1990.

Di Vanni J., "Le «cas» Berberova", *France-URSS Magazine*, juillet-août 1988.

Drillon J., "L'Impératrice blanche", *Le Nouvel Observateur*, 27 avril 1989.

Hebey P., "Nina Berberova : la joie de survivre", *Le Point*, 10 juin 1989.

Kasack W., *Lexikon der russischen Literatur ab 1917*, Ergänzungsband, Otto Sagner, München, 1986.

Leclercq F., "Tchaïkovski : les velléités d'un artiste privé de son œuvre", *Le Soir*, 11 juin 1987.

Marchand J.-J., "La mémoire de Nina Berberova" (entretien), *La Quinzaine Littéraire* du 1er au 15 juin 1989.

Nivat G., "Une épicurienne obstinée", *Le Journal de Genève*, 2-3 septembre 1989.

Nyssen H., *L'Editeur et son double*, carnets, Actes Sud, 1988, p. 102, 154, 160, 165-174, 195-202, 204, 217, 218, 237-342, 265.

Rey A., "Le *Tchaïkovski* de Nina Berberova. Martyr et médiocre", *Le Monde*, 31 mars 1987.

Rolin O., "Les Horreurs de la guerre" (*La Résurrection de Mozart)*, *Le Figaro*, 6 février 1989.

Rouart J.-M. et Van der Plaetsen J.-R., Entretien avec Nina Berberova, *Le Figaro,* 2 octobre1989.

Schneider M., "Nina Berberova : une émigrée dans les orages du siècle", *Le Figaro*, 24 avril 1989.

Sion G., "Nina Berberova : autobiographie d'une femme libre", *Le Soir*, 25 mai 1989, p. 21.

Slonim M., compte rendu de "The Italics Are Mine", *Slavic Review*, 1970, N° 29 (2), p. 352-353.

Zand N., "Moura, la «Dame de fer»", *Le Monde*, 9 février 1988.

Zand N., "Les trois vies de Nina Berberova", *Le Monde*, 28 avril 1989.

En russe :

Ariev A., "Vie et sens", *Leningradskaïa Pravda,* 28 septembre 1989.

Gladkova T. et Ossorguine T., *L'Emigration russe : revues et recueils, 1920-1980,* Index général, Institut d'Etudes slaves, Paris, 1988.

Goul R., Compte rendu de *The Italics Are Mine*, *Novy Journal*, n° 99, 1970, p. 283-291.

Meilakh M., Texte de l'intervention de Nina Berberova à la Maison des écrivains de Leningrad, le 14 septembre 1989, *Rousskaïa Mysl*, 20 octobre 1989, p. 12-14.

Privalov K., Entretien avec Nina Berberova, *Literatournaïa gazeta*, 17 mai 1989, p. 15.

Struve G., *Rousskaïa Literatoura v izgnanii*, YMCA-Press, (2e éd.) 1984, p. 290-292 et index.

Terapiano I., *Literatournaïa jizn rousskogo Parija za polveka (1924-1974)*, Paris-New York, 1986 (index).

Zotikov A., “Il n’y a que les gens qui m’attirent”, Essai d’interview collective, *Literatournaïa gazeta*, 4 octobre 1989, p. 5.

M.N.

TABLE

Dans la même collection

1. LA FIN DU MONDE
   Jacques Audiberti

2. LE PERCE-OREILLE DU LUXEMBOURG
   André Baillon

3. BARABBAS
   ESCURIAL
   Michel de Ghelderode

4. LA COMTESSE DES DIGUES
   Marie Gevers

5. LE REGARD DE LA MÉMOIRE
   Jean Hugo

6. BETHSABÉE
   Torgny Lindgren

7. L'OISEAU BLEU
   Maurice Maeterlinck

8. TERRE D'ASILE
   Pierre Mertens

9. L'ANNÉE DE L'AMOUR
   Paul Nizon

10. LE GRAND NOCTURNE
    LES CERCLES DE L'ÉPOUVANTE
    Jean Ray

11. BRUGES-LA-MORTE
    Georges Rodenbach

12. LE BOURGMESTRE DE FURNES
    Georges Simenon

13. PEDIGREE
Georges Simenon

14. ÉLÉONORE À DRESDE
Hubert Nyssen

15. LES PAPIERS DE WALTER JONAS
Baptiste-Marrey

16. TRIPES D'OR
Fernand Crommelynck

17. LES NOUVELLES DU GRAND POSSIBLE
Marcel Thiry

18. LA DRAISINE
Carl-Henning Wijkmark

19. LA FEMME DE GILLES
Madeleine Bourdouxhe

20. PORTRAIT DES VAUDOIS
Jacques Chessex

21. L'OR ET LA SOIE
Raymond Jean

22. C'EST MOI QUI SOULIGNE
Nina Berberova

23. LE SOLEIL NI LA MORT
Jacques Mercanton

Ouvrage réalisé
par les Ateliers graphiques Actes Sud.
Photocomposition : Société I.L.,
à Avignon.
Achevé d'imprimer
en octobre 1990
dans les ateliers de la SEPC
à Saint-Amand-Montrond
sur papier des
Papeteries de Jeand'heurs
pour le compte des éditions
ACTES SUD
Le Méjan
13200 Arles.

Dépôt légal
3e édition : mai 1990
N° impr. 2430